Isolde Kommer, Tilly Mersin

Adobe Photoshop CS6

Der Einstieg

Isolde Kommer, Tilly Mersin

Adobe Photoshop CS6

Der Einstieg

ADDISON-WESLEY

Bibliografische Information der Deutschen Nationalbibliothek

Die Deutsche Nationalbibliothek verzeichnet diese Publikation in der Deutschen Nationalbibliografie; detaillierte bibliografische Daten sind im Internet über http://dnb.d-nb.de abrufbar.

10 9 8 7 6 5 4 3 2 1

13 12

ISBN 978-3-8273-3158-8

Covergestaltung: Marco Lindenbeck, webwo GmbH, mlindenbeck@webwo.de
Lektorat: Kristine Kamm, kkamm@pearson.de
Herstellung: Claudia Bäurle, cbaeurle@pearson.de
Satz: Isolde Kommer und Tilly Mersin
Korrektorat: Petra Kienle, Fürstenfeldbruck
Druck und Verarbeitung: Drukarnia Dimograf, Bielsko-Biala
Printed in Poland

INHALT

VORWORT

Willkommen zur mittlerweile achten Version dieses Buchs! Das Wissen zwischen diesen beiden Buchdeckeln soll sowohl interessierten Amateuren als auch professionellen Einsteigern zu einem leichten Einstieg in die Welt der digitalen Bildbearbeitung verhelfen. Ob Sie Ihre Digitalfotografien optimieren möchten oder ob Ihnen der Sinn nach interessanten Bildcomposings steht – dieses Buch bringt alle notwendigen Kenntnisse auf den Punkt. Bereits fortgeschrittene Anwender finden ein Nachschlagewerk, das in kurzen eingängigen Abschnitten die komplexeren Funktionen von Photoshop behandelt. Besonderes Gewicht legen wir auf die digitale Fotografie: Informieren Sie sich ausführlich über die Organisation Ihres Bildmaterials mit Adobe Bridge, über die Verwendung von Camera-RAW-Daten in Photoshop und professionelle Optimierung und Retusche von Digitalfotos.

CS6-Neuerungen

In der Version CS6 bringt Adobe seit Längerem wieder einmal größere Neuerungen und Verbesserungen. Achten Sie beim Durchblättern des Buchs auf das „Neu“-Symbol; dann sehen Sie gleich was neu ist. Außerdem erhalten Sie an jedem Kapitelanfang einen kurzen Überblick über die neuen bzw. überarbeiteten Funktionen.

Workshops mit Bildmaterial auf der Webseite zum Buch

Durch farbige Hinterlegungen und ein Download-Symbol gekennzeichnete Workshops zeigen Ihnen, wie Sie die ausgefeilten Funktionen von Photoshop CS6 in der Praxis einsetzen. Dazu verwenden wir Bildmaterial, das Sie auf der Webseite zum Buch finden. Diese Bilder dürfen Sie nur zu Übungs- und nicht für kommerzielle Zwecke verwenden.

Feedback

Verlag und Autorinnen freuen sich über Ihre Anregungen, Kritik, Lob oder Fragen zum Buch. Sie erreichen uns unter info@mut.de. Bitte nennen Sie bei Ihren Anfragen Buchtitel und ISBN-Nummer, damit wir Ihre Anfrage schnell beantworten können.

Dank

Wir bedanken uns bei folgenden Personen ganz herzlich:

- Björn Lilie, der die schönen Bilder an den Kapitelanfängen und viele weitere Fotos beisteuerte,
- meinem Bruder Christoph Kommer für seine Fotos und für das sorgfältige Lektorat,
- Kristine Kamm für die tolle Zusammenarbeit und für die großzügige Bildauswahl.

Bild: Björn Lilie

GRUNDLAGEN FÜR IHRE ARBEIT MIT PHOTOSHOP

Dieses einführende Kapitel versorgt Sie mit dem für Ihre Arbeit mit Photoshop benötigten Grundlagenwissen.

Abbildung 1.1
Pixelbilder bestehen aus einzelnen Bildpunkten. In der starken Vergrößerung erkennt man deutlich die Zusammensetzung der Pixelgrafik aus einzelnen Punkten (Pixeln).

Bild: Björn Lilie

1.1 Vektorgrafiken und Pixelgrafiken

Traditionell ist Photoshop ein Programm zum Erstellen und Bearbeiten von Pixelbildern. Doch zusätzlich verfügt Photoshop auch über sehr leistungsfähige Werkzeuge, um Vektorgrafiken zu erzeugen und zu bearbeiten.

Computergrafiken lassen sich grundsätzlich in zwei verschiedene Typen unterteilen:

- Pixelgrafiken. Dies sind Bilder, die aus einer Anhäufung von Punkten bestehen. Jeder Punkt hat eine eigene Positionszuweisung in einem Koordinatensystem.
- Vektorgrafiken. Dies sind mit mathematischen Formeln berechnete Linien.

Sowohl Vektor- als auch Pixelgrafiken haben Vor- und Nachteile. Vektorgrafiken lassen sich ohne Verlust der Bildqualität beliebig skalieren, d.h. vergrößern oder verkleinern, und ihre Dateigröße ist relativ gering. Dafür erreichen sie niemals die Vielfalt der Farben und Texturen, die bei Fotodateien möglich ist. Vektorgrafiken mit sehr vielen Ankerpunkten werden nur langsam am Bildschirm aufgebaut.

Pixelbilddateien sind häufig das Ergebnis digitalisierter Fotos oder gescannter Grafiken. Sie setzen sich aus vielen Punkten, den Pixeln, zusammen, die in einem Koordinatensystem angeordnet sind. Jedes Pixel trägt eine eigene Farbinformation. Pixel ist die Abkürzung von »Picture Elements«, Bildelemente. Pixeldateien benötigen viel Speicherplatz, weil jedes einzelne Pixel Informationen wie Position und Farbe zu diesem Bildpunkt enthält. Ein Beispiel: Ein farbig digitalisiertes Foto im CMYK-Modus in 8 Bit Farbtiefe/Kanal und mit einer Auflösung von 300 ppi in DIN-A4-Größe belegt ohne Kompression mindestens 32,2 MB (mit zusätzlichen Ebenen, Alphakanälen usw. noch mehr).

Die Pixel bilden in dem Koordinatensystem Muster von Formen und Farben, so dass sie im Allgemeinen nicht als einzelne Punkte wahrgenommen werden. Die einfachsten Bilddateien setzen sich nur aus den Farben Schwarz und Weiß zusammen. Der Eindruck von Schattierungen und Grautönen entsteht dort durch eine bestimmte Verteilung von schwarzen und weißen Pixeln, die für das menschliche Auge miteinander zu Grautönen verwachsen. Meist arbeiten Sie in Photoshop jedoch mit Echtfarbenbildern, die über 16 Millionen unterschiedliche Farben darstellen können. Echtfarbenbilder benötigen wesentlich mehr Speicherplatz als Schwarzweißbilder.

Bei Pixelgrafiken sind drei Faktoren für Qualität und Dateigröße maßgeblich:

- Der Farbtyp (RGB, Graustufen, indizierte Palette usw.) bestimmt die Vielfalt der Farben und Schattierungen.
- Das Dateiformat legt fest, wie der Computer die Bildinformationen speichert und reproduziert.
- Die Auflösung bestimmt die Anzahl von Pixeln pro Fläche in einem Bild.

1.2 Die Auflösung

Jeder Bildpunkt eines Pixelbilds hat seine eigene Farbinformation.

Linien werden durch die Aneinanderreihung von vielen einzelnen Punkten dargestellt. Ein digitales Bild mit feiner und detaillierter Zeichnung enthält mehr Punkte pro Längeneinheit als ein grob gerastertes Bild.

In diesem Zusammenhang ist die Bildauflösung zu verstehen. Diese wird bemessen, indem man die Anzahl der Bildpunkte auf einer Strecke von einem Zoll oder Zentimeter berechnet. Daraus resultiert die Maßeinheit dpi (dots per inch = Punkte pro Zoll). Bei einer Auflösung von 100 dpi befinden sich auf einer Fläche von einem Quadratzoll 100 x 100, also 10.000 Pixel.

Die Auflösung hat großen Einfluss auf die Dateigröße: Ein Bild mit einer Auflösung von 300 dpi benötigt nicht etwa nur doppelt so viel Speicherplatz auf Ihrer Festplatte wie eines mit den gleichen Abmessungen, aber einer Auflösung von 150 dpi – vielmehr wächst die Datenmenge bei Verdoppelung der Auflösung im Quadrat an!

Wie eingangs erläutert, verliert ein Pixelbild an Qualität, wenn es nachträglich vergrößert wird. Es können keine Bildinformationen hinzukommen, vielmehr werden diese lediglich auf mehr Pixel verteilt. Über die richtige Auflösung in der Praxis erfahren Sie noch mehr ab Seite 28.

Abbildung 1.2
Vektorgrafiken sind Zeichnungen mit Start- und Endpunkten sowie daraus erzeugten Flächen. Vektorgrafiken lassen sich stufenlos skalieren.

In den Abbildungen auf dieser Seite sehen Sie einen Vergleich zwischen einer Pixelgrafik und einer Vektorgrafik. Die vergrößerte Pixelgrafik wird unscharf und unschön »pixelig«. Hingegen sind die Konturen der Vektorgrafik trotz Skalierung glatt geblieben.

Das Skalieren von Vektorgrafiken ist problemlos, weil diese nicht aus einzelnen Bildpunkten bestehen, sondern aus mathematisch berechneten Elementen – Kurven, Linien,

Rechtecken, Ellipsen oder Polygonen. Alle Elemente haben einen Anfangs-, einen Endpunkt und einen bestimmten Winkel. Diese Parameter werden mithilfe einer Formel genau beschrieben. Deshalb gibt es beim Skalieren von Vektorgrafiken keine Qualitätsverluste. Auch das Löschen oder Verschieben von einzelnen Elementen einer Vektorgrafik ist problemlos und keine so große Herausforderung wie die Bearbeitung von Pixelgrafiken.

1.3 Die Farbtiefe

Die Farbtiefe legt fest, wie viele Farben ein Bild maximal enthalten kann und wie sie definiert werden – genauer gesagt, wie viele Bits zum Speichern der Farbinformation verwendet werden.

Farbtiefe (Bit)	Farbanzahl
1 Bit	Schwarz und Weiß
8 Bit	256 Farben
16 Bit	65.536 Farben
24 Bit	16.777.216 Farben
48 Bit	281 Billionen Farben

Die nebenstehende Tabelle zeigt, welche Farbtiefen Sie mit den meisten professionellen Bildbearbeitungsprogrammen und auch in Photoshop definieren können:

- Schwarzweiß (1-Bit). Dieser Datentyp heißt in Photoshop Bitmap und kann über *Bild → Modus → Bitmap* erzeugt werden. Wird ein Bild in diesem Datentyp gespeichert, kann jedes Pixel nur schwarz oder weiß sein. Diese Pixel können jedoch so geschickt in Mustern angeordnet sein, dass sich Grautöne und Schattierungen vortäuschen lassen. Dieser Datentyp benötigt nur sehr wenig Speicherplatz.
- Indizierte 16 Farben (4 Bit) und indizierte 256 Farben (8 Bit) mit frei einstellbaren Farben von 2 bis 255. Bilder mit indizierten Farben haben eine eigene Farbtabelle, in der die verfügbaren Farben definiert sind. Farben, die in der Tabelle nicht vorhanden sind, werden gegebenenfalls durch Dithering (Fehlerstreuung) vorgetäuscht.
- Graustufen (8 Bit). Auch Graustufenbilder benötigen nicht allzu viel Speicherplatz. Sie bestehen aus acht Bit pro Pixel, d.h., es sind 254 verschiedene Abstufungen von Grau möglich. Für Schwarzweißdrucker ist dies der ideale Grafiktyp. Wenn Sie farbige Fotos vorliegen haben, die ohnehin nur auf einem solchen Drucker ausgegeben werden sollen, wandeln Sie sie vorher am besten in Graustufenbilder um, um die Wirkung der Graustufen am Bildschirm zu prüfen.
- 16 Bit und RGB-Echtfarben (24 Bit, 2^{24} mögliche Farben). Die Buchstaben RGB stehen für Rot, Grün und Blau. Auf diesen drei Farben basieren alle Farben auf einem Farbmonitor, auf Bildern aus Digitalkameras und Projektoren.

1.4 Farbmodelle

Wie Farben in Photoshop definiert werden, hängt ganz vom verwendeten Farbmodell ab. Farbmodelle stellen die Beziehungen der Farben untereinander und ihre Werte auf unterschiedliche Weise dar.

RGB: ein additives Farbmodell

Wie Sie vielleicht schon festgestellt haben, lassen sich nicht alle am Bildschirm darstellbaren Farben auch korrekt drucken. Umgekehrt erscheinen nicht alle Druckfarben richtig auf dem Bildschirm. Farben werden beim Drucken und am Monitor auf völlig unterschiedliche Art erzeugt. Ihr Monitor arbeitet genauso wie Fernseher, Scanner, Digitalkameras und Projektoren mit der additiven Farbmischung. Professionelle Druckmaschinen, beispielsweise im Offsetdruck, verwenden dagegen die subtraktive Farbmischung. Etwas verallgemeinert ausgedrückt, entstehen Farben im additiven Farbsystem durch das Addieren von Licht in verschiedenen Farben.

Abbildung 1.3
Oben: die Mischung der Farben Cyan, Magenta und Gelb im additiven Farbmodell.
Unten: Das subtraktive Farbmodell verhält sich genau umgekehrt zum additiven Farbmodell; die Mischung der drei Grundfarben Cyan, Magenta und Gelb ergibt Schwarz.

In der additiven Farbmischung gibt es drei Grundfarben (Primärfarben): Rot, Grün und Blau. Das Merkmal von Grundfarben ist, dass sie nicht durch das Mischen anderer Farben erzeugt werden können. Mischt man diese drei Grundfarben zu gleichen Anteilen miteinander, ergibt sich ein Neutralton zwischen Weiß und Schwarz. Mischt man jeweils zwei der Grundfarben zu gleichen Anteilen miteinander, ergibt sich eine Sekundärfarbe – Cyan, Magenta oder Gelb. Durch anteilige Farbmischungen erzielen Sie auf diese Weise einen großen Teil des sichtbaren Farbspektrums.

Das für Bildschirmpräsentationen, Webseitenbilder und Video und von Scannern und Digitalkameras verwendete RGB-Farbsystem beruht auf dieser additiven Farbmischung.

Dabei werden die Farbwerte in Prozent oder auf einer Skala von 0 bis 255 angegeben. Je nachdem, welche Anteile die drei Grundfarben erhalten, ergibt sich ein anderer Farbton.

	Rot	Grün	Blau
Rot	255	0	0
Grün	0	255	0
Blau	0	0	255
Magenta	255	0	255
Cyan	0	255	255
Gelb	255	255	0
Schwarz	0	0	0
Weiß	255	255	255

CMYK: subtraktive Farbmischung

Bilder enthalten häufig unzählige Farbtöne, Sättigungs- und Helligkeitsstufen. Selbstverständlich ist es unmöglich, dafür einzelne Druckfarben bereitzuhalten. Daher musste eine Möglichkeit gefunden werden, möglichst wenige Farben zu verwenden und doch das erwähnte riesige Farb- und Tonspektrum zu Papier zu bringen. Man fand bald heraus, dass die drei Farben Cyan, Magenta und Gelb ausreichen, um eine große Farbskala zu drucken.

Weil im Vierfarbdruck mehrere Druckfarben übereinander auf das Papier aufgetragen werden, wird hier das subtraktive Farbmodell verwendet. Hierbei wird kein farbiges Licht gemischt, sondern die Farben ergeben sich aus der Reflexion von Licht.

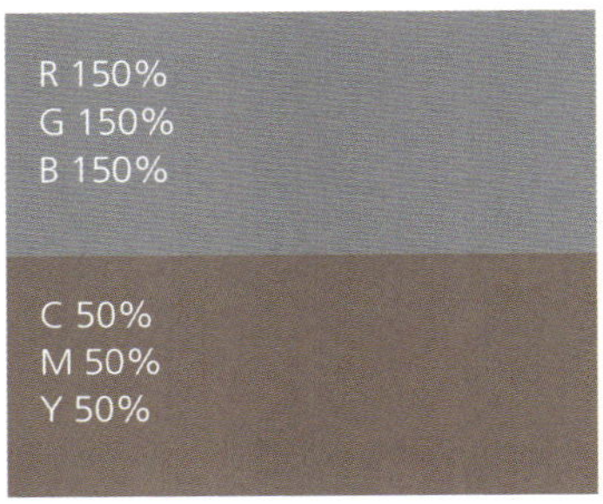

Abbildung 1.4
Oben: RGB – 150 % Rot, 150 % Grün, 150 % Blau.
Unten: CMY – 50 % Cyan, 50 % Magenta, 50 % Gelb

CMY und Schwarz
Im Gegensatz zum RGB-Farbsystem, in dem jede Farbe eine eindeutige Wertekombination hat, lässt sich in CMYK durch die Anwesenheit des Schwarzkanals jede Farbe auf unterschiedliche Weise definieren.

Bei der subtraktiven Farbmischung liegen ebenfalls drei Primärfarben vor, und zwar Cyan (Blaugrün), Magenta (Purpurrot) und Gelb. Mischt man alle drei Grundfarben in gleichen Anteilen miteinander, ergibt sich durch Lichtabsorption theoretisch Grau. Eine der Besonderheiten von CMYK ist jedoch, dass das Mischverhältnis nicht linear ist: Im RGB-Farbraum ergeben 50 % Rot, 50 % Grün und 50 % Blau ein perfektes Grau. 50 % Cyan, 50 % Magenta und 50 % Yellow ergeben in CMYK kein Grau, sondern eine Art Graubraun.

	Cyan	Magenta	Gelb
Rot	0	100	100
Grün	100	0	100
Blau	100	100	0
Magenta	0	100	0
Cyan	100	0	0
Gelb	0	0	100
Schwarz	100	100	100
Weiß	0	0	0

Da sich in der Praxis nur mit Cyan, Magenta und Gelb kein wirkliches Schwarz erzielen lässt, verwendet man zusätzlich noch schwarze Druckfarbe. Um in Texten ein reines Schwarz zu erzielen, ist sie unverzichtbar. Die schwarze Druckfarbe kann aber auch die Bildtiefe und den Kontrast verstärken. Die drei Normaldruckfarben Cyan, Magenta und Gelb absorbieren jeweils etwa ein Drittel des Spektrums von weißem Licht, also entweder Blau, Grün oder Rot. Die verbleibenden zwei Drittel werden zurückgegeben und bewirken in unserem Auge den entsprechenden Farbeindruck. Die Druckfarbe Schwarz absorbiert alle drei Drittel des Spektrums. Sie wird also separat verwendet und in diesem Farbmodell als K aufgeführt. So kommt die Bezeichnung CMYK (Cyan, Magenta, Yellow, Key) zustande. Sie können den K-Wert aber auch mit »Kontrast« übersetzen, denn der Schwarzkanal ist naturgemäß für die Kontraste in Ihrem Bild zuständig.

CMYK-Einschränkungen
Einige Photoshop-Befehle funktionieren in CMYK nicht, zum Beispiel die Kunst-, Mal- und Zeichenfilter. Erhalten Sie ein CMYK-Bild, wandeln Sie es zur Bearbeitung am besten in RGB um. Hier können Sie die meisten Funktionen verwenden.

Das Lab-Farbmodell

Dem Lab-Farbmodell kommt in Photoshop eine wichtige Rolle zu – es ist das Farbmodell, mit dem das Programm intern arbeitet. Die Grundlage für das Lab-Farbmodell ist das 1931 von der Commission Internationale d´Eclairage festgelegte »CIE-Normfarbensystem«, das zur internationalen Farbmessungsnorm wurde.

Das Lab-Farbsystem ist geräteunabhängig und eignet sich für die genaue Definition von Farbe. Zu beachten ist allerdings, dass der Lab-Farbraum sehr viel größer ist als der von CMYK und auch von RGB. Bei der Rückkonvertierung von Farben aus dem Lab-Modus muss Photoshop die verwendeten Farben deshalb selbstständig anpassen, was zu Farbabweichungen führen kann. Andererseits ist diese Rückkonvertierung notwendig, weil nur wenige Ausgabegeräte oder weiterverarbeitende Programme mit Lab arbeiten können.

	L	A	B
Schwarz	0	0	0
Neutralgrau	50	0	0
Weiß	100	0	0
Magenta	100	+127	0
Grün	0–100	–127	0
Blau	0–100	0	–128
Gelb	0–100	0	+127

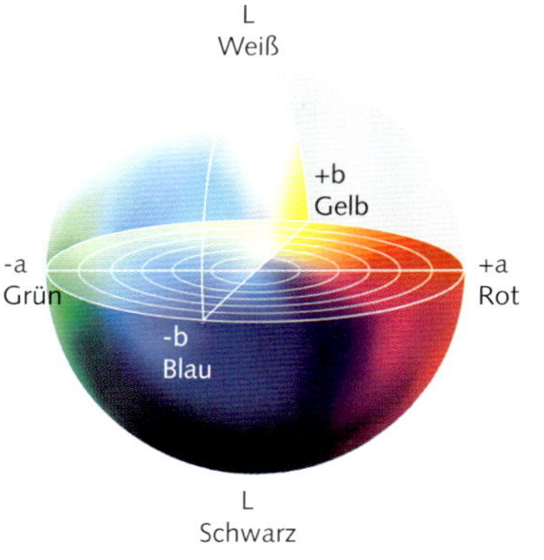

Abbildung 1.5
Kugelförmige Darstellung des Lab-Farbmodells

Lab ist völlig anders aufgebaut als RGB und CMY(K); es enthält zwei Gegenfarbkanäle und einen Helligkeitskanal. Ändern Sie in RGB oder CMY(K) die Helligkeit einer Farbe, ändern sich auch die übrigen Komponenten der Farbe. In Lab hingegen befinden sich Farbe und Kontrast getrennt auf eigenen Achsen.

Photoshop-Lab hat drei Kanäle: den L-Kanal, in dem sich nur die Bildhelligkeit befindet, den A-Kanal, der sämtliche Grün- und Rottöne enthält (von –128 – Grün bis +127 – Rot), und den B-Kanal, der sämtliche Blau- und Gelbfarben (–128 – Blau bis + 127 – Gelb) enthält.

Negative Zahlen stellen in den beiden Farbkanälen also kalte Werte dar, positive Werte bedeuten warme Farben. Die AB-Farbkanäle enthalten keinerlei Helligkeits-, sondern nur Farbinformationen. Die Tabelle auf Seite 19 zeigt, wie verschiedene Farben in Lab definiert werden.

Gamuts

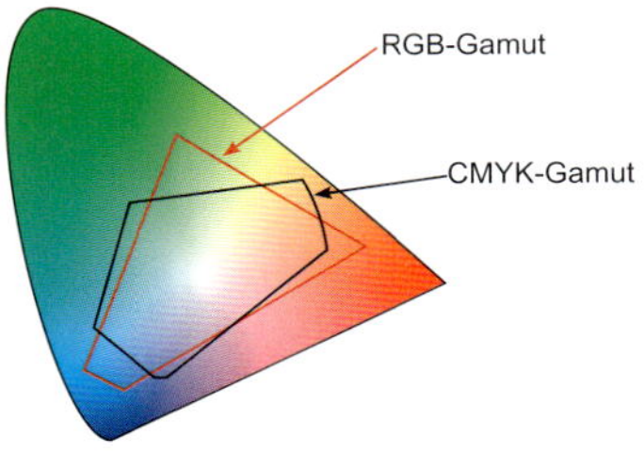

Abbildung 1.6
Sichtbare Farben, RGB- und CMYK-Gamut

Der RGB- und der CMYK-Farbraum oder -Gamut unterscheiden sich von ihrem Umfang her erheblich – der CMYK-Farbraum ist kleiner als der RGB-Farbraum.

Sie können mit RGB also deutlich mehr Farben darstellen als mit CMYK. Doch es gibt auch einige wenige CMYK-Farben, die außerhalb des RGB-Gamut liegen: Sehr leuchtende Töne sowie satte Blautöne, die sich in RGB ohne Weiteres definieren lassen, kann man in der CMYK-Ausgabe nur schlecht darstellen. Was an Ihrem Monitor brillant aussieht, könnte im Offsetdruck also eventuell enttäuschend herauskommen. Photoshop bietet Ihnen deshalb verschiedene Proof-Möglichkeiten, auf die wir in Kapitel 15 noch eingehen werden.

Zudem differiert der Umfang des RGB-Gamut bzw. des CMYK-Gamut auch noch von Gerät zu Gerät etwas. Der RGB-Gamut einer Digitalkamera oder eines Scanners kann sich beispielsweise leicht vom RGB-Gamut eines Bildschirms unterscheiden, der CMYK-Farbumfang einer professionellen Offsetdruckmaschine von dem eines Tintenstrahldruckers.

Links sehen Sie eine schuhsohlenförmige Fläche. Das ist der CIE-Gamut in der xy-Darstellung, der die Gesamtheit aller vom menschlichen Auge unterscheidbaren Farben darstellt und von dem das vorhin erwähnte Lab-Farbsystem abgeleitet ist. Dem Normfarbsystem Lab liegt kein Ausgabegerät zugrunde, sondern es basiert auf der Farbwahrnehmung des menschlichen Auges. Die Vorteile sind, dass das Lab-Farbsystem geräteneutral und standardisiert ist sowie alle sichtbaren Farben umfasst – also auch sämtliche CMYK- und RGB-Farben. Diesen Farbraum verwenden daher viele Programme zur internen Farbumrechnung.

Der rote Umriss innerhalb des abgebildeten CIE-Lab-Farbraums ist der RGB-Gamut, wie er von Scannern, Monitoren, Digitalkameras und Projektoren genutzt wird. Die dunklere Linie bezeichnet den CMYK-Gamut, den Farblaserdrucker, Tintenstrahldrucker und der Offsetdruck verwenden.

Die drei Farbsysteme in der Photoshop-Praxis

In Photoshop kommt dem RGB-Farbsystem eine große Bedeutung zu. Alle Bilder aus Ihrer Digitalkamera liegen zunächst in RGB vor. So gut wie alle Photoshop-Funktionen lassen sich auf RGB-Bilder anwenden, während viele Filter, etwa die Kunst-, Mal- und Strukturierungsfilter die Bearbeitung von CMYK-Bildern verweigern. Bezüglich der Speicheranforderung benötigt RGB ein Viertel weniger Speicher als CMYK, weil es nur drei Farbkanäle, CMYK hingegen vier Farbkanäle besitzt.

Filter in RGB anwenden
Beachten Sie auch: Viele Filter, beispielsweise der *Relief*-Filter, zeigen in RGB ein besseres Ergebnis.

Der Farbumfang des CMYK-Farbsystems ist kleiner als der des RGB-Farbsystems. Sie erkennen dies auch daran, dass ein Bild nach der Umwandlung von RGB in CMYK am Monitor häufig blasser wirkt, da einige Farbinformationen verloren gehen.

Möchten Sie Ihre Bilder im Internet oder für andere Bildschirmanwendungen verwenden, arbeiten Sie von Anfang bis Ende im RGB-Modus. Auch Bilder, die Sie über Tintenstrahldrucker ausgeben möchten, sollten Sie ausschließlich in RGB bearbeiten und speichern. Details zu diesem Thema erfahren Sie in Kapitel 15.

Viele Bildbearbeiter ziehen es in der Praxis vor, ihre Bilder zunächst für die groben Korrekturen und Retuschearbeiten im RGB-Modus zu bearbeiten, um anschließend in CMYK die endgültige Kontrast- und Farbkorrektur vorzunehmen. Für die Kontrastkorrektur bietet sich besonders das Schärfen des Schwarzkanals im CMYK-Modus an.

Haben Sie sich für einen Modus entschieden, sollten Sie ihn während der Arbeit möglichst selten wechseln. Häufig führen mehrfache Konvertierungen zu Qualitätseinbußen. Besonders deutlich wird dies bei der Konvertierung von RGB in CMYK; hier können Farbinformationen verloren gehen, da der CMYK-Gamut kleiner ist als der RGB-Gamut.

1.5 Druckfarben

Generell werden in DTP- und Grafikprogrammen zwei Arten von Farben unterschieden: Prozessfarben (auch Skalenfarben genannt) und Volltonfarben (auch Schmuckfarben genannt).

Vor der professionellen Reproduktion (z.B. Offset-Druck) werden die Bilder in die Prozessfarben mit ihren vier Grundfarben Cyan, Magenta, Gelb und Schwarz zerlegt. Diesen Vorgang bezeichnet man als Farbseparation. Die einzelnen Farben werden nacheinander auf das

Sechsfarbdruck
Neben dem üblichen Vierfarbdruck gibt es auch erweiterte Systeme, die mehr als vier Farben verwenden. Ein bekanntes Beispiel ist Hexachrome, ein Sechsfarbdruck, der von PANTONE entwickelt wurde. In diesem Verfahren wird das CMYK-System um orangefarbene und grüne Druckfarben erweitert.

Abbildung 1.7
Das Gesamtbild (oben) setzt sich in der Druckpraxis aus vier Druckplatten zusammen, auf denen die Bildanteile der Farben Cyan, Magenta, Gelb und Schwarz (von oben nach unten) aufgetragen sind. Weil der Bauch der Blaumeise gelb ist, wird an dieser Stelle auf der Gelbdruckplatte am meisten Farbe aufgetragen. Daher ist der Gelbauszug an dieser Stelle so dunkel.

Bild: Björn Lilie

Papier aufgebracht. Zusätzlich können Volltonfarben verwendet werden. Jede Volltonfarbe erhält einen eigenen, zusätzlichen Auszug. In Kapitel 4 kommen wir noch einmal auf die Arbeit mit Volltonfarben zurück.

Wenn Sie ein in Prozessfarben gedrucktes Plakat aus der Nähe oder ein Bild in einer Zeitschrift mit der Lupe betrachten, sehen Sie, dass es aus lauter einzelnen Farbpunkten in den Farben Cyan, Magenta, Gelb und Schwarz besteht, die in einem feinen Raster gedruckt sind. Diese kleinen Farbpunkte auf der Fläche erfasst das menschliche Auge durch seine begrenzte Detailwahrnehmung als ganzes Bild (siehe Abbildung auf der folgenden Seite oben).

Verwenden Sie Prozessfarben, wenn Sie Ihr Bild auf einem CMYK-Ausgabegerät ausgeben möchten und dabei mehr als drei Farben benötigen.

Gelegentlich sind noch Sonderfarben nötig, zum Beispiel bei typischen Marken- und Produktfarben. Solche Farben nennt man Vollton- oder Schmuckfarben. Sie werden nicht aus Cyan, Magenta, Gelb und Schwarz gemischt, sondern als fertige Volltonfarben hergestellt.

Es handelt sich dabei um fest definierte Farben eines Farbsystems. Dies garantiert Ihnen eine präzise Reproduktion der gewählten Farben. Zur Reproduktion wird in der Druckerei für jede verwendete Sonderfarbe eine separate Platte benötigt. Verwenden Sie Volltonfarben, wenn Sie maximal drei Farben oder gezielt nur Farbtöne aus einer oder zwei Farbe(n) verwenden möchten. Weiterhin sollten Sie auf diese Farben zurückgreifen, wenn eine exakte Farbübereinstimmung (z.B. bei Firmenlogos) bei der Reproduktion gewährleistet sein muss.

Zu diesem Zweck werden Volltonfarben zu standardisierten Farbbibliotheken zusammengefasst, zum Beispiel HKS oder Pantone. Solche Standardisierungen sind notwendig, um Farben jederzeit korrekt wiederzugeben.

1.6 Dateiformate

In der Grundeinstellung erhält ein neues Bild beim Speichern das Photoshop-eigene PSD-Dateiformat. Für viele Aufgaben ist dies eines der besten Dateiformate. Der Austausch zwischen den verschiedenen Anwendungen der Adobe-CS6-Suite geht mit PSD-Daten besonders elegant und reibungslos vonstatten.

Im PSD-Format können Sie beispielsweise Volltonfarben, Smart-Objekte, Ebenen, Ebenenmasken (Kapitel 10) und Alphakanäle (Kapitel 12) speichern. Auch ICC-Farbprofile

Abbildung 1.8
Betrachten Sie ein im Offsetdruck gedrucktes Bild unter der Lupe, sehen Sie, dass es sich aus vielen Punkten in den vier Druckfarben zusammensetzt.

können Sie in Photoshop-Dateien einbetten. Programme wie Adobe InDesign können diese Farbinformationen bei aktiviertem Farbmanagement verwenden.

Allerdings stehen Ihnen eine Vielzahl von weiteren Dateiformaten zur Verfügung. Je nach Verwendungszweck kann es angebracht sein, ein anderes als das PSD-Format zu wählen.

Aus der Vielzahl der verfügbaren Dateiformate greifen wir uns die wichtigsten Bildformate TIFF, EPS, GIF, JPEG und PDF heraus.

- Das TIFF-Format ist für Dateien, die gedruckt werden sollen, das am weitesten verbreitete Format, vor allem, weil es sehr flexibel ist. TIFF unterstützt CMYK-, RGB-, Graustufen-, Lab-indizierte und Schwarzweißbilder sowie Alpha- und Schmuckfarbenkanäle. Fast alle Mal-, Bildbearbeitungs- und Seitenlayoutprogramme unterstützen es. Auch fast alle Desktop-Scanner können TIFF-Bilder produzieren. TIFF-Grafiken werden im Bedarfsfall ohne Qualitätsverlust komprimiert. Die Kompression ist allerdings nicht sehr hoch; sie liegt meist bei 20 bis 40 %.
- Das GIF-Format gehört zu den gebräuchlichsten Dateiformaten im Internet. Es komprimiert Dateien stark, hat aber den Nachteil, dass höchstens 256 Farben verwendet werden können. Dafür unterstützt es Transparenzen und sogar Animationen. GIF-Bilder sollten Sie ausschließlich für Arbeiten verwenden, die für die Betrachtung am Bildschirm gedacht sind.
- Das JPEG-Format wird häufig für die Darstellung von Fotos und anderen Halbtonbildern im Internet verwendet. Die Kompressionsrate ist noch sehr viel höher als

Webgrafiken und -formate
Mehr über Webgrafiken und -formate erfahren Sie in Kapitel 17.

die des GIF-Formats, dafür aber verlustbehaftet. Dafür komprimiert es im Echtfarbenmodus. Es unterstützt CMYK, RGB und Graustufenbilder. Digitalkamerabilder werden wahlweise im JPEG-Format gespeichert. Da die JPEG-Kompression mit Qualitätsverlusten einhergeht, sollten Sie JPEG stets nur als Exportformat verwenden. Denn jede Neubearbeitung mit anschließendem Speichern bedeutet auch einen erneuten Bildverlust – selbst bei maximaler Qualität. Deshalb sollten Sie stets eine Originaldatei im RAW-, Photoshop- oder TIFF-Format für eventuelle Nachbearbeitungen bereithalten und diese erst ganz am Schluss im JPEG-Format speichern. Besonders problematisch ist dies bei Digitalkameras. Viele Geräte speichern die Bilder im JPEG-Format. Am besten speichern Sie das Bild in einem verlustfreien Format, zum Beispiel PSD, und bearbeiten es. Erst zum Schluss komprimieren Sie es in eine JPEG-Datei.

- Das EPS-Format wird im Allgemeinen für Bilder verwendet, die in DTP-Programmen weiterverarbeitet und dann professionell reproduziert werden sollen. Das EPS-Format war lange Standard für den Transfer von Bildern, vor allem von Vektordaten, zwischen Grafik- und DTP-Anwendungen. Sämtliche professionellen Programme auf diesem Sektor unterstützen den Import von EPS-Dateien. EPS-Dateien können sowohl Vektor- als auch Pixelgrafiken enthalten. Da PostScript-Dateien auf »normalem« Weg am Bildschirm nicht angezeigt werden können, erstellen die meisten Programme beim EPS-Export ein Vorschaubild im Pixelformat, das dann auf dem Bildschirm erscheint, sobald Sie die EPS-Datei in der entsprechenden Anwendung platziert haben. Möchten Sie ein solches Dokument nun auf einem nicht postscriptfähigen Drucker ausgeben, gibt dieser lediglich das qualitativ geringwertigere Vorschaubild aus statt der eigentlichen EPS-Datei. Heutzutage ist das Photoshop-PSD- bzw. das PDF-Format dem EPS-Format vorzuziehen.
- Das PDF-Format ist ein plattformübergreifendes Dateiformat, das 1993 veröffentlicht wurde. Einer der Vorteile von PDF-Dateien ist, dass sie sowohl Pixel- als auch Vektordaten einschließlich Schriften enthalten können. Weitere Vorteile sind, dass PDF-Dateien stets plattformübergreifend sind und dass sie mehrere Bilder sowie Ebenen in einer einzigen PDF-Datei speichern können.

Abbildung 1.9
Einer der Vorteile des EPS-Formats ist die Möglichkeit, sowohl Vektor- als auch Pixeldaten zu speichern. Die moderneren Formate PSD und PDF sowie das altbewährte TIFF-Format erfüllen diesen Anspruch aber mindestens ebenso gut.

1.7 Wie kommt das Bild in den Rechner?

Möchten Sie für Ihre Arbeiten nicht nur auf bereits digitalisierte Vorlagen, zum Beispiel Bilder auf einer CD-ROM, zurückgreifen, sondern auch eigenes oder fremdes Fotomaterial, Bilder aus Zeitschriften (Vorsicht: Copyright!) o. Ä. verwenden, dann benötigen Sie einen Scanner, eine Digitalkamera oder Ihre eigenen Bilder auf einer Photo-CD.

Digitalkameras

Von der Handhabung und vom Aussehen her ähnelt eine Digitalkamera einer herkömmlichen Fotokamera. Der Unterschied liegt darin, dass das Bild nicht auf einen Film belichtet wird, sondern dass das Motiv von Fotozellen auf einem Chip in Pixel zerlegt wird.

Abbildung 1.10
Kompakt-Digitalkamera
(Pressefoto von Canon)

Die Bilder werden temporär in einem kamerainternen Speicher abgelegt. Je nachdem, wie hoch die Auflösung der aufgenommenen Bilder ist, speichern Sie unterschiedlich viele Aufnahmen auf der Speicherkarte der Kamera.

Die Bilder werden dann heutzutage meist über die USB-Schnittstelle in den Rechner übertragen und können dann in Photoshop bearbeitet werden.

Abbildung 1.11
Digitale Spiegelreflexkamera
(Pressefoto von Nikon)

Viele Fotohändler und Online-Services bieten die Möglichkeit, von digitalen Bildern Papierabzüge zu herstellen.

Die Qualitäts- und Preisunterschiede sind bei Digitalkameras deutlich. Die Kompaktkameras des mittleren Preissegments eignen sich auch für den ambitionierten Hobbyfotografen. Besonders preisgünstige Kameras sind nur für gelegentliche Schnappschüsse geeignet, wenn Sie an diese keine zu hohen Qualitätsansprüche stellen. Mit vielen Digitalkameras können Sie auch Filme mit Ton aufnehmen.

Eine Mischform zwischen Kompakt- und Spiegelreflexkameras stellen die sogenannten Bridgekameras mit festem Objektiv und elektronischem Sucher ähnlich dem optischen Sucher einer Spiegelreflexkamera dar.

Geräte im oberen Preissegment, die mehr Einstellungsmöglichkeiten, bessere Objektive etc. bieten, eignen sich für ambitionierte Amateure und professionelle Fotografen. Es handelt sich hierbei normalerweise um auch aus der analogen Fotografie bekannte Spiegelreflexkameras oder um die neuen »EVIL-Kameras«, also kompakte Systemkameras mit Wechseloptik.

Beim Kauf einer Digitalkamera ist zu beachten, dass heutzutage nicht mehr die Pixelanzahl das ausschlaggebende

Tipps für gelungene Fotos

- Die Korrekturfunktionen der Kamera-Software – beispielsweise Kontrast, Schärfe und Sättigung – sollten Sie ausschalten (es sei denn, Ihre Kamera nimmt Raw-Bilder auf, dann sind die Autofunktionen unproblematisch).
- Manche Kameras nehmen Fotos grundsätzlich mit Farbstichenauf. In diesem Fall sollten Sie den automatischen Weißabgleich abschalten. Stattdessen wählen Sie die Tageslichteinstellung. Oder fotografieren Sie eine weiße oder graue Fläche und legen Sie diesen Wert als Weiß bzw. Neutralgrau fest. In späteren Aufnahmen korrigiert die Kamera diese Werte in Weiß bzw. Neutralgrau.
- Versuchen Sie, Bildrauschen bereits beim Fotografieren zu vermeiden, da es sich auch in Photoshop meist nur unvollständig entfernen lässt. Viel Rauschen erhalten Sie mit hoher ISO-Empfindlichkeit. Faustregel: ISO 50 oder 100 ist für Kompaktkameras geeignet, für Spiegelreflexgeräte bis ISO 400.
- Auch wenn Sie im Endeffekt Graustufenbilder erzielen möchten, sollten Sie Ihre Digitalkamera nicht auf Schwarzweiß umschalten. Photoshop bietet Ihnen flexible Möglichkeiten, attraktive Graustufenbilder zu erzeugen.

Kriterium ist; heutige Kompaktkameras verfügen stets über eine mehr als ausreichende Pixelanzahl. Achten Sie vielmehr auf die Größe der Bildpunkte und damit eine der Pixelzahl angemessene Fläche des Bildsensors. Je größer die Pixel, desto geringer wird auch das Problem des Bildrauschens.

Ein weiteres wichtiges Qualitätsmerkmal ist die Arbeitsgeschwindigkeit der Digitalkamera. Wichtig ist hier die Zeitspanne, die der Autofokus zum Scharfstellen benötigt, außerdem die Zeitspanne, die nach dem Abdrücken bis zur Aufzeichnung des Bilds vergeht, sowie der Zeitpunkt, nach dem die Kamera nach einer Aufnahme ein weiteres Bild anfertigen kann.

Höherwertige Kameras können Digitalfotos verlustfrei im Rohdatenformat RAW speichern. Mehr über RAW-Bilder erfahren Sie im Kapitel 4.

Bilder scannen

Photoshop ermöglicht es Ihnen, gleich aus Photoshop heraus zu scannen. Beim Scannen werden die Bilder als Koordinatensystem von einzelnen Pixeln (Bildpunkten) erfasst. Welche Farben jedes Pixel mitbekommt, hängt dabei nicht nur von der Scanvorlage ab, sondern auch von der für den Scan gewählten Farbtiefe. Die Farbtiefe ist ein wichtiger Faktor für die Qualität der Digitalisierung.

Über die Farbtiefe und ihre Bedeutung konnten Sie sich auf Seite 16 informieren.

Zunächst führen Sie in der Scansoftware einen Prescan (Vorschau-Scan) durch. Dieser hat die Funktion, den Scanbereich festzulegen und bestimmte Voreinstellungen wie etwa Helligkeit, Kontrast, Bildausschnitt und Auflösung vorzunehmen.

1. Klicken Sie auf die Schaltfläche zum Starten des Prescan. Die gesamte Fläche des Vorlagenglases wird eingescannt.
2. Legen Sie anhand eines Auswahlrahmens den zu scannenden Bereich fest.
3. Nehmen Sie die gewünschten Einstellungen vor.
4. Klicken Sie zuletzt auf die Schaltfläche zum endgültigen Scannen des Bilds.

Das Bild wird vom Scannersensor abgetastet und digitalisiert. Dieser Vorgang kann eine Weile dauern. Danach erscheint das Bild im Photoshop-Programmfenster und kann nun bearbeitet und gespeichert werden.

Wie funktioniert ein Scanner?

Ein Flachbettscanner ist mit einem Kopiergerät vergleichbar– er tastet die Vorlage mit einer Lichtquelle und einem CCD-Zeilensensor ab und wandelt sie in Pixel um. Dabei werden im RGB-Modus die Farbanteile jedes Pixels mit Rot-, Grün- und Blaufiltern entsprechend festgelegt. Es gibt auch Flachbettscanner mit Durchlichteinheit, die Durchsichtvorlagen (z.B. Dias oder Negative) digitalisieren.

Abbildung 1.12
Flachbettscanner *(Produktfoto von Canon)*

Welche Auflösung soll der Scanner haben?

Die Auflösung bestimmt die Schärfe und Feinheit des gescannten Bilds. Demnach spielt es durchaus eine Rolle, welche maximale Auflösung Ihr Scanner erreicht. Informieren Sie sich beim Kauf über die physische oder optische Auflösung des Scanners. Diese wird normalerweise in dpi angegeben, woraus Sie entnehmen, wie viele Punkte pro Zoll (dots per inch; 1 inch = 2,54 cm) die Sensoren des Scanners erfassen können. Übliche physikalische Auflösungen sind 1.200 bis 4.800 dpi. Sie brauchen zwar nicht für jeden Zweck eine besonders hohe Auflösung – je höher die Auflösung beim Scannen eingestellt wird, desto besser ist jedoch die resultierende Bildqualität, das heißt, Sie erhalten feinere Details. Die Auflösung auf ein geeignetes Maß heruntersetzen können Sie auch später noch, zum Beispiel 300 dpi für Druckzwecke. Für große Dokumente, etwa im A4-Format, sollten Sie von vornherein eine niedrigere Scanauflösung einstellen, da Sie sonst riesige Datenmengen erhalten.

Manche Scannerhersteller geben bei ihren Modellen auch noch eine sogenannte »interpolierte Auflösung« an. Diese liegt häufig beeindruckend hoch. Lassen Sie sich davon nicht täuschen: Bei einer Interpolation werden Pixel hochgerechnet, d.h. erfasste Pixel werden in kleinere Pixel unterteilt. Die Auflösung wird dadurch zwar in der Tat höher, die Details werden allerdings nicht feiner. Es ergibt sich keine Verbesserung gegenüber der maximalen physischen Auflösung. Wenn Ihr Scanner in der höchstmöglichen optischen Auflösung Bilddetails nicht erfassen kann, kann er das in der höheren interpolierten Auflösung auch nicht! Der einzige Unterschied zwischen beiden Bildern ist dann, dass das interpolierte Bild mit der höheren Auflösung mehr Speicherplatz beansprucht – schlimmstenfalls erhalten Sie eine extrem große Datei ohne Qualitätsverbesserung.

Nehmen wir an, Ihr Scanner bietet eine maximale optische Auflösung von 1.200 dpi und eine interpolierte Auflösung von 2.400 dpi. Sie scannen ein Bild mit 2.400 dpi ein. Das resultierende Bild ist viermal so groß wie dasselbe Bild mit 1.200 dpi, aber kein bisschen detailreicher.

Daraus könnte man schließen, dass die Angabe einer interpolierten Auflösung Betrug wäre. Das ist aber nicht ganz so zu sehen. Es gibt Fälle, in denen sich ein Scan mit einer hohen interpolierten Auflösung lohnt: wenn Sie ein gescanntes Bild stark vergrößern möchten. In diesem Fall wird durch die größere Pixelanzahl der gefürchtete »Sägezahn«- oder »Treppchen«-Effekt gemildert. Allerdings können Sie dies auch in Photoshop erledigen.

Kleinbild-Diascanner

Eine Ergänzung zum Flachbettscanner ist ein Kleinbild-Diascanner. Sie digitalisieren mit diesem Scannertyp Kleinbilddias und Negative. Die Scanqualität dieser Geräte ist der von Flachbettscannern mit Durchlichteinheit überlegen.

Abbildung 1.13
Je geringer die Auflösung ist, desto mehr Bilddetails gehen verloren.

Bild: Björn Lilie

Die Wahl der Farbtiefe

Achten Sie bereits beim Scannen auf die richtige Farbtiefe. Sie können diese in Photoshop zwar nachträglich ändern, aber ein bereits in einer Farbtiefe von 8 Bit gescanntes Bild verliert beim Scanvorgang Farbinformationen, die sich nachträglich nicht mehr wiederherstellen lassen – unter Umständen kann nur ein erneuter Scan in einer höheren Farbtiefe weiterhelfen. Am besten scannen Sie vorsichtshalber immer in der höchstmöglichen Farbtiefe – ideal wären 16 Bit/Kanal.

Die richtige Auflösung

Der Scanner erfasst Ihre Vorlage in einem Koordinatensystem aus einzelnen Bildpunkten. Je höher Sie die Auflösung beim Scannen einstellen, desto feinere Details wird das digitalisierte Bild enthalten.

Für Bilder, die ohnehin nur am Bildschirm betrachtet werden sollen, ist eine geringere Auflösung notwendig als für Bilder, die beispielsweise im Offsetdruck reproduziert werden sollen (bei allen Angaben wird vorausgesetzt, dass das Bild in 1:1-Größe wiedergegeben werden soll).

- Bilder, die später gedruckt werden sollen, werden je nach Druckverfahren in unterschiedlichen Auflösungen gescannt. Die für digitale Medien übliche Bildschirmauflösung von 72 ist auf jeden Fall zu wenig – was am Bildschirm noch perfekt aussieht, wirkt im Druck unzureichend.
- Im Offset-Druck erhalten Sie bei einer Auflösung von 300 dpi eine qualitativ hochwertige Wiedergabe.
- Für Bilder, die auf einem 300-dpi-Laserdrucker gedruckt werden, erzielen Sie bereits mit 150 dpi eine gute Qualität.
- Ein Laserdrucker mit einer Auflösung von 600 dpi benötigt mindestens eine Bildauflösung von 220 dpi.
- Allerdings sollten Sie nicht nur bei professionellen Drucken, sondern auch beim Heimdruck zusätzlich noch die Rasterweite sowie den Qualitätsfaktor berücksichtigen. Mehr zu diesem Thema und eine Zusammenfassung empfohlener Auflösungen erhalten Sie weiter hinten in diesem Kapitel.

Die Auflösung des digitalisierten Bilds verdoppelt sich gegenüber einem in der Originalgröße gescannten Bild nicht, sondern sie vervierfacht sich, da die Pixelzahl in diesem Fall nicht auf eine Strecke von einem Zoll, sondern auf eine Fläche von einem Quadratzoll berechnet wird.

Auflösung für Tintenstrahldrucker

Im Gegensatz zur Offsetdruckmaschine, die Graustufen lediglich in Form von größeren oder kleineren Druckpunkten simuliert, arbeiten Schwarzweißlaserdrucker sowie Farbtintenstrahldrucker mit dem sogenannten Ditherverfahren zur Erzeugung von Farbe.

Die Bildauflösung für den Offset- und Tintenstrahldruck darf deutlich unter der möglichen Druckerauflösung liegen: Ein Schwarzweißlaserdrucker kann beispielsweise nur schwarz drucken. Damit daraus 256 Grautöne entstehen, teilt er jedes druckbare Pixel in eine Matrix aus z.B. 16 x 16 Punkten (=256 Punkte). Je nach Grauwert des Pixels wird dann nur eine bestimmte Anzahl Punkte gedruckt.

Weil jedes Pixel eines Bilds in Wirklichkeit auf 16 x 16 Punkten dargestellt werden muss, reduziert sich natürlich die »echte« Ausgabeauflösung des Druckers entsprechend.

Allzu gering sollte die Auflösung trotzdem nicht sein, weil die 16x16-Matrix natürlich feiner berechnet werden kann, wenn mehr Pixel dazu zur Verfügung stehen. Bei Farbdruckern (ausgenommen sind Thermosublimationsdrucker) ist für jede einzelne Farbe eine der oben beschriebenen Matrizen vorhanden. Die Farbdeckung wird hier zusätzlich durch einen kleinen Versatz verbessert.

Dazu eine kleine Beispielrechnung: Sie haben ein Bild mit einer Größe von einem Quadratzoll und einer Auflösung von 100 dpi. Da sich in diesem Fall auf einer Strecke von einem Zoll 100 Pixel befinden, benötigt das gesamte Bild 100 x 100 Pixel. Das Bild besteht also aus 10.000 Bildpunkten.

Umrechnung Zoll/cm
Ein Zoll (engl: *inch*) entspricht 2,54 cm.

Verdoppeln Sie nun die Auflösung, setzen Sie sie also auf 200 dpi hoch, enthält das gesamte Bild 200 x 200 Pixel = 40.000 Pixel.

Das Beispiel oben (Verdoppelung der Bildgröße) ist relativ einfach. Komplizierter wird es, wenn Sie die benötigte Auflösung anhand der Endabmessungen des zu reproduzierenden Bilds berechnen wollen. Für solche Fälle gibt es die folgende Formel:

$$\text{Scanauflösung} = \frac{\text{Höhe des digitalen Bilds}}{\text{Höhe der Vorlage}} \times \text{benötigte Auflösung für Drucker/Ausgabegerät}$$

Auch dies soll wieder anhand eines Beispiels verdeutlicht werden. Sie haben eine Vorlage mit einer Größe von 14 x 14 cm. Dieses Bild wollen Sie auf einem Tintenstrahldrucker mit einer Auflösung von 170 dpi drucken. Die Kantenlänge des Bilds soll im Ausdruck 21 x 21 cm betragen. Berechnen Sie die Auflösung für den Scanner anhand der obigen Formel folgendermaßen:

Achtung
Wenn das digitale Bild größer als die Vorlage reproduziert werden soll, sollten Sie beim Scannen die Auflösung erhöhen, um Qualitätsverluste beim Skalieren zu vermeiden.

$$\frac{21\text{ cm}}{14\text{ cm}} \times 170\text{ dpi} = 255\text{ dpi}$$

Allerdings sollten Sie die berechnete Scanauflösung für ein bestmögliches Ergebnis noch runden – sie sollte durch die maximale optische Auflösung des Scanners ohne Rest teilbar sein. Besonders wenn Ihr Bild professionell gedruckt werden soll oder ein Kleinbild-Dia daraus angefertigt werden soll, spielen aber noch weitere Faktoren eine wichtige Rolle. Auf diese soll nachfolgend eingegangen werden.

Welche Rolle spielt die Rasterweite?

Bei der Reproduktion von Bildern im Offsetdruckverfahren werden diese zunächst in ein **Halbtonraster** zerlegt. Im Hoch-, Flach- und Durchdruckverfahren (z.B. dem Siebdruck) gibt es keine Aufhellung oder Abdunklung der Druckfarben selbst.

Es gibt vielmehr nur zwei Alternativen: entweder den Vollton der Druckfarbe oder die farbfreie Fläche. Zwischenstufen werden durch unterschiedlich große Rasterelemente vorgetäuscht – das sogenannte Halbtonraster. Dunkle Farben werden in große Punkte umgewandelt, helle in kleine.

Je nachdem, welche **Rasterweite**, auch **Rasterfrequenz** genannt, verwendet wird, sind die Rasterzellen größer oder kleiner. Die Rasterfrequenz bestimmt die Anzahl der Punktreihen, die für die Reproduktion verwendet werden.

Bei einer hohen Rasterfrequenz, z.B. 150 lpi, sind die Punkte klein, die Wiedergabequalität ist gut. Bei einer geringen Rasterfrequenz, z.B. 60 lpi, erhält man große Punkte und eine grobe Reproduktionsqualität. Hohe Rasterfrequenzen erfordern Belichtungsgeräte mit hoher Auflösung und ein sehr gutes Druckpapier. Für geringwertige Papiere, wie zum Beispiel Zeitungspapier, verwendet man niedrige Rasterfrequenzen.

Je höher die geforderte Rasterfrequenz ist, desto höher muss auch die Scanauflösung sein. Erkundigen Sie sich bei Ihrem Druckdienstleister, welche Rasterweite gefordert wird. Weiter hinten sehen Sie, wie Sie anhand der benötigten Rasterweite die Scanauflösung berechnen. Außerdem wird die Anzahl der reproduzierbaren Halbtöne durch die Rasterweite bestimmt, da unterschiedliche Tonwerte durch eine verschieden große Anzahl von Pixeln innerhalb der einzelnen Rasterzelle erreicht werden.

Je geringer die Rasterfrequenz ist, desto weniger Halbtöne können dargestellt werden. Um die Anzahl der darstellba-

Abbildung 1.14
Oben: Original; Mitte: feinere Rasterweite; Unten: gröbere Rasterweite

Bild: Björn Lilie

ren Halbtöne auszurechnen, verwendet man die folgende Formel:

$$\text{Reproduzierbare H'töne} = \frac{\text{Auflösung des Druckers}}{\text{Rasterfrequenz}} + 1$$

Die übliche Einheit für die Rasterweite ist lpi (lines per inch = Linien pro Zoll). Hierzulande gibt man die Rasterweite auch in Linien pro Zentimeter an. Die Umrechnung von Linien pro Zoll in Linien pro Zentimeter erfolgt nach folgender Formel:

$$\text{Linien pro Zoll}/2{,}54 = \text{Linien pro Zentimeter}$$

Üblich sind Rasterweiten im Bereich zwischen 20 und 80 Linien pro Zentimeter. Für Zeitungen ist beispielsweise eine Rasterweite von 24 Linien pro Zentimeter (60 lpi) üblich, für Kunstdruckpapier eine Rasterweite von 54 Linien pro Zentimeter (135 lpi). Die folgende Tabelle zeigt Ihnen die üblichen Rasterweiten für verschiedene Bedruckstoffe (noch ohne Berücksichtigung des Qualitätsfaktors).

Rasterweite (lpi)	Rasterweite (Linien/cm)	Verwendung
60	24	Zeitung, rauhe Oberfläche
75	30	Zeitung, glatte Oberfläche
85	34	Zeitung, satinierte Oberfläche
100	40	Zeitung, Illustrationsdruck, maschinenglatt und satiniert
120	48	Naturpapier, Kunstdruckpapier, gut satiniert
135	54	Normales Kunstdruckpapier, gut satiniert
150	60	Bestes Kunstdruckpapier, gut satiniert; Zeitschriftenpapier, gestrichen
200	80	Besonders hochwertige Drucksachen, gut satiniert

Abbildung 1.15
Für das obere Bild benötigen Sie einen höheren Qualitätsfaktor als für das untere, weil es viel schärfere Details enthält.

Welche Rolle spielt der Qualitätsfaktor?

Für den Druck werden die einzelnen Rasterpunkte in bestimmten Winkeln angeordnet. Beim Scannen kann es durchaus passieren, dass beim Zerlegen des Bilds in Pixel die Rasterpunkte nicht genau »getroffen« werden. Daher sollte jeder Rasterpunkt mehrere Pixel enthalten. Je nachdem, wie viele Pixel pro Rasterpunkt verwendet werden können, wird der Qualitätsfaktor bestimmt. Dieser liegt beim Drucken normalerweise zwischen 1,5 und 2.

Einen Qualitätsfaktor von 1,4 bis 1,5 verwenden Sie für Bilder mit geringer Schärfe, zum Beispiel für Wolkentexturen, und für eine mittlere Qualität.

Hohe Qualitätsfaktoren eignen sich für Bilder mit starken Konturen, die in hoher Qualität ausgegeben werden sollen.

Die folgende Tabelle zeigt Ihnen empfohlene Qualitätsfaktoren und die zugehörigen Auflösungen für verschiedene Einsatzgebiete.

Qualitätsfaktor	Zeitung (85 lpi)	Magazin (133 lpi)	Buchdruck (150 lpi)
1	85 dpi	133 dpi	150 dpi
1,4	119 dpi	186 dpi	210 dpi
1,5	128 dpi	200 dpi	225 dpi
2,0	170 dpi	266 dpi	300 dpi

Wie berechnen Sie aus diesen Kriterien die Bildauflösung?

Anhand der genannten Kriterien berechnen Sie die optimale Auflösung für Ihren Scan. Bedienen Sie sich dazu der folgenden Formel:

$$\text{Scanauflösung für Halbtonbilder} = \text{Rasterweite in lpi} \times \text{Qualitätsfaktor} \times \text{Vergrößerungsfaktor}$$

Wieder ein Beispiel:

Sie möchten ein Bild zur Reproduktion auf maschinenglattem Papier mit 100 lpi einscannen. Die Vorlage hat eine Kantenlänge von 23 × 17 cm. Der Qualitätsfaktor soll 2 sein. Das Bild soll eine Endbreite von 12 cm haben. Stellen Sie folgende Berechnung an:

$$100\ \text{lpi} \times 2 \times \left(\frac{12}{23}\right) = 104\ \text{dpi}$$

Diese 104 dpi sollten (zumindest theoretisch) genügen, um das Bild in zufriedenstellender Qualität zu digitalisieren.

Tipps für das Scannen gedruckter Vorlagen

Bei Vorlagen, die bereits einmal mit Raster gedruckt wurden, beispielsweise Bilder in Zeitschriften, treten häufig Moiré-Muster auf. Ein Beispiel für ein solches Moiré sehen Sie in den nebenstehenden beiden Bildern. Moiré-Muster sind das Ergebnis von Interferenzen zwischen Bild- und Scanraster.

Moirés lassen sich bei gedruckten Vorlagen schlecht grundsätzlich vermeiden. Sie können aber Vorsorge treffen, um sie wenigstens zu minimieren.

1. Scannen Sie das Bild in vierfacher Auflösung ein. Danach verwenden Sie in Photoshop den Gaußschen Weichzeichner (siehe Kapitel 14). Das Bild verliert durch diese Maßnahme allerdings etwas an Schärfe. Setzen Sie dann die Bildauflösung mit *Bild → Bildgröße* auf die erforderliche niedrigere Stufe. Dadurch wird auch die Unschärfe wieder etwas reduziert.
2. Alternativ drehen Sie das Bild beim Scannen ganz leicht. Dadurch werden die Interferenzen reduziert.
3. Verwenden Sie den Filter *Rauschen entfernen* (Kapitel 14).

Viele Scanprogramme sind mit einer Defokus-Funktion ausgestattet. Damit verhindern Sie das Moiré-Muster bereits im Vorfeld – vorausgesetzt, Sie kennen die Rasterweite, in der das Bild gedruckt wurde. Diese müssen Sie für die Defokus-Funktion in der Scansoftware angeben.

Die Rasterweite lässt sich mit einem Rasterweitenmesser oder mit einem Fadenzähler zumindest annähernd herausfinden. Ein Fadenzähler ist eine kleine Lupe mit einer Skala, die in Zehntelmillimeter unterteilt ist. Platzieren Sie den Fadenzähler parallel zum Raster auf Ihrer Vorlage. An der Skala lesen Sie die Rasterweite ab.

Das etwas umständliche Zählen entfällt, wenn Sie statt des Fadenzählers einen Rasterweitenmesser einsetzen. Auch dieser hat eine Einteilung in Zehntelmillimeter.

Die Linien des Rasterweitenmessers sind in verschiedenen Winkeln angeordnet, so dass ein Interferenzmuster entsteht, wenn Sie den Rasterweitenmesser so auf die Vorlage auflegen, dass die mittlere Linie am Rasterwinkel ausgerichtet ist. Am Interferenzmuster, das sich nun bildet, lesen Sie die Rasterweite an der Spitze der Karoform an der Rasterweitenskala ab.

Abbildung 1.16
Moiré-Muster (unteres Bild) verderben das beste Foto.

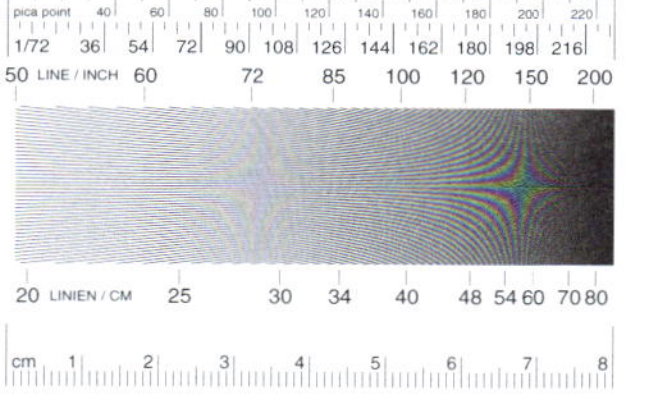

Abbildung 1.17
Rasterweitenmesser

Bild: Björn Lilie

BILDER ERSTELLEN, ÖFFNEN UND SPEICHERN

Dieses Kapitel zeigt Ihnen den grundsätzlichen Umgang mit Bilddateien in Photoshop. Zusätzlich erlernen Sie, wie Sie Panoramen und HDR-Bilder montieren. Für beide Aufgaben bietet Photoshop CS6 äußerst komfortable Funktionen.

2.1 Ein neues Dokument anlegen

Um in Photoshop ein Bild zu erstellen, wählen Sie im Menü *Datei* den Befehl *Neu* oder drücken Sie die Tastenkombination [Strg]/[⌘] + [N]. In der Dialogbox *Neu* nehmen Sie verschiedene Bildeinstellungen vor.

Bilder für Satzprogramme vorbereiten
Wählen Sie in der Dialogbox *Neu* rechts neben *Breite* den Eintrag *Spalten*, können Sie das Bild für ein Satzprogramm mit bestimmten Satzanweisungen vorbereiten, da Sie dann feste Spalten und Abstände verwenden (einige Layoutprogramme benutzen die Spaltenbreite, um die Darstellung eines Bilds innerhalb von Spalten zu definieren). Spalten und Abstände legen Sie in den Voreinstellungen von Photoshop unter *Masseinheiten & Lineale* fest.

1. Geben Sie im Eingabefeld *Name* gegebenenfalls einen aussagekräftigen Namen für das Bild ein – dieser muss nicht dem Dateinamen entsprechen.
2. In die Felder *Breite* und *Höhe* geben Sie die gewünschte Bildgröße ein. Beachten Sie, dass Sie die gewünschte Maßeinheit rechts neben dem Feld über das Popup-Menü festlegen. Im Eingabefeld *Auflösung* bestimmen Sie die gewünschte Auflösung.
3. Über das Popup-Menü *Farbmodus* wählen Sie den Farbmodus des Bilds, z.B. *RGB-Farbe*, *CMYK-Farbe* oder *Graustufen*. Diese Eigenschaft ändern Sie gegebenenfalls später noch.
4. Legen Sie dann im Dialogbereich *Hintergrundinhalt* den Hintergrund für das Bild fest. Wählen Sie zwischen *Weiß*, *Hintergrundfarbe* und *Transparent*. Mit *Hintergrundfarbe* erhalten Sie die aktuell in Photoshop eingestellte Hintergrundfarbe.
5. Benötigen Sie die jetzt festgelegten Parameter auch für weitere neue Bilder, klicken Sie auf die Schaltfläche *Vorgabe speichern*. Von nun an lässt sich die neue Einstellung über das Popup-Menü *Vorgabe* abrufen.

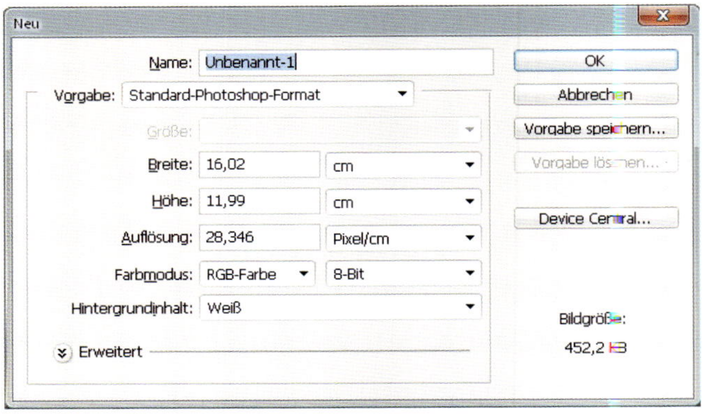

Abbildung 2.1
In der Dialogbox *Neu* legen Sie die Eigenschaften Ihres neuen Bilds fest.

Abmessungen der Zwischenablage verwenden

Haben Sie Bilddaten in die Zwischenablage kopiert und wählen Sie anschließend in Photoshop den Befehl *Datei* → *Neu*, dann sind in der Dialogbox die entsprechenden Pixelmaße und der entsprechende Farbmodus bereits voreingestellt. Nach dem Erstellen eines leeren Bilds auf dieser Grundlage können Sie die Bilddaten aus der Zwischenablage mit *Bearbeiten* → *Einfügen* passgenau in das neue Dokument einfügen.

Manchmal ist dieses Verhalten jedoch gerade nicht erwünscht. In diesem Fall halten Sie die Alt-Taste gedrückt, während Sie die Dialogbox *Neu* öffnen. Dann ignoriert Photoshop den Inhalt der Zwischenablage und verwendet die beim letzten Erstellen eines neuen Dokuments gewählten Einstellungen.

2.2 Bilder öffnen

Vorhandene Bilder öffnen Sie mit der Befehlsfolge *Datei* → *Öffnen* oder – unter Windows – mit einem Doppelklick auf die leere Arbeitsfläche. Falls Sie lieber über die Tastatur arbeiten, verwenden Sie die Tastenkombination Strg/⌘ + O.

Bilder aus dem Explorer öffnen
Sie können Bilder auch öffnen, indem Sie sie aus dem Explorer oder Finder in das Photoshop-Fenster ziehen. Ist in Photoshop bereits ein Dokument geöffnet, erscheint das neue Bild hier als Ebene.

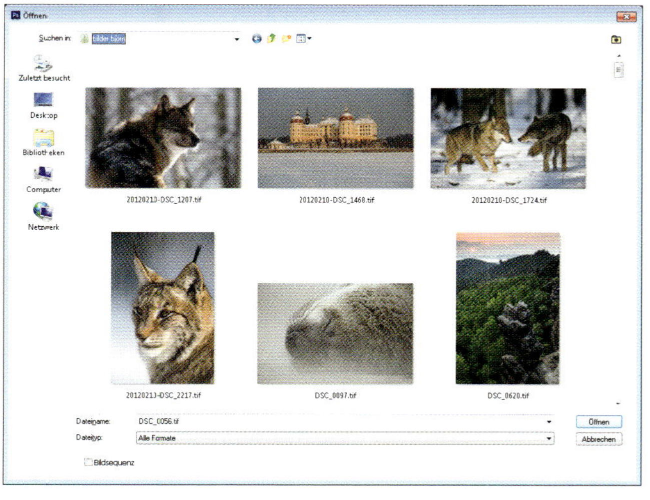

Abbildung 2.2
Vorhandene Bilder laden Sie über die Dialogbox *Öffnen*.

Bilder: Björn Lilie

Die zuletzt verwendeten Bilder öffnen
Die zuletzt geöffneten Bilder führt Photoshop im Menü *Datei* → *Letzte Dateien öffnen* auf. Mit einem Klick öffnen Sie das gewünschte Bild. Voreingestellt sind zehn zuletzt geöffnete Bilder; möglich sind bis zu 30 – Sie legen dies über *Bearbeiten* → *Voreinstellungen* → *Dateihandhabung* fest.

Profilmeldungen
Wenn Sie beim Öffnen Ihrer Bilder Profilmeldungen erhalten, sind diese in den Photoshop-Farbeinstellungen aktiviert. Dann erhalten Sie eine Meldung, sobald Sie ein Bild öffnen, dessen Farbprofil vom aktuellen Arbeitsfarbraum abweicht oder das über gar kein Profil verfügt. Für die normale Bildbearbeitung sollten Sie das Optionsfeld *Eingebettetes Profil verwenden (anstelle des Arbeitsfarbraums)* aktivieren.

Damit die Meldung nicht mehr erscheint und Ihre Bilder Ihre Profile automatisch beibehalten, schließen Sie alle Dokumente und wählen *Bearbeiten* → *Farbeinstellungen*. Deaktivieren Sie in den *Farbmanagement-Richtlinien* im Popup-Menü *RGB* die Option *Eingebettete Profile beibehalten*. Neben *Profilabweichung* deaktivieren Sie *Beim Öffnen wählen* und *Beim Einfügen wählen*.

Möchten Sie eine sehr große Datei mit Ebenen öffnen, können Sie – vorausgesetzt, dass Sie die Aufteilung in Ebenen nicht benötigen – beim Öffnen die Tastenkombination [Alt] + [⇧] gedrückt halten. Die folgende Frage bestätigen Sie mit *Ja*. Photoshop öffnet die Datei dann auf eine Ebene reduziert, was sehr viel schneller geht, da die Datei häufig nur noch ein Zehntel ihrer ursprünglichen Größe hat.

PDF-, EPS- und Illustrator-Dateien in Photoshop platzieren

Mit dem Befehl *Platzieren* öffnen Sie PDF-, EPS-, Raw- und AI-Dateien und platzieren sie in Ihrem Photoshop-Dokument. Alternativ ziehen Sie sie aus Bridge oder von Ihrem Desktop auf das Photoshop-Dokument. Das Besondere ist, dass diese Elemente (Smart Objects genannt) zunächst ohne Qualitätsverluste bearbeitbar bleiben, bis Sie sich entschließen, sie zu rastern.

1. Öffnen Sie zunächst ein leeres oder vorhandenes Dokument, in dem Sie das PDF/EPS-Dokument platzieren möchten.
2. Wählen Sie dann im Menü *Datei* den Befehl *Platzieren*.
3. In der Dialogbox *Platzieren* wählen Sie die gewünschte Datei aus und bestätigen mit *Platzieren*.
4. Falls es sich um ein PDF-Dokument handelt, entscheiden Sie in der nächsten Dialogbox, ob Sie eine ganze Seite oder nur ein Bild aus der PDF-Datei platzieren möchten.

▶ Möchten Sie eine ganze Seite im Photoshop-Dokument platzieren, aktivieren Sie links oben die Option *Seite* und klicken in der Vorschau die entsprechende Seite an. Bestätigen Sie mit *OK*.

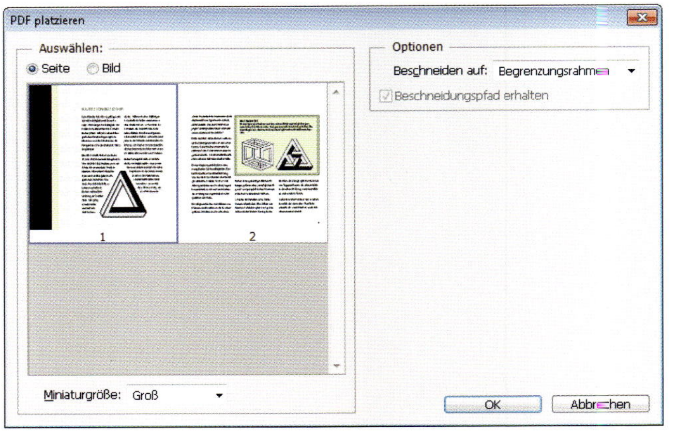

Abbildung 2.3
Sie haben die Wahl: Entweder Sie platzieren eine ganze Seite (siehe Abbildung) oder ein bestimmtes Bild aus der PDF-Datei.

- Möchten Sie nur ein bestimmtes Bild aus dem PDF-Dokument in Photoshop platzieren, aktivieren Sie links oben die Option *Bild*. In der Vorschau zeigt Photoshop Ihnen daraufhin alle Bilder, die im PDF-Dokument enthalten sind. Wählen Sie das gewünschte Bild aus und bestätigen Sie mit *OK*.

Damit Photoshop die Datei endgültig im Dokument platziert, betätigen Sie die [↵]-Taste, doppelklicken direkt auf die eingefügte Datei oder wählen Sie aus dem Kontextmenü den Befehl *Platzieren*. Das Dokument erscheint auf einer neuen Ebene (siehe Kapitel 10) im Photoshop-Dokument. Sie können es nun beliebig skalieren oder transformieren (mehr darüber erfahren Sie in Kapitel 7), ohne dass es dabei zu Qualitätsverlusten kommt. Eine als Smart Objekt platzierte Vektorgrafik lässt sich mit einem Doppelklick in Illustrator öffnen, bearbeiten und dann in Photoshop aktualisieren. Am Schluss rastern Sie die Ebene mit dem so erzeugten Smart Objekt. In Kapitel 10 erfahren Sie mehr über die Vorgehensweise.

Warndialoge wiederherstellen
Haben Sie schon einmal einen Warndialog über das Kontrollkästchen *Nicht wieder anzeigen* deaktiviert? Wenn Sie den entsprechenden Befehl anschließend erneut wählen, wird kein Warndialog mehr angezeigt, auch nicht nach dem Schließen und erneuten Öffnen von Photoshop.

Möchten Sie die Warndialoge später wieder anzeigen, wählen Sie *Photoshop/Bearbeiten* → *Voreinstellungen* → *Allgemein*. Hier klicken Sie auf *Alle Warndialogfelder zurücksetzen* und bestätigen mit *OK*. Von nun an werden alle Warndialoge wieder angezeigt. Einzelne Warndialoge lassen sich auf diese Weise aber nicht zurückholen; Photoshop aktiviert stets alle Warnungen.

Ein PDF/EPS-Dokument als Photoshop-Dokument öffnen

Sie können eine PDF- oder EPS-Datei in einem Photoshop-Dokument nicht nur platzieren, sondern diese Dateitypen auch direkt in Photoshop öffnen. Dabei rastert Photoshop die EPS- oder PDF-Datei automatisch. Es ist in diesem Fall nicht notwendig, ein leeres Dokument bereitzustellen. Stattdessen verwenden Sie wie üblich die Dialogbox *Öffnen*:

1. Wählen Sie im Menü *Datei* den Befehl *Öffnen*. In der Dialogbox *Öffnen* wählen Sie die Datei aus und klicken auf die Schaltfläche *Öffnen*.
2. Bei mehrseitigen PDF-Dokumenten entscheiden Sie, welche Seiten/Bilder Sie importieren möchten. Nehmen Sie verschiedene Einstellungen vor, wie Breite, Höhe, Maßeinheiten, Auflösung, Glättung. Bestätigen Sie mit *OK*.
3. Photoshop führt die Konvertierung durch.

Nach dem Vorgang erscheint die PDF- oder EPS-Datei mit Ihren Einstellungen als Photoshop-Dokument. Es wird endgültig gerastert.

Abbildung 2.4
RAW-Dateien, *Schrammstein-panorama von Björn Lilie*

2.3 Panoramafotos montieren

Photoshop macht Ihnen die Montage von mehreren mit dem Stativ aufgenommenen Einzelbildern zu einem Panorama relativ leicht.

Damit alles problemlos funktioniert, sollten Sie schon beim Fotografieren darauf achten, dass sich die einzelnen Fotos um etwa ein Viertel überlappen.

1. Wählen Sie *Datei* → *Automatisieren* → *Photomerge*. Klicken Sie auf *Durchsuchen* und wählen Sie mit gedrückter [⇧]- bzw. [Strg]/[⌘]-Taste alle Bilder aus, die Sie zu einem Panorama zusammensetzen möchten.
2. Klicken Sie zweimal auf *OK*, um das Panorama zu erzeugen. Photoshop öffnet nach einer Weile die zu einem Panorama zusammengesetzten Bilder. Die Bilder werden mit Ebenenmasken (siehe Kapitel 10) aneinander angepasst.
3. Mit dem *Freistellungswerkzeug* (Kapitel 6) schneiden Sie das Bild jetzt auf den gewünschten Bildausschnitt zu.

2.4 HDR-Bilder zusammenfügen

Das menschliche Auge kann viel mehr Kontraste wahrnehmen als die beste Digitalkamera. Deshalb können beim Fotografieren in den Tiefen und den Lichtern viele Details verloren gehen.

In der HDR-Fotografie soll dieses Problem gelöst werden, indem Sie mehrere Aufnahmen mit unterschiedlicher Belichtung machen und diese anschließend zusammensetzen. Für die verschiedenen Helligkeitsbereiche des Bilds verwenden Sie jeweils die optimal belichtete Version.

Photoshop übernimmt diese Aufgabe automatisch für Sie:

1. Wählen Sie *Datei → Automatisieren → Zu HDR Pro zusammenfügen*.
2. Klicken Sie auf *Durchsuchen*, wählen Sie Ihre Bilder aus, klicken Sie auf *Öffnen* und bestätigen Sie mit *OK*.

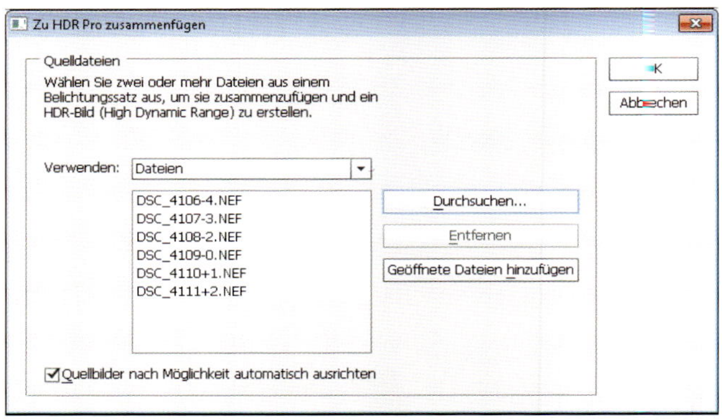

Abbildung 2.5
Für beste Ergebnisse wählen Sie – falls vorhanden – die ursprünglichen Raw-Dateien aus Ihrer Kamera aus.

3. Photoshop öffnet die Bilder nacheinander in HDR Pro. Passen Sie die Werte im rechten Bereich des Fensters an oder wählen Sie aus dem oberen Popup-Menü eine Voreinstellung. Sie finden hier unter anderem die Einstellung *Surrealistisch*, wie sie typisch für die HDR-Bearbeitungen des letzten Jahrzehnts war.
4. Sobald Sie mit Ihren Einstellungen zufrieden sind, können Sie diese als Vorgabe speichern, um sie auch für künftige Belichtungsreihen zu verwenden. Dazu öffnen Sie das Bedienfeldmenü rechts neben *Vorgabe* und klicken auf *Vorgabe speichern*. Geben Sie einen passenden Namen und Speicherort ein und klicken Sie auf *Speichern*. Ihre eigene Vorgabe ist dann ebenfalls im obersten Popup-Menü verfügbar.

Abbildung 2.6
Eine Belichtungsreihe von Björn Lilie.
EV -4,00, EV -3,00, EV -2,00,
EV 0,00, EV +1,00, EV +2,00

5. Zurück in der Dialogbox *Zu HDR Pro zusammenfügen* klicken Sie auf *OK*, um das zusammengefügte Bild in Photoshop zu öffnen.

Einstellmöglichkeiten im Dialog »Zu HDR Pro zusammenfügen«

Die Dialogbox *Zu HDR Pro zusammenfügen* bietet Ihnen die folgenden Einstellmöglichkeiten:

- Über die Kontrollkästchen am unteren Rand der Dialogbox entscheiden Sie, welche Bilder Ihrer Belichtungsreihe Sie verwenden möchten.
- Im Popup-Menü rechts oben haben Sie die Wahl:

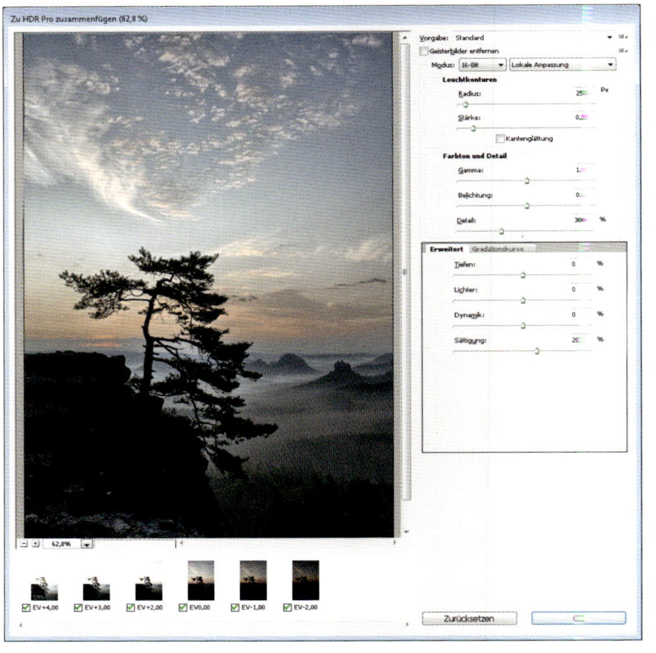

Abbildung 2.7
Die HDR-Pro-Dialogbox

Bilder mit unterschiedlichem Schärfepunkt
Auch ansonsten identische Bilder mit unterschiedlichem Schärfepunkt lassen sich über *Datei* → *Automatisieren* → *Photomerge* überblenden, so dass im fertigen Bild die schärfsten Bereiche aus allen Einzelbildern dargestellt werden. Sie erweitern damit die Tiefenschärfe Ihres Bilds nachträglich.

- Mit der Option *Belichtung und Gamma* führen Sie eine normale Belichtungsanpassung des HDR-Bilds durch. Ihnen stehen dann nur der Gamma- und der *Belichtungs*-Regler zur Verfügung.
- Die Option *Lichterkomprimierung* komprimiert die Lichter im Bild so, dass sie in einen 8- bzw. 16-Bit-Bereich passen. Diese Option ergibt nicht in jedem Bild ein gutes Ergebnis.
- Die Option *Histogramm angleichen* ergibt in vielen Fällen ein gutes Ergebnis, vor allem, wenn Sie nicht viele eigene Einstellungen vornehmen möchten. Hierbei wird der dynamische Bereich so komprimiert, dass die Kontrastverhältnisse einigermaßen beibehalten werden.
- Nur wenn Sie *Lokale Anpassung* wählen, haben Sie Zugriff auf die nachfolgend geschilderten Optionen. Sie können die Kurve nun frei formen, um ein optimales Ergebnis zu erzielen.

»Pseudo-HDR«-Bilder erstellen
Auch normale Einzelbildern können Sie ihn Photoshop mit den hier erläuterten HDR-Effekten versehen. Öffnen Sie dazu das Menü *Bild*, wählen Sie *Korrekturen* und dann *HDR-Tonung*.

- Wenn Ihre Einzelbilder Bewegung aufweisen, aktivieren Sie (bei mindestens drei Einzelbildern) das Kontrollkästchen *Geisterbilder entfernen*. Photoshop versucht dann, Bewegungsartefakte aus dem resultierenden Gesamtbild zu entfernen, zum Beispiel schnell bewegte Wolken oder eine gekräuselte Wasseroberfläche. Das Programm verwendet dabei eines der geladenen Bilder als Referenz/

Grundbild. Dieses können Sie durch Klicken auf die Miniaturen auswählen. In vielen Fällen funktioniert diese Option recht gut. Eventuell verbleibende Artefakte lassen sich später in Photoshop entfernen, zum Beispiel mit der Funktion *Inhaltsbasiertes Füllen* (siehe Seite 193).

- Um den Eindruck von Tiefe in Ihrem Bild zu erhöhen, erhöhen Sie die Regler im Bereich *Leuchtkonturen*. Achten Sie darauf, hier nicht zu übertreiben; denn echte Leuchtkonturen möchten Sie zumindest in fotorealistischen HDR-Bildern gerade vermeiden.
- Im *Farbton und Detail*-Bereich passen Sie mit dem *Gamma*- und dem *Belichtungs*-Regler die Helligkeit des Gesamtbilds an, mit dem *Detail*-Regler die Bildschärfe. Mit den Werten für *Tiefen* und *Lichter* verstärken oder schwächen Sie die jeweiligen Bildbereiche ab.
- Aktivieren Sie im unteren Bereich der Dialogbox das Register *Gradationskurve*, um die einzelnen Helligkeitsbereiche des Bilds durch Formen der Kurve gesondert anpassen zu können.

Verwenden Sie hier das Register *Farbe*, können Sie die Leuchtkraft der Farben erhöhen oder verringern.

Gradationskurven
Mehr über die Arbeit mit Gradationskurven erfahren Sie in Kapitel 15.

Abbildung 2.8
Foto: Björn Lilie

Bild: Björn Lilie

ADOBE BRIDGE

Mit dem Kauf von Photoshop CS6 bzw. der Creative Suite haben Sie auch Adobe Bridge erworben. Dieses Programm, das Sie auch unabhängig von Photoshop bzw. den Programmen der Creative Suite aufrufen können, ist mehr als ein bloßer Dateibrowser, denn Sie können Ihre Dokumente damit auf äußerst praktische Weise verwalten.

3.1 Adobe Bridge bedienen

Der Bumerang
Nutzen Sie das Bumerang-Symbol in der Bridge-Symbolleiste, um direkt zu Photoshop (bzw. der Anwendung, aus der Sie Adobe Bridge aufgerufen haben) zurückzukehren.

Um Adobe Bridge zu öffnen, wählen Sie *Datei → Schließen und zu Bridge gehen* oder *Datei → In Bridge suchen* (dieser Befehl ist in jedem Programm der Creative Suite verfügbar).

Der Umgang mit der Bridge ist recht intuitiv. Sie können hier nicht nur Bilddateien betrachten und verwalten, sondern auch AI-, INDD-, PDF-Dateien und andere. Bei PDF-Dateien blättern Sie auch durch die einzelnen Seiten.

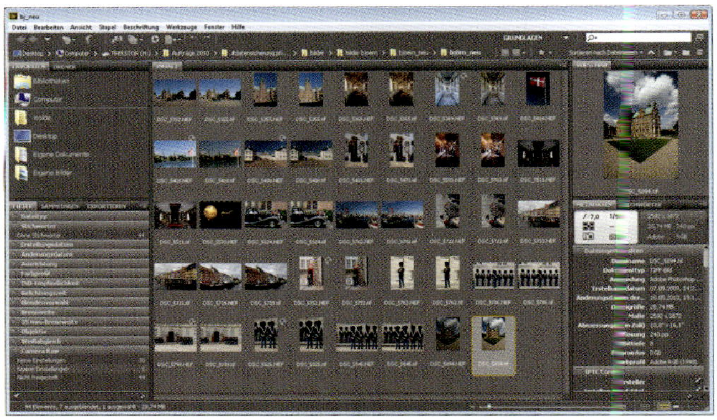

Abbildung 3.1
So sieht Adobe Bridge in der Standardeinstellung aus.

Im linken oberen Bereich finden Sie das Arbeitsplatzsymbol, das Ihnen den Inhalt Ihrer Datenträger zeigt. Navigieren Sie wie im Windows Explorer bzw. im Mac-Finder.

Sobald Sie einen Ordner mit Bilddateien geöffnet haben, erscheint im großen Inhaltsfenster der Bildinhalt dieses Ordners. Klicken Sie hier ein Bild an, erscheint im rechten oberen Bereich eine Vorschau, im Register *Metadaten* sehen Sie eine Bildbeschreibung, die automatisch importiert wurde. Mit einem Doppelklick öffnen Sie das jeweilige Bild in Photoshop.

Die Lupe nutzen
Klicken Sie im Vorschaubereich mit der Maus auf ein Bild, erscheint eine Lupe, die Sie mit gedrückter Maustaste über das Bild bewegen können, um verschiedene Bereiche genauer zu betrachten. Klicken Sie erneut, um die Lupe zu schließen.

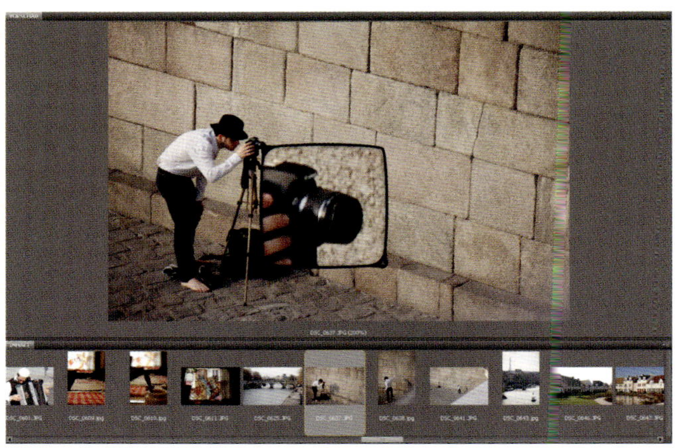

Abbildung 3.2
Ein Teil des Bilds wird mit der Lupe untersucht.

Bild: Kristine Kamm

Möchten Sie den Vorschaubereich schnell maximieren, klicken Sie am oberen rechten Rand des Bridge-Fensters auf *Filmstreifen*. Dieser dient speziell zum schnellen Vergleich von Bildern. Dadurch wird das Vorschaufenster im oberen Bereich von Bridge angeordnet, das Inhaltsfenster im unteren Bereich.

3.2 Bilder aus der Digitalkamera laden

Adobe Bridge kann Ihnen helfen, Bilddaten aus Ihrer Digitalkamera einzulesen und zu organisieren.

Nachdem Sie Ihre Digitalkamera in der üblichen Weise mit Ihrem Computer verbunden haben, wählen Sie in Bridge den Befehl *Datei* → *Fotos aus Kamera laden*.

Klicken Sie auf die Schaltfläche *Erweitertes Dialogfeld*. Unter *Fotos laden aus* wählen Sie Ihre Kamera bzw. Speicherkarte. Klicken Sie auf *Durchsuchen* und wählen Sie den gewünschten Speicherort.

Gegebenenfalls fügen Sie in die Felder *Autor* und *Copyright* die entsprechenden Metadaten ein. Klicken Sie abschließend auf *Fotos laden*, um den Bildimport zu starten.

Bridge beschleunigen

Bridge arbeitet auf einem Rechner mit geringer Leistungsstärke recht langsam. Normalerweise greift der Bridge-Cache auf die Festplatte mit dem Betriebssystem zu. Sollte diese relativ voll sein, verwenden Sie besser ein anderes, leeres Laufwerk: Wählen Sie in Bridge *Bearbeiten* → *Voreinstellungen* → *Cache*. Geben Sie als *Cache-Speicherort* einen Pfad auf einem anderen Laufwerk mit viel freiem Speicher an.

Mehrere Bilder gleichzeitig umbenennen

Gerade Bilder aus Digitalkameras haben normalerweise recht nichtssagende Dateinamen. Sehr praktisch ist da die Funktion, mehrere Bilder in Adobe Bridge in einem Zug umzubenennen. Es ist beispielsweise möglich, alle Bilder in einem bestimmten Ordner umzubenennen.

1. Wählen Sie den entsprechenden Ordner in Adobe Bridge. Markieren Sie die Dateien, die Sie umbenennen möchten:
   - Um alle Dateien in einem Ordner zu markieren, drücken Sie die Tastenkombination [Strg]/[⌘] + [A].
   - Um mehrere fortlaufende Bilder zu markieren, klicken Sie das erste Bild an, halten die [⇧]-Taste gedrückt und klicken dann auf das letzte Bild.
   - Um mehrere nicht nebeneinander liegende Bilder zu markieren, klicken Sie sie nacheinander mit gedrückter [Strg]/[⌘]-Taste an.

2. Rufen Sie den Befehl *Werkzeuge* → *Stapel-Umbenennung* auf. Wählen Sie gegebenenfalls einen neuen *Zielordner*, in dem die umbenannten Bilder gespeichert werden. Alternativ belassen Sie sie im aktuellen Ordner.

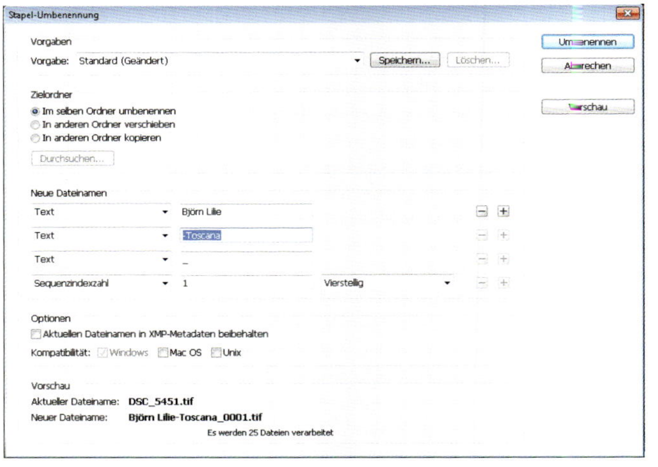

Abbildung 3.3
Mit der Stapelumbenennung können Sie beispielsweise einem Ordner mit Digitalbildern sinnvolle Dateinamen geben.

3. Legen Sie den *Neuen Dateinamen* fest. Dieser kann sich aus verschiedenen Komponenten zusammensetzen: etwa aus freiem *Text*, den Sie in das zugehörige Eingabefeld eingeben und einer Variablen, beispielsweise einer *Sequenzindexzahl*, also einer laufenden Nummer, die bei jeder Datei um eins erhöht wird. Die Startnummer können Sie frei wählen. Betrachten Sie dazu die Vorschau des neuen Dateinamens am unteren Dialogboxrand. Verwenden Sie die Plus- und die Minus-Schaltflächen, um zusätzliche Dateinamensbestandteile hinzuzufügen bzw. Namensbestandteile zu löschen.

Dabei haben Sie sogar die Möglichkeit, eine *String-Ersetzung* durchzuführen, das heißt, bestimmte Zeichenfolgen im Dateinamen durch etwas anderes zu ersetzen.

4. Klicken Sie auf die Schaltfläche *Vorschau*, um sich in einem neuen Dialogfenster einen Überblick über die umbenannten Dateien zu verschaffen; sie werden hier nacheinander aufgelistet. Klicken Sie *OK* und dann auf *Umbenennen*, um die Stapelverarbeitung zu starten.

3.3 Bilder anzeigen

Die Darstellung von Adobe Bridge anpassen

Gegebenenfalls blenden Sie die linken oder rechten Teilfenster des Bridge-Fensters aus. Führen Sie dazu einen Doppelklick auf den senkrechten Trennbalken zwischen Vorschaubereich und Teilfenstern aus. Damit maximieren Sie den zentralen Inhaltsbereich. Alternativ drücken Sie einfach die [Tab]-Taste.

Abbildung 3.4
Die linken und rechten Bereiche wurden ausgeblendet.

Bilder: Björn Lilie

Mit einem weiteren Doppelklick auf den linken oder rechten Balken am Fensterrand oder einem weiteren Druck auf die [Tab]-Taste blenden Sie die Teilfenster wieder ein.

Die Balken lassen sich auch frei nach links oder rechts ziehen, um die einzelnen Fensterbereiche zu vergrößern oder zu verkleinern. Über das Menü *Fenster* lassen sich die Teilfenster einzeln ein- oder ausblenden. Über ihre Register können Sie die Teilfenster greifen und auf dem Bildschirm umherziehen und an anderer Stelle anordnen.

Arbeitsbereiche nutzen

Sobald Sie eine Ihnen zusagende Fensterkonstellation gefunden haben, können Sie diese als Arbeitsbereich speichern:

1. Wählen Sie *Fenster* → *Arbeitsbereich* → *Neuer Arbeitsbereich*.
2. Geben Sie einen passenden Namen ein.
3. Klicken Sie auf *Speichern*.

Darstellungsgröße der Bilder ändern

Die Größe und Darstellungsweise der Miniaturen im Hauptinhaltsbereich von Bridge lässt sich verändern. Am schnellsten regulieren Sie die Darstellungsgröße der Miniaturen über den Regler am unteren Fensterrand.

Abbildung 3.5
Über den Regler am unteren Fensterrand (rot eingerahmt) ändern Sie die Darstellungsgröße der Vorschaubilder.

Bilder: Björn Lilie

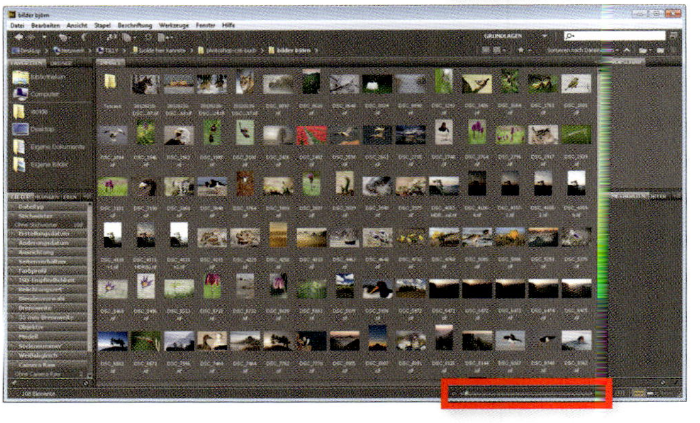

Bilderansicht drehen

Nur die Bildansicht wird geändert
Durch die erläuterte Option ändern Sie nichts an den Bilddaten selbst; nur die Ansicht in Bridge wird gedreht.

PSD-, JPG-, TIFF- und Camera-Raw-Bilder können Sie in Adobe Bridge in 90-Grad-Schritten drehen. Klicken Sie das Bild dazu im *Inhalt*-Bereich an und verwenden Sie die beiden Drehpfeile im rechten oberen Fensterbereich ↶ ↷. Alternativ drücken Sie die Tastenkombination [Strg]/[⌘] + [U]. Bei jedem erneuten Drücken dieser Tastenkombination wird das Bild um 90° weitergedreht.

Bilder in Stapeln anordnen

Wenn Sie eine ganze Serie eines bestimmten Motivs geschossen haben, können Sie alle zugehörigen Bilder in einem

Stapel anordnen und sich dadurch wieder Platz auf dem Bildschirm verschaffen.

1. Wählen Sie die gewünschten Bilder mit gedrückter [Strg]/[⌘]-Taste aus.
2. Wählen Sie *Stapel → Als Stapel gruppieren.*
3. Die Bilder werden nicht mehr nebeneinander, sondern hintereinander dargestellt. Sie beanspruchen nun nur noch den Platz einer einzigen Miniatur. Das Miniaturbild selbst entspricht dem ersten Bild in der vormaligen Auswahl.
4. Bridge zeigt Ihnen, wie viele Bilder sich im Stapel befinden. Klicken Sie auf diese Zahl, um die gestapelten Dateien nebeneinander anzuzeigen.
5. Mit einem weiteren Klick auf die Zahl werden die Dateien wieder gestapelt.

- Wenn Sie auf das Vorschaubild eines Bilderstapels klicken, wählen Sie standardmäßig nur das oberste Bild aus.
- Möchten Sie alle Bilder im Stapel auswählen, klicken Sie auf die Darstellung des dahinterliegenden Bildrahmens.
- Alternativ zeigen Sie den Inhalt des Stapels an, indem Sie ihn zuerst markieren und dann [Strg]/[⌘]+[→] drücken.
- Drücken Sie anschließend die Tastenkombination [Strg]/[⌘]+[←], schließen Sie den Stapel wieder.
- Möchten Sie das Titelbild des Stapels ändern, öffnen Sie den Stapel mit [Strg]/[⌘]+[→] und markieren das Bild, das Sie als Titelbild verwenden möchten. Wählen Sie dann Befehlsfolge *Stapel → Ans obere Stapelende.*
- Um den Stapel aufzulösen, wählen Sie *Stapel → Aus Stapelgruppierung lösen.*

Abbildung 3.6
Acht Bilder wurden in einem Stapel gruppiert. Links ist das Deckblatt markiert, rechts der gesamte Stapel.

Bild: Björn Lilie

Dateistruktur bleibt unverändert
Durch das Erstellen eines Bilderstapels wird die Dateistruktur auf der Festplatte nicht geändert, sondern nur die Darstellung der Miniaturen in Adobe Bridge.

Dateien in Unterordnern anzeigen

Haben Sie Ihre Bilder in vielen Unterordnern gespeichert? Die Suche nach einem bestimmten Bild könnte recht aufwändig werden, wenn Sie jeden Unterordner einzeln durchforsten müssten.

Das Problem lässt sich ganz leicht lösen, indem Sie am Ende des Ordnerpfads unter der Symbolleiste auf das kleine Pfeilsymbol › klicken. Aus dem angezeigten Menü wählen Sie jetzt *Objekte in Unterordnern anzeigen.* Bei umfangreichen Bildsammlungen kann es sein, dass Bridge eine Weile arbeitet, bevor alle Bilder im Inhaltsfenster angezeigt werden. Den Fortschritt erkennen Sie in der Statuszeile des Bridge-Fensters.

Abbildung 3.7
Den Fortschritt erkennen Sie in der Statuszeile des Bridge-Fensters.

Nun können Sie das gewünschte Bild viel leichter ausfindig machen, indem Sie beispielsweise die auf Seite 59 erläuterte Filterfunktion nutzen. Möchten Sie den Vorgang rückgängig machen und die Ordnerstruktur wieder wie vorher anzeigen, klicken Sie am Ende des Ordnerpfads auf das durchgestrichene Kreissymbol ⦸.

3.4 Bilder organisieren

Wenn sich auf Ihrer Festplatte viele Digitalfotos und Photoshop-Bilder angesammelt haben, kann es schwierig werden, den Überblick zu behalten und ein bestimmtes Bild schnell zu finden. Hier leistet Adobe Bridge mit seinen vielfältigen Möglichkeiten zur Organisation von Bildern (und anderen Dateien) hervorragende Dienste.

Schneller Zugriff: Favoriten anlegen

Häufig benötigte Bilder und Ordner legen Sie am besten als Favoriten ab:

1. Steuern Sie den Ordner mit den gewünschten Bildern an. Sein Inhalt wird im Inhaltsbereich im Zentrum des Bridge-Fensters dargestellt.
2. Aktivieren Sie den *Favoriten*-Bereich, der sich standardmäßig im linken oberen Teil des Bridge-Fensters befindet.Hier können Sie alle Fotos sammeln, auf die Sie schnellen Zugriff ohne langes Umhersuchen benötigen.
3. Markieren Sie das gewünschte Bild und ziehen Sie es aus dem Inhaltsbereich in den *Favoriten*-Bereich. Auch ganze Ordner können Sie hierhin ziehen.

Alternativ führen Sie einen Rechtsklick auf den Ordner/das Bild aus und wählen aus dem Kontextmenü den Befehl *Zu Favoriten hinzufügen*.

Bilder mit Sammlungen organisieren

Eine weitere Möglichkeit zur Organisation Ihrer Fotos sind die Sammlungen.

1. Navigieren Sie in Bridge zu dem Ordner, der die gewünschten Bilder enthält.
2. Der Inhalt des Ordners wird im Hauptbereich von Bridge angezeigt.

3. Markieren Sie alle Bilder, die Sie in die Sammlung aufnehmen möchten, mit gedrückter Strg/⌘-Taste.
4. Im linken unteren Bereich des Bridge-Fensters aktivieren Sie das *Sammlungen*-Register. Falls dieses gerade nicht sichtbar ist, aktivieren Sie den Befehl *Fenster* → *Sammlungen-Fenster*.
5. Klicken Sie am unteren Rand des *Sammlungen*-Registers auf das Symbol *Neue Sammlung* .
6. Beantworten Sie die Frage mit *Ja* und geben Sie der neuen Sammlung einen passenden Namen. Bestätigen Sie mit der ↵-Taste.

Von nun an können Sie die in der neuen Sammlung enthaltenen Bilder schnell auffinden und in Photoshop öffnen: Klicken Sie einfach auf einen Sammlungen-Ordner, um die enthaltenen Bilder im Inhaltsbereich anzuzeigen.

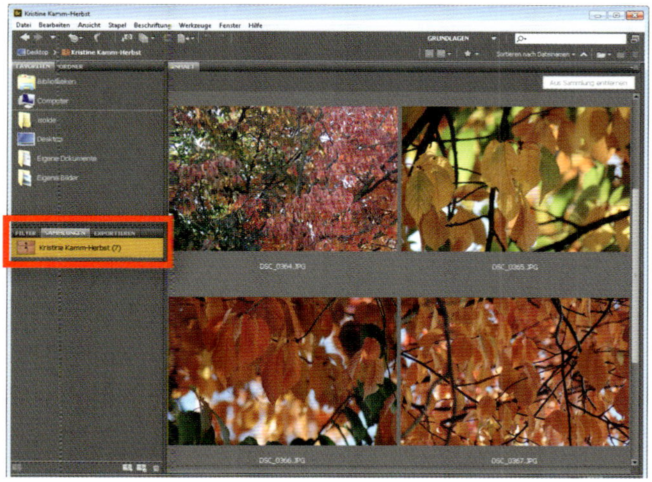

Abbildung 3.8
Der Inhalt der Sammlung *Kristine Kamm-Herbst* (hier rot eingerahmt) wird im Inhaltsbereich von Bridge angezeigt.

Bilder: Kristine Kamm

Wenn Sie neue Bilder in diese Sammlung aufnehmen möchten, aktivieren Sie zunächst das Register *Ordner* im linken oberen Bereich des Bridge-Fensters und steuern Sie die Bilder an. Wählen Sie sie mit gedrückter Strg/⌘-Taste im Inhaltsbereich von Bridge aus. Ziehen Sie die markierten Bilder auf das Sammlungssymbol.

Speicherort wird nicht geändert
Genau wie die Favoriten verbleiben auch die Bilder in einer Sammlung an ihrem ursprünglichen Platz auf der Festplatte.

Smart-Sammlungen anlegen

Eine Smart-Sammlung ist eine intelligente Variante der Sammlung. Sie geben bestimmte Kriterien an, die zutreffen müssen, damit die Bilder in die Sammlung aufgenommen werden. Sobald neue Bilder hinzukommen, auf die diese Kriterien ebenfalls zutreffen, werden sie automatisch in die Smart-Sammlung integriert.

1. Klicken Sie am unteren Rand des *Sammlungen*-Bereichs auf das Symbol *Neue Smart-Sammlung*. In der folgenden Dialogbox geben Sie Ihre Suchkriterien ein und klicken Sie auf *Speichern*.
2. In der folgenden Dialogbox wählen Sie den Ordner, den Sie durchsuchen möchten. Gegebenenfalls aktivieren Sie das Kontrollkästchen, um die Unterordner in die Suche mit einzuschließen.

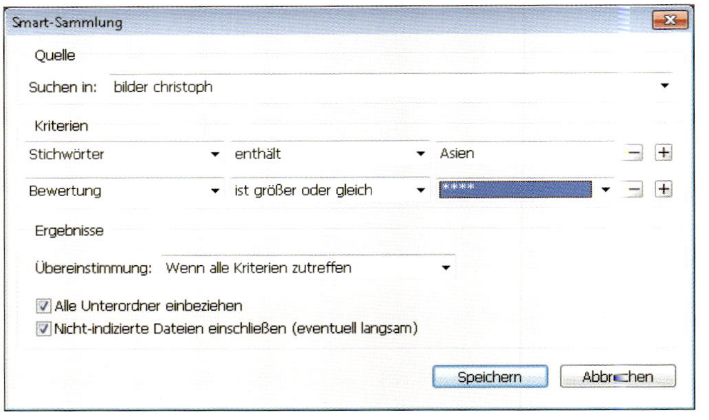

Abbildung 3.9
Hier nehmen Sie alle Bilder mit dem Stichwort *Asien* und einer Bewertung von mindestens 4 Sternen in die Sammlung auf.

3. Wenn Sie das Kontrollkästchen *Nicht-indizierte Dateien einschließen (eventuell langsam)* aktivieren, durchsucht Adobe Bridge auch diejenigen Dateien, die noch nicht in dem im Hintergrund angelegten Index enthalten sind. Nur so können Sie gewährleisten, dass Bridge wirklich alle Dateien durchsucht, auch wenn die Suche sich durch das aktivierte Kontrollkästchen verlangsamen kann.
4. Unter *Kritierien* legen Sie fest, was Sie genau suchen.
5. Unter *Ergebnisse* entscheiden Sie, ob Sie eine UND- oder eine ODER-Verknüpfung nutzen möchten. Eine UND-Verknüpfung *(Wenn alle Kriterien zutreffen)* findet nur diejenigen Dateien, auf die alle angegebenen Kriterien zutreffen. Bei einer ODER-Verknüpfung *(Wenn ein Kriterium zutrifft)* genügt es, wenn eines der angegebenen Kriterien zutrifft.
6. Klicken Sie auf *Speichern*, um die Smart-Sammlung zu erstellen. Sie wird ebenfalls im *Sammlungen*-Bereich angezeigt.

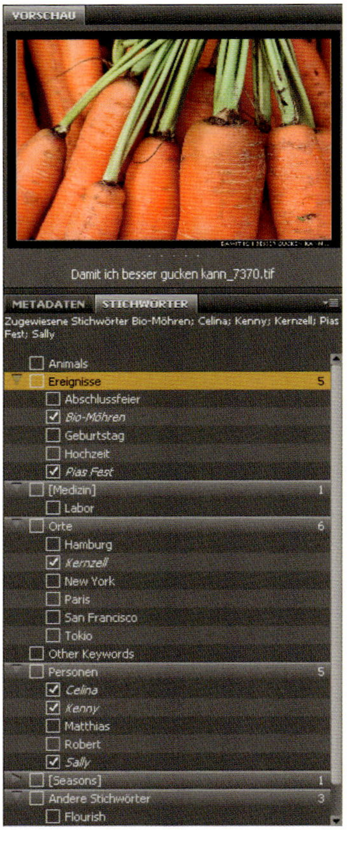

Abbildung 3.10
Stichwörter sind eine wichtige Hilfe beim späteren Wiederauffinden Ihrer Bilder.

Bild: Björn Lilie

Bilder mit Stichwörtern versehen

In Bridge können Sie zu jedem Bild thematische Stichwörter eingeben. Gerade wenn Sie sehr viele Digitalfotos auf Ihrem

Datenträger haben, ist Ihnen dies garantiert eine große Hilfe, wenn Sie später Bilder zu einem bestimmten Thema suchen.

Je detaillierter Sie Ihre Bilder durch Schlüsselwörter katalogisieren, desto leichter wird es, sie gegebenenfalls zu finden, ohne alle Fotos einzeln durchsehen zu müssen. Am besten versehen Sie Ihre Bilder gleich mit Schlüsselwörtern, sobald Sie sie aus der Kamera geladen haben.

Aber auch wenn Sie Ihre Bilder bei Online-Agenturen wie etwa istockphoto zum Verkauf anbieten oder sie in Photosharing-Sites wie Flickr oder Fotocommunity präsentieren möchten, sind die Stichwörter in Bridge praktisch, weil Sie die Bilder auf den Sites dann nicht mehr gesondert verschlagworten müssen.

Standardmäßig finden Sie das Register *Stichwörter* in der rechten unteren Ecke des Bridge-Fensters. Sollte es hier nicht angezeigt werden, wählen Sie *Fenster* → *Stichwörter-Fenster*.

Wie Sie sehen, enthält das Bedienfeld bereits einige vordefinierte Stichwortkategorien wie *Ereignisse*, *Orte* und *Personen*. Sie sind nicht auf diese Kategorien beschränkt, sondern können über das Plussymbol am unteren Rand des Stichwörter-Bereichs eigene Kategorien anlegen. Achten Sie dabei darauf, dass Sie gerade kein Stichwort in einer Unterkategorie markiert haben; denn sonst fügen Sie keine neue Kategorie hinzu, sondern ein neues Stichwort in dieser Unterkategorie.

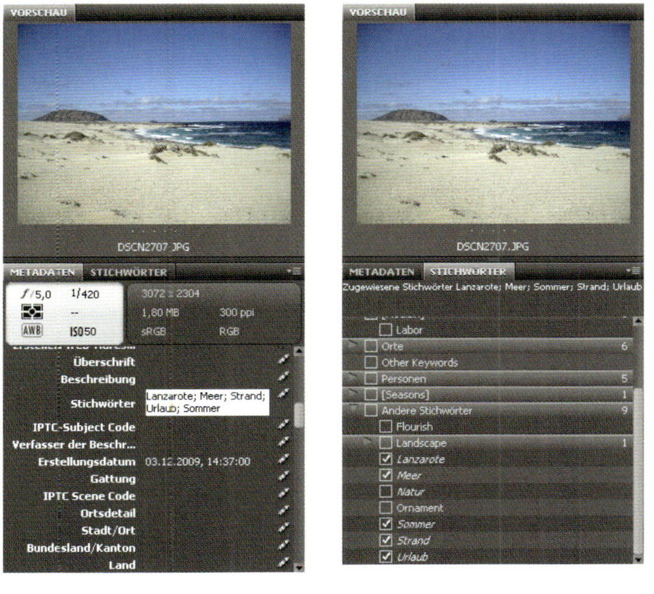

Abbildung 3.11
Wenn Sie größere Mengen von Stichwörtern eingeben möchten, bietet sich der *IPTC-Core*-Bereich des Metadaten-Registers an.

Um die angelegten Stichwörter zuzuweisen, aktivieren Sie die Kontrollkästchen vor ihren Namen.

Ganz praktisch: Sie können auch gleich mehrere Bilder mit gedrückter [⇧]- bzw. [Strg]/[⌘]-Taste auswählen und diese mit denselben Stichwörtern versehen.

Und falls Sie keine Überkategorien benötigen, dann können Sie die Stichwörter auch direkt im nachfolgend beschriebenen Bereich *IPTC-Core* des Registers *Metadaten* eingeben, jeweils durch ein Semikolon oder Komma getrennt. Die Stichwörter erscheinen dann im *Stichwörter*-Bereich unter der Kategorie *Andere Stichwörter*.

Bilder mit Copyright-Hinweisen versehen

Abbildung 3.12
Copyright-Daten sollten vor allem dann nicht fehlen, wenn Sie Ihre Bilder etwa über das Internet weitergeben möchten.

Bild: Björn Lilie

Im Register *Metadaten* finden Sie den Bereich *IPTC-Core* mit dem Feld *Copyrightvermerk*. Wählen Sie die gewünschte Bilddatei aus, klicken Sie in dieses Feld und geben Sie den Namen des Urheberrechtsinhabers ein. Füllen Sie gegebenenfalls auch die übrigen Felder aus und bestätigen Sie Ihre Eingaben mit einem Klick auf die häkchenförmige *Anwenden*-Schaltfläche ✓ in der rechten unteren Ecke.

Weitere interessante, automatisch eingelesene Metadaten sind die Kameradaten, die Sie über die für die Aufnahme verwendete Kamera und die Aufnahmeparameter informiert, sowie der *Camera-Raw*-Bereich, der Ihnen Aufschluss darüber gibt, welche Einstellungen bei der Entwicklung der ursprünglichen Raw-Datei vorgenommen wurden (mehr über Raw-Dateien und ihre Entwicklung erfahren Sie im nächsten Kapitel).

Bilder bewerten

Jedes Bild kann eine Bewertung in Form von einem bis fünf Sternen sowie farbige Markierungen erhalten. Nutzen Sie diese Möglichkeit etwa, um Bilder für ein bestimmtes Projekt blau zu kennzeichnen und die für ein anderes Projekt grün.

Um ein Bild (oder auch mehrere Bilder) zu bewerten oder zu markieren, wählen Sie es aus (mehrere Bilder wie immer mit gedrückter [Strg]/[⌘]- bzw. [⇧]-Taste) und öffnen Sie das Menü *Beschriftung*. Wählen Sie die gewünschte Bewertung von * bis *****.

- Schneller geht es mit Tastenkombinationen: In der Grundeinstellung verwenden Sie die Tastenkombinationen [Strg]/[⌘] + [1] bis [Strg]/[⌘] + [5] für die

Bewertungen und die Tastenkombination Strg/⌘ + , bzw. Strg/⌘ + ., um die Wertung schrittweise zu erhöhen bzw. schrittweise zu verringern. Auch für die verschiedenen Markierungsarten gibt es Tastenkombinationen:

- ▷ Strg/⌘ + 6: Auswählen
- ▷ Strg/⌘ + 7: Zweite Wahl
- ▷ Strg/⌘ + 8: Genehmigt
- ▷ Strg/⌘ + 9: Betrachtung

- Weitere Alternative: Unter jedem markierten Bild zeigt sich eine Reihe aus fünf Punkten. Klicken Sie auf die gewünschte Punktanzahl, weist Bridge dem Bild die entsprechende Bewertung zu.

Über *Bearbeiten* → *Voreinstellungen* → *Beschriftungen* können Sie die Tastenkombinationen so ändern, dass sie ohne Strg/⌘-Taste abrufbar sind. In dieser Voreinstellungskategorie können Sie auch die Bewertungseinträge selbst frei einstellen.

Abbildung 3.13
Bei Bedarf markieren Sie mehrere Bilder und weisen ihnen gleichzeitig dieselbe Wertung zu.

Bilder: Björn Lilie

Bilder filtern

Anschließend können Sie Ihre Bilder gemäß den Bewertungen und Markierungen filtern. Und mindestens ebenso wichtig – auch nach Ihren Stichwörtern lassen sich Bilder filtern. So finden Sie schnell Bilder zu einem bestimmten Thema.

Das *Filter*-Register zeigt grundsätzlich die Informationen aller momentan im Inhaltsbereich angezeigten Bilder. Sie sehen neben jedem Eintrag, wie viele passende Dateien im Inhaltsbereich vorhanden sind.

1. Wählen Sie im linken Teilfenster unter *Filter* das gewünschte Kriterium aus (zum Beispiel *Dateityp*, *Stichwörter* oder *Wertungen*).
2. Setzen Sie anschließend mit einem Klick einen Haken vor der Eigenschaft, nach der Sie filtern möchten. Adobe Bridge zeigt nur noch diejenigen Bilder an, auf die die gewählte Eigenschaft zutrifft. Selbstverständlich lassen sich die verschiedenen Kriterien und Eigenschaften dabei kombinieren.

Die Filter lassen sich miteinander kombinieren. So können Sie beispielsweise zuerst nach Bildern mit einer Fünf-Sterne-Bewertung filtern, indem Sie – falls noch nicht geschehen – den Bereich *Bewertungen* mit einem Klick auf das Dreiecksymbol ▶ expandieren und dann auf ***** klicken (sofern diese Bewertung für eines oder mehrere der im Inhaltsbereich vorhandenen Bilder vergeben wurde).

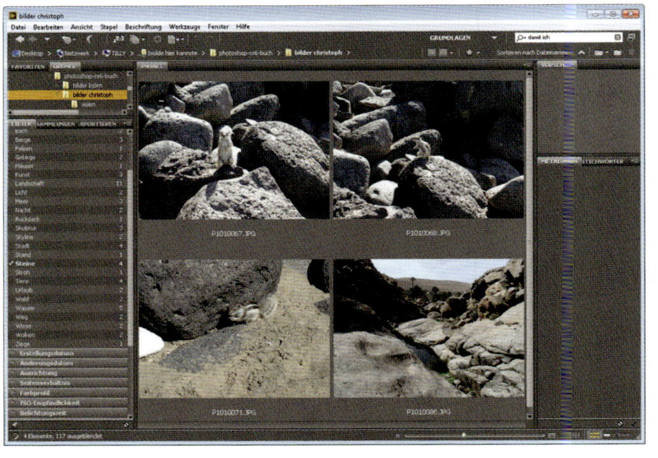

Abbildung 3.14
Alle Bilder mit dem Stichwort *Steine* werden im Inhaltsfenster angezeigt.

Bilder: Christoph Kommer

Anschließend können Sie alle Fünf-Sterne-Bilder mit einem bestimmten Stichwort anzeigen lassen, indem Sie den Bereich *Stichwörter* gegebenenfalls expandieren und das gewünschte Stichwort anklicken.

Im Inhaltsbereich werden jetzt nur noch Fünf-Sterne-Bilder mit dem angeklickten Stichwort dargestellt. Klicken Sie nun noch ein weiteres Stichwort an, werden auch die Fünf-Sterne-Bilder mit diesem Stichwort gezeigt usw.

Bilder mit verschiedenen Wertungen auswählen
Sie können auch alle Bilder ab einer bestimmten Wertung anzeigen. Möchten Sie etwa alle Bilder mit mindestens drei Sternen auswählen, klicken Sie unter *Wertungen* mit gedrückter ⇧-Taste auf ***. Daraufhin zeigt Bridge Ihnen alle Bilder mit drei, vier oder fünf Sternen im Inhaltsbereich.

Bilder suchen

Auch eine Suchfunktion bietet Adobe Bridge. Für eine schnelle, einfache Suche verwenden Sie das durch ein Lupensymbol gekennzeichnete Suchfeld in der oberen rechten Ecke von Adobe Bridge. Hier geben Sie Ihre Suchbegriffe ein und drücken die [↵]-Taste. Bridge zeigt Ihnen die gefundenen Bilder im Inhaltsbereich.

Komplexere Suchfunktionen führen Sie über den Befehl *Bearbeiten → Suchen* ([Strg]/[⌘] + [F]) durch. Hier können Sie Dateien unter Verwendung von UND- und ODER-Verknüpfungen nach mehreren Kriterien suchen.

1. Wählen Sie *Bearbeiten → Suchen* bzw. drücken Sie [Strg]/[⌘] + [F].
2. In der folgenden Dialogbox wählen Sie den Ordner, den Sie durchsuchen möchten. Gegebenenfalls aktivieren Sie das Kontrollkästchen zum Einschließen der Unterordner in die Suche.
3. Unter *Kritierien* legen Sie fest, was Sie genau suchen. In der folgenden Abbildung wurde beispielsweise zunächst nach JPEG-Dateien gesucht. Dann wurde mit der Plus-Schaltfläche ein weiteres Kriterium hinzugefügt und die Option *Stichwörter* ausgewählt. Schließlich wurde noch ein Kritierium – die Bewertung – hinzugefügt.
4. Unter *Ergebnisse* entscheiden Sie, ob Sie eine UND- oder eine ODER-Verknüpfung nutzen möchten. Eine UND-Verknüpfung *(Wenn alle Kriterien zutreffen)* findet nur diejenigen Dateien, auf die alle angegebenen Kriterien zutreffen. Bei einer ODER-Verknüpfung *(Wenn ein Kriterium zutrifft)* genügt es, wenn eines der angegebenen Kriterien zutrifft. Wir suchen hier also zum Beispiel nach JPEG- oder nach TIF-Dateien.

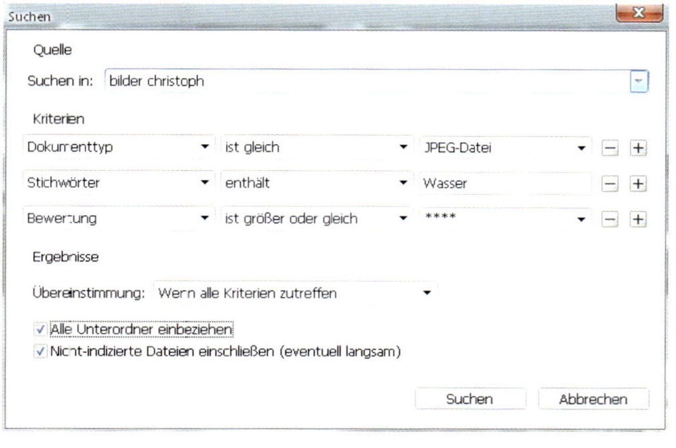

Abbildung 3.15
Hier wird nach allen JPEG-Bildern mit dem Stichwort *Wasser* und einer Bewertung von mindestens 4 Sternen gesucht.

3.5 Attraktive Fotopräsentationen und Bildcollagen erstellen

Möchten Sie eine attraktive Diashow Ihrer Fotos vorführen – zuhause im Freundeskreis oder im Internet? Oder möchten Sie eine Collage Ihrer Fotos auf einem Bogen zusammenstellen? Dann nutzen Sie die Bridge-Funktionen *PDF-Präsentation* bzw. *Web-Galerie*. Sie können Ihre Werke sogar mit einem Wasserzeichen versehen (vorausgesetzt, Sie geben sie als PDF aus), so dass Bilderdiebe im Internet kein ganz so leichtes Spiel mehr mit Ihren Dateien haben.

1. Markieren Sie im Inhaltsfenster mit gedrückter Strg/⌘-Taste alle Bilder, die Sie in die Präsentation aufnehmen möchten.
2. Wählen Sie *Fenster* → *Arbeitsbereich* → *Ausgabe*. Im Register *Ausgabe*, das standardmäßig im rechten Fensterbereich angezeigt wird, entscheiden Sie, ob Sie eine HTML-basierte *Web-Galerie* oder eine *PDF*-Präsentation erstellen möchten.

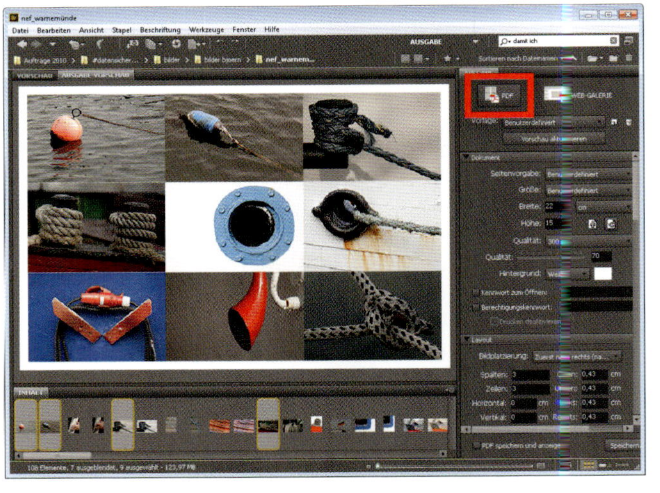

Abbildung 3.16
Über die Schaltfläche *PDF* (hier rot eingerahmt) können Sie attraktive Collagen Ihrer Bilder zusammenstellen.

Bilder von Björn Lilie

3. Im Beispiel wählen Sie *Web-Galerie*.
4. Wählen Sie die gewünschte Vorlage aus dem Pull-down-Menü *Vorlage* aus. Wählen Sie darunter einen visuellen Stil.
5. Klicken Sie auf die Schaltfläche *Vorschau aktualisieren*. Im Register *Ausgabe-Vorschau* können Sie nun sehen, wie Ihre fertige Präsentation aussehen wird.

6. Falls der Bereich *Site-Informationen* eingeklappt ist, expandieren Sie ihn mit einem Klick auf das Dreiecksymbol. Geben Sie hier einen Präsentationstitel, Ihren Namen, Ihre E-Mail-Adresse usw. ein.
7. Bei aktivierter Option *PDF* bestimmen Sie im Bereich *Wasserzeichen*, ob Bridge ein Wasserzeichen in die Bilder einbauen soll und wie dieses dargestellt werden soll. Sie können auch festlegen, ob es auf allen Bildern einzeln erscheinen soll oder einmal über die Gesamtseite hinweg.

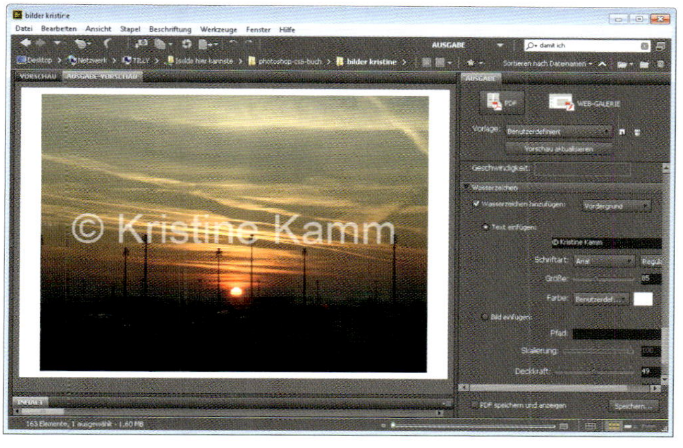

Abbildung 3.17
Durch Copyright-Texte machen Sie Bilderdieben das Leben schwer.

Bild: Kristine Kamm

8. Nachdem Sie alles eingerichtet haben, klicken Sie im oberen Bereich des Registers *Ausgabe* erneut auf *Vorschau aktualisieren*, um die Vorschau entsprechend Ihren Einstellungen zu aktualisieren.
9. Sobald Sie zufrieden sind, expandieren Sie ganz unten im Register *Ausgabe* den Bereich *Galerie erstellen*.
10. Um die Präsentation auf Ihrem Computer zu speichern, aktivieren Sie das Optionsfeld *Auf Datenträger speichern*. Klicken Sie auf *Durchsuchen* und wählen Sie den Ordner, in dem Sie die Präsentation speichern möchten. Bestätigen Sie mit *OK*.
11. Erstellen Sie die Präsentation mit einem Klick auf *Speichern*.

Um die Präsentation zu betrachten, navigieren Sie zu dem Ordner, in dem Sie die Web-Galerie gespeichert haben. Öffnen Sie die Präsentation mit einem Doppelklick auf die Seite *index.html*.

Eine Live-Präsentation vorführen

Es gibt noch eine weitere Funktion, die Sie nutzen können, wenn Sie Ihre Bilder direkt von Ihrem Computer aus vorführen möchten. Für diesen Zweck ist sie sehr viel praktischer als die zuvor erläuterte Möglichkeit.

1. Zeigen Sie den Ordner mit den gewünschten Bildern im *Inhalt*-Bereich an.
2. Wählen Sie *Ansicht* → *Präsentation*.
3. Adobe Bridge zeigt alle Dateien in diesem Ordner nacheinander als Vollbild an. In der Grundeinstellung bleibt jedes Bild für fünf Sekunden auf dem Bildschirm. Wenn Sie mit der Maus auf den Bildschirm klicken, zoomen Sie in das Bild hinein; mit einem weiteren Klick zeigen Sie es wieder bildschirmfüllend an. Mit der [↑]- bzw. der [↓]-Taste zeigen Sie das vorherige bzw. das nächste Bild an.

Für weitere Einstellungen wählen Sie *Ansicht* → *Präsentationsoptionen*. Hier können Sie beispielsweise die Anzeigedauer der einzelnen Bilder ändern.

Eine weitere schöne Option zur Präsentation Ihrer Bilder ist der Befehl *Ansicht* → *Überprüfungsmodus*, den Sie auch mit der Tastenkombination [Strg]/[⌘] + [B] aktivieren können. Die Bilder werden hier auf einer Art dreidimensionalem Rad angeordnet. Mit den Pfeiltasten holen Sie die Bilder nacheinander in den Vordergrund. Alternativ klicken Sie das Bild, das Sie im Vordergrund haben möchten, direkt mit der Maus an (klicken Sie auf das bereits im Vordergrund befindliche Bild, aktivieren Sie die bereits aus dem Bridge-Vorschaubereich bekannte Lupe).

Alternativ bedienen Sie die Präsentation über die verschiedenen Schaltflächen am unteren Bildschirmrand. Mit der [Esc]-Taste bzw. dem Kreuzchen in der rechten unteren Ecke verlassen Sie den Betrachtungsmodus.

Abbildung 3.18
Der Überprüfungsmodus eignet sich gut zur attraktiven Präsentation Ihrer Bilder.

Bilder: Björn Lilie

Die Mini Bridge

In der Grundeinstellung (Arbeitsbereich *Grundelemente*) ist am unteren Rand des Photoshop-Programmfensters das Mini Bridge-Bedienfeld angedockt. Es ist zunächst geschlossen. Führen Sie einen Doppelklick auf die Titelzeile des Bedienfelds mit der Beschriftung *Mini Bridge* aus, um es zu öffnen.

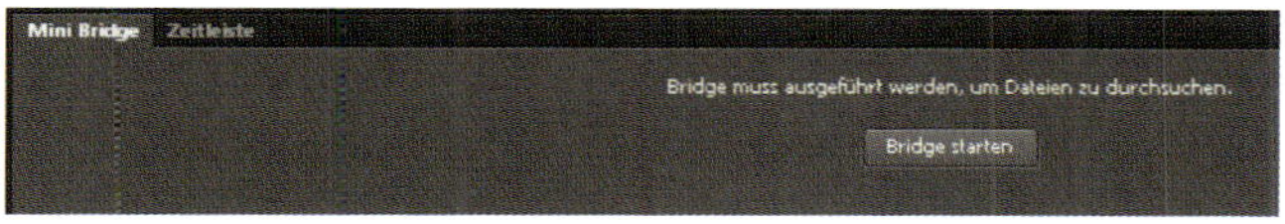

Abbildung 3.19
Wenn die »große« Bridge nicht geöffnet ist, klicken Sie in der Mini Bridge auf die Schaltfläche *Bridge starten*.

Sollte das Bedienfeld nicht angezeigt werden, öffnen Sie es mit *Fenster* → *Erweiterungen* → *Mini Bridge*.

Der Vorteil der Mini Bridge ist, dass Sie direkt in Photoshop auf die wichtigsten Bridge-Funktionen zugreifen können, so dass Sie nicht von einem Programm in das andere wechseln müssen, um Ihre Dateien zu finden.

Wenn die »große« Bridge gerade nicht geöffnet ist, klicken Sie in der Mini Bridge auf die Schaltfläche *Bridge starten*. Die Mini Bridge nimmt jetzt Kontakt mit Adobe Bridge auf. Nun können Sie genauso navigieren wie in der »großen« Bridge. Die Inhalte werden dabei als Filmstreifen dargestellt.

Benötigen Sie mehr Platz für die Mini Bridge, zeigen Sie auf die Trennung zwischen Statusleiste und Bedienfeld, so dass der Mauszeiger zu einem Doppelpfeil wird. Jetzt können Sie die Mini Bridge größer (nach oben) oder auch kleiner (nach unten) ziehen.

Abbildung 3.20
Nun können Sie navigieren wie in der »großen« Bridge.

Bilder voranzeigen

Bevor Sie ein Bild aus der Mini Bridge heraus in Photoshop öffnen, können Sie es begutachten, indem Sie es anklicken und die Leertaste drücken. Damit zeigen Sie das Foto im Vollbildmodus an. Wenn Sie nun klicken, stellen Sie das Bild in 100%-Ansicht dar. Mit der Esc-Taste gelangen Sie zurück zur Mini Bridge.

Klicken Sie in der Mini-Bridge-Symbolleiste auf das Symbol *In Bridge anzeigen* Br, wird das markierte Bild in der großen Bridge geöffnet.

Bild: Björn Lilie

ADOBE CAMERA RAW

Falls Ihre Digitalkamera RAW-Daten liefert, die von Photoshop unterstützt werden, können Sie diese originalen Rohdaten in Camera Raw »entwickeln« – sie bezüglich Farbtemperatur, Belichtung, Schärfe usw. bearbeiten. Dieses Plug-in erkennt eine ganze Reihe von Raw-Daten verschiedener Hersteller. Aber auch für die Optimierung von JPEG-und TIFF-Dateien stellt Camera Raw eine interessante Alternative dar.

4.1 Das Camera-Raw-Plug-in nutzen

Um das Camera-Raw-Plug-in zu aktivieren, müssen Sie lediglich eine Raw-Datei öffnen – entweder über *Datei → Öffnen* oder über Adobe Bridge oder über einen Doppelklick im Explorer/Finder. Besonders praktisch ist auch hier die Arbeit mit Adobe Bridge. Photoshop aktiviert das Plug-in selbstständig und zeigt Ihnen die zugehörige Dialogbox an. In dieser können Sie die verschiedensten Bearbeitungen an Ihren Raw-Daten vornehmen.

JPEG- und TIFF-Bilder bearbeiten
Nicht nur RAW-Bilder, sondern auch JPEG- und TIFF-Bilder können Sie in Camera Raw öffnen und bearbeiten. Markieren Sie das JPEG- oder TIFF-Bild dazu in Camera Raw und drücken Sie die Tastenkombination [Strg]/[⌘] + [R]. Auch im Kontextmenü ist der entsprechende Befehl verfügbar. Voraussetzung ist, dass in den Photoshop-Camera Raw-Voreinstellungen (*Photoshop/Bearbeiten → Voreinstellungen → Camera Raw*) aus den untersten Popup-Menüs die Optionen *JPEG/TIF-Dateien automatisch mit Einstellungen öffnen* ausgewählt sind.

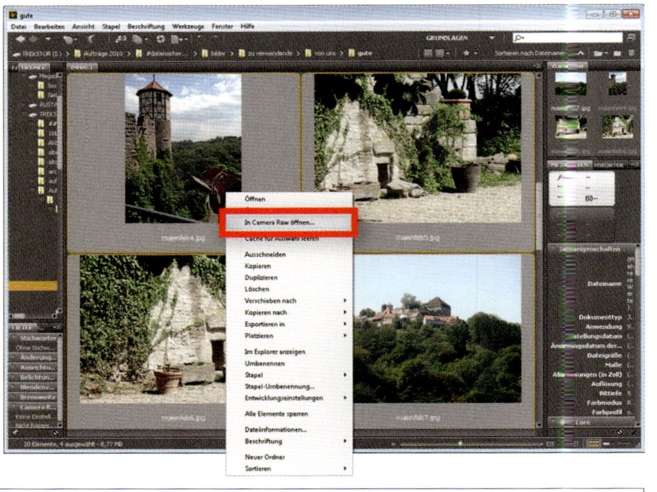

Abbildung 4.1
Auch JPEG-Bilder können Sie in Camera Raw öffnen – hier aus Bridge heraus.

Was sind Camera-Raw-Daten?

Die meisten Kameras für den Hobbybereich speichern die Bilder im JPG-Format, während professionelle Digitalkameras häufig mit RAW-Daten arbeiten. Der Vorteil von JPEG-Dateien ist ihre geringe Größe und die Tatsache, dass so gut wie jedes Programm sie verarbeiten kann. JPEG-Bilder sind deshalb so klein, weil ihre Komprimierung mit Verlusten einhergeht. Je stärker die Komprimierung, desto höher die Detailverluste im Bild.

Wenn Ihre Kamera die Bilder im JPEG-Format speichert, bedeutet das auch, dass alle internen Einstellungen für die Farbbalance, die Farbtemperatur etc. von der Kamera vorgenommen und in die Datei eingebettet werden. RAW-Daten hingegen haben ein proprietäres Format, das bei jedem Hersteller anders ist – häufig sogar spezifisch für ein bestimmtes Kameramodell. RAW-Daten werden verlustfrei komprimiert. Ihr Nachteil ist, dass sie recht viel Speicherplatz benötigen. Der entscheidende Vorteil bei der Verwendung einer RAW-Datei ist, dass das Bild kameraintern so gut wie keine Veränderungen erfahren hat – es wurde weder geschärft noch wurde sein Weißpunkt verändert. Die RAW-Datei lässt sich mit einem digitalen Negativ vergleichen, das JPEG-Bild mit einem entwickelten Foto. Mit einer RAW-Datei können Sie auch im 16-Bit-Modus arbeiten, während JPEG-Dateien stets 8 Bit haben.

RAW-Daten bieten demnach einen deutlich besseren Ausgangspunkt zur Nachbearbeitung Ihrer Aufnahmen als JPEG-Daten. Aufgrund der Unterschiedlichkeit der einzelnen RAW-Dateiformate ist allerdings ein spezielles Programm nötig, um diese Daten zu dekodieren. Ein solches Programm ist in Photoshop CS6 in Form des Plug-ins Camera Raw 7 enthalten.

Der Nachteil dieser Vorgehensweise ist, dass Sie nicht parallel in Photoshop arbeiten können, sondern erst, wenn Sie das Camera-Raw-Fenster wieder schließen. Wenn Sie hingegen in Bridge mit gedrückter `Ctrl`-Taste bzw. der rechten Maustaste auf das Bild klicken und aus dem Kontextmenü *In Camera Raw öffnen* wählen, öffnet sich das Bild im Bridge-Camera-Raw-Plug-in und Sie können parallel in Photoshop weiterarbeiten.

Unterstützte Kameramodelle
Auf www.adobe.com/products/photoshop/cameraraw.html finden Sie eine Liste aller von Photoshop unterstützten Kameramodelle.

Prozess 2012, 2010 und 2003

Die Entwicklungsalgorithmen von Camera Raw wurden für die Version 7 komplett neu erstellt. Sie erzielen damit außerordentlich gute Ergebnisse. Sie können in Camera Raw zwischen der ganz alten Berechnungsmethode »Prozess 2003«, dem neueren »Prozess 2010« und dem aktuellen, verbesserten Algorithmus »Prozess 2012« umschalten.

Standardmäßig ist »Prozess 2012« eingeschaltet. Wenn Sie jedoch ein bereits in Camera-Raw-Vorversionen (also mit »Prozess 2010« oder »Prozess 2003«) entwickeltes Bild in Camera Raw 7 öffnen, erscheint am rechten unteren Bildrand ein Ausrufezeichen, um Sie darauf hinzuweisen. Um nun auf den neuen »Prozess 2012« umzuschalten, klicken Sie das Ausrufezeichen an. Alternativ öffnen Sie das Register *Kamerakalibrierung* und wählen *2012 (Aktuell)* aus dem Popup-Menü.

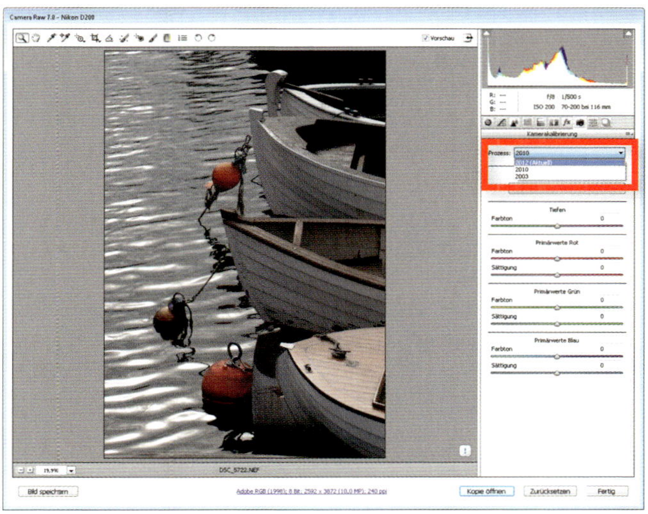

Abbildung 4.2
Im Register *Kamerakalibrierung* können Sie den neuen *Prozess 2012* einschalten. Noch wird das Bild mit *Prozess 2010* entwickelt, was Sie am Ausrufezeichen in der rechten unteren Bildecke erkennen können.

Bild: Björn Lilie

Stapelverarbeitung in Camera Raw

Sie können in Camera Raw auch mehrere Bilder gleichzeitig bearbeiten und mit denselben Einstellungen versehen. Dazu wählen Sie die gewünschten Bilder beispielsweise in Bridge aus und wählen aus dem Kontextmenü den Befehl *In Camera Raw öffnen*. Nun sehen Sie im linken Bereich des Camera-Raw-Fensters eine senkrechte Leiste mit allen ausgewählten Bildern. Klicken Sie eines der Bilder an und nehmen Sie die gewünschten Einstellungen vor.

Abbildung 4.3
Mit der Camera-Raw-Stapelverarbeitung weisen Sie mehreren Bildern dieselben Einstellungen zu.

Bild: Björn Lilie

Anschließend wählen Sie in der linken Leiste die gewünschten Bilder mit gedrückter Strg/⌘- bzw. ⇧-Taste aus bzw. klicken auf *Alles auswählen*. Dann klicken Sie auf *Synchronisieren*. Damit werden die Einstellungen vom aktiven Bild auf die ausgewählten Fotos übertragen.

Einstellungen speichern und abrufen

Haben Sie einmal die richtigen Einstellungen gefunden, speichern Sie diese zur späteren Verwendung, indem Sie das Bedienfeldmenü öffnen und den Befehl *Einstellungen speichern* wählen. Die Einstellung lässt sich anschließend schnell über das letzte Register *Vorgaben* öffnen. Hier finden Sie sämtliche von Ihnen angelegten Einstellungen aufgelistet.

Das Bild als Smart-Objekt öffnen
Halten Sie vor dem Klick auf die Schaltfläche die ⇧-Taste gedrückt, wird das Bild als Smart-Objekt in Photoshop geöffnet. Das heißt, dass Sie es mit einem Doppelklick im Ebenen-Bedienfeld jederzeit erneut in Camera Raw öffnen und dort wieder bearbeiten können. Mehr über Ebenen und Smart-Objekte erfahren Sie in Kapitel 10.

Das RAW-Bild in Photoshop öffnen

Zum Schluss klicken Sie auf die Schaltfläche *Öffnen*, um das RAW-Bild in Photoshop zu öffnen.

4.2 Bilder in Camera Raw optimieren

Bei der Arbeit im Camera-Raw-Fenster sollten Sie das Kontrollkästchen *Vorschau* aktiviert haben.

Beschneidung in Tiefen und Lichtern anzeigen

Gegebenenfalls klicken Sie dann im Histogramm rechts oben auf die Symbole *Warnung zur Tiefenbeschneidung* und *Warnung zur Lichterbeschneidung*. Sie erkennen nun Bildstellen, an denen Tiefen und Lichter einen extremen, einheitlichen Wert annehmen. Diese Zonen werden als rote (Lichter) bzw. blaue (Tiefen) Flächen dargestellt. Diese Ansicht zeigt Ihnen, wo in Ihrem Bild noch Korrekturbedarf hinsichtlich der Tonwerte besteht.

Abbildung 4.4
Unten werden Tiefen- und Lichterbeschneidung angezeigt. Beachten Sie die roten und die blauen Flächen.

Grundeinstellungen vornehmen

Zunächst zeigt der Raw-Dialog das Register *Grundeinstellungen* an. Dieses Register ist das wichtigste für die Abstimmung Ihres RAW-Bilds. Es hat sich in der Camera-Raw-Version 7 gegenüber der Vorversion deutlich verändert – und bringt deutlich bessere Ergebnisse als früher.

Ein guter Ausgangspunkt für die Bearbeitung ist das Popup-Menü *Weißabgleich*. Ist der Weißabgleich nicht richtig eingestellt, werden Farben auf dem Bild falsch wiedergegeben.

Im Popup-Menü *Weißabgleich* finden Sie hierzu drei Optionen:

- Mit *Wie Aufnahme* lesen Sie den aktuellen Weißabgleich des Bilds aus.
- Mit *Automatisch* versucht Camera Raw, anhand des Fotos den richtigen Weißabgleich zu ermitteln, vergleichbar mit der automatischen Weißabgleichsfunktion einer Digitalkamera.
- Oder Sie stellen *Temperatur* und *Farbton* selbst ein, wodurch die Option *Benutzerdefiniert* aktiviert wird. Über den *Temperatur*-Regler ändern Sie den genauen Kelvin-Wert. Je höher der Wert, desto wärmer werden die Bildfarben. Je weiter nach links Sie den *Farbton*-Regler ziehen, desto mehr Grünblau kommt ins Bild. Wenn Sie den Regler nach rechts in den positiven Bereich ziehen, kommt mehr Magenta ins Bild.

Weißabgleich-Werkzeug
Für eine schnelle Anpassung des Weißabgleichs eignet sich das pipettenförmige *Weißabgleich-Werkzeug* in der Camera-Raw-Symbolleiste. Klicken Sie mit diesem Werkzeug in den Bildbereich, der neutralgrau bzw. weiß sein soll. Camera Raw passt die Werte für *Temperatur* und *Farbton* automatisch an.

Feinabstimmungen nehmen Sie dann über die zugehörigen Regler vor, wobei Sie auch hier zunächst über den blauen, unterstrichenen Link eine *automatische* Einstellung versuchen können.

Verwenden Sie die Regler am besten nacheinander von oben nach unten:

- Der *Belichtung*-Regler passt vorwiegend die Mitteltöne des Bilds an.
- Der *Lichter*-Regler hilft, die Details ausgerissener Lichter wiederherzustellen, ohne dass die *Belichtung* verringert werden muss.
- Mit dem *Tiefen*-Regler bringen Sie mehr Zeichnung in unterbelichtete Bereiche.
- Mit dem *Schwarz*- und *Weiß*-Regler justieren Sie die äußersten Schwarz- und Weißtöne nach.
- Der *Klarheit*-Regler verstärkt vor allem die Kontraste in den Mitteltönen. Er ist in der Camera Raw-Version 7 deutlich verbessert worden. Sie können ihn nun beherzt anwenden, ohne Artefakte befürchten zu müssen.
- Der *Dynamik*-Regler ist gut geeignet, wenn Sie die Sättigung in zu schwach gesättigten Bildteilen erhöhen möchten, ohne bereits ausreichend gesättigte Bereiche zu übersättigen. Diese Option ist dem darunter angeordneten Regler *Sättigung* in den meisten Fällen überlegen.

Tonwerte über die Gradationskurve korrigieren

Gradationskurven
Mehr über die Arbeit mit den Gradationskurven erfahren Sie in Kapitel 15.

Im Register *Gradationskurve* stimmen Sie die Tonwerte Ihres Bilds über eine Gradationskurve ab (vgl. Kapitel 16).

- Klicken Sie auf das Register *Punkt*, können Sie Voreinstellungen aus dem Popup-Menü *Gradationskurve* wählen und/oder die Kurve selbst biegen – und zwar für die einzelnen Bildfarben Rot, Grün und Blau einzeln. Wählen Sie die gewünschte Farbe aus dem Popup-Menü *Kanal*.
- Klicken Sie auf *Parametrisch*, nehmen Sie die Einstellungen über die Regler für *Lichter, Helle Farbtöne, Dunkle Farbtöne* und *Tiefen* vor. Mit positiven Werten hellen Sie die jeweiligen Bildbereiche auf, mit negativen senken Sie sie ab. Gerade für Einsteiger, die noch nicht viel Erfahrung mit Gradationskurven haben, ist dies eine große Hilfe.

Während Sie die Regler bewegen, wird unmittelbar das Histogramm aktualisiert.

Belichtung selektiv korrigieren

Bei vielen Digitalfotos ist ein Bildteil zu hell, ein anderer zu dunkel. In Camera Raw lässt sich dieses Problem auf äußerst elegante Weise beheben.

Abbildung 4.5
Ausgangsbild

Alpenblumen.jpg von Christoph Kommer

1. Öffnen Sie Ihr Bild in Adobe Camera Raw.
2. Im Register *Grundeinstellungen* passen Sie zunächst den *Belichtung*-Regler an, bis die Mitteltöne Ihres Bilds stimmen. Wenn Sie den Regler nach rechts ziehen, um das Bild aufzuhellen, kann es schnell passieren, dass die hellen Bereiche des Bilds vollständig weiß werden. Kümmern Sie sich zunächst noch nicht um dieses Problem, sondern passen Sie den Regler so an, dass die dunklen Bildbereiche die gewünschte Helligkeit erhalten.

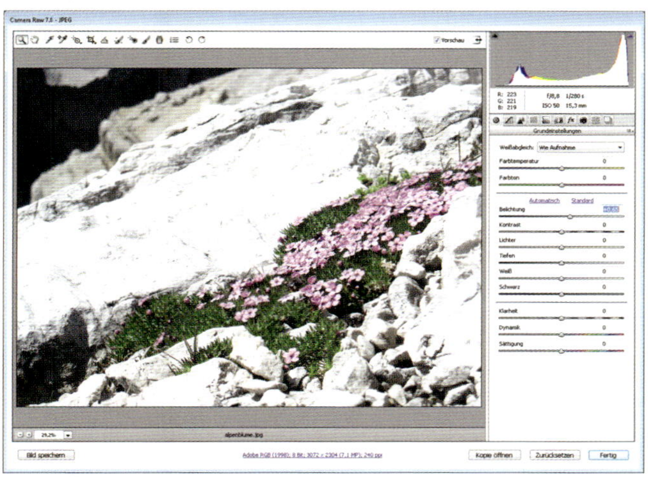

Abbildung 4.6
Verleihen Sie den dunklen Bildbereichen die gewünschte Helligkeit.

3. Klicken Sie nun auf das Symbol *Warnung zur Lichterbeschneidung* ▲. Alle Bereiche, die vollständig weiß geworden sind, werden rot dargestellt.

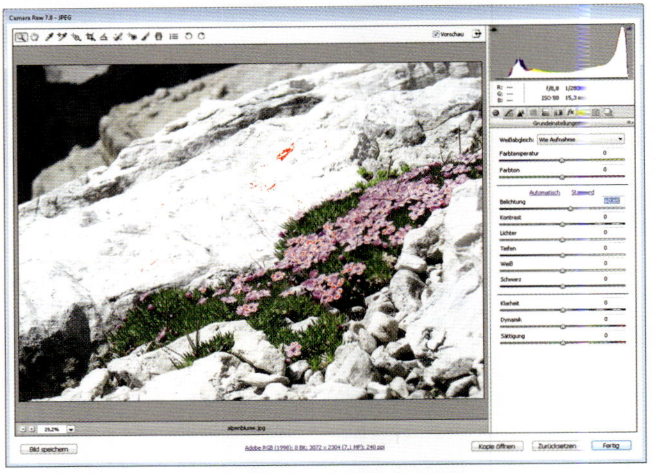

Abbildung 4.7
Schalten Sie die *Warnung zur Lichterbeschneidung* ein.

4. Hier kommt der *Lichter*-Regler ins Spiel, denn mit diesem können Sie die Detailzeichnung in den Lichtern wiederherstellen. Ziehen Sie den Regler nach links, bis die roten Stellen verschwinden. Ziehen Sie gegebenenfalls noch weiter, bis Sie die gewünschte Detailzeichnung in den hellen Bereichen erhalten.

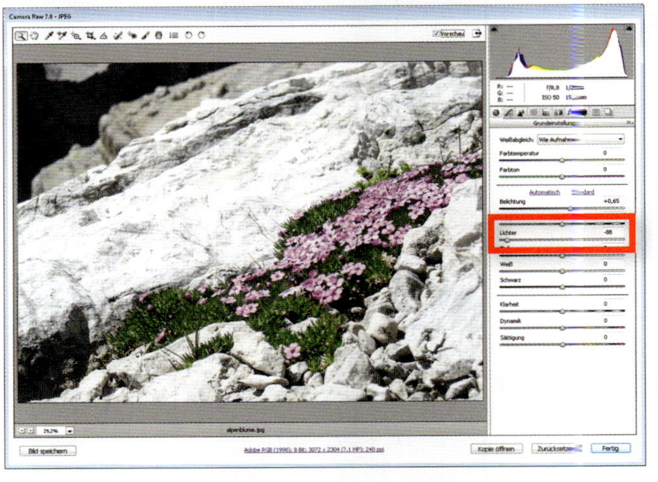

Abbildung 4.8
Ziehen Sie den *Lichter*-Regler nach links, bis die roten Stellen verschwunden sind.

Gegebenenfalls ist es mit dem *Lichter*-Regler nicht möglich, die vollständig weißen Zonen ganz wiederherzustellen. In diesem Fall justieren Sie den *Weiß*-Regler nach.

Die Bildschärfe verbessern

Im Register *Details* nehmen Sie eine Schärfung vor.

- Erhöhen Sie den *Betrag*, wird das Bild schärfer. Je höher Sie den *Radius* setzen, desto mehr Details zeichnet Camera Raw scharf. Erhöhen Sie den *Detail*-Wert, um die Bildstrukturen zu verstärken.
- Setzen Sie den *Maskieren*-Wert auf *0*, schärft Camera Raw das Bild gleichmäßig scharf. Je weiter Sie den Regler nach rechts ziehen, desto weniger Flächen werden geschärft. Setzen Sie den Regler auf *100*, schärft Camera Raw fast nur noch die Flächen in unmittelbarer Umgebung deutlicher Konturen.
- Bildrauschen ist wegen der langen Belichtungszeit beispielsweise typisch für Nachtaufnahmen. Das Register *Details* bietet Ihnen gute Möglichkeiten, dieses Rauschen zu bekämpfen.
- Den *Luminanz*-Wert erhöhen Sie, um das Bilddrauschen (Graustufenrauschen) in zu körnig geratenen Bildern zu verringern.

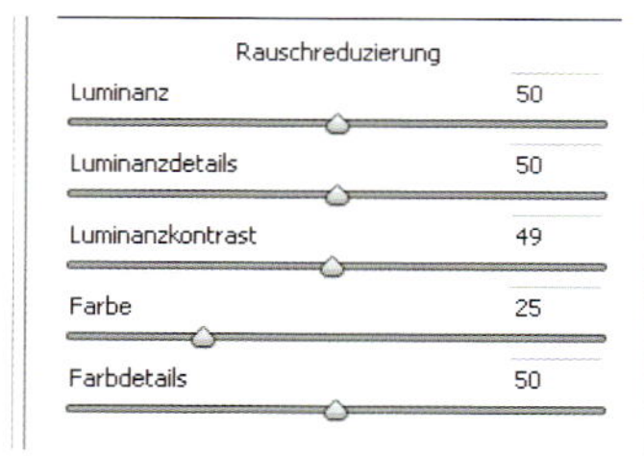

Abbildung 4.9
Mit dem unteren Teil des *Details*-Registers bekämpfen Sie Bildrauschen.

1. Erhöhen Sie im Register *Details* den *Luminanz*-Wert, bis das Rauschen aus den kritischen Stellen verschwunden ist.
2. Ist nun in hellen Objekten zu viel Detailzeichnung verloren gegangen, holen Sie diese zurück, indem Sie den Regler *Luminanzdetails* nach rechts ziehen.
3. Ebenso können Sie den *Luminanzkontrast* erhöhen, um in den Lichterbereichen mehr Kontrast zu erhalten. Das bringt allerdings etwas Rauschen zurück.

Mit der Erhöhung der *Farbe* reduzieren Sie Farbrauschen.

Bildschärfung leicht gemacht

In vielen Fällen bietet es sich an, die Schärfung Ihres RAW-, TIFF oder JPEG-Bilds nicht in Photoshop, sondern in Camera Raw vorzunehmen. Diese Vorgehensweise ist besonders komfortabel und führt zu guten Ergebnissen.

1. Wählen Sie im linken unteren Bereich der Camera-Raw-Dialogbox die Zoomstufe *100 %*.
2. Aktivieren Sie das Register *Details*. Wichtig sind nun die vier Regler unter *Schärfen*. Mit diesen verstärken Sie die Detailzeichnung Ihres Bilds.

Abbildung 4.10
Zeigen Sie das Bild mit der Zoomstufe *100%* an und aktivieren Sie das Register *Details*.

Phalaenopsis.jpg

3. Halten Sie die [Alt]-Taste gedrückt, während Sie die Regler ziehen. Dann sehen Sie Ihr Bild in reinen Graustufen, so dass Sie die Wirkung der Scharfzeichnung besser überprüfen können.
4. Wählen Sie zunächst über den Regler *Betrag* die Stärke der Scharfzeichnung. Kümmern Sie sich momentan noch nicht um das dabei entstehende Bildrauschen.
5. Den *Radius* setzen Sie auf einen verhältnismäßig niedrigen Wert wie etwa *1 Pixel*.
6. Justieren Sie nun den *Details*-Regler. Hierbei ist die [Alt]-Taste besonders wichtig, denn der Regler sollte so eingestellt sein, dass nur noch die wichtigen Konturen Ihres Motivs dargestellt werden.
7. Enthält Ihr Bild flächige Bereiche, die am besten überhaupt nicht scharfgezeichnet werden sollen, verwenden Sie den Regler *Maskieren*. Ziehen Sie auch diesen Regler mit gedrückter [Alt]-Taste. Nur die in dieser Ansicht weiß dargestellten Bereiche werden von

den soeben eingestellten Schärfungseinstellungen verändert. Alle grau oder schwarz gezeigten Bereiche sind davon ausgenommen.

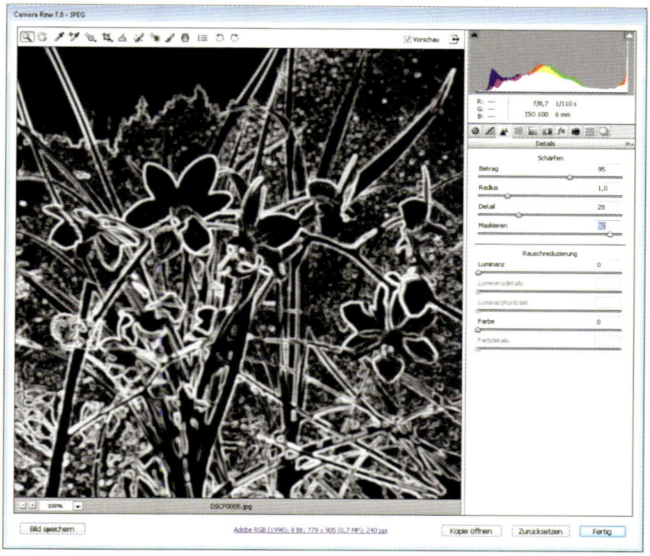

Abbildung 4.11
Nur die weißen Bereiche werden geschärft.

8. Auch der Regler *Klarheit* im Register *Grundeinstellungen* kann eine wichtige Funktion beim Schärfen übernehmen, und zwar immer dann, wenn Ihr Bild besonders flächige Kontraste aufweist. Ziehen Sie diesen Regler so weit nach rechts, bis sich die Objekte deutlich abheben und Sie Ihrem Bild damit den letzten Schliff verliehen haben.

Abbildung 4.12
Die fertige Bearbeitung

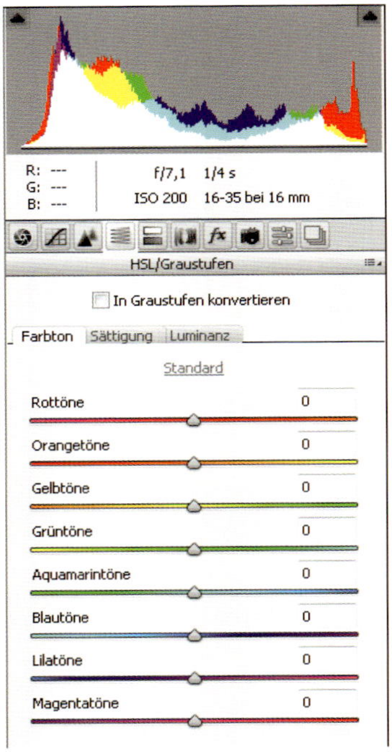

Abbildung 4.13
Das Register *HSL/Graustufen* dient zur farblichen Feinabstimmung Ihrer Datei.

Die Farben der RAW-Datei justieren

Mit der Kategorie *HSL/Graustufen* können Sie die Farben Ihrer RAW-Datei kontrollieren. Auch fein abgestimmte Graustufenkonvertierungen lassen sich hier vornehmen, wenn Sie das Kontrollkästchen *In Graustufen konvertieren* aktivieren und die Tonwertverteilung mithilfe der Regler justieren.

Haben Sie auf diesem Gebiet noch nicht viel Erfahrung, verwenden Sie einfach die Einstellung *Automatisch*. Sie erhalten damit meist erstaunlich gute Ergebnisse. Mit einem Klick auf *Standard* lassen sich alle Einstellungen schnell wieder auf die Grundeinstellung zurücksetzen.

- Über das Register *Farbton* ändern Sie den Farbton Ihres Bilds unabhängig von Sättigung und Helligkeit.
- Über das Register *Sättigung* regulieren Sie das Verhältnis von reiner Farbe zu Grau unabhängig von Farbton und Helligkeit.
- Über das Register *Luminanz* ändern Sie die Helligkeit unabhängig von *Farbton* und *Sättigung*.

Die darunter liegenden Regler sind in allen drei Registern vorhanden. Sie nehmen damit die Feinabstimmung der Farbtöne vor, wobei positive Werte Farbton, Sättigung bzw. Luminanz verstärken, negative Werte diese Parameter verringern.

Kreative Teiltonungseffekte gestalten

Getonte Bilder direkt in Photoshop erstellen
In Kapitel 16 erfahren Sie, wie Sie direkt in Photoshop getonte Bilder gestalten.

Mit dem Register *Teiltonung* erzeugen Sie beispielsweise schnell die beliebten sepiagetonten oder andere getonte Bilder. Teiltonung oder Split-Toning ist eine effektvolle, traditionelle Schwarzweiß-Dunkelkammertechnik, bei der die Schatten eine Farbe erhalten und die Lichter eine andere. Mit Camera Raw lässt sich diese Technik sehr gut simulieren.

1. Konvertieren Sie Ihr Bild zuerst über das Register *HSL/Graustufen* in Schwarzweiß und arbeiten Sie anschließend mit den Reglern des Registers *Teiltonung*, um den Farbton und die Sättigung für Tiefen und Lichter gesondert anzupassen.
2. Ziehen Sie den Abgleich-Regler auf einen Wert über *0*, erhalten die Tiefen mehr Gewicht. Ziehen Sie ihn auf einen Wert unter *0*, erhalten die Lichter mehr Gewicht.

Abbildung 4.14
Das Register *Teiltonung* eignet sich für kreative Bildeffekte.

3. Aber auch, wenn Sie das Kontrollkästchen *Graustufen* nicht aktiviert haben, können Sie das Register *Teiltonung* verwenden – Sie erzielen dann kreative Effekte an Farbbildern.

Blendenfehler korrigieren

Im Register *Objektivkorrekturen* korrigieren Sie gegebenenfalls drei typische Fehler: die stürzende Perspektive, die chromatische Aberration und die Vignettierung.

- Die chromatische Aberration (Farblängsfehler) entsteht, wenn Lichtstrahlen von einer Linse unterschiedlich gebrochen werden und somit nicht auf denselben Punkt treffen. Sie verunstaltet das Bild durch Farbsäume und Unschärfen, besonders an kontrastreichen Lichtkanten.
- Beim Fotografieren eines hohen Gebäudes passiert es häufig, dass dieses im fertigen Bild scheinbar nach hinten kippt (stürzende Perspektive), da der untere Teil des Gebäudes der Kamera viel näher ist als der obere und deshalb größer dargestellt wird.
- Eine Vignettierung äußert sich in Form von abgedunkelten Bildecken. Sie tritt vor allem bei Weitwinkelobjektiven auf. Betrachten Sie dazu die Abbildungen am Rand.

Das Register *Objektivkorrekturen* bietet zwei Unterregister: *Profil* und *Manuell*.

- Über das Register *Profil* führen Sie eine automatische Objektivkorrektur anhand eines Kameraprofils durch. Einige Kameraprofile sind in Camera Raw bereits enthalten. Wird das Kameraprofil für Ihr Bild nicht erkannt bzw. ist es nicht in der Liste vorhanden, können Sie weitere Profile mit dem kostenlosen Hilfsprogramm Lens Profile Creator (siehe nebenstehender Hinweis) selbst

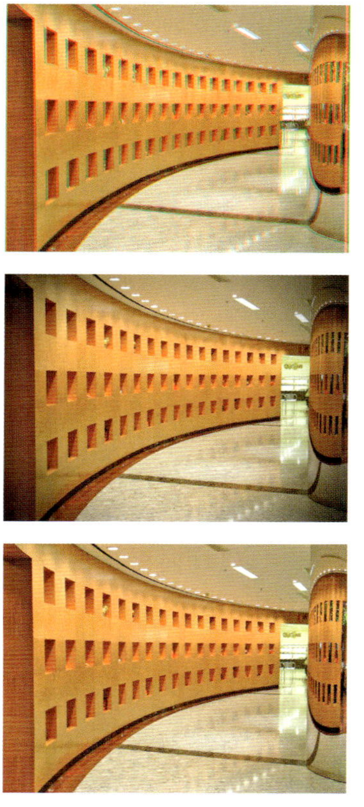

Abbildung 4.15
Oben: chromatische Aberration.
Mitte: Vignettierung.
Unten: nach der Korrektur der Vignettierung

Lens Profile Creater nutzen

Laden Sie sich *Lens Profile Creator* von *http://labs.adobe.com/downloads/lensprofile_creator.html* herunter.

Mit dem Programm wird eine Checkerboard-Vorlage mitgeliefert, die Sie aus unterschiedlichen Positionen mit nicht abfallender Beleuchtung und mit dem entsprechenden Objektiv fotografieren. Nachdem Sie diese Aufnahmen im DNG-format gespeichert haben, laden Sie sie in *Lens Profile Creator*, um das Profil zu erstellen.

erstellen. Außerdem aktivieren Sie hier das Kontrollkästchen *Chromatische Aberration entfernen*, wenn Ihr Bild einen solchen Fehler aufweist.

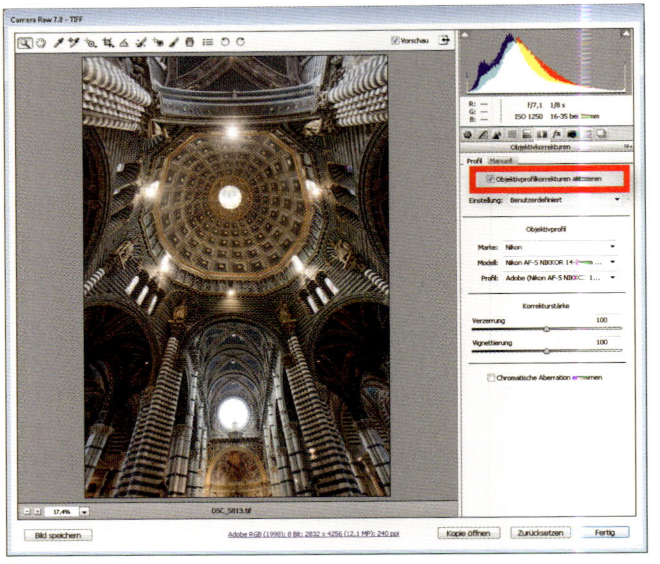

Abbildung 4.16
Auch eine automatische Objektivkorrektur ist in Adobe Camera Raw möglich.

Bild: Björn Lilie

- Im Register *Manuell* nehmen Sie eigene Einstellungen für die Objektivkorrektur vor. Die Einstellungen gleichen denen der *Objektivkorrektur*-Funktion von Photoshop, die in Kapitel 15 erläutert wird.

Farbfehler über das Register »Kamerakalibrierung« korrigieren

Über dieses Register nehmen Sie Farbabstimmungen vor – getrennt nach Farbton und Sättigung für die drei Grundfarben Rot, Grün und Blau. Außerdem schalten Sie hier gegebenenfalls – wie zu Beginn dieses Kapitels beschrieben – zwischen dem älteren *Prozess 2003* bzw. *2010* und dem neuen *Prozess 2010* um.

Bildeffekte

Camera Raw enthält ein *Effekte*-Register. Mit diesem können Sie Ihrem Digitalbild das Aussehen eines auf analogem Film aufgenommenen Fotos verleihen oder es künstlich altern lassen.

Filmkorn hinzufügen

Nicht für jedes Motiv ist die Perfektion und Glätte von hochqualitativen Digitalfotos geeignet und viele Digitalfotografen vermissen das Korn von analogen Filmen, das den Aufnahmen einen besonderen Touch hinzufügen kann.

Um nachträglich eine Körnung ins Bild zu rechnen, verwenden Sie dazu den oberen Teil des *Effekte*-Registers. Sie können *Stärke*, *Größe* und *Kantenunschärfe* der Körnung regeln.

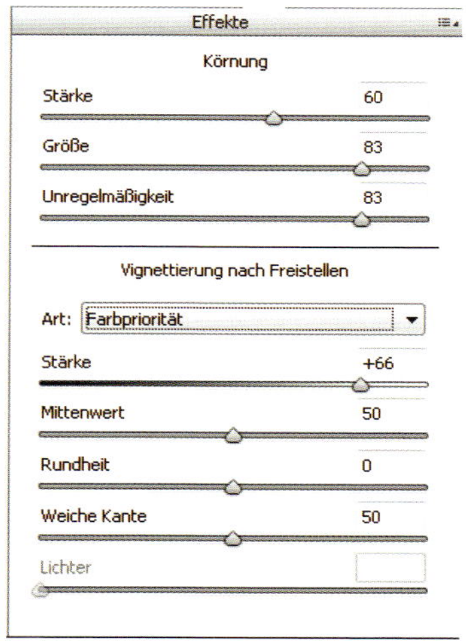

Abbildung 4.17
Über das Register *Effekte* können Sie Ihren Bildern eine Körnung und eine Vignettierung zuweisen.

Vignetteneffekte erzeugen

Im unteren Teil des Bilds fügen Sie Ihrem Bild eine Vignettierung hinzu. Diese überlagert Ihr Bild »live«. Wenn Sie dieses also mit dem Freistellungswerkzeug von Camera Raw zuschneiden, bleibt die Vignette in ihrer ursprünglichen Form erhalten.

- Ziehen Sie den Regler *Stärke* nach rechts in den positiven Bereich, um eine weiße Vignette zu erzielen. Mit einem negativen Wert erzielen Sie eine dunkle Vignette.
- Über den Regler *Mittenwert* regulieren Sie die Größe der Vignette. Ziehen Sie nach links, wird die Vignette enger, ziehen Sie nach rechts, wird sie größer.
- Über die *Rundheit* bestimmen Sie die Form der Vignette. Positive Werte runden die Vignette ab; je negativer der Wert wird, desto stärker passt sich die Vignette der rechteckigen Bildform an.
- Ziehen Sie den Regler *Weiche Kante* nach links, um eine harte Maske zu erzielen, nach rechts, um eine weiche Vignette zu erhalten.

Abbildung 4.18
Ziehen Sie den Regler *Weiche Kante* (bei dunkler Vignette) nach links, ergibt sich eine Art Spotlight-Effekt.

- Nutzen Sie den Regler *Lichter*, um die hellen Bildbereiche mit dem Vignettenbereich zu verrechnen. Je weiter Sie den Regler nach rechts ziehen, desto mehr Lichter tauchen in der Vignette auf.
- Wichtig ist hierbei, welche Option Sie aus dem Popup-Menü *Art* gewählt haben. Mit der Option *Lichterpriorität* wendet Camera Raw die Einstellungen des *Lichter*-Reglers mit Priorität auf die Helligkeit der unter der Vignette liegenden Pixel an, bei ausgewählter Option *Farbpriorität* mit Priorität auf ihre Farbigkeit. Mit der zweiten Option erzielen Sie in vielen Fällen sehr schöne Effekte.

Abbildung 4.19
Die Werkzeuge des Camera-Raw-Fensters – von links nach rechts:
❶ Zoomwerkzeug
❷ Hand-Werkzeug
❸ Weißabgleich
❹ Farbaufnahme
❺ Selektive Anpassung
❻ Freistellungswerkzeug
❼ Bild gerade ausrichten
❽ Bildretuschen durchführen
❾ Rote Augen korrigieren
❿ Partielle Anpassungen
⓫ Verlaufsförmige Anpassung
⓬ Camera-Raw-Voreinstellungen
⓭ Bild um 90° drehen

Die Werkzeugleiste des Camera-Raw-Fensters

Am oberen Rand des Camera-Raw-Fensters finden Sie eine Werkzeugleiste. Die Funktionen dieser Werkzeugleiste benennt das nebenstehende Bild. Die Retuschierfunktionen ähneln den entsprechenden, in Photoshop verfügbaren Features, die in Kapitel 16 ausführlich erläutert werden.

Auf drei Funktionen der Werkzeugleiste möchten wir aber hier eingehen, weil sie einzigartig in Camera Raw sind.

- Mit der *Selektiven Anpassung* weisen Sie die Werte der Register *Gradationskurve* sowie *HSL/Graustufen* nicht durch Ziehen der Regler, sondern durch Ziehen der Maus direkt im Bild zu. Wählen Sie zunächst über das Popup-Menü der Schaltfläche *Selektive Anpassung* aus, was Sie ändern möchten. Camera Raw zeigt anschließend das zu Ihrer Auswahl passende Register an. Ziehen Sie nun im Bildfenster nach rechts bzw. oben, um den/die entsprechenden Regler zu erhöhen, bzw. nach links bzw. unten, um die Werte zu verringern.

- Im Unterschied zu den bisher erläuterten Korrekturmöglichkeiten können Sie die Werkzeuge *Korrekturpinsel* und *Verlaufsfilter* auf einzelne Bereiche des in Camera Raw geladenen Bilds anwenden. Sie können hiermit ganz gezielt Problemzonen im Bild angehen – zum Beispiel Farbtemperatur, Tiefen, Lichter oder Sättigung an bestimmten Stellen verändern oder auch Störungen wie Bildrauschen und Moiré-Effekte vermindern.

Den Korrekturpinsel einsetzen

Nachdem Sie den Korrekturpinsel in der Camera-Raw-Werkzeugleiste ausgewählt haben, nehmen Sie im rechten Bereich die Einstellungen für das Werkzeug vor.

1. Verkleinern oder vergrößern Sie den Pinsel über den Regler *Größe*. Direkt darunter stellen Sie die Weichheit des Pinsels ein. Beachten Sie dabei die beiden konzentrischen Kreise im Bild: Der innere Kreis stellt die Pinselgröße dar, der äußere Kreis mit der gestrichelten Kontur den weichen Übergang zu null Prozent Deckkraft.
   - Möchten Sie kleine Bildbereiche korrigieren, verringern Sie Pinselgröße und -weichheit.
   - Für großflächige Korrekturen stellen Sie einen großen Pinseldurchmesser ein.
   - Mit einer breiten weichen Kante stellen Sie sicher, dass der Übergang zwischen korrigierten und nicht korrigierten Bereichen dem Betrachter nicht auffällt.
2. Nehmen Sie über die übrigen Regler die gewünschten Korrektureinstellungen vor.
3. Malen Sie mit gedrückter Maustaste über die Bereiche, die Sie korrigieren möchten.

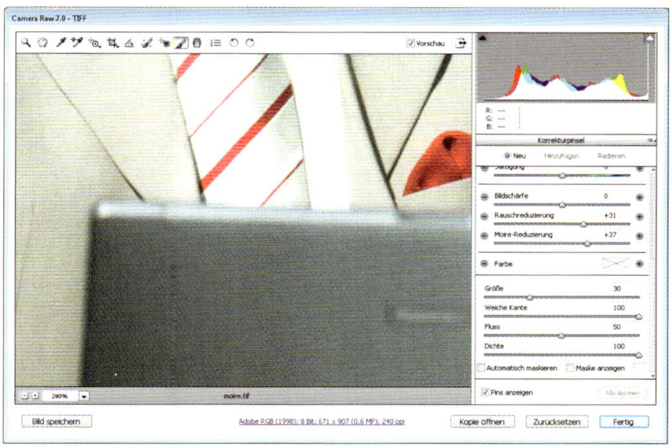

Abbildung 4.20
Dieses Bild weist den bekannten Moiré-Effekt auf, der entsteht, wenn Sie ein im Offsetdruck gedrucktes Bild einscannen. Solche Moiré-Muster sind das Ergebnis von Interferenzen zwischen Bild- und Scan-Raster und lassen sich nicht vollständig vermeiden. Mit dem Korrekturpinsel können Sie dieses Problem durch Übermalen verringern.

Sollten Sie nachträglich mit Teilen Ihrer Korrekturen nicht einverstanden sein, können Sie sie partiell zurücknehmen. Dazu dient das Optionsfeld *Radieren*.

Beachten Sie, dass Sie mit einem Klick auf dieses Optionsfeld Pinselgröße und -weichheit auf ihre ursprünglichen Werte zurücksetzen. Passen Sie diese beiden Parameter deshalb gegebenenfalls erneut an und übermalen Sie die korrigierten Bereiche.

Camera Raw nimmt die Korrektur zurück und versetzt das Bild an dieser Stelle in seinen ursprünglichen Zustand zurück.

Mit dem Verlaufsfilter-Werkzeug arbeiten

Aus der analogen Fotografie kennen Sie vielleicht den Verlaufsfilter. Es handelt sich dabei um eine halbseitig eingefärbte Filterscheibe mit einem mehr oder weniger harten Verlauf vom transparenten in den nicht transparenten Teil.

Die eingefärbte Hälfte reduziert größere Helligkeiten und somit den Kontrast, zum Beispiel bei Landschaftsfotos, in denen der Himmel viel heller ist als der Boden.

Dann sieht entweder der Himmel gut aus und der Vordergrund »läuft zu« (ist zu dunkel) oder der Vordergrund ist gut ausgeleuchtet, der Himmel reißt aber aus (zeigt vollständig weiße Bereiche). In solchen Fällen leistet ein Verlaufsfilter gute Dienste.

Weitere Verlaufsarten
Über das *Verlaufsfilter*-Werkzeug können Sie nicht nur einen klassischen Verlaufsfilter simulieren, sondern auch andere Verläufe, zum Beispiel von weniger nach stark gesättigt oder von weniger scharf nach scharf.

In Photoshop können Sie diesen mit verschiedenen Techniken nachträglich ins Bild rechnen. Besonders leicht macht es Ihnen Camera Raw.

1. Nachdem Sie das *Verlaufsfilter*-Werkzeug in der Camera-Raw-Werkzeugleiste aktiviert haben, stellen Sie im rechten Bereich die gewünschten Parameter ein – beispielsweise einen negativen *Helligkeit*-Wert, wenn Sie den Himmel Ihres Bilds abdunkeln möchten.
2. Dann ziehen Sie den Verlauf mit gedrückter Maustaste auf. Bei aktiviertem Kontrollkästchen *Überlagerung anzeigen* signalisiert Ihnen die rote Farbe die Grenze, bis zu der die ursprünglichen Werte verwendet werden, die grüne Farbe zeigt den Bereich, in dem die von Ihnen eingestellte Anpassung vollständig erreicht ist.

Besonders gut können Sie sich dieses Prinzip verdeutlichen, indem Sie das Bild über den Parameter *Farbe* graduell einfärben.

Abbildung 4.21
Der helle Himmel dieses Bilds ...

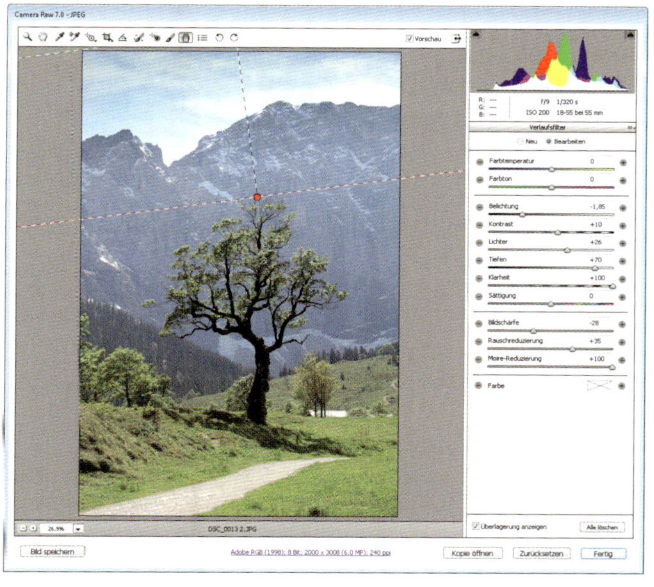

Abbildung 4.22
... wird über den Verlaufsfilter abgedunkelt, ohne dass der untere Bildteil davon beeinflusst wird.

Bild: Kristine Kamm

5

Bild: Björn Lilie

EXAKT UND KOMFORTABEL ARBEITEN

Die Benutzeroberfläche von Photoshop CS6 lässt sich individuell an Ihre Arbeitsgewohnheiten und Aufgaben anpassen. Das Programm stellt Ihnen außerdem verschiedene Hilfsmittel zur Verfügung, die Ihnen bei Aufgaben helfen, die exaktes Arbeiten verlangen, zum Beispiel Lineale, Raster und Hilfslinien.

5.1 Zwischen geöffneten Fenstern wechseln

Wenn Sie mehrere Bilder geöffnet haben, blättern Sie diese in der Grundeinstellung über die Register am oberen Fensterrand durch. Das Register des aktuellen Bilds erscheint dabei hervorgehoben.

Abbildung 5.1
Das Register des jeweils aktiven Bilds erscheint hervorgehoben, heller als die anderen (hier rot eingerahmt).

Bild: Björn Lilie

Möchten Sie die Bilder lieber nebeneinander auf Ihrem Bildschirm anordnen, um sie alle gleichzeitig zu betrachten, wählen Sie *Fenster* → *Anordnen* und klicken Sie auf die gewünschte Darstellungsart. Oder Sie halten die Maustaste auf einem Dokumentregister gedrückt und ziehen und legen es an der gewünschten Stelle wieder ab. Damit löst sich das Fenster aus der Registergruppe und wird zum frei schwebenden Fenster mit einem Photoshop-Symbol im linken oberen Bereich.

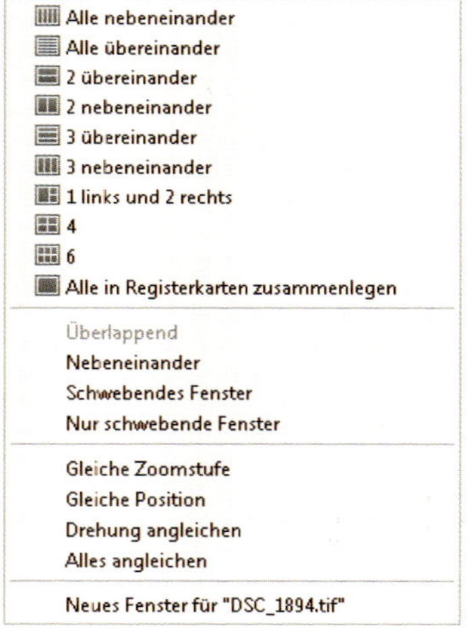

Abbildung 5.2
Das Menü *Anordnen* bietet Ihnen vielfältige Möglichkeiten, die geöffneten Bilder anzuzeigen.

Mit dieser Technik lassen sich auch mehrere schwebende Fenster zu einer Gruppe aneinanderdocken: Ziehen Sie ein Dokumentregister oder eine Dokumentfenster-Titelzeile auf ein anderes Dokumentfenster, bis dieses einen blauen Rahmen erhält. Dann lassen Sie die Maustaste los. Die neue Gruppe lässt sich nun gemeinsam auf der Arbeitsfläche verschieben.

Mit *Fenster* → *Anordnen* → *Alle in Registerkarten zusammenlegen* gelangen Sie in die Standardansicht mit den Registern am oberen Dokumentfensterrand zurück.

Weitere Ansichten des aktiven Fensters erstellen

Gegebenenfalls erstellen Sie weitere Bildschirmansichten des aktiven Bilds und stellen Sie verschiedene Zoomstufen ein. So lässt sich beispielsweise ein Detail unter die Lupe nehmen, ohne dass Sie den Gesamtüberblick verlieren. Wählen Sie im Menü *Fenster* den Befehl *Anordnen* → *Neues Fenster für »Dokumentname«*. Eine zweite Ansicht des Bilds erscheint. Sie können beliebig viele Ansichten erstellen, solange es der Speicher zulässt.

Abbildung 5.3
Hier wurden zwei Bilddateien zu einer schwebenden Gruppe zusammengefasst. Diese lässt sich frei auf der Arbeitsfläche umherziehen.

Bild: Björn Lilie

Abbildung 5.4
In der gekachelten Ansicht haben Sie alle geöffneten Bilder gleichzeitig im Blick.

Bilder: Björn Lilie

5.2 In verschiedenen Ansichtsmodi arbeiten

Über die Schaltfläche *Bildmodus ändern* am unteren Rand des Werkzeuge-Bedienfelds betrachten Sie das in Arbeit befindliche Bild in verschiedenen Ansichtsmodi.

Drei verschiedene Modi stehen Ihnen hier zur Verfügung:

- Der *Standardmodus* ist in der Grundeinstellung eingeschaltet. Dabei ist die Menüleiste stets eingeblendet, das Bild wird im Dokumentfenster angezeigt und ist frei beweglich. Außerdem lassen sich mehrere Dokumentfenster gleichzeitig anzeigen.
- Im *Vollbildmodus mit Menüleiste* steht Ihnen, wie der Name schon sagt, die Menüleiste ebenfalls zur Verfügung. Doch nun sind Dokumentregister, Bedienfelder und Taskleiste verschwunden.
- Im *Vollbildmodus* verschwinden auch Menüleiste und Bedienfeld. Letztere können Sie einblenden, indem Sie auf den rechten, unteren bzw. linken Fensterrand zeigen.

Bedienfelder temporär ausblenden
Möchten Sie im Standard- und im Vollbildmodus die Bedienfelder temporär vom Bildschirm verschwinden lassen, betätigen Sie die Tab-Taste. Durch erneutes Drücken der Tab-Taste blenden Sie diese Elemente wieder ein.

Abbildung 5.5
Im Vollbildmodus sind die Bedienfelder standardmäßig ausgeblendet. Wenn Sie jedoch auf den entsprechenden (hier den rechten) Fensterrand zeigen, werden die dort angedockten Bedienfelder eingeblendet (hier rot eingerahmt).

Bild: Philipp Engelmann

5.3 Zoomen, Schwenken und Drehen der Ansicht

Sie können in Photoshop auf verschiedene Weise eine Bildansicht vergrößern oder verkleinern. Dazu verwenden Sie das *Zoom*-Werkzeug in der Menüleiste oder im *Werkzeug*-Bedienfeld, die Zoomfelder in der Menüleiste und in der Statusleiste des Dokumentfensters, die dafür vorgesehenen Befehle im Menü *Ansicht* oder verschiedene Tastenkombinationen.

Zoom-Werkzeug per Tastatur
Benutzen Sie gerade ein anderes Werkzeug, können Sie das *Zoom*-Werkzeug kurzfristig per Tastatur aktivieren. Für die Lupe zum Vergrößern betätigen Sie die Tastenkombination Strg/⌘ + Leertaste. Die Lupe zum Verkleinern erhalten Sie, wenn Sie zusätzlich zur genannten Tastenkombination die Alt-Taste betätigen. Sobald Sie die Tasten wieder freigeben, aktiviert Photoshop das zuvor benutzte Werkzeug.

Zoomen mit dem Zoom-Werkzeug

Mit dem *Zoom*-Werkzeug vergrößern oder verkleinern Sie die Ansicht eines Bilds schrittweise oder legen den Zoombereich selbst fest. Wählen Sie das *Zoom*-Werkzeug in der Menüleiste oder im *Werkzeug*-Bedienfeld, ist automatisch die Funktion *Einzoomen*, also Vergrößern, aktiviert.

- Bewegen Sie das Werkzeug in das Dokument, wird der Mauszeiger zu einer Lupe mit einem Pluszeichen. Damit zoomen Sie sich durch Klicken schrittweise ins Bild. Die höchstmögliche Vergrößerungsstufe beträgt 1.600 %. Mit einer OpenGL-fähigen Grafikkarte zoomt Photoshop dabei stufenlos und glatt. Über 500 % zeigt Photoshop zusätzlich ein Pixelraster, wenn Sie den Befehl *Ansicht* → *Einblenden* → *Pixelraster* aktiviert haben und wenn in den Photoshop-Voreinstellungen *Leistung* das Kontrollkästchen *OpenGL aktivieren* angeklickt ist.
- Auch eine schrittweise Verkleinerung ist mit dem Zoom-Werkzeug möglich. Dazu halten Sie die [Alt]-Taste gedrückt und klicken in das Bild bzw. halten die Maustaste gedrückt. Sie verkleinern es im Bedarfsfall auf unter 0,5 %. Mit einem Doppelklick auf das *Zoom*-Werkzeug erscheint das Bild in Originalgröße.
- Mit einer OpenGL-fähigen Grafikkarte kommen Sie in den Genuss einer weiteren Funktion: Halten Sie die Maustaste zum Ein- bzw. Auszoomen gedrückt, wird das Bild kontinuierlich sanft heran- bzw. weggezoomt.
- Standardmäßig ist (bei OpenGL-fähiger Grafikkarte) das Kontrollkästchen *Dynamischer Zoom* in der Optionenleiste aktiviert. Dadurch zoomen Sie beim Ziehen nach rechts stufenlos in das Bild hinein, beim Ziehen nach links stufenlos hinaus.
- Wenn Sie dieses Kontrollkästchen deaktivieren, mit dem *Zoom*-Werkzeug in das Bild klicken und mit gedrückter Maustaste einen Rahmen aufziehen, zeigt sich der ausgewählte Bereich monitorfüllend, sobald Sie die Maustaste freigeben.

Gleiche Zoomstufe und Position für mehrere Bilder

Möchten Sie mehrere geöffnete Bilder in derselben Zoomstufe und Position betrachten? Dann klicken Sie auf die Schaltfläche *Dokumente anordnen* und wählen Sie *Nur schwebende Fenster* und dann *Alle im Raster*. Stellen Sie nun die gleiche Zoomstufe und Position ein, indem Sie über die Schaltfläche *Dokumente anordnen* die Option *Gleiche Zoomstufe und Position* wählen.

Fast noch praktischer ist die Möglichkeit, die Ansicht zweier oder mehrerer Bilder gleichzeitig zu verschieben: Aktivieren Sie das *Hand*-Werkzeug mit der Taste [H] und zeigen Sie auf das aktive Fenster. Halten Sie die [⇧]-Taste gedrückt; klicken und ziehen Sie im Bild. Beide Ansichten werden synchron verschoben.

OpenGL funktioniert nicht?

Sollte die OpenGL-Technik bei Ihnen nicht funktionieren, könnte das folgende Ursachen haben bzw. können Sie die folgenden Maßnahmen ergreifen:

Ihre Grafikkarte bzw. Ihr Grafikkartentreiber wird von Photoshop CS6 nicht unterstützt. Sehen Sie auf der Website des Grafikkartenherstellers nach, ob eventuell ein aktuellerer Treiber verfügbar ist als der von Ihnen installierte.

Setzen Sie die Photoshop-Voreinstellungen zurück, indem Sie Photoshop schließen und neu starten. Beim Starten halten Sie die Tastenkombination [⇧]+[Strg]/[⌘]+[Alt] gedrückt. Bestätigen Sie die folgende Dialogbox mit *OK*.

Abbildung 5.6
Der zu vergrößernde Bereich wird mit dem Zoom-Werkzeug und deaktiviertem Kontrollkästchen *Dynamischer Zoom* durch Ziehen mit gedrückter Maustaste vergrößert.

Abbildung 5.7
Dieser Bereich füllt nach der Vergrößerung das Fenster aus.

Bild: Christoph Kommer

Zoomstufe 100 %
Beim Zoomen ohne OpenGL-fähige Grafikkarte erscheint das Bild gelegentlich farbverfälscht oder verzerrt. Dies trifft vor allem zu, wenn Sie Scharfzeichnungsfilter einsetzen oder das Bild Moiré-Effekte enthält. Am besten lässt sich Ihr Bild auf der Zoomstufe 100 % beurteilen.

Zoomen über das Ansicht-Menü und mit Tastenkombinationen

Auch im Menü *Ansicht* finden Sie verschiedene Funktionen zum Zoomen.

- Wählen Sie den Befehl *Einzoomen*, um das Bild schrittweise zu vergrößern. Alternativ drücken Sie Strg/⌘ + +.
- Wählen Sie zum Verkleinern der Ansicht den Menübefehl *Auszoomen* oder betätigen Sie Strg/⌘ + -.
- Doppelklicken Sie auf das *Hand*-Werkzeug in der Werkzeugleiste (nicht auf das in der Menüleiste), erscheint das Bild stets in maximaler Monitorgröße.
- Um das Bild in seiner Originalgröße darzustellen, wählen Sie *Tatsächliche Pixel* oder drücken Sie Strg/⌘ + 1. Die Pixel eines Bilds selbst haben keine reale Größe, die sich beispielsweise in Millimeter ausdrücken ließe

– die Größe eines Pixels hängt vom jeweiligen Ausgabemedium ab. Mit der Ansicht *Tatsächliche Pixel* wird jedes Bildpixel in der Original-Pixelgröße des Monitors dargestellt – also so, wie es beispielsweise auch nach der Veröffentlichung auf einer Webseite zu sehen wäre.

Zoomen über das Feld Zoomfaktor

Eine weitere Möglichkeit zum Zoomen besteht über die Zoomfelder links unten in der Ecke des Dokumentfensters und im Navigator. Klicken Sie in eines der Felder, um den aktuellen Wert zu markieren, und überschreiben Sie ihn mit dem gewünschten Zoomfaktor. Bestätigen Sie Ihre Eingabe mit der [↵]-Taste.

Die Fenstergröße dem Zoomfaktor anpassen

Bei schwebender Fensteranordnung bleibt die Dokumentfenstergröße in der Grundeinstellung immer gleich, egal, wie groß oder klein Sie das darin angezeigte Bild zoomen. Dies ändern Sie gegebenenfalls, indem Sie in den Werkzeug-Optionen (*Fenster* → *Optionen*) bei markiertem *Zoom*-Werkzeug das Kontrollkästchen *Fenstergröße* aktivieren. Danach passt sich das Dokumentfenster der jeweiligen Zoomstufe an.

Angeklickte Stelle im Zentrum behalten
Soll sich auch im OpenGL-Zoom-Modus die angeklickte Stelle im Zentrum des vergrößerten Bildausschnitts befinden, wählen Sie *Bearbeiten/Photoshop* → *Voreinstellungen* → *Allgemein* und aktivieren Sie das Kontrollkästchen *Angeklickten Punkt zentrieren*.

Den Bildausschnitt verschieben

Das *Hand*-Werkzeug  dient zum Verschieben des Bildausschnitts innerhalb des Dokumentfensters. Es handelt sich um eine praktische Alternative zu den Bildlaufleisten: Klicken Sie mit ausgewähltem *Hand-Werkzeug* in das Bild und ziehen Sie mit gedrückter Maustaste in die gewünschte Richtung. Bei OpenGL-fähiger Grafikkarte scrollt das Bild nach dem Freigeben der Maustaste noch eine Weile weiter, bis die Ansicht zum Stehen kommt.

Die Bildansicht drehen

Photoshop bietet ein *Ansichtdrehung*-Werkzeug. Im Werkzeug-Bedienfeld teilt es sich eine Gruppe mit dem *Hand-Werkzeug*.

Klicken Sie bei aktiviertem Werkzeug in Ihr Bild, erscheint im Zentrum ein Kompass. Durch Ziehen drehen Sie die Ansicht Ihres Bilds. Falls Ihr Bild Hilfslinien oder Auswahlbereiche enthält, drehen sich diese mit. Besonders geeignet ist

Abbildung 5.8
Wenn Sie die Ansichtdrehung aktiviieren, erscheint auf der Arbeitsfläche eine Windrose.

die Funktion damit für perspektivisch knifflige Retuschen, besonders weil die Retuschewerkzeug nicht mitgedreht werden.

Mehr Übersicht durch den Navigator

Abbildung 5.9
❶ *Zoomfaktor*, ❷ Schaltfläche *Auszoomen*, ❸ Regler *Ein-/Auszoomen*, ❹ Schaltfläche *Einzoomen*

Das *Navigator*-Bedienfeld von Photoshop ist quasi eine Zusammenfassung der Möglichkeiten der Werkzeuge *Hand* und *Zoom*. Über dieses Bedienfeld zoomen Sie nicht nur das Bild ein und aus, sondern Sie verschieben auch den Bildausschnitt.

Das *Navigator*-Bedienfeld zeigt Ihnen das aktuelle Bild in einem Übersichtsbereich. Bei einer Änderung der Ansicht im *Navigator*-Bedienfeld ändert sich automatisch die Ansicht des Bilds im Dokumentfenster. Der rote Rahmen in der Übersicht stellt den aktuellen Bildausschnitt dar. Sie können ihn flexibel bewegen. Zum Kennenlernen des Navigators gehen Sie die folgenden Möglichkeiten durch:

- Das Feld *Zoomfaktor* links unten in der Ecke des *Navigator*-Bedienfelds funktioniert genauso wie im Dokumentfenster. Geben Sie einen Zoomwert ein, vergrößert sich das Bild im Dokumentfenster entsprechend.
- Die Übersicht im *Navigator*-Bedienfeld bleibt von der Größe her unverändert, doch der rote Ansichtsrahmen zeigt den vergrößerten Bereich zentriert an.
- Klicken Sie rechts vom Feld *Zoomfaktor* wiederholt auf die Schaltfläche *Auszoomen*, verkleinert sich das Bild bei jedem Klick.
- Klicken Sie rechts vom Regler auf *Einzoomen*, um das Bild zu vergrößern. Der rote Ansichtsrahmen passt sich wieder dem vergrößerten Bereich an.
- In der Mitte zwischen den beiden Schaltflächen befindet sich ein Regler, den Sie alternativ zu den beiden Schaltflächen verwenden. Bewegen Sie den Regler nach links, verkleinert sich die Ansicht im Dokumentfenster. Bewegen Sie ihn nach rechts, vergrößert sich die Ansicht. Der Regler hat den Vorteil, dass Sie in kleineren Schritten zoomen (noch genauer ist natürlich das Feld *Zoomfaktor*).

Zoom bei 1600 %
Wenn Sie in der Navigator-Vorschau die Taste [Strg]/[⌘] betätigen, erhalten Sie die Lupe, die mit einem Klick in die höchste Zoomstufe (1600 %) schaltet.

Mit dem Navigator-Bedienfeld durch das Bild scrollen

Auch mit dem *Navigator*-Bedienfeld können Sie durch ein gezoomtes Bild scrollen. Bewegen Sie den Mauszeiger auf den roten Rahmen. Der Mauszeiger wird zu einer Hand. Ziehen Sie mit gedrückter Maustaste. Der Übersichtsbereich verschiebt sich. Parallel dazu bewegt sich das Bild im Dokumentfenster.

Abbildung 5.10
Durch das Bewegen des Übersichtsbereichs des *Navigator*-Bedienfelds verschiebt sich das Bild im Dokumentfenster.

Alternativ zeigen Sie, wohin Photoshop den Übersichtsbereich verschieben soll: Positionieren Sie den Mauszeiger auf der gewünschten Stelle in der Übersicht. Er wird zu einer Hand mit ausgestrecktem Zeigefinger. Klicken Sie auf die gewünschte Stelle. Das Bild verschiebt sich entsprechend.

Im Bedienfeldmenü des *Navigator*-Bedienfelds können Sie eine einzige Einstellung vornehmen: die Farbe des Ansichtsrahmens ändern.

5.4 Die Arbeitsumgebung einrichten

Die Benutzeroberfläche von Photoshop CS6 lässt sich individuell an Ihre Arbeitsgewohnheiten und Aufgaben anpassen.

Sämtliche Bedienfelder können in einem platzsparenden Dock angeordnet und auf ihre Symbole bzw. Symbole mit Beschriftung reduziert werden.

Auf der rechten Seite des Photoshop-Fensters finden Sie ein Bedienfelderdock, in dem die Standardbedienfelder angedockt sind. Bei ausreichender Monitorauflösung ist es praktisch, die Bedienfelder in diesem Dock zu belassen. Andernfalls lassen sie sich genau wie das Werkzeugbedienfeld frei auf dem Bildschirm positionieren.

Beachten Sie, dass Sie das Werkzeugbedienfeld ein- oder zweispaltig darstellen können (klicken Sie dazu auf den kleinen Doppelpfeil über der Werkzeugleiste oder einfach auf die graue Fläche über dem Bedienfeld), schwebend oder angedockt.

Abbildung 5.11
Der Standard-Arbeitsbereich von Photoshop CS6 enthält die wichtigsten, für die tägliche Arbeit benötigten Funktionen.

Bild: Björn Lilie

Abbildung 5.12
Alle Bedienfelder auf ihre Symbole minimieren

Ein Klick auf eine Bedienfeldbeschriftung öffnet das jeweilige Bedienfeld; mit einem Doppelklick klappen Sie die ganze Bedienfeldgruppe ein.

Klicken Sie auf den nach rechts weisenden Doppelpfeil ▸▸ in dem grauen Bereich über den Bedienfeldern. Alle im Dock befindlichen Bedienfelder werden eingeklappt. Sie können diese Darstellung noch weiter reduzieren, indem Sie die linke Kante der Bedienfeldgruppe nach rechts ziehen. Dann verschwinden die Beschriftungen der Bedienfeld-Symbole, sodass Sie mehr Platz auf dem Bildschirm erhalten. Ein Klick auf ein einzelnes Bedienfeld-Symbol öffnet das jeweilige Bedienfeld. Ein weiterer Klick klappt es wieder ein.

Ein weiterer Klick auf den Doppelpfeil ◂◂ klappt die Bedienfelder wieder aus.

Bedienfelder per Tastenkombination ausblenden
Eine freie Sicht auf Ihr Dokument verschaffen Sie sich, wenn Sie die [⇥]-Taste betätigen. InDesign räumt daraufhin vorübergehend sämtliche geöffneten Bedienfelder einschließlich des Werkzeugbedienfelds ab. Mit einem weiteren Druck auf die [⇥]-Taste erscheint die Bedienfelderkonstellation wieder auf dem Bildschirm.

Mit [⇧] + [⇥] blenden Sie alle Bedienfelder bis auf das Werkzeugbedienfeld aus.

5.5 Tastenkombinationen und Menüs anpassen

Über den Befehl *Bearbeiten → Tastaturbefehle* betrachten Sie eine Liste aller vorhandenen Tastenkombinationen. Hier können Sie auch Ihre eigenen Tastaturkürzel erzeugen. Die Dialogbox enthält alle Befehle, denen Sie Tastenkombinationen zuweisen können. Reicht Ihnen der standardmäßige Tastaturbefehlssatz nicht aus, können Sie zusätzliche Sätze erzeugen, zum Beispiel für unterschiedliche Arbeitsbereiche.

Wenn Sie bisher noch keine Anpassungen an den Tastenkombinationen vorgenommen haben, gibt es nur den Standardbefehlssatz *Photoshop-Standards*. Um auf der Grundlage dieses Satzes einen eigenen Befehlssatz zu erzeugen, gehen Sie folgendermaßen vor:

1. Klicken Sie auf das Symbol *Neues Set aus aktuellem Tastaturbefehlssatz erstellen* und geben Sie einen passenden Namen ein.
2. Wählen Sie aus dem Menü *Tastaturbefehle für*, welche Befehle Sie anpassen möchten, zum Beispiel *Werkzeuge*, wenn Sie die Tastenkürzel des Werkzeugbedienfelds ändern möchten.
3. Wählen Sie den Befehl aus, dessen Tastenkombination Sie ändern möchten.
4. Drücken Sie anschließend die neue Tastenkombination.

Sollte diese Tastenkombination bereits vergeben sein, sehen Sie im linken unteren Bereich der Dialogbox, welchem Befehl sie momentan zugewiesen ist. Nachdem Sie alle gewünschten Tastenkombinationen erzeugt haben, klicken Sie auf *OK*.

Übersicht über alle Photoshop-Tastenbefehle ausdrucken

Wenn Sie gerne mit Tastenkombinationen arbeiten, wählen Sie *Bearbeiten → Tastaturbefehle* und klicken Sie auf *Zusammenfassen*. Wählen Sie in der nächsten Dialogbox den gewünschten Ordner und klicken Sie auf *Speichern*. Sie erhalten eine sauber formatierte HTML-Datei mit den Tastaturbefehlen, die gleich in Ihrem Standardbrowser geöffnet wird. Gegebenenfalls können Sie sich diese Liste nun ausdrucken.

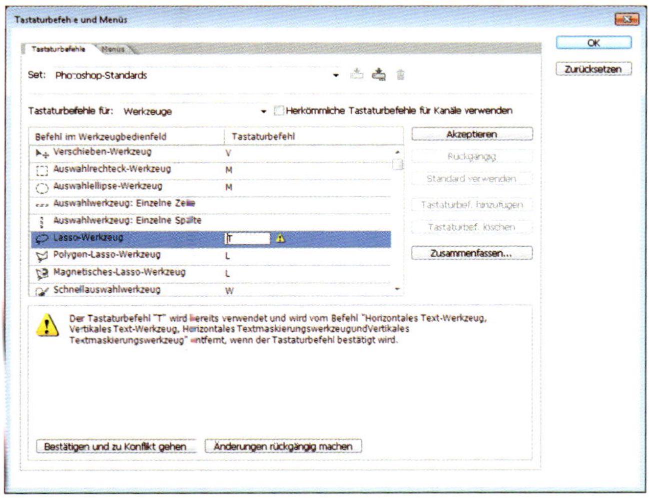

Abbildung 5.13
Ist eine Tastenkombination bereits vergeben, erhalten Sie eine entsprechende Konfliktmeldung.

Auch die Menübefehle lassen sich anpassen, zum Beispiel farbig hervorheben oder ganz aus den Menüs entfernen.

Manchmal sucht man in den umfangreichen Photoshop-Menüs nach einem bestimmten Menüpunkt und sieht dabei den Wald vor lauter Bäumen nicht. Wenn Sie bestimmte Menüpunkte oft benötigen, können Sie sich diese mit einer bestimmten Farbe hinterlegen, damit sie Ihnen gleich beim Öffnen des Menüs ins Auge fallen:

1. Wählen Sie *Bearbeiten → Tastaturbefehle* und klicken Sie auf das Register *Menüs*. Öffnen Sie das Hauptmenü, in dem sich der gewünschte Befehl befindet, und markieren Sie diesen.

Menübefehle ausblenden

Um einen Befehl aus den Menüs zu entfernen, klicken Sie auf das zugehörige Augensymbol.

2. In der Spalte *Farbe* klicken Sie auf *Ohne*, um das zugehörige Popup-Menü zu öffnen. Wählen Sie eine der vorgegebenen Farben aus. Klicken Sie im oberen Dialogboxbereich auf das Diskettensymbol, um Ihre Einstellungen zu speichern.
3. Vergeben Sie einen passenden Namen für Ihren neuen Befehlssatz, anschließend klicken Sie auf *Speichern* und zuletzt auf *OK*.
4. Öffnen Sie jetzt das Menü, in dem Sie einen oder mehrere Menüpunkte eingefärbt haben. Der entsprechende Befehl lässt sich wegen seiner auffälligen Farbe schnell lokalisieren.

5.6 Vordefinierte und eigene Arbeitsbereiche

Der Arbeitsbereich »Neu in CS6«
Wenn Sie von CS5 umsteigen, ist der Arbeitsbereich *Neu in CS6* sehr praktisch, denn dieser zeigt Ihnen anhand farbig hinterlegter Menüeinträge, welche Funktionen in CS6 neu hinzugekommen sind oder überarbeitet wurden.

NEU

Alle diese Anpassungen können Sie in einem sogenannten Arbeitsbereich speichern. Es handelt sich dabei um eine bestimmte Konstellation aus Bedienfeldanordnungen, Menübefehlen und Tastenkombinationen.

Legen Sie sich für bestimmte Aufgabengebiete eigene Arbeitsbereiche zurecht – solche für Webgrafiken, für die Fotooptimierung, für die Textbearbeitung usw. Diese lassen sich dann per Menübefehl abrufen.

Sobald Sie sich Ihre Arbeitsoberfläche wie gewünscht eingerichtet und angeordnet haben, sichern Sie diese, indem Sie ganz rechts oben im Photoshop-Fenster auf die Pfeilschaltfläche klicken und *Neuer Arbeitsbereich* auswählen. Anschließend ist Ihr eigener Arbeitsbereich mit einem Klick auf die Pfeilschaltfläche verfügbar.

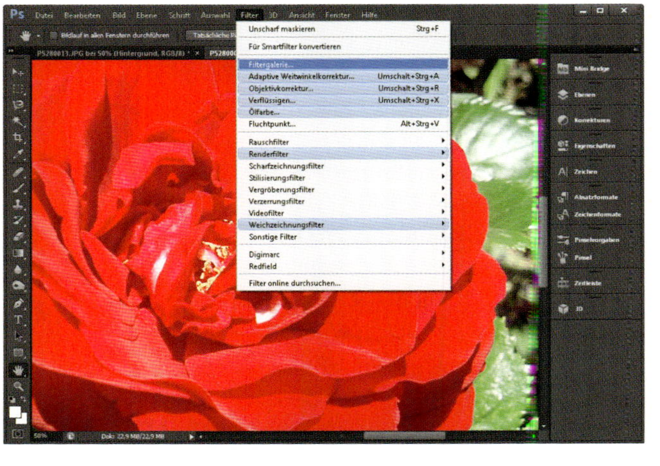

Abbildung 5.14
Der Arbeitsbereich *Neu in CS6* zeigt, dass sich im *Filter*-Menü gegenüber der Vorversion einiges getan hat.

Aber auch verschiedene vordefinierte Arbeitsbereiche bietet Ihnen Photoshop CS6 – Bedienfeldanordnungen und ausgeblendete bzw. farbig hinterlegte Menübefehle – für unterschiedliche Aufgabenbereiche. Sie erreichen diese ebenfalls über die Pfeilschaltfläche oder über die links daneben angeordneten Arbeitsbereich-Schaltflächen. Mit dem Befehl *Grundelemente* zeigen Sie dabei stets die Photoshop-CS6-Grundeinstellung an.

Arbeitsbereiche aus Vorversionen in CS6 nutzen
Haben Sie bereits mit Photoshop CS3, CS4 oder CS5 gearbeitet und sich hier eigene Arbeitsbereiche angelegt?

Diese können Sie in Photoshop CS6 weiterverwenden, indem Sie *Bearbeiten → Vorgaben → Vorgaben migrieren* wählen.

5.7 Hilfsmittel für exaktes Arbeiten

Abbildung 5.15
Photoshop stellt Ihnen verschiedene Hilfsmittel zur Verfügung, die Ihnen bei Aufgaben helfen, die exaktes Arbeiten verlangen, zum Beispiel Lineale, Raster und Hilfslinien.

Die Hintergrundfarbe ändern

In der Grundeinstellung werden Bilder in Photoshop CS6 im Standardmodus vor dunkelgrauem, in den Vollbildmodi vor schwarzem Hintergrund gezeigt. Um dies zu ändern, wählen Sie *Bearbeiten/Photoshop → Voreinstellungen → Benutzeroberfläche*. Hier können Sie die Farbe der Benutzeroberfläche sowie Farben, Ränder und Schatten der einzelnen Bildschirmelemente anpassen.

Die Farbe der Benutzeroberfläche lässt sich aber auch schnell über Tastenkombinationen anpassen: Mit ⇧+F1 dunkeln Sie die Oberfläche um eine Stufe ab, mit ⇧+F2 hellen Sie sie auf.

Aber auch eine ganz andere Farbe können Sie für den Hintergrund wählen:

1. Klicken Sie im gewünschten Modus mit der rechten Maustaste bzw. am Mac mit gedrückter [Ctrl]-Taste in die leere Hintergrundfläche, um das Kontextmenü zu öffnen.
2. Wählen Sie die gewünschte Farbe. Über *Eigene Farbe auswählen* erhalten Sie einen Farbwähler, in dem Sie das Gewünschte definieren können. Mit *Benutzerdefiniert* weisen Sie immer die zuletzt über *Eigene Farbe auswählen* definierte Farbe zu.

Die Lineale nutzen

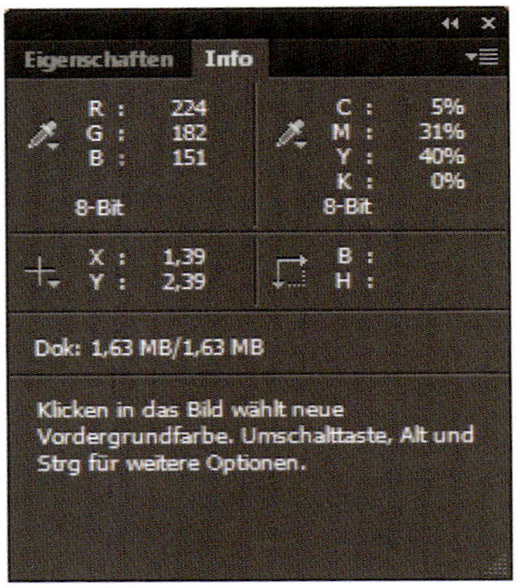

Abbildung 5.16
Links unten im *Info*-Bedienfeld zeigt Photoshop Ihnen die X- und Y-Koordinaten des Mauszeigers.

Während der Arbeit blenden Sie gegebenenfalls die Lineale ein und aus. Sind diese auf Zentimeter oder Millimeter gesetzt, haben Sie Kontrolle darüber, wie groß Ihr Bild im Druck erscheint.

- Um die Lineale einzublenden, wählen Sie im Menü *Ansicht* den Befehl *Lineale* oder Sie verwenden die Tastenkombination [Strg]/[⌘] + [R].
- Achten Sie beim Bewegen der Maus auf die beiden Lineale. Die gestrichelte Linien, die sich parallel zum Mauszeiger bewegen, zeigen Ihnen im senkrechten und im waagerechten Lineal stets die aktuelle Mausposition.
- Dieselbe Möglichkeit erhalten Sie im *Info*-Bedienfeld, mit dem Unterschied, dass dieses die Position in Form von Werten auf der X- und Y-Achse zeigt. Das *Informationen*-Bedienfeld blenden Sie über *Fenster* → *Info* (Taste [F8]) ein.
- Der Buchstabe X im *Info*-Bedienfeld steht für das horizontale Lineal und Y für das vertikale Lineal.

Abmessungen, Winkel und Transformationen während der Arbeit anzeigen
Bei der Arbeit mit verschiedenen Werkzeugen, zum Beispiel beim Aufziehen, Transformieren oder Verschieben einer Auswahl, zeigt Photoshop Ihnen direkt am Mauszeiger die aktuellen Koordinaten, Abmessungen, Transformationswinkel usw. Wenn Sie dies stört, wählen Sie *Photoshop/Bearbeiten* → *Voreinstellungen* → *Benutzeroberfläche*. Im Popup-Menü *Transformationswerte anzeigen* aktivieren Sie die Option *Nie*.

Die Maßeinheit der Lineale festlegen

Zum Ändern der Linealmaßeinheit haben Sie verschiedene Möglichkeiten: über die Dialogbox *Voreinstellungen*, das *Info*-Bedienfeld oder über das Kontextmenü des Lineals.

Um die Maßeinheit der Lineale über die Voreinstellungen zu ändern, gehen Sie folgendermaßen vor:

1. Doppelklicken Sie auf eines der beiden Lineale im Dokumentfenster. Alternativ wählen Sie *Bearbeiten* → *Voreinstellungen* → *Maßeinheiten & Lineale*.
2. Die Dialogbox *Voreinstellungen* erscheint. In der Gruppe *Maßeinheiten* ändern Sie nun die Maßeinheit.
3. Darunter befindet sich der Dialogbereich *Spaltenmaße*. Die Einstellungen sind nur interessant, wenn Sie das

Bild in einem Satzprogramm weiterverwenden möchten. Hier geben Sie die geplante Spaltenbreite und einen Spaltenabstand an.

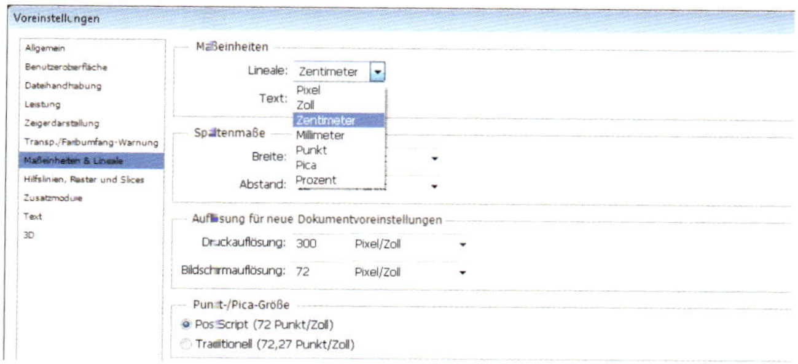

Abbildung 5.17
Im Popup-Menü *Lineale* der Dialogbox *Voreinstellungen* stellen Sie die Maßeinheit für die Lineale ein.

4. Über die Einstellungen im Dialogbereich *Punkt-/Pica-Größe* bestimmen Sie die Maßeinheit für Spaltenmaße und Schriftgrößen.
5. Verlassen Sie die Dialogbox mit der Schaltfläche *OK*.

Die Maßeinheit über das Info-Bedienfeld ändern

Die Maßeinheit können Sie auch über das *Info*-Bedienfeld festlegen. Dazu gehen Sie folgendermaßen vor:

1. Wählen Sie den Befehl *Fenster* → *Info*, um das *Info*-Bedienfeld anzuzeigen.
2. Klicken Sie dann auf das Koordinatenkreuzsymbol in der linken unteren Ecke.
3. Es öffnet sich ein Popup-Menü, in dem Sie die gewünschte Maßeinheit für die Lineale auswählen.

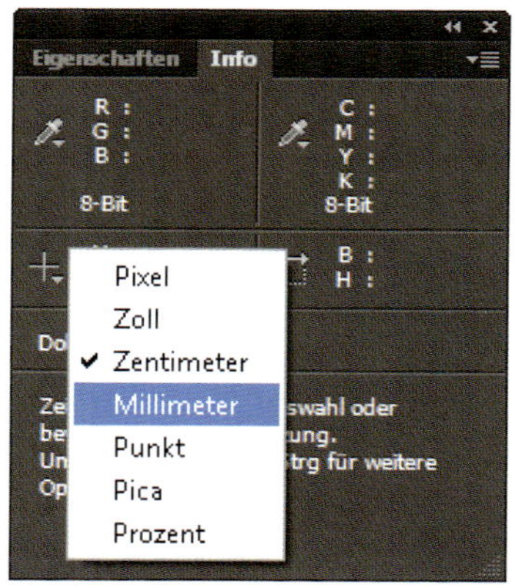

Abbildung 5.18
Eine Alternative zur Definition der Maßeinheit ist das *Informationen*-Bedienfeld.

Den Linealnullpunkt festlegen

Der Linealnullpunkt stellt den Anfangspunkt der Linealskala dar. Er kann an jeder beliebigen Stelle im Bild positioniert werden, zum Beispiel, wenn Sie ein Bild zuschneiden und vorab wissen möchten, welche Größe es danach im Druck hat.

1. Zeigen Sie mit der Befehlsfolge *Ansicht* → *Lineale* oder der Tastenkombination [Strg]/[⌘] + [R] die Lineale an.
2. Klicken Sie anschließend in der linken oberen Ecke des Dokumentfensters in das Linealschnittpunktfeld. Der Mauszeiger ändert sich in ein Fadenkreuz.
3. Ziehen Sie den Nullpunkt mit gedrückter Maustaste an die gewünschte Stelle im Bild und geben Sie die Maustaste frei.

Nullpunkt schnell zurücksetzen
Falls Sie den Nullpunkt an eine ungewollte Stelle verschoben haben, doppelklicken Sie in das Schnittpunktfeld. Dadurch setzt Photoshop den Nullpunkt wieder zurück.

Hilfslinien

Noch genauer arbeiten Sie mit Hilfslinien, die Sie beispielsweise zum Ausrichten von Ebenen verwenden können. Die Elemente werden nicht nur vom Raster, sondern auch von den Hilfslinien wie magnetisch angezogen und schnappen dort ein, sobald sie eine bestimmte Distanz unterschreiten.

Hilfslinien erstellen

In jedes Dokument lassen sich mehr als 50 Hilfslinien einziehen. Eine solche Anzahl ist allerdings meist nicht notwendig. Weiterhin passen Sie die Darstellung der Hilfslinien gegebenenfalls Ihren Wünschen an. Photoshop speichert die Hilfslinien mit dem Dokument. Das heißt, dass sie Ihnen auch nach dem Schließen und erneuten Öffnen des Dokuments weiterhin zur Verfügung stehen.

Abbildung 5.19
Das Dokument hat eine vertikale und eine horizontale Hilfslinie erhalten.

Exakt positionierte Hilfslinien
Alternativ erzeugen Sie über *Ansicht* → *Neue Hilfslinie* exakt positionierte Hilfslinien.

Hilfslinien einrasten lassen
Halten Sie beim Ziehen zusätzlich die [⇧]-Taste gedrückt, rastet die Hilfslinie bei jeder Linealeinheit ein.

1. Blenden Sie zuerst die Lineale ein.
2. Benötigen Sie eine vertikale Hilfslinie, klicken Sie in das senkrechte Lineal auf der linken Seite des Dokumentfensters. Für eine horizontale Hilfslinie klicken Sie in das waagerechte Lineal oben im Dokumentfenster.

Ziehen Sie mit gedrückter Maustaste die Hilfslinie an die gewünschte Bildstelle. Geben Sie die Maustaste dort frei.

3. Während des Ziehens der Hilfslinie (solange Sie die Maustaste gedrückt halten) wechseln Sie mit zusätzlich gedrückter [Alt]-Taste zwischen der Erstellung einer horizontalen und einer vertikalen Hilfslinie.

Ein Dokument exakt vertikal und horizontal unterteilen

Mit einem einfachen Trick können Sie eine Hilfslinie exakt durch die vertikale bzw. horizontale Mitte eines Dokuments laufen lassen:

1. Drücken Sie die Tastenkombination [Strg]/[⌘] + [A], um das gesamte Dokument auszuwählen.
2. Drücken Sie die Tastenkombination [Strg]/[⌘] + [T]. Der Mittelpunkt des Dokuments wird angezeigt.
3. Ziehen Sie eine vertikale und/oder eine horizontale Hilfslinie genau auf diesen Mittelpunkt.
4. Drücken Sie die [Esc]-Taste und dann die Tastenkombination [Strg]/[⌘] + [D].

Hintergrundebene auswählen
Falls Ihr Dokument aus Objekten in mehreren Ebenen besteht, aktivieren Sie vor dem Auswählen aller Pixel die Hintergrundebene, indem Sie mit [F7] das *Ebenen*-Bedienfeld öffnen und das Symbol der untersten Ebene anklicken. Mehr über Ebenen erfahren Sie in Kapitel 10.

Abbildung 5.20
Die beiden Hilfslinien durchschneiden genau den Mittelpunkt des Dokuments.

Die Darstellung der Hilfslinien verändern

In der Grundeinstellung sind die Hilfslinien blau. Diese Farbe ändern Sie im Bedarfsfall in den Voreinstellungen der Hilfslinien – beispielsweise um einen besseren Kontrast zwischen Hilfslinien und Bild zu erhalten.

1. Wählen Sie *Bearbeiten* → *Voreinstellungen* → *Hilfslinien, Raster & Slices* (unter Mac OS X finden Sie den Befehl *Voreinstellungen* im Menü *Photoshop*). Doch schneller geht es mit einem Doppelklick mit dem Werkzeug *Verschieben* auf eine Hilfslinie.
2. Öffnen Sie das Popup-Menü *Farbe* im Bereich *Hilfslinien* und wählen Sie die gewünschte Farbe.
3. Möchten Sie die Farbe selbst definieren, wählen Sie aus dem Popup-Menü *Farbe* den Eintrag *Eigene* oder klicken Sie in der Dialogbox rechts neben dem Popup-

Menü *Farbe* auf das Farbfeld. Beide Alternativen blenden den Farbwähler ein, in dem Sie die Farbe selbst mischen.

4. Über das Popup-Menü *Art* verändern Sie die Darstellung der Hilfslinien.

Hilfslinie mit beliebigem Werkzeug verschieben
Die Hilfslinie lässt sich auch mit jedem beliebigen Werkzeug verschieben. Drücken Sie dazu die [Strg]/[⌘]-Taste und zeigen Sie mit der Maus auf die Hilfslinie. Durch die [Strg]/[⌘]-Taste verändert sich fast jedes Werkzeug zum *Verschieben*-Werkzeug. Haben Sie die Hilfslinie angeklickt, lassen Sie die [Strg]/[⌘]-Taste wieder los. Beim Verschieben wechseln Sie gegebenenfalls durch Drücken der [Alt]-Taste zwischen senkrechter und waagerechter Hilfslinie.

Hilfslinien verschieben

Haben Sie sich bei einer Hilfslinie um einige Millimeter verschätzt und möchten Sie sie daher verschieben, gehen Sie folgendermaßen vor:

1. Wählen Sie zunächst in der Werkzeugleiste das Werkzeug *Verschieben* aus.
2. Zeigen Sie mit diesem Werkzeug auf die Hilfslinie, ändert sich der Mauszeiger in einen Doppelpfeil. Jetzt positionieren Sie durch Klicken und Ziehen mit gedrückter Maustaste die Hilfslinie an der gewünschten Stelle.

Mit Hilfslinien arbeiten

Sie haben erfahren, wie Sie Hilfslinien verwenden und ihre Darstellung ändern. Hilfslinien können noch mehr; sie lassen sich fixieren, löschen oder ein- und ausblenden.

- Um alle Hilfslinien kurzfristig auszublenden, wählen Sie den Befehl *Hilfslinien einblenden* aus dem Symbol *Extras anzeigen* in der Menüleiste oder *Ansicht* → *Einblenden* → *Hilfslinien*. Das Häkchen neben dem Befehl verschwindet.
- Um die Hilfslinien wieder einzublenden, wählen Sie den genannten Befehl erneut.
- Benötigen Sie eine Hilfslinie nicht mehr, ziehen Sie sie mit dem *Verschieben*-Werkzeug aus dem Bild heraus. Das Lineal muss dazu nicht sichtbar sein.
- Gegebenenfalls löschen Sie alle Hilfslinien auf einmal. Dazu wählen Sie nun im Menü *Ansicht* den Befehl *Hilfslinien löschen*.
- Weiterhin bietet das Menü *Ansicht* die Möglichkeit, Hilfslinien festzusetzen. Dadurch vermeiden Sie ein versehentliches Verschieben oder Löschen von Hilfslinien, da diese nun nicht mehr auswählbar sind. Wählen Sie *Ansicht* → *Hilfslinien sperren* oder betätigen Sie die Tastenkombination [Alt] + [Strg]/[⌘] + [,]. Um die Hilfslinien wieder freizugeben, wählen Sie diesen Befehl erneut.

Tipps zum Löschen von Hilfslinien
Beim Löschen einer Hilfslinie macht es keinen Unterschied, wohin Sie sie ziehen: Sie können eine horizontale Hilfslinie in das senkrechte Lineal hineinziehen und eine vertikale Hilfslinie in das waagerechte Lineal.

Löschoperationen rückgängig
Beide Löschoperationen machen Sie gegebenenfalls mit der Tastenkombination [Strg]/[⌘] + [Z] (*Bearbeiten* → *Rückgängig: Hilfslinien löschen*) rückgängig.

An Hilfslinien ausrichten

Richtig praktisch sind Hilfslinien erst durch die Möglichkeit, Objekte an ihnen auszurichten. Diese Funktion ist standardmäßig aktiviert. Sollte sie einmal deaktiviert sein, wählen Sie *Ansicht* → *Ausrichten an* → *Hilfslinien*.

Wenn Sie den Befehl erneut wählen, schalten Sie die Funktion wieder ab. Dass die Funktion deaktiviert ist, erkennen Sie am fehlenden Häkchen vor dem Befehl.

Bewegen Sie nun ein Objekt in die Nähe einer Hilfslinie, schnappt dieses an ihr ein, sobald es sich der Hilfslinie auf eine Entfernung von neun Pixel nähert.

Objekte am Raster ausrichten

Neben den Hilfslinien ist auch das Raster ein praktisches Feature zum Ausrichten von Objekten. Blenden Sie zuerst das Raster ein (Befehl *Hilfslinien einblenden* aus dem Symbol *Extras anzeigen* in der Menüleiste oder *Ansicht* → *Einblenden* → *Raster*). Vergewissern Sie sich dann, dass im Menü *Ansicht* der Befehl *Ausrichten an* → *Raster* aktiviert ist. Nun lassen sich alle Objekte an den einzelnen Rasterlinien einrasten. Auch hier gilt die Nähe von höchstens neun Pixel für das Einrasten an den Rasterlinien. Die Rastereinstellungen werden – wie Sie es schon bei den Hilfslinien gesehen haben – zusammen mit dem Dokument gespeichert.

Das Raster einrichten

Über die Voreinstellungen ist es möglich, Rasterfarbe, -art, -abstand und Unterteilungen zu ändern.

1. Zeigen Sie über *Bearbeiten* → *Voreinstellungen* → *Hilfslinien, Raster und Slices* (unter Mac OS X finden Sie den Menüpunkt *Voreinstellungen* im Menü *Photoshop*) die Dialogbox für die Rastereinstellungen an.
2. Über das Popup-Menü *Farbe* im mittleren Bereich *Raster* wählen Sie eine der vorgegebenen Farben für das Raster aus oder mischen selbst eine Farbe, indem Sie entweder den Befehl *Eigene* wählen oder rechts vom Popup-Menü auf das Farbfeld klicken.
3. Um die Darstellung des Rasters zu ändern, wählen Sie aus dem Popup-Menü *Art* die entsprechende Darstellung. Ihnen stehen drei Darstellungsweisen zur Auswahl: *Linien*, *Gepunktete Linien* und *Punkte*.
4. Um die Abstände zwischen den Rasterlinien zu ändern, geben Sie in das Feld *Rasterlinien alle* einen anderen Wert ein. *Unterteilungen* sind quasi Unterrasterlinien, Sie können das Raster damit noch weiter unterteilen.

Maßeinheit festlegen
Achten Sie auf die zugehörige Maßeinheit, wenn Sie einen Abstand festlegen. Rechts daneben legen Sie über das zugehörige Popup-Menü die Maßeinheit fest. Je kleiner der Abstand, desto enger wird das Raster.

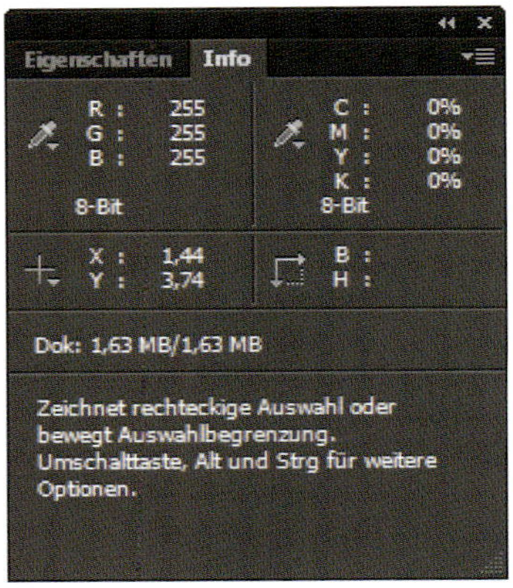

Abbildung 5.21
Das *Info*-Bedienfeld liefert beispielsweise Angaben zur aktuellen Werkzeugposition.

5.8 Informationen über das aktuelle Bild einholen

Das *Info*-Bedienfeld haben Sie bereits kennengelernt. Dieses Bedienfeld bietet Ihnen aber noch einige Möglichkeiten mehr:

Zeigen Sie das *Info*-Bedienfeld *Fenster* → *Info* an. Bewegen Sie den Mauszeiger über das Bild. Sie sehen, wie sich die Angaben im Bedienfeld ständig verändern.

Im oberen Bereich des *Info*-Bedienfelds neben den kleinen Pipettensymbolen lesen Sie die einzelnen Farbanteile des Pixels an der aktuellen Mauszeigerposition ab – in der Grundeinstellung links im RGB-, rechts im CMYK-Modus.

Wenn Sie die Pipettensymbole genau betrachten, sehen Sie, dass rechts unten ein kleiner Pfeil abgebildet ist – dahinter verbirgt sich ein Popup-Menü. Klicken Sie auf eines der beiden Symbole, um das Popup-Menü zu öffnen, und wählen Sie den gewünschten Farbmodus aus. Anschließend sehen Sie die Farbanteile des gewählten Farbmodus an der Mauszeigerposition. Das Bild bekommt dadurch keinen anderen Farbmodus.

Abbildung 5.22
Den Bereich, an dem Sie eine Farbe aufgenommen haben, markiert Photoshop durch ein Fadenkreuz. Für jede aufgenommene Farbe zeigt das *Info*-Bedienfeld ein Feld.

Sie können diese Einstellungen auch vornehmen, indem Sie das Bedienfeldmenü des *Info*-Bedienfelds über die Schaltfläche mit dem kleinen Pfeil in der rechten oberen Ecke des Bedienfelds öffnen und dann den Befehl *Bedienfeldoptionen* wählen. Eine Dialogbox mit den verschiedenen Einstellungsmöglichkeiten erscheint.

Weitere Farbwerte im Bild erfassen

Photoshop erlaubt es Ihnen, weitere Farbwerte im *Info*-Bedienfeld anzulegen, um Vergleiche zu ziehen.

1. Blenden Sie das *Info*-Bedienfeld ein (*Fenster* → *Info*) und wählen Sie in der Werkzeugleiste das *Farbaufnahme*-Werkzeug. Dazu klicken Sie auf das Werkzeug *Pipette* und halten Sie die Maustaste gedrückt, bis die weiteren Werkzeuge eingeblendet werden. Aus dem geöffneten Popup-Menü wählen Sie das *Farbaufnahme*-Werkzeug.
2. Klicken Sie die gewünschten Pixel im Bild an. Sie erkennen den Bereich an einem Fadenkreuz und im *Info*-Bedienfeld erscheint ein Feld mit den entsprechenden Farbinfos. Nehmen Sie weitere Farben auf, richtet das *Info*-Bedienfeld dafür weitere Felder ein. Sie können im Bedienfeld bis zu vier Felder belegen.

Messpunkte verschieben

Wenn Sie einen Messpunkt im Bild bewegen, können Sie sich anschließend Farbinformationen einer anderen Bildstelle anzeigen lassen. Zeigen Sie mit dem Werkzeug *Farbaufnahme* auf ein Fadenkreuz. Ziehen Sie es mit gedrückter Maustaste an die gewünschte Stelle im Bild. Geben Sie zuletzt die Maustaste frei. Benötigen Sie einen Messpunkt nicht mehr, gibt es verschiedene Wege, ihn wieder zu löschen:

- Klicken Sie das Fadenkreuz des zu löschenden Messpunkts an und ziehen Sie es mit gedrückter Maustaste aus dem Bild. Alternativ öffnen Sie das Kontextmenü über einem Messpunkt, indem Sie mit gedrückter `Ctrl`-Taste (Mac) bzw. rechter Maustaste (Windows) auf das Fadenkreuz klicken. Wählen Sie aus dem Kontextmenü den Befehl *Löschen*. Oder klicken Sie einfach mit gedrückter `Alt`-Taste den Messpunkt an.
- Um alle Messpunkte auf einmal zu löschen, klicken Sie in der Optionenleiste auf die Schaltfläche *Löschen*.

5.9 Messungen durchführen

Mit dem *Lineal*-Werkzeug erhalten Sie Auskunft über Strecken und Winkel in Ihrem Bild. Zusätzlich zum *Linealwerkzeug* benötigen Sie das *Info*-Bedienfeld oder die Optionenleiste. In beiden trägt Photoshop in die entsprechenden Felder die gemessenen Strecken und Winkel ein.

Messlinie in 45°-Schritten bewegen
Halten Sie beim Erstellen der Messstrecke die [⇧]-Taste gedrückt, bewegen Sie die Messlinie in 45°-Schritten.

- Zeigen Sie über den Befehl *Info* im Menü *Fenster* das *Info*-Bedienfeld an. Aktivieren Sie im Untermenü des Werkzeugs *Pipette* das *Lineal-Werkzeug*.
- Klicken Sie mit dem *Linealwerkzeug* auf den ersten Punkt der zu messenden Strecke im Bild. Halten Sie die Maustaste gedrückt und ziehen Sie die Messstrecke. Geben Sie zuletzt die Maustaste frei.
- Die Messstrecke wird abgelegt und Sie können die Länge der Strecke im *Info*-Bedienfeld oder in der Optionenleiste ablesen.
- Rechts oben gibt das *Info*-Bedienfeld den gemessenen Winkel relativ zur Horizontalachse an. Darunter erscheint der insgesamt zurückgelegte Abstand (D).
- Links unten entnehmen Sie die Koordinaten des Startpunkts.
- Rechts unten sehen Sie den horizontalen (B) und den vertikalen (H) Abstand, der auf den X- und Y-Achsen zurückgelegt wurde.

So ändern Sie die Messstrecke:

- Klicken Sie einen der beiden Endpunkte der Strecke an und ziehen Sie ihn mit gedrückter Maustaste an die gewünschte Stelle im Bild.
- Um eine Winkelmessung auszuführen, platzieren Sie Ihren Mauszeiger auf einem Endpunkt der bereits bestehenden Messlinie und drücken Sie die [Alt]-Taste. Der Mauszeiger verändert sich in ein Winkelsymbol und Sie können durch Klicken und ziehen eine zweite Linie zur Winkelbestimmung erstellen.

So löschen Sie eine nicht mehr benötigte Messung:

- Klicken Sie die Messung mit dem *Linealwerkzeug* an und ziehen Sie sie bei gedrückter Maustaste aus dem Bildfenster heraus. Es macht keinen Unterschied, in welche Richtung Sie ziehen.
- Alternativ klicken Sie in den Werkzeug-Optionen auf die Schaltfläche *Löschen*.

5.10 Befehle rückgängig machen

Wenn Sie in Photoshop einen Befehl ausgeführt haben, lässt sich dieser über den Befehl *Rückgängig* im Menü *Bearbeiten* rückgängig machen. Die zugehörige Tastenkombination lautet [Strg]/[⌘] + [Z].

Nachdem dieser Befehl gewählt wurde, ändert er sich in *Wiederherstellen* (die Tastenkombination bleibt gleich). Anders als in vielen anderen Anwendungen können Sie in Photoshop mit diesem Befehl nur einen einzigen Schritt widerrufen und wiederherstellen.

Mehrere Operationen rückgängig machen

Aber Photoshop kennt natürlich auch die Möglichkeit, mehrere Befehle zu widerrufen. Dazu dient die Befehlsfolge *Bearbeiten* → *Schritt zurück* oder das *Protokoll*-Bedienfeld, dem Sie weiter hinten in diesem Kapitel begegnen.

Den Befehl *Schritt zurück* setzen Sie bis zu einer in den Voreinstellungen definierten Obergrenze so oft ein, wie Sie Befehle eingegeben haben. Wenn Sie beispielsweise nacheinander sechs Befehle auf ein Bild angewendet haben, können Sie den Befehl *Schritt zurück* also genau sechs Mal wählen. Haben Sie alle Befehle rückgängig gemacht, erscheint der Befehl *Schritt zurück* im Menü *Bearbeiten* ausgeblendet.

Die rückgängig gemachten Operationen wiederherstellen

Das Gegenstück zum Befehl *Schritt zurück* ist der Befehl *Schritt vorwärts*. Dieser erscheint, wenn Sie über den Menübefehl *Schritt zurück* Befehle widerrufen haben. Diese stellen Sie durch Anwahl des Befehls *Schritt vorwärts* wieder her; die Anzahl hängt wieder davon ab, wie oft Sie den Befehl *Schritt zurück* gewählt haben. Die dazugehörige Tastenkombination lautet [⇧] + [Strg]/[⌘] + [Z].

Zurück zur letzten Version widerrufen
Auch den Menübefehl *Zurück zur letzten Version* können Sie über den Menübefehl *Rückgängig* widerrufen.

Zurück zur letzten gespeicherten Fassung

Über einen weiteren Menübefehl kehren Sie zum zuletzt gespeicherten Zustand Ihres Bilds zurück. Das kann manchmal hilfreich sein, um alle an einem Bild vorgenommenen Änderungen zurückzunehmen und es in seinen Urzustand zurückzuversetzen. Wählen Sie im Menü *Datei* den Befehl *Zurück zur letzten Version* ([F12]). Photoshop führt den Befehl ohne Sicherheitsabfrage sofort aus, aber die Protokollpalette (siehe nächster Abschnitt) bleibt gefüllt.

Abbildung 5.23
Das *Protokoll*-Bedienfeld notiert alle an einem Bild ausgeführten Befehle.

Operationen mit dem Protokoll-Bedienfeld rückgängig machen

Eine professionelle Möglichkeit, durchgeführte Befehle wieder rückgängig zu machen, ist das *Protokoll*-Bedienfeld. Diese notiert alle durchgeführten Befehle in einer Liste. So überprüfen Sie jeden Ihrer Schritte. Das *Protokoll*-Bedienfeld dient aber nicht nur zum Löschen von Befehlen, sondern für eine bessere Übersicht über die durchgeführten Operationen – und sogar interessante Bildeffekte lassen sich damit erzielen.

- Öffnen Sie das Bedienfeld mit dem Befehl *Protokoll* im Menü *Fenster*. Um zu einem früheren Zustand des Bilds zurückzukehren, klicken Sie einfach auf den gewünschten Zustand.
- Möchten Sie einen Befehl wiederherstellen, klicken Sie auf seine Beschriftung oder wählen Sie aus dem Bedienfeldmenü den Befehl *Schritt vorwärts*.

Möchten Sie in diesem Bedienfeld Befehle komplett löschen, müssen Sie die Reihenfolge beachten. Einzelne Schritte lassen sich nur löschen, wenn Sie am Ende der Liste beginnen oder die zuständige Protokolloption deaktivieren (mehr dazu weiter hinten).

Anders als beim Widerrufen von Befehlen erhalten Sie vor dem Löschen über das *Protokoll*-Bedienfeld eine Sicherheitsabfrage.

- Um im *Protokoll*-Bedienfeld eine Operation zu löschen, markieren Sie diese zuerst und klicken Sie dann auf das Papierkorbsymbol rechts unten im *Protokoll*-Bedienfeld.
- Markieren Sie einen Eintrag inmitten von darauffolgenden Einträgen, erscheinen die nächsten Einträge ausgeblendet. Das bedeutet, dass Photoshop beim Löschen des Eintrags alle ausgeblendeten späteren Einträge ebenfalls löscht.
- Benötigen Sie mehr Kontrolle darüber, welche Befehle Sie widerrufen, beginnen Sie mit dem Löschen am besten am Ende des Protokolls. Dann machen Sie die Befehle einen nach dem anderen rückgängig, genau wie mit dem Menübefehl *Schritt zurück*.
- Klicken Sie links unten im *Protokoll*-Bedienfeld auf die Schaltfläche *Erstellt ein neues Dokument aus dem aktuellen Protokoll*, erstellt Photoshop eine neue Datei aus dem aktuellen Bildzustand. Das duplizierte Bild enthält

Protokolleintrag per Drag & Drop löschen
Alternativ verwenden Sie zum Löschen eines Protokolleintrags die Drag & Drop-Technik: Ziehen Sie den unerwünschten Eintrag mit gedrückter Maustaste auf das Papierkorbsymbol. Doch Vorsicht, in diesem Fall löscht Photoshop den Befehl sofort ohne Sicherheitsabfrage. Über Strg/⌘ + Z stellen Sie Befehle gegebenenfalls wieder her.

Nichtlineares Protokoll
Erstellen Sie gegebenenfalls ein sogenanntes nichtlineares Protokoll, so dass Sie einzelne Einträge löschen können, ohne die darunterliegenden Einträge ebenfalls zu entfernen. Dazu wählen Sie im Bedienfeldmenü einfach den Eintrag *Protokoll-Optionen*. Klicken Sie in der Dialogbox auf das Kontrollkästchen *Nicht-Lineare Protokolle sind zulässig*.

dabei im *Protokoll*-Bedienfeld einen einzigen Eintrag, der den letzten Vorgang beschreibt, nämlich *Objekt duplizieren*.

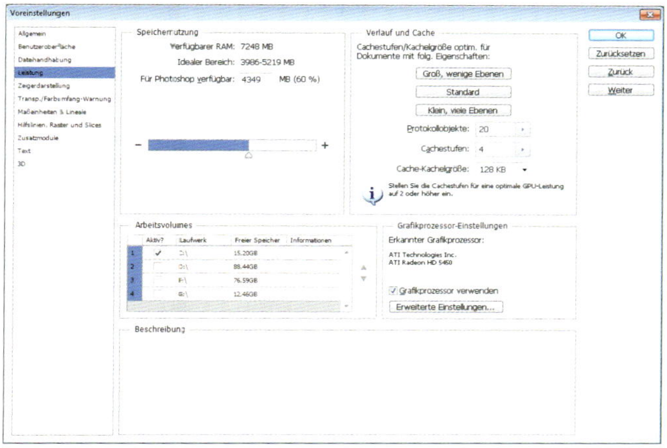

Abbildung 5.24
Wie viele Schritte Sie mit der Befehlsfolge *Bearbeiten → Schritt zurück* rückgängig machen können, legen Sie über die Befehlsfolge *Bearbeiten → Voreinstellungen → Leistung* fest. Geben Sie die gewünschte Anzahl in das Feld *Protokollobjekte* ein. Auf einem Rechner mit viel Festplatten- und Arbeitsspeicher können Sie hier ruhig auf die maximalen 1.000 hochgehen; auf schmalbrüstigeren Computern probieren Sie es mit 100–200 Schritten.

Protokolleinträge aufwärts löschen

Es gibt im *Protokoll*-Bedienfeld eine Möglichkeit, um Einträge aufwärts zu löschen. Dabei muss sich aber der markierte Eintrag unterhalb des zu löschenden Eintrags befinden.

Um Einträge nach oben zu löschen, markieren Sie mit einem Klick den darauffolgenden Eintrag. Alternativ klicken Sie auf die Beschriftung des Eintrags direkt unter den zu löschenden Einträgen.

Jetzt klicken und ziehen Sie den Eintrag oberhalb der Markierung auf das Papierkorbsymbol unten im Bedienfeld. Photoshop löscht dabei alles, was oberhalb der Markierung notiert ist.

Die nebenstehende Abbildung zeigt Ihnen, wie der Eintrag *Ebene löschen* und alle darüber liegenden Einträge zum Löschen ausgewählt werden. Die Markierung (*Verschieben*) befindet sich weit unterhalb des zu löschenden Eintrags. Das macht aber nichts, denn solange die Markierung sich unterhalb des Eintrags befindet, ist es gleichgültig, wie viele Einträge dazwischenliegen.

Beim Auswählen des Eintrags *Ebene löschen* verwandelt sich der Mauszeiger in eine Hand mit einem Zeigefinger.

Ziehen Sie den Eintrag auf die Schaltfläche mit dem Papierkorbsymbol, löscht Photoshop den Eintrag *Ebene löschen* und alle darüber liegenden Einträge.

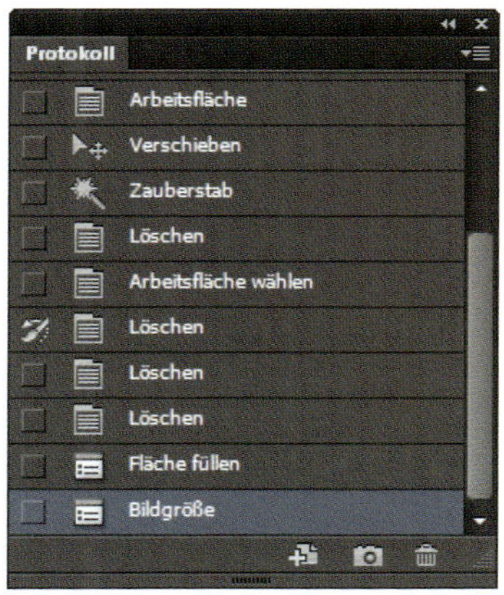

Abbildung 5.25
Der zu löschende Eintrag sitzt oberhalb der Markierung.

Abbildung 5.26
Zwei Zustände eines Bilds, die als Schnappschüsse gespeichert wurden

Mit Schnappschüssen Alternativen testen

Mit dem *Protokoll*-Bedienfeld speichern Sie verschiedene Zustände Ihres Bilds in Form von sogenannten Schnappschüssen. So probieren Sie verschiedene Alternativen aus und vergleichen diese miteinander. Schnappschüsse speichert Photoshop nicht mit der Datei.

Beim Öffnen eines Dokuments entsteht in der Regel ein Schnappschuss, der als Miniaturbild ganz oben im *Protokoll*-Bedienfeld erscheint. Unter dem Schnappschuss folgt das Protokoll.

Sobald Sie einen Bearbeitungszustand erzielt haben, den Sie gerne vorübergehend speichern möchten, um später vielleicht darauf zurückzukommen, klicken Sie unten im *Protokoll*-Bedienfeld auf die Schaltfläche *Erstellt einen neuen Schnappschuss*.

Photoshop erstellt den neuen Schnappschuss im oberen Bereich des Bedienfelds (unter dem ersten Öffnen-Schnappschuss). Um dem neuen Schnappschuss einen Namen zuzuweisen bzw. ihn umzubenennen, doppelklicken Sie im *Protokoll*-Bedienfeld auf seinen Namen. Tippen Sie einen Namen ein und bestätigen Sie mit der [↵]-Taste. Ab jetzt zeichnet das *Protokoll*-Bedienfeld wieder Arbeitsschritte auf.

Durch diese Technik nehmen Sie Tests an verschiedenen Bildzuständen schnell vor.

Jeden Schnappschuss bearbeiten Sie gegebenenfalls einzeln, indem Sie auf sein Miniaturbild klicken und dann die entsprechenden Änderungen im Dokumentfenster vornehmen. Diese werden wiederum im Protokoll verzeichnet.

Nicht mehr benötigte Schnappschüsse löschen Sie auf verschiedene Weise aus dem *Protokoll*-Bedienfeld.

- Ziehen Sie einen Schnappschuss auf das Papierkorbsymbol. Photoshop löscht den Schnappschuss sofort, Sie erhalten keine Sicherheitsabfrage.
- Markieren Sie den nicht mehr benötigten Schnappschuss und klicken Sie auf die Papierkorb-Schaltfläche. Daraufhin erhalten Sie eine Sicherheitsabfrage. Sie können noch entscheiden, ob Sie diesen Schnappschuss auch wirklich löschen möchten.
- Markieren Sie den zu löschenden Schnappschuss und wählen Sie aus dem Bedienfeldmenü den Eintrag *Löschen*. Auch hier erhalten Sie die Sicherheitsabfrage, ob Sie wirklich löschen möchten.

Die Optionen des Protokoll-Bedienfelds

Um die Optionen des *Protokoll*-Bedienfelds einzustellen, wählen Sie aus dem Bedienfeldmenü den Eintrag *Protokolloptionen*.

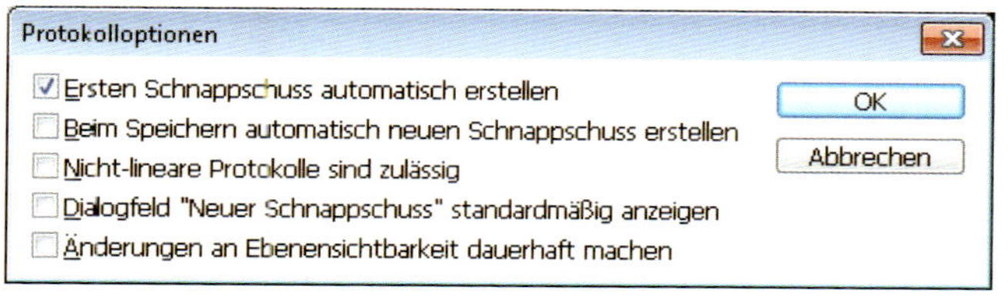

Abbildung 5.27
Die Protokolloptionen zeigen Sie über das Bedienfeldmenü an.

- Das Kontrollkästchen *Ersten Schnappschuss automatisch erstellen* ist standardmäßig aktiviert. Damit erstellt Photoshop beim Öffnen einer Datei automatisch einen Schnappschuss des Originalzustands.
- Aktivieren Sie das Kontrollkästchen *Beim Speichern automatisch neuen Schnappschuss erstellen*, um bei jedem Speichern automatisch einen Schnappschuss zu erstellen.
- Aktivieren Sie das Kontrollkästchen *Nicht-lineare Protokolle sind zulässig*, damit Sie Änderungen an einem ausgewählten Zustand vornehmen können, ohne dass Sie die darauffolgenden Zustände löschen.
- Aktivieren Sie *Dialogfeld »Neuer Schnappschuss« standardmäßig anzeigen*, fordert Photoshop Sie zur Eingabe von Schnappschussnamen auf, auch wenn Sie die Symbole des Bedienfelds verwenden.
- Gegebenenfalls stellen Sie das Protokoll-Bedienfeld so ein, dass Sie beim Klick auf das Schnappschusssymbol die `Alt`-Taste nicht drücken müssen, um die zugehörige Dialogbox anzuzeigen. Aktivieren Sie dazu das Kontrollkästchen *Neuer Schnappschuss standardmäßig anzeigen*.
- Standardmäßig wird das Umschalten der Sichtbarkeit von Ebenen im Protokoll-Bedienfeld nicht mit aufgezeichnet. Für die meisten Arbeiten sollten Sie dies ändern: Aktivieren Sie das Kontrollkästchen *Änderungen an Ebenensichtbarkeit dauerhaft machen* und bestätigen Sie mit *OK*.

Protokoll dokumentieren

Wäre es nicht praktisch, wenn Sie bei Ihren Bildbearbeitungen auch noch nach Wochen, Monaten oder Jahren nachvollziehen könnten, welche Arbeitsschritte zum Ergebnis geführt haben?

Wählen Sie *Photoshop/Bearbeiten → Voreinstellungen → Allgemein*. Aktivieren Sie das Kontrollkästchen *Verlaufsprotokoll*. Achten Sie darauf, dass das Optionsfeld *Metadaten* aktiviert ist. Aus dem Popup-Menü *Bearbeitungsprotokolleinträge* wählen Sie *Detailliert*. Schließen Sie die Dialogbox mit *OK*.

Wenn Sie nun ein Bild bearbeiten und dann *Datei → Dateiinformationen* wählen, sehen Sie im Register Protokoll eine genaue Liste der vorgenommenen Arbeiten (wird das Register *Protokoll* nicht angezeigt, klicken Sie auf das nach unten weisende Dreieck ganz rechts neben den Registern und wählen Sie *Protokoll*).

Gezielte Bildwiederherstellung mit dem Protokollpinsel

Sicherlich ist Ihnen schon aufgefallen, dass das Widerrufen von Aktionen sich stets auf das gesamte Bild (oder auch auf einen maskierten Bereich) auswirkt. Es gibt aber eine Möglichkeit, das Widerrufen von Befehlen nur auf Bildteile anzuwenden. Dazu verwenden Sie das *Protokollpinsel*-Werkzeug und wählen den Schnappschuss oder die Zeile im *Protokoll*-Bedienfeld, dessen Zustand der Protokollpinsel wiederherstellen soll. Ein Bildbeispiel für diese Technik finden Sie auf der nächsten Seite.

1. Im *Protokoll*-Bedienfeld klicken Sie in das Kästchen links vor der gewünschten Bildveränderung. Das Kästchen erhält ein Pinselsymbol. Dieses signalisiert, dass die gewählte Bearbeitungsstufe als Quelle für den Protokollpinsel dient.
2. Wählen Sie das Werkzeug *Protokollpinsel* aus der Werkzeugleiste und stellen Sie in der Optionenleiste die gewünschte Werkzeuggröße und -art ein. Fahren Sie mit gedrückter Maustaste über einen Bildbereich, in dem Sie die markierte Aktion rückgängig machen möchten.

Weitere Möglichkeiten:

- Verwenden Sie für diese Arbeit den *Radiergummi*. Dazu müssen Sie in der Optionenleiste das Kontrollkästchen *Basierend auf Protokoll löschen* anklicken.
- Nehmen Sie eventuell eine Auswahl vor und wählen Sie *Bearbeiten → Fläche füllen* oder drücken Sie [⇧] + [F5]. Öffnen Sie in der Dialogbox das Popup-Menü *Füllen mit* und wählen Sie den Eintrag *Protokoll*. Nachdem Sie eventuell weitere Parameter wie beispielsweise die Deckkraft angegeben haben, klicken Sie auf die Schaltfläche *OK*. Photoshop füllt den Bereich mit der zuletzt gespeicherten Version.

Wollen Sie genaue Formen wie Kreise oder Rechtecke wiederherstellen, ist die Arbeit mit den beschriebenen Werkzeugen sehr umständlich. In diesen Fällen legen Sie daher zunächst mit einem der Auswahlwerkzeuge den entsprechenden Bereich fest (mehr darüber erfahren Sie in Kapitel 7).

Bestimmte Eigenschaften eines Bearbeitungszustands speichern

Die Möglichkeit, den aktuellen Bearbeitungszustand Ihres Bilds im Protokoll-Bedienfeld als Schnappschuss zu speichern, ist äußerst praktisch. Sie können sogar definieren, welche Eigenschaften des Bearbeitungszustands Sie speichern möchten. Klicken Sie dazu das Symbol *Erstellt einen neuen Schnappschuss* mit gedrückter [Alt]-Taste an. Daraufhin legen Sie fest, ob Sie das ganze Dokument, das Dokument auf die Hintergrundebene reduziert oder nur die aktuelle Ebene als Schnappschuss speichern möchten.

Abbildung 5.28
Original

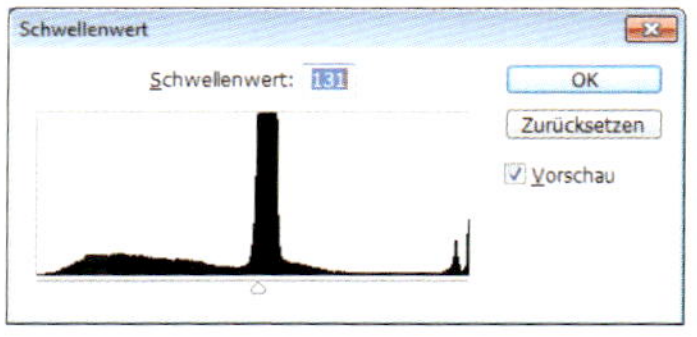

Abbildung 5.29
Das Bild wurde mit dem Befehl *Bild → Korrekturen → Schwellenwert* in eine Strichgrafik umgewandelt.

Abbildung 5.30
Der Schnappschuss (Zustand des Bilds gleich nach dem Öffnen) ist automatisch markiert; also werden mit ausgewähltem *Protokoll*-Pinsel Bildbereiche in den ursprünglichen Zustand zurückversetzt.

Abbildung 5.31
Die vordefinierten Rahmenaktionen bieten eine Möglichkeit, Ihre Bilder schnell mit attraktiven Rahmen zu versehen.

5.11 Routineaufgaben durch Aktionen automatisieren

Unter »Aktion« versteht Photoshop eine Folge von mehreren Befehlen, die automatisch nacheinander auf ein oder mehrere Bilddokument(e) angewandt werden. Photoshop enthält selbst einige Aktionen; Sie können aber auch Ihre eigenen Aktionen erzeugen.

Wählen Sie dazu *Fenster → Aktionen*. Im Bedienfeld *Aktionen* sehen Sie den Eintrag *Standardaktionen*. Klicken Sie auf den Pfeil vor diesem Eintrag. Alternativ öffnen Sie das Bedienfeldmenü und wählen in der zweituntersten Gruppe einen Aktionensatz. Sie sehen die mit Photoshop ausgelieferten Aktionen.

Probieren Sie die Aktionen an einem Ihrer Bilder aus:

1. Öffnen Sie ein Bild Ihrer Wahl.
2. Klicken Sie im Bedienfeld *Aktionen* eine Aktion an.
3. Klicken Sie am unteren Rand des Bedienfelds auf das Symbol *Auswahl ausführen* .
4. Photoshop führt die in der Aktion gespeicherten Befehle selbstständig nacheinander an Ihrem Bild aus.

Eine eigene Aktion erstellen

Richtig interessant wird es erst, wenn Sie eigene Aktionen schreiben. Der Vorgang ist sehr einfach:

1. Klicken Sie am unteren Rand des Bedienfelds *Aktionen* auf das Symbol *Neue Aktion erstellen*.
2. Geben Sie einen passenden Namen ein und klicken Sie auf *Aufzeichnen*.
3. Fast alles, was Sie von nun an in Photoshop tun, wird in die Aktion aufgenommen.

Wenn Sie fertig sind, klicken Sie auf das Symbol *Ausführen/Aufzeichnung beenden* . Von nun an können Sie die Aktion ausführen und damit die darin gesammelten Befehle dem aktuellen Bild zuweisen. Gehen Sie vor, wie im vorigen Abschnitt beschrieben.

Sinnvolle erste Schritte

Manche Aktionen funktionieren zwar ausgezeichnet am Testbild, mit dem Sie die Aktion aufzeichnen, an anderen Bildern jedoch nicht. Häufig ist der falsche Farbmodus schuld oder falsche Ebenenbezeichnungen. Beugen Sie solchen Problemen mit den nachfolgend beschriebenen einfachen Schritten vor.

Wenn Sie eine Aktion erstellen, in der mehrere Ebenen erzeugt und bearbeitet werden, müssen die Ebenenbezeichnungen korrekt sein. Am besten starten Sie daher stets mit einer Hintergrundebene:

1. Direkt nach dem Starten der Aufzeichnung wählen Sie *Bild → Duplizieren*.
2. Aktivieren Sie das Kontrollkästchen *Nur zusammengefügte Ebenen duplizieren* und bestätigen Sie mit *OK*.
3. Wählen Sie dann *Menübefehl einfügen* aus dem Bedienfeldmenü und anschließend den Befehl *Ebene → Auf Hintergrundebene reduzieren*.
4. Jetzt zeichnen Sie Ihre Aktion ganz normal auf. Sie wird dann stets an einem auf die Hintergrundebene reduzierten Duplikat Ihres Originalbilds ausgeführt.

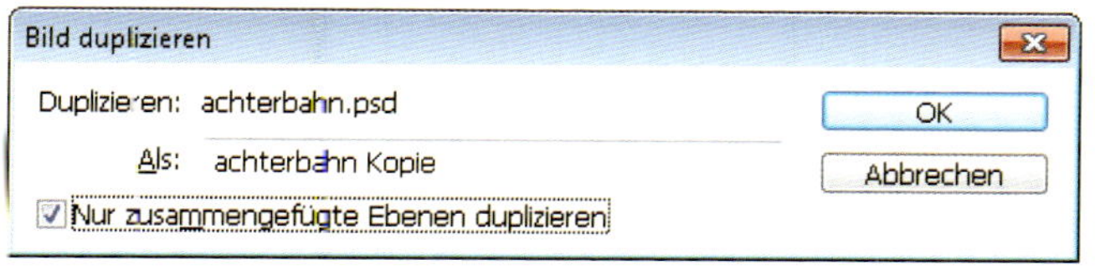

Abbildung 5.32
Duplizieren Sie das Bild und reduzieren Sie es dabei auf die Hintergrundebene.

Wenn manche Befehle Ihrer Aktion nur in einem bestimmten Farbmodus funktionieren, z.B. RGB bei vielen Filtern, fügen Sie außerdem zu Beginn der Aktion den Befehl *Bild → Modus → RGB-Farbe* oder den Befehl *Datei → Automatisieren → Bedingte Modusänderung* ein. Damit verhindern Sie, dass Ihre Aktion mit einer Fehlermeldung stoppt.

Aktionen erneut aufzeichnen

Haben Sie eine Aktion erzeugt, mit der Sie prinzipiell zufrieden sind, bei der Sie aber verschiedene Einstellungen und Werte ändern möchten? Markieren Sie die Aktion und wählen Sie aus dem Bedienfeldmenü *Erneut aufzeichnen*.

Die Aktion wird ausgeführt, stoppt aber bei jeder Dialogbox, so dass Sie neue Werte eingeben können. Möchten Sie die Werte in einer bestimmten Dialogbox erhalten, klicken Sie auf *OK*.

Relative Maße in Aktionen

Soll Ihre Aktion das Bild beispielsweise halbieren oder einen Farbverlauf vom linken zum rechten Bildrand erzeugen?

Dann sollten Sie mit relativen statt mit absoluten Maßen arbeiten: Stellen Sie vor der Aufzeichnung unter *Bearbeiten/Photoshop → Voreinstellungen → Maßeinheiten und Lineale* im Drop-down-Menü *Lineale* die Maßeinheit *Prozent* ein.

Menübefehle und Stopps in Aktionen einfügen

Bestimmte Befehle, wie etwa Ansichtsoptionen oder Druckvorgaben, kann das *Aktionen*-Bedienfeld nicht aufzeichnen. Solche Funktionen fügen Sie manuell ein. Zeichnen Sie Ihre Aktion wie zuvor beschrieben auf. An der Stelle, an der Sie einen Befehl manuell einfügen möchten, wählen Sie aus dem Bedienfeldmenü des *Aktionen*-Bedienfelds den Befehl *Menübefehl einfügen*. Wählen Sie den Befehl an und fahren Sie mit der Aufzeichnung der Aktion fort.

Aktion nach der Unterbrechung weiterführen
Um die Aktion nach der Unterbrechung und dem Klick auf die Schaltfläche *Anhalten* weiter auszuführen, klicken Sie auf die Schaltfläche *Auswahl ausführen* im Aktionen-Bedienfeld.

Falls während der Aktion ein Benutzereingriff notwendig ist – zum Beispiel das Erstellen einer Auswahl –, fügen Sie eine Unterbrechung ein:

1. Markieren Sie die Stelle in Ihrer Aktion, hinter der Sie den Stopp einfügen möchten.
2. Öffnen Sie das Bedienfeldmenü und wählen Sie *Unterbrechung einfügen*. Geben Sie einen erläuternden Text oder eine Anweisung ein.
3. Handelt es sich lediglich um einen informativen Text ohne zwingenden Handlungsbedarf seitens des Nutzers, aktivieren Sie das Kontrollkästchen *Fortfahren zulassen*.

NEU

Aktionen mit Werkzeugaufzeichnung erstellen

Seit Photoshop CS6 können Sie im Bedienfeldmenü des Aktionen-Bedienfelds die Option *Werkzeugaufzeichnung zulassen* aktivieren. Dann zeichnet Photoshop beispielsweise Ihre Pinselbewegungen auf.

Im folgenden Beispiel etwa wurde eine Aktion erstellt, die ein Bild mit einer Ebenenmaske (siehe Kapitel 10) versieht und die Ränder dieser Ebenenmaske mit einer effektvollen Pinselspitze und schwarzer Farbe übermalt.

Wenn Sie diese Aktion nun auf beliebige Bilder mit identischen Abmessungen zuweisen, werden diese mit exakt dem aufgezeichneten Rahmen versehen.

Abbildung 5.33
Der an einem Bild in einer Aktion aufgezeichnete Rahmen kann nun beliebigen weiteren Bildern mit denselben Abmessungen zugewiesen werden.

Bilder: Kristine Kamm

Aktionen mehreren Bildern nacheinander zuweisen

Vielleicht möchten Sie eine bestimmte Aktion – ob vorgefertigt oder selbst erzeugt – gleich mehreren Bildern zuweisen. Photoshop bietet Ihnen dazu die Funktion *Stapelverarbeitung*.

1. Wählen Sie *Datei* → *Automatisieren* → *Stapelverarbeitung*. Unter *Aktion* wählen Sie die gewünschte Aktion.
2. In der Gruppe *Quelle* wählen Sie beispielsweise einen Ordner – die Aktion wird dann auf alle Bilder in diesem Ordner angewandt. Aktivieren Sie zusätzlich das Kon-

Stapelverarbeitung per Bridge
Auch über Adobe Bridge können Sie die Funktion *Stapelverarbeitung* anwenden. Sie finden den Befehl unter *Werkzeuge* → *Photoshop* → *Stapelverarbeitung*.

Droplets
Über *Datei → Automatisieren → Droplet erstellen* können Sie aus der im *Aktionen*-Bedienfeld markierten Aktion ein sogenanntes »Droplet« erzeugen. Die fertige Droplet-Datei legen Sie beispielsweise auf Ihrem Desktop/Schreibtisch ab. Ziehen Sie nun Bilder oder auch ganze Ordner auf dieses Droplet, startet Photoshop automatisch und führt die Aktion aus.

trollkästchen *Alle Unterordner einschließen*, wird die Aktion auch auf sämtliche Bilder in den Unterordnern des ausgewählten Ordners angewandt.

3. Alternativ wählen Sie aus dem Popup-Menü den Eintrag *Geöffnete Dateien*. Dann wird die Aktion an den momentan auf der Arbeitsfläche befindlichen Bildern ausgeführt.
4. Im Popup-Menü *Ziel* definieren Sie, was mit den bearbeiteten Dateien geschehen soll. Wählen Sie *Ohne*, bleiben die Dateien ohne Speicherung auf der Arbeitsfläche geöffnet. Wählen Sie hingegen *Speichern und schließen*, werden die Originaldateien durch die per Aktion geänderten Versionen überschrieben. Wählen Sie *Ordner*, können Sie einen bestimmten Speicherort wählen, in dem die bearbeiteten Versionen abgelegt werden.
5. Haben Sie als Ziel *Ordner* angegeben, können Sie zusätzlich über die Gruppe *Dateibenennung* Bausteine für die Benennung der Dateien vorgeben.
6. Für den Fall, dass ein Fehler auftritt – dass der angegebene Ordner beispielsweise nicht nur Bild-, sondern auch andere Dateien enthält –, können Sie über den Eintrag *Bei Fehlern anhalten* im Popup-Menü *Fehler* dafür sorgen, dass die Verarbeitung gestoppt wird und Sie anschließend entscheiden können, was mit der den Fehler produzierenden Datei geschehen soll. Danach können Sie die Stapelverarbeitung mit einem Klick fortsetzen.

Stapelverarbeitungsbeispiel: Bilder umbenennen

Abbildung 5.34
Die Null-Aktion – eine Aktion ohne Inhalt – können Sie im Zusammenhang mit Stapelverarbeitungsbefehlen immer wieder brauchen.

Möchten Sie alle Fotodateien in einem bestimmten Ordner umbenennen? Diese Aufgabe lässt sich nicht nur mit Adobe Bridge, sondern auch mit der Photoshop-Stapelverarbeitung gut durchführen.

1. Als Erstes benötigen Sie eine Aktion ohne Inhalt, eine sogenannte »Null-Aktion«. Klicken Sie im Bedienfeld *Aktionen* auf das Symbol *Neue Aktion erstellen*. Geben Sie der Aktion den Namen *Null* und klicken Sie auf *Aufzeichnen*.
2. Klicken Sie gleich darauf am unteren Bedienfeldrand auf das quadratische Symbol *Ausführen/Aufzeichnung beenden*.
3. Jetzt wählen Sie *Datei → Automatisieren → Stapelverarbeitung*. Beachten Sie, dass Ihre Null-Aktion bereits ausgewählt ist. Als *Quelle* wählen Sie den *Ordner* mit den Bildern, die Sie umbenennen möchten.

Abbildung 5.35
Dieser Ordner mit Bildern soll in einem Zug umbenannt werden.

Bilder: Christoph Kommer

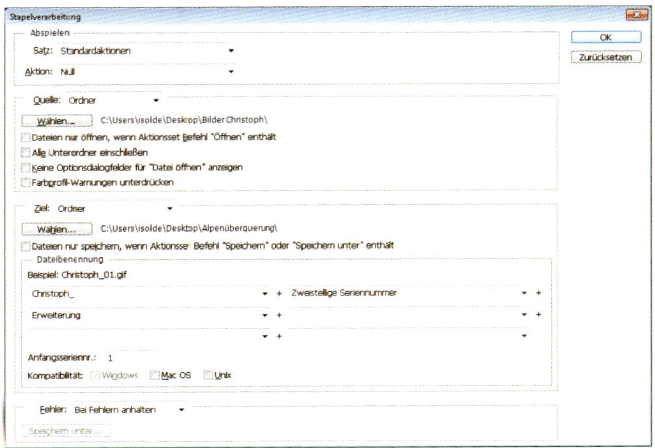

Abbildung 5.36
Geben Sie im unteren Bereich der Dialogbox die Konventionen an, nach denen die Dateien gespeichert werden sollen.

4. Als *Ziel* wählen Sie ebenfalls *Ordner*. Wählen Sie dann den Ordner aus, in dem Sie die umbenannten Bilder speichern möchten. Unter *Dateibenennung* stellen Sie ein, nach welchen Konventionen die Dateien benannt werden sollen. Im nachfolgend abgebildeten Beispiel ist dies der Name des Fotografen, dann eine zweistellige Seriennummer und schließlich die Dateierweiterung.

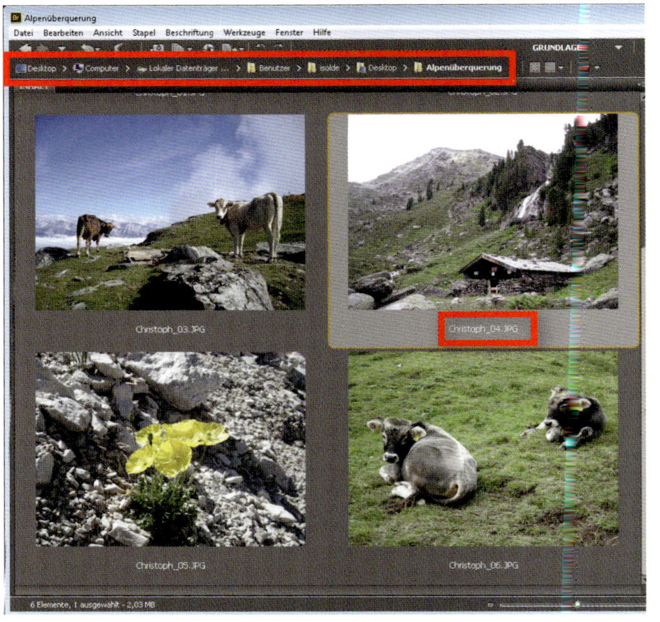

Abbildung 5.37
Die Bilder sind umbenannt und im neuen Ordner gespeichert worden.

5. Starten Sie die Stapelverarbeitung mit *OK*, beantworten Sie eventuelle Speicheranfragen (z.B. bei JPEG-Bildern) und betrachten Sie anschließend den angegebenen Zielordner.

5.12 Photoshop-Skripte verwenden

Einige Automatisierungsaufgaben können Sie mit Aktionen alleine kaum lösen. Für solche Fälle bietet Photoshop die Möglichkeit, JavaScript-Skripte zu nutzen.

Skripte aus dem Internet laden und nutzen

Falls Sie selbst keine Erfahrung mit der Programmierung von Skripten haben, werden Sie sicherlich im Internet fündig – hier gibt es viele Quellen für fertige Photoshop-Skripte.

1. Nachdem Sie ein Skript aus dem Internet heruntergeladen haben, speichern Sie es im *Presets/Scripts*-Ordner in Ihrem Photoshop-Programmordner.
2. Danach schließen und starten Sie Photoshop neu.
3. Jetzt wählen Sie *Datei* → *Skripten* und wählen das gewünschte Skript aus.

Der Skriptereignis-Manager

Ein Skript bzw. eine Aktion kann auch ausgeführt werden, sobald ein bestimmtes Ereignis eintritt, zum Beispiel wenn Sie ein beliebiges Bild in Photoshop öffnen oder ein Dokument drucken. So könnten Sie etwa eine Aktion schreiben, die den Befehl *Ansicht* → *Ganzes Bild* ausführt, um jedes neu geöffnete Bild in den Bildschirm einzupassen. Dazu verwenden Sie den *Skriptereignis-Manager*.

Einige Quellen für Photoshop-Skripte

- *http://www.adobe.com/cfusion/exchange/*
- *http://ps-scripts.com*
- *http://morris-photographics.com/photoshop/scripts/index.html*

1. Wählen Sie *Datei* → *Skripten* → *Skriptereignis-Manager* und aktivieren Sie *Ereignisse zum Ausführen von Skripten/Aktionen aktivieren*.

Abbildung 5.38
Falls Aktionen einmal nicht ausreichen, arbeiten Sie mit Skripten.

2. Wählen Sie aus dem Popup-Menü *Photoshop-Ereignis* das Ereignis, bei dem das Skript/die Aktion automatisch ausgeführt werden soll.
3. Entscheiden Sie nun, ob Sie beim angegebenen Ereignis ein *Skript* oder eine *Aktion* ausführen möchten, und aktivieren Sie das zutreffende Kontrollkästchen.
4. Wählen Sie ein vorgefertigtes Skript aus dem Popup-Menü *Skript* (mit *Durchsuchen* haben Sie Zugriff auf die auf Ihrer Festplatte gespeicherten Skripte) bzw. wählen Sie die gewünschte Aktion aus dem unteren Popup-Menü.
5. Klicken Sie auf *Hinzufügen* und dann auf *Fertig*.

Von nun an wird das Skript bzw. die Aktion automatisch ausgeführt, sobald das festgelegte Ereignis eintritt.

Bild: Björn Lilie

BILDEIGENSCHAFTEN EDITIEREN

In diesem Kapitel erfahren Sie unter anderem, wie Sie die Eigenschaften eines Bilds, zum Beispiel seine Größe, Auflösung oder den Farbmodus, verändern.

6.1 Farbmodi

Um einem Dokument einen anderen Farbmodus (vgl. auch Kapitel 1) zuzuweisen, wählen Sie *Bild* → *Modus*. Im geöffneten Untermenü sehen Sie alle Farbmodi, die Ihr Bild erhalten kann:

- Im Modus *Bitmap* hat das Bild eine Farbtiefe von 1 Bit. Jedes Pixel kann nur entweder die Farbe Schwarz oder die Farbe Weiß haben. Je nachdem, welche Methode Sie für die Umwandlung verwenden, können die zwei Farben aber so geschickt verteilt sein, dass der Eindruck von Abstufungen bzw. Schattierungen entsteht.
- Der Modus *Graustufen* hat eine Farbtiefe von 8 Bit. Das sind 256 Graustufen. Wandeln Sie ein farbiges Bild in Graustufen um, konvertiert Photoshop die Farbinformationen anhand der Helligkeitsinformationen jedes Pixels in eine dieser 256 Graustufen.
- Den Modus *Duplex* verwenden Sie beispielsweise für mehrfarbige Drucke mit Volltonfarben, etwa mit PANTONE-Farben (vgl. auch Kapitel 1), wenn neben Schwarz eine Zusatzfarbe gedruckt werden soll. Es gibt Zweifarbenbilder (Duplex), Dreifarbenbilder (Triplex) und Vierfarbenbilder (Quadruplex). Durch Duplex verleihen Sie einem Graustufenbild beispielsweise eine warme oder eine kühle Tönung. Gelegentlich werden Duplex-Bilder mit einer schwarzen und einer grauen Druckfarbe gedruckt, wobei Schwarz für die Tiefen und Grau für die Mitteltöne und Lichter verwendet wird. Häufiger ist aber eine farbige Druckfarbe für die Lichter. Bei dieser Technik entsteht eine Farbtönung und das Bild wirkt plastischer.
- Der Modus *Indizierte Farbe* mit einer Farbtiefe von 8 Bit dient vor allem für die Aufbereitung von Bildern für elektronische Medien. Die Original-Bildfarben werden bei der Umwandlung in diesen Modus in die maximal 256 Farben einer Palette umgewandelt. Farben, die in dieser Palette nicht vorhanden sind, werden häufig durch Fehlerstreuung (Dithering) vorgetäuscht, indem sie aus geschickt verteilten anderen Farben zusammengesetzt werden. Bilder mit indizierten Farben eignen sich nicht für die drucktechnische Reproduktion. Der Speicherbedarf ist allerdings geringer, so dass sie prädestiniert sind für das Internet oder für Multimedia-Anwendungen.

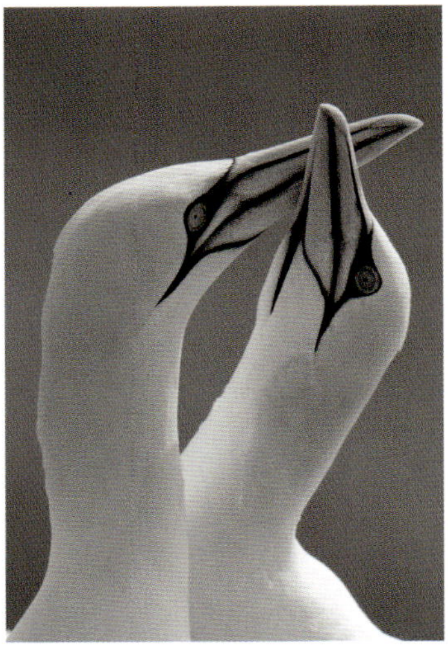

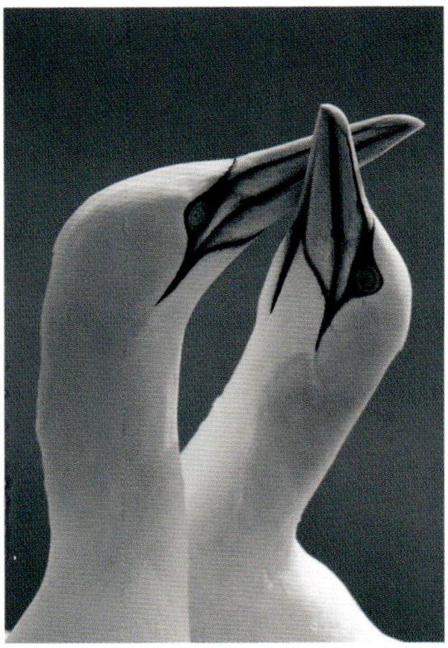

Abbildung 6.1
Oben: Im Modus *Graustufen* nimmt jedes Bildpixel eine von 256 Grauabstufungen an. Unten: Im Modus *Duplex* werden Graustufenbilder durch eine oder mehrere Farben getont.

Zuerst in Graustufen
Um einem Bild den Modus *Bitmap* oder *Duplex* zuzuweisen, konvertieren Sie das Bild vorher in den Modus *Graustufen*. Erst dann sind diese Modi anwählbar.

- Der Modus *RGB-Farbe* verwendet dasselbe Farbsystem wie beispielsweise ein Projektor oder Ihr Monitor. Für die Bearbeitung Ihres Bilds in Photoshop ist dieser Modus bestens geeignet, da ein großes Farbspektrum am Bildschirm dargestellt werden kann: 16,8 Millionen Farben.
- Den Modus *Lab-Farbe* mit 24 Bit haben Sie ebenfalls in Kapitel 1 bereits kennengelernt. Neben der Luminanz (Helligkeitskomponente) werden zwei chromatische Komponenten (A = Grün bis Rot und B = Blau bis Gelb) verwendet. Dieses Modell besitzt einen erheblich größeren Farbraum als das CMYK-Modell.
- Der Modus *CMYK-Farbe* ist für die Reproduktion und den Druck mit Prozessfarben bestimmt. Wie Sie bereits in Kapitel 1 erfahren haben, setzen sich die Bildfarben aus den Grundfarben Cyan, Magenta, Yellow (Gelb) und Schwarz zusammen. Dieser Modus mit einer Farbtiefe von insgesamt 32 Bit benötigt mehr Speicher als die bisher besprochenen Modi. Eine gute Praxis ist es, die Farbkorrekturen und Retuschearbeiten in RGB vorzunehmen und das Bild erst zur Scharfzeichnung in den CMYK-Modus umzuwandeln. Einer der Gründe für dieses Vorgehen ist, dass nicht alle Bearbeitungsmöglichkeiten (Filter) für CMYK-Farben verfügbar sind. Bevor ein Bild im Offsetdruck reproduziert wird, sollte es in CMYK-Farben konvertiert werden (vgl. auch Kapitel 16).
- Auch Mehrkanalbilder verfügen über eine Farbtiefe von 8 Bit. Bilder mit mehr als einem Kanal können in diesen Modus konvertiert werden. Dabei werden die Kanäle durchnummeriert und in Graustufen dargestellt. Diese Graustufen geben die Farbwerte der einzelnen Pixel wieder.
- Standard-8-Bit-Bildern stehen 256 Werte pro Grundfarbe zur Verfügung, um den Tonbereich von vollem Schwarz bis zu vollem Weiß abzudecken. 16-Bit-Bildern stehen für denselben Bereich 65.535 Töne zur Verfügung. Das Ergebnis ist ein Bild, in dem eine viel feinere Differenzierung der Details möglich ist. Zudem können Sie in Photoshop auch 32-Bit/Kanal-Bilder bearbeiten. Allerdings lassen sich verschiedene Photoshop-Funktionen (beispielsweise viele Filter) nicht auf 16- und 32-Bit-Bilder anwenden.

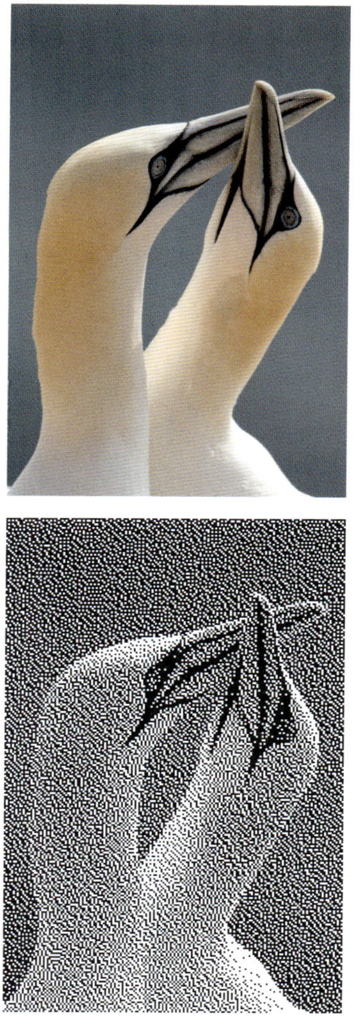

Abbildung 6.2
Oben: Der Modus *CMYK-Farbe* ist für den Vierfarb-Offsetdruck am besten geeignet.
Unten: Bitmap-Bild, *Diffusion Dither*.

Bild: Björn Lilie

Farbkonvertierung
Für die professionelle Arbeit ist eine gute CMYK- bzw. RGB-Konvertierung wichtig. Hier ist der Befehl *Bild → Modus → CMYK-Farbe* bzw. *Bild → Modus → RGB-Farbe* eventuell nicht ausreichend. Wie Sie die abschließende Konvertierung Ihrer Bilder in den geeigneten Ausgabemodus vornehmen, erfahren Sie in Kapitel 16.

Den Farbmodus eines Bilds ändern

Um den Farbmodus eines Bilds zu ändern, gehen Sie so vor:

1. Wählen Sie die Befehlsfolge *Bild → Modus*. Im Untermenü stehen Ihnen sämtliche besprochenen Modi zur Verfügung. Klicken Sie den gewünschten Modus an.
2. Photoshop führt die Konvertierung durch. Manche Modi zeigen allerdings zuerst eine Dialogbox an, in der Sie noch bestimmte Einstellungen vornehmen können, bevor Photoshop das Bild endgültig umwandelt. Die folgenden Abschnitte informieren Sie über diese Besonderheiten.

Wann RGB, wann CMYK?
Der RGB-Farbmodus ist in Photoshop besonders vielseitig – so gut wie alle Photoshop-Funktionen lassen sich auf RGB-Bilder anwenden. Von der Speicheranforderung benötigt RGB ein Viertel weniger Speicherplatz als CMYK, weil es nur drei Farbkanäle besitzt, während CMYK vier Farbkanäle hat.

Möchten Sie Ihre Bilder im Internet oder für andere Bildschirmanwendungen verwenden, arbeiten Sie von Anfang bis Schluss im RGB-Modus. Auch Bilder, die Sie über Tintenstrahldrucker ausgeben möchten, bearbeiten und speichern Sie ausschließlich in RGB.

Beachten Sie auch: Viele Filter, beispielsweise der Relief-Filter, zeigen in RGB ein besseres Ergebnis.

Ein Bild in den Bitmap-Modus umwandeln

Bevor Sie den Modus *Bitmap* auswählen können, müssen Sie dem Bild den Modus *Graustufen* zuweisen. Anschließend aktivieren Sie den Modus *Bitmap* im Untermenü *Modus*. Sie erhalten daraufhin eine Dialogbox mit den Konvertierungsmöglichkeiten.

Die Umwandlungsmethode, die Sie hier auswählen, bestimmt wesentlich das spätere Aussehen des Bilds, das schließlich nur aus schwarzen und weißen Pixeln ohne Zwischentöne bestehen wird. Die Vorgehensweise:

1. Konvertieren Sie das Bild zuerst in den Modus *Graustufen*, wenn es noch kein Graustufenbild ist.
2. Wählen Sie dann den Befehl *Bild → Modus → Bitmap*. Die Dialogbox *Bitmap* erscheint.
3. Im oberen Dialogbereich wählen Sie die gewünschte Auflösung.
4. Öffnen Sie das Popup-Menü *Verwenden*. Hier finden Sie sämtliche Konvertierungsmethoden.
5. Wählen Sie den Eintrag *Schwellenwert 50 %*, werden alle Grautöne, die über 50 % Grau liegen, in Schwarz umgesetzt und alle Töne unterhalb dieses Schwellenwerts in Weiß. Alternativen:
   - Mit der Methode *Muster-Dither* wird das Bild gerastert. Die Rasterpunkte sind geometrisch angeordnet. Weite und Winkel des Rasters lassen sich mit dieser Option nicht beeinflussen.
   - Das Verfahren *Diffusion-Dither* ähnelt der Methode *Schwellenwert 50 %*, da auch hier alle Grautöne über 50 % Grau in Schwarz umgewandelt werden und alle Grautöne unterhalb dieses Werts in

Weiß. Der Unterschied besteht darin, dass das Bild Grautöne durch ein nach dem Zufallsprinzip angeordnetes Raster vortäuscht.

- Bei der Methode *Halbtonraster* rastert Photoshop das Bild ebenfalls. Nach der Bestätigung mit der Schaltfläche *OK* erscheint eine weitere Dialogbox. Hier bestimmen Sie verschiedene Rastereinstellungen, wie Rasterweite, -winkelung und Form. Weiterhin finden Sie hier die beiden Schaltflächen *Laden* und *Speichern*, mit denen Sie Ihre Einstellungen sichern und später gegebenenfalls wieder verwenden.
- Mit der Methode *Eigenes Muster* verwendet Photoshop für die Rasterung eine Musterdatei. Zu diesem Zweck sehen Sie im unteren Bereich der Dialogbox verschiedene Vorschaubilder der Musterdateien, aus denen Sie das Gewünschte auswählen. Über das Bedienfeldmenü dieser Auswahl laden Sie unter anderem weitere Muster hinzu.

Abbildung 6.3
Je nach Farbanzahl, in der Palette enthaltenen Farben und Dithering kommt es zu mehr oder weniger starken Qualitätsverlusten gegenüber der Originaldatei. Oben wurde überhaupt kein Dithering gewählt. Schalten Sie das Dithering ein (unten), erhält die indizierte Datei bei gleicher Farbanzahl (sechs Farben) deutlich mehr Detailzeichnung.

Bilder in indizierte Farben umwandeln

Auch bei der Auswahl des Modus *Indizierte Farbe* erscheint eine Dialogbox mit den Konvertierungseinstellungen. Bei der Umwandlung erhält das Bild eine eigene Farbtabelle mit höchstens 256 Farben. Der Speicherbedarf reduziert sich dadurch gegenüber einem RGB-Bild deutlich, allerdings gehen auch Farbinformationen verloren, so dass es zu mehr oder minder sichtbaren Qualitätsverlusten kommt. Deshalb sollten Sie Ihr Bild erst dann in indizierte Farben umwandeln, wenn die Bearbeitung abgeschlossen ist. Damit die Konvertierung in indizierte Farben möglich ist, muss das Bild vorher den Modus RGB haben.

1. Wählen Sie *Bild* → *Modus* → *Indizierte Farbe*.
2. Nehmen Sie die gewünschten Einstellungen vor und klicken Sie auf *OK*.

Weil Bilder mit indizierten Farben meist für Webseiten verwendet werden, erhalten Sie umfassende Informationen über die Arbeit mit indizierten Bildern in Kapitel 17. Hier erlernen Sie auch die komfortablere Konvertierungsvariante mit dem Befehl *Datei* → *Für Web speichern*.

Abbildung 6.4
Simplex-Bilder (oben) werden mit einer einzigen Volltonfarbe gedruckt. Bei Duplex-Bildern (unten) wird die eine Farbe (hier ein dunkles Blau) für die Tiefen verwendet, die andere für die Lichter (hier ein Orangeton).

Duplex-Bilder erzeugen

Die sogenannten Simplex-, Duplex-, Triplex- und Quadruplex-Bilder sind Bilder, die später mit einer bis vier Sonderfarben (Schmuckfarben), zum Beispiel Pantone-Farben, gedruckt werden sollen. Eine Einführung in die Schmuckfarben finden Sie in Kapitel 1.

Simplex-Bilder (*Einfarbig*) haben nur Helligkeitsinformationen und werden mit einer einzigen Schmuckfarbe gedruckt, im Gegensatz zum echten Graustufenbild allerdings nicht unbedingt mit schwarzer Druckfarbe, sondern auch einer beliebigen anderen. Duplex-, Triplex- und Quadruplex-Bilder haben ebenfalls keine Farbinformationen über das Bildmotiv, werden aber mit zwei, drei oder vier Druckfarben gedruckt.

So erstellen Sie Duplex-Bilder:

1. Wandeln Sie das gewünschte Bild in Graustufen um und wählen Sie *Bild* → *Modus* → *Duplex*.
2. Achten Sie darauf, dass das Kontrollkästchen *Vorschau* in der Dialogbox aktiviert ist, damit Sie sich gleich ein Bild von Ihren Einstellungen machen können.
3. Im Popup-Menü *Art* wählen Sie, ob Sie ein Simplex- (Eintrag *Einfarbig*), ein Duplex-, Triplex- oder Quadruplex-Bild erstellen möchten. Damit bestimmen Sie, wie viele Farben das Bild verwenden soll.
4. Darunter legen Sie in den Farbfeldern fest, welche Farben zum Einsatz kommen sollen. Klicken Sie dazu auf das Farbfeld mit der entsprechenden Druckfarbe.
5. In der folgenden Dialogbox *Druckfarbe wählen* klicken Sie auf *Farbbibliotheken* und wählen Sie aus dem oberen Popup-Menü *Buch* die gewünschte Sonderfarbensammlung. Im unteren Bereich bestimmen Sie die gewünschte Farbe.
6. Klicken Sie auf *OK*, um wieder in die Dialogbox *Duplex-Optionen* zu gelangen. Im Farbfeld sehen Sie die ausgewählte Druckfarbe und im Textfeld daneben ihren Namen.

Möchten Sie gesättigte Farben im Druckergebnis erzielen, müssen die dunklen Farben vor den hellen gedruckt werden. Diese Reihenfolge bestimmen Sie bereits in der Dialogbox *Duplex-Optionen*, indem Sie im obersten Farbfeld die dunkelste Farbe festlegen und dann, absteigend, die hellste Farbe unten.

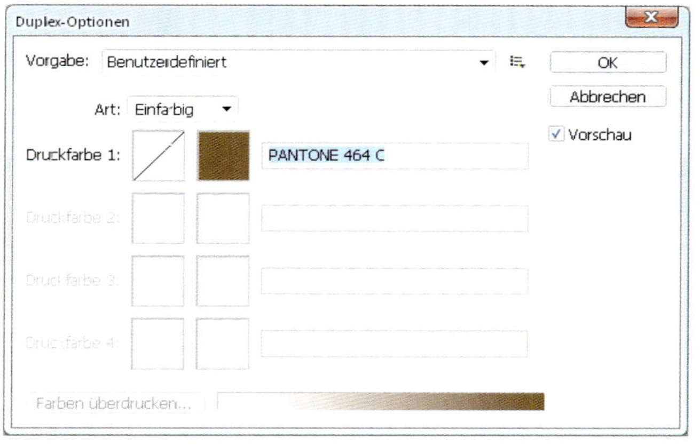

Abbildung 6.5
Klicken Sie in der Dialogbox *Duplex-Optionen* auf das Farbfeld ...

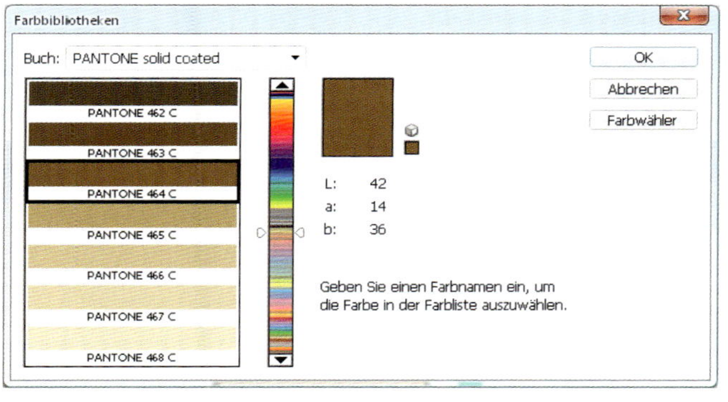

Abbildung 6.6
... und wählen Sie in der Dialogbox *Farbbibliotheken* die gewünschte Farbe aus (links).

Die Duplex-Kurve verändern

Links neben dem Farbfeld sehen Sie ein weiteres Feld mit der Duplex-Kurve. Diese bestimmt, wie sich die Druckfarbe in den Lichtern und Tiefen des Bilds verteilt. Jeder Graustufe im Bild wird ein prozentualer Druckfarbenwert zugeordnet.

Bei diagonaler Linie sind die Werte ausgeglichen; die Druckfarbe wird gleichmäßig verteilt: Das Bild wirkt eher wie ein getontes Graustufenbild; die Verwendung unterschiedlicher Farben für die Tiefen und die Lichter wird nicht erkennbar.

Sie können die Kurven der Farben aber so einstellen, dass die Tiefen anders eingefärbt werden als die Lichter und gegebenenfalls (bei einem Triplex-Bild) die Mitteltöne – Sie erhalten dann ein sogenanntes Split-Toning-Bild. Betrachten Sie dazu die Abbildungen auf der folgenden Seite.

Zum Ändern der Kurven klicken Sie auf das Kurvensymbol neben der jeweiligen Farbe. Formen Sie die Kurve, indem Sie diese mit gedrückter Maustaste ziehen oder indem Sie Werte in die dazugehörigen Eingabefelder eingeben.

Duplex-Bilder bearbeiten

Die Farben eines Duplex-Bilds lassen sich nachträglich jederzeit ändern: Wählen Sie *Bild → Modus → Duplex*, um wieder in die Dialogbox *Duplex-Optionen* zu gelangen. Klicken Sie auf die Farbfelder und ändern Sie die Farben entsprechend ab. So gestalten Sie attraktive Bildvariationen.

Vorgefertigte Farbe-Kurven-Kombinationen verwenden

Probieren Sie die mit Photoshop gelieferten Duplex-Kurven aus: Öffnen Sie in der Dialogbox *Duplex-Optionen* das Popup-Menü *Vorgaben*. Hier finden Sie eine große Anzahl vordefinierter Duplex-Farbkombinationen mit bereits passend geformten Kurven, die Sie Ihrem Bild mit einem Klick zuweisen können.

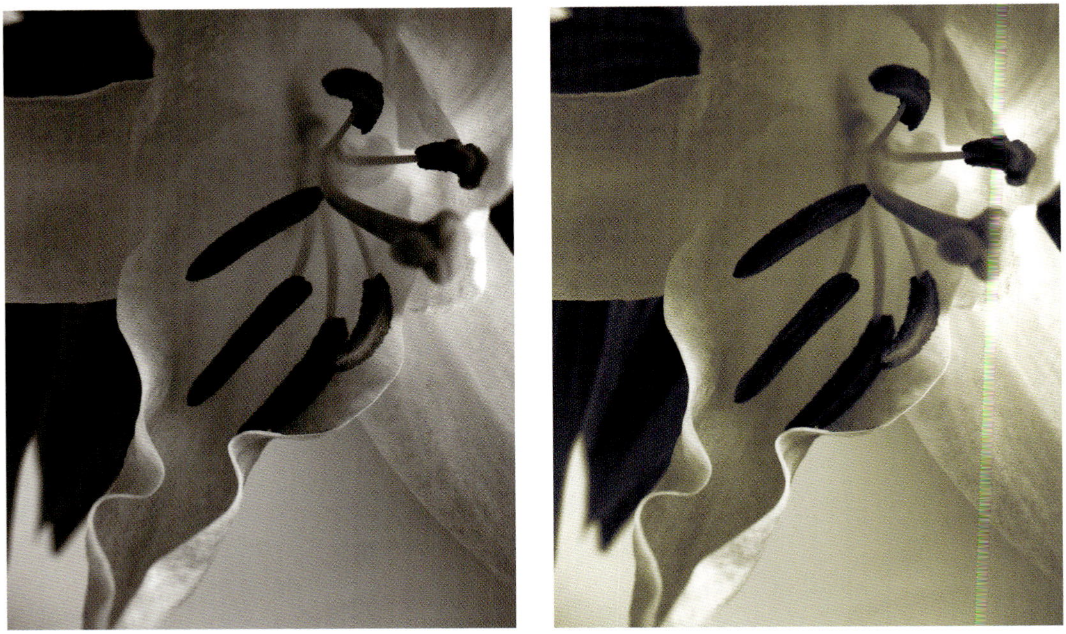

Abbildung 6.7
Beim linken Triplex-Bild sind alle drei Kurven gerade; es wirkt deshalb wie ein getontes Graustufenbild. Beim rechten Triplex-Bild wurden die Kurven wie in der Abbildung unten geformt; das Ergebnis sind schwarze Tiefen, blaue Mitteltöne und gelbe Lichter. Original von Kristine Kamm

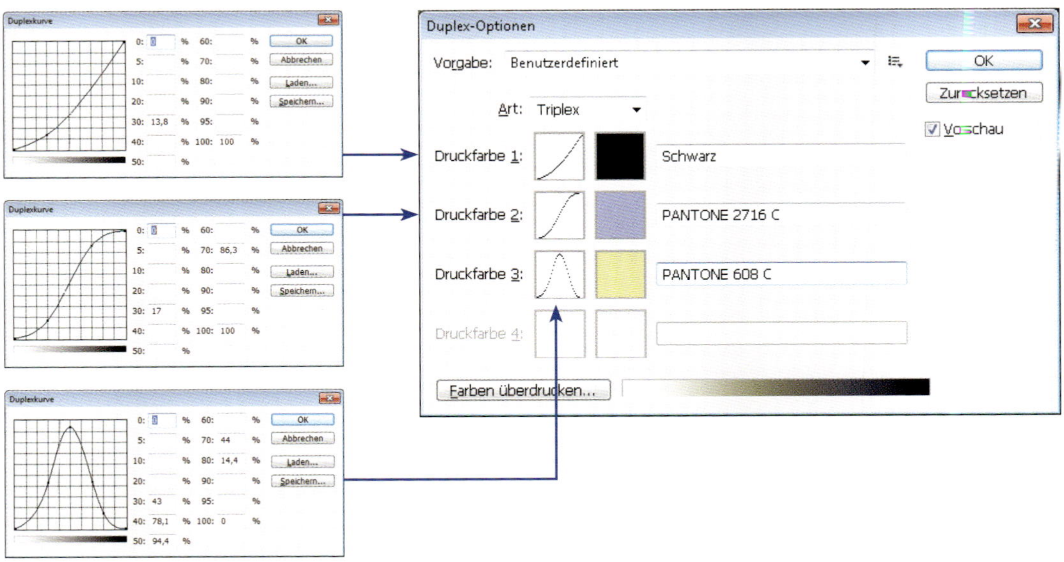

Abbildung 6.8
Das rechte Bildbeispiel ist mit den hier gezeigten Kurven eingefärbt.

6.2 Bilder in CMYK-Simulation betrachten

Auch Bilder, die später im Offset-Druck in Prozessfarben gedruckt und deshalb in CMYK-Farben konvertiert werden müssen, bearbeiten Sie meist zunächst im RGB- oder sogar im Lab-Modus, um sie erst zum Schluss in CMYK zu konvertieren.

Sie können jedoch bereits während der Bearbeitung Ihres RGB- oder Lab-Bilds überprüfen, wie Ihre Arbeit als CMYK-Datei aussehen wird. Dazu sehen Sie sich einen sogenannten Farb-Proof am Bildschirm an. Auf diese Weise stellen Sie frühzeitig fest, ob es bei der späteren Konvertierung in CMYK-Farben zu Problemen kommen wird. Voraussetzung ist, dass Ihr Monitor ausreichend kalibriert ist (mehr darüber in Kapitel 16). Bei dem Farb-Proof handelt es sich tatsächlich nur um eine Ansicht; der ursprüngliche Farbmodus des Bilds bleibt erhalten.

1. Wählen Sie im Menü *Ansicht* den Befehl *Farbproof*. Alternativ betätigen Sie die Tastenkombination Strg/⌘ + Y.
2. Achten Sie auf die Titelleiste des Bilds: Hier werden beide Farbmodi angezeigt – zuerst der eigentliche Modus des Bilds, dahinter der angezeigte CMYK-Modus.

Um die Ansicht wieder abzuschalten, wählen Sie erneut denselben Befehl.

Abbildung 6.9
Oben: Gesamtbild. Unten: Nur die Schwarzanteile des Bilds werden gezeigt.

Proofs für weitere Modi und einzelne Farbkomponenten anzeigen

In der Grundeinstellung simuliert Photoshop durch die Auswahl des Befehls *Ansicht → Farbproof* stets den CMYK-Modus des Bilds. Gegebenenfalls zeigen Sie aber auch andere Modi und sogar einzelne Farbkomponenten des Bilds an. Dadurch testen Sie beispielsweise, wie ein (für die Bildschirmdarstellung bestimmtes) Bild auf anderen Systemen aussieht – wenn Sie am Mac arbeiten, überprüfen Sie beispielsweise, wie das Bild auf dem System eines Windows-PC-Besitzers aussieht.

1. Wählen Sie im Menü *Ansicht* den Befehl *Proof einrichten*. Im Untermenü finden Sie verschiedene Einstellmöglichkeiten.
2. Suchen Sie das Gewünschte aus und wählen Sie danach *Ansicht → Farbproof (Strg/⌘ + Y)*.
3. In der Titelleiste sehen Sie wieder, welche Farbkomponente oder welchen Farbmodus Photoshop Ihnen zeigt.

Farben außerhalb des Druckerfarbspektrums anzeigen

Es gibt sehr viele Farben, die am Bildschirm zwar dargestellt, doch von manchen Ausgabegeräten nicht umgesetzt werden können, weil sie außerhalb des Druckerfarbspektrums (Gamut) liegen. Photoshop zeigt Ihnen diese Farben auf Wunsch an. Sie werden als graue Flächen hervorgehoben.

1. Wählen Sie im Menü *Ansicht* den Befehl *Farbumfang-Warnung*. Alternativ drücken Sie die Tastenkombination [⇧] + [Strg]/[⌘] + [Y].
2. Wählen Sie den Befehl erneut, um die Funktion *Farbumfang-Warnung* abzuschalten.

Sagt Ihnen die graue Warnfarbe nicht zu, ändern Sie sie, indem Sie den Befehl *Bearbeiten* → *Voreinstellungen* → *Transparenz & Farbumfang-Warnung* wählen (unter Mac OS X finden Sie den Befehl *Voreinstellungen* im Menü *Photoshop*). In der jetzt angezeigten Dialogbox klicken Sie in das Farbfeld unter *Farbumfang-Warnung* und wählen eine andere Farbe.

Proportionen beibehalten
Achten Sie auf das Kontrollkästchen *Proportionen beibehalten* im unteren Bereich der Dialogbox. Ist es aktiviert und geben Sie in das Eingabefeld *Breite* einen Wert ein, ermittelt Photoshop den Wert für die Höhe automatisch und trägt ihn ein. Umgekehrt funktioniert das genauso, wenn Sie die Höhe angeben. Falls Sie das Bild beim Skalieren verzerren wollen, müssen Sie das Kontrollkästchen deaktivieren. Bei aktiviertem Kontrollkästchen erscheint außerdem das Verkettungssymbol 🔗 rechts neben den Popup-Menüs für die Maßeinheit. Deaktivieren Sie das Kontrollkästchen *Proportionen beibehalten*, verschwindet auch das Verkettungssymbol. Bei aktiviertem Kontrollkästchen haben Sie übrigens auch Zugriff auf das Kontrollkästchen *Stile skalieren*. Das ist dann interessant, wenn Sie Ihr Bild mit Ebenenstilen ausgestattet haben (vgl. Kapitel 10), denn diese werden nun mit skaliert, behalten also auch nach der Vergrößerung oder Verkleinerung ihre Proportionen relativ zum Pixelbild.

6.3 Bildmaße und Auflösung verändern

Auch Auflösung und Bildabmessungen lassen sich nachträglich ändern. Wählen Sie dazu im Menü *Bild* den Befehl *Bildgröße (*zugehörige *Tastenkombination* [Alt] + [Strg]/[⌘] + [I]). In der Dialogbox gehen Sie folgendermaßen vor:

1. Ganz oben – neben der Beschriftung *Pixelmaße* – lesen Sie den Arbeitsspeicherbedarf des Bilds in Kilobyte ab.
2. Darunter verändern Sie die Breite und Höhe des Bilds, indem Sie zuerst aus den Popup-Menüs die gewünschte Maßeinheit wählen und dann in die Eingabefelder die entsprechenden Werte eingeben.

Alternativ haben Sie im Dialogbereich *Dokumentgröße* die Möglichkeit, die Bildgröße in absoluten Werten anzugeben. Sie können hier als Maßeinheit für die Breite unter anderem Spalten auswählen. Diese Angabe bezieht sich auf die Werte, die Sie in der Dialogbox *Voreinstellungen* in der Kategorie *Maßeinheiten & Lineale* unter *Spaltenmaße* angegeben haben.

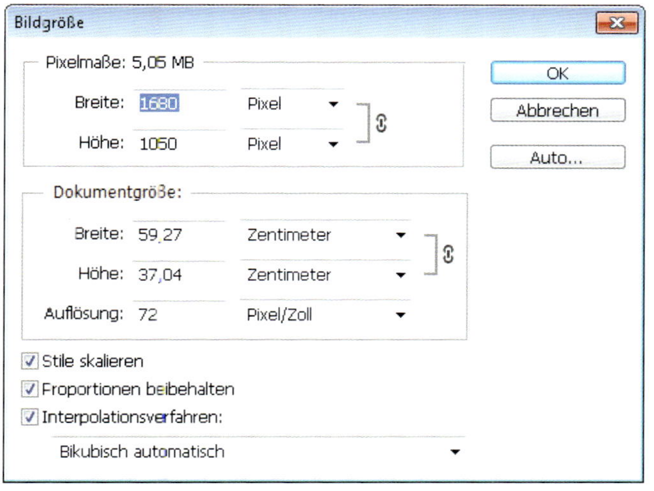

Abbildung 6.10
Die Dialogbox *Bildgröße*

Sobald Sie unter *Pixelmaße* oder *Dokumentgröße* neue Werte eingeben, erscheint oben neben *Pixelmaße* die neu entstandene Dateigröße des Bilds. Rechts daneben – in den Klammern – finden Sie zum Vergleich die bisherige Dateigröße.

Im Eingabefeld *Auflösung* verändern Sie die Bildauflösung und legen daneben über das Popup-Menü die Maßeinheit fest.

Aktivieren Sie das Kontrollkästchen *Interpolationsverfahren*, wenn Sie bei der Änderung von Ausgabegröße oder Auflösung möchten, dass die Pixel für das Bild neu berechnet werden. Deaktivieren Sie das Kontrollkästchen, bleibt die Pixelanzahl des Bilds erhalten.

Haben Sie sich dafür entschieden, das Kontrollkästchen zu aktivieren, wählen Sie im daneben angeordneten Popup-Menü eine Interpolationsmethode. Diese bestimmt, auf welche Weise die Pixel neu berechnet werden. Mit der Methode *Bikubisch* erzielen Sie das beste Ergebnis, da Sie weiche Farbübergänge erhalten.

Bikubisch glatter eignet sich zum Vergrößern von Bildern, *Bikubisch schärfer* zum Verkleinern. Eine mittlere Bildqualität erzielen Sie mit der Methode *Bilinear*. Die schlechteste Qualität liefert die Methode *Pixelwiederholung*.

Pixelwiederholung
Bei Grafiken mit harten Kanten sollten Sie die Option *Pixelwiederholung* wählen, da sonst ein unerwünschtes Anti-Aliasing ins Bild kommt.

Bilder optimal größer skalieren

Das Verkleinern eines Bilds wirft normalerweise relativ wenige Probleme auf. Anders sieht es aus, wenn Sie ein Pixelbild vergrößern möchten: Die Qualität leidet, es treten Treppcheneffekte und Unschärfen auf.

Mit einem kleinen Trick lässt sich dieses Problem jedoch minimieren.

1. Wählen Sie *Bild* → *Bildgröße*. Sowohl für die Breite als auch für die Höhe wählen Sie jeweils 110 %.

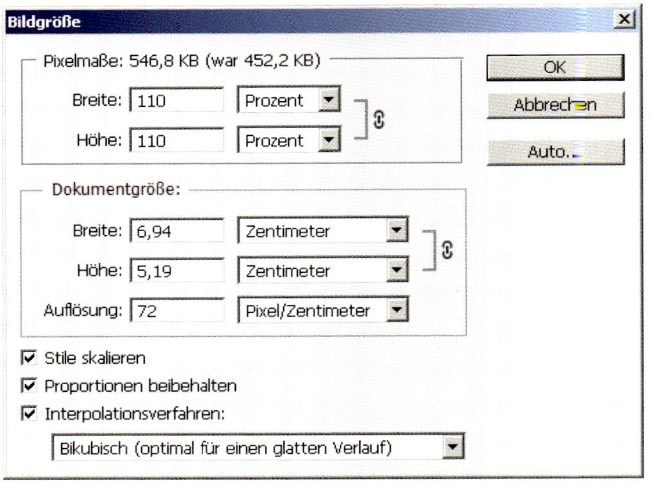

Abbildung 6.11
Vergrößern Sie das Bild in mehreren Schritten um jeweils 110 %, bis Sie die gewünschten Abmessungen erzielt haben.

2. Wiederholen Sie die ersten beiden Schritte bis zur gewünschten Bildgröße. Sie müssen aber jedes Mal genau 110 % eingeben!

Skalierung in einer Aktion speichern

Leichter wird die Aufgabe, wenn Sie die Vergrößerung um 110 % in einer Aktion speichern (vgl. auch Kapitel [illegible]):

1. Im *Aktionen*-Bedienfeld klicken Sie auf das Symbol *Neue Aktion* .
2. Geben Sie der Aktion einen passenden Namen, etwa *Bild vergrößern 110 Prozent*, und klicken Sie auf das Symbol *Aufzeichnen*.
3. Wählen Sie den Befehl *Bild* → *Bildgröße* und geben Sie für Breite und Höhe 110 % ein. Klicken Sie auf *OK*.
4. Wiederholen Sie die Schritte 3 und 4 noch dreimal.
5. Klicken Sie im *Aktionen*-Bedienfeld auf das Symbol *Ausführen/Aufzeichnung beenden* .

Möchten Sie ein Bild größer skalieren, markieren Sie die neue Aktion im *Aktionen*-Bedienfeld und klicken Sie so oft auf das Symbol *Auswahl ausführen* , bis die gewünschte Bildgröße erreicht ist.

Bilder aus dem Internet für den Druck verbessern

Bei kleinformatigen JPEGs aus dem Internet bringt die auf der vorherigen Seite geschilderte Vorgehensweise nicht viel, weil die JPEG-Kompression bei der Vergrößerung deutlich in Form kleiner Quadrate erkennbar ist. Manchmal soll ein solches Bild jedoch trotzdem für den Druck verwendet werden.

Verwenden Sie die folgende Methode, um ein Bild um das Doppelte zu vergrößern und so zu verbessern, dass es im Druck zwar nicht brillant, aber doch akzeptabel aussieht.

1. Wählen Sie *Bild* → *Bildgröße*.
2. Stellen Sie die *Breite* und *Höhe* jeweils auf *200 %* ein.

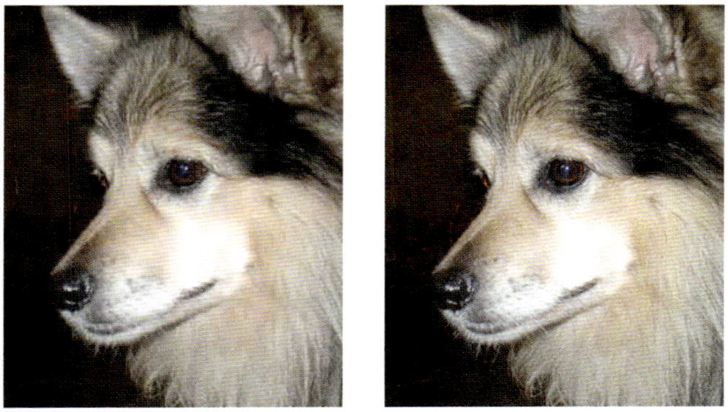

Abbildung 6.12
Links: Dieses Bild, das gegenüber dem Original auf 200 % hochgerechnet wurde, zeigt deutlich die Artefakte der starken JPEG-Kompression.
Rechts: Durch die beschriebene Methode wird zwar kein erstklassiges Bild daraus, doch es lässt sich in akzeptabler Qualität drucken.

Prinz.jpg

3. Bei aktiviertem Kontrollkästchen *Interpolationsverfahren* wählen Sie *Bikubisch* und klicken Sie auf *OK*.
4. Wählen Sie *Filter* → *Rauschfilter* → *Rauschen entfernen*. Das Bild wirkt nun weicher.
5. Wiederholen Sie den zweiten Schritt (das Verdoppeln der Bildabmessungen).
6. Wählen Sie *Filter* → *Rauschfilter* → *Rauschen hinzufügen*. Aktivieren Sie das Kontrollkästchen *Monochromatisch*. Experimentieren Sie mit den Einstellungen: Je größer das Bild, desto deutlicher die JPEG-Artefakte, desto stärker muss das Rauschen eingestellt werden.
7. Wenn Sie das Kontrollkästchen *Vorschau* aktiviert haben, können Sie den Effekt am hinter der Dialogbox liegenden Bild direkt beurteilen. Er sollte gerade so stark sein, dass die JPEG-Artefakte nicht mehr sichtbar sind.
8. Reduzieren Sie die Bildgröße wieder auf 50 %.
9. Gegebenenfalls mildern Sie das Rauschen abschließend mit *Filter* → *Weichzeichnungsfilter* → *Matter machen* oder *Filter* → *Weichzeichnungsfilter* → *Gaussscher Weichzeichner* bei niedrigen Einstellungen etwas ab. Experimentieren Sie, bis Sie ein zufriedenstellendes Ergebnis erhalten.

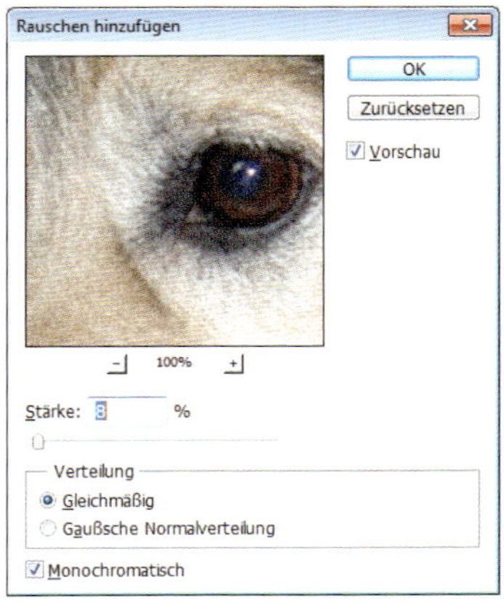

Abbildung 6.13
Besser ein etwas verrauschtes Bild als eines mit derben JPEG-Artefakten – fügen Sie aus diesem Grund Bildrauschen in entsprechender Stärke hinzu.

Die Bildauflösung von Photoshop umrechnen lassen

In der Dialogbox *Bildgröße* müssen Sie nicht unbedingt die Auflösung selbst bestimmen, sondern Sie können sie auch von Photoshop berechnen und eintragen lassen.

1. Klicken Sie in der Dialogbox *Bildgröße* auf die Schaltfläche *Auto*. Photoshop öffnet die Dialogbox *Auto-Auflösung*.
2. Aktivieren Sie je nach Verwendungszweck des Bilds unter *Qualität* das entsprechende Optionsfeld.
3. Wählen Sie die gewünschte Rasterweite aus. Verwenden Sie als Maßeinheit entweder *Linien/cm* oder *Linien/Zoll (lpi)*. Eventuell lesen Sie zu diesem Thema noch einmal den Abschnitt über die Rasterweite in Kapitel 1.
4. Verlassen Sie die Dialogbox mit der Schaltfläche *OK*.
5. Photoshop trägt in der Dialogbox *Bildgröße* automatisch die zu Ihren Vorgaben passende Auflösung ein.

6.4 Die Arbeitsfläche um das Bild einstellen

Gegebenenfalls versehen Sie Ihr Bild mit einem beliebig breiten Rand in der aktuell eingestellten Hintergrundfarbe. Das Bildmotiv und seine Abmessungen werden dadurch nicht verändert.

1. Wählen Sie im Menü *Bild* den Befehl *Arbeitsfläche* (Tastenkombination [Alt] + [Strg]/[⌘] + [C]).

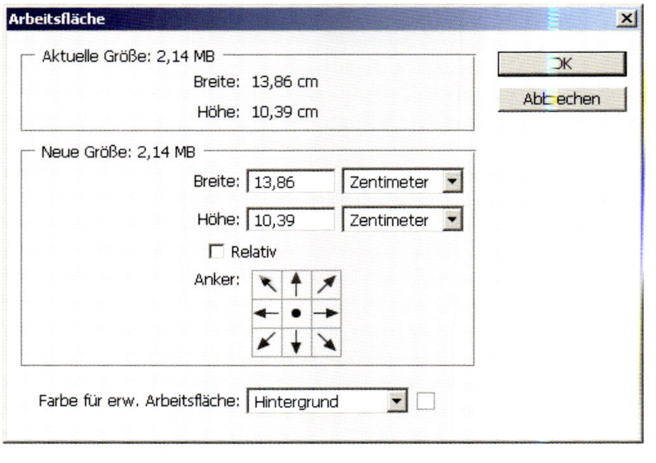

Abbildung 6.14
Die Dialogbox *Arbeitsfläche*

2. In der Dialogbox erhalten Sie im oberen Bereich Informationen über die aktuelle Bildgröße. Geben Sie in die Felder *Breite* und *Höhe* ein, wie breit und hoch das Bild werden soll.
3. Die Maßeinheit stellen Sie wie immer über die Popup-Menüs ein.
4. Über die neun Positionsfelder bestimmen Sie, in welcher Position sich das Bild auf der erweiterten Arbeitsfläche befindet. Klicken Sie auf den Pfeil links, erweitert sich die Arbeitsfläche nach rechts. Klicken Sie auf den Pfeil nach oben, erweitert sie sich nach unten. Belassen Sie das mittlere Kästchen (welches das Bild darstellt) zentriert, erweitert sich die Arbeitsfläche um das Bild herum und dieses bleibt zentriert.

In der Grundeinstellung erhält der erweiterte Bereich die aktuell eingestellte Hintergrundfarbe. Über das Popup-Menü *Farbe für erw. Arbeitsfläche* legen Sie im Bedarfsfall eine andere Hintergrundfarbe fest. Bestätigen Sie mit *OK*.

Abbildung 6.15
Oben: Die Position wurde nicht verändert, das Bild bleibt zentriert. Der weiße Bereich (Weiß ist die aktuelle Hintergrundfarbe) ist die erweiterte Arbeitsfläche.
Mitte: Hier wurde die Arbeitsfläche links und oben ergänzt.
Unten: Wie die Abbildungen zeigen, entspricht das fertige Bild der Positionsskizze.

Bilder so skalieren, dass der Inhalt bewahrt bleibt

Mit der Funktion *Bearbeiten → Inhaltsbewahrendes Skalieren* führen Sie eine inhaltsabhängige Skalierung durch. Photoshop skaliert dabei Bereiche mit geringem Kontrast unabhängig von Bereichen mit hohem Kontrast.

Das Ergebnis soll sein, dass der Hintergrund skaliert wird, wobei Vordergrundobjekte nicht verzerrt werden und unverändert bleiben. In Bildern mit deutlichem Vordergrundmotiv funktioniert dies auch oft ganz gut, vor allem, wenn der Kontrast des Hauptmotivs stärker ist als der des Hintergrunds. Ein Beispiel für diese Funktion finden Sie auf der übernächsten Seite.

Sind Personen im Bild zu sehen, können Sie überdies noch das Symbol *Hauttöne bewahren* in der Optionenleiste anklicken, damit Photoshop die Person(en) im Vordergrund unberührt lässt.

Noch genauer wird das Ergebnis, wenn Sie zuerst die Objekte, die unverändert bleiben sollen, auswählen (siehe Kapitel 7) und die Auswahl mit *Auswahl → Auswahl speichern* in einem Alphakanal speichern. Dieser lässt sich nun über das Popup-Menü *Bewahren* der Optionenleiste abrufen. Jetzt wird der zuvor ausgewählte Bereich auf keinen Fall mehr skaliert.

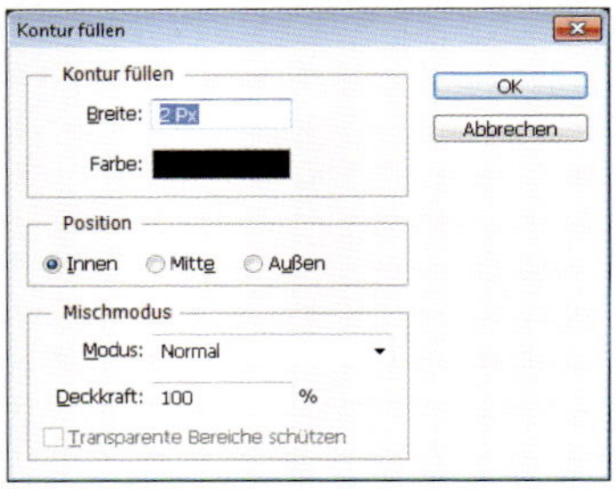

Abbildung 6.16
Fügen Sie Ihrem Bild einen schwarzen Rahmen hinzu.

Eine flexiblere Methode
Planen Sie, Ihr Bild nachträglich eventuell zu vergrößern oder zu verkleinern, sollten Sie für die Kontur einen Ebenenstil verwenden. Mehr darüber erfahren Sie in Kapitel 10.

Fotos attraktiv präsentieren

Fotografen präsentieren ihre Bilder gerne in einer weißen Rahmenzone, mit einem dezenten Schriftzug, der den Titel und den Namen des Fotografen enthält, am unteren Bildrand.

Besonders wenn Sie große Abzüge oder Wandbilder Ihrer Fotos herstellen möchten, lohnt es sich, die folgenden Arbeitsschritte auszuprobieren.

1. Öffnen Sie Ihr Foto und wählen Sie mit [Strg]/[⌘] + [A] alle Pixel aus.
2. Wählen Sie *Bearbeiten* → *Kontur füllen*. Als *Breite* stellen Sie *2 Px* ein, als *Farbe* wählen Sie *Schwarz*, als *Position* stellen Sie *Innen* ein.
3. Wählen Sie *Bild* → *Arbeitsfläche*. Aktivieren Sie das Kontrollkästchen *Relativ*.
4. Geben Sie für die *Breite 25 Prozent* an, für die *Höhe 35 Prozent*. Aus dem Popup-Menü *Farbe für erw. Arbeitsfläche* wählen Sie *Weiß*. Klicken Sie auf *OK*.
5. Wählen Sie erneut *Bild* → *Arbeitsfläche*. Als *Höhe* wählen Sie *15 Prozent*. Klicken Sie in der Grafik auf das obere mittige Kästchen. Bestätigen Sie mit *OK*.
6. Aktivieren Sie das *Text*-Werkzeug [T] (mehr darüber erfahren Sie in Kapitel 12). Klicken Sie in die weiße Fläche unter dem Bild. Geben Sie den gewünschten Text ein und formatieren Sie ihn.

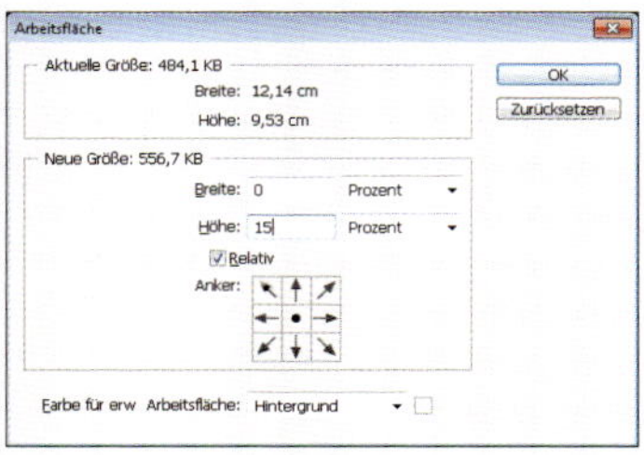

Abbildung 6.17
Beim zweiten Vergrößern der Arbeitsfläche wählen Sie als *Höhe 15 Prozent*.

Fuerteventura.jpg von Christoph Kommer

Landschaft skalieren

Öffnen Sie das Beispielbild von der Buch-CD. Es ist momentan 1.181 Pixel breit und 770 Pixel hoch. Das Bild soll eine Breite von 1.800 Pixel erhalten, dabei aber 770 Pixel hoch bleiben.

Abbildung 6.18
Original

Skalieren.jpg von Kristine Kamm

Würden Sie es nun einfach mit dem Befehl *Bild* → *Bildgröße* bei deaktiviertem Kontrollkästchen *Proportionen beibehalten* auf 1.800 Pixel Breite skalieren, würden die Gebäude auf der Klippe unrealistisch verzerrt, wie die folgende Abbildung zeigt:

Abbildung 6.19
Eine normale, unproportionale Skalierung ergibt kein gutes Ergebnis.

Ein besseres Ergebnis erzielen Sie mit der Funktion *Inhaltsbewahrend skalieren*. Gehen Sie folgendermaßen vor:

Mit Ebenen arbeiten
Mehr über die Arbeit mit Ebenen erfahren Sie in Kapitel 10.

1. Zeigen Sie mit der Taste F7 das Ebenen-Bedienfeld an. Falls sich Ihr Bild auf der *Hintergrund*-Ebene befindet, führen Sie einen Doppelklick auf das Symbol der Hintergrundebene aus und bestätigen Sie gleich darauf mit *OK*. Das wandelt die Hintergrund- in eine normale Ebene um.
2. Wählen Sie *Bearbeiten* → *Arbeitsfläche*. Deaktivieren Sie das Kontrollkästchen *Relativ* und geben Sie als *Breite 1800 Pixel* ein. Die *Höhe* bleibt unverändert. Klicken Sie auf *OK*.

Abbildung 6.20
Bereiten Sie die Arbeitsfläche vor, indem Sie ihr die gewünschte Endbreite geben, und aktivieren Sie den Befehl *Inhaltsbewahrendes Skalieren.*

3. Wählen Sie *Bearbeiten* → *Inhaltsbewahrendes Skalieren*.
4. Ziehen Sie den linken Kantenanfasser bis zum linken Bildrand. Ziehen Sie den rechten Kantenanfasser zum rechten Bildrand. Photoshop zieht die Landschaft in die Breite, lässt die Häuser aber unverändert. Bestätigen Sie mit ↵.

Abbildung 6.21
Durch das inhaltsbewahrende Skalieren bleiben die Gebäude auf der Klippe von der Skalierung unberührt.

6.5 Bilder vervielfachen

Benötigen Sie ein Duplikat eines Bilds, beispielsweise um einige Funktionen daran zu testen, stellen Sie eine Kopie mit allen Eigenschaften des aktuellen Bilds her.

Wählen Sie *Bild* → *Duplizieren*. Es erscheint eine Dialogbox, in der Sie die Kopie bezeichnen. Dazu überschreiben Sie im Feld *Als* den Vorschlag von Photoshop und klicken auf *OK*. Photoshop erstellt die Kopie und legt sie unter diesem Namen über das Originalbild.

Möchten Sie ein Bild mit Ebenen verdoppeln, aktiviert sich das Kontrollkästchen *Nur zusammengefügte Ebenen duplizieren* in der Dialogbox. Klicken Sie es an, reduzieren Sie beim Duplikat die Ebenen auf eine Ebene. Mehr über Ebenen erfahren Sie in Kapitel 10.

6.6 Bilder drehen

Photoshop bietet Ihnen zwei Möglichkeiten: Entweder Sie drehen die gesamte Arbeitsfläche oder nur einen festgelegten Bildausschnitt. Zuerst befassen wir uns mit dem Drehen des gesamten Arbeitsbereichs. In Kapitel 7 erfahren Sie, wie Sie einen festgelegten Bildbereich drehen.

Den Arbeitsbereich drehen

Beim Drehen der Arbeitsfläche wählen Sie entweder einen vordefinierten Winkel oder Sie geben die Gradzahl selbst an. Bei der Drehung erweitert sich die Arbeitsfläche gegebenenfalls.

1. Wählen Sie im Menü *Bild* den Befehl *Bilddrehung*.
2. Im Untermenü stehen Ihnen verschiedene vordefinierte Drehungen zur Verfügung. Sie können das Bild mit der Option *180°* auf den Kopf stellen, es 90° im oder gegen den Uhrzeigersinn drehen oder den Wert mit der Option *Per Eingabe* selbst bestimmen. Außerdem stehen Ihnen die beiden Befehle *Arbeitsfläche horizontal spiegeln* und *Arbeitsfläche vertikal spiegeln* zur Verfügung.

6.7 Bilder zuschneiden

Nicht immer möchten Sie das gesamte Bild verwenden, mitunter soll nur ein Ausschnitt daraus gezeigt werden.

Häufig ist ein Foto gar nicht so schlecht – nur der Bildausschnitt ist ungünstig gewählt. Manchmal merken Sie dies erst, wenn Sie mit dem *Freistellungswerkzeug* experimentieren. Dieses zeigt eine dunkle Folie auf der nach der Freistellung abgeschnittenen Bereichen. So können Sie besser nach dem richtigen Bildausschnitt suchen. Manchmal lässt sich ein Bild retten, wenn es wirklich drastisch zugeschnitten wird, also auf ein Hauptmotiv oder sogar nur auf einen Teil davon reduziert wird.

- Probieren Sie es einmal mit ungewöhnlichen Formaten, wenn das Layout, für das das Foto vorgesehen ist, dies ermöglicht.
- Manchmal hilft es auch schon, das Bild zu kippen. Wie dies geht, sehen Sie im Bildbeispiel auf der gegenüberliegenden Seite.

Das Freistellungswerkzeug nutzen

NEU

Das soeben erwähnte *Freistellungswerkzeug* ist in der Photoshop-Version CS6 sehr gründlich überarbeitet und verbessert worden. Sie arbeiten damit folgendermaßen:

1. Wählen Sie im *Werkzeuge*-Bedienfeld das *Freistellungswerkzeug* oder drücken Sie die Taste [C] (wie das englische »Crop«). Sobald Sie das Werkzeug aktiviert haben, erscheinen an den Bildrändern (bzw. rund um eine gegebenenfalls bestehende Auswahl) acht Anfasser.
2. Ziehen Sie diese Anfasser zurecht, um den Bereich festzulegen, den Sie freistellen möchten. Alternativ ziehen Sie (dies war die einzige Funktionsweise des *Freistellungswerkzeugs* bis zur Version CS5) mit gedrückter Maustaste einen ganz neuen Freistellrahmen im Bild auf. Der äußere (zu beschneidende) Bereich erscheint als graue Fläche abgeblendet.
   - Halten Sie beim Ziehen des Rahmens die [⇧]-Taste gedrückt, ändert er zwar seine Größe, behält aber seine ursprünglichen Proportionen (wenn Sie einen ganz neuen Rahmen aufziehen, wird dieser mit gedrückter [⇧]-Taste quadratisch).
   - Halten Sie hingegen die [Alt]-Taste gedrückt, definieren Sie den freizustellenden Bereich aus der Mitte heraus.
   - Halten Sie sowohl die [Alt]- als auch die [⇧]-Taste gedrückt, erzeugen Sie eine quadratische Auswahl aus der Mitte heraus.

Darstellung des außerhalb liegenden Bereichs ändern
Möchten Sie die Darstellung der außerhalb des Freistellrahmens liegenden, abgeblendeten Fläche ändern, klicken Sie in der Optionenleiste auf das Zahnradsymbol und ändern Sie die Einstellungen unter dem aktivierten Kontrollkästchen *Freistellungsabdeckung aktivieren*.

Zwischen Hoch- und Querformat wechseln
Drücken Sie die [X]-Taste, um den Freistellrahmen vom Hoch- in das Querformat zu setzen und umgekehrt.

Abbildung 6.22
Häufig benötigt man nur einen bestimmten Bildbereich.

Mittleres Bild: Markieren Sie diesen mit dem *Freistellungswerkzeug*. Das Bild lässt sich dabei auch drehen. Der Bereich außerhalb des Freistellrahmens wird abgedunkelt dargestellt.

Unteres Bild: Mit einem Doppelklick löschen Sie alle Bereiche außerhalb des Freistellrahmens. Mit einem Doppelklick auf das Hand-Werkzeug stellen Sie das Bild anschließend wieder in größtmöglicher Zoomstufe dar.

Verlieren Sie bei der Arbeit mit den Photoshop-Werkzeugen die Optionenleiste nicht aus den Augen. Denn hier nehmen Sie schon im Voraus verschiedene Einstellungen vor, die sehr hilfreich sein können.

- Das gilt auch für das Freistellungswerkzeug. Müssen Sie beispielsweise Bilder auf bestimmte Abmessungen zuschneiden und/oder sie mit einer bestimmten Auflösung versehen, klicken Sie in das linke Menü in der Optionenleiste. Sie können hier zwischen verschiedenen vordefinierten festen Seitenverhältnissen wählen oder Pixelabmessungen und Auflösung mit dem Befehl *Größe und Auflösung* selbst bestimmen. Benötigen Sie bestimmte Seitenverhältnisse oder Pixelabmessungen häufiger – beispielsweise um Digitalfotos schnell auf die für Ihre Webseite erforderliche Pixelzahl herunterzurechnen –, speichern Sie einfach eine neue *Vorgabe*, die anschließend ebenfalls in diesem Menü verfügbar ist.

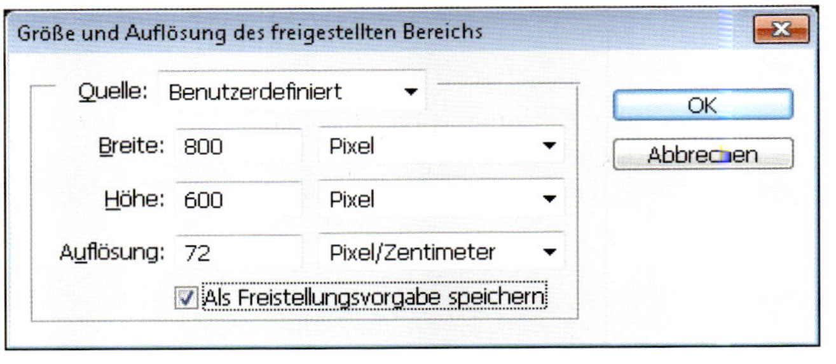

Abbildung 6.23
Definieren Sie die Größe und Auflösung des freigestellten Rahmens bei Bedarf selbst – hier etwa für den E-Mail-Versand.

- Statt des Menüs können Sie auch die beiden daneben liegenden Eingabefelder verwenden. Geben Sie hier einfache Zahlenwerte ohne darauffolgende Einheit ein, wertet Photoshop dies als Seitenverhältnis (das erste Feld steht für die Breite, das zweite für die Höhe). Oder Sie geben hier feste Werte in Pixel (px), Zentimeter (cm), Millimeter (mm) usw. ein.

3. Nach dem Aufziehen und Einrichten des Freistellrahmens können Sie den darin angezeigten Bildausschnitt mit gedrückter Maustaste verschieben.
4. Das Bild lässt sich auch innerhalb des Freistellrahmens drehen, indem Sie mit der Maus außerhalb des Freistellrahmens zeigen, bis der Mauszeiger zu einem Doppelpfeil wird. Dann ziehen Sie in die gewünschte Richtung.
5. Bestätigen Sie zuletzt mit der [↵]-Taste, um den Vorgang abzuschließen und das Bild zuzuschneiden.

Bilder zerstörungsfrei zuschneiden

In der Grundeinstellung schneiden Sie mit dem *Freistellungswerkzeug* den überflüssigen Bildteil endgültig weg. Sie können ihn aber auch lediglich ausblenden.

Werfen Sie einen Blick in das *Ebenen*-Bedienfeld: Während Ihrer Arbeit mit dem *Freistellungswerkzeug* legt Photoshop eine temporäre Ebene namens *Freistellungsvorschau* an, die wieder verschwindet, sobald Sie die Freistellung mit der [↵]-Taste bestätigen. Die Bildpixel bleiben also auf der Hintergrundebene.

Ebenen-Bedienfeld
Mehr über das *Ebenen*-Bedienfeld und die Arbeit mit Ebenen erfahren Sie in Kapitel 10.

Anders sieht es aus, wenn Sie sich für eine zerstörungsfreie Freistellung entscheiden, bei der der freigestellte Bereich lediglich ausgeblendet wird.

Deaktivieren Sie dazu in der Optionenleiste des *Freistellungswerkzeugs* das Kontrollkästchen *Außerhalb liegende Pixel löschen*, passen Sie den Freistellrahmen an und bestätigen Sie mit der [↵]-Taste.

Bei diesem Vorgang verwandelt sich die Hintergrundebene in eine »normale« Ebene mit dem Namen *Ebene 0*.

Wenn Sie nun zum *Verschieben*-Werkzeug wechseln, können Sie den Bildausschnitt ändern. Beim »normalen« Freistellen ist dies nicht möglich. Mit *Bild → Alles einblenden* können Sie später wieder das vollständige Bilder anzeigen.

Soll der freigestellte Bereich auch nach dem Schließen und erneuten Öffnen des Bilds erhalten bleiben, speichern Sie es als PSD-, TIFF- oder PDF-Datei.

Magnetismus des Freistellungswerkzeugs abschalten

Normalerweise wird der Rahmen des *Freistellungswerkzeugs* beim Aufziehen und Verschieben wie magisch von den Dokumenträndern, Ebenenrändern und von Hilfslinien angezogen, es sei denn, man schaltet in eine extrem hohe Zoomstufe. Manchmal ist das ganz praktisch, in anderen Fällen hätte man gerne eine Möglichkeit, diesen Automatismus abzuschalten.

Ziehen Sie zunächst den gewünschten Freistellrahmen auf und halten Sie die Maustaste auf einem Anfasser des Freistellrahmens gedrückt. Halten Sie nun zusätzlich die [Strg]/[⌘]-Taste gedrückt. Jetzt lässt sich der Freistellrahmen stufenlos verkleinern oder vergrößern, ohne dass er an den Objekt- und Seitenrändern oder an den Hilfslinien einrastet.

Das Freistellungswerkzeug zum Geraderichten des Horizonts verwenden

Bei Aufnahmen ohne Stativ passiert es schnell, dass der Horizont nicht ganz gerade gerät. Genauso schnell lässt sich dieses Problem aber mit Photoshop beheben.

Abbildung 6.24
Die Kamera wurde beim Fotografieren vom Schiff aus nicht ganz gerade gehalten. Für Photoshop ist das Geraderichten des Horizonts eine leichte Aufgabe.

Horizont.jpg von Kristine Kamm

1. Öffnen Sie das gewünschte Bild und wählen Sie das *Freistellungswerkzeug* aus.
2. Aktivieren Sie in der Optionenleiste die Schaltfläche *Gerade ausrichten*.
3. Ziehen Sie eine Linie entlang des Horizonts und geben Sie die Maustaste frei.
4. Doppelklicken Sie in den Freistellungsrahmen oder drücken Sie die [Enter]-Taste, um das geradegerichtete Bild zuzuschneiden.

Abbildung 6.25
Der Horizont wurde geradegerichtet. Mit der [Enter]-Taste kann das Bild nun zugeschnitten werden.

Bilder harmonisch zuschneiden

Der Freistellungsbereich kann mit verschiedenen Kompositionshilfen versehen werden, die Sie über das Menü *Anzeigen* in der Optionenleiste auswählen: beispielsweise der Drittelregel, dem Goldenen Schnitt oder der Goldenen Spirale.

Fotografieeinsteiger setzen das Hauptmotiv häufig genau ins Zentrum des Bilds. Solche Bilder wirken oft nicht sehr interessant oder sogar unharmonisch.

Die Bildkomposition lässt sich durch die Anwendung von Goldenem Schnitt, Goldener Spirale oder Drittelregel deutlich verbessern.

Der Goldene Schnitt ist eine der ältesten Harmonielehren. Es handelt sich dabei um ein Phänomen, bei dem ein bestimmtes Verhältnis – die sogenannte Goldene oder Göttliche Zahl Phi – zwischen zwei Zahlen oder zwei Größen besteht. Phi hat ungefähr den Wert 1,618. Phi ist dann erreicht, wenn sich der größere zum kleineren Teil verhält wie die Gesamtheit zum größeren Teil.

Das Goldene Verhältnis wird häufig durch die Goldene Spirale dargestellt. Diese stellt bei Künstlern und Bildhauern ein beliebtes Hilfsmittel dar, um ästhetische Kompositionen zu erzielen. Auch Sie können die Goldene Spirale leicht für Ihre Fotografien verwenden, indem Sie sie über das Menü *Anzeigen* über das Bild projizieren.

Die Goldene Spirale ist ein Sonderfall der logarithmischen Spirale, die als Spezialität das Teilungsverhältnis des Goldenen Schnitts als Steigung verwendet. In der Goldenen Spirale entspricht das Verhältnis der Seitenlänge jedes Quadrats zur Seitenlänge des nächstkleineren Quadrats dem Goldenen Schnitt; die durch die Kombination der Quadrate erzeugten Rechtecke sind Goldene Rechtecke und bei jeder Viertelumdrehung entspricht die Steigung der Spirale dem Faktor Phi.

Besonders Fotografen verwenden gerne die Drittelregel, um die Komposition ihrer Bilder zu verbessern. Dabei legt man ein Raster aus neun gleichen Feldern über die Fläche. Das Hauptmotiv setzt man dann auf einen der vier Rasterschnittpunkte. Hier zieht es das Auge des Betrachters besonders an und wirkt harmonischer, als wenn es einfach ins Zentrum der Fläche gesetzt würde.

1. Öffnen Sie Ihr Bild und aktivieren Sie das Freistellungswerkzeug .
2. Vergewissern Sie sich, dass im Pull-down-Menü *Anzeigen* der Optionenleiste *Drittelregel* ausgewählt ist. In der Grundeinstellung ist außerdem die Option *Immer* eingestellt. Falls Sie lieber einen ungehinderten Blick auf Ihr Bild wünschen, sobald Sie die Maustaste beim Ändern des Freistellungsrahmens loslassen, wählen Sie stattdessen *Automatisch* aus dem Menü *Anzeigen*.

Abbildung 6.26
Das Menü *Anzeigen* bietet Ihnen verschiedene Kompositionshilfen, die den freizustellenden Bereich überlagern können.

Abbildung 6.27
Man geht davon aus, dass auch Leonardo da Vinci seine Werke bewusst nach dem Goldenen Schnitt gestaltet hat.

Abbildung 6.28
Das Hauptmotiv befindet sich genau im Bildzentrum.

Schloss.jpg von Christoph Kommer

3. Skalieren Sie den Freistellungsrahmen und verschieben Sie den Bildinhalt, bis sich das Hauptmotiv auf einem der vier Rasterschnittpunkte befindet.
4. Möchten Sie dabei die Bildproportionen beibehalten, skalieren Sie den Rahmen von den Eckpunkten her und halten Sie dabei die ⇧-Taste gedrückt.
5. Stellen Sie das Bild mit einem Doppelklick in den Freistellrahmen frei.

Abbildung 6.29
Das Bild wurde nach der Drittelregel zugeschnitten.

Perspektivisch freistellen

Beim Fotografieren eines hohen Gebäudes passiert es häufig, dass dieses im fertigen Bild scheinbar nach hinten kippt, da der untere Teil des Gebäudes der Kamera viel näher ist als der obere und deshalb größer dargestellt wird. Mit Photoshop lässt sich dieses Problem auf verschiedene Arten korrigieren, beispielsweise mit dem *Perspektivischen Freistellungswerkzeug*.

1. Aktivieren Sie das *Perspektivische Freistellungswerkzeug*, das Sie unter dem *Freistellungswerkzeug* finden.
2. Ziehen Sie einen Freistellrahmen von der linken oberen zur rechten unteren Bildecke auf.
3. Achten Sie darauf, dass in der Optionenleiste das Kontrollkästchen *Raster einblenden* aktiviert ist.
4. Ziehen Sie die Eckpunkte des Freistellrahmens, sodass sie den stürzenden Linien im Bild entspricht.

Abbildung 6.30
Die stürzenden Linien des Gebäudes können Sie Sie mit dem *Perspektivischen Freistellungswerkzeug* geraderichten.

Bild: Kristine Kamm

Abbildung 6.31
Nach dem Freistellen

Alternativen
(Bessere) Alternativen zur Korrektur von stürzenden Linien bieten die Camera-Raw- und die Photoshop-Objektivkorrektur sowie die neue adaptive Weitwinkelkorrektur (Kapitel 4 und Kapitel 15).

5. Bestätigen Sie mit der [↵]-Taste.

Achten Sie darauf, den Effekt nicht zu übertreiben, damit das Gebäude sich nicht etwa nach oben verbreitert. Das würde sehr unrealistisch aussehen. Außerdem sollten Sie besonders hohe Gebäude wie etwa Wolkenkratzer, die von unten fotografiert wurden, nur vorsichtig (wenn überhaupt) korrigieren. Unsere Augen sind diesen Anblick gewöhnt.

6.8 Mehrere Bilder geraderichten

Wenn Sie mehrere kleinere Bilder gemeinsam eingescannt haben, kann es mühsam sein, diese einzeln freizustellen.

Abbildung 6.32
Die Postkarten wurden gemeinsam eingescannt.

Photoshop bietet Ihnen eine praktische Automatisierung: Öffnen Sie die Bilddatei mit den gemeinsam eingescannten Bildern. Wählen Sie *Datei* → *Automatisieren* → *Fotos freistellen und gerade ausrichten*.

Abbildung 6.33
Durch den Befehl *Fotos freistellen und gerade ausrichten* hat Photoshop automatisch vier freigestellte Einzelbilder erzeugt.

Bild: Björn Lilie

AUSWAHLBEREICHE ERSTELLEN UND BEARBEITEN

Bisher haben Sie gesehen, wie Sie die Eigenschaften Ihres gesamten Bilds ändern. Sie können jedoch auch nur einzelne Bereiche des aktuellen Bilds ändern. Damit das funktioniert, müssen Sie diese Bereiche zuerst auswählen. Für diese Aufgabe bietet das Programm Ihnen eine Reihe von differenzierten Werkzeugen. Sobald Sie eine Auswahl im Bild erstellt haben, sind bestimmte Befehle und Funktionen nur noch für diesen Bereich gültig.

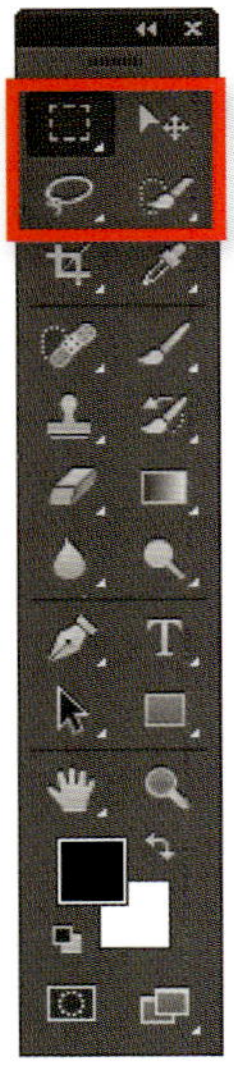

Abbildung 7.1
Sämtliche Auswahlwerkzeuge finden Sie im oberen Teil des Photoshop-Werkzeug-Bedienfelds (hier rot eingerahmt).

7.1 Rechteckige und runde Auswahlbereiche erstellen

Um mit den Werkzeugen *Auswahlrechteck* und *Auswahlellipse* eine Auswahl zu erstellen, gehen Sie die folgenden Schritte durch:

1. Wählen Sie das gewünschte Werkzeug. Klicken Sie in der Optionenleiste des jeweiligen Werkzeugs das Kontrollkästchen *Glätten* an, wenn Sie entlang der Auswahlbegrenzung glatte Konturen erzeugen möchten. Auf diese Weise vermeiden Sie das »ausgefranste«, pixelige Aussehen Ihres Auswahlbereichs. Sehr gut geeignet ist die Option *Glätten* für Bildmontagen, -korrekturen u. Ä. Hier sollte sie immer eingeschaltet sein – das gilt für alle Auswahlwerkzeuge. Möchten Sie hingegen Auswahlbereiche in Strichzeichnungen, Screenshots usw. vornehmen, sollten Sie die Option deaktivieren.
2. Sobald Sie den Mauszeiger in das Bild bewegen, verändert sich dieser in ein Fadenkreuz.
3. Legen Sie mit einem Klick den Anfangspunkt der Auswahl im Bild fest und ziehen Sie den Auswahlbereich mit gedrückter Maustaste. Sobald er die gewünschte Größe und Form hat, geben Sie die Maustaste frei.

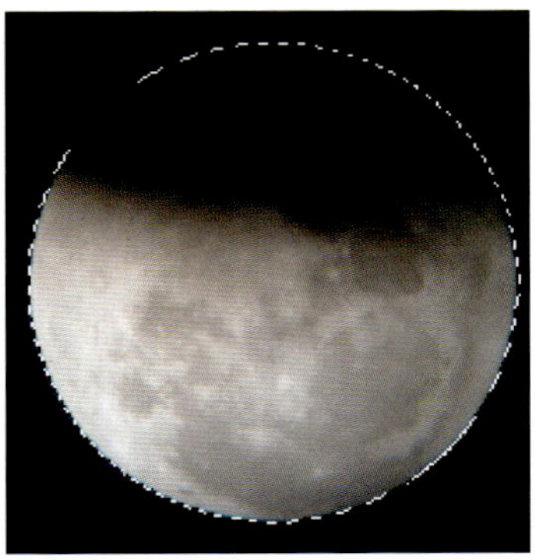

Abbildung 7.2
Mit der Auswahlellipse und gedrückter ⇧-Taste erstellen Sie eine kreisrunde Auswahl.

Halten Sie beim Auswählen zusätzlich die ⇧-Taste gedrückt, erstellen Sie eine kreisförmige bzw. quadratische Auswahl. Halten Sie die Alt-Taste gedrückt, erstellen Sie die Auswahl aus der Mitte heraus. Auch die Kombination beider Tasten ist möglich.

Eine ein Pixel breite bzw. ein Pixel hohe Auswahl erstellen

Verwenden Sie die Werkzeuge *Auswahlwerkzeug: Einzelne Zeile* oder *Auswahlwerkzeug: Einzelne Spalte*, um eine Auswahl zu erstellen, die genau ein Pixel hoch ist und genau die Breite des Bilds hat bzw. ein Pixel breit ist und genau die Höhe des Bilds hat. Wählen Sie eines der beiden Werkzeuge aus. Klicken Sie an der gewünschten Stelle in Ihr Bild. Photoshop erstellt den Auswahlbereich.

Auswahlbereiche mit festen Abmessungen erstellen

Bisher haben Sie Ihre Auswahlbereiche per Augenmaß erstellt. Manchmal benötigen Sie aber einen Auswahlbereich mit festen Abmessungen. Dazu verwenden Sie die Werkzeug-Optionen, die Sie in der Optionenleiste unter der Menüleiste finden.

- Öffnen Sie in der Optionenleiste das Popup-Menü *Art* und klicken Sie auf den Eintrag *Feste Größe*. Falls die Optionenleiste nicht eingeblendet ist, wählen Sie *Fenster* → *Optionen*. Alternativ führen Sie einen Doppelklick auf ein Auswahlwerkzeug in der Werkzeugleiste aus.
- Neben dem Popup-Menü sehen Sie zwei Eingabefelder. Geben Sie in diese die gewünschten Abmessungen des Auswahlbereichs in Pixeln ein. Alternativ geben Sie gegebenenfalls auch eine andere Maßeinheit, zum Beispiel cm, hinter dem Wert ein.

Auswahl mit prozentualem Wert
Möchten Sie genau das linke obere Viertel Ihres Dokuments auswählen? Wählen Sie das *Auswahlrechteck*-Werkzeug und anschließend *Feste Größe* aus dem Popup-Menü *Art* in der Optionenleiste. Geben Sie in die Felder *Breite* und *Höhe* jeweils 50 % ein. Klicken Sie in das Bild und ziehen Sie die Auswahl mit gedrückter Maustaste in die linke obere Ecke.

Abbildung 7.3
Das Seitenverhältnis 1:1 erzeugt eine quadratische bzw. kreisrunde Auswahl.

- Klicken Sie nun auf den Bildbereich, den Sie markieren möchten, erstellt Photoshop den Auswahlbereich sofort in der gewünschten Größe, wobei seine linke obere Ecke der Position des Mauszeigers beim Klicken entspricht. Solange Sie die Maustaste gedrückt halten, lässt sich der Auswahlbereich verschieben.

Vorteilhaft ist dies, wenn Sie die Maße des auszuwählenden Bildbereichs schon wissen.

Der Eintrag *Festes Seitenverhältnis* ist beispielsweise dann sinnvoll, wenn Sie wissen, dass die Auswahl doppelt so breit sein soll wie hoch. In diesem Fall würden Sie in das Eingabefeld *Breite* eine 2 eingeben, in das Eingabefeld *Höhe* eine 1. Möchten Sie eine seitengleiche, also zum Beispiel quadratische oder runde, Auswahl erstellen, geben Sie in beide Felder denselben Wert ein. Ziehen Sie dann den Auswahlrahmen wie eingangs erläutert auf. Gleichgültig, wie groß oder klein Sie ihn ziehen, er behält nun stets die von Ihnen angegebenen Proportionen.

Die Auswahlart festlegen

In vielen Fällen reicht ein einzelnes Auswahlwerkzeug nicht aus, um eine bestimmte Auswahl zu erstellen. Daher kombinieren Sie die Werkzeuge gegebenenfalls miteinander. Gute Dienste leisten dabei die vier Schaltflächen im linken Bereich der Optionenleiste.

In der Grundeinstellung ist bei jedem Auswahlwerkzeug die Schaltfläche *Neue Auswahl* aktiviert – außer beim *Schnellauswahl*-Werkzeug: Hier wird mit jedem Absetzen und erneuten Drücken der Maus ein neuer Bereich zur Auswahl hinzugefügt.

- Durch die aktivierte Schaltfläche *Neue Auswahl* hebt Photoshop jedes Mal, wenn Sie eine neue Auswahl in Ihrem Bild erstellen, die bisherige auf. Es lässt sich also immer nur eine einzige Auswahl im Bild erstellen.
- Arbeiten Sie mit aktivierter Schaltfläche *Der Auswahl hinzufügen*, fügen Sie einer bestehenden Auswahl weitere Auswahlbereiche hinzu. Sie haben dann die Möglichkeit, in einem Bild mehrere voneinander unabhängige Auswahlen zu erstellen bzw. eine vorhandene Auswahl auszubauen. Wenn sich die beiden Auswahlbereiche überlappen, fasst Photoshop sie zu einem einzigen, großen Auswahlbereich zusammen. Der Mauszeiger sieht in diesem Modus aus wie ein Fadenkreuz mit einem daran hängenden Pluszeichen.

Abbildung 7.4
Oben: Die ursprüngliche Auswahl. Oben Mitte: Eine weitere Auswahl wird aufgezogen ... Oben Rechts: ... bei aktiviertem Symbol *Der Auswahl hinzufügen*, Unten Links: ... bei aktiviertem Symbol *Von Auswahl subtrahieren*, Unten Rechts: ... bei aktiviertem Symbol *Schnittmenge mit Auswahl bilden*

Von Auswahl subtrahieren mit der Tastatur

Die Funktion *Von Auswahl subtrahieren* erhalten Sie auch, wenn Sie beim Auswählen die [Alt]-Taste gedrückt halten. Mit gedrückter [⇧]-Taste ergänzen Sie umgekehrt auch Auswahlbereiche.

- Das Gegenteil von dieser Funktion ist die nächste Schaltfläche *Von Auswahl subtrahieren*. In diesem Modus entfernen Sie einen Teil einer Auswahl, indem Sie ihn einfach auswählen. Der Mauszeiger wird zu einem Fadenkreuz mit einem Minuszeichen, das die Subtraktion symbolisiert.

- Die letzte Schaltfläche *Schnittmenge mit Auswahl bilden* verwenden Sie, wenn Sie nur den überlappenden Bereich zwischen zwei sich überschneidenden Auswahlbereichen benötigen.

Auswahl aufheben
Um eine Auswahl wieder zu entfernen bzw. aufzuheben, wählen Sie *Auswahl → Auswahl aufheben*. Alternativ betätigen Sie die Tastenkombination Strg/⌘+D.

Die Standardeinstellungen des Auswahlwerkzeugs wiederherstellen

Ganz links in der Optionenleiste der Auswahlwerkzeuge finden Sie die Möglichkeit, Änderungen an Werkzeugeigenschaften rückgängig zu machen, also die Standardeinstellungen wiederherzustellen.

- Klicken Sie in der Optionenleiste auf das Symbol des Werkzeugs. Klicken Sie im geöffneten Bedienfeld auf das Zahnradsymbol. Wählen Sie den Befehl *Werkzeug zurücksetzen*, setzt Photoshop das aktuelle Werkzeug auf die Standardeinstellung.
- Wählen Sie aus dem Bedienfeldmenü den Befehl *Alle Werkzeuge zurücksetzen*, stellt Photoshop die Standardeinstellungen aller Werkzeuge des *Werkzeuge*-Bedienfelds wieder her. Bevor dieser Vorgang durchgeführt wird, erhalten Sie eine Sicherheitsabfrage.

7.2 Eine komplexere Auswahl erstellen

In den wenigsten Fällen ist es so einfach wie beschrieben, einen Auswahlbereich zu erstellen. Sehr häufig benötigen Sie Auswahlbereiche, die deutlicher komplexer sind.

Abbildung 7.5
Auswahlbereiche wie dieser lassen sich nicht mit den bisher vorgestellten Werkzeugen erstellen. Das Schnellauswahl-Werkzeug – auch in Kombination mit anderen Auswahlwerkzeugen – ist hingegen gut geeignet.

Die Schnellauswahl kann nun ebenenübergreifend arbeiten
In Photoshop CS6 können Sie in der Optionenleiste des Schnellauswahl-Werkzeugs das Kontrollkästchen *Alle Ebenen aufnehmen* aktivieren. Dann wirkt die Auswahl nicht nur auf die aktuelle, sondern auch auf die darunterliegenden Ebenen. Mehr über Ebenen erfahren Sie in Kapitel 10.

Das Schnellauswahl-Werkzeug verwenden

Wir beginnen mit dem *Schnellauswahl*-Werkzeug: Dieses ist in sehr vielen Fällen ein sehr guter Ausgangspunkt, wenn Sie komplexe Auswahlbereiche erzeugen möchten.

1. Klicken Sie in den Bereich, den Sie auswählen möchten.
2. Bewegen Sie die Maus vorsichtig in verschiedene Richtungen. Sie sehen, wie Photoshop die Auswahl dynamisch anpasst: Das Programm sucht aufgrund der Farbe und des Kontrasts des mit der Maus überfahrenen Bereichs selbstständig nach Konturen und nimmt die Pixel innerhalb dieser Konturen in die Auswahl auf.

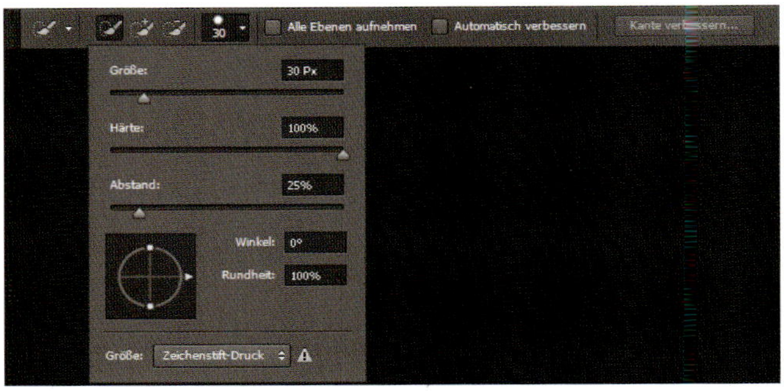

Abbildung 7.6
Die Größe des *Schnellauswahl*-Werkzeugs ändern Sie über das Popup-Menü *Pinsel* in der Optionenleiste.

3. Für die Feinarbeit zoomen Sie sich weiter in das Bild hinein und klicken auf die Stellen, die Sie in die Auswahl aufnehmen möchten.
4. Stellen Sie fest, dass Sie zu viel ausgewählt haben, lassen Sie die Maustaste los, halten sie dann erneut gedrückt und drücken zusätzlich die Alt-Taste. Fahren Sie über den Bereich, den Sie wieder aus der Auswahl entfernen möchten.
5. Haben Sie den Eindruck, dass das *Schnellauswahl*-Werkzeug zu grob arbeitet, verringern Sie über das entsprechende Popup-Menü in der Optionenleiste die Pinselgröße.

Das Lasso-Werkzeug einsetzen

Trotz des überaus praktischen *Schnellauswahl*-Werkzeugs gibt es die guten alten Auswahlwerkzeuge wie Zauberstab und Lasso weiterhin und sie haben ihre Berechtigung nicht verloren.

Die Lasso-Werkzeuge sind eine Alternative zum *Schnellauswahl*-Werkzeug oder wenn Sie eine unregelmäßige Auswahl erstellen möchten, die sich nicht an Konturen innerhalb des Bilds orientiert

1. Aktivieren Sie das Werkzeug *Lasso* im *Werkzeuge*-Bedienfeld und vergewissern Sie sich, dass das Kontrollkästchen *Glätten* aktiviert ist. Sobald Sie damit in das Bild zeigen, verwandelt sich der Mauszeiger in ein Lassosymbol.
2. Zoomen Sie sich gegebenenfalls näher an den auszuwählenden Bereich heran, um eine genauere Auswahl zu erzielen. Klicken Sie dorthin, wo die Auswahl beginnen soll, und halten Sie die Maustaste gedrückt.
3. Fahren Sie mit gedrückter Maustaste um den Bereich herum. Orientieren Sie sich an der Auswahllinie, die Sie schon beim Zeichnen sehen. Sobald Sie den Anfangspunkt der Auswahl erreicht haben, geben Sie die Maustaste frei. Der Startpunkt wird mit dem Endpunkt verbunden, die Auswahl ist fertiggestellt.

Lassen Sie die Maustaste nicht zu früh los, sonst wird der Auswahlbereich von diesem Punkt aus einfach mit einer Geraden geschlossen.

Haben Sie die Maus nicht exakt geführt, ist das nicht schlimm – Sie können dem Auswahlbereich nachträglich weitere Bereiche hinzufügen oder Teile davon entfernen. Dazu verwenden Sie die ab Seite 171 erläuterte Funktion *Kante verbessern*.

Die Ansicht bei der Arbeit mit dem Lasso verschieben

Bei der Arbeit mit dem Lasso benötigt man oft eine recht hohe Zoomstufe, um Details der Auswahlkante genau zu erkennen. Meist ist dann nicht mehr das ganze Motiv auf dem Bildschirm zu sehen.

Um während der Arbeit mit dem Lasso-Werkzeug die Arbeitsfläche zu verschieben, ohne dabei die momentan entstehende Auswahl zu beenden, halten Sie die Leertaste gedrückt, so dass der Mauszeiger zu einem Handcursor wird. Ziehen Sie mit weiterhin gedrückter Maustaste und scrollen Sie so an die gewünschte Stelle. Nun geben Sie sowohl die Leer- als auch die Maustaste frei und fahren Sie mit Ihrer Lasso-Auswahl fort.

Auch Zoomen ist möglich: Verwenden Sie beim Auswählen mit den Lasso-Werkzeugen die Tastenkombination Strg/⌘ + + bzw. Strg/⌘ + -, um die Ansicht größer bzw. kleiner zu zoomen, und die Leertaste zum Scrollen. Dabei müssen Sie die Maustaste nicht freigeben.

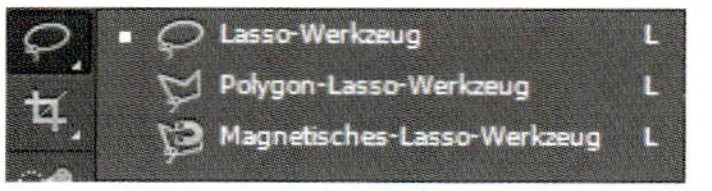

Abbildung 7.7
Die Lassowerkzeuge im *Werkzeuge*-Bedienfeld

Zusammenhang zwischen Pipette, Zauberstab und Schnellauswahl

Zwischen Pipette (siehe Seite 200) einerseits und Zauberstab-Werkzeug (Seite 164) sowie Schnellauswahl-Werkzeug andererseits besteht ein Zusammenhang, der verwirrend wirken kann, wenn man ihn nicht kennt.

In der Optionenleiste des Pipetten- und des Zauberstab-Werkzeugs können Sie den Aufnahmebereich ändern. Dieser legt fest, wie viele Pixel in der Umgebung des angeklickten Pixels für die Berechnung der ausgewählten Farbe verwendet werden.

Aber auch das Schnellauswahl-Werkzeug ist abhängig vom Pipetten-Aufnahmebereich! Nur wenn Sie als Pipetten- oder Zauberstab-Aufnahmebereich 1 Pixel einstellen, arbeitet das Schnellauswahl-Werkzeug wie erwartet.

Der festgelegte Aufnahmebereich gilt übrigens nicht nur für die genannten Werkzeuge, sondern für alle Funktionen, die über ein Pipettensymbol verfügen, zum Beispiel *Gradationskurven, Tonwertkorrektur, Belichtung* sowie *Farbton/Sättigung*.

Abbildung 7.8
Unregelmäßige Objekte mit geraden Kantenabschnitten vor einem nicht gleichförmigen Hintergrund sind ein Fall für das *Polygon-Lasso*-Werkzeug.

Lasso-Mauszeiger
Achten Sie beim Klicken der Punkte mit dem *Polygon-Lasso*-Werkzeug auf die nach unten ragende Spitze des Lasso-Mauszeigers (siehe Abbildung 7.9). Diese markiert den Punkt, den Sie beim Klicken erstellen.

Eine Auswahl mit dem Polygon-Lasso erstellen

Mit dem Werkzeug *Polygon-Lasso* erstellen Sie die Auswahl durch Linienzüge.

1. Wählen Sie im *Werkzeuge*-Bedienfeld das Werkzeug *Polygon-Lasso*. Zoomen Sie sich gegebenenfalls näher an das Bild heran, um einen exakten Auswahlbereich zu erzielen.
2. Klicken Sie auf die Kontur des auszuwählenden Bereichs, um den Startpunkt festzulegen. Bewegen Sie den Mauszeiger entlang der Kontur etwas weiter und klicken Sie erneut. Die beiden Strecken werden durch eine Linie zusammengeführt. Mit der ⇧-Taste erzielen Sie Linien in 45-Grad-Schritten. Fahren Sie fort, bis Sie den gewünschten Auswahlbereich markiert haben.
3. Um den Auswahlbereich abzuschließen, führen Sie wieder einen Doppelklick aus oder Sie zeigen auf den Startpunkt, bis sich am Lasso ein kleiner Kreis zeigt. Klicken Sie, um die Auswahl zu erstellen.

Vorsicht: Klicken Sie mit dem *Lasso*-Werkzeug versehentlich an eine andere Stelle, nachdem Sie Ihren Auswahlbereich erstellt haben, wird die eben erstellte Auswahl in der Grundeinstellung wieder aufgehoben.

Zwischen Lasso und Polygon-Lasso wechseln

Um beim Auswählen mit dem normalen oder mit dem magnetischen Lasso zum Polygon-Lasso zu wechseln, halten Sie zuerst die Alt-Taste gedrückt. Geben Sie die Maustaste dann frei, halten Sie die Alt-Taste aber weiterhin gedrückt. Damit ist das Polygon-Lasso aktiviert.

Möchten Sie anschließend mit dem normalen Lasso weiterarbeiten, klicken Sie und halten die Maustaste gedrückt. Geben Sie erst jetzt die Alt-Taste wieder frei. Der normale Lasso-Modus ist damit erneut aktiviert.

Auswahl mit dem magnetischen Lasso

Das Werkzeug *Magnetisches Lasso* eignet sich gut zum Auswählen von Bildbereichen, die sich vom Hintergrund kontrastreich unterscheiden. Mit wenig Mühe und fast automatisch erstellen Sie einen Auswahlbereich.

1. Wählen Sie das Werkzeug *Magnetisches Lasso*.
2. Klicken Sie auf den Startpunkt des Auswahlbereichs im Bild und fahren Sie langsam um die Kontur des aus-

zuwählenden Bereichs. Die Maustaste müssen Sie bei diesem Vorgang nicht gedrückt halten.

Es macht nichts, wenn Sie ein wenig von der Kontur abkommen. Das Werkzeug *Magnetisches Lasso* hält sich automatisch an die Kontur, solange der Kontrast zwischen auszuwählendem Bereich und Hintergrund stark genug ist. Schon während des Ziehvorgangs setzt Photoshop automatisch die notwendigen Befestigungspunkte für die Auswahl. Sie können diese Punkte aber durch Klicken auch selbst setzen, wenn Sie beispielsweise in einen Bereich mit geringerem Kantenkontrast kommen. Haben Sie doch einmal einen falschen Befestigungspunkt gesetzt, löschen Sie diesen unmittelbar, indem Sie die [←]-Taste (Mac) bzw. [Entf]-Taste (Windows) betätigen.

3. Sobald Sie wieder am Startpunkt angelangt sind, erscheint das Werkzeug mit einem geschlossenen Kreis. Dieser symbolisiert den Endpunkt. Klicken Sie und der Auswahlbereich ist fertig. Alternativ bestätigen Sie mit der [↵]-Taste.

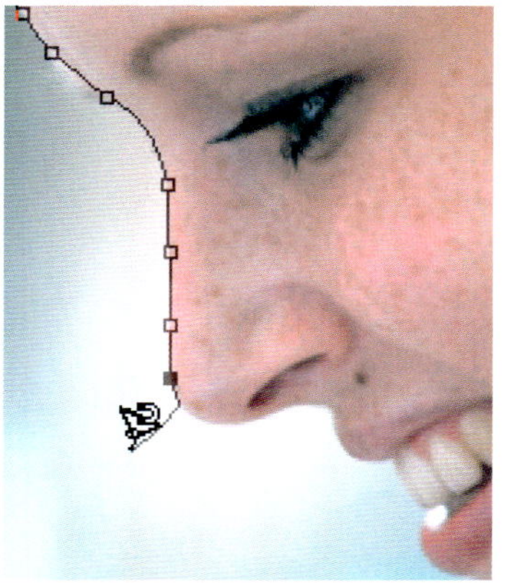

Abbildung 7.9
Verwenden Sie das magnetische Lasso zur Auswahl bei kontrastreichen Objektkanten.

Besondere Optionen für das magnetische Lasso-Werkzeug

Haben Sie den Eindruck, dass das magnetische Lasso nicht ausreichend exakt arbeitet? Dann ändern Sie die Einstellungen in der Optionenleiste:

- Wenn Sie die Objektkanten beim Auswählen nicht exakt erwischen, liegt das oft an einer zu niedrigen *Frequenz*, denn mit dem Wert in diesem Feld legen Sie fest, ob Photoshop viele oder eher wenige Befestigungspunkte verwenden soll. Erhöhen Sie in diesem Fall den *Frequenz*-Wert. Aber Achtung: Das Werkzeug ist dann auch anfälliger für kleine »Ausrutscher« mit der Maus, weil mehr Punkte gesetzt werden.
- Über die Option *Breite* legen Sie die Lassobreite fest, innerhalb derer die Kontur ermittelt wird. Je kleiner dieser Wert, desto kleiner ist der Bereich, innerhalb dessen Photoshop nach Bildkanten sucht. Das Lasso wird dann nicht mehr von weiter entfernten Konturen angezogen. Es sind Werte zwischen 1 und 256 Pixel möglich. Verfügt Ihr Objekt über viele kleine Ecken statt über glatte Rundungen, sollten Sie den »Breite«-Wert eher höher setzen.
- Die Option *Kontrast* bestimmt, wie genau die Kanten des Bereichs erkannt werden, d.h. wie Photoshop die Kante vom Hintergrund unterscheidet. Geben Sie hier einen hohen Wert ein, kann Photoshop nur sehr kontrastreiche Kanten erkennen. Ein niedriger Wert hin-

Auswahlbereich ohne Endpunkt abschließen
Sie müssen nicht unbedingt am Endpunkt angelangt sein, um einen Auswahlbereich mit dem Werkzeug *Magnetisches Lasso* abzuschließen. Sie können den Auswahlbereich von jeder Stelle aus schließen, indem Sie einen Doppelklick ausführen.

Feststell-Taste
Halten Sie die [⇧]-Taste, während Sie mit dem magnetischen Lasso arbeiten – Ihr Cursor wird dann zu einem Kreis mit einem Fadenkreuz, der Ihnen genau zeigt, wie groß der Einzugsbereich (*Breite*) ist.

gegen ermöglicht auch die Erkennung von Kanten mit weniger Kontrast. Ist das Objekt eher diffus von seiner Umgebung abgesetzt, sollte dieser Wert eher niedrig sein, damit Photoshop die Kontraste noch aufspüren kann.

Mit dem Zauberstab auswählen

NEU

Die Auswahl mit dem Werkzeug *Zauberstab* ähnelt der Arbeit mit dem *Schnellauswahl*-Werkzeug. Es genügt ein Klick und die Auswahl wird anhand von Farbähnlichkeit mit dem angeklickten Pixel erstellt. Dabei spielt es eine Rolle, welche *Toleranz* eingestellt ist. Diese legt fest, wie ähnlich die Farben der Farbe des angeklickten Pixels sein müssen, damit sie in die Auswahl aufgenommen werden. Das Werkzeug *Zauberstab* ist immer dann geeignet, wenn Sie Bereiche mit unregelmäßigen Formen, aber einer ähnlichen Farbe auswählen möchten.

Die *Toleranz* stellen Sie über die Werkzeug-Optionen ein. Je höher der Wert, desto mehr ähnliche Farben werden ausgewählt bzw. berücksichtigt. Geben Sie einen Wert zwischen 0 und 255 an.

Je niedriger der Wert ist, desto weniger Farbabweichungen dürfen Pixel aufweisen, damit sie noch in der Auswahl erscheinen. Bei einem Wert von 0 etwa nimmt das Werkzeug ausschließlich Pixel mit genau demselben Farbwert wie das angeklickte Pixel in die Auswahl auf. Beim Maximalwert 255 wählt der Zauberstab das ganze Bild aus.

Ebenso wichtig ist die Option *Aufnahmebereich*. Dieser legt fest, wie viele Pixel in der Umgebung des angeklickten Pixels für die Berechnung der ausgewählten Farbe verwendet werden. Nur wenn Sie als Pipetten-Aufnahmebereich 1 Pixel einstellen, arbeitet der Zauberstab wie erwartet: Bei einer Toleranz von 0 findet das Werkzeug ausschließlich Pixel, die exakt denselben Tonwert haben wie das angeklickte Pixel.

Außerdem klicken Sie in der Optionenleiste gegebenenfalls das Kontrollkästchen *Alle Ebenen aufnehmen* an. Dann werden die Farben aus allen Ebenen berücksichtigt.

Das aktivierte Kontrollkästchen *Benachbart* in der Optionenleiste bestimmt, dass Sie nur unmittelbar aneinander grenzende Farben auswählen. Wird dieses Kontrollkästchen deaktiviert, wählt der Zauberstab farbähnliche Pixel im gesamten Bild aus.

Klicken Sie nun im Bild auf ein Pixel in der Farbe, die Sie auswählen möchten. Photoshop wählt automatisch und je nach eingestellter Toleranz alle Pixel mit ähnlichen Farben aus.

Abbildung 7.10
Der Zauberstab arbeitet wie erwartet: Die Toleranz ist auf 5 gesetzt, so dass bei einem Klick auf die Mütze nur wenige Pixel im Gefieder des Schwans ausgewählt werden.

Abbildung 7.11
Hier wird mit einem Klick bei unveränderter Toleranz von 5 nicht nur fast das gesamte Gefieder des Schwans und dessen Spiegelung, sondern es werden auch große Bereiche des übrigen Bilds ausgewählt. Dies liegt daran, dass als Aufnahmebereich 101 x 101 Pixel eingestellt sind.

Bild: Björn Lilie

Zum einfacheren Auswählen den Bildkontrast erhöhen

Manchmal ist es schwierig, mit den Werkzeugen *Schnellauswahl*, *Magnetisches Lasso* oder *Zauberstab* eine gelungene Auswahl zu erzeugen, weil das Motiv dem Hintergrund zu ähnlich ist. In diesem Fall empfiehlt sich folgende Vorgehensweise:

1. Im *Ebenen*-Bedienfeld klicken Sie auf das Symbol *Neue Füllebene oder Einstellungsebene erstellen*.
2. Wählen Sie *Helligkeit/Kontrast*.
3. Im Bereich *Helligkeit/Kontrast* aktivieren Sie *Früheren Wert verwenden*. Erhöhen Sie die Sättigungseinstellung bzw. den Kontrast bis zu einem drastisch übertriebenen Ergebnis. Klicken Sie auf *OK*.
4. Nehmen Sie die Auswahl vor.

Mehr zum Thema Ebenen
Detaillierte Anleitungen zur Arbeit mit Ebenen erhalten Sie in Kapitel 10.

5. Achten Sie darauf, dass im *Ebenen*-Bedienfeld die obere Ebene mit der Einstellungsebene ausgewählt ist, und ziehen Sie sie auf das Papierkorbsymbol am rechten unteren Bedienfeldrand. Die Auswahl bleibt dabei erhalten.

Einen Farbbereich auswählen

Eine alternative Möglichkeit, Pixel mit ähnlichen Farben auszuwählen, also zur *Schnellauswahl* oder zum *Zauberstab*, bietet die Dialogbox *Farbbereich*. Mit dieser Methode wählen Sie nicht nur Farbbereiche, sondern auch Farbtöne wie etwa Rottöne, Lichter, Schatten oder Mitteltöne, um sie anschließend zu bearbeiten.

1. Wählen Sie im Menü *Auswahl* den Befehl *Farbbereich*.
2. Im Popup-Menü *Auswahl* wählen Sie den Eintrag *Aufgenommene Farben*. Stellen Sie oberhalb der Vorschau über den Schieberegler oder das Eingabefeld den gewünschten Toleranzwert ein, wie Sie es schon beim Werkzeug *Zauberstab* gesehen haben.
3. Wählen Sie nun entweder am Bild selbst oder in der Vorschau der Dialogbox die gewünschte Farbe aus.
4. Danach kontrollieren Sie, welche Bildbereiche Sie ausgewählt haben, indem Sie das Optionsfeld *Auswahl* anklicken.
5. Im Popup-Menü *Auswahlvorschau* bestimmen Sie, auf welchem Hintergrund Photoshop die Auswahl im Dokumentfenster anzeigen soll.
6. Klicken Sie gegebenenfalls eine der anderen Pipetten-Schaltflächen an, wenn Sie weitere Auswahlbereiche hinzufügen oder subtrahieren möchten.
7. Bei aktiviertem Kontrollkästchen *Umkehren* betrachten Sie den Vorschaubereich als Negativ. Manchmal ergibt sich dadurch eine bessere Darstellung der Auswahlbereiche.
8. Möchten Sie weiter entfernte ähnliche Farben weniger stark berücksichtigen als dem angeklickten Pixel näher liegende, aktivieren Sie das Kontrollkästchen *Lokalisierte Farbgruppen*. Über den Regler *Bereich* legen Sie dann fest, wie stark sich diese Option auswirken soll.
9. Wenn Sie möchten, speichern Sie die Farbbereiche der Auswahl als AXT-Datei, um sie später wieder zu verwenden. Dazu klicken Sie auf die Schaltfläche *Speichern*. Mit der Schaltfläche *Laden* öffnen Sie einen einmal gespeicherten Farbbereich wieder.
10. Ist die Auswahl gelungen, bestätigen Sie mit der Schaltfläche *OK*.

Den Farbbereich beschränken

Der Befehl *Farbbereich auswählen* wählt häufig zu viel aus. Das Ergebnis wird besser, wenn Sie zuerst eine grobe Auswahl des Bereichs, innerhalb dessen sich die endgültige Auswahl befinden soll, vornehmen. Verwenden Sie dazu beispielsweise das Lasso. Dann analysiert der Befehl *Farbbereich auswählen* nur diesen Auswahlbereich.

Abbildung 7.12
Oben: Bei aktiviertem Optionsfeld *Auswahl* erscheint in der Vorschau nur die Auswahl in Graustufen.
Links: Nach einem Klick auf OK erhalten Sie eine Auswahl, die Sie gegebenenfalls mit den übrigen in diesem Kapitel vorgestellten Auswahlwerkzeugen korrigieren oder ergänzen können.
Mitte: Die Äpfel wurden anschließend über *Bild → Korrekturen → Farbton/Sättigung* (Kapitel 15) umgefärbt.

Wie eingangs angedeutet, müssen Sie die Auswahl nicht unbedingt über die aufgenommene Farbe definieren, sondern Sie können auch Farbtöne, Lichter, Schatten, Mitteltöne und seit der Version CS6 sogar Hauttöne wählen. Öffnen Sie das Popup-Menü *Auswahl* und wählen Sie den entsprechenden Eintrag. Klicken Sie auf *OK*. Die Auswahl wird ausgeführt.

Von der Möglichkeit, Hauttöne auszuwählen, dürfen Sie jedoch nicht zu viel erwarten – in den meisten Fällen wählt Photoshop nicht nur Hautzonen, sondern auch ähnlich gefärbte sonstige Bildbereiche aus – zum Beispiel helle Textililen, Haare oder Hintergrundelemente. Das bedeutet also, dass Sie auf jeden Fall noch mit einem anderen Auswahlwerkzeug nachbessern müssen.

Abbildung 7.13
Wie Sie erkennen können, wählt die Option *Hauttöne* hier auch Teile der Haare und der Kleidung aus.

Die Option *Gesichter erkennen* soll dieses Problem verringern und die Auswahl sogar auf die im Bild erkennbaren Gesichter beschränken.

Abbildung 7.14
Die Funktion *Gesichter erkennen* soll dieses Problem minimieren – hier das Testbild.

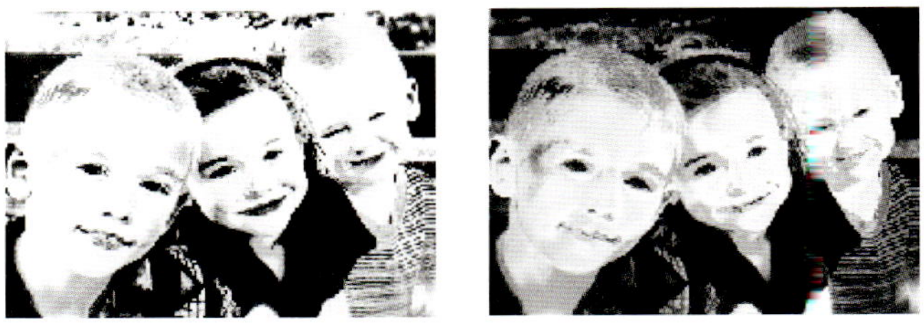

Abbildung 7.15
Links: Funktion *Hauttöne* ohne Gesichtererkennung. Rechs: Funktion *Hauttöne* mit Gesichtererkennung

Die Option *Gesichter erkennen* soll dieses Problem verringern und die Auswahl sogar auf die im Bild erkennbaren Gesichter beschränken. Sie können diese Funktion auf zwei verschiedene Arten anwenden:

- Wählen Sie aus dem Popup-Menü *Auswahl* die Option *Hauttöne*. Anschließend aktivieren Sie das Kontrollkästchen *Gesichter erkennen*.
- Oder Sie belassen im Popup-Menü *Auswahl* die Option *Aufgenommene Farben* aktiviert und aktivieren nacheinander die Kontrollkästchen *Lokalisierte Farbgruppen* und *Gesichter erkennen*.

In beiden Fällen justieren Sie die ausgewählten Bereiche anschließend über die Pipetten und den *Toleranz*-Regler, bevor sie auf OK klicken.

Nur helle oder nur dunkle Bildbereiche auswählen

Für eine weitere wichtige Auswahlmöglichkeit, die nicht auf den ersten Blick ersichtlich ist, benötigen Sie das Bedienfeld *Kanäle*. Sie finden dieses unter *Fenster* → *Kanäle*.

Abbildung 7.16
Links: Original. Rechts: Die hellen Bereiche der Statue wurden ausgewählt und über eine *Farbton/Sättigung*-Einstellungsebene (siehe Kapitel 15) hellgelb gefärbt. Anschließend wurde die Auswahl invertiert und die nun ausgewählten dunklen Bereiche wurden violett gefärbt – ein sogenanntes Split-Toning-Bild ist entstanden.

Photoshop bietet Ihnen eine einfache Technik, wenn Sie beispielsweise nur die hellen Bereiche eines Bilds auswählen und bearbeiten möchten, die dunklen Bereiche aber unverändert bleiben sollen. Auswahlbereiche müssen sich nämlich nicht auf mehr oder weniger deutliche Pixelkonturen, geometrische Formen oder Lasso-Auswahlen beschränken. Sie können vielmehr auch nur die Lichter Ihres Bilds auswählen und damit eine sogenannte »Luminanzmaske« erzeugen. Bei dieser Teilauswahl sind die Bildbereiche umso stärker in der Auswahl vertreten, je heller sie sind. Die absoluten Lichter werden komplett ausgewählt, die absoluten Tiefen überhaupt nicht.

In der Helligkeit dazwischenliegende Bereiche werden teilweise ausgewählt – je heller sie sind, desto stärker. Alle Bearbeitungen wirken sich nun auf die hellen Bildbereiche viel stärker aus als auf die dunklen.

Nachdem Sie das *Kanäle*-Bedienfeld aktiviert haben, halten Sie die [Strg]/[⌘]-Taste gedrückt und klicken Sie im Bedienfeld *Kanäle* auf das oberste Symbol (dieses repräsentiert den Gesamtkanal).

Für die entgegengesetzte Auswahl – die dunklen Bildbereiche sollen von der Auswahl stärker betroffen sein als die hellen – invertieren Sie die Auswahl mit *Auswahl* → *Auswahl umkehren* ([⇧] + [Strg]/[⌘]+[I]).

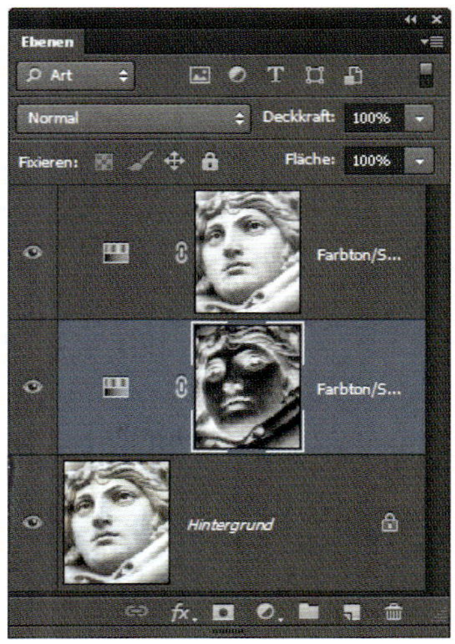

Abbildung 7.17
Die Ebenenstruktur des obigen Split-Toning-Bilds

7.3 Auswahlbereiche mit den Pfadwerkzeugen erstellen

Zeichenwerkzeuge verwenden
Mehr über die Arbeit mit den Zeichenwerkzeugen erfahren Sie in Kapitel 11.

Und noch eine weitere Möglichkeit, Auswahlbereiche zu erzeugen, bietet Ihnen Photoshop: Zeichnen Sie die gewünschten Auswahlkonturen als Pfad ein und konvertieren Sie diesen anschließend in eine Auswahl. Wenn Sie in der Handhabung des Zeichenstifts und anderer Pfadwerkzeuge geübt sind, leisten Sie hiermit oft genauere Arbeit als mit dem Lasso und den anderen Auswahlwerkzeugen.

Abbildung 7.18
Dieses Agenturfoto enthält einen Freistellerpfad für den Basketballkorb.

Auch wenn Sie freigestellte Fotos von einer Bildagentur kaufen, sind die Freisteller meist als Pfade angelegt.

So gehen Sie vor:

1. Wählen Sie *Fenster* → *Pfade*.
2. Wählen Sie den gewünschten Pfad im Bedienfeld aus.
3. Am unteren Rand des *Pfade*-Bedienfelds klicken Sie auf das Symbol zum Erzeugen einer Auswahl.
4. Die Pfadkontur wird als Auswahl geladen und kann nun bearbeitet werden.

Für das nebenstehende Beispiel wurde zuerst der *Freisteller*-Pfad als Auswahl geladen und diese mit Strg/⌘ – J in eine neue Ebene kopiert. Dann wurde das Symbol der oberen Ebene im *Ebenen*-Bedienfeld angeklickt und der *Durchsichten*-Pfad im *Pfade*-Bedienfeld aktiviert und ebenfalls in eine Auswahl umgewandelt. Mit der Entf-Taste wurden die ausgewählten Durchsichten aus der oberen Ebene ausgestanzt und die untere Ebene schließlich mit einem Klick auf das Papierkorb-Symbol gelöscht.

7.4 Auswahlbereiche verbessern

Selbst für Profis ist es nicht immer ganz leicht, eine perfekte Auswahl zu erzielen. Glücklicherweise lässt sich die Auswahl jedoch noch nachträglich mit einfachen Mitteln verbessern. Sie finden dazu in der Optionenleiste der bisher besprochenen und aller noch erläuterten Auswahlwerkzeuge die Funktion *Kante verbessern*. Selbst Haare, Pelz und Ähnliches lassen sich damit ganz leicht freistellen.

1. Nehmen Sie zuerst die gewünschte Auswahl mit einem geeigneten Werkzeug vor, zum Beispiel mit dem *Schnellauswahl*-Werkzeug. Wenn noch nicht alle Details wie Haare und andere Feinheiten in die Auswahl aufgenommen sind, macht das zunächst nichts aus.
2. Sollte jetzt das Auswahlwerkzeug noch aktiviert sein, klicken Sie in der Optionenleiste auf das Symbol *Kante verbessern*. Sonst drücken Sie die Tastenkombination [Strg]/[⌘] + [Alt] + [R] oder wählen Sie *Auswahl* → *Kante verbessern*.
3. Im oberen Bereich des Dialogfelds legen Sie über das Popup-Menü fest, wie Ihr Bild angezeigt werden soll. Statt aus dem Popup-Menü auszuwählen, können Sie auch wiederholt die Taste [F] drücken, um zwischen den verschiedenen Modi zu wechseln.

Abbildung 7.19
Wenn ein freigestelltes Bild als PSD-Datei gespeichert wird, kann der Text in einem Satzprogramm wie InDesign die Kanten des freigestellten Objekts umfließen.

Abbildung 7.20
Wählen Sie das gewünschte Objekt zunächst aus, beispielsweise mit dem *Schnellauswahl*-Werkzeug.

Abbildung 7.21
Der Vorschaumodus *auf Weiß* zeigt: Die Auswahl ist noch sehr ungenau.

Nicht übers Ziel hinausschießen
Wenn Sie den *Radius*-Regler zu weit nach rechts ziehen, werden je nach Komplexität des Hintergrunds Bereiche in die Auswahl aufgenommen, die nicht zu Ihrem Objekt gehören. Zwar können Sie diese Bereiche mit dem weiter unten erläuterten *Verfeinerungen-löschen*-Werkzeug wieder entfernen; aber weniger Arbeit haben Sie, wenn Sie gleich einen passenden *Radius*-Wert einstellen.

4. Aktivieren Sie das Kontrollkästchen *Smart-Radius*, um die Auswahl vollautomatisch zu verbessern. Diese Funktion sucht selbstständig nach Kantenübergängen und passt die Auswahl entsprechend ihrer Charakteristika an dieser Stelle an. Ziehen Sie den *Radius*-Regler langsam nach rechts, um die Breite des dabei abgesuchten Bereichs einzustellen. Lassen Sie die Maustaste los, sobald sich die Auswahl deutlich verbessert hat.

Abbildung 7.22
Der *Radius*-Regler wurde zu weit nach rechts gezogen, so dass sich nun viele nicht zum Objekt gehörige Elemente in der Auswahl befinden.

Ansichtsmodus Überlagerung
Zur Kontrolle, ob sich alle Objektteile im Radius befinden, eignet sich die Ansicht *Überlagerung* gut, wenn Sie zusätzlich noch das Kontrollkästchen *Radius anzeigen* aktivieren.

5. Achten Sie darauf, dass das *Radius-verbessern*-Werkzeug – die Schaltfläche links neben dem Bereich *Kantenerkennung* – aktiviert ist, und malen Sie nun über die Kanten, an denen Sie weitere Details in die Auswahl aufnehmen möchten. Im Beispiel wurden etwa nicht alle Haare der Mähne komplett von der Auswahl erfasst. Übermalen Sie diese mit dem Pinsel. Jedes Mal, wenn Sie die Maustaste freigeben, sehen Sie das Ergebnis sofort. Mit der Tastenkombination Strg/⌘ + Z können Sie dieses gegebenenfalls unmittelbar danach zurücknehmen. Die Werkzeuggröße ändern Sie mit den Tasten # (vergrößern) bzw. ö (verkleinern).

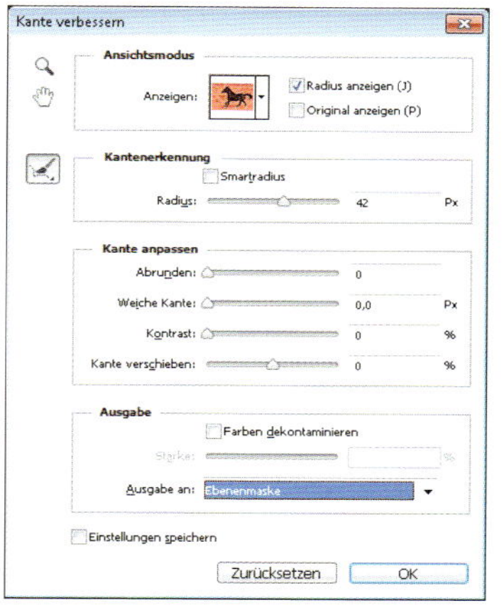

Abbildung 7.23
In der Ansicht *Überlagerung* können Sie gut kontrollieren, was vom Radius erfasst wird.

6. Möchten Sie die durch den Regler *Radius* oder vom *Radius-verbessern*-Werkzeug vorgenommenen Veränderungen an bestimmten Stellen wieder rückgängig machen (also nicht zum Objekt gehörige Elemente wieder entfernen), wählen Sie das Verfeinerungen-löschen-Werkzeug, das Sie erreichen, wenn Sie die Maustaste auf dem *Radius-Verbessern*-Werkzeug gedrückt halten.

Abbildung 7.24
Auch feine Mähnenhaare konnten dank des *Radius-Verbessern*-Werkzeugs in die Auswahl aufgenommen werden.

7. Der mittlere Teil des Dialogfelds bietet Ihnen weitere Optionen, mit denen Sie die Auswahl dynamisch weiter anpassen können:
   - Ist die Auswahlkante zu weich geraten, arbeiten Sie mit dem *Kontrast*-Regler, um die Auswahl etwas schärfer zu gestalten.
   - Sollte Ihr Auswahlbereich gezackt wirken, versuchen Sie es mit dem Regler Abrunden. Am eindrücklichsten verdeutlichen Sie sich die Wirkungsweise der Funktion *Abrunden*, wenn Sie sie verwenden, um die Ecken einer Rechteckauswahl abzurunden.

Abbildung 7.25
Links: Hier wurde eine sehr breite weiche Auswahlkante festgelegt. Rechts: Zur Verdeutlichung wurde die Auswahl mit dem *Verschieben*-Werkzeug in ein anderes, leeres Dokumentfenster gezogen.

Bild: Kristine Kamm

- Für viele Collagen und Montagen benötigen Sie eine weiche Auswahl. Damit erhalten Sie einen fließenden Übergang zwischen ausgewähltem und nicht ausgewähltem Bereich. Dieser lässt sich mit dem Regler *Weiche Kante* erzeugen. Geben Sie einen Wert in Pixel ein, der die Kantenschärfe der Auswahl bestimmt. Je höher der eingegebene Wert ist, desto weniger scharf wird die Kante des Auswahlbereichs.
- Den Regler *Kante verschieben* verwenden Sie, um die Auswahl gleichmäßig zu verkleinern bzw. zu vergrößern.

8. Wenn Sie mit Ihren Überarbeitungen fertig sind, entscheiden Sie, auf welche Weise Sie die Auswahl übernehmen möchten. Verwenden Sie dazu den Bereich *Ausgabe* im unteren Dialogfeldbereich.
    - Die erste Möglichkeit besteht darin, dass Sie einfach die bestehende *Auswahl* in verfeinerter Form wieder übernehmen.
    - Alternativ lassen Sie die Auswahl als *Neue Ebene*, als *Ebenenmaske* oder als *Neue Ebene mit Ebenenmaske* ausgeben. Diese Optionen sind besonders flexibel. Mehr über die zugehörigen Funktionen erfahren Sie in Kapitel 10.
    - *Neues Dokument* erstellt ein neues Dokument, das den ausgewählten Bereich enthält.

Bei geöffnetem Dialogfeld Kante verbessern zoomen
Während der Arbeit mit dem Dialogfeld *Kante verbessern* sind die Symbole der Werkzeugleiste nicht zugänglich. Sie können zum Zoomen und Verschieben des Bildausschnitts aber die üblichen Tastenkombinationen verwenden: Halten Sie die Leertaste gedrückt, um das *Hand*-Werkzeug zu aktivieren. Für die Lupe zum Vergrößern betätigen Sie die Tastenkombination `Strg`/`⌘` + `Leer`. Die Lupe zum Verkleinern erhalten Sie, wenn Sie zusätzlich zur genannten Tastenkombination die `Alt`-Taste betätigen.

Abbildung 7.26
Zum Schluss wurde die Auswahl mit dem *Verschieben*-Werkzeug und gedrückter Maustaste in ein anderes Dokument gezogen.

9. Aktivieren Sie in diesem Bereich das Kontrollkästchen *Farben dekontaminieren* und passen Sie darunter die *Stärke* an. Damit entfernen Sie vom ursprünglichen Objekthintergrund stammende Farbsäume am Auswahlrand.

Halbtransparenzen auswählen

Auch halbtransparente Bildbereiche lassen sich mit der *Kante-verbessern*-Funktion auswählen:

1. Wählen Sie das gewünschte Objekt aus und zeigen Sie das Dialogfeld *Kante verbessern* an.
2. Setzen Sie den Ansichtsmodus am besten *auf Schwarz*.
3. Aktivieren Sie die Funktion *Kantenerkennung* und stellen Sie den Regler entsprechend ein.
4. Bei aktiviertem *Radius-verbessern*-Werkzeug malen Sie über alle halbtransparenten Bereiche des Objekts.

Abbildung 7.27
Mit der Kante-verbessern-Funktion können Sie auch halbtransparente Objekte auswählen und – wie rechts gezeigt – vor einen neuen Hintergrund montieren.

Abbildung 7.28
Wählen Sie das gewünschte Objekt aus (links) und übermalen Sie im Dialogfeld *Kante verbessern* alle halbtransparenten Bereiche.

Vordergrundobjekt deutlicher hervorheben

Die balancierende Möwe auf dem folgenden Foto könnte noch besser wirken, wenn sie gegenüber dem Hintergrund deutlicher hervorträte.

Abbildung 7.29
Original

Balance.jpg von Kristine Kamm

Mit den folgenden Schritten kommen Sie zum Ziel:

1. Wählen Sie die Möwe und die Reling mit dem Schnellauswahl-Werkzeug aus und klicken Sie in der Optionenleiste auf das Symbol *Kante verbessern*.
2. Aktivieren Sie das Kontrollkästchen Smart-Radius und ziehen Sie den Regler langsam nach rechts, bis auch die feinen, leicht unscharfen Schwungfedern in die Auswahl aufgenommen sind.
3. Bei aktiviertem *Verfeinerungen-löschen*-Werkzeug umfahren Sie die Auswahlkonturen an den Stellen, an denen die Auswahl zu stark verfeinert wurde.
4. Kontrollieren Sie die Schwanzfedern der Möve: Sind hier noch Teile des Hintergrunds zwischen den Federn zu erkennen, fahren Sie mit dem *Radius-Verbessern*-Werkzeug darüber.
5. Sobald Sie mit der Auswahl zufrieden sind, klicken Sie auf *OK*.
6. Schalten Sie über das unterste Symbol der Werkzeugpalette in den Maskierungsmodus um und überprüfen Sie die Auswahl-konturen auf rötliche Bereiche. Übermalen Sie diese bei aktiviertem Pinsel-Werkzeug weiß.
7. Prüfen Sie, ob sich außerhalb der Auswahl Bereiche befinden, die nicht mit der rötlichen Folie bedeckt sind. Übermalen Sie diese schwarz.

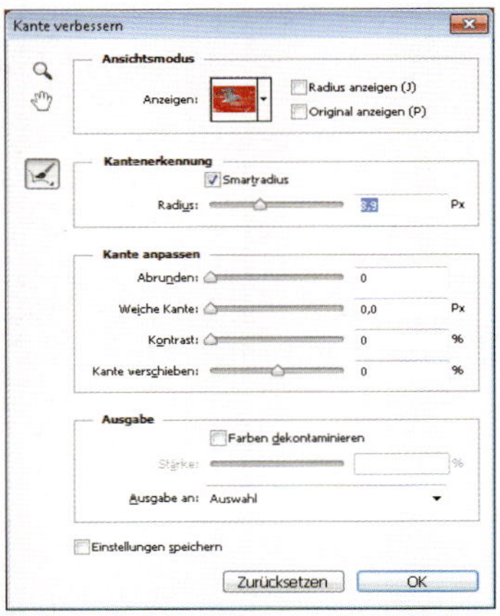

Abbildung 7.30
Verbessern Sie die Auswahl in der Dialogbox *Kante verbessern*.

Abbildung 7.31
Kontrollieren Sie die Auswahl im Maskierungsmodus.

8. Duplizieren Sie die Auswahl mit [Strg]/[⌘] + [J] in eine neue Ebene.
9. Zeigen Sie mit der Taste [F7] das *Ebenen*-Bedienfeld an und klicken Sie auf das Symbol der Hintergrundebene.
10. Klicken Sie am unteren Rand des *Ebenen*-Bedienfelds auf das Symbol *Neue Füll- oder Einstellungsebene erstellen* und wählen Sie *Farbton/Sättigung*.
11. Im nun angezeigten *Eigenschaften*-Bedienfeld ziehen Sie den *Sättigung- und den Helligkeit-Regler* nach links, um beide Parameter zu reduzieren.

Da sich die Einstellungsebene zwischen der Hintergrundebene und der Ebene mit der kopierten Möwe befindet, wirkt sie sich nur auf die Hintergrundebene aus.

Ausführliche Informationen über die Arbeit mit Einstellungsebenen erhalten Sie in Kapitel 15.

Abbildung 7.32
Reduzieren Sie Sättigung und Helligkeit der Hintergrundebene.

Abbildung 7.33
Das fertige Bild besteht aus drei Ebenen.

Weitere Optionen zum Verändern der Auswahl

Im Menü *Auswahl* finden Sie weitere nützliche Funktionen für die Arbeit mit Auswahlbereichen.

- Mit dem Befehl *Alles auswählen* (Strg/⌘ + A) wählen Sie das komplette Bild aus.
- Mit dem Befehl *Auswahl aufheben* (Tastenkombination Strg/⌘ + D) entfernen Sie die Auswahl.
- Mit dem Befehl *Erneut auswählen* (Tastenkombination ⇧ + Strg/⌘ + D) aktivieren Sie eine aufgehobene Auswahl wieder.
- Verwenden Sie den Befehl *Auswahl umkehren* (Tastenkombination ⇧ + Strg/⌘ + I), wenn Sie die Fläche außerhalb des aktuellen Auswahlbereichs auswählen möchten.
- Wählen Sie den Menübefehl *Auswahl verändern → Rand*, um eine Auswahlkontur zu erzeugen. Sie erhalten dann eine rahmenförmige Auswahl mit der in der zugehörigen Dialogbox definierten Breite.
- Für den Befehl *Auswahl → Auswahl vergrößern* gibt es keine Dialogbox. Er wählt angrenzende, farbähnliche Bereiche aus. Welche Bereiche Sie der Auswahl hinzufügen, hängt von der Toleranz ab, die momentan in den Optionen des *Zauberstab*-Werkzeugs eingestellt ist. Ein ähnliches Ergebnis erzielen Sie mit *Ähnliches auswählen*. Hier wird die Auswahl allerdings um farbähnliche Bereiche im gesamten Bild erweitert (die Bereiche müssen nicht aneinander angrenzen).

Abbildung 7.34
Einer der »Blutstropfen« auf den Flügeln des Rotwidderchens wurde ausgewählt. Mit dem Befehl *Ähnliches auswählen* ließ sich die Auswahl auf die übrigen roten Flecken ausweiten.

Bild: Björn Lilie

- Mit dem Befehl *Auswahl transformieren* formen Sie Ihren Auswahlrahmen, aber nicht die ausgewählten Pixel. Haben Sie beispielsweise Schwierigkeiten, elliptische bzw. runde Auswahlbereiche genau an der richtigen Stelle zu erzeugen, erstellen Sie die elliptische Auswahl zunächst in beliebiger Form und Position und wählen Sie dann *Auswahl – Auswahl transformieren*. Skalieren und positionieren Sie die Auswahl und bestätigen Sie mit der [↵]-Taste. Mehr über die Vorgehensweise im nächsten Kapitel.

Über *Auswahl laden* und *Auswahl speichern* sichern Sie Auswahlbereiche als Alphakanal und laden sie später wieder – eine sehr praktische Möglichkeit, wenn Sie Ihren Rechner ausschalten möchten, obwohl Sie die Arbeit an dem Bild noch nicht abgeschlossen haben. Das Bild sollte im PSD- oder TIFF-Format gespeichert werden.

7.5 Die Auswahl im Maskierungsmodus nachbearbeiten

Nachdem Sie eine Auswahl erstellt haben, stellt Photoshop diese im Standardmodus mit einer fließenden gestrichelten Linie dar. Alternativ bearbeiten Sie die Auswahl im Maskierungsmodus. Dann erscheint keine gestrichelte Linie. Die Fläche außerhalb der Auswahl zeigt sich vielmehr rot maskiert. Für diese Darstellungsweise klicken Sie nach dem Erstellen der Auswahl im *Werkzeuge*-Bedienfeld auf die Schaltfläche für den Maskierungsmodus oder drücken Sie die Taste [Q].

Mit den Malwerkzeugen wie Pinsel und Radiergummi können Sie den Auswahlbereich erweitern oder verkleinern. Beide Werkzeuge lernen Sie im nächsten Kapitel noch näher kennen.

1. Wechseln Sie mit der Taste [Q] in den Maskierungsmodus.
2. Aktivieren Sie das Pinsel-Werkzeug (Taste [B]).
3. Klicken Sie mit der rechten Maustaste/mit gedrückter [Ctrl]-Taste in Ihr Bild.
4. Wählen Sie eine einfache runde Werkzeugspitze, die Sie auf einen geeigneten Durchmesser einstellen.

Auswahlkontrolle
In der Praxis bietet der Maskierungsmodus nach dem Fertigstellen einer komplexen Auswahl eine sehr gute Kontrolle, ob die Auswahl gelungen ist: Alle Bereiche innerhalb der Auswahl, die mehr oder weniger rot dargestellt werden, sind nicht vollständig ausgewählt. Anhand der gestrichelten Linie lässt sich dies oft nicht erkennen, weil Teiltransparenzen wie etwa an weichen Kanten nicht vollständig von der gestrichelten Linie umschlossen werden.

5. Wählen Sie darunter die Weichheit des Werkzeugs. Möchten Sie (anders als im gezeigten Beispiel) die Konturen einer Auswahl mit unscharfen Konturen übermalen, wählen Sie eine geringere Härte, als wenn die Konturen schärfer sind.
6. Drücken Sie die Taste [D], um die Farben auf Schwarz für die Vordergrundfarbe und Weiß für die Hintergrundfarbe zurückzusetzen.
7. Wenn Sie nun mit der schwarzen Vordergrundfarbe durch Klicken und Ziehen malen, werden alle übermalten Bereiche von der Auswahl ausgenommen. Sie erkennen dies daran, dass an diesen Stellen die Rotfärbung erscheint.

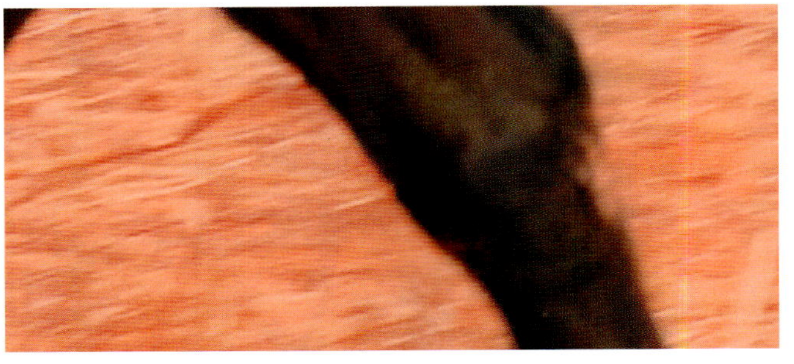

Abbildung 7.35
Im Bereich des Hinterbeins des auf Seite 175 ausgewählten Pferds zeigt sich nach der Verbesserung der Auswahlkante noch ein rötlicher Bereich, der mit dem weißen Pinsel übermalt werden muss, damit er vollständig in die Auswahl aufgenommen wird.

8. Möchten Sie Bereiche in die Auswahl einschließen, drücken Sie die Taste [X], um die Vorder- und die Hintergrundfarbe zu vertauschen. Wenn Sie mit Weiß malen, werden alle übermalten Bereiche in die Auswahl eingeschlossen.
9. Gegebenenfalls wählen Sie Bereiche nur teilweise aus: Dazu setzen Sie die Vordergrundfarbe auf Grau (je heller das Grau, desto stärker wird die Teilauswahl) und malen Sie über die auszuwählenden Bereiche.
10. Wechseln Sie in den Maskierungsmodus.
11. Aktivieren Sie das Pinsel-Werkzeug (Taste [B]).

In manchen Fällen kann der Maskierungsmodus deutliche Vorteile gegenüber der Arbeit im Standardmodus bieten. Sie können mit dem Pinsel viel bessere Feinarbeit leisten als mit den Auswahlwerkzeugen. Ein typischer Fall sind Auswahlbereiche, die sowohl scharfe als auch unscharfe Konturen beinhalten: Hier können Sie zuerst die scharfen Konturen mit den hier vorgestellten Möglichkeiten auswählen und die weichen Konturen anschließend im Maskierungsmodus mit einem weichen Pinsel nacharbeiten.

7.6 Auswahlrahmen und -bereiche transformieren

Unter »Transformieren« versteht man in Photoshop das Skalieren, Drehen, Neigen oder Verzerren eines Auswahlrahmens oder des darin eingeschlossenen Bereichs.

- Im Menü *Auswahl* finden Sie den Befehl *Auswahl transformieren*. Er dient zum Ändern der Form eines Auswahlrahmens. Der in die Auswahl eingeschlossene Bereich wird dabei nicht verändert.
- Im Menü *Bearbeiten* stehen Ihnen die beiden Befehle *Frei transformieren* und *Transformieren* zur Verfügung. Mit diesen Befehlen verändern Sie den Auswahlbereich selbst, also die im Auswahlrahmen eingeschlossenen Pixel.

Wählen Sie *Bearbeiten* → *Frei transformieren* (Tastenkombination Strg/⌘ + T), versieht Photoshop die Auswahl mit einem Begrenzungsrahmen und Sie können fast alle Transformationsarten durchführen. Um die Aktion abzubrechen, drücken Sie die Esc-Taste.

Der Befehl *Transformieren* hingegen verfügt über ein Untermenü, das alle Transformationsbefehle beinhaltet. Auch hier blendet Photoshop durch die Auswahl eines Befehls einen Begrenzungsrahmen ein. Dieser lässt aber nur eine einzige Transformationsart zu.

Wenn Sie beispielsweise aus dem Untermenü den Befehl *Skalieren* wählen, können Sie die Auswahl über den Begrenzungsrahmen nur skalieren. Jedoch lässt sich die Transformationsart jederzeit über den Befehl *Bearbeiten* → *Frei transformieren* oder per Rechtsklick/Ctrl-Klick über das Kontextmenü wechseln, ohne dass Sie die Transformation dazu abschließen müssten.

Um genaue Transformationswerte anzugeben, verwenden Sie die Werkzeug-Optionenleiste. Hier befinden sich verschiedene Eingabefelder für die verschiedenen Transformationsarten.

Abbildung 7.36
Das Foto wurde mit Strg/⌘ + A komplett ausgewählt und mit Strg/⌘ + C in die Zwischenablage kopiert.

Abbildung 7.37
Der Inhalt der Zwischenablage soll in den Bilderrahmen eingefügt werden.

Abbildung 7.38
Die Auswahl wurde mit Strg/⌘ + V in das Bild eingefügt und dann über das Menü *Bearbeiten* → *Transformieren* skaliert und verzerrt.

Auswahlbereiche drehen

1. Wählen Sie im *Werkzeuge*-Bedienfeld ein geeignetes Auswahlwerkzeug und bestimmen Sie damit den Bereich, den Sie drehen möchten.
2. Öffnen Sie das Menü *Bearbeiten* und wählen Sie einen der Befehle zum Drehen aus: *Um 180° drehen*, *Um 90° im UZS drehen* und *Um 90° gegen UZS drehen*.

Alternativ drehen Sie den Auswahlbereich frei.

Transformierung abbrechen
Um eine Transformierung vor dem Bestätigen wieder aufzuheben, drücken Sie einfach die Esc-Taste.

Skalieren aus der Mitte heraus
Halten Sie beim Skalieren zusätzlich die Alt-Taste gedrückt, können Sie die Transformation von der Mitte des Begrenzungsrahmens aus ausführen.

Qualitätsverluste beim Transformieren
Bei allen Arten von Transformierungen kann es zu mehr oder minder deutlichen Qualitätsverlusten kommen, weil Photoshop die Pixel in jedem Fall neu berechnen muss. Aus diesem Grund sollten Sie sämtliche Transformierungen möglichst in einem einzigen Schritt vornehmen.

Eine besonders elegante Methode, Qualitätsverluste beim Transformieren zu minimieren, ist die Arbeit mit Smart-Objekten, über die Sie sich in Kapitel 11 informieren.

1. Dazu wählen Sie den Befehl *Bearbeiten → Transformieren → Drehen*.
2. Führen Sie den Mauszeiger an einen der acht Drehpunkte, so dass sich der Zeiger in einen gebogenen Doppelpfeil verwandelt. Ziehen Sie den Rahmen mit gedrückter Maustaste in die gewünschte Richtung. Der Bildbereich dreht sich entsprechend.
3. Sobald Sie die gewünschte Drehung erzielt haben, bestätigen Sie mit der ↵-Taste oder klicken in der Optionenleiste auf das Symbol *Transformieren bestätigen* ✓. Alternativ nehmen Sie einen Werkzeugwechsel vor, d.h., Sie wählen im *Werkzeuge*-Bedienfeld ein anderes Werkzeug. Bei der zuletzt genannten Vorgehensweise erscheint eine Sicherheitsabfrage. Hier können Sie sich noch entscheiden, ob Sie die Transformation tatsächlich durchführen, abbrechen oder nicht anwenden möchten.
4. Sobald Sie die Drehung bestätigt haben, führt Photoshop sie endgültig durch und berechnet die Pixel neu.

Die zweite Möglichkeit für das freie Drehen funktioniert ähnlich:

1. Legen Sie mit einem der Auswahlwerkzeuge den gewünschten Bereich im Bild fest. Wählen Sie im Menü *Bearbeiten* den Befehl *Frei transformieren* oder drücken Sie die Tastenkombination Strg/⌘ + T.
2. Zeigen Sie auf eine beliebige Stelle außerhalb des Rahmens, bis der Mauszeiger zu einem Doppelpfeil wird. Verfahren Sie wie oben beschrieben: Ziehen Sie den Rahmen zum Drehen.

Auch hier brechen Sie den Vorgang durch Betätigen der Esc-Taste ab bzw. bestätigen ihn mit der ↵-Taste.

Auswahlbereiche skalieren

Unproportionales Skalieren staucht oder dehnt den Auswahlbereich. Selbstverständlich lässt sich der Bereich aber auch proportional skalieren.

1. Wählen Sie mit einem geeigneten Auswahlwerkzeug den gewünschten Bereich aus.
2. Wählen Sie im Menü *Bearbeiten* entweder den Befehl *Frei Transformieren* oder aus dem Untermenü *Transformieren* den Befehl *Skalieren*.
3. Möchten Sie die Auswahl proportional skalieren, zeigen Sie auf einen der Eckpunkte (der Mauszeiger wird zu einem Doppelpfeil) und halten Sie die ⇧-Taste gedrückt.

4. Ziehen Sie mit gedrückter Maustaste in die gewünschte Richtung. Ziehen Sie nach innen, verkleinert sich die Auswahl, ziehen Sie nach außen, vergrößert sie sich.

Um den Auswahlbereich nicht proportional zu skalieren, klicken Sie einen der Punkte an und ziehen mit gedrückter Maustaste in die gewünschte Richtung. Wenn Sie einen Eckpunkt ziehen, ändern Sie sowohl Breite als auch Höhe der Auswahl. Wenn Sie einen der Kantenpunkte ziehen, verändern Sie entweder Höhe oder Breite. Bestätigen Sie zuletzt Ihre Transformation mit der [↵]-Taste.

Auswahlbereiche neigen

Beim Neigen eines Auswahlbereichs stellt Photoshop den Bereich vertikal oder horizontal schräg.

1. Legen Sie im Bild einen Auswahlbereich fest. Wählen Sie *Bearbeiten* → *Transformieren* → *Neigen*.
2. Nachdem der Begrenzungsrahmen erschienen ist, zeigen Sie auf einen der auf den Kanten zentrierten Punkte und ziehen nach links oder rechts bzw. nach oben oder unten.
3. Bestätigen Sie mit der [↵]-Taste.

Möchten Sie eine Auswahl über den Menüpunkt *Frei transformieren* neigen, platzieren Sie den Mauszeiger auf einem der auf den Kanten zentrierten Griffe. Halten Sie die Tastenkombination [Strg]/[⌘] + [⇧] gedrückt. Ziehen Sie in die gewünschte Richtung.

Abbildung 7.39
Durch das Neigen können Sie die Perspektive des Auswahlbereichs ändern.

Auswahlbereiche verzerren

Auswahlbereiche lassen auf zwei verschiedene Arten verzerren. Beginnen wir mit der ersten Möglichkeit.

1. Legen Sie einen Auswahlbereich fest. Wählen Sie *Bearbeiten* → *Transformieren* → *Verzerren*.
2. Sobald der Begrenzungsrahmen erschienen ist, klicken und ziehen Sie an den Eckgriffen in die gewünschte Richtung.
   - Halten Sie die [⇧]-Taste beim Ziehen gedrückt, bewirken Sie eine horizontale oder vertikale Verzerrung.
   - Um eine diagonale Bewegung zu erreichen, drücken Sie die [Alt]-Taste.
3. Geben Sie die Maustaste frei, können Sie das Resultat begutachten. Um die Aktion abzuschließen, drücken Sie wieder die [↵]-Taste.

Neigen aus der Mitte heraus
Halten Sie während des Neigens die [Alt]-Taste gedrückt, erfolgt die Transformation aus der Mitte heraus.

4. Um die Auswahl über *Bearbeiten → Frei transformieren* zu neigen, halten Sie die Tastenkombination Strg/⌘ + ⇧ gedrückt. Ansonsten gehen Sie wie erläutert vor.

Auswahlbereiche perspektivisch verzerren

Die andere Möglichkeit, einen Auswahlbereich zu verzerren, ist das perspektivische Verzerren. Dabei entsteht der Eindruck von Räumlichkeit, da Sie automatisch zwei Griffe gleichzeitig in entgegengesetzte Richtungen verschieben.

1. Erstellen Sie einen Auswahlbereich und wählen Sie *Bearbeiten → Transformieren → Perspektivisch*.
2. Ziehen Sie nun mit gedrückter Maustaste an einem der Eckgriffe, bewegt sich der zugehörige gegenüberliegende Griff mit.
3. Drücken Sie die Strg/⌘-Taste, um die Funktion *Verzerren* aufzurufen.

Abbildung 7.40
Um Bilder auf gekrümmte Oberflächen zu projizieren, ist der *Verformen*-Befehl bestens geeignet.

Auswahlbereiche krümmen

Mit dem Befehl *Bearbeiten → Transformieren → Verformen* passen Sie Ihre Auswahl einer beliebigen Form an.

1. Nach der Auswahl des Befehls erscheint über Ihrer Auswahl ein drei mal drei Felder großes Gitter mit 16 Ziehpunkten.
2. Ziehen Sie diese Punkte beziehungsweise die Gitterlinien an die gewünschte Stelle, um der Auswahl eine neue Form zu geben.
3. Oder Sie wählen in der Optionenleiste eine von 15 vordefinierten Formen, in die sich Ihre Auswahl einpasst.

Um beispielsweise ein Logo oder eine andere Grafik auf eine gekrümmte Oberfläche aufzubringen, gehen Sie folgendermaßen vor:

1. Fügen Sie das Logo in Ihr Bild ein.
2. Drücken Sie Strg/⌘+T. Positionieren und skalieren Sie das Logo grob. Bestätigen Sie noch nicht mit ↵.
3. Wählen Sie *Bearbeiten → Transformieren → Verzerren* und verzerren Sie das Logo an den Eckanfassern so, dass es mit der Perspektive des Objekts übereinstimmt. Drücken Sie nicht die ↵-Taste, sondern wählen Sie direkt im Anschluss *Bearbeiten → Transformieren → Verformen* oder klicken Sie auf das entsprechende Symbol in der Optionenleiste. Formen Sie das Logo anhand des Rasters, so dass es sich der Krümmung der Oberfläche anpasst. Bestätigen Sie mit der ↵-Taste.

4. Nun kommt es darauf an, ob Sie das Logo auf eine raue oder auf eine glatte Oberfläche aufgetragen haben. Bei einer rauen Oberfläche arbeiten Sie jetzt mit dem *Versetzen*-Filter (Kapitel 14), bei einer glatten Oberfläche entfällt dieser Schritt. Zum Schluss setzen Sie die Ebene beispielsweise in den Modus *Multiplizieren* (Kapitel 10).

Auswahlbereiche spiegeln

Als letzte Transformationsmöglichkeit lassen sich Auswahlbereiche auch spiegeln. Dazu verwenden Sie die Menüpunkte *Horizontal spiegeln* und *Vertikal spiegeln* des Befehls *Bearbeiten* → *Transformieren*.

Genaue Werte beim Transformieren verwenden

Möchten Sie beispielsweise mehrere Auswahlbereiche auf genau dieselbe Weise transformieren, sollten Sie die Optionenleiste nutzen. Außerdem führen Sie über die Optionenleiste mehrere Transformationen in einem einzigen Arbeitsgang durch.

1. Falls die Optionenleiste gerade nicht eingeblendet ist, wählen Sie im Menü *Fenster* den Befehl *Optionen* oder drücken Sie die [↵]-Taste.
2. Wählen Sie anschließend *Bearbeiten* → *Frei transformieren* (Tastenkombination [Strg]/[⌘] + [T]). Jetzt blendet Photoshop die Optionen für das Transformieren in der Optionenleiste ein.

Abbildung 7.41
Die Optionen für das Transformieren

Hier ändern Sie den sogenannten Referenzpunkt der Transformation. Dieser legt fest, an welcher Stelle die Transformation durchgeführt werden soll. Standardmäßig liegt der Referenzpunkt als fadenkreuzähnliches Symbol im Zentrum der Auswahl.

3. Bewegen Sie den Referenzpunkt der Auswahl an eine der Ecken bzw. in die Mitte einer Kante, indem Sie ganz links in der Optionenleiste an die gewünschte Stelle in dem kleinen Schaubild klicken.
4. Legen Sie über die Eingabefelder X und Y fest, an welche Stelle Sie die Auswahl verschieben möchten. Die gewünschte Maßeinheit geben Sie daneben als Abkürzung an – z.B. *cm* für Zentimeter oder *px* für Pixel. Um die Auswahl exakt zu drehen, geben Sie den gewünschten Wert in das Eingabefeld *Drehung einstellen* ein.

5. Um den Auswahlbereich zu neigen, geben Sie in das Feld H (Horizontale Neigung einstellen) den horizontalen und in das Feld V (Vertikale Neigung einstellen) den vertikalen Neigungswinkel ein.

Klicken Sie auf die Schaltfläche (*Transformieren abbrechen*) ganz rechts in der Optionenleiste, brechen Sie die Transformation ab. Alternativ betätigen Sie die [Esc]-Taste. Klicken Sie auf die Schaltfläche mit dem Häkchen (*Transformieren bestätigen*), um die Transformation zu bestätigen, oder betätigen Sie die [↵]-Taste.

7.7 Ausschneiden, Kopieren, Einfügen und Löschen

Wie in anderen Anwendungen können Sie auch in Photoshop ausgewählte Bereiche ausschneiden, kopieren, an einer anderen Stelle oder in einem anderen Bild einfügen und sie löschen. Alle diese Funktionen erreichen Sie über das Menü *Bearbeiten*.

- Mit dem Menübefehl *Ausschneiden* entfernen Sie einen festgelegten Auswahlbereich aus dem Bild. Photoshop legt diesen in die Zwischenablage und Sie können ihn somit beim nächsten Schritt gegebenenfalls einfügen. Arbeiten Sie auf der Hintergrundebene, wird der ausgeschnittene Bereich mit der aktuell eingestellten Hintergrundfarbe gefüllt, sonst wird er transparent.
- Kopieren Sie einen Auswahlbereich mit dem Befehl *Kopieren*, gelangt dieser zwar auch in die Zwischenablage, wird aber nicht aus dem Bild ausgeschnitten.
- Nachdem Sie eine Auswahl über die Befehle *Ausschneiden* ([⇧] + [Strg]/[⌘] + [X]) oder *Kopieren* ([⇧] + [Strg]/[⌘] + [C]) in die Zwischenablage eingefügt haben, verwenden Sie den Menübefehl *Einfügen* [Strg]/[⌘] + [V], um sie in ein Bild einzufügen. Es kann sich dabei um dasselbe Bild handeln, aus dem Sie den Auswahlbereich kopiert haben, oder auch um ein anderes Bild.

Auf eine Ebene reduziert kopieren
Beachten Sie bitte, dass Photoshop in Bildern mit mehreren Ebenen nur den Auswahlbereich in der aktuellen Ebene kopiert. Möchten Sie den sichtbaren Inhalt der Auswahl kopieren, gleichgültig, in welcher Ebene er liegt, wählen Sie im Menü *Bearbeiten* den Befehl *Auf eine Ebene reduziert kopieren* [Strg]/[⌘] + [⇧] + [C].

Neue Ebene
Das eingefügte Element befindet sich automatisch auf einer neuen Ebene. Mehr zu diesem Thema erfahren Sie in Kapitel 10. Durch dieses Prinzip können Sie das eingefügte Element im Bild noch bewegen. Verwenden Sie zum Bewegen der eingefügten Bildpunkte das Werkzeug *Verschieben*, indem Sie die Auswahl einfach anklicken und mit gedrückter Maustaste an eine andere Stelle ziehen. Weiter hinten in diesem Kapitel gehen wir noch genauer darauf ein.

Auswahlbereiche passgenau einfügen

Sie können in Photoshop auch einen Auswahlbereich festlegen, in den Sie einen kopierten oder ausgeschnittenen Bildteil einfügen. Der eingefügte Bildbereich erscheint nur innerhalb der Auswahl.

Wählen Sie im Menü *Bearbeiten* den Befehl *Einfügen Spezial → In die Auswahl einfügen* (Tastenkombination [⇧] + [Strg]/[⌘] + [V]). Photoshop fügt die kopierte Auswahl genau in den festgelegten Auswahlrahmen ein. Durch diese Aktion legt Photoshop für das eingefügte Element eine Ebenenmaske an (vgl. Kapitel 10). Das Element selbst bleibt dabei in seiner ursprünglichen Größe erhalten, dessen sichtbarer Bereich wird aber über die Ebenenmaske entsprechend zugeschnitten.

Die einfügte Auswahl lässt sich nun noch im Auswahlrahmen umherbewegen. Dazu wählen Sie im *Werkzeuge*-Bedienfeld das Werkzeug *Verschieben*. Klicken und ziehen Sie die Auswahl im Auswahlrahmen an die gewünschte Position. Rufen Sie das Werkzeug *Verschieben* aus einem anderen Werkzeug heraus auf, indem Sie einfach die [Strg]/[⌘]-Taste gedrückt halten.

Abbildung 7.42
Ausgangsbilder

Foto: Christoph Kommer

Abbildung 7.43
In die Auswahl einfügen

Außen einfügen und an Originalposition einfügen

Das Gegenstück zum Befehl *In die Auswahl einfügen* ist der Befehl *Außen einfügen*. Damit fügen Sie den Inhalt der Zwischenablage in den nicht ausgewählten Bereich ein.

Ein weiterer Befehl im Untermenü *Einfügen Spezial* lautet *An Originalposition einfügen*. Damit fügen Sie den Inhalt Ihrer Auswahl genau an der Stelle ein, wo Sie ihn ausgeschnitten haben. Photoshop misst dabei prozentual.

Vielfältige Optionen beim Kopieren und Einfügen

Beim Kopieren und Einfügen gibt es eine Anzahl von Zusatzoptionen:

- Mit dem Befehl *Bearbeiten → Kopieren* ([Strg]/[⌘] + [C]) kopieren Sie die aktuelle Auswahl der aktiven Ebene in die Zwischenablage.
- Möchten Sie das Gesamtbild mit allen Ebenen kopieren, wählen Sie *Bearbeiten → Auf eine Ebene reduziert kopieren* ([⇧] + [Strg]/[⌘] + [C]).
- Beim Einfügen per *Bearbeiten → Einfügen* wird das Ergebnis standardmäßig innerhalb der aktuellen Ansicht Ihres Bilds zentriert. Möchten Sie kontrollieren, wo der Inhalt de Zwischenablage genau eingefügt wird, erstellen Sie zuerst eine Auswahl und fügen erst dann ein. Der Inhalt der Zwischenablage wird innerhalb der Auswahl zentriert: Möchten Sie etwas in der Ecke eines Bilds einfügen, erzeugen Sie eine winzige Auswahl, die an die entsprechende Ecke stößt, und fügen Sie den Inhalt der Zwischenablage ein. Weil Photoshop diesen nicht zentrieren kann, ohne über die Bildbegrenzungen hinauszugelangen, stößt der eingefügte Bereich an die entsprechenden Bildkanten an.
- Möchten Sie Bereiche ohne Verwendung der Zwischenablage zwischen zwei Dokumenten austauschen, verwenden Sie das *Verschieben*-Werkzeug: Wählen Sie den Bereich im einen Bild aus, ordnen Sie die Dokumente nebeneinander an und ziehen Sie die Auswahl ins andere Bild oder auf die Registerkarte eines anderen Bilds.
- Ziehen Sie nicht aus dem Dokumentfenster in das andere Bild, sondern aus dem *Ebenen*-Bedienfeld, kopiert Photoshop die gesamte Ebene, ohne eventuelle Auswahlbereiche zu berücksichtigen.

Scherenschnitteffekt

Im folgenden Beispiel soll ein Sonnenuntergangsfoto etwas interessanter gestaltet werden.

Abbildung 7.44
Dieses Sonnenuntergangbild soll durch ein interessantes Zusatzelement aufgewertet werden.

Sonnenuntergang.jpg von Christoph Kommer

1. Öffnen Sie beide Bilder in Photoshop. Ordnen Sie sie nebeneinander an, indem Sie im Menü *Fenster* den Befehl *2 übereinander* wählen.
2. Aktivieren Sie das Bild mit dem Baum und wählen Sie diesen mit dem *Schnellauswahl*-Werkzeug und der Funktion *Kante verbessern* sorgfältig aus. Drücken Sie die Taste [D], um die Vordergrundfarbe auf Schwarz und die Hintergrundfarbe auf Weiß zu setzen. Drücken Sie [Alt] + [⟵]/[Entf], um die Auswahl mit der Vordergrundfarbe (Schwarz) zu füllen.
3. Wählen Sie das *Verschieben*-Werkzeug aus und ziehen Sie die Auswahl mit gedrückter Maustaste in das Sonnenuntergangsbild. Ziehen Sie das Objekt an die gewünschte Stelle und skalieren Sie es gegebenenfalls mit [Strg]/[⌘] + [T].

Abbildung 7.45
Wählen Sie den Baum sorgfältig aus.

Baum.jpg von Kristine Kamm

Abbildung 7.46
Ziehen Sie den Baum in das andere Bild und ordnen Sie ihn an der gewünschten Stelle an.

Mit dem Verschieben-Werkzeug Auswahlbereiche bewegen

Verschieben-Werkzeug vorübergehend aktivieren
Das häufig benötigte *Verschieben*-Werkzeug aktivieren Sie vorübergehend, indem Sie die [Strg]/[⌘]-Taste gedrückt halten.

Sie setzen das Werkzeug *Verschieben* ein, um eine Auswahl mitsamt Inhalt zu verschieben. Ist im Bild nichts ausgewählt, wird die gesamte Ebene verschoben (vorausgesetzt, dass es sich nicht um die Hintergrundebene handelt). Mehr über Ebenen erfahren Sie in Kapitel 10.

1. Wählen Sie mit einem Auswahlwerkzeug einen Bereich aus.
2. Aktivieren Sie im *Werkzeuge*-Bedienfeld das Werkzeug *Verschieben*.

Um nun die Auswahl mit dem Werkzeug zu verschieben, gibt es verschiedene Möglichkeiten:

- Klicken und ziehen Sie mit gedrückter Maustaste die Pixel an eine andere Stelle im Bild (oder in einen anderen geöffneten Bild). Halten Sie dabei die [⇧]-Taste gedrückt, bewegen Sie die Auswahl in 45°-Schritten.
- Alternativ betätigen Sie bei aktiviertem *Verschieben*-Werkzeug die Pfeiltasten. Dabei verschiebt Photoshop die Auswahl immer um 1 Pixel. Drücken Sie die Pfeiltasten bei gedrückter [⇧]-Taste, verschiebt sich die Auswahl jeweils um 10 Pixel.

Der verbleibende Bereich erhält die aktuell eingestellte Hintergrundfarbe. Die verschobene Auswahl wird zur schwebenden Auswahl, die Sie jederzeit an eine andere Stelle ziehen können. Erst wenn Sie die Auswahl aufheben, integriert Photoshop die schwebende Auswahl fest in das Bild.

Beim Verschieben eines Auswahlbereichs besteht die Möglichkeit, gleich eine Kopie davon zu erstellen. Dann bleibt der Originalauswahlbereich erhalten und zusätzlich wird eine Kopie an eine andere Stelle gezogen. Gehen Sie so vor:

1. Halten Sie beim Verschieben gleichzeitig die [Alt]-Taste gedrückt. Der Mauszeiger verändert sich bei dieser Operation in zwei Pfeilköpfe.
2. Ziehen Sie die Auswahl an eine andere Stelle.

Verschieben Sie die Auswahl im aktuellen Bild, wird keine neue Ebene angelegt. Ziehen Sie die Auswahl in ein anderes Bild, wird sie auf einer neuen Ebene eingefügt.

Abbildung 7.47
Während des Verschiebevorgangs liefert das *Info*-Bedienfeld in der rechten oberen Hälfte Informationen über die Koordinaten des Auswahlbereichs.

7.8 Auswahlbereiche füllen

Zum Festlegen der Farbe für die Füllung verwenden Sie die beiden Farbfelder im *Werkzeuge*-Bedienfeld. Das obere, in der Grundeinstellung schwarze Farbfeld stellt die aktuelle Vordergrundfarbe dar, das untere die standardmäßig weiße Hintergrundfarbe. Mit einem Klick darauf öffnet sich der Farbwähler. Wählen Sie hier die gewünschte Farbe aus.

1. Erstellen Sie zunächst den gewünschten Auswahlbereich.
2. Wählen Sie danach im Menü *Bearbeiten* den Befehl *Fläche füllen* (Tastenkombination [⇧] + [F5]). Auch über das Kontextmenü lässt sich dieser Befehl aktivieren: Dazu klicken Sie bei aktivem Auswahlwerkzeug mit gedrückter [Ctrl]-Taste (Mac) bzw. mit der rechten Maustaste in den Auswahlbereich. Arbeiten Sie auf der Hintergrundebene, können Sie außerdem die [Entf]-Taste drücken.
3. In der Dialogbox *Fläche füllen* öffnen Sie das Popup-Menü *Verwenden* und wählen Sie die gewünschte Füllungsart. Sie haben die Auswahl zwischen *Vordergrundfarbe, Hintergrundfarbe, Farbe (*wodurch Sie den Farbwähler zur Auswahl einer Flächenfarbe öffnen). *Inhaltsbasiert, Muster, Protokoll, Schwarz, 50 % Grau* sowie *Weiß*.

Abbildung 7.48
Vordergrundfarbe (hier Schwarz) und Hintergrundfarbe (hier Weiß)

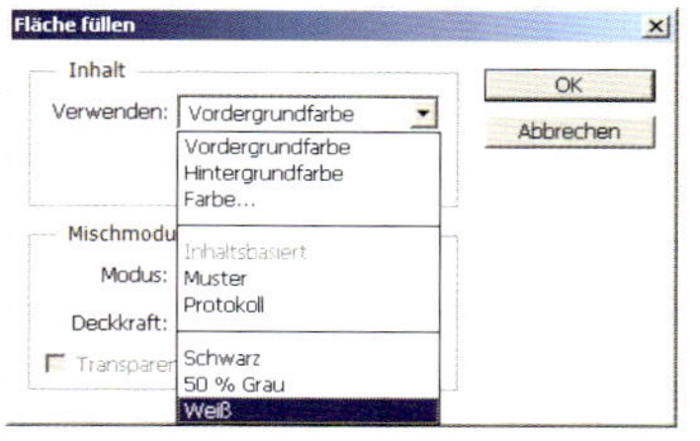

Abbildung 7.49
In der Dialogbox *Fläche füllen* wählen Sie zwischen *Füllfarbe, Füllmuster* und *Protokoll*.

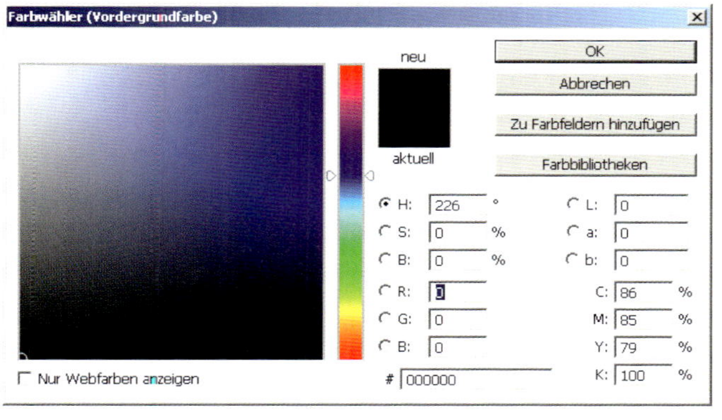

Abbildung 7.50
Wählen Sie im Farbwähler die Farbe für die Füllung.

Abbildung 7.51
Wenn Sie *Muster* gewählt haben, erweitert sich das Dialogfeld im unteren Bereich und Sie können hier bei aktiviertem Kontrollkästchen wählen, auf welche Weise die Füllung mit dem im Menü *Eigenes Muster gewählten* Muster erfolgen soll.

- Mit der Option *Protokoll* füllen Sie den Auswahlbereich mit dem aktuell als Quelle definierten Protokollzustand (siehe auch Kapitel 5).
- Die Vordergrundfarbe und die Hintergrundfarbe entsprechen den Farben, die Sie über die Farbfelder im *Werkzeuge*-Bedienfeld und den Farbwähler eingestellt haben.

- Wählen Sie den Eintrag *Muster*, erscheint darunter die Option *Eigenes Muster*. Klicken Sie auf das Musterfeld, um die verfügbaren Muster einzublenden. Sie haben diese bereits in Kapitel 6 beim Umwandeln eines Bilds in den Bitmap-Modus kennengelernt. Anschließend wählen Sie mit einem Klick das gewünschte Muster aus dem Bedienfeld. Nun wählen Sie unten im Dialogbereich *Mischmodus* aus dem Popup-Menü *Modus*, auf welche Weise Photoshop die Füllung mit der Originalfarbe verrechnen soll. Mehr über die verschiedenen Mischmodi erfahren Sie in Kapitel 10.

Abbildung 7.52
Links: Die ausgewählten Brillengläser sollen eingefärbt werden, ohne dass ihre scheinbare Transparenz verloren geht. Dazu dient eine grüne Füllung mit dem Mischmodus *Farbe*. Dieser stellt sicher, dass der Farbauftrag die ursprüngliche Struktur nicht verdeckt (in Kapitel 10 erlernen Sie eine bessere, weil flexiblere Möglichkeit, solche Bearbeitungen durchzuführen).

- Über die Option *Deckkraft* legen Sie die Transparenz der Füllung in Prozent fest. Je geringer der Wert, desto transparenter wird die Füllung. Aktivieren Sie das Kontrollkästchen *Transparente Bereiche schützen*, wenn Sie in einer Ebene arbeiten und nur Bereiche füllen möchten, die Pixel mit Farbwerten enthalten.

Bestätigen Sie Ihre Auswahl zum Schluss mit der Schaltfläche *OK*. Photoshop füllt die Auswahl nach Ihren Angaben.

Eigene Muster erstellen

Möchten Sie eine Auswahl mit einem Muster füllen, dabei aber nicht auf die vorgefertigten Muster zurückgreifen, erstellen Sie selbst welche. Sie werden daraufhin in die Musterpalette mit aufgenommen.

1. Öffnen Sie ein Bild, das Sie als Grundlage für das Muster verwenden möchten.
2. Um das Muster zu erstellen, können Sie das Werkzeug *Auswahlrechteck* aus dem *Werkzeuge*-Bedienfeld verwenden. Auch mit den Auswahlwerkzeugen *Einzelne Zeile* und *Einzelne Spalte* erzielen Sie interessante Effekte. Wählen Sie mit einem dieser Werkzeuge einen Bereich, den Sie als Grundlage für das Muster verwenden möchten. Wählen Sie dann im Menü *Bearbeiten* den Befehl *Muster festlegen*.

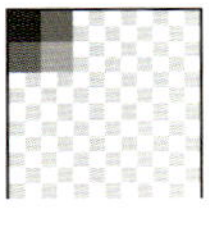

Abbildung 7.53
Hier wurde ein 6 x 6 Pixel großes Bild mit einem einfachen Muster und transparentem Hintergrund erstellt.

3. Photoshop öffnet die Dialogbox *Mustername*. Hier weisen Sie Ihrem Muster eine Bezeichnung zu. Verlassen Sie die Dialogbox mit der Schaltfläche *OK*.

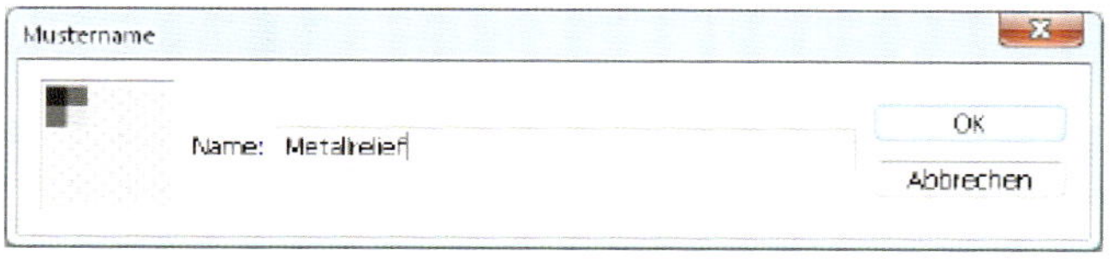

Abbildung 7.54
Das Bild wurde mit *Bearbeiten → Muster festlegen* in ein Füllmuster verwandelt ...

Das Muster steht von nun an in der Musterpalette zur Verwendung bereit. Wenden Sie es auf einen Bereich an, wird es vielfach aneinandergesetzt eingefügt.

Abbildung 7.55
... und anschließend einem Text zugewiesen.

Inhaltsbasiert füllen

Eine interessante Füllmöglichkeit ist die Funktion *Inhaltsbasiertes Füllen*:

1. Sie wählen einen Bereich aus, den Sie aus dem Bild entfernen möchten. Typische Beispiele sind Staub auf der Linse, Blendenflecken, Personen oder Antennenmasten.
2. Achten Sie darauf, dass die Auswahl nicht zu eng ist, damit wirklich alle Teile des Objekts aufgenommen sind. Gegebenenfalls erweitern Sie die Auswahl mit *Auswahl → Auswahl verändern → Erweitern* um ein paar Pixel.
3. Klicken Sie im Popup-Menü *Verwenden* des Dialogfelds *Fläche füllen* auf *Inhaltsbasiert*.
4. Nach dem Bestätigen mit *OK* füllt Photoshop den ausgewählten Bereich mit aus der Umgebung entnommenen Bildteilen.

In vielen Fällen erzielen Sie ein recht passables Ergebnis, das Sie zumindest als Grundlage für weitergehende Retuschearbeiten (siehe Kapitel 15) verwenden können.

Damit es funktioniert, sollte das zu entfernende Objekt im Vergleich zum restlichen Bild relativ klein sein. Außerdem sollte es sich in einer relativ einheitlichen Umgebung befinden. Sobald sich in der Umgebung hingegen weitere markante Objekte befinden, werden Sie Stücke davon in der fertigen inhaltsbasierten Füllung wiederfinden.

Abbildung 7.56
Die Person im linken unteren Bildbereich soll durch inhaltsbasiertes Füllen entfernt werden. Nach der Auswahl (linkes Bild) wurde der Bereich inhaltsbasiert gefüllt. Mit derselben Technik wurden anschließend auch die steinernen Pfeiler im rechten unteren Bildbereich entfernt (rechtes Bild).

Abbildung 7.57
Während die inhaltsbasierte Füllung im oberen Beispiel gut funktioniert hat, gibt es in diesem Beispiel Probleme.

Bild von Kristine Kamm

Abbildung 7.58
Der Grund ist, dass die zu entfernenden Personen relativ groß sind und dass der sie umgebende Bereich eine differenzierte Struktur aufweist.

Da die inhaltsbasierte Füllung in der Anwendung sehr unkompliziert ist, lohnt es sich, damit zu experimentieren, so dass Sie ein Gefühl dafür bekommen, wann sie funktioniert und wann nicht.

Die Kontur einer Auswahl füllen

Sie können einer Auswahl nicht nur eine Füllung, sondern auch eine Kontur zuweisen und diese füllen (in Kapitel 10 lernen Sie noch eine weitere, in vielen Fällen komfortablere Technik kennen). Dabei definieren Sie sowohl die Breite als auch die Füllungsart.

1. Legen Sie mit dem gewünschten Auswahlwerkzeug den Bereich oder die Bereiche fest, dem/denen Sie eine Kontur zuweisen möchten. Wenn Sie eine weiche Auswahlkante auswählen, geht die Kontur weich in die Umgebung über.
2. Wählen Sie *Bearbeiten → Kontur füllen*. Alternativ rufen Sie diesen Befehl aus dem Kontextmenü auf.
3. Photoshop öffnet die Dialogbox *Kontur füllen*. Sie ähnelt der Dialogbox *Fläche füllen*.
4. Tragen Sie in das Eingabefeld *Breite* den Wert für die Konturstärke ein.
5. Die Option *Farbe* steht standardmäßig auf der Vordergrundfarbe. Sie können dies aber bei Bedarf ändern. Dazu klicken Sie in das Farbfeld, um den Farbwähler aufzurufen. Hier wählen Sie nun selbst eine Farbe aus (siehe auch Kapitel 8).
6. Im Dialogbereich *Position* legen Sie fest, wie Sie die Kontur an der Auswahl ausrichten möchten. Sie haben drei Möglichkeiten: *Innen*, *Mitte* und *Außen*. Wünschen Sie eine Kontur mit scharfen Ecken, wählen Sie *Innen*; die anderen Optionen ergeben abgerundete Ecken.
7. Im Dialogbereich *Mischmodus* wählen Sie den gewünschten Mischmodus, darunter die *Transparenz*.
8. Bestätigen Sie Ihre Angaben mit einem Klick auf die Schaltfläche *OK*. Photoshop erstellt die Kontur.

Abbildung 7.59
Mit der Konturfüllung können Sie beispielsweise Fotos mit einem weißen Rahmen versehen. Hier wurde außerdem noch ein Ebenenschatten eingesetzt *(Ebene → Ebenenstil → Schlagschatten)*.

Bild: Björn Lilie

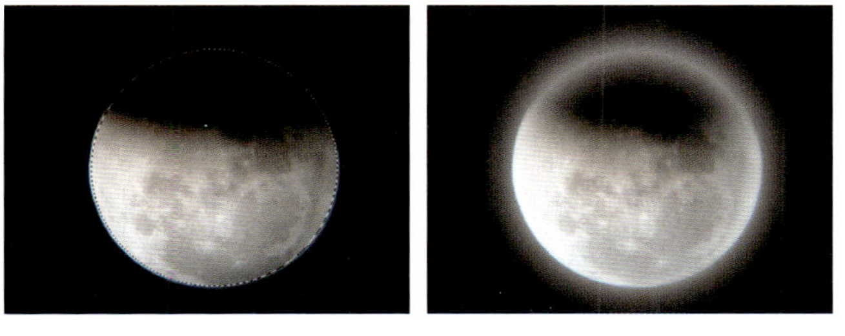

Abbildung 7.60
Hier wurde eine Auswahl mit einer sehr weichen Kante vorgenommen (links) und mit einer weißen Kontur von 1 Pixel versehen. So erzielen Sie einen Schein um das Objekt (rechts).

Störende Elemente entfernen

Die Komposition dieses Fotos wird durch den Palmenstamm links im Bild gestört. Entfernen Sie diesen mit der Funktion *Inhaltsbasiertes Füllen*.

Abbildung 7.61
Original

Lanzarote2.jpg
von Christoph Kommer

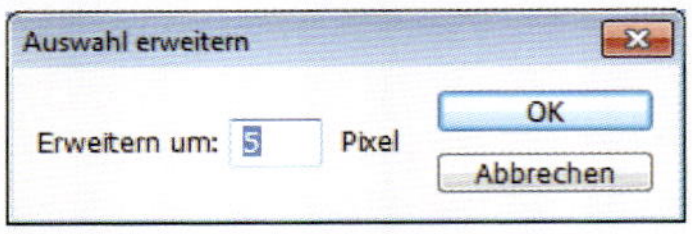

Abbildung 7.62
Erweitern Sie die Auswahl um ein paar Pixel.

1. Aktivieren Sie das *Schnellauswahl*-Werkzeug und fahren Sie über den Palmenstamm im linken Bildbereich.
2. Wählen Sie *Auswahl* → *Auswahl verändern* → *Erweitern*. Geben Sie 5 Pixel ein und klicken Sie auf *OK*.

Abbildung 7.63
Die Auswahl wurde erweitert, um sicherzustellen, dass tatsächlich alle Bereiche des Stamms eingeschlossen sind.

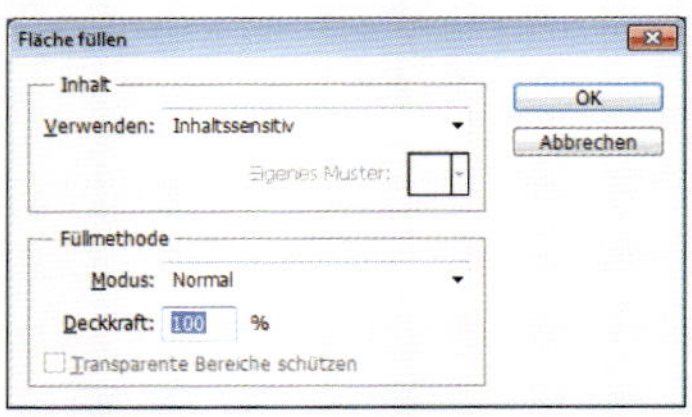

Abbildung 7.64
Aus dem Popup-Menü *Verwenden* des Dialogfelds *Fläche füllen* wählen Sie *Inhaltsbasiert*.

3. Drücken Sie die [Entf]-Taste.
4. Aus dem Popup-Menü *Verwenden* wählen Sie die Option *Inhaltsbasiert*. Bestätigen Sie mit *OK*.

Abbildung 7.65
Nach der inhaltsbasierten Füllung. Im Bereich der Holztür sind noch Retuschearbeiten notwendig.

5. Heben Sie die Auswahl mit [Strg]/[⌘] + [D] auf.
6. Nehmen Sie die Basis des Stamms mit dem *Zoom*-Werkzeug unter die Lupe. Im Bereich der Holztür besteht noch Bedarf an einer Nachretusche.
7. Bearbeiten Sie diese Zone mit den üblichen Photoshop-Retuschewerkzeugen, die Sie in Kapitel 15 kennenlernen, bei diesem Beispiel am besten mit dem *Kopierstempel*-Werkzeug.

Abbildung 7.66
Meist entstehen noch sichtbare Übergangszonen, die Sie mit einem Retuschewerkzeug entfernen.

Bild: Björn Lilie

FARBEN UND FÜLLUNGEN

In diesem Kapitel erfahren Sie, mit welchen Werkzeugen Sie Farben einsetzen, erkennen, kopieren oder löschen, wie zum Beispiel mit Pipette, Füllwerkzeug oder Verlaufswerkzeug. Gerade in der professionellen Bildbearbeitung verursachen Farben oft Probleme. Häufig reklamieren Auftraggeber schon kleinste Farbabweichungen. Daher ist es eine wichtige Aufgabe, die Bildfarben korrekt und genau einzustellen.

8.1 Vorder- oder Hintergrundfarbe festlegen

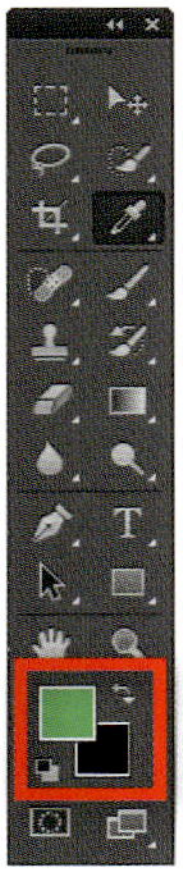

Abbildung 8.1
Vorder- und Hintergrundfarbe im *Werkzeuge*-Bedienfeld (hier rot eingerahmt)

Farben legen Sie über die Farbfelder des *Werkzeuge*-Bedienfelds fest. Das Feld links oben stellt die Vordergrundfarbe dar, das Feld rechts unten die Hintergrundfarbe (siehe Abbildung 8.1).

Mit diesem Bereich des *Werkzeuge*-Bedienfelds arbeiten Sie folgendermaßen:

- Über den Doppelpfeil in der rechten oberen Ecke vertauschen Sie die Vorder- und die Hintergrundfarbe, indem Sie einfach daraufklicken. Alternativ betätigen Sie die Taste X.
- Mit einem Klick auf das Schwarzweißsymbol in der linken unteren Ecke stellen Sie die Grundeinstellung (Schwarz als Vordergrundfarbe und Weiß als Hintergrundfarbe) wieder her. Alternativ drücken Sie die Taste D.
- Mit einem Klick auf das Vordergrund- bzw. das Hintergrundfarbfeld öffnen Sie den Farbwähler, zu dem es weiter hinten detaillierte Informationen gibt.

8.2 Farben übernehmen

Abbildung 8.2
Das Pipettenwerkzeug besitzt einen Farbring, der Ihnen die bisherige und die neu aufgenommene Farbe zeigt. Ihre Grafikkarte muss dazu OpenGL unterstützen.

Sie müssen Farben nicht immer neu definieren; Sie können sie auch von anderen Bildelementen übernehmen.

1. Aktivieren Sie das Werkzeug *Pipette* im *Werkzeuge*-Bedienfeld. Am schnellsten geht's, wenn Sie einfach die Taste I drücken.
2. Bewegen Sie den Mauszeiger auf das Bild. Der Mauszeiger wird zu einer Pipette. Klicken Sie auf die gewünschte Farbe im Bild. Diese Farbe wird zur Vordergrundfarbe und erscheint im *Werkzeuge*-Bedienfeld im oberen Farbfeld.
3. Möchten Sie die Hintergrundfarbe aufnehmen, klicken Sie mit der Pipette mit gedrückter Alt-Taste in den Bildbereich mit der gewünschten Farbe.

Die Pipette besitzt einen Farbring, den Sie über das Kontrollkästchen *Auswahlring anzeigen* in der Optionenleiste aktivieren. Der Ring wird angezeigt, solange Sie bei aktiviertem Pipettenwerkzeug die Maustaste gedrückt halten. Die obere Ringhälfte zeigt die neu aufgenommene, die untere die bisherige Farbe.

Die Farberkennung der Pipette einstellen

In der Grundeinstellung identifiziert die Pipette stets genau den Farbwert des Pixels, das Sie angeklickt haben.

Diese Einstellung lässt sich aber ändern, so dass Sie den Farbwert von mehreren Pixeln in der Umgebung des angeklickten Pixels ermitteln. Auf diese Weise ergibt sich die Durchschnittsfarbe, die nicht unbedingt im Bild enthalten sein muss. Dazu müssen Sie den Aufnahmebereich des Werkzeugs ändern.

1. Aktivieren Sie zunächst im *Werkzeuge*-Bedienfeld das Werkzeug *Pipette*. Falls noch nicht angezeigt, blenden Sie die Optionenleiste ein, indem Sie *Fenster* → *Optionen* wählen.
2. Öffnen Sie dann das Popup-Menü *Aufnahmebereich* und wählen Sie, wie viele Pixel Photoshop zur Ermittlung der Farbe verwenden soll. Die Funktion ist auch im Kontextmenü verfügbar.

Ebenenübergreifendes Arbeiten
In Photoshop CS6 arbeitet die Pipette bei Bedarf (und in der Grundeinstellung) ebenenübergreifend; das heißt, dass die Farben nicht nur von der aktuellen, sondern auch von darunterliegenden Ebenen aufgenommen werden. Dieses Verhalten stellen Sie im Menü *Aufnehmen* der Optionenleiste ein.

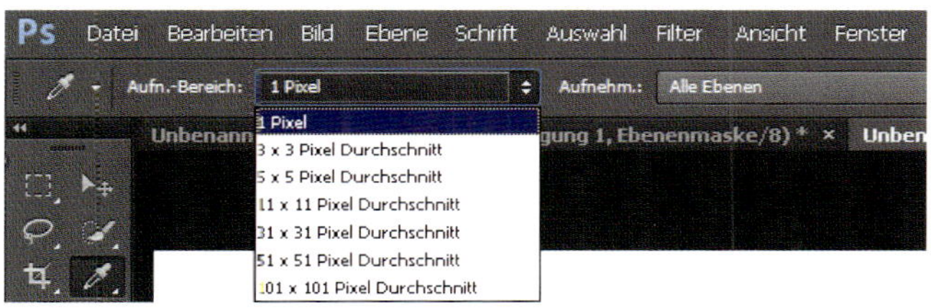

Abbildung 8.3
Legen Sie fest, wie viele Pixel Photoshop für den Aufnahmebereich verwenden soll.

Farben aus anderen Programmen und von Bildschirmelementen übernehmen

Die Pipette kann nicht nur Farben aus Photoshop-Bildern aufnehmen und als aktuelle Vorder- oder Hintergrundfarbe festlegen, sondern auch Farben außerhalb Photoshops, zum Beispiel aus einer Illustrator-Grafik.

1. Ordnen Sie dazu Photoshop und Illustrator mit der Grafik, aus der Sie die Farbe entnehmen möchten, nebeneinander an.
2. Aktivieren Sie Photoshop und wählen Sie das Werkzeug *Pipette*. Klicken Sie an eine beliebige Stelle in Ihrem Photoshop-Dokument und halten Sie die Maustaste gedrückt.

Achtung
So praktisch diese Funktion ist: Sie dürfen von Ihr keine korrekte Übernahme von CMYK- oder RGB-Werten aus anderen Programmen erwarten.

Hintergrundfarbe dynamisch festlegen

Um mit der nebenstehend erläuterten Technik nicht die Vorder-, sondern die Hintergrundfarbe zu definieren, drücken Sie zuerst die [Alt]-Taste und klicken dann in Ihr Photoshop-Bild. Lassen Sie die [Alt]-Taste gedrückt und verfahren Sie wie nebenstehend erläutert.

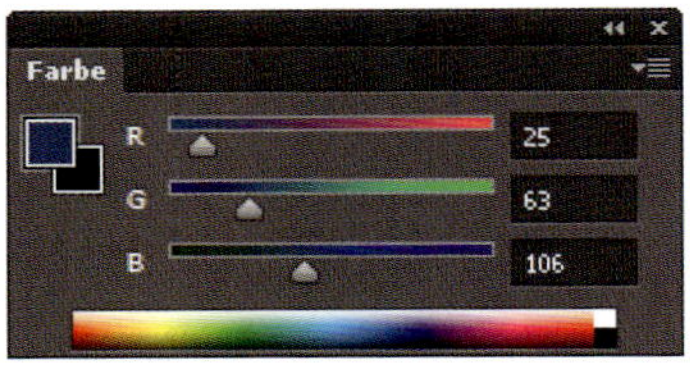

Abbildung 8.4
Im RGB-Farbregler definieren Sie Farben über ihre Rot-, Grün- und Blaukomponenten.

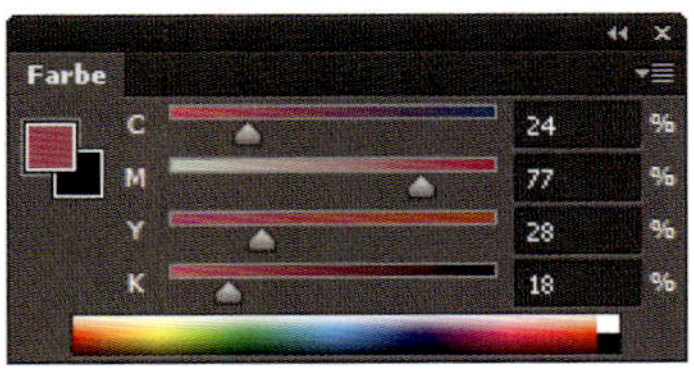

Abbildung 8.5
CMYK-Farbregler

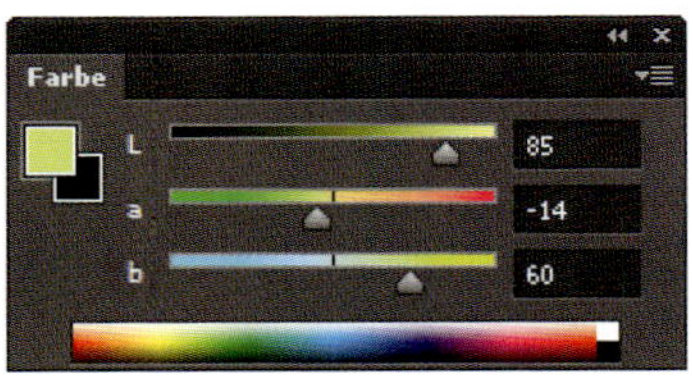

Abbildung 8.6
Lab-Farbregler

3. Sie sehen im Vordergrund-Farbfeld im *Werkzeuge*-Bedienfeld von Photoshop, wie sich die Farbe anpasst, je nachdem, über welche Zone der Illustrator-Grafik Sie gerade fahren. Sobald Sie mit der Farbe zufrieden sind, lassen Sie die Maustaste los.

Diese Technik funktioniert übrigens mit allem, was gerade auf Ihrem Bildschirm sichtbar ist. Dazu gehören zum Beispiel auch die Elemente der Benutzeroberfläche.

8.3 Farben über das Bedienfeld »Farbe« einstellen

Die Vorder- und Hintergrundfarbe müssen Sie nicht unbedingt über das *Werkzeuge*-Bedienfeld bestimmen. Vielmehr können Sie auch die Bedienfelder *Farbe* und *Farbfelder* verwenden. Hier stehen verschiedene Farbmodi zur Verfügung. Zuerst einmal befassen wir uns mit dem Bedienfeld *Farbe*.

1. Öffnen Sie über *Fenster* → *Farbe* oder [F6] das *Farbe*-Bedienfeld.
2. Wie Sie sehen, erscheinen auch hierin die Farbfelder für Vorder- und Hintergrundfarbe. Bevor Sie eine Farbe mischen, legen Sie fest, ob Sie die Vorder- oder Hintergrundfarbe ändern möchten, indem Sie auf das entsprechende Farbfeld klicken.
3. Nun mischen Sie die gewünschte Farbe, indem Sie Werte für die einzelnen Farbkomponenten eingeben oder die Schieberegler betätigen. Alternativ bewegen Sie den Mauszeiger ganz unten auf den Farbbalken (dabei verändert sich der Mauszeiger in eine Pipette). Klicken Sie mit der Pipette auf die gewünschte Farbe. Photoshop übernimmt diese als Vorder- oder Hintergrundfarbe (je nachdem, welches Farbfeld Sie vorhin angeklickt haben).

Um einen anderen Farbmodus auszuwählen, öffnen Sie das Bedienfeldmenü ☰. Wählen Sie den gewünschten Farbmodus aus dem Menü. Über die verschiedenen Farbmodi konnten Sie sich bereits in Kapitel 6 dieses Buchs informieren.

RGB-Farben definieren

Wählen Sie aus dem Bedienfeldmenü den Eintrag *RGB-Farbregler*. Legen Sie dann fest, ob Sie die Vorder- oder die Hintergrundfarbe definieren möchten. Geben Sie über die RGB-Regler die Werte der Rot-, Grün- und Blauanteile des Spektrums an.

Die Eingabefelder rechts daneben passen sich automatisch an und zeigen den Wert von 0 bis 255. Sie können Ihre Eingabe auch direkt in diesen Feldern vornehmen. Durch Verringern bzw. Erhöhen der entsprechenden Parameter mischen Sie auf diese Art alle Farben, die Ihr Monitor darstellen kann.

Klicken Sie mit dem Werkzeug *Pipette* und gedrückter Alt-Taste auf eine Farbe im Farbbalken, wird diese zur Hintergrundfarbe.

CMYK-Farben definieren

Nachdem Sie im Bedienfeldmenü den Eintrag *CMYK-Farbregler* gewählt haben, geben Sie für jeden der vier Farbanteile Prozentwerte zwischen 0 und 100 ein. Je höher Sie den Prozentsatz einstellen, desto gesättigter wird der entsprechende Farbanteil.

Lab-Farben definieren

Dieses Farbmodell verwendet neben der Helligkeitskomponente L (Luminanz) zwei chromatische Komponenten A (Grün bis Rot) und B (Blau bis Gelb). Der Vorteil dieses Modus liegt in dem sich aus den beiden chromatischen Komponenten ergebenden, deutlich größeren Farbraum. Details über das Lab-Farbsystem finden Sie in Kapitel 1.

HSB-Farben definieren

Im HSB-Modell werden Farben über die drei Einstellungen *Farbton*, *Sättigung* und *Helligkeit* definiert. *Hue* bedeutet Farbton, *Saturation* steht für Sättigung und *Brightness* bezeichnet die Helligkeit.

Alle reinen Farbtöne sind in einem Farbkreis angeordnet. Der Farbton definiert sich durch die Position auf diesem Farbkreis in Gradzahlen. Daraus ergeben sich 360 verschiedene Farbtöne. Der Farbkreis beginnt rechts in der Mitte bei 0° (Rot).

Mit der Sättigung wird die Reinheit, das heißt der Grauanteil der Farbe, in Prozentwerten festgelegt. Eine reine Farbe besitzt den Sättigungsgrad 100 und 0 entspricht einem

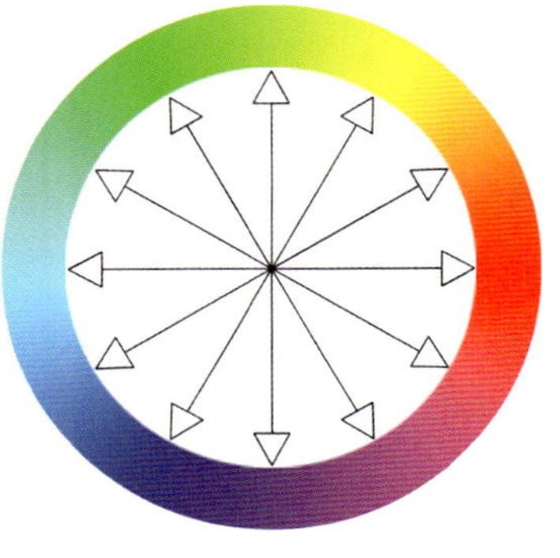

Abbildung 8.7
Der Farbton definiert sich in HSB durch die Position auf einem Farbkreis in Gradzahlen. Daraus ergeben sich 360 verschiedene Farbtöne. Der Farbkreis beginnt rechts in der Mitte bei 0° (Rot) und verläuft gegen den Uhrzeigersinn.

Grau. Die Helligkeitseinstellung nehmen Sie ebenfalls in Prozentwerten vor, wobei 100 % reinem Weiß und 0 % Schwarz entspricht.

- Wählen Sie den gewünschten Farbton aus, indem Sie in das oberste Eingabefeld einen Wert zwischen 0° und 360° eingeben.
- Die Sättigung stellen Sie im mittleren Eingabefeld in Prozent ein: 0 % Sättigung bedeutet Grau, 100 % die höchste Sättigungsstufe, also reine Farbe (nicht druckbar).
- Im untersten Eingabefeld geben Sie den Helligkeitswert in Prozent ein: 0 % bedeutet Schwarz, 100 % Weiß.

Webfarben definieren

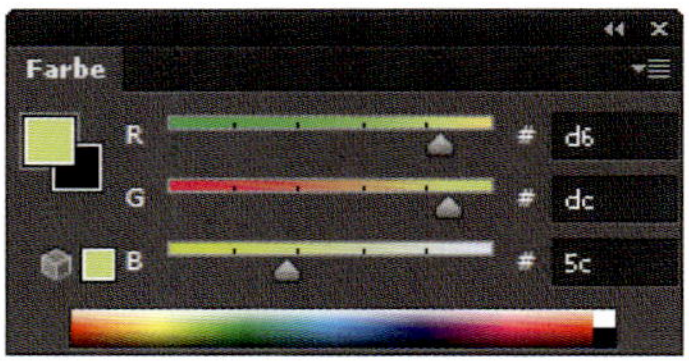

Abbildung 8.8
Die Farbbalken des Webfarbenreglers weisen eine Skala für die websicheren Farben auf.

Obwohl dieses Thema kaum mehr eine Bedeutung hat, können Sie auch heute noch für Ihre Webgrafiken (vgl. auch Kapitel 17) die websichere Palette (Webfarbenregler) verwenden. Diese Palette reserviert die 216 auf Windows- und Mac-Plattformen gleich darstellbaren Farben (oder weniger) für das eigentliche Bild. Wenn Sie Ihr Bild nachträglich mit der websicheren Palette abspeichern, entstehen manchmal Farbabweichungen.

Im Webdesign ist es üblich, Farben im Hexadezimalsystem anzugeben. Während eine normale Dezimalzahl nach der Neun auf zwei Stellen umschaltet, verwendet das Hexadezimalzahlensystem Buchstaben, um weitere einstellige Zahlen zu erzeugen. Eine einstellige Hexadezimalzahlenreihe besteht also aus 0, 1, 2, 3, 4, 5, 6, 7, 8, 9, A, B, C, D, E, F. A bis F stehen dabei für 10 bis 15.

Außerdem hat jede Farbe des Bedienfelds einen »sprechenden« eigenen Namen wie etwa »Aqua« oder »Ivory« (mehr darüber erfahren Sie weiter hinten in diesem Kapitel).

Über den Befehl *Webfarbenregler* im Bedienfeldmenü öffnen Sie einen Farbregler, in dem die RGB-Regler mit Skalen für die einzelnen Hexadezimalwerte versehen sind.

Nicht druckbare Farben im Farbe-Bedienfeld feststellen

Manchmal erscheint im Bedienfeld *Farbe* sowie im Farbwähler unter den Modi RGB und HSB links unten ein Warndreieck. Dieses symbolisiert Farben, die beim Drucken von CMYK-Farben (zum Beispiel im Offsetdruck) nicht wiedergegeben werden können. Dies trifft vor allem auf helle, leuchtende Farben zu. Man sagt auch, dass sich diese Farben außerhalb des CMYK-Gamut befinden (siehe auch Kapitel 1). Taucht dieses Warndreieck auf, bedeutet das, dass die aktuelle Farbe nicht für den Druck geeignet ist.

Darunter kann noch ein weiteres Symbol, ein Würfel, auftauchen. Dieses signalisiert Ihnen, dass die Farbe nicht websicher ist (siehe vorherige Seite, Abschnitt »Webfarben definieren«).

Achten Sie auf das Farbfeld neben der Warnung: Hierbei handelt es sich um einen Vorschlag für die ähnlichste Farbe, die für den Druck geeignet ist. Meist wird es sich um eine etwas dunklere, weniger leuchtende Farbe handeln. Mit einem Klick auf Würfel oder Warndreieck ersetzt Photoshop Ihre aktuelle Wahl durch die nächstgelegene druckbare oder websichere Farbe.

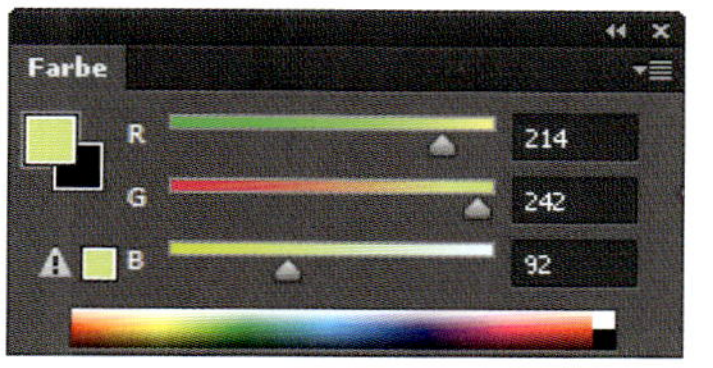

Abbildung 8.9
Das Warndreieck weist auf eine nicht druckbare Farbe hin; rechts daneben schlägt Photoshop eine ähnliche, druckbare Farbe vor.

8.4 Eine Farbe über den Farbwähler definieren

Auch über den Farbwähler können Sie die Vorder- oder die Hintergrundfarbe ändern: Klicken Sie entweder im *Werkzeuge*-Bedienfeld auf eines der beiden Farbfelder (Vorder- bzw. Hintergrundfarbe). Oder Sie klicken im Bedienfeld *Farbregler* auf das momentan aktive Farbfeld (Vorder- bzw. Hintergrundfarbe) bzw. doppelklicken auf das momentan nicht aktive Farbfeld. Das momentan aktive Farbfeld erkennen Sie an der schwarzen Umrandung.

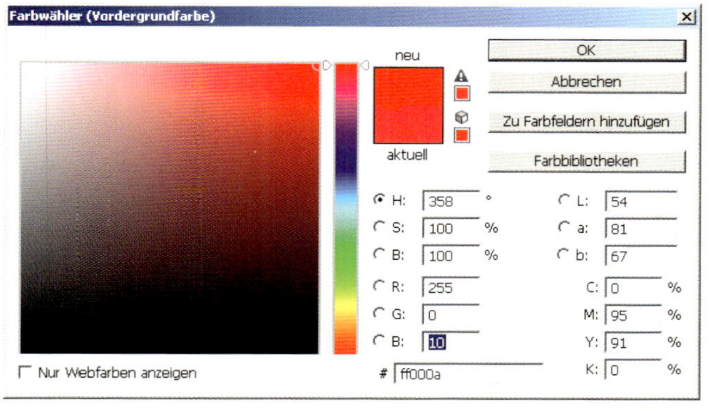

Abbildung 8.10
Im Farbwähler wurde ein weder druckbares noch websicheres Rot ausgewählt.

1. In der Dialogbox *Farbwähler* legen Sie als Erstes den Farbbereich fest, indem Sie im senkrechten Farbbalken auf den gewünschten Bereich klicken.
2. Um eine exakte Farbe festzulegen, zeigen Sie in den Farbbereich. Klicken Sie auf die gewünschte Farbe, die nun durch einen kleinen Kreis markiert wird.

Vordergrundfarbe mit einem Klick ändern
Nachdem Sie den nebenstehenden Schritt 4 ausgeführt haben, genügt von nun an ein einziger Klick auf die gewünschte Farbe im Farbfelder-Bedienfeld, um die Vordergrundfarbe zu ändern. Mit der Taste X machen Sie die Vordergrundfarbe gegebenenfalls zur Hintergrundfarbe. Mit etwas Übung beschleunigen Sie Ihren Arbeitsablauf mit dieser Methode erheblich. Mehr über das *Farbfelder*-Bedienfeld erfahren Sie auf Seite 209.

3. Die Farbwerte der gewählten Farbe trägt Photoshop in die Felder im rechten Dialogbereich ein. Gleichzeitig wird im oberen Farbmusterfeld eine Vorschau der gewählten Farbe angezeigt. Im unteren Farbmusterfeld sehen Sie die bisherige Farbe. Möchten Sie den Bereich der bisherigen Farbe wieder anzeigen, klicken Sie auf das untere Farbmusterfeld.
4. Klicken Sie auf die Schaltfläche *Zu Farbfeldern hinzufügen*, um die neue Farbe dauerhaft im Bedienfeld *Farbfelder* zu speichern. Mit dieser Technik können Sie sich schnell eine ganze Reihe von neuen Farben zusammenstellen: Sie können mit dieser Funktion nacheinander mehrere Farbfelder definieren, ohne die Dialogbox *Farbwähler* schließen zu müssen.

Abbildung 8.11
Sehen Sie in der obigen Abbildung die Raute? Sie hat die Farbe 100K Schwarz. Die Umgebung der Raute hat die Farbe 50C, 60M, 30Y, 100K.

Sind genaue Farbwerte gefordert, geben Sie diese selbst in die Felder im rechten Dialogbereich ein, anstatt die Farbe auf die beschriebene Art über den Farbbereich zu definieren.

Möchten Sie Ihr Bild im Internet publizieren und dazu nur websichere Farben verwenden, aktivieren Sie unten links in der Dialogbox das Kontrollkästchen *Nur Webfarben anzeigen*. Dadurch verändert sich die Dialogbox entsprechend.

Wenn Sie sich mit den im Web verwendeten Hexadezimalwerten, die für die 216 Farben der websicheren Palette verwendet werden, auskennen, geben Sie diese direkt in die auf Webfarben umgestellte Dialogbox *Farbwähler* ein.

Ist Ihr Schwarz schwarz genug?

Ist Ihnen das auch schon einmal passiert: Was am Bildschirm schön schwarz aussah, wirkte bei der Druckausgabe lediglich dunkelgrau?

Bei der Arbeit mit der so simpel erscheinenden Farbe Schwarz müssen Sie eine ganze Menge beachten. Denn auf einem Computermonitor gibt es nur eine einzige Möglichkeit, Schwarz darzustellen: Wenn kein Licht vom Bildschirm ausgestrahlt wird, entsteht Schwarz.

Im Druck kann Schwarz auf viele verschiedene Arten dargestellt werden. Die einfachste davon ist 100 Prozent Schwarz mit den Farbwerten 0 C, 0 M, 0 Y, 100 K. Dieses Schwarz kommt aber im Offsetdruck nicht ausreichend schwarz heraus, sondern normalerweise als ganz dunkles Grau.

Sie können jedoch auch ein wirklich sattes Tiefschwarz erzeugen, indem Sie dem Schwarz noch Anteile der übrigen Druckfarben beimischen. Es gibt viele verschiedene mögliche Druckfarbenkombinationen.

Eine Tiefschwarzvariante wäre ein »kühles Schwarz« mit den Farbwerten 70 C, 0 M, 0 Y, 100 K. Ein »warmes Schwarz« erhalten Sie mit 0 C, 60 M, 30 Y, 100 K. Auch eine Kombination aller vier Druckfarben ist möglich, etwa 60 C, 50 M, 50 Y, 100 K.

Bei der Definition eines solchen Tiefschwarz sollten Sie jedoch beachten, dass Sie den maximalen Farbauftrag, zum Beispiel 300 % für den Offsetdruck, nicht überschreiten, da es sonst zu Trocknungsproblemen kommen kann. Beim Siebdruck hingegen kann die Farbe schmieren oder abblättern.

Benötigen Sie große, einfarbige Schwarzflächen, sollten Sie auf ein Tiefschwarz zurückgreifen. Kein Tiefschwarz sollten hingegen sehr kleine Elemente erhalten. Für kleine Texte ist Tiefschwarz ungeeignet.

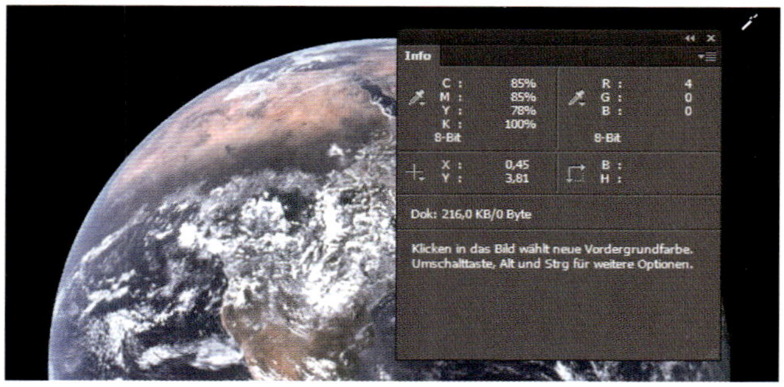

Abbildung 8.12
Links: Abweichende Schwarztöne bei aus Photoshop platziertem Bild auf schwarzem InDesign-Rahmen.
Rechts: Der Pipettentest zeigt: Die Schwarztöne sind zu tief.

Die Schwarzdarstellung

Das Problem an diesen ganzen Schwarzvarianten ist, dass sie auf dem Computerbildschirm alle gleich aussehen. Erst auf dem Papier sieht man den Unterschied.

Hier ein klassischer Fehler (siehe auch Abbildung oben): Ein Photoshop-Bild, das auf allen Seiten in Tiefschwarz ausläuft, wird in einem Satzprogramm wie InDesign in einen Rahmen in normalem 100 K Schwarz gesetzt.

In der Grundeinstellung können Sie auf dem Monitor keinen Unterschied erkennen. Wenn das Layout jedoch gedruckt wird, gibt es einen deutlichen Unterschied zwischen den Bereichen mit dem Photoshop-Schwarz und dem normalem InDesign-Schwarz.

Die Farbwerte messen

Eine Lösung besteht darin, dass Sie die Farbwerte in der CMYK-Datei über das *Info*-Bedienfeld messen. Wie das geht, haben Sie auf Seite 107 erfahren. Sie müssen nur aufpassen, dass das Tiefschwarz im CMYK-Bild tatsächlich einheitlich ist:

Bewegen Sie dazu den Mauszeiger umher und vergewissern Sie sich, dass die Farbwerte an den Bildrändern nicht variieren. Dann erzeugen Sie in InDesign ein neues CMYK-Farbfeld, dem Sie den Namen *Tiefschwarz* geben können.

Verwenden Sie hierbei die in Photoshop ermittelten Werte. Weisen Sie diese Farbe dem Rahmen zu, in den Sie das Bild setzen möchten.

Vorsicht, Falle

Auch in Photoshop gibt es eine Reihe von Fallen, die zu unerwünschten Schwarztönen führen. Die größte Fehlerquelle ist der Befehl *Bearbeiten* → *Fläche füllen*.

Wenn Sie im Popup-Menü *Verwenden* den Eintrag *Schwarz* wählen, füllt Photoshop Ihre Auswahl mit einem sehr hohen Prozentsatz aller vier CMYK-Druckfarben.

Sie können dies prüfen, indem Sie das *Info*-Bedienfeld öffnen und mit dem *Pipette*-Werkzeug auf die schwarze Fläche zeigen. Im CMYK-Bereich sehen Sie nun, welche Farben zu welchen Prozentsätzen beteiligt sind. Im Offsetdruck ergäbe ein solches Schwarz einen zu hohen Farbauftrag.

Deshalb sollten Sie eine entsprechende schwarze Vordergrundfarbe definieren und diese zum Füllen verwenden.

8.5 Volltonfarben auswählen

Simulation von Volltonfarben
Im Normalfall simuliert Photoshop die Volltonfarben durch RGB- bzw. CMYK-Werte, nur bei Duplex oder einem Schmuckfarbkanal werden diese auch tatsächlich als Sonderfarben definiert. Wie Sie mit Schmuckfarbkanälen arbeiten, zeigt Ihnen das Kapitel 13.

Zum Drucken werden oft Volltonfarben verwendet. Dabei handelt es sich um definierte und standardisierte Druckfarben, die von den Farbherstellern gemischt werden, zum Beispiel PANTONE-Farben oder HKS-Farben.

Durch die Standardisierung treten (außer durch unterschiedliche Farbtöne des Papiers und unterschiedliche Schichtdicke der Farbe) kaum Farbschwankungen auf, selbst wenn Sie die Aufträge an verschiedene Druckereien vergeben.

Hierzulande ist das HKS-Farbsystem mit etwa 80 verschiedenen Farbtönen (elf Grundfarben) in den Druckereien sehr gebräuchlich, international ist das Pantone-Farbsystem mit über 1000 verschiedenen Farbtönen (14 Grundfarben) am weitesten verbreitet. Die Farbrezepturen sind verschiedenen Bedruckstoffen und Druckverfahren angepasst, so dass es z.B. HKS K (Kunstdruckpapier) oder Pantone C (coated) für gestrichenes Papier bzw. HKS N (Naturpapier) oder Pantone U (uncoated) für ungestrichenes Papier gibt.

Abbildung 8.13
HKS-Farbfächer

Die Farbtöne sind in Farbtafeln zusammengefasst. Da die Volltonfarben nur im Druck richtig herauskommen, lassen sie sich am Bildschirm nur unzureichend überprüfen. Aus diesem Grund sollten Sie stets ein Farbmusterbuch oder einen Farbfächer zur Hand haben, wenn Sie mit Volltonfarben arbeiten. Solche Farbmuster für die Volltonfarben verschiedener Hersteller erwerben Sie im Fachhandel. In Photoshop stehen verschiedene Farbtafeln bereit, in denen Sie Volltonfarben verschiedener Typen auswählen können:

Blenden Sie mit einem Klick auf das Vorder- oder Hintergrund-Farbfeld in der Werkzeugleiste den Farbwähler ein und klicken Sie unterhalb der Schaltfläche *Abbrechen* auf die Schaltfläche *Farbbibliotheken*. Photoshop zeigt die Dialogbox *Farbbibliotheken*. Gehen Sie dann folgendermaßen vor:

1. Öffnen Sie das Popup-Menü *Buch*. Hier stehen Ihnen verschiedene Farbtafeln zur Verfügung, etwa *HKS K* oder *HKS N*. Wählen Sie das Gewünschte aus. Darunter zeigt Photoshop in einer Liste alle in der gewählten Farbtafel verfügbaren Farben mit ihrer Bezeichnung an. Rechts neben der Liste befindet sich ein Farbbalken, mit dem Sie einen bestimmten Farbbereich auswählen.
2. Wählen Sie die gewünschte Farbe mit einem Klick aus. Jede Farbe hat eine Nummer. Alternativ suchen Sie die gewünschte Farbe aus Ihrem Farbfächer/Farbmusterbuch aus und geben die Nummer über die Tastatur ein. Die Vorschau springt zu der eingetippten Farbnummer; der entsprechende Farbton ist ausgewählt.
3. Die ausgewählte Farbe zeigt sich im Farbmusterfeld im rechten Dialogbereich. Darunter sehen Sie die CMYK-Werte der Farbe.
4. Über die Schaltfläche *Farbwähler* gelangen Sie wieder zur Dialogbox *Farbwähler*. Diese bestätigen Sie zuletzt mit der Schaltfläche *OK*.

Tipps zu Volltonfarben

- Vergleichen Sie die am Monitor dargestellten Farben immer mit einem Farbfächer.
- Sollte Photoshop ein bestimmtes Volltonfarbensystem nicht bereithalten, legen Sie die Volltonfarben in einem anderen System an. Die Farben können später beim Druck ausgetauscht werden – zum Beispiel ein bestimmtes Grün durch ein bestimmtes Gelb. Die Druckerei muss nur wissen, welche Volltonfarbe Sie verwenden möchten.
- Nur etwa die Hälfte der Volltonfarben lässt sich mit dem CMYK-Farbsystem wiedergeben, die anderen Farben liegen außerhalb des CMYK-Farbraums.
- Bedenken Sie beim Einsatz von Volltonfarben, dass jede Volltonfarbe eine eigene Druckplatte benötigt. Dies steigert die Druckkosten.

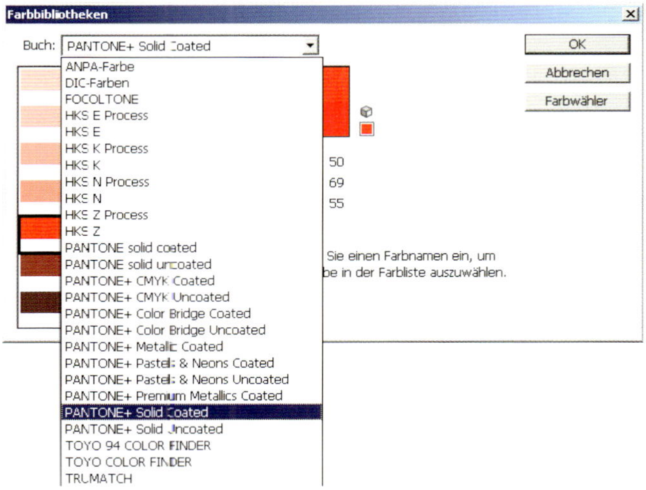

Abbildung 8.14
Das Popup-Menü *Buch*

8.6 Das Farbfelder-Bedienfeld verwenden

Außerdem können Sie eine neue Farbe über das Bedienfeld *Farbfelder* wählen. Die Besetzung der Farbfelder ist abhängig vom aktuellen Farbmodus. Das heißt, dass für ein Graustufenbild beispielsweise auch nur Grautöne im Bedienfeld enthalten sind.

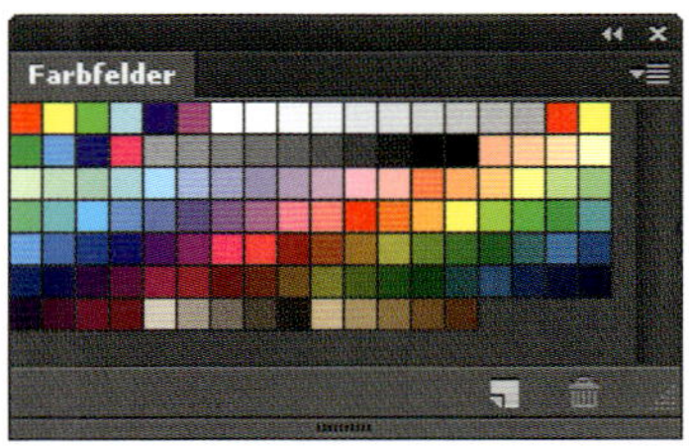

Abbildung 8.15
Auch über das Bedienfeld *Farbfelder* lässt sich eine Farbe auswählen und damit als aktuelle Vorder- bzw. Hintergrundfarbe definieren.

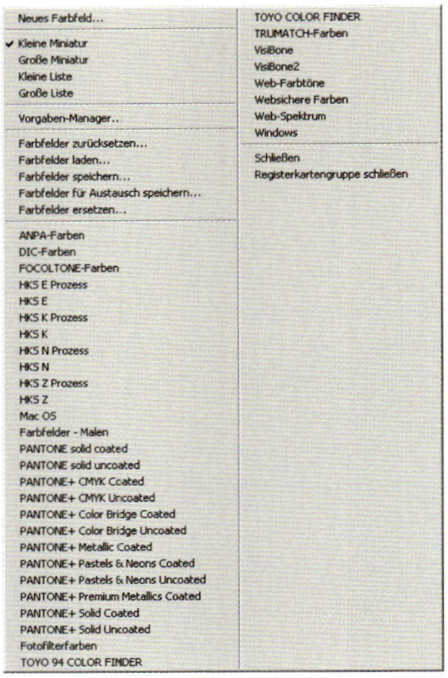

Abbildung 8.16
Über das Bedienfeldmenü der Farbfelder erreichen Sie alle in Photoshop verfügbaren Farbsysteme.

- Öffnen Sie das Bedienfeld mit *Fenster → Farbfelder*. Um eine Farbe als Vordergrundfarbe auszuwählen, klicken Sie auf das gewünschte Farbfeld. Der Mauszeiger wird zur Pipette.
- Um eine Farbe als Hintergrundfarbe auszuwählen, klicken Sie im Bedienfeld bei gedrückter [⌘]-Taste (Mac) bzw. [Strg]-Taste (Windows) auf ein Farbfeld.

Über das Bedienfeldmenü wählen Sie gegebenenfalls ein anderes Farbsystem zur Anzeige. Es ist möglich, den Inhalt des Bedienfelds zu speichern und zu laden, neue Farbfelder anzulegen oder auch zu ersetzen. Wie das alles geht erfahren Sie in den nächsten Abschnitten.

Ein neues Farbfeld erstellen

Photoshop bietet Ihnen die Möglichkeit, weitere Farbfelder in das Bedienfeld *Farbfelder* einzufügen. So stellen Sie sich z.B. eine Auswahl von häufig benötigten Farben zusammen. Sie können ein Bedienfeld speichern und jederzeit wieder laden.

1. Aktivieren Sie dazu im *Werkzeuge*-Bedienfeld zunächst das Werkzeug *Pipette*. Klicken Sie im Bild auf die gewünschte Farbe.
2. Im Bedienfeld *Farbfelder* zeigen Sie in den freien Bereich unten. Der Mauszeiger verwandelt sich in einen Farbeimer. Sobald Sie klicken, erscheint die Dialogbox *Name des Farbfelds*. Hier geben Sie dem neuen Farbfeld einen Namen. Dazu überschreiben Sie den vorgegebenen Text im Eingabefeld. Verlassen Sie die Dialogbox mit der Schaltfläche *OK*.

Farbfelder löschen
Löschen Sie nicht mehr benötigte Farbfelder. Damit bleibt das Bedienfeld übersichtlich. Dazu ziehen Sie das Farbfeld mit gedrückter Maustaste auf das Papierkorbsymbol am unteren Rand des Bedienfelds.

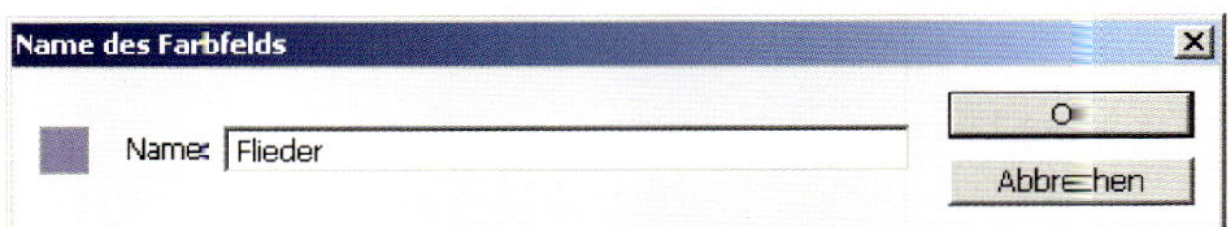

Abbildung 8.17
Geben Sie Ihrem neuen Farbfeld einen passenden Namen.

Das neue Farbfeld erscheint hinter dem letzten vorhandenen Farbfeld und erhält den von Ihnen angegebenen Namen.

Zeigen Sie wieder eine kurze Weile auf das Farbfeld, erscheint dieser Name als Werkzeugtipp. Falls Sie keinen Wert auf den Namen legen, legen Sie das Farbfeld unter Umgehung der Dialogbox *Name des Farbfelds* an:

1. Nehmen Sie die Farbe im Bild mit der Pipette auf.
2. Klicken Sie im Bedienfeld *Farbfelder* auf die Schaltfläche *Neues Farbfeld aus der Vordergrundfarbe erstellen*. Das Farbfeld erscheint.

Farbfelder umbenennen
Um ein Farbfeld umzubenennen, führen Sie einen Doppelklick darauf aus.

Farbfelder speichern und laden

Ihre bearbeiteten Farbfelder speichern Sie in einer eigenen Datei mit der Endung *ACO*.

1. Wählen Sie aus dem Bedienfeldmenü den Befehl *Farbfelder speichern*. In der geöffneten Dialogbox *Sichern* geben Sie der Farbfelderdatei einen Namen. Bestätigen Sie die Dialogbox mit *OK*.
2. Die gespeicherte Datei wird im Unterordner *Vorgaben → Farbfelder* des Ordners *Adobe Photoshop CS6* angelegt. Die Dateinamenerweiterung der Datei lautet *.aco*. Von nun an lassen sich Ihre selbst gespeicherten Farbfelder über den Menübefehl *Farbfelder laden* des Bedienfeldmenüs jederzeit laden.

Das Farbfelder-Bedienfeld auf die Standardeinstellung zurücksetzen

Nachdem Sie nun einige Änderungen im Bedienfeld *Farbfelder* vorgenommen haben, möchten Sie es vielleicht auf seinen Standard zurücksetzen. Damit erhält das Bedienfeld wieder die ursprüngliche Besetzung.

1. Öffnen Sie das Bedienfeldmenü und wählen Sie den Eintrag *Farbfelder zurücksetzen*.
2. Sie erhalten eine Sicherheitsabfrage und bestätigen diese mit der Schaltfläche *OK*. Anschließend sehen Sie wieder die ursprünglichen Farbfelder.

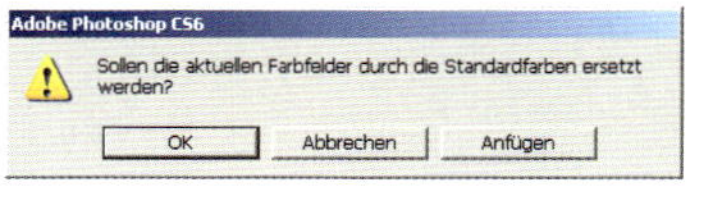

Abbildung 8.18
Sicherheitsabfrage beim Zurücksetzen der Farbfelder

8.7 Harmonische Farben mit »Kuler« zusammenstellen

Die Auswahl harmonierender Farben ist eine der wichtigsten Entscheidungen zu Beginn des Gestaltungsprozesses.

Über das Menü *Fenster → Erweiterungen* finden Sie das Bedienfeld *Kuler*. Über dieses haben Sie Zugriff auf die Online-Farb-Community *Kuler* von Adobe Labs. Mit diesem interessanten Tool können Sie unter anderem von anderen Designern erzeugte harmonische Farbgruppen betrachten und abrufen. Sie können auch Ihre eigene Grundfarbe eingeben und die kuler-Engine erzeugt dann automatisch dazu passende Farbtöne.

Nachdem Sie das Bedienfeld geöffnet haben, aktivieren Sie das Register *Durchsuchen*. Hier sehen Sie die von anderen Gestaltern erzeugten Farbkombinationen (vorausgesetzt,

Abbildung 8.19
Das Bedienfeld *Kuler* hilft Ihnen, wenn Sie harmonische Farbkombinationen suchen.

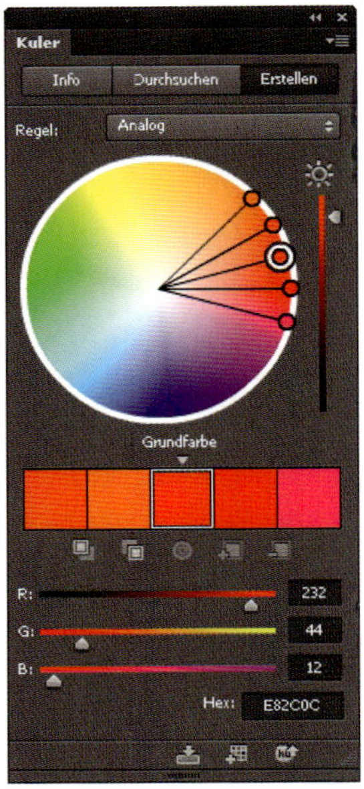

Abbildung 8.20
Auch Ihre eigenen Farbharmonien können Sie im Bedienfeld zusammenstellen.

Ihr Rechner ist online). Wenn Sie eine dieser Farbkombinationen markiert haben, erscheint am Ende ihrer Zeile ein kleines Pfeilsymbol. Mit einem Klick darauf öffnet sich ein Menü, aus dem Sie nun *Zum Farbfeldbedienfeld hinzufügen* wählen können. Die Farbharmonie erscheint damit in Ihren Farbfeldern und ist einsatzbereit. Alternativ bearbeiten Sie die markierte Farbkombination weiter, indem Sie aus dem genannten Menü den Befehl *Dieses Farbschema bearbeiten* wählen.

Sie gelangen damit in das Register *Erstellen* des Bedienfelds. Der Regler *Grundfarbe* steht zunächst auf dem mittleren Farbfeld. Möchten Sie diese Grundfarbe ändern, geben Sie einen entsprechenden Wert in die darunterliegenden RGB-Felder ein oder betätigen Sie die zugehörigen Regler. Oder Sie klicken unter den Farbfeldern auf eine der Schaltflächen *Aktuelle Vordergrundfarbe als Grundfarbe hinzufügen* bzw. *Aktuelle Hintergrundfarbe als Grundfarbe hinzufügen* .

1. Beginnen Sie mit einer Grundfarbe, von der Sie meinen, dass sie den Ton und Inhalt Ihres Projekts am besten trifft.
2. Nun lassen Sie sich automatisch passende Farben anzeigen, indem Sie zuerst auf eine der im Popup-Menü *Regel* aufgelisteten Farbharmonien klicken (mehr zu einigen dieser Farbharmonien finden Sie im Kasten).
3. Anschließend können Sie die Grundfarbe noch interaktiv anpassen, indem Sie den im Farbrad hervorgehobenen Kreis ziehen.
4. Sobald Sie eine zusagende Farbkombination gefunden haben, hängen Sie diese über das Symbol *Dieses Farbschema zu Farbfeldern hinzufügen* an Ihr Farbfelder-Bedienfeld an.

Möchten Sie Ihre Kreationen mit anderen *kuler*-Anwendern teilen? Dann klicken Sie auf das Symbol *Farbschema in kuler hochladen* , das Sie ebenfalls am unteren Rand des Bedienfelds finden. Die Website-Version von *kuler* wird mit Ihrem soeben erzeugten Farbschema in Ihrem Browser geöffnet.

Um das Farbschema ohne weitere Änderungen der *Kuler*-Community zur Verfügung zu stellen, loggen Sie sich über den Link *Sign in* im rechten oberen Fensterbereich mit Ihrer Adobe-ID und Ihrem Passwort ein (im Bedarfsfall können Sie ID und Passwort über den Link *Register* neu erstellen). Danach geben Sie einen Titel (*Title*) für Ihr Farbschema ein und speichern es mit einem Klick auf *Save*.

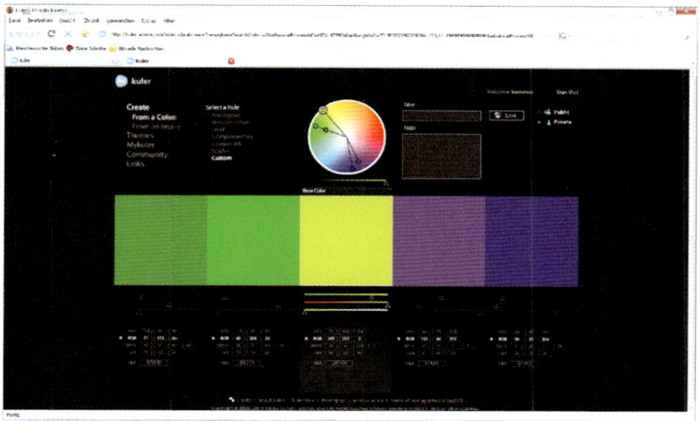

Abbildung 8.21
Die *Kuler*-Website bietet alle Funktionen des Bedienfelds in noch übersichtlicherer Form (und außerdem noch einige Funktionen mehr).

Farbharmonien

Das monochromatische Farbschema besteht aus einer einzigen Grundfarbe in verschiedenen Tönen und Schattierungen, also Modifizierungen durch Beimischung von Schwarz oder Weiß. Ein monochromatisches Farbschema könnte die richtige Lösung sein, wenn Sie beispielsweise einen passenden Rahmen für die Präsentation Ihrer Fotos suchen und wenn diese Fotos dominieren sollen.

Das analoge Farbschema enthält auf dem Farbkreis in unmittelbarer Nachbarschaft angesiedelte Farben. Da solche Analogfarben einander stark ähneln, empfindet das Auge sie als harmonisch, ausbalanciert und angenehmer als aufeinanderprallende Komplementärfarben, die sich im Farbkreis genau gegenüberstehen. In der Natur finden wir sehr häufig Analogfarben, beispielsweise die verschiedenen Blau- und Grüntöne des Meeres.

Ein komplementäres Farbschema besteht aus Farben, die auf dem Farbkreis direkt gegenüberliegen, zum Beispiel Orange und Blau oder Rot und Grün. Sie wirken lebhaft, pulsierend, dynamisch. Ein komplementäres Farbschema mit gesättigten Farben wirkt aber auch schnell überstimulierend und ermüdend.

Eine weitere klassische Farbharmonie ist die Triade. Sie besteht aus drei Farben, die auf dem Farbkreis gleich weit voneinander entfernt sind. Triaden wirken harmonisch, aber auch lebhaft.

Abbildung 8.22
Viele Landschaftsfotos weisen Analogfarben auf.

Abbildung 8.23
Diese Rosen zeigen Komplementärfarben.

Geeignetes Bildmaterial
Fotos mit sehr vielen unterschiedlichen Farben sind weniger geeignet. Besonders geeignet sind Architektur- und Landschaftsfotos mit ihren sanften Farbkombinationen und -übergängen. Die sonstige Qualität des Bilds ist unwichtig.

flickr-Fotos nutzen
Statt eigener Bilder können Sie für diese Funktion auch die Fotos der Flickr-Community verwenden. Klicken Sie dazu in Schritt 3 nicht auf *Upload New Image*, sondern auf *Flickr*.

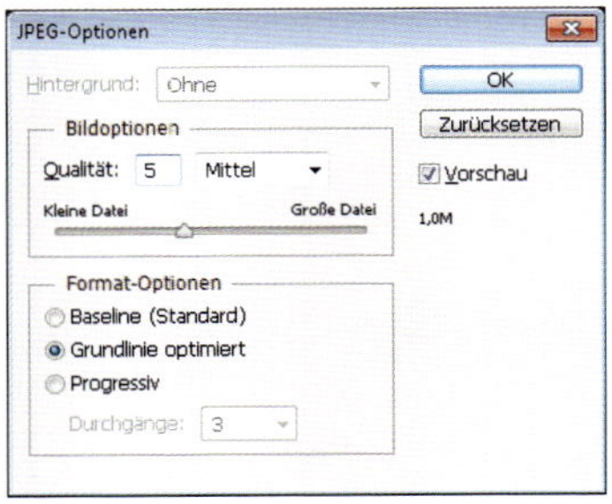

Abbildung 8.24
Wählen Sie eine mittlere JPEG-Qualität, damit das Bild schnell hochgeladen werden kann.

Kuler-Farbharmonien anhand eines Fotos finden

Die Website bietet Ihnen einige Funktionen mehr als das Bedienfeld. Zum Beispiel können Sie hier ein Foto hochladen und dafür eine Farbstimmung *(mood)* auswählen. kuler berechnet aufgrund der Farben des Fotos ein harmonisches Farbschema, das Sie als ASE-Farbfelderdatei speichern und dann in das Farbfelder-Bedienfeld von Photoshop laden können. Die Zusammenstellung einer harmonischen Farbpalette wird damit zu einem Vergnügen. So geht es:

1. Öffnen Sie ein Bild mit den gewünschten Farbtönen. Schneiden Sie es gegebenenfalls in Photoshop auf einen geeigneten Ausschnitt zu. Damit das Bild schnell hochgeladen werden kann, speichern Sie es jetzt im JPEG-Format mit mittlerer Qualität, zum Beispiel 5.
2. Anschließend klicken Sie auf der kuler-Webseite in der linken Navigationsleiste auf *Create* und dann auf *From an Image*.
3. Klicken Sie auf *Upload* und laden Sie das Bild von Ihrer Festplatte hoch.
4. Wählen Sie links die gewünschte Farbstimmung.
5. *kuler* analysiert automatisch die Bildfarben. Sie können diese aber auch selbst anpassen, indem Sie die fünf Ringe auf dem Bild an die gewünschten Stellen ziehen.

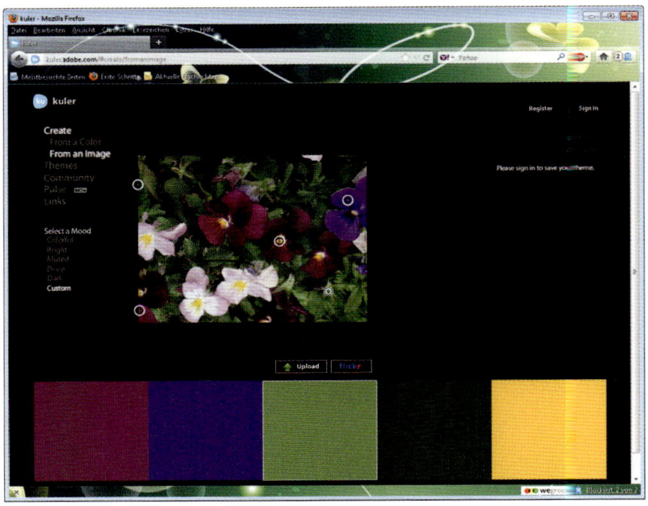

Abbildung 8.25
Mit einem entsprechenden Foto als Grundlage finden Sie besonders mühelos zueinander passende Farbkombinationen.

6. Sobald Sie eine Farbkombination gefunden haben, die Ihnen gefällt, geben Sie einen Titel ein und klicken Sie auf *Save*.

7. Anschließend können Sie das Farbschema über *Download this Theme as an Adobe Swatch Exchange File* auf Ihrer Festplatte speichern.

Um nun über Photoshop auf diese Farbharmonie zuzugreifen, wählen Sie aus dem Bedienfeldmenü des *Farbfelder*-Bedienfelds den Befehl *Farbfelder laden*.

8.8 Bildbereiche füllen

Jetzt wissen Sie, wie man Farben definiert und mischt. Nun erfahren Sie, wie Sie die auf diese Weise festgelegten Farben auf Ihr Bild oder Bildbereiche anwenden.

Im vorigen Kapitel lernten Sie bereits die Möglichkeit kennen, einen Auswahlbereich über den Befehl *Bearbeiten → Fläche füllen* mit einer Farbe, einem Muster oder umgebenden Bildbereichen zu füllen. Eine andere Möglichkeit ist das *Füllwerkzeug* im *Werkzeuge*-Bedienfeld, das immer die aktuelle Vordergrundfarbe verwendet.

Das *Füllwerkzeug* funktioniert ähnlich wie der Zauberstab: Es versieht den Bildbereich, dessen Farbe dem angeklickten Pixel ähnelt, mit der Vordergrundfarbe oder einem Muster. Daher können Sie auch für das Füllwerkzeug einen *Toleranz*-Wert angeben. Möchten Sie auf jeden Fall den ganzen Bereich füllen, stellen Sie in den *Werkzeugoptionen* eine Toleranz von *255* ein.

1. Aktivieren Sie im *Werkzeuge*-Bedienfeld das Füllwerkzeug . Es teilt sich seinen Platz im *Werkzeuge*-Bedienfeld mit dem *Verlaufswerkzeug* . Bewegen Sie das Werkzeug in das Bild, verändert sich der Mauszeiger in einen Farbeimer.
2. Klicken Sie in den Bereich, dem Sie die Vordergrundfarbe zuweisen möchten. Der Farbbereich, der dem angeklickten Pixel entspricht, wird im Bild ermittelt und mit der Vordergrundfarbe gefüllt. Mehrere Klicks erweitern die Füllung.

Hintergrundfarbe für das Füllwerkzeug verwenden
Um die Hintergrundfarbe für das *Füllwerkzeug* zu verwenden, wechseln Sie die Farben über den Doppelpfeil im Werkzeuge-Bedienfeld bzw. drücken Sie die Taste [X].

Einen bestimmten Bildbereich mit dem Füllwerkzeug füllen

Möchten Sie mit dem Füllwerkzeug einen bestimmten Bildbereich füllen, legen Sie zuerst mit einem geeigneten Auswahlwerkzeug diesen Bereich fest. Anschließend gehen Sie wie beschrieben vor.

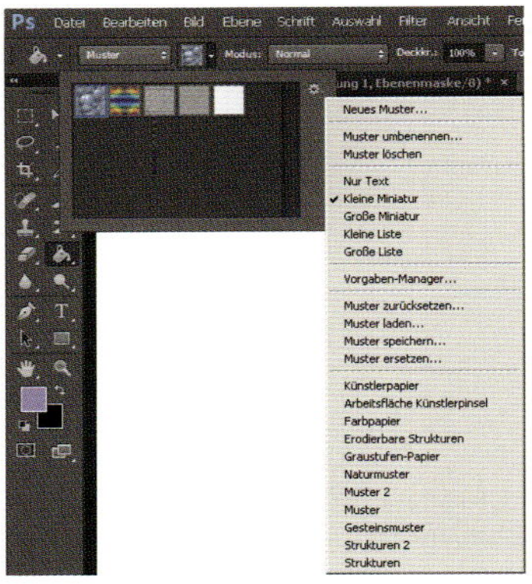

Abbildung 8.26
Über das Bedienfeldmenü schalten Sie gegebenenfalls weitere Füllmuster hinzu.

Die Optionen des Füllwerkzeugs festlegen

Wie für alle anderen Werkzeuge stellen Sie auch für das Füllwerkzeug verschiedene Optionen ein.

- Über das Popup-Menü *Füllung* der Optionenleiste legen Sie fest, auf welche Weise das Füllwerkzeug den Bildbereich füllen soll. Wählen Sie hier den Eintrag *Muster*, verwendet das Füllwerkzeug das momentan in der Musterpalette rechts vom Popup-Menü ausgewählte Muster.
- Über das Popup-Menü *Modus* bestimmen Sie, mit welchem Mischmodus Photoshop den Bildbereich füllen soll. Über die in Photoshop verfügbaren Modi informieren Sie sich ausführlich in Kapitel 10.
- Definieren Sie über die Option *Deckkraft* die Transparenz der Füllung. Je niedriger der Wert, desto durchsichtiger erscheint die Füllung.
- Geben Sie in das Eingabefeld *Toleranz* den Wert für die Toleranz der Füllungsweise ein. So legen Sie fest, welchen Auswahlbereich das Füllwerkzeug in Anspruch nimmt. Diese Option gleicht der *Toleranz*-Einstellung für das Zauberstab-Werkzeug.
- Aktivieren Sie das Kontrollkästchen *Glätten*, wenn Sie vermeiden möchten, dass die Kanten nach dem Füllen hart und ausgefranst erscheinen. Sie erzielen bei aktivierter Option einen glaubwürdigeren Übergang zwischen dem gefüllten Bereich und den umliegenden Pixeln.
- Deaktivieren Sie das Kontrollkästchen *Benachbart*, wenn Sie die Farbe des angeklickten Pixels im gesamten Bild ersetzen möchten. Bei aktiviertem Kontrollkästchen füllt Photoshop nur mit dem angeklickten Pixel zusammenhängende Bereiche.
- Sind im Bild Ebenen enthalten, die Sie beim Füllen berücksichtigt haben möchten, aktivieren Sie das Kontrollkästchen *Alle Ebenen*. Dadurch berücksichtigt Photoshop automatisch alle Ebenen (siehe Kapitel 10), die im Bildbereich enthalten sind. Mit oder ohne deaktiviertem Kontrollkästchen füllt Photoshop nur die aktuelle Ebene.

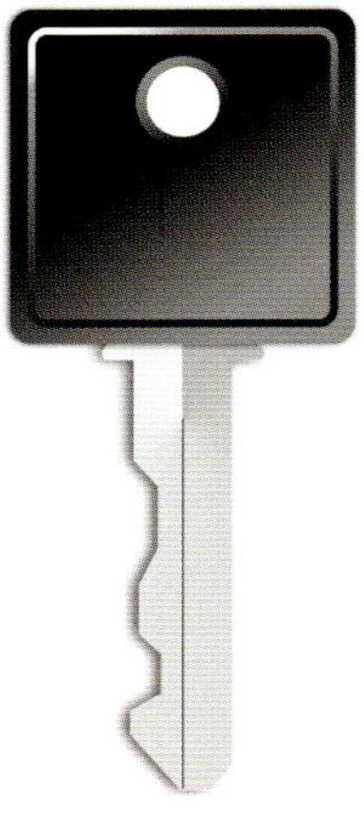

Abbildung 8.27
Für fotorealistische Grafiken wie den Schlüssel sind Farbverläufe unverzichtbar.

Verläufe

Farbverläufe setzen Sie ein, um einen stufenlosen Übergang zwischen zwei oder mehr Farben zu erzielen. In Photoshop stehen Ihnen in der Optionenleiste des Verlaufswerkzeugs fünf verschiedene Verlaufsarten zur Verfügung:

- Linearer Verlauf
- Radialverlauf
- Verlaufswinkel
- Reflektierter Verlauf
- Rauteverlauf

Abbildung 8.28
Von links nach rechts: Linearer Verlauf, Radialverlauf, Verlaufswinkel, reflektierter Verlauf und Rauteverlauf

Die Werkzeugoptionen des Verlaufswerkzeugs

Bevor Sie eine Auswahl mit einem Verlauf füllen, sollten Sie in den Werkzeugoptionen die richtigen Optionen einstellen.

- Aktivieren Sie im *Werkzeuge*-Bedienfeld das *Verlaufswerkzeug*. Sie können einen der vordefinierten Verläufe verwenden: Dazu öffnen Sie das Popup-Menü *Klicken zum Bearbeiten eines Verlaufs* in den Werkzeugoptionen. In der folgenden Palette wählen Sie aus verschiedenen Verlaufsfarben.
- Genügt Ihnen diese Auswahl noch nicht, laden Sie weitere Verlaufsgruppen. Dazu klicken Sie auf das Zahnradsymbol neben der Verlaufspalette und wählen die gewünschte Verlaufsgruppe, zum Beispiel *Spektrum*.

Verwenden Sie möglichst Füllebenen
Verwenden Sie statt des Verlaufswerkzeugs möglichst Füllebenen der Art *Verlauf* (dasselbe gilt übrigens auch für einfarbige Füllungen – hier arbeiten Sie möglichst mit einer Farbfläche). Mehr über die relevanten Techniken erfahren Sie in Kapitel 10.

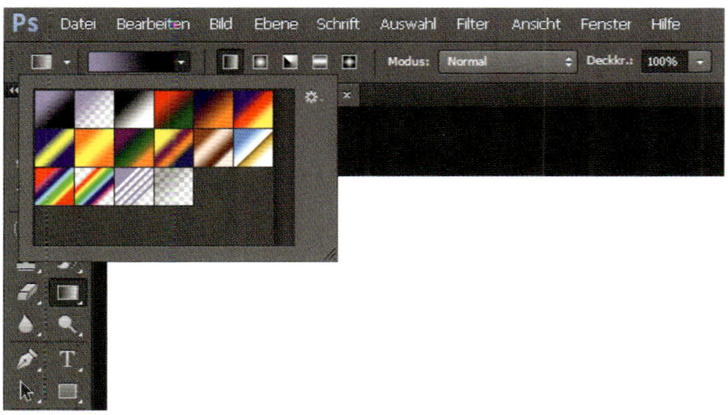

Abbildung 8.29
Hinter dem Popup-Menü *Klicken zum Bearbeiten eines Verlaufs* verbergen sich verschiedene vordefinierte Verläufe.

- Wählen Sie den gewünschten Verlauf aus.
- Wählen Sie die Verlaufsart, indem Sie auf eine der fünf Schaltflächen klicken.
- Über das Popup-Menü *Modus* legen Sie gegebenenfalls den Auftragsmodus des Verlaufs fest. Details darüber erfahren Sie später in Kapitel 10.

- Stellen Sie über die Option *Deckkraft* die Transparenz des Verlaufs ein.
- Möchten Sie die Verlaufsfarben vertauschen, aktivieren Sie das Kontrollkästchen *Umkehren*.
- Bei aktiviertem Kontrollkästchen *Dither* werden die Zwischenfarben des Verlaufs durch Fehlerstreuung simuliert. Der Verlauf wirkt in vielen Fällen glatter und neigt weniger zur Streifenbildung.
- Haben Sie einen Verlauf mit Transparenz gewählt, aktivieren Sie das Kontrollkästchen *Transparenz*, damit die Transparenz beim Erzeugen des Verlaufs übernommen wird. Mehr über Transparenzen in Verläufen erfahren Sie weiter hinten.

Den Verlauf erzeugen

Nachdem Sie die gewünschten Parameter eingestellt haben, erzeugen Sie den Verlauf im Bild. Zur Vorbereitung wählen Sie die Fläche, auf die Sie den Verlauf anwenden möchten. Dann gehen Sie folgendermaßen vor:

1. Bewegen Sie den Mauszeiger auf das Bild. Der Mauszeiger wird zu einem Fadenkreuz.
2. Klicken Sie in das Bild, um den Startpunkt des Verlaufs festzulegen. Am Startpunkt finden Sie stets die Farbe links im Vorschaufeld.

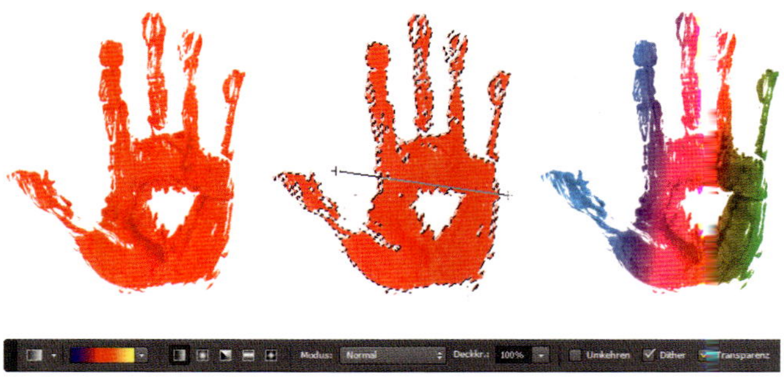

Abbildung 8.30
Die rote Farbe des Handabdrucks soll durch einen Verlauf ersetzt werden; die Struktur der Farbe soll jedoch erhalten bleiben. Für solche Aufgaben eignet sich der Modus *Farbe* (mehr darüber in Kapitel 10). Nachdem Sie den Modus *Farbe* in der Optionenleiste ausgewählt haben, ziehen Sie in die geplante Verlaufsrichtung. Sobald Sie die Maustaste loslassen, erstellt Photoshop den Verlauf.

3. Ziehen Sie mit gedrückter Maustaste in die gewünschte Richtung. Eine Linie soll Ihnen beim Anlegen des Verlaufs helfen. Die Länge der Linie ist entscheidend für die Verlaufsbreite. Sobald Sie die Maustaste freigeben, erstellt Photoshop den Verlauf.

Gefällt Ihnen das Ergebnis nicht, lassen Sie den Auswahlbereich bestehen (oder stellen Sie ihn mit *Auswahl* → *Erneut auswählen* wieder her). Legen Sie gegebenenfalls andere Optionen für das *Verlaufswerkzeug* fest und ziehen Sie erneut.

45°-Schritte
Halten Sie beim Erstellen des Verlaufs die [⇧]-Taste gedrückt, bewegen Sie die Linie bzw. den Verlauf in 45°-Schritten.

Der bisherige Verlauf wird durch den neuen Verlauf ersetzt. Dies können Sie so lange wiederholen, bis Ihnen Art und Winkel des Verlaufs gefallen.

Das gerade Gesagte gilt für den Mischmodus *Normal*. Wählen Sie hingegen zum Beispiel den Mischmodus *Differenz* und ziehen Sie vier- oder fünfmal in unterschiedlichen Richtungen und mit unterschiedlicher Länge über die Arbeitsfläche.

Wie Sie sehen, wird der bestehende Verlauf nicht jeweils durch den neuen Verlauf ersetzt, sondern die Verläufe werden miteinander verrechnet. Mit dieser Methode erzeugen Sie schnell attraktive Hintergründe für Ihren Desktop und Ähnliches.

Abbildung 8.31
Im Modus *Differenz* werden die Verläufe miteinander verrechnet.

Auch andere Mischmodi erzeugen solche Mischungen; experimentieren Sie einfach einmal.

Verläufe bearbeiten

Sie sind nicht auf die vorgegebenen Verläufe beschränkt, sondern ändern diese bei Bedarf nach Ihren Vorstellungen ab. Sie können auch selbst Verläufe entwickeln, diese dann speichern und laden.

Aktivieren Sie das *Verlaufswerkzeug* und blenden Sie gegebenenfalls die Optionenleiste ein (*Fenster* → *Optionen*). Klicken Sie in den Werkzeugoptionen direkt in das Vorschaufeld der Verlaufsauswahlliste. Photoshop öffnet die Dialogbox *Verläufe bearbeiten*.

Hier gehen Sie folgendermaßen vor:

1. Unter *Vorgaben* stehen Ihnen die bereits bekannten vordefinierten Verläufe zur Auswahl. Wie Sie sehen, gibt es auch Verläufe, die über transparente Bereiche verfügen. Die Transparenz zeigt sich in den Vorschauminiaturen gekachelt.
2. Über das Bedienfeldmenü der Vorgaben laden Sie andere Verlaufsgruppen hinzu. Sie erhalten eine Abfrage, in der Sie entscheiden, ob Sie die neuen Vorgaben des Bedienfelds hinzufügen oder ob Sie die bisherigen Vorgaben ersetzen möchten.

Abbildung 8.32
Klicken Sie an die gewünschte Stelle unter dem Verlaufsbalken, ...

Abbildung 8.33
... um eine neue Farbmarkierung zu setzen. Mit einem Doppelklick auf die Markierung ändern Sie deren Farbe.

Abbildung 8.34
Die Rauten zwischen den Farbmarken symbolisieren den jeweiligen Verlaufsmittelpunkt.

Abbildung 8.35
Ziehen Sie die Raute nach links, erhöht sich der Verlaufsanteil der Farbe zur Rechten.

Farben aus dem Verlauf löschen
Um eine Farbmarkierung oder Farbe aus dem Verlauf zu löschen, ziehen Sie sie mit gedrückter Maustaste einfach nach unten oder oben aus dem Balken heraus. Alternativ klicken Sie unter *Unterbrechungen* auf die Schaltfläche *Löschen*.

3. Außerdem verändern Sie im Bedienfeldmenü gegebenenfalls die Darstellung der Vorgaben. In der Grundeinstellung zeigen sie sich als kleine Miniaturen. Sie können sie aber auch als Text, Text mit Miniatur, große Miniatur oder kleine Miniaturen darstellen.

Im unteren Bereich der Dialogbox zeigt der Verlaufsbalken die einzelnen Farben, aus denen der Farbverlauf zusammengesetzt ist. Über diesen Balken ändern Sie den aktuellen Verlauf. Die unteren Markierungen zeigen dabei die Farbe an einer bestimmten Stelle. Die oberen Markierungen zeigen die Deckkraft an einer bestimmten Stelle.

Streifen in Verläufen vermeiden
Auch wenn Ihr Farbverlauf am Monitor perfekt wirkt – im Druck muss das noch lange nicht so sein. Bei Farbverläufen, die im Offsetdruck reproduziert werden sollen, besteht immer die Gefahr, dass sie streifig herauskommen. Zwar ist die Gefahr durch die SmoothShading-Technologie von PostScript 3 nicht mehr so groß wie früher. Auf PostScript-2-Laserdruckern und anderen PS-2-Maschinen besteht das Problem jedoch nach wie vor.

Es lässt sich weitgehend vermeiden, wenn Sie die Verläufe erst im Ausgabefarbraum erzeugen. Wenn Sie eine CMYK-Datei ausgeben möchten, sollten Sie den Verlauf nicht in der RGB-Datei, sondern erst nach der endgültigen Konvertierung in CMYK erzeugen.

Weiterhin sollten Sie darauf achten, dass die Start- und die Endfarbe des Verlaufs sich nicht zu ähnlich sind und dass der Verlauf so kurz wie möglich, auf keinen Fall aber länger als 20 cm ist.

Farben ändern und zum Verlauf hinzufügen

Diese Markierungen verschieben oder ändern Sie, wenn Sie die Farbzusammensetzung und die Transparenz des Verlaufs ändern möchten. Zeigen Sie unterhalb des Verlaufsbalkens auf eine freie Fläche zwischen den Farbmarkierungen, verändert sich der Mauszeiger in eine Hand.

1. Klicken Sie, um eine neue Farbmarkierung anzulegen.
2. Legen Sie nun die Farbe dieser Farbmarkierung fest. Dazu doppelklicken Sie auf die Marke und wählen im Farbwähler die gewünschte Farbe aus. Alternativ klicken Sie bei ausgewählter Farbmarke doppelt auf die gewünschte Stelle im Bild, um deren Farbe mit der Pipette aufzunehmen. Mit einem solchen Doppelklick ändern Sie auch bestehende Farbmarkierungen.
3. Nachdem Sie eine Farbe definiert haben, ändern Sie deren Position im Farbverlauf gegebenenfalls noch. Dazu ziehen Sie die Farbmarkierung an die gewünschte Position oder Sie geben unter *Unterbrechungen* im Eingabefeld *Position* einen entsprechenden Prozentwert an. Der jeweilige Farbanteil erhöht oder reduziert sich dadurch.
4. Wenden Sie diese Vorgehensweise so oft an, bis Sie die gewünschte Anzahl an Farben für Ihren Farbverlauf erzielt haben.
5. Sobald Sie eine der Farbmarken angeklickt haben, zeigt sich zusätzlich eine Raute in der Mitte zwischen der angeklickten und der jeweils benachbarten Farbe. Diese stellt den jeweiligen Verlaufsmittelpunkt dar. Ziehen Sie die Raute nach links, verringert sich der Verlaufsanteil der Farbe zur Linken, ziehen Sie nach rechts, erhöht er sich.

Verläufe nach Schwarz

Im Offsetdruck bekommen Verläufe nach Schwarz häufig schmutzig wirkende Übergänge. Aus diesem Grund sollten Sie für die Schwarzmarke im Verlauf nicht einfach die Farbe

0 Cyan, 0 Magenta, 0 Gelb und 100 Schwarz verwenden. Ein besseres Ergebnis erzielen Sie, wenn Sie das Schwarz in einem Verlauf von Cyan nach Schwarz folgendermaßen definieren: Cyan 95, Magenta 0, Gelb 0, Schwarz 100. In einem Verlauf von Magenta nach Schwarz verwenden Sie das folgende Schwarz: Cyan 0, Magenta 95, Gelb 0, Schwarz 100. Sie mischen also zusätzlich 95 % der anderen Verlaufsfarbe in das Schwarz.

Abbildung 8.36
Oben: Standardverlauf von Cyan nach Schwarz, unten: optimierter Verlauf

Verlaufstransparenzen erstellen

Die Markierungen oberhalb des Verlaufsbalkens dienen zur Definition der Verlaufstransparenz.

Abbildung 8.37
Durch Verläufe mit Transparenzen statten Sie Ihre Bilder beispielsweise mit einer Art Vignetteneffekt oder – wie hier – mit einem weichen Rand aus.

- Klicken Sie eine der oberen Markierungen an und geben Sie im Dialogbereich *Unterbrechungen* die gewünschte Transparenz in das Feld *Deckkraft* ein. Je geringer Sie den Prozentsatz wählen, desto transparenter wird der Verlauf an der Stelle der Markierung.
- Um weitere Deckkraftmarken zu setzen, klicken Sie – analog zum Setzen von Farbmarken – an der gewünschten Stelle oberhalb des Farbbalkens.
- Um eine Deckkraftmarke zu entfernen, ziehen Sie diese nach oben oder nach unten oder Sie klicken sie an und anschließend auf die Schaltfläche *Löschen*.

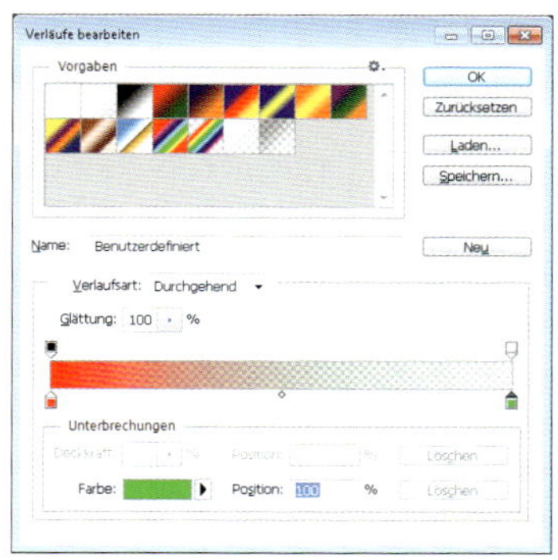

Abbildung 8.38
Die Deckkraft der rechten Deckkraftmarke (über dem Farbbalken) wurde auf 0 % gesetzt. Die linke Marke hat eine Deckkraft von 100 %.

Einen Verlauf mit Rauschen erstellen

Bisher haben Sie glatte, stufenlose Verläufe erstellt. Photoshop bietet Ihnen aber auch noch die Möglichkeit, Verläufe vom Typ *Rauschen* zu erstellen. Dabei handelt es sich um Verläufe, bei denen sich die Farben nach dem Zufallsprinzip verteilen – allerdings stets innerhalb des von Ihnen definierten Farbbereichs.

Abbildung 8.39
Für Spezialeffekte: Farbverlauf vom Typ *Rauschen*

1. Um einen Rauschenverlauf zu erstellen, wählen Sie zunächst einen Verlauf, der als Grundlage dienen soll. Öffnen Sie dann in der Dialogbox *Verläufe bearbeiten* das Popup-Menü *Verlaufstyp* und wählen Sie den Eintrag *Rauschen*.
2. Über das Feld *Kantenunschärfe* legen Sie fest, wie glatt der Verlauf wirken soll. Je niedriger Sie hier den Prozentsatz wählen, desto glatter wirkt der Verlauf.
3. Wählen Sie ein *Farbmodell* und legen Sie mithilfe der darunter angeordneten Regler die Werte für die einzelnen Farbkomponenten fest. Außerdem können Sie die Farben, Transparenzen und deren Verteilung per Zufall festlegen, indem Sie wiederholt auf die Schaltfläche *Zufallsparameter* klicken.

Einen Verlauf in die Bibliothek aufnehmen

Manche gelungenen Verläufe möchten Sie vielleicht dauerhaft aufbewahren. Zu diesem Zweck nehmen Sie sie in die Vorgabenliste auf.

1. Geben Sie Ihrem Verlauf – immer noch in der Dialogbox *Verläufe bearbeiten* – einen aussagekräftigen Namen.
2. Wählen Sie aus dem Bedienfeldmenü der Vorgabe die Verlaufsgruppe, der Sie Ihren neuen Verlauf hinzufügen möchten. Klicken Sie anschließend auf *Neu*.

Photoshop nimmt den definierten Verlauf unter dem angegebenen Namen in die Auswahlliste auf.

Verläufe löschen
Gegebenenfalls löschen Sie alle Verläufe, die Sie in Ihrer eigenen Bibliothek nicht benötigen. Dazu öffnen Sie das Kontextmenü auf der jeweiligen Miniatur und wählen den Befehl *Verlauf löschen*. Auf diese Weise benennen Sie einen Verlauf auch um.

Eigene Verlaufsgruppen erstellen

Nicht immer ist es sinnvoll, selbst erstellte Verläufe in einer der vorhandenen Verlaufsbibliotheken zu speichern. Photoshop ermöglicht es Ihnen daher, eine selbst definierte Verlaufsbibliothek zu speichern und zu laden.

Die Verläufe sind als Verlaufsdatei in einem eigenen Ordner (*Verlaufsdateien)* gespeichert. Dieser Ordner befindet sich im Ordner *Adobe Photoshop CS6* → *Vorgaben* auf der Festplatte, auf der Sie das Programm installiert haben.

1. Zeigen Sie die Verlaufspalette an, in der Sie Ihren eigenen Verlauf erstellt haben. Klicken Sie auf *Speichern*.
2. In der folgenden Dialogbox ist der Ordner *Gradients* für das Speichern in der Grundeinstellung schon ausgewählt. Geben Sie einen passenden Namen ein. Klicken Sie auf die Schaltfläche *Speichern*.

Anschließend ist die gespeicherte Verlaufsdatei abrufbereit. Um sie zu laden, klicken Sie in der Dialogbox *Verläufe bearbeiten* auf die Schaltfläche *Laden*. Wählen Sie die Verlaufsdatei aus der Liste aus und klicken Sie auf *Laden*.

Mit Verlaufsumsetzungen arbeiten

Mit der Verlaufsumsetzung können Sie Fotos nicht nur effektvoll einfärben, sondern sie – etwas subtiler eingesetzt – auch tonen. Als Grundlage verwenden Sie am besten ein Bild mit prägnanten Kanten und einem eher großflächigen, visuell interessanten Motiv. Auch sollte es einen hohen Tonwertumfang aufweisen – eine Tonwertkorrektur oder die Anpassung der Gradationskurven ist eine gute Vorbereitung (mehr darüber in Kapitel 15). Graustufenbilder müssen Sie zuvor über *Bild* → *Modus* → *RGB-Farbe* konvertieren.

Ungeeignete Motive
Weniger geeignet sind Landschaftsaufnahmen und sehr detaillierte Bilder mit einer Vielzahl von kleinen Objekten.

Abbildung 8.40
Für die Verlaufsumsetzung eignen sich Bilder mit wenigen Details und klaren Kanten.

Nachdem Sie ein geeignetes Motiv gefunden haben, wählen Sie *Fenster* → *Korrekturen*. Im *Korrekturen*-Bedienfeld klicken Sie auf das Symbol *Neue Verlaufsumsetzung-Einstellungsebene erstellen*. Damit wenden Sie einen Verlauf auf die Helligkeitsstufen Ihres Bilds an. Das bedeutet, dass die auf dem Farbbalken in der *Eigenschaften*-Dialogbox links dargestellten Farben die dunklen Tonwerte Ihres Bilds überlagern, die rechts angesiedelten Farben die hellen Tonwerte. Mit einem Klick auf Farbbalken im *Eigenschaften*-Bedienfeld erhalten Sie Zugriff auf eine Reihe von vordefinierten Verläufen, mit denen Sie Ihre ersten Experimente vornehmen können.

Sie können auch eigene Verläufe definieren, indem Sie direkt auf den Farbbalken klicken. Damit öffnen Sie die Dialogbox *Verlauf bearbeiten*. Ihre Funktionsweise wurde bereits weiter vorne beschrieben. Mit einem Klick auf das Kontrollkästchen *Umkehren* kehren Sie die Farbverhältnisse um.

Korrekturen-Bedienfeld
Ausführliche Informationen über das Korrekturen-Bedienfeld erhalten Sie in Kapitel 15.

Abbildung 8.41
Die Dialogbox bietet alle vordefinierten Verläufe, die auch für das Verlaufswerkzeug verfügbar sind.

Bild: Björn Lilie

MALEN

Erfahren Sie in diesem Kapitel unter anderem, wie Sie mit den neuen erodierbaren und Airbrush-Pinseln arbeiten. Auch wenn Sie nicht beabsichtigen, sich in Photoshop künstlerisch zu betätigen, sind die folgenden Seiten trotzdem interessant für Sie: Die meisten Retuschewerkzeuge, die in späteren Kapiteln einen wichtigen Raum einnehmen, funktionieren nach den hier erläuterten Prinzipien.

Abbildung 9.1
Der Unterstrich zwischen Pinsel und Buntstift: oben Pinselstrich bei 100% Härte, unten Buntstiftstrich

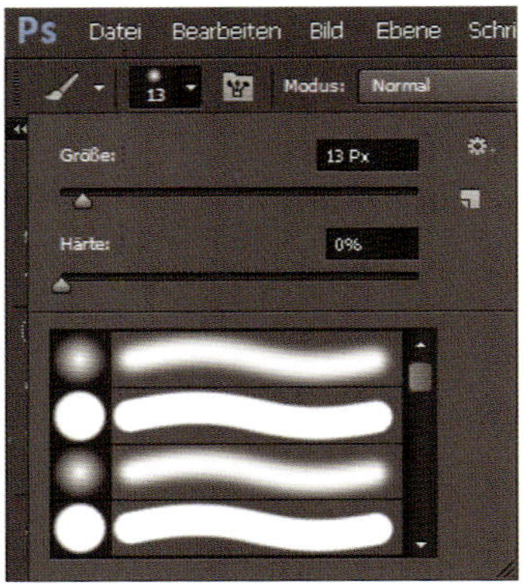

Abbildung 9.2
Aus dem *Pinselvorgaben*-Bedienfeld wählen Sie die Werkzeugspitzen besonders bequem aus.

9.1 Buntstift und Pinsel

Mit dem *Buntstift*- und dem *Pinsel*-Werkzeug malen Sie wie mit einem Stift bzw. einem Pinsel auf einem Stück Papier. Grundsätzlich erzeugen Sie mit dem Buntstift harte Linien, mit dem Pinsel können Sie auch weiche Linien malen. Selbst wenn Sie die *Härte* des Pinsels auf 100% stellen, sind die Kanten des Pinselstrichs geglättet. Beim *Buntstift*-Werkzeug sind sie hingegen niemals geglättet.

Für beide Werkzeuge sind eine große Anzahl Werkzeugspitzen verfügbar. Zudem können Sie den Pinsel wie eine Airbrush-Pistole verwenden und Farbe auf das Bild sprühen.

Bevor Sie mit dem Malen beginnen, sollten Sie die benötigte Werkzeugspitze und einige andere Optionen einstellen.

1. Wählen Sie im *Werkzeuge*-Bedienfeld das *Buntstift*-Werkzeug oder das *Pinsel*-Werkzeug und blenden Sie – falls nicht angezeigt – die Optionenleiste mit einem Doppelklick auf das Werkzeug ein.
2. Öffnen Sie das Popup-Menü *Pinselvorgaben* und wählen Sie die gewünschte Werkzeugspitze aus. Alternativ verwenden Sie zur Auswahl der Werkzeugspitze das *Pinselvorgaben*-Bedienfeld.
3. Stellen Sie für diese Spitze die Pinselgröße in Pixel sowie – beim Pinselwerkzeug – die Härte ein.
4. In der Werkzeugleiste stellen Sie gegebenenfalls Malmodus und Deckkraft ein.
5. Wählen Sie die gewünschte Vordergrundfarbe.
6. Klicken Sie in das Bild und malen Sie mit gedrückter Maustaste. Zuletzt geben Sie die Maustaste wieder frei.

Beim *Pinsel*-Werkzeug finden Sie noch die Schaltfläche *Airbrush*, mit der Sie die Airbrush-Funktionalität des Werkzeugs aktivieren und auch wieder deaktivieren. Bei aktivierter Airbrush-Funktion trägt Photoshop auch dann kontinuierlich Farbe auf, wenn Sie die Maustaste nur gedrückt halten, ohne sie zu bewegen. Ist das Symbol deaktiviert, müssen Sie den Mauszeiger bewegen, um mehr Farbe aufzutragen.

Abbildung 9.3
Optionenleiste des *Pinsel*-Werkzeugs

Aktivieren Sie das Symbol *Immer Druck für Deckkraft verwenden*, damit sich das Werkzeug beim Malen mit dem Grafiktablett wie ein echter Pinsel verhält: Je stärker Sie mit dem Stylus aufdrücken, desto stärker deckt die aufgetragene Farbe. Alternativ oder zusätzlich aktivieren Sie das Symbol

Immer Druck für Größe verwenden steuert Größe, um die Pinselspitze bei stärkerem Stylusdruck zu vergrößern, bei geringerem zu verkleinern.

Zudem legen Sie beim Pinsel in der Optionenleiste gegebenenfalls noch den *Fluss* fest. Damit bestimmen Sie, wie schnell Sie Farbe auftragen. Je niedriger der Wert, desto langsamer der Farbauftrag und desto ausgeblichener wirken die Ränder.

Malen Sie mit gedrückter ⇧-Taste, erhalten Sie horizontale oder vertikale Linien. Gerade Linien erhalten Sie auch, wenn Sie an den Startpunkt der geplanten Linie klicken, die ⇧-Taste gedrückt halten und dann an den Endpunkt klicken.

Zeichnen und Malen kombinieren
Haben Sie manchmal das Gefühl, dass Ihre Mausführung beim Malen mit dem Pinsel etwas »krakelig« gerät? Das macht nichts, denn mit einer Kombination aus Pinsel- und Pfad-Werkzeug erzeugen Sie im Handumdrehen verblüffend exakte Pinselstriche.

Aktivieren Sie das *Pinsel*- Werkzeug und wählen Sie die gewünschte Pinselspitze und Vordergrundfarbe.

Aktivieren Sie das *Zeichenstift*-Werkzeug und zeichnen Sie den gewünschten Pinselstrichverlauf (mehr darüber erfahren Sie in Kapitel 11).

Wählen Sie *Fenster* → *Pfade*. Achten Sie darauf, dass der Arbeitspfad aktiviert ist. Öffnen Sie das Kontextmenü und wählen Sie *Pfadkontur füllen*. Im Dialogfeld *Pfadkontur füllen* wählen Sie *Pinsel* . Klicken Sie auf *OK*, um den Pinsel dem Pfad zuzuweisen.

9.2 Mit den Werkzeugspitzen arbeiten

Die Auswahlliste der Werkzeugspitzen steht Ihnen in der Optionenleiste aller Mal- und Retuschewerkzeuge wie *Buntstift*, *Pinsel*, Radiergummi, Abwedler, Weichzeichner zur Verfügung. Photoshop bietet unzählige vordefinierte Pinselspitzen: Pinsel für nasse oder trockene Farbe, für Spezialeffekte, Kalligrafie-Pinsel, Pinsel mit breiten Spitzen oder für Schlagschatten und vieles mehr. Sie können jederzeit andere Werkzeugspitzen über das Bedienfeldmenü hinzufügen bzw. die gerade geladenen Werkzeugspitzen ersetzen. Wenn Sie Werkzeugspitzen hinzuladen, kann die Liste ziemlich lang werden. Sie passen die Größe der Auswahlliste an, indem Sie unten rechts an der schraffierten Fläche ziehen. Übersichtlicher bleibt die Liste, wenn Sie die Werkzeugspitzen ersetzen; dann zeigt Photoshop nur die Pinsel der geladenen Gruppe an.

Abbildung 9.4
Setzen Sie die Vordergrundfarbe auf Weiß, indem Sie nacheinander die Tasten D und X drücken. Aktivieren Sie das *Pinsel*-Werkzeug mit einer effektvollen Pinselspitze und fahren Sie einmal oder mehrmals um die Bildkanten. Schon haben Sie einen attraktiven Rahmen für Ihr Bild geschaffen. Mit gedrückter ⇧-Taste malen Sie dabei schnurgerade Linien.

Bild: Kristine Kamm

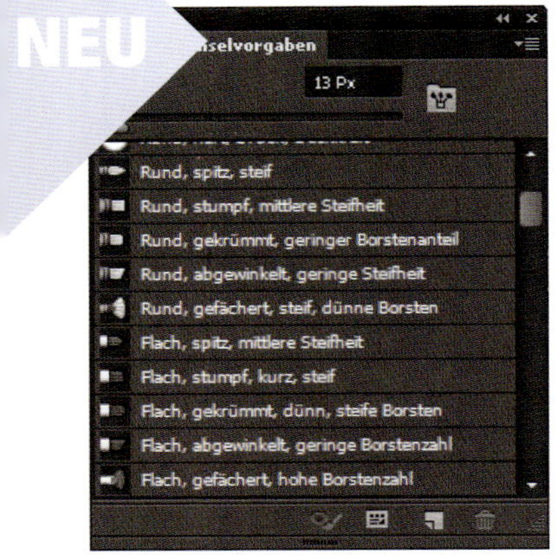

Abbildung 9.5
Die Borstenpinsel-, erodierbaren und Airbrush-Spitzen sind an ihren speziellen Symbolen erkennbar.

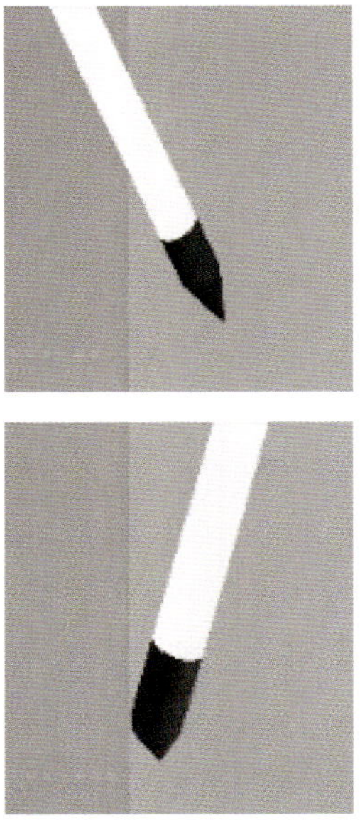

Abbildung 9.6
Bei den erodierbaren Spitzen können Sie die Abnutzung während des Malvorgangs in der Vorschau beobachten

Borstenpinsel, erodierbare und Airbrush-Spitzen nutzen

Für die sogenannten Borstenpinsel gibt es nicht nur zusätzliche Einstellmöglichkeiten (mehr darüber ab Seite 239); sie verhalten sich auch wie echte Pinsel – vor allem, wenn Sie mit einem Grafiktablett arbeiten. Die Borstenpinsel sind im *Pinselvorgaben*-Bedienfeld leicht an der realistischen Pinselgrafik erkennbar.

Ähnliches gilt für zwei weitere Pinseltypen, die in Photoshop CS6 neu hinzugekommen sind:

- Erodierbare (»abnutzbare«) Spitzen, erkennbar am Bleistiftsymbol. Wenn Sie eine Weile mit diesen Spitzen malen, nutzen sie sich ab, so dass der Strich immer dicker wird – wie im wirklichen Leben ein weicher Bleistift oder eine Pastellkreide. So erzielen Sie besonders realistische Ergebnisse.
- Airbrush-Spitzen, erkennbar am Airbrush-Symbol, erzeugen einen Sprühnebel wie aus einer Airbrush-Pistole. Wenn Sie mit einem Tablett arbeiten, hängt die Dichte des Nebels von der Stifthaltung ab. Analog zu einer echten Airbrush-Pistole wird die Pinselspitze umso kleiner, je stärker Sie aufdrücken.

Nachdem Sie einen dieser Pinseltypen ausgewählt haben, vergewissern Sie sich, dass die Pinselvorschau angezeigt wird. Sollte dies nicht der Fall sein, wählen Sie *Fenster → Pinselvorgaben*. Diese Vorschau zeigt Ihnen beim Malen genau, wie Ihre Werzeugspitze auf den Malvorgang reagiert.

Wenn Sie ein Grafiktablett installiert haben, bewegt sich die Pinselvorschau beim Malen zudem parallel zu dem Stylus auf dem Tablett. Die Vorschau reagiert auch auf Drehungen und den Pinselwinkel. Bei den erodierbaren Spitzen können Sie die Abnutzung verfolgen.

- Wenn Sie auf das Vorschaubild zeigen, erhält es eine Titelleiste wie ein Bedienfeld. Mit einem Klick auf den Doppelpfeil in dieser Titelleiste können Sie das Vorschaubild verkleinern und vergrößern, es umherziehen oder über das x-Symbol schließen.
- Mit wiederholten Klicks in das Vorschaubild zeigen Sie den Pinsel von vorne, von der Seite und von unten an.

Abbildung 9.7
Mit Klicks auf die Borstenpinselvorschau ändern Sie die Kameraansicht.

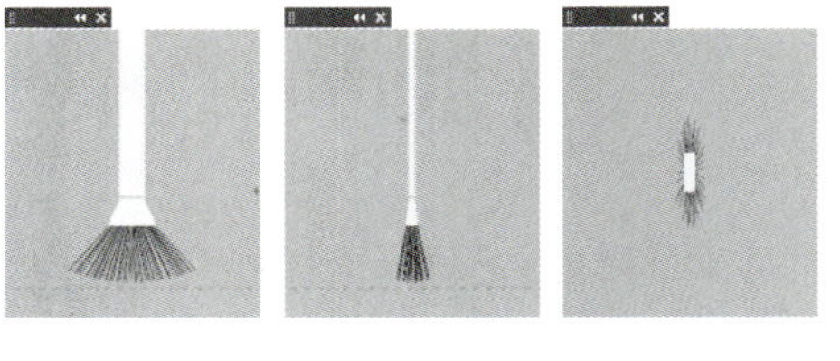

Vorhandene Pinsel nutzen: Gras ins Bild malen

Mit den mit Photoshop ausgelieferten Pinseln erledigen Sie vielfältige Gestaltungsaufgaben. Im folgenden Beispiel malen Sie eine Rasenfläche ins Bild.

1. Erzeugen Sie ein neues Dokument mit einem weißen Hintergrund. Wählen Sie als Vordergrundfarbe ein helleres, als Hintergrundfarbe ein dunkleres Grasgrün.
2. Im *Pinselvorgaben*-Bedienfeld wählen Sie die Pinselspitze *Dünengras* (sie gehört zu den Photoshop-Standardpinselspitzen).
3. Zeigen Sie mit der Taste F7 das *Ebenen*-Bedienfeld an (mehr darüber im nächsten Kapitel). Erzeugen Sie eine neue Ebene, indem Sie am unteren Bedienfeldrand auf das Symbol *Neue Ebene erstellen* klicken. Malen Sie am unteren Bildrand eine dichte Grasfläche auf die neue Ebene.

Abbildung 9.8
Die erste Grasebene

4. Erzeugen Sie eine weitere Ebene und ziehen Sie sie unter die zuvor erstellte Ebene. Aktivieren Sie im Pinsel-Bedienfeld die Pinselspitze *Gras*. Verringern Sie die Helligkeit von Vorder- und Hintergrundfarbe. Achten Sie darauf, dass die neue Ebene aktiviert ist, und malen Sie auch in diese Ebene Grashalme.

Abbildung 9.9
Die zweite Grasebene ist fertig.

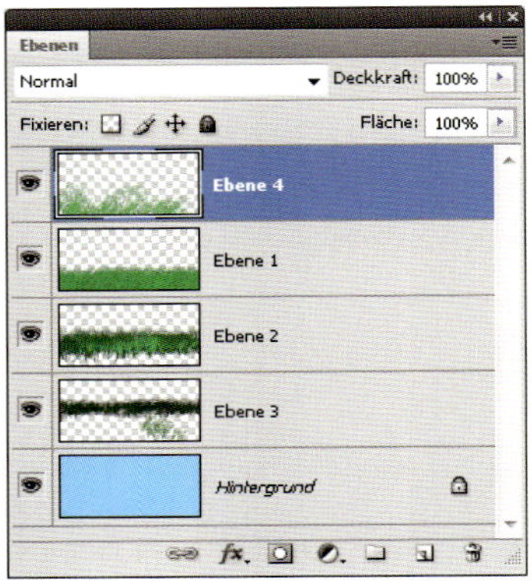

Abbildung 9.10
Die dritte Grasebene ist fertig.

5. Erzeugen Sie noch eine Ebene. Setzen Sie Vorder- und Hintergrundfarbe auf noch dunklere Grüntöne. Verkleinern Sie den Durchmesser über die Kategorie *Pinselvorgaben* ein wenig. Malen Sie weitere Grashalme.

Tastenkombinationen beim Malen

Während der Arbeit können Sie schnell die Pinselgröße ändern. Halten Sie die [#]-Taste gedrückt, um die Pinselspitze zu vergrößern, und die [ö]-Taste, um sie zu verkleinern. Oder halten Sie die [Alt]-Taste gedrückt und ziehen Sie mit der rechten Maustaste bzw. mit gedrückter [Ctrl]-Taste (Mac). Sie sehen nun bei den Pinseln, für die sich die *Härte* verändern lässt, um den Mauszeiger eine Vorschau der Pinselgröße und -weichheit. Ziehen Sie nach innen, um den Pinsel zu verkleinern, oder nach außen, um ihn zu vergrößern. Auch die Härte des Pinsels können Sie interaktiv ändern: Hierzu halten Sie neben der [Alt]-Taste zusätzlich noch die [←]-Taste gedrückt oder ziehen Sie mit gedrückter [Alt]-Taste vertikal.

Ändern Sie die Deckkraft der Malwerkzeuge durch die Eingabe von Zahlen über die Tastatur: Die Taste [ ] ergibt 10% Deckkraft, [2] ergibt 20% usw. Wenn Sie zwei Zahlen schnell hintereinander eingeben, lassen sich auch sämtliche Werte von 11% bis 100% eingeben: Die Eingabe von [1] [1] ergibt 11%, von [1] [2] ergibt 12% usw. [0] ergibt 100.

Mit der Feststell-Taste zeigen Sie vorübergehend statt des normalen Werkzeugspitzen-Mauszeigers das präzise Fadenkreuz an.

Um mit einem beliebigen Malwerkzeug eine gerade Linie zu ziehen, klicken Sie einmal auf den Startpunkt und dann mit gedrückter [⇧]-Taste auf den Endpunkt. Alternativ ziehen Sie die Linie mit gedrückter [⇧]- und Maustaste.

Pinsel anordnen

Leider können Sie die Pinsel im *Pinsel*-Bedienfeld nicht einfach per Drag&Drop neu anordnen, um beispielsweise die am häufigsten verwendeten Pinsel in der ersten Reihe anzuzeigen. Hier ein Trick, wie Sie die Reihenfolge trotzdem bestimmen können:

Wählen Sie *Bearbeiten* → *Vorgaben-Manager*. Wählen Sie aus dem Pop-up-Menü *Vorgabe* den Eintrag *Pinsel*. Nun können Sie die Pinsel mit gedrückter Maustaste an die gewünschte Stelle ziehen.

Sollte Ihnen Ihr Arrangement irgendwann nicht mehr zusagen, können Sie leicht zum Standard zurückkehren – öffnen Sie einfach das Bedienfeldmenü des *Pinsel*-Bedienfelds und wählen Sie *Pinsel zurücksetzen*.

9.3 Werkzeugspitzen aus dem Internet laden und nutzen

Sie sind jedoch nicht auf die in Photoshop vorgegebenen Pinselspitzen angewiesen, sondern können auch fertige Pinsel, zum Beispiel aus dem Internet, hinzuladen oder Sie können Ihre eigenen Pinsel entwickeln.

Das Internet bietet eine überwältigende Fülle von kostenlosen und kostenpflichtigen Pinseln für jeden Zweck. Manche dieser Pinsel eignen sich zum üblichen Malen mit dem Grafiktablett oder durch Ziehen mit gedrückter Maustaste. Die meisten eignen sich jedoch eher dazu, wie Stempel ins Bild geklickt zu werden, zum Beispiel Spritzer und Kleckse für die beliebten Grunge-Effekte. Ein Beispiel stellt das Hintergrundbild dieser Seite dar.

Sobald Sie eine geeignete Pinseldatei gefunden und auf Ihre Festplatte heruntergeladen haben, entpacken Sie sie zunächst in einen Ordner Ihrer Wahl. Die Datei trägt die Endung *ABR*.

In Photoshop wählen Sie dann aus dem Kontextmenü des *Pinselvorgaben*-Bedienfelds den Befehl *Pinsel laden*. Steuern Sie den Ordner an und führen Sie einen Doppelklick auf die ABR-Datei aus. Die enthaltenen Werkzeugspitzen werden an das Ende der Liste des *Pinselvorgaben*-Bedienfelds geladen und sind damit einsatzbereit.

Möchten Sie nur die neu geladenen Pinsel im *Pinselvorgaben*-Bedienfeld anzeigen, wählen Sie nicht Pinsel laden, sondern *Pinsel ersetzen*. Um anschließend wieder die Photoshop-Standardpinsel zu laden, wählen Sie *Pinsel zurücksetzen* und bestätigen mit *OK*.

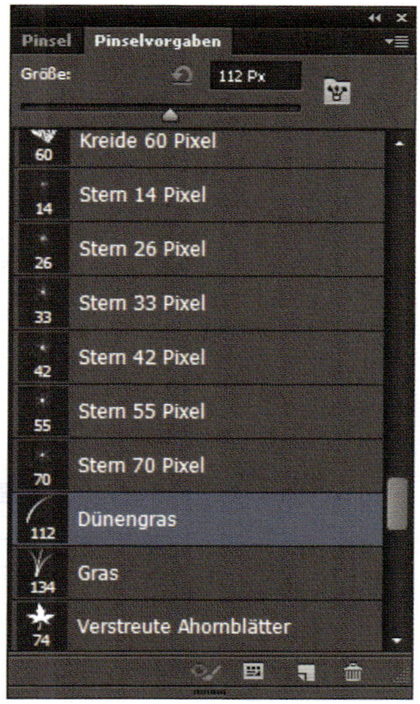

Abbildung 9.11
Wenn Sie aus dem Bedienfeldmenü des Pinselvorgaben-Bedienfelds die Option *Kleine Liste* bzw. *Große Liste* wählen, sehen Sie die Namen der Werkzeugspitzen.

9.4 Eigene Pinsel erstellen

Um von Grund auf neue Pinsel zu erstellen, gehen Sie folgendermaßen vor:

1. Erstellen Sie zunächst in Ihrem Bild – am besten auf einem einfachen weißen Hintergrund – eine Form in der gewünschten Größe. Beachten Sie, dass Grauwerte als unterschiedliche Transparenzstufen angesehen werden – Weiß wird komplett transparent, Schwarz komplett deckend. Im Beispiel wurden Initialen auf Papier geschrieben und eingescannt. Sie sollen nun als Pinsel gespeichert werden, um damit schnell digitale Signaturen in Ihre Bilder stempeln zu können.

Abbildung 9.12
Die digitalisierten Initialen sollen als Pinsel zum Signieren von Bildern verwendet werden.

Bild: Christoph Kommer

2. Wählen Sie das Bild mit [Strg]/[⌘] + [A] aus.
3. Nun wählen Sie *Bearbeiten* → *Pinselvorgabe festlegen*. In der folgenden Dialogbox geben Sie dem neuen Pinsel einen Namen und bestätigen mit *OK*.

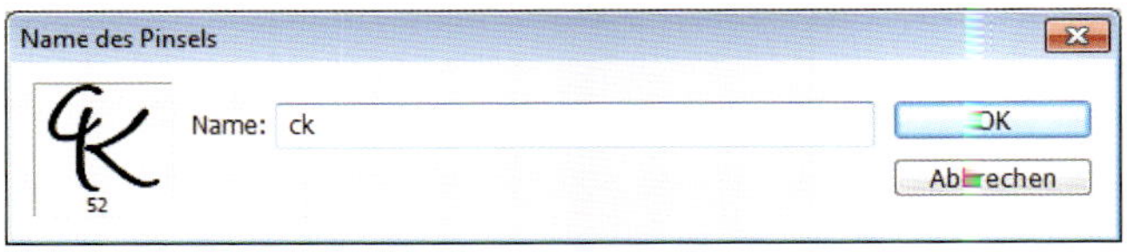

Abbildung 9.13
Speichern Sie die Initialen als Pinsel.

4. Aktivieren Sie das *Pinsel*-Werkzeug und stellen Sie die gewünschte Vordergrundfarbe ein.
5. Sie finden Ihre neue Pinselspitze jetzt ganz unten in der *Vorgaben*-Liste. Achten Sie darauf, dass sie aktiviert ist.
6. Öffnen Sie das gewünschte Bild und klicken Sie die Signatur hinein.

Abbildung 9.14
Der neue Pinsel befindet sich an unterster Stelle des Bedienfelds.

Bild: Christoph Kommer

9.5 Pinsel abändern

Sowohl Ihre eigenen als auch die vorgegebenen oder hinzugeladenen Pinsel können Sie noch bearbeiten. Welche Bearbeitungsmöglichkeiten Ihnen im Einzelnen offen stehen, hängt von der Art des Pinsels ab.

1. Wählen Sie den gewünschten Pinsel aus dem *Pinselvorgaben*-Bedienfeld aus.
2. Zeigen Sie das *Pinsel*-Bedienfeld an. Am unteren Rand des Pinsel-Bedienfelds sehen Sie eine Vorschau Ihrer Pinselspitze.
3. Nehmen Sie in den verschiedenen Kategorien des Bedienfelds die gewünschten Änderungen vor. Diese erläutern wir im Anschluss.
4. Um den abgeänderten Pinsel unter einem neuen Namen zu speichern, klicken Sie rechts unten auf das Symbol *Neuen Pinsel erstellen* .
5. In der folgenden Dialogbox geben Sie dem neuen Pinsel einen Namen und bestätigen mit *OK*. Der Pinsel erscheint unter den anderen Einträgen am Ende der Liste.

Pinsel speichern und laden
Sie können das aktuelle *Pinsel*-Bedienfeld mit den geänderten Pinseln speichern, um sie später wieder zu laden.

Wählen Sie aus dem Bedienfeldmenü der Pinselvorgaben den Befehl *Pinsel speichern*.

Wählen Sie im Photoshop-Ordner den Ordner *Presets/Brushes*. Geben Sie einen Namen für die Pinselspitzen-Datei an und klicken Sie auf die Schaltfläche *Sichern* bzw. *Speichern*.

Um die gespeicherten Pinsel später zu laden, wählen Sie aus dem Bedienfeldmenü den Befehl *Pinsel laden*.

Pinselform

- Standardmäßig ist die Kategorie *Pinselform* aktiviert. Hier finden Sie einen *Größe*-Regler zum Einstellen des Werkzeugdurchmessers in Pixel. Stellen Sie den gewünschten Wert ein.
- Darunter können Sie die Pinselform gegebenenfalls entlang ihrer *x-Achse* und/oder ihrer *y-Achse spiegeln* und ihren *Drehwinkel* ändern. Mit einem *Rundheit*-Wert unter 100% stauchen Sie die Pinselform.
- Da ein Malstrich in Photoshop aus einer Reihe sich teilweise überlagernder Punkte aufgebaut wird, ist es möglich, den *Abstand* zwischen den einzelnen Punkten zu variieren. Damit können Sie zum Beispiel gepunktete oder gestrichelte Linien erzeugen oder eben den Abstand zwischen den einzelnen Pinseltupfen regulieren. Die Normaleinstellung für einen nicht unterbrochenen Strich liegt bei *25%*. *100%* setzt Punkt an Punkt ohne Abstand. Bei deaktiviertem Kontrollkästchen *Abstand* reagiert der Malstrich auf die Geschwindigkeit, mit der Sie die Maus ziehen.

Das Schaubild nutzen
Diese Arbeiten können Sie bei Standardspitzen auch durch Klicken und Ziehen im daneben liegenden Schaubild erledigen.

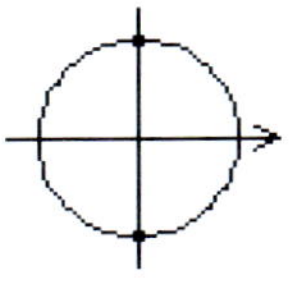

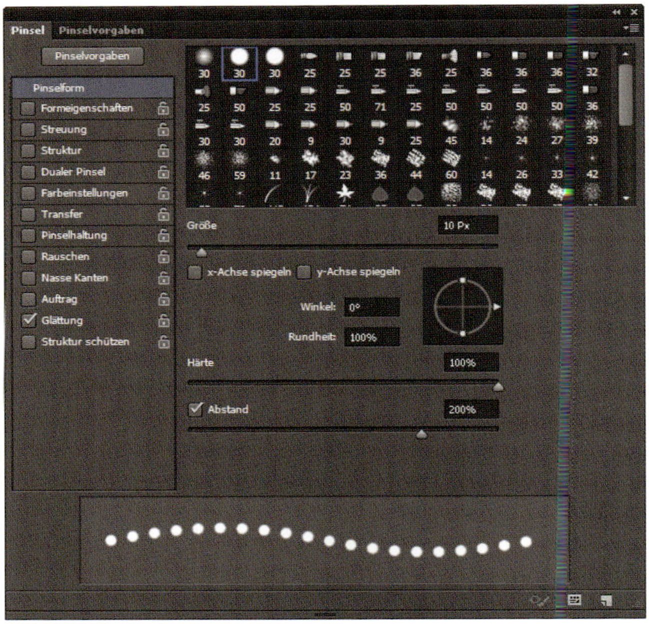

Abbildung 9.15
Sie möchten mit einer gepunkteten Linie malen. Wählen Sie in der *Pinsel*-Bibliothek zunächst eine runde harte Werkzeugspitze aus. Klicken Sie auf *Pinselform*. Hier stellen Sie den gewünschten Durchmesser ein und setzen den *Abstand* auf mindestens 150 % – je höher der Prozentsatz, desto weiter liegen die Punkte auseinander. Achten Sie darauf, dass alle anderen Kontrollkästchen – bis auf *Glättung* – deaktiviert sind. Nachdem Sie Ihren Pinsel gespeichert haben, malen Sie mit der ⇧-Taste schnurgerade gepunktete Linien.

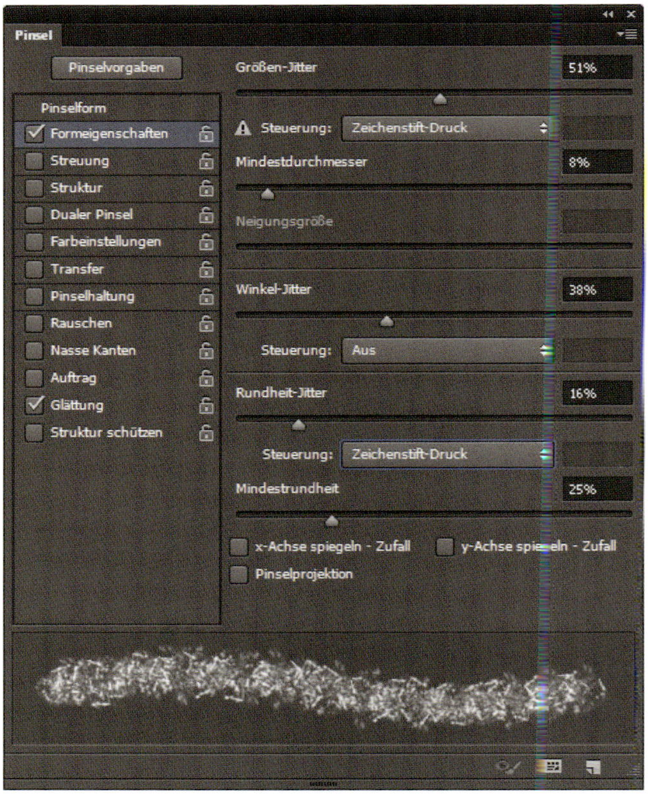

Abbildung 9.16
Formeigenschaften

Formeigenschaften

Klicken Sie auf die Beschriftung der Kategorie *Formeigenschaften*, um diese zu aktivieren und gleich die zugehörigen Einstellmöglichkeiten anzuzeigen.

- Im ganzen Bedienfeld begegnen Sie immer wieder sogenannten »Jitters«; das sind Zufallsabweichungen. Wenn Sie den *Größen-Jitter* auf 100% hochziehen, unterliegt die Größe des Pinsels im Strichverlauf vollständig dem Zufall; bei 0% bleibt seine Größe unverändert. Darunter legen Sie einen *Mindestdurchmesser* für die Größenabweichung fest.
- Analog dazu können Sie auch mit *Winkel-Jitter* und *Rundheit-Jitter* experimentieren, um im Malverlauf den Winkel und die Rundheit des Pinsels mehr oder weniger dem Zufall zu überlassen.

Steuerungsoptionen für Grafiktabletts
Die Steuerungsoptionen für (Stift-) Steuerung, etwa *Zeichenstift-Druck*, sind nur für ein angeschlossenes Grafiktablett verfügbar.

Viele Pinselspitzen folgen nicht Ihrer Mausführung, sondern einer bestimmten, vorgegebenen Richtung.

Abbildung 9.17
Die Pinselspitze hat eine vorgegebene Richtung, statt der Mausführung zu folgen.

Dies lässt sich in der Kategorie *Formeigenschaften* ändern:

1. Setzen Sie den Regler *Winkel-Jitter* auf *0*.
2. Passen Sie die übrigen *Jitter*-Regler nach Ihren Wünschen an.
3. Öffnen Sie unter *Winkel-Jitter* das Pull-down-Menü *Steuerung* und wählen Sie *Richtung*.

Wenn Sie jetzt mit dem geänderten Pinsel malen, folgt sein Winkel Ihrer Mausführung.

Abbildung 9.18
Nun folgt die Pinselspitze der Mausführung.

Ganz unten in der Kategorie *Formeigenschaften* finden Sie das Kontrollkästchen Pinselprojektion. Wenn Sie diese aktivieren, ändert sich beim Malen mit einem Grafiktablett die Form des Pinsels, wenn Sie den Stift neigen und drehen.

Struktur

Noch weiter variieren lässt sich der Pinselstrich über die Kategorie *Struktur*. Wenn Sie hier aus der Musterliste eine Gewebestruktur wählen, wirkt der Pinselstrich, als sei er auf einer Leinwand gezogen worden. Experimentieren Sie hier auch mit den verschiedenen *Modi*: Zeigt etwa der Modus *Multiplizieren* die Struktur hauptsächlich an den Rändern, so ist das Muster beim Modus *Subtrahieren* auch innerhalb des Pinselstrichs zu sehen.

Außerdem können Sie auch Helligkeit und Kontrast der Struktur anpassen.

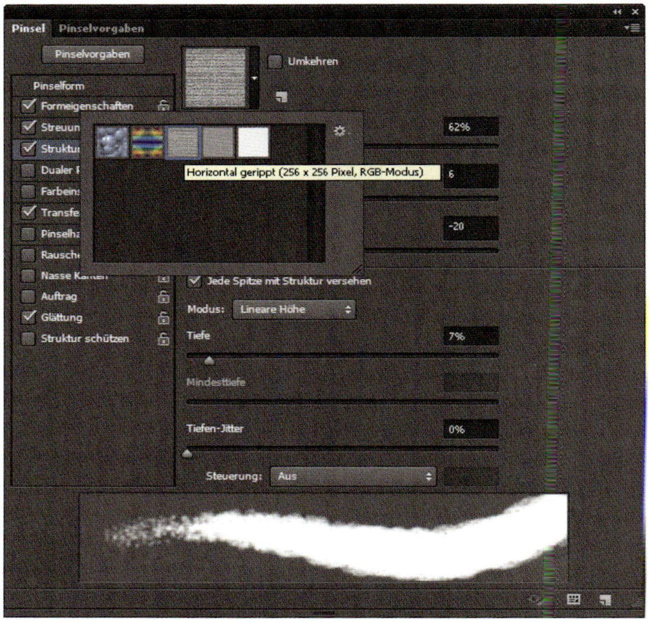

Abbildung 9.19
Struktur anpassen

Dualer Pinsel

Mit der Kategorie *Dualer Pinsel* kombinieren Sie zwei verschiedene Pinselspitzen zu einer Spitze.

Streuung und Farbeinstellungen

Quasi das Gegenteil des auf Seite 234 gezeigten Pinsels für gepunktete Linien stellt der folgende »Konfetti«-Pinsel dar, der auf demselben Standardpinsel basiert:

1. Auch hier beginnen Sie mit einer runden Standardspitze in der gewünschten Größe.

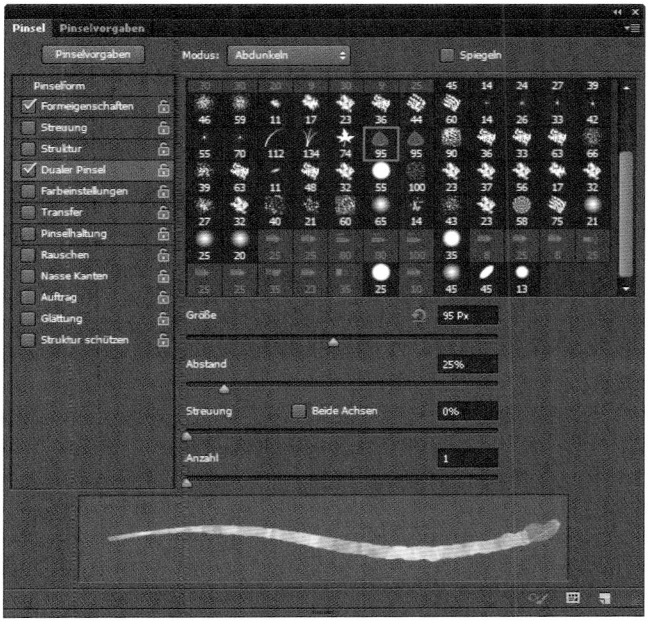

Abbildung 9.20
Dualer Pinsel

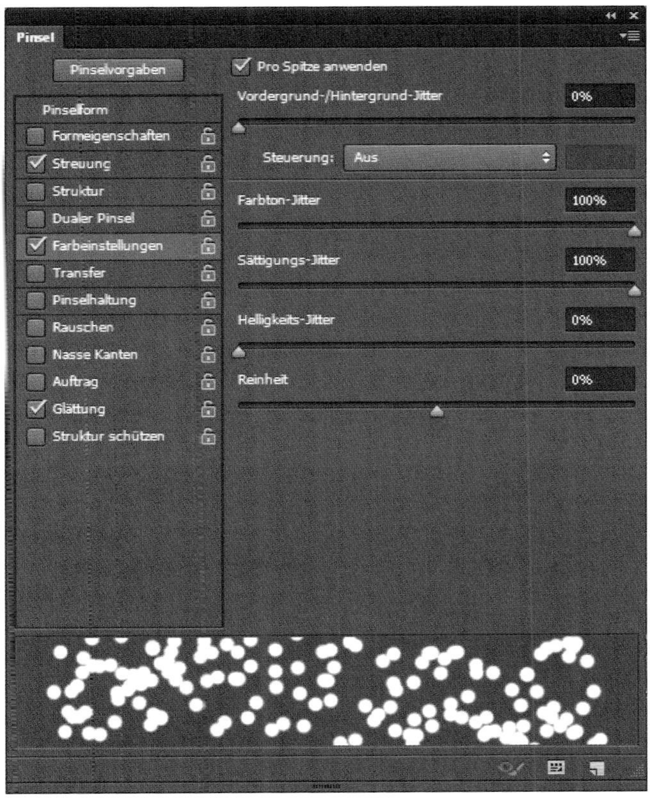

Abbildung 9.21
Farbeinstellungen

In der Kategorie *Streuung* ziehen Sie den Regler *Streuung* auf *800*, die *Anzahl* auf *1* und den *Anzahl-Jitter* auf *100*. Klicken Sie anschließend auf *Farbeinstellungen* und ziehen Sie *Farbton-Jitter* und *Sättigungs-Jitter* auf *100*, den *Helligkeits-Jitter* auf *0*.

2. Aktivieren Sie außerdem das Kontrollkästchen *Pro Spitze anwenden* am oberen Bedienfeldrand.
3. Stellen Sie jetzt im *Werkzeuge*-Bedienfeld eine bunte Vordergrundfarbe ein und malen Sie mit dem neuen Pinsel.

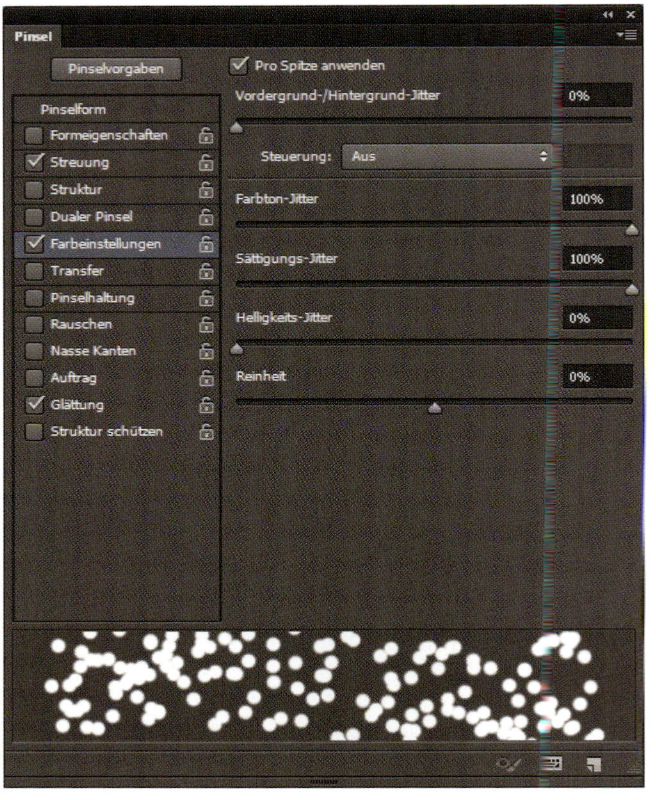

Abbildung 9.22
Farbeinstellungen

Abbildung 9.23
Der Konfetti-Pinsel im Einsatz

Die Pinselhaltung einstellen

Wenn Sie kein Zeichentablett zur Verfügung haben, sondern mit der Maus arbeiten, ist es schwierig, wirklich realistische Ergebnisse zu erzielen. Dies lässt sich mit der Kategorie *Pinselhaltung* des *Pinsel*-Bedienfelds verbessern. Hier können Sie *Neigung*, *Drehung* und *Druck* des Pinsels beim Malen mit der Maus festlegen.

Borstenpinsel, erodierbare und Airbrush-Spitzen abändern

Für diese speziellen Pinseltypen sind manche der genannten Einstellmöglichkeiten nicht verfügbar; dafür gibt es andere Parameter, die Sie justieren können. Sie finden diese in der Kategorie *Pinselform*. Dazu schalten Sie am besten die *Vorschau für die Pinselspitze* über die Schaltfläche am unteren Bedienfeldrand ein. Nun sehen Sie auf der Arbeitsfläche die Vorschau des Pinsels, den Sie gerade einstellen. Beim Ändern der Parameter im *Pinsel*-Bedienfeld passt sich die Vorschau dynamisch an.

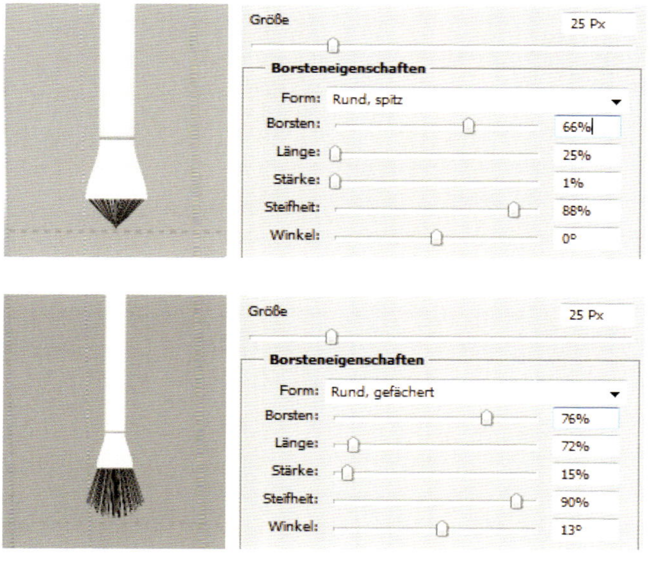

Abbildung 9.24
Beim Ändern von Borstenpinseln sollten Sie die Vorschau einschalten, um Ihre Einstellungen zu prüfen.

- Beim Borstenpinsel wählen Sie unter Form die gewünschte Borstenpinselart. Mit Borsten bestimmen Sie die Dichte des Pinsels. Je weiter Sie den Regler nach rechts ziehen, desto mehr Borsten hat Ihr Pinsel und desto feiner wird das Malergebnis. Auch die *Länge*, *Stärke* und *Steifheit* der Borsten lässt sich einstellen. Die Länge ist deshalb wichtig, weil ein Pinsel mit längeren

Borsten auf verstärkten Druck natürlich anders reagiert als einer mit kürzeren Borsten. Je geringer Sie die Steifheit des Pinsels einstellen, desto stärker verbiegt er sich bei Druck. Als letzten Punkt in dieser Gruppe justieren Sie den Mal*winkel* des Pinsels. Das ist nur dann interessant, wenn Sie mit einer Maus arbeiten; bei der Arbeit mit einem Grafiktablett reagiert der Borstenpinsel ohnehin auf Ihre Stifthaltung. Sie können dies auch am Pinsel-Vorschaubild ablesen.

- Bei der erodierbaren Spitze können Sie die Weichheit definieren: Je weicher die Werkzeugspitze, desto schneller nutzt sie sich ab. Außerdem können Sie aus verschiedenen *Formen* – von spitzen »Bleistiften« bis hin zu runden oder eckigen »Pastellkreiden« wählen und die abgenutzte Spitze mit einem Klick auf die Schaltfläche *anspitzen*.
- Bei Airbrush-Spitzen stellen Sie Parameter wie die *Spritzermenge* und *-größe* oder die *Härte* ein.

Abbildung 9.25
Mischpinsel auswählen

9.6 Das Mischpinsel-Werkzeug anwenden

Der in *Mischpinsel*, den Sie in derselben Gruppe der Werkzeugleiste finden wie den *Pinsel*, bietet eine unkomplizierte Möglichkeit, Fotos mit einem künstlerischen Touch zu versehen.

Falls Sie schon mit den Photoshop-Vorversionen gearbeitet haben, dürfte der Mischpinsel Sie an *Wischfinger*-Werkzeug und *Kunstprotokoll*-Pinsel erinnern.

- Nach der Auswahl des *Mischpinsel*-Werkzeugs wählen Sie in der Optionenleiste zunächst eine Pinselspitze aus. In der Grundeinstellung malen Sie mit der aktuellen Vordergrundfarbe, deren Farben sich bei jedem Pinselstrich mit den darunterliegenden Bildfarben vermischen.
  - Mit einem Klick auf das Symbol *Aktuelle Pinselladung* öffnen Sie den Farbwähler und können eine andere Farbe einstellen.
  - Stattdessen können Sie aber auch mit gedrückter [Alt]-Taste und einem Klick ins Bild die aktuellen Pixel unter dem Pinsel als Muster aufnehmen.
  - Klicken Sie auf den Pfeil neben dem Symbol *Aktuelle Pinselladung* und wählen Sie *Pinsel laden*, wird der Pinsel mit einer Flächenfarbe geladen.
  - Wenn Sie den *Pinsel reinigen*, wird die aktuelle Pinselladung gelöscht. Auf einer transparenten Fläche

Laden und Reinigen automatisch durchführen
Über die beiden Schaltflächen können Sie das Reinigen und Laden nach jedem Pinselstrich automatisch durchführen lassen.

könnten Sie dann nicht mehr malen, sondern nur noch auf Flächen mit farbigen Pixeln.

- Aktivieren Sie die Option *Volltonfarben*, nehmen Sie mit gedrückter Alt-Taste nur die Farbe der angeklickten Pixel auf und nicht ihr Muster.

- Im Popup-Menü *Nützliche Mischpinsel-Kombinationen* finden Sie eine ganze Anzahl verschiedener Mischtechniken: *Trocken*, *Feucht*, *Nass* oder *Sehr nass*. Dabei können Sie jeweils auswählen, ob der Farbauftrag *dick* oder *dünn* sein soll.

Abbildung 9.26
Vordefinierte Mischtechniken

Abbildung 9.27
Mit dem Mischpinsel versehen Sie Fotos mit individuellen, künstlerischen Effekten.

- Im Popup-Menü *Nass* können Sie die Feuchtigkeit nach der Auswahl einer Vorgabe noch anpassen. Je feuchter Sie den Pinsel einstellen, desto mehr Farbe wird vom Bild mitgenommen, so dass Sie einen kräftigeren Pinselstrich erzielen.
- Je höher Sie den *Auftrag*-Wert einstellen, desto stärker dominiert die aktuelle Pinselladung.
- Wenn Sie den *Mix*-Wert auf 100% setzen, verliert die *Aktuelle Pinselladung* bei nicht transparenten Flächen an Bedeutung; stattdessen mischt der Pinsel nur die gerade übermalten Farben. Je niedriger dieser Wert, desto mehr von der *Aktuellen Pinselladung* wird beim Mischen verwendet.
- Wünschen Sie dicke Pinselstriche mit hoher Deckkraft, so stellen Sie einen hohen *Fluss*-Wert ein.

Alle Ebenen bearbeiten
Beachten Sie das wichtige Kontrollkästchen *Alle Ebenen*. Ist dieses aktiviert, mischen Sie die Farben aller Ebenen. Das heißt, dass Sie eine neue, leere Ebene erstellen und auf dieser arbeiten können. Die Originalebene wird dann nicht verändert.

9.7 Mit dem Musterstempel malen

Ein weiteres geeignetes Malwerkzeug, vor allem für kreative Effekte, ist der Musterstempel. Mit diesem Werkzeug malen Sie mit einem zuvor über die Optionenleiste ausgewählten Muster. Auch dieses Werkzeug lässt sich gut verwenden, um einem Foto ein handgemaltes Aussehen zu verleihen:

1. Öffnen Sie das gewünschte Foto und wählen Sie *Bearbeiten → Muster festlegen*. Geben Sie einen passenden Namen ein und klicken Sie auf *OK*. Sie haben damit das gesamte Foto als Muster definiert.

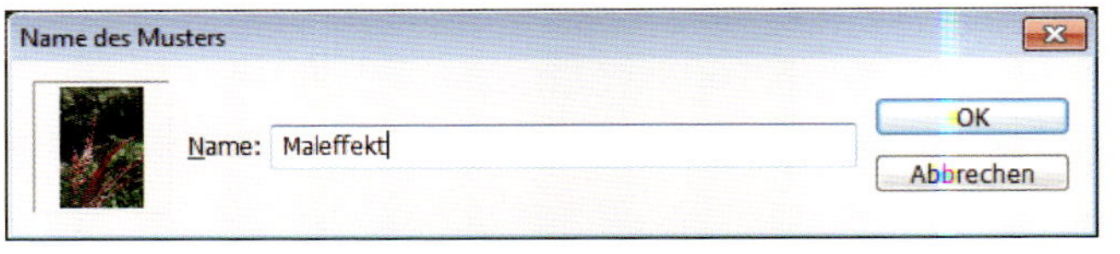

Abbildung 9.28
Das gesamte Bild wird als Muster festgelegt.

2. Erzeugen Sie ein neues Dokument in der gewünschten Größe. (Noch besser: Erzeugen Sie im aktuellen Dokument eine neue Ebene mit weißer Füllung; mehr darüber erfahren Sie im nächsten Kapitel.)
3. Aktivieren Sie das Musterstempel-Werkzeug und wählen Sie eine geeignete, künstlerische Pinselspitze aus.
4. In der Optionenleiste aktivieren Sie die Kontrollkästchen *Ausger.* und *Impress*.
5. Über die Musterpalette in der Optionenleiste wählen Sie das soeben erzeugte Muster aus.
6. Malen Sie das Bild mit dem *Musterstempel*-Werkzeug ins Bild. Für die Umrisse verwenden Sie längere Striche und für das Innere kürzere.

Abbildung 9.29
Hier wurden verschiedene Pinselspitzen der Gruppe *Faux-Spitzen* verwendet.

9.8 Radieren

Zum Radieren von Bildbereichen stehen Ihnen drei Radiergummi-Werkzeuge zur Verfügung:

- Verwenden Sie das Werkzeug *Radiergummi*, um einen Bildbereich durch die Hintergrundfarbe bzw. – auf eine Ebene angewandt – durch Transparenz zu ersetzen.
- Beim Radieren mit dem Werkzeug *Hintergrund-Radiergummi* werden Bereiche entlang deutlicher Bildkonturen transparent.
- Die Funktion des Werkzeugs *Magischer Radiergummi* ähnelt der des Zauberstabs: Sie wählen Bereiche mit ähnlichen Farbwerten und wandeln sie in Transparenz um.

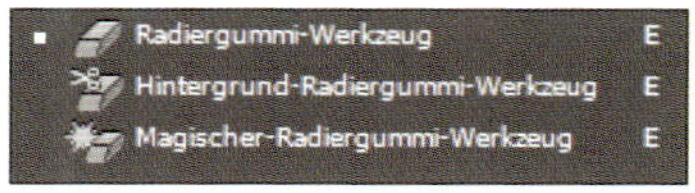

Abbildung 9.30
Die drei Radiergummi-Werkzeuge im Werkzeuge-Bedienfeld.

Indizierte Farben
Der Hintergrund- und der magische Radiergummi funktionieren nicht im Modus *Indizierte Farben*.

Den Radiergummi verwenden

Bevor Sie mit dem Werkzeug *Radiergummi* arbeiten, sollten Sie sich in seiner Optionenleiste auskennen.

1. Legen Sie über die Option *Pinsel* die gewünschte Werkzeugspitze fest.
2. Die Option *Modus* stellt verschiedene Werkzeuge für das Radieren bereit. Der Radiergummi simuliert dann die Eigenschaften dieses Werkzeugs.
3. Stellen Sie gegebenenfalls die Deckkraft ein.
4. Wenn Sie die Option *Basierend auf Protokoll löschen* wählen, funktioniert das Werkzeug wie der Protokollpinsel (mehr darüber in Kapitel 5).

Nachdem Sie die gewünschten Optionen eingestellt haben, arbeiten Sie mit dem Radiergummi wie mit den Malwerkzeugen.

Bildbereiche radieren
Vereinfachen Sie sich das Radieren, indem Sie zum Beispiel mit dem *Lasso*-Werkzeug zuvor eine Auswahl des entsprechenden Bereichs erstellen. Nun können Sie nur noch innerhalb dieser Auswahl radieren.

Den Hintergrund-Radiergummi verwenden

Das Werkzeug *Hintergrund-Radiergummi* bietet einige Werkzeug-Optionen, die bisher noch nicht besprochen wurden. Gehen Sie die nachfolgenden Schritte durch, um sich mit den Funktionen vertraut zu machen:

1. Aktivieren Sie den *Hintergrund-Radiergummi*.
2. Legen Sie über die Option *Toleranz* fest, wie stark die Farben, die Sie radieren möchten, der angeklickten Farbe ähneln müssen. Der Farbbereich vergrößert sich mit einer hohen Toleranzeinstellung. Geben Sie hier

einen niedrigen Toleranzwert ein, radieren Sie nur Bereiche, die der zuerst angeklickten Farbe sehr ähnlich sind.

3. Das Kontrollkästchen *Vordergrundfarbe schützen* sollten Sie dann aktivieren, wenn Sie mit der Vordergrundfarbe gefärbte Pixel vor der Bearbeitung schützen möchten.

Abbildung 9.31
Links: Das Innere der Lupe wurde ausgewählt (damit der Radiergummi bei der folgenden Aufgabe nur auf dem Lupenglas radieren kann). Rechts: Mit dem *Hintergrund-Radiergummi* und angeklickter Schaltfläche *Aufnahme: Einmal* wurde in den Hintergrund geklickt und dann komplett über die Bildfläche radiert. Die Teiltransparenzen der Lupe bleiben sehr schön erhalten.Danach wurde die Auswahl aufgehoben (Strg/⌘ + D) und die gesamte Lupe ausgewählt. Nun kann diese mit dem *Verschieben*-Werkzeug in ein beliebiges anderes Bild gezogen werden. Falls sie auf dem Hintergrund zu hell wirkt, lässt sich die Ebene mit Strg/⌘ + J duplizieren (siehe auch Kapitel 10).

4. Wählen Sie unter *Grenzen* den gewünschten Löschmodus. Wenn Sie *Nicht aufeinander folgend* wählen, löscht Photoshop die aufgenommene Farbe überall dort, wo sie unter dem Werkzeug auftritt. Wählen Sie *Benachbart*, löschen Sie die Bereiche, die die aufgenommene Farbe enthalten und miteinander verbunden sind.
5. Wählen Sie *Konturen finden*, löschen Sie miteinander verbundene Bereiche in der aufgenommenen Farbe, wobei die Schärfe der Formkanten besser erhalten bleibt.

Wählen die Schaltfläche *Aufnahme: Kontinuierlich*, wenn Farben während des Ziehvorgangs pausenlos aufgenommen werden sollen. Diese Funktion empfiehlt sich für nebeneinanderliegende Bereiche, die verschiedene Farben haben. Aktivieren Sie hingegen die Schaltfläche *Aufnahme: Einmal*, wenn der Bereich eine einheitliche Farbe hat. Dann radieren Sie nur Bereiche mit der zuerst angeklickten Farbe.

Wählen Sie *Aufnahme: Hintergrund-Farbfeld*, um ausschließlich Bereiche in der aktuellen Hintergrundfarbe zu radieren.

Den magischen Radiergummi verwenden

Die Funktionsweise des magischen Radiergummis ähnelt dem *Zauberstab*. Der Unterschied ist, dass Sie dabei keinen Bildbereich auswählen, sondern einen Bildbereich löschen.

1. Aktivieren Sie im Werkzeuge-Bedienfeld das Werkzeug *Magischer Radiergummi* .
2. In der Optionenleiste geben Sie in das Eingabefeld *Toleranz* einen Wert ein, der die Ähnlichkeit der zu radierenden Farben im Hinblick auf die zuerst angeklickte Farbe festlegt. Je höher der Wert ist, desto geringer muss die Farbähnlichkeit sein, damit die Pixel noch radiert werden (vgl. auch Kapitel 7 zum Thema »Zauberstab«).
3. Das Kontrollkästchen *Glätten* sollten Sie aktivieren, damit die Kanten des radierten Bereichs geglättet werden.
4. Aktivieren Sie das Kontrollkästchen *Benachbart*, radieren Sie ausschließlich Pixel in der direkten Umgebung des angeklickten Pixels. Anderenfalls radieren Sie alle ähnlichen Pixel im gesamten Bild.
5. Aktivieren Sie die Option *Alle Ebenen aufnehmen*, werden alle Pixel der sichtbaren Ebene beim Radieren berücksichtigt. Zum Thema »Ebenen« vgl. Kapitel 10.
6. Stellen Sie gegebenenfalls die Deckkraft des Werkzeugs ein.
7. Bewegen Sie das Werkzeug nun in das Bild, nimmt der Mauszeiger die Form des magischen Radiergummis an.
8. Klicken Sie im Bild auf die Farbe, die der magische Radiergummi löschen soll.
9. Die Farbe wird aus dem Bild gelöscht, die hinterlassene Fläche ist transparent.

Abbildung 9.32
Den magischen Radiergummi auswählen

Bild: Björn Lilie

EBENEN UND EBENENMASKEN

Sie haben bereits einen Eindruck davon erhalten, wie Sie Bildmontagen durch Kopieren von Auswahlbereichen von einem in ein anderes Bild erstellen. Wenn Sie eine Auswahl in ein anderes Bild kopieren, legt Photoshop diese in eine neue Ebene. Alle Ebenen haben stets denselben Farbmodus und dieselbe Auflösung. Am besten stellen Sie sich Ebenen vor wie Overhead-Folien, die übereinandergelegt das Gesamtbild ergeben.

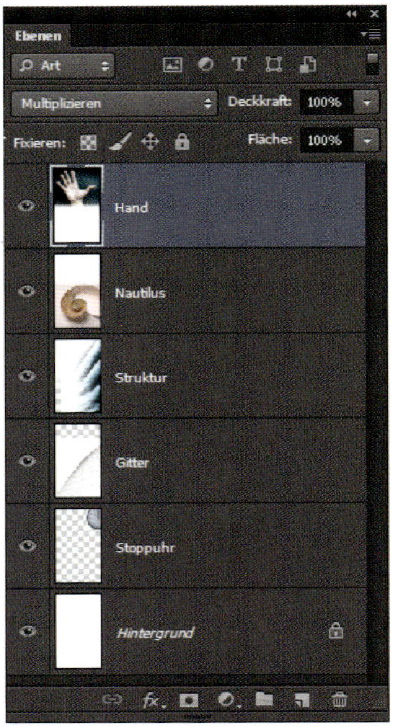

Abbildung 10.1
Ebenen sind je nach Vorgabe mit durchsichtigen oder undurchsichtigen Folien vergleichbar.

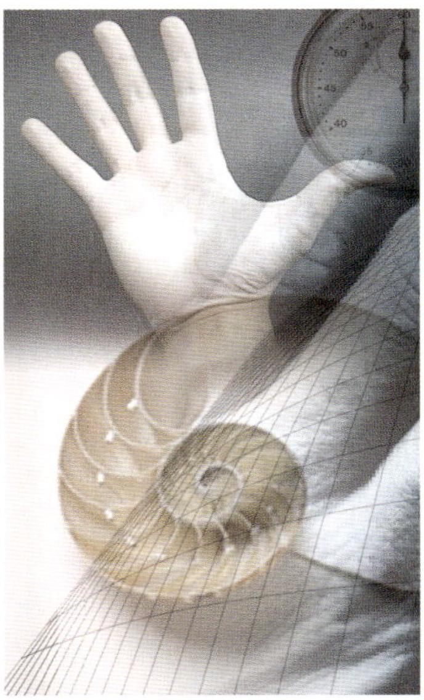

Abbildung 10.2
Übereinandergelegt ergeben sie das Gesamtbild.

10.1 Ebenen erstellen und bearbeiten

Photoshop zeigt Ebenen im *Ebenen*-Bedienfeld an und organisiert sie von dort aus, zum Beispiel wenn Sie

- eine neue Ebene erstellen,
- eine Ebene duplizieren,
- eine Ebene löschen,
- eine Ebenenmaske erstellen,
- Ebenen gruppieren,
- alle Ebenen auf die Hintergrundebene reduzieren usw.

Öffnen Sie zuerst das Bild, das Sie bearbeiten möchten. Wählen Sie dann *Fenster* → *Ebenen* (Taste F7). Das *Ebenen*-Bedienfeld erscheint. Ein übliches Digitalfoto verfügt zunächst nur über eine einzige Ebene, die Hintergrundebene. Photoshop zeigt diese als Miniatur. Die Ebene ist farbig hervorgehoben, da sie momentan aktiv ist. Wenn Sie später mehrere Ebenen in Arbeit haben, aktivieren Sie mit einem Klick die gewünschte Ebene und heben diese im Bedienfeld farbig hervor.

Haben Sie hingegen eine Auswahl aus einem anderen Bild kopiert und in das aktuelle Bild eingefügt, sind bereits mindestens zwei Ebenen vorhanden – eine Hintergrundebene und eine Ebene mit der eingefügten Auswahl.

Da für die Hintergrundebene nicht alle Funktionen verfügbar sind, legen Sie eine neue Ebene an, indem Sie im *Ebenen*-Bedienfeld auf die Schaltfläche *Neue Ebene erstellen* klicken. Photoshop erstellt die neue Ebene und aktiviert sie gleich.

Aber auch die Hintergrundebene lässt sich in eine normale Ebene konvertieren. Dazu führen Sie mit gedrückter Alt-Taste einen Doppelklick auf ihr Symbol im *Ebenen*-Bedienfeld aus .

Die Funktionen des Ebenen-Bedienfelds

Im Bedienfeld selbst sehen Sie nun einige Schaltflächen und Optionen:

- Aufwändige Montagen können unter Umständen aus sehr vielen Ebenen und Ebenentypen aufgebaut sein. Über das Popup-Menü *Ebenenfilter* in der linken oberen Ecke des *Ebenen*-Bedienfelds und die daneben angeordneten Schaltflächen können Sie die Ebenen Ihres Bilds nach bestimmten Kriterien filtern. Standardmäßig ist hier die Option *Art* eingestellt. Das heißt, dass Sie über die Schaltflächen rechts daneben auswählen können, welche Ebenenart Sie anzeigen möchten – zum Beispiel nur Textebenen oder sowohl Text- als auch Bildebenen usw. Klicken Sie einfach die Schaltflächen der Ebenentypen an, die Sie anzeigen möchten. Alle anderen Ebenentypen werden daraufhin ausgeblendet. Dass Sie einen Filter angewandt haben, erkennen Sie an dem kleinen Schieberegler mit dem roten Quadrat ganz rechts in der Zeile. Klicken Sie dieses rote Quadrat an, wird der Filter ausgeschaltet und alle Ebenen werden wieder eingeblendet. Außer *Art* enthält das Filter-Popup-Menü noch weitere Ebenenattribute, nach denen Sie filtern können, zum Beispiel (Füll)*Modus* oder (Ebenen-)*Name*.

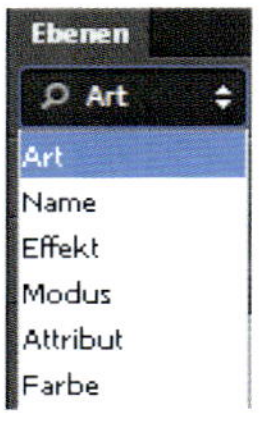

Abbildung 10.3
Der Ebenenfilter

- Über das Popup-Menü darunter legen Sie den Mischmodus der aktuell ausgewählten Ebene(n) oder Ebenengruppe(n) fest. Wir gehen später noch ausführlich darauf ein. Rechts daneben bestimmen Sie über die Option *Deckkraft* die Transparenz der Ebene.

  Dabei können Sie auch mehrere Ebenen mit gedrückter [Strg]/[⌘]- bzw. [⇧]-Taste auswählen und ihre Transparenz gemeinsam ändern.

- Im Feld *Fläche* legen Sie gegebenenfalls noch eine Transparenz innerhalb der Ebene fest.
- Darunter befindet sich die Zeile *Fixieren*, in der Sie bestimmte Bildbereiche vor der Bearbeitung oder dem Verschieben schützen.
- Ein Klick auf *Transparente Pixel fixieren* sperrt alle transparenten Pixel der Ebene. Somit sind sie vor Bearbeitungen geschützt. Die Ebene ist mit einem Vorhängeschloss gekennzeichnet.
- Klicken Sie auf *Bildpixel fixieren*, sperrt Photoshop die Pixel der Ebene – sie lassen sich nicht mehr bearbeiten. Auch in diesem Fall erhält die Ebene ein Schlosssymbol.

Dateiformate
Damit die Ebenen auch nach dem Speichern und erneuten Öffnen des Bilds erhalten bleiben, müssen Sie ein geeignetes Dateiformat wie Photoshop (PSD) oder TIFF wählen, damit die Ebenen mit gesichert werden.

- Klicken Sie auf *Position sperren*, lassen sich die Elemente in der Ebene nicht mehr verschieben. Die Position ist gesperrt und die Ebene wird mit einem Schlosssymbol gekennzeichnet.
- Klicken Sie auf *Alle sperren*, ist die komplette Ebene vor Bearbeitungen gesperrt und die Ebene mit einem schwarzen Schloss gekennzeichnet.

Anhand dieser Schlosssymbole der Ebene sehen Sie stets, ob und auf welche Weise eine Ebene gesperrt ist.

Darunter sind die Ebenen des Bilds selbst aufgeführt. Jede Ebene wird in der Grundeinstellung als Miniatur mit einer Ebenenbezeichnung dargestellt.

- Links von jeder Ebene sehen Sie ein Symbolfeld, in dem sich ein Auge befinden kann.
- Klicken Sie auf das Augensymbol, blendet Photoshop die zugehörige Ebene aus. Ein weiterer Klick in dieses Feld blendet die Ebene wieder ein. Dabei spielt es keine Rolle, ob die jeweilige Ebene markiert ist oder nicht. Bei diesem Vorgang sind keine Verluste zu befürchten; die ausgeblendete Ebene bleibt erhalten.
- Rechts vom Ebenennamen kann ein Kettensymbol erscheinen, wenn mehrere Ebenen miteinander verbunden sind.

Abbildung 10.4
Ebeneneffekte auswählen

Ganz unten im Bedienfeld befinden sich mehrere Schaltflächen:

- Die Schaltfläche *Ebenenstil hinzufügen* öffnet ein Popup-Menü mit Ebeneneffekten (siehe Seite 272).
- Klicken Sie auf die Schaltfläche *Ebenenmaske hinzufügen*, erstellen Sie eine neue Ebenenmaske für die momentan aktivierte Ebene. Was Sie damit anfangen können, erfahren Sie weiter hinten in diesem Kapitel.
- Klicken Sie auf die Schaltfläche *Neue Gruppe erstellen*, fügt Photoshop eine neue Gruppe ein, in der Sie mehrere Ebenen zusammenfassen und damit gemeinsam verwalten können.
- Hinter der Schaltfläche *Neue Füll- oder Einstellungsebene erstellen* verbirgt sich ein Popup-Menü mit verschiedenen Befehlen. Jeder dieser Befehle erstellt eine spezielle Ebene, die zur non-destruktiven Bildkorrektur geeignet ist, also zu einer Bildkorrektur, die jederzeit eine Rückkehr zum unkorrigierten Bild erlaubt. Mehr darüber erfahren Sie in Kapitel 15.
- Über die Schaltfläche *Ebene löschen* entfernen Sie eine Ebene gegebenenfalls. Dabei stehen Ihnen zwei Möglichkeiten zur Auswahl: Entweder klicken und

ziehen Sie eine Ebene auf die Papierkorb-Schaltfläche – die Ebene wird sofort gelöscht. Oder Sie markieren die Ebene und klicken anschließend auf die Papierkorb-Schaltfläche. Dann erscheint vor dem Löschen eine Sicherheitsabfrage.

Eine neue Ebene anlegen

Eine neue Ebene erstellen Sie, indem Sie in die Zwischenablage kopierte Pixel in Ihr Bild einfügen, oder über die entsprechende Schaltfläche im *Ebenen*-Bedienfeld. Dennoch möchten wir noch einmal etwas ausführlicher auf dieses Thema eingehen. Wie Sie sicherlich bemerkt haben, ist die Hintergrundebene bei jedem üblichen Bild im *Ebenen*-Bedienfeld bereits vorhanden. Somit verfügt jedes Bild in Photoshop über diese Ebene. Die Hintergrundebene können Sie nicht löschen, außer es befindet sich noch eine weitere Ebene im Bild. Zum Anlegen einer neuen Ebene gibt es in Photoshop verschiedene Möglichkeiten:

1. Wählen Sie im Menü *Ebene* den Befehl *Neu → Ebene*.
2. Klicken Sie am unteren Rand des Bedienfelds *Ebenen* auf die Schaltfläche *Neue Ebene erstellen*.
3. Öffnen Sie das Menü des Bedienfelds *Ebenen* und wählen Sie den Befehl *Neue Ebene*.

In der Regel wird die Dialogbox *Neue Ebene* angezeigt, in der Sie die Eigenschaften der Ebene festlegen. Die Dialogbox erscheint nur dann nicht, wenn Sie im *Ebenen*-Bedienfeld auf die Schaltfläche *Neue Ebene erstellen* klicken. Dann erstellt Photoshop die Ebene ohne die Dialogbox sofort.

Auch hier zeigen Sie gegebenenfalls die Dialogbox an, indem Sie bei gedrückter Alt-Taste auf die Schaltfläche *Neue Ebene erstellen* klicken.

1. Geben Sie in der Dialogbox im Eingabefeld *Name* einen aussagekräftigen Namen für die Ebene ein.
2. Aktivieren Sie das Kontrollkästchen *Schnittmaske aus vorheriger Ebene erstellen*, wenn Sie beabsichtigen, eine Maskierungsgruppe zu erstellen. In der Maskierungsgruppe sind nur Bildbereiche sichtbar, die in der untersten Ebene der Gruppe vorhanden sind. Mehr über Schnittmasken erfahren Sie weiter hinten.
3. Über das Popup-Menü *Farbe* beeinflussen Sie die Darstellung der Ebene im *Ebenen*-Bedienfeld. Wählen Sie hier eine Farbe, kennzeichnen Sie die Ebene mit dieser Farbe, damit Sie sie besser identifizieren und verwalten können.

Tastenkombinationen

Am schnellsten erzeugen Sie eine neue, leere Ebene mit ⇧ + Strg/⌘ + N. Mit zusätzlich gedrückter Alt-Taste übergehen Sie zudem die Dialogbox *Neue Ebene* und erzeugen die Ebene umgehend. Soll die neue Ebene nicht – wie standardmäßig – über, sondern unter der aktiven Ebene erscheinen, halten Sie die Strg/⌘-Taste gedrückt, während Sie auf das Symbol *Neue Ebene* am unteren Rand des Ebenen-Bedienfelds klicken.

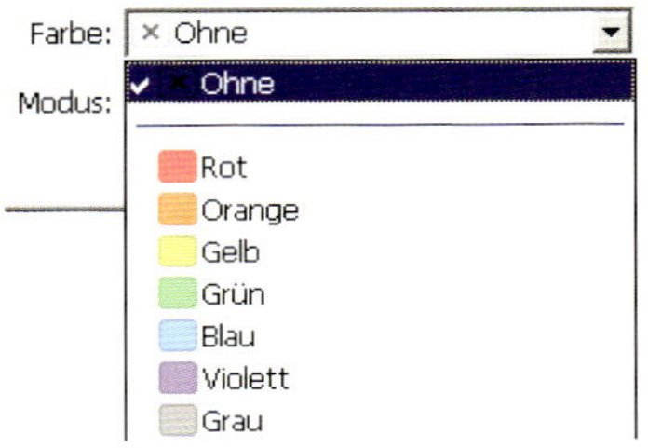

Abbildung 10.5
Kennzeichnen Sie eine Ebene mit einer Farbe.

Neutrale Farbe
Beachten Sie bitte, dass Sie einige Filter und Effekte nur auf nicht leere Ebenen anwenden können. In einem solchen Fall füllen Sie die Ebene eventuell mit einer neutralen Farbe, indem Sie die Option *Mit neutraler Farbe für den Modus [...] füllen* aktivieren.

4. Wählen Sie aus dem Popup-Menü *Modus* den gewünschten Modus für die Ebene. Details erfahren Sie im Anschluss.
5. Das unterste Kontrollkästchen ist erst aktiviert, wenn Sie einen anderen Modus als *Normal*, *Sprenkeln*, *Farbton*, *Sättigung*, *Farbe* und *Luminanz* auswählen. In den genannten Modi ist diese Option nicht aktivierbar.
6. Stellen Sie gegebenenfalls über die Option *Deckkraft* die Transparenz der Ebene ein.
7. Bestätigen Sie zuletzt Ihre Angaben mit der Schaltfläche *OK*.

Photoshop erstellt die neue Ebene mit den von Ihnen definierten Eigenschaften und zeigt sie im *Ebenen*-Bedienfeld an. Sie befindet sich über der Hintergrundebene.

Ebenen duplizieren

Wenn Sie ein Duplikat einer oder mehrerer Ebenen benötigen, haben Sie verschiedene Möglichkeiten. Bei der ersten Variante erzeugt Photoshop das Duplikat sofort:

Tastenkombination
Die zugehörige Tastenkombination lautet Strg/⌘ + J.

1. Ziehen Sie die Ebene(n) mit gedrückter Maustaste unten auf die Schaltfläche *Neue Ebene erstellen*.
2. Photoshop erstellt sofort eine Kopie der Ebene(n) und listet sie im *Ebenen*-Bedienfeld auf.

Bei der anderen Möglichkeit verwenden Sie die Dialogbox *Ebene duplizieren*. Wenn Sie dabei nur eine einzelne Ebene kopieren, können Sie gleich ein paar Eigenschaften für das Duplikat festlegen.

Namenszusatz »Kopie« deaktivieren
Wenn Sie eine Ebene kopieren, erscheint in der Grundeinstellung automatisch das Wort »Kopie« hinter dem Ebenennamen. Wenn Sie das Bedienfeldmenü des *Ebenen*-Bedienfelds öffnen und *Bedienfeldoptionen* wählen, können Sie hier einstellen, dass Photoshop das Wort »Kopie« nicht hinzufügt.

1. Markieren Sie die gewünschte Ebene im *Ebenen*-Bedienfeld. Wählen Sie aus dem Bedienfeldmenü den Befehl *Ebene duplizieren* und weisen Sie der Ebene über das Eingabefeld *Als* einen Namen zu.
2. Im Popup-Menü *Dokument* des Dialogbereichs *Ziel* weisen Sie die Ebene einer neuen Datei zu: Wählen Sie im Klappmenü den Eintrag *Neu*. Darunter wird das Eingabefeld *Name* eingeblendet. Hier weisen Sie dem neuen Bild einen Namen zu. Alternativ wählen Sie gegebenenfalls eine andere geöffnete Datei aus. In diese wird die Ebene dann dupliziert.

Eine Ebene auswählen

Bevor Sie eine Ebene bearbeiten können, müssen Sie sie auswählen. Dazu klicken Sie im *Ebenen*-Bedienfeld einmal auf die Ebene.

Die Ebene wird hervorgehoben. Wenn Sie nun beispielsweise in Ihrem Bild malen oder Filter anwenden, wirkt sich das in der Grundeinstellung nur auf die aktuell ausgewählte Ebene aus. Es gibt eine noch schnellere Methode zum Markieren einer Ebene:

1. Wählen Sie das Werkzeug *Verschieben* und öffnen Sie das Kontextmenü auf der Bilddatei (Rechtsklick unter Windows bzw. Ctrl-Taste + Klick am Mac).
2. Im Kontextmenü werden sämtliche im Bild verwendeten Ebenennamen angezeigt.
3. Wählen Sie mit einem Klick die gewünschte Ebene aus, wird diese im *Ebenen*-Bedienfeld markiert bzw. zur Bearbeitung freigegeben.

Abbildung 10.6
Die obere Ebene mit dem Namen *Sonne* ist ausgewählt.

Ebenen anordnen

Wesentlich bei der Arbeit mit Ebenen ist deren Anordnung, denn die Ebenen liegen übereinander wie Folien. Das Ergebnis ist, dass die oberste Ebene die darunter angeordneten teilweise verdeckt (je nach Mischmodus und Ebenentransparenz). Die Ebene, die im *Ebenen*-Bedienfeld oben erscheint, liegt auch im Bild obenauf.

Gegebenenfalls ändern Sie die Anordnung der Ebenen – bis auf die Hintergrundebene, denn diese liegt immer ganz unten:

1. Zeigen Sie mit dem Mauszeiger im *Ebenen*-Bedienfeld auf das Symbol der Ebene, die Sie verschieben möchten. Der Mauszeiger verwandelt sich in eine Hand.
2. Klicken und ziehen Sie die Ebene mit gedrückter Maustaste an die gewünschte Stelle im Bedienfeld. Geben Sie die Maustaste frei, sobald die Ebene die gewünschte Position erreicht hat.

Eine Möglichkeit zur schrittweisen Verschiebung steht Ihnen im Menü *Ebene* unter *Anordnen* zur Verfügung.

Wählen Sie dazu im Menü *Ebene* den Befehl *Anordnen*. Im Untermenü befinden sich fünf Befehle zum Verschieben der markierten Ebene.

- Mit dem Menübefehl *In den Vordergrund* positionieren Sie eine markierte Ebene an oberster Stelle im *Ebenen*-Bedienfeld und bringen damit die darauf platzierten Elemente in den Vordergrund.
- Umgekehrt funktioniert der Menübefehl *In den Hintergrund*. Dadurch wird die Ebene ganz nach unten gestellt (sie wird aber über der Hintergrundebene platziert).

Auswahltricks mit dem Ebenen-Bedienfeld

Mit einem Klick mit gedruckter Strg/⌘-Taste auf ein Ebenensymbol wählen Sie die Pixel dieser Ebene aufgrund ihrer Transparenzinformationen aus.

Diese sehr praktische Möglichkeit lässt sich mit den folgenden Techniken noch erweitern:

Halten Sie die Tastenkombination Strg/⌘+⇧ gedrückt und klicken Sie erneut auf die Ebene. Eine schon vorhandene Auswahl wird erweitert, das heißt, dass zusätzliche Bildteile in die Auswahl aufgenommen werden. Bei jedem erneuten Klick wird die Auswahl erweitert.

Mit der Tastenkombination Strg/⌘ + Alt subtrahieren Sie hingegen den Inhalt der Ebene von der bestehenden Auswahl.

Transparente Bereiche vor Bearbeitungen schützen

Das Bedienfeld *Ebenen* bietet Ihnen die Möglichkeit, transparente Bereiche einer Ebene vor der Bearbeitung zu schützen. Transparent sind alle Bereiche der Ebene, auf der sich keine Pixel befinden.

Wenn Sie die transparenten Bereiche schützen und beispielsweise die Ebene anschließend mit *Bearbeiten → Fläche füllen* mit einer Farbe oder einem Muster füllen, erstreckt sich diese Füllung nur auf die nicht transparenten Bereiche des Bilds.

Um transparente Bereiche in einem Bild zu erstellen, eignet sich unter anderem das im vorigen Kapitel erläuterte Werkzeug *Magischer Radiergummi*.

Markieren Sie im *Ebenen*-Bedienfeld die gewünschte Ebene und klicken Sie dann in der Gruppe *Fixieren* auf das Symbol *Transparente Pixel fixieren*.

Abbildung 10.7
Ausgangszustand

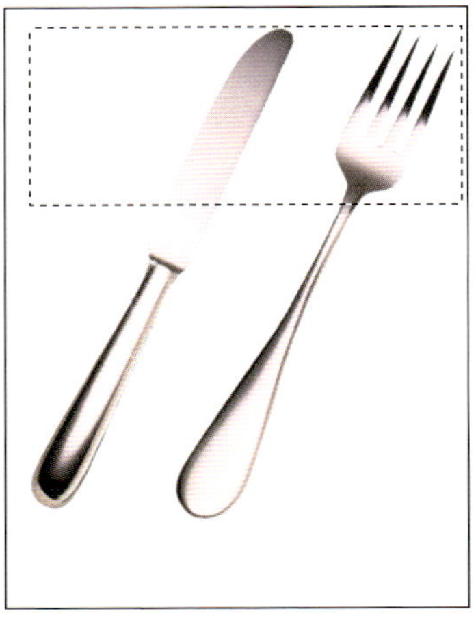

Abbildung 10.8
Beide Ebenen wurden an der oberen Kante der Auswahl ausgerichtet.

Ebeneninhalte verschieben

Ebeneninhalte verschieben Sie gegebenenfalls mit dem *Verschieben* Werkzeug (Taste V) problemlos an eine beliebige andere Position. Bereiche, die nach dem Verschieben aus dem Bild herausragen, holen Sie durch erneutes Verschieben wieder ins Bild.

1. Falls Sie nur einen bestimmten Bereich der Ebene verschieben möchten, erzeugen Sie zuerst eine Auswahl.
2. Wählen Sie im *Ebenen*-Bedienfeld die gewünschte Ebene aus.
3. Aktivieren Sie im *Werkzeuge*-Bedienfeld das Werkzeug *Verschieben*.
4. Klicken Sie nun in das Dokumentfenster und ziehen Sie den Ebeneninhalt mit gedrückter Maustaste an die gewünschte Stelle.

Um den Ebeneninhalt in kleinen Schritten zu verschieben, verwenden Sie die Pfeiltasten auf der Tastatur. Auch hierbei muss das *Verschieben*-Werkzeug aktiviert sein. Dieses können Sie auch mit der Strg/⌘-Taste vorübergehend aktivieren.

- Dabei wird das Bild pro Tastendruck um einen Pixel verschoben.
- Halten Sie zusätzlich die ⇧-Taste gedrückt, verschieben Sie das Bild pro Tastendruck um 10 Pixel.

Eine Ebene in ein anderes Bild einfügen

Außerdem können Sie eine Ebene ebenso in ein anderes Bild verschieben. Auch auf der Ebene eventuell vorhandene Auswahlbereiche werden mit verschoben. Das Original bleibt unverändert.

Die Ebene wird dann im neuen Bild als eigene Ebene eingefügt.

- Öffnen Sie zwei Bilder und ordnen Sie sie so an, dass beide sichtbar sind. Blenden Sie das Bedienfeld *Ebenen* ein – am schnellsten über die Taste F7.
- Ziehen Sie die zu verschiebende Ebene mit gedrückter Maustaste aus dem Bedienfeld *Ebenen* in das Zielbild. Sie wird dort durch eine gestrichelte Kontur hervorgehoben. Geben Sie die Maustaste an der gewünschten Stelle im Zielbild frei und die Ebene wird in dieses eingefügt.

Abbildung 10.9
Beide Elemente liegen auf einer eigenen Ebene. Die Ebenen sollen oben ausgerichtet werden.

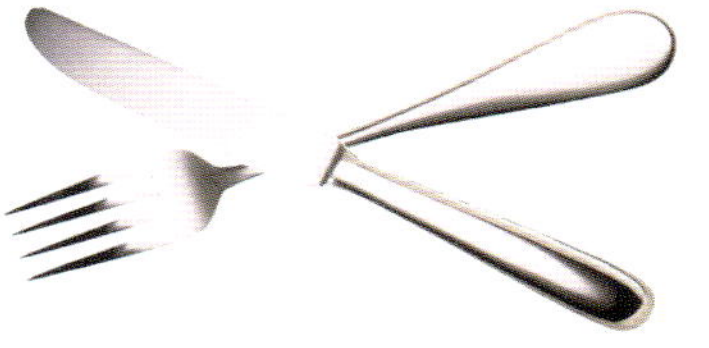

Abbildung 10.10
Weil das Messer weiter rechts lag, wird das oberste Pixel der Gabelebene am obersten Pixel der Messerebene ausgerichtet.

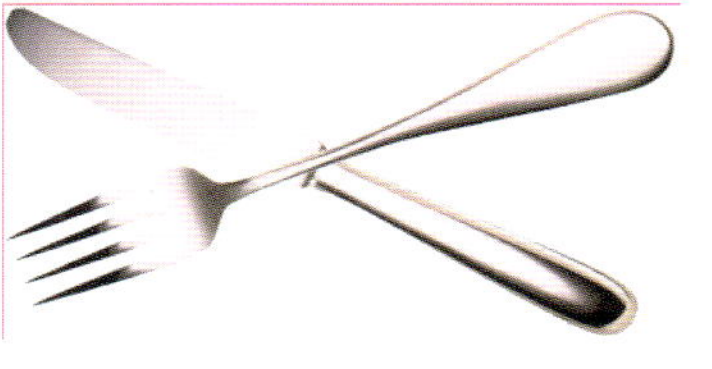

Abbildung 10.11
Wenn Sie eine Ebene mit dem *Verschieben*-Werkzeug ziehen, erscheinen automatisch magnetische Hilfslinien.

Ebenen an einer Auswahl ausrichten

In Photoshop können Sie Ebenen sowohl aneinander als auch an ausgewählten Bereichen auszurichten. Wir beginnen mit dem Ausrichten an Auswahlbereichen.

1. Legen Sie zuerst den gewünschten Auswahlbereich fest. Markieren Sie dann im *Ebenen*-Bedienfeld die auszurichtenden Ebenen mit gedrückter ⇧-Taste.
2. Anschließend öffnen Sie im Menü *Ebene* das Untermenü *Ebenen an Auswahl ausrichten*. Hier stehen Ihnen nun einige Befehle zum Ausrichten zur Auswahl.

Die einzelnen Ausrichtungsbefehle haben die folgenden Auswirkungen:

- Wählen Sie den Befehl *Obere Kanten*, um die oberste Pixelreihe der ausgewählten Ebenen an der obersten Kante der Auswahl auszurichten.
- Wählen Sie *Vertikale Mitten*, werden die markierten Ebenen zentriert an der Auswahl ausgerichtet.
- Wählen Sie *Untere Kanten*, erfolgt die Ausrichtung der Ebenen an der unteren Kante der Auswahl.
- Wählen Sie den Befehl *Linke Kanten*, werden die Ebenen in der Linie der linken Auswahlkante ausgerichtet.
- Wählen Sie den Befehl *Horizontale Mitten*, werden die Ebenen in der horizontalen Achse zentriert in der Position der Auswahl ausgerichtet.
- Wählen Sie *Rechte Kanten*, werden die Ebenen an der rechten Kante der Auswahl ausgerichtet.

Ebenen aneinander ausrichten und verteilen

Ebenen lassen sich auch aneinander ausrichten oder verteilen. Nachdem Sie die gewünschten Ebenen im Bedienfeld ausgewählt haben – klicken Sie ihre Symbole oder Namen dazu mit gedrückter ⇧-Taste an –, wählen Sie den Menübefehl *Ebene → Ausrichten*.

Die einzelnen Befehle im Untermenü gleichen denen beim Ausrichten einer Ebene an einer Auswahl. Der Unterschied ist, dass Sie die Ebenen an derjenigen Ebene ausrichten, die am weitesten links, rechts, oben oder unten liegt (je nach gewähltem Befehl).

Das *Verteilen* von Ebenen funktioniert nur dann, wenn Sie mindestens drei Ebenen ausgewählt haben. Wählen Sie im Menü *Ebene* den Befehl *Verteilen*. Aus dem nun angezeigten Untermenü wählen Sie den gewünschten Befehl aus. Die Ebenen werden gleichmäßig verteilt.

Ebenen mithilfe von magnetischen Hilfslinien ausrichten

Wenn Sie mit dem *Verschieben*-Werkzeug in eine Ebene klicken und dann mit gedrückter Maustaste ziehen, dockt diese Ebene automatisch an den Kanten und der Mitte der anderen Ebenen an. Signalisiert wird dies durch magnetische Hilfslinien, die in der Grundeinstellung als rote Linien gezeigt werden.

Werden die Hilfslinien nicht dargestellt, wählen Sie *Ansicht → Einblenden → Intelligente Hilfslinien*.

Ebenen gemeinsam verschieben oder transformieren

Genauso können Sie mehrere Ebenen auswählen und sie gemeinsam verschieben (oder auch transformieren).

1. Aktivieren Sie das *Verschieben*-Werkzeug.
2. In der Optionenleiste des Werkzeugs aktivieren Sie das Kontrollkästchen *Automatisch auswählen* und wählen aus dem nebenstehenden Popup-Menü den Eintrag *Ebene*.
3. Klicken Sie nun im Dokumentfenster mit gedrückter ⇧-Taste auf die Ebenen, die Sie auswählen möchten.
4. Im *Ebenen*-Bedienfeld kontrollieren Sie, ob die richtigen Ebenen markiert sind.
5. Nun lassen sich die Ebenen gemeinsam bearbeiten, etwa verschieben.

10.2 Mischmodi

Das Aussehen Ihrer Ebene wird maßgeblich von ihrer Transparenz und von dem Mischmodus beeinflusst, den Sie im linken oberen Popup-Menü des *Ebenen*-Bedienfelds auswählen (seit Photoshop CS6 können Sie dabei auch mehrere Ebenen markieren). Der Mischmodus bestimmt, wie Photoshop die übereinanderliegenden Ebenen miteinander verrechnet. Auf diese Weise erzielen Sie unter anderem interessante Ebenenüberblendeffekte.

Die Modi sind Ihnen in diesem Buch schon einmal begegnet, als es um das Füllen von Auswahlbereichen ging. Dort sind wir nicht näher auf die einzelnen Modi eingegangen. Das holen wir nun nach.

- Wenn Sie nichts anderes einstellen, befindet sich die Ebene im Modus *Normal*, Ebenensätze: *Hindurchwirken*. Dabei finden keinerlei Berechnungen statt – jedes einzelne Pixel erscheint gefüllt und je nach der im Popup-Menü *Deckkraft* eingestellten Ebenentransparenz scheint die darunterliegende Ebene durch.
- Im Modus *Sprenkeln* entsteht eine Pixelverteilung nach dem Zufallsprinzip. Je stärker Sie die Deckkraft senken, desto weiter liegen die angezeigten Pixel auseinander.
- Im Modus *Abdunkeln* wird aus der Originalfarbe der unteren und der oberen Ebene die hellere Farbe als Zielfarbe gewählt. Pixel, die dunkler sind als der Farbauftrag, werden ersetzt; Pixel, die heller sind als der Farbauftrag, bleiben unverändert.
- Der Modus *Multiplizieren* multipliziert die Farbinformationen jedes Farbkanals mit der Originalfarbe. Das Ergebnis sind dunkle Farben – etwa so, als wenn Sie zwei Dias übereinanderlegen. Wird eine Farbe mit Schwarz multipliziert, entsteht Schwarz, wird eine Farbe mit Weiß multipliziert, ergibt sich Weiß. Verwenden Sie den Modus *Multiplizieren* etwa, um überbelichtete oder flaue Fotos zu verbessern: Legen Sie zwei Ebenen mit demselben Bild übereinander und wenden Sie auf

Bilder für InDesign vorbereiten
In InDesign können Sie Text um die Konturen eines Objekts laufen lassen oder auch halbtransparente Pixelgrafiken, z.B. mit Schlagschatten, vor einen farbigen Hintergrund setzen. Dies funktioniert jedoch nur, wenn Sie die Datei entsprechend vorbereiten: Doppelklicken Sie im *Ebenen*-Bedienfeld auf die Hintergrundebene und bestätigen Sie mit *OK*. Wählen Sie das Objekt aus und wählen Sie *Auswahl* → *Auswahl umkehren* (Strg/⌘+I), um den Bildhintergrund auszuwählen. Drücken Sie die Entf-Taste. Wählen Sie *Datei* → *Speichern unter* und speichern Sie das Bild im Photoshop-PSD-Format. InDesign erkennt den Freisteller nun automatisch. Falls nicht, wählen Sie in InDesign *Objekt* → *Beschneidungspfad* → *Optionen*. Als *Art* wählen Sie *Alpha-Kanal*, unter *Alpha* wählen Sie *Transparenz*.

Klicken Sie nun im Bedienfeld *Konturenführung* auf *Konturenführung um Objektführung*, damit der Text das importierte Bildobjekt umfließt.

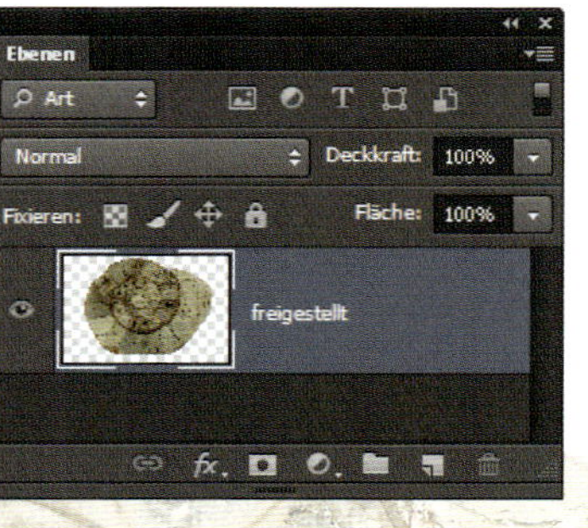

Abbildung 10.12
Mit Ebenen können Sie Ihre Bilder so vorbereiten, dass der Text in InDesign das Motiv umfließt.

die obere den Modus *Multiplizieren* an. Reduzieren Sie die Ebenendeckkraft entsprechend, bis Sie mit dem Ergebnis zufrieden sind.

- Im Modus *Farbig nachbelichten* wird die aufgetragene Farbe dunkel über die Originalfarbe gemischt. Bei weißen Pixeln ändert dieser Mischmodus nichts. Sie erzielen mit diesem Mischmodus in Montagen leuchtende Farben.
- Im Modus *Linear nachbelichten* wird die Originalfarbe anhand der Farbinformationen in den einzelnen Kanälen und durch Verringern der Helligkeit abgedunkelt. Bei Weiß hat dieser Mischmodus keine Auswirkung.
- Der Modus *Aufhellen* stellt die Umkehr des Modus *Abdunkeln* dar: Aus der Originalfarbe der Ebenen wird die hellere Farbe als Zielfarbe gewählt. Pixel, die dunkler sind als der Farbauftrag, werden ersetzt; Pixel, die heller sind als der Farbauftrag, bleiben unverändert.

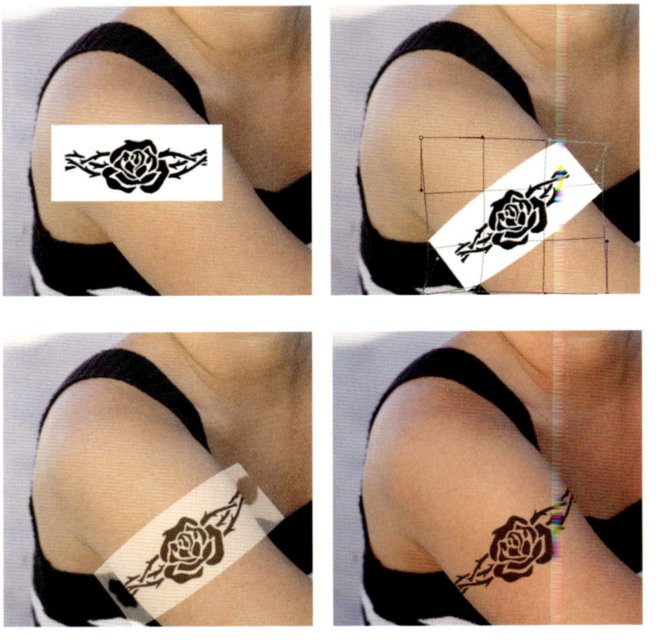

Abbildung 10.13
Gefahrloses Ausprobieren von Tattoos: Fügen Sie die Tattoozeichnung in Ihr Bild ein. Platzieren Sie das Tattoo mit dem *Verschieben*-Werkzeug. Formen Sie es mit *Bearbeiten* → *Transformieren* so, dass es der Körperkontur folgt. Wählen Sie *Ebene* → *Ebenenmaske* → *Alle einblenden*. Reduzieren Sie die Deckkraft der oberen Ebene. Mit einem schwarzen Pinsel übermalen Sie alle Teile des Tattoos, die über die Hautpartien hinausragen. Setzen Sie die Deckkraft der Ebene wieder auf *100%* und ändern Sie ihren Mischmodus in *Multiplizieren*.

Abbildung 10.14
Multiplizieren bei einer Ebenendeckkraft von 100 %

Abbildung 10.15
Aufhellen bei einer Ebenendeckkraft von 100 %

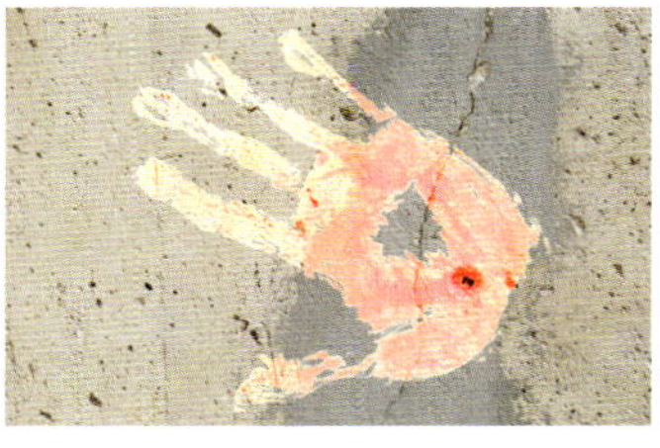

Abbildung 10.16
Farbig abwedeln bei einer Ebenendeckkraft von 100 %

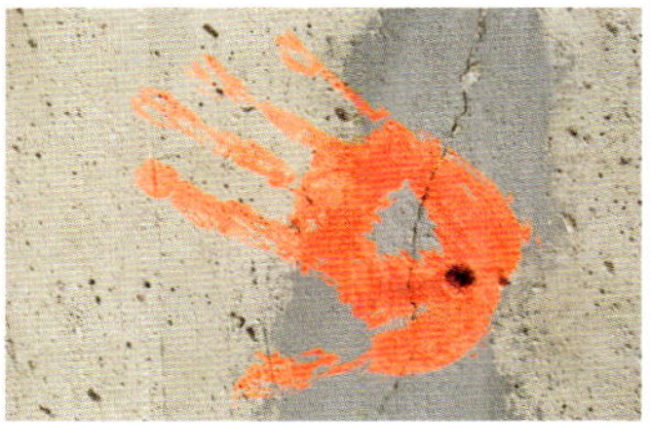

Abbildung 10.17
Ineinanderkopieren bei einer Ebenendeckkraft von 100 %

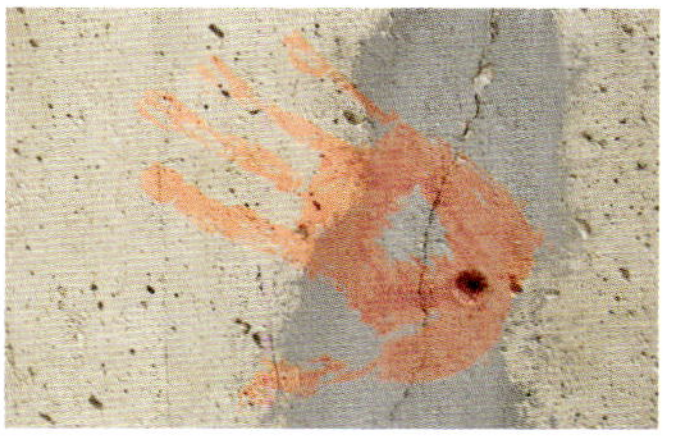

Abbildung 10.18
Weiches Licht bei einer Ebenendeckkraft von 100 %

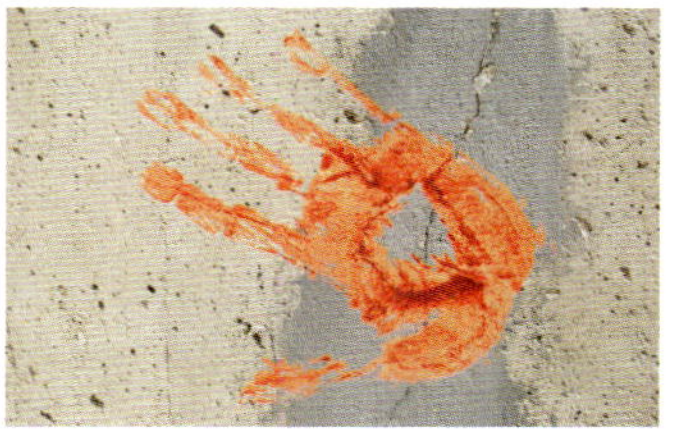

Abbildung 10.19
Lichtpunkt bei einer Ebenendeckkraft von 100 %

Abbildung 10.20
Hart mischen bei einer Ebenendeckkraft von 100 %

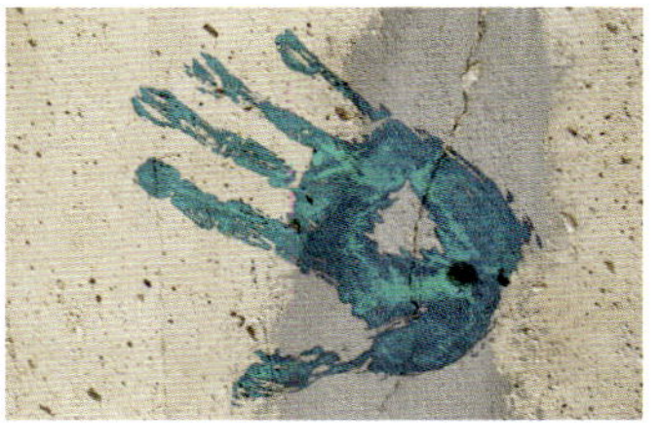

Abbildung 10.21
Subtrahieren bei einer Ebenendeckkraft von 100 %

Abbildung 10.22
Obere und untere Ebene

Abbildung 10.23
Unterteilen bei einer Ebenendeckkraft von 100 %

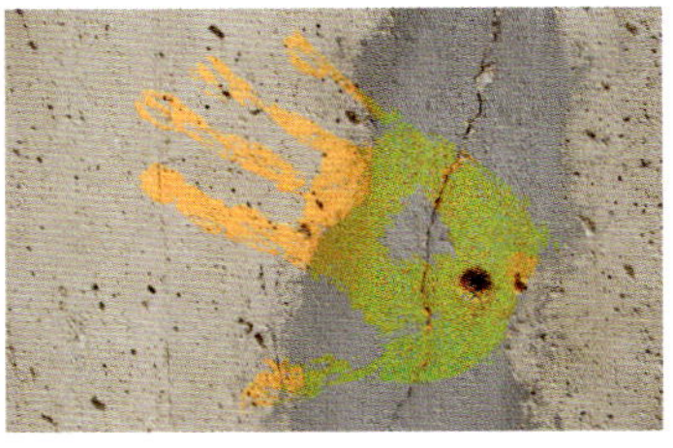

Abbildung 10.24
Sättigung bei einer Ebenendeckkraft von 100 %

Abbildung 10.25
Luminanz bei einer Ebenendeckkraft von 100 %

- Der Modus *Negativ multiplizieren* verhält sich genau umgekehrt wie der Modus *Multiplizieren*: Die Farben werden aufgehellt. Verwenden Sie diese Methode beispielsweise, um Spitzlichter auf Gegenstände zu setzen. Wenn Sie ein stark unterbelichtetes Foto haben, können Sie beispielsweise mit der folgenden Methode einen Rettungsversuch starten: Duplizieren Sie die Fotoebene mit Strg/⌘ + J. Setzen Sie die neue, obere Ebene in den Modus *Negativ multiplizieren*. Wiederholen Sie diesen Vorgang, bis das Bild korrekt belichtet ist. Für das Feintuning können Sie die Deckkraft der obersten Ebene schließlich reduzieren, um ihren Effekt abzuschwächen. Betrachten Sie dazu auch die Abbildungen auf der nächsten Seite.
- Der Modus *Farbig abwedeln* hellt die Originalfarbe stark auf. Ein schwarzer Farbauftrag ergibt keine Änderung. Verwenden Sie diesen Modus beim Malen, wenn die aufgetragene Farbe grell aufleuchten soll.
- Im Modus *Hellere Farbe* wird das jeweils hellere Pixel ohne Verrechnung angezeigt.
- Der Modus *Dunklere Farbe* verhält sich gerade umgekehrt – das jeweils dunklere Pixel wird angezeigt.
- Im Modus *Linear abwedeln* wird die Ausgangsfarbe sowohl aufgrund der Farbinformationen in den einzelnen Kanälen als auch durch Erhöhen der Helligkeit aufgehellt, so dass die Füllfarbe reflektiert wird.
- Im Modus *Ineinanderkopieren* werden die normalen oder umgekehrten Farbwerte ausgehend von der Originalfarbe multipliziert. Die Tiefen und Lichter bleiben erhalten, indem die Originalfarbe mit dem Farbauftrag gemischt wird. Wenn Sie zwei Ebenen mit demselben Motiv übereinanderkopieren und diesen Modus anwenden, erhöhen Sie Sättigung und Kontrast deutlich.
- Im Modus *Weiches Licht* werden die Farben abgedunkelt oder aufgehellt, je nachdem, welche Farben die obere Ebene hat. Solange die Lichtquelle (das ist der Farbauftrag) heller ist als 50 % Grau, wird das Bild heller. Ist der Farbauftrag hingegen dunkler als 50 % Grau, wird das Bild abgedunkelt. Probieren Sie es bei zu flau geratenen Bildern einmal mit einem Ebenenduplikat mit dem Mischmodus *Weiches Licht*.
- Im Modus *Hartes Lich*t wirkt das Bild wie mit einem grellen Spot beleuchtet. Auf diese Weise fügen Sie zum Beispiel Glanzlichter und Schatten hinzu. Hier gilt: Ist die Füllfarbe heller als 50 % Grau, wird das Bild heller, ansonsten dunkler. Neutralgrau erscheint unverändert.

Abbildung 10.26
Das Originalbild soll aufgehellt werden. Zur Aufhellung des Originalbilds wurden zwei Ebenenduplikate mit dem Mischmodus *Negativ multiplizieren* erzeugt. Um die Korrektur anschließend abzuschwächen, erhielt die oberste Ebene eine Deckkraft von *20%*.

Abbildung 10.27
Dazu ein Ebenenduplikat mit dem Mischmodus *Negativ multiplizieren* erzeugt. Um die Korrektur anschließend abzuschwächen, erhielt das Duplikat eine Deckkraft von *85%*.

Bild: Christoph Kommer

- Der Modus *Strahlendes Licht* hellt Farben, die heller als Neutralgrau sind, durch Verringerung des Kontrasts auf. Farben, die dunkler sind als Neutralgrau, dunkelt er durch Erhöhen des Kontrasts stark ab. Verwenden Sie diesen Modus, wenn Sie kräftige Kontraste benötigen.
- Der Modus *Lineares Licht* erhöht die Helligkeit von Farben, die heller sind als Neutralgrau. Die Helligkeit von Farben, die dunkler sind als Neutralgrau, wird verringert. Wie alle »Licht«-Mischmodi eignet sich auch diese zur Auffrischung von Bildern (legen Sie zwei Ebenen mit demselben Motiv übereinander).
- Bei Farben, die heller als Neutralgrau sind, werden im Modus *Lichtpunkte* alle Pixel ersetzt, die dunkler sind als der Farbauftrag. Pixel, die heller sind als der Farbauftrag, werden nicht berührt. Bei Farben, die dunkler sind als Neutralgrau, werden alle Pixel ersetzt, die heller sind als die Füllfarbe. Wie viele »Licht«-Methoden eignet sich auch diese besonders zur Kontraststeigerung.
- Der Modus *Hart mischen* setzt alle Farben in die additiven und subtraktiven Grundfarben um.
- Der Modus *Differenz* subtrahiert die Originalfarbe oder den Farbauftrag mit der jeweils anderen Farbe. Subtrahiert wird jeweils der niedrigere Helligkeitswert vom höheren Helligkeitswert.

Abbildung 10.28
Die Wandstruktur wurde im Modus *Weiches Licht* auf die Ebene mit dem Text aufgebracht.

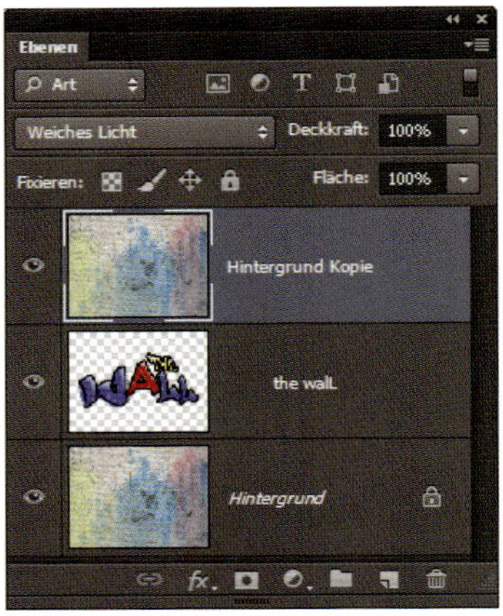

Abbildung 10.29
Hier die Ausgangsebenen

- Der Modus *Ausschluss* erzeugt einen Effekt, welcher dem Mischmodus *Differenz* ähnelt, aber kontrastärmer ist.
- Der Modus *Subtrahieren* zieht die aufgetragene Farbe von der Originalfarbe ab.
- Im Modus *Unterteilen* wird die aufgetragene Farbe durch die Originalfarbe geteilt.

- Im Modus *Farbton* bleiben Helligkeit und Farbsättigung der Originalfarbe erhalten. Nur die Farbe wird entsprechend dem Auftrag geändert. Verwenden Sie diese Methode, wenn Sie die Struktur der unten liegenden Ebene erhalten möchten.
- Der Modus *Sättigung* lässt den Farbwert und die Helligkeit unberührt und verrechnet lediglich die Sättigung des Farbauftrags. Ein Farbauftrag in Graustufen entzieht den Originalpixeln die Farbe.
- Der Modus *Farbe* lässt die Helligkeitswerte der Ausgangsfarbe unberührt. Hingegen werden Farbton und Sättigung des Farbauftrags verwendet. Mit diesem Modus lassen sich Monochrombilder (RGB-Modus) kolorieren und Farbbilder mit einem Farbstich versehen.
- Der Modus *Luminanz* belässt Farbton und Sättigung der Originalfarbe unverändert. Lediglich die Helligkeit des Farbauftrags wird übernommen. Verwenden Sie diesen Modus, wenn Sie ein Objekt mit einer bestimmten Farbe unterlegen möchten.

Es gibt aber noch viele weitere sinnvolle Einsatzgebiete für die Ebenenmodi. Experimentieren Sie! Die Mischmodi sind eine wichtige Hilfe für glaubwürdige Bildmontagen und -optimierungen. Im Verlauf dieses Buchs lernen Sie noch weitere konkrete Beispiele für die Anwendung verschiedener Mischmodi kennen.

Mischmodi schnell durchprobieren

Am schnellsten experimentieren Sie mit den Mischmodi, wenn Sie die Tastenkombination [⇧]+[-] bzw. [⇧]+[+] drücken. Photoshop blättert dann durch die verschiedenen Mischmodi und weist sie der aktuellen Ebene jeweils zu (dies funktioniert auch, wenn das Ebenen-Bedienfeld nicht geöffnet ist).

Allerdings darf keines der folgenden Werkzeuge aktiviert sein:

- Pinsel- oder anderes Malwerkzeug
- Retuschewerkzeuge wie Reparaturpinsel oder Kopierstempel
- Verlaufs-/Füll-Werkzeug

10.3 Mit Schnittmasken arbeiten

Bei Bedarf erstellen Sie aus zwei übereinanderliegenden Ebenen oder aus einer Ebene und einer Ebenengruppe eine sogenannte Schnittmaske. Nach dem Erstellen einer Schnittmaske lassen sich die Ebenen weiterhin einzeln bearbeiten.

Bei dieser Technik bildet sich aus überlappenden Bildbereichen eine Schnittmenge. Überlappen also Bereiche auf der oberen Ebene Bereiche auf der darunter angeordneten Ebene, werden diese in der Schnittmaske nur innerhalb des Bildbereichs der darunterliegenden Ebene angezeigt. Man spricht deshalb auch von einer Maskierungsgruppe. Sie haben damit eine Möglichkeit, Bildteile auf einer Ebene zu verbergen. Ein praktisches Beispiel sehen Sie auf der folgenden Seite.

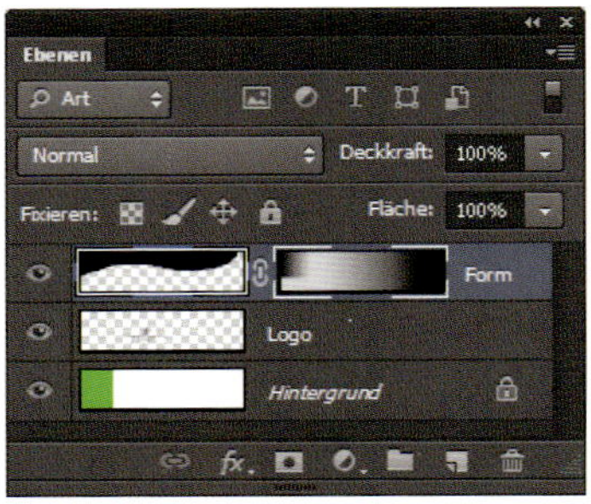

Abbildung 10.30
Bei diesem Design für eine Website wurde auf der oberen Ebene zunächst eine geschwungene Form erzeugt und diese anschließend mit einem Farbverlauf in einer Ebenenmaske halbtransparent gestaltet. Das Marienkäferfoto wurde als oberste Ebene eingefügt. Mit dem Befehl *Ebene → Schnittmaske erstellen* wurde das Foto in die darunterliegende Wellenform eingepasst.

Abbildung 10.31
Die Schnittmaske erkennen Sie an der Einrückung und dem abwärts weisenden Pfeil neben der obersten Ebene.

Markieren Sie im Bedienfeld die Ebene, aus der Sie mit der darunterliegenden unteren Ebene eine Schnittmaske erstellen möchten. Wählen Sie *Ebene → Schnittmaske erstellen*.

Alternativ drücken Sie einfach die Tastenkombination Alt + Strg/⌘ + G.

Im *Ebenen*-Bedienfeld erhält die Ebene ein Pfeilsymbol, das auf die gruppierte Ebene deutet, und diese erscheint überdies eingerückt. Bei einer Gruppierung von mehreren verbundenen Ebenen erscheinen mehrere solche abwärts weisenden Pfeile.

Für die Gruppe werden die Deckkraft- und Moduseinstellungen der untersten Ebene verwendet.

Um eine Schnittmaske wieder aufzuheben, markieren Sie zuerst im *Ebenen*-Bedienfeld eine der gruppierten Ebenen. Anschließend wählen Sie *Ebene → Schnittmaske zurückwandeln*. Oder drücken Sie die Tastenkombination Alt + Strg/⌘ + G.

10.4 Ebenen in Gruppen zusammenfassen

Ebenen lassen sich zu Ebenengruppen zusammenfassen. So lassen sich die Ebenen leicht gemeinsam verschieben, Sie können einen Mischmodus, einen Ebeneneffekt oder eine Ebenenmaske (mehr darüber weiter hinten) darauf anwenden und die Gruppe kann für mehr Übersichtlichkeit temporär ausgeblendet werden. Mit Ebenengruppen richten Sie außerdem Mischoptionen für die ganze Gruppe ein. Sie können bis zu zehn Untergruppen in eine Gruppe verschachteln.

1. Klicken Sie auf die Schaltfläche *Neue Gruppe erstellen* am unteren Rand des Bedienfelds *Ebenen*.
2. Gegebenenfalls ändern Sie noch die Eigenschaften für die Ebenengruppe, indem Sie sie im *Ebenen*-Bedienfeld anklicken und aus dem Bedienfeldmenü den Befehl *Gruppeneigenschaften* wählen.
3. Geben Sie einen Namen ein und wählen Sie eine Farbe für die Anzeige im *Ebenen*-Bedienfeld.

Mit den in der Gruppe enthaltenen Ebenen arbeiten Sie nun auf die gewohnte Weise.

Der Mischmodus einer Ebenengruppe ist standardmäßig *Hindurchwirken*, d.h., die Ebenengruppe besitzt keine eigenen Fülleigenschaften. Ebenen in einer Ebenengruppe im Modus *Hindurchwirken* werden genau wie außerhalb der Ebenengruppe angezeigt. Wenn Sie für eine Ebenengruppe einen anderen Mischmodus wählen, ändern Sie effektiv die Reihenfolge, in der das Gesamtbild erstellt wird.

Zuerst werden alle Ebenen in der Ebenengruppe zusammengesetzt. Die zusammengesetzte Ebenengruppe wird dann als einzelnes Bild behandelt und gemäß dem ausgewählten Mischmodus an den Rest des Bilds angeglichen. Wenn Sie für die Ebenengruppe einen anderen Mischmodus als *Hindurchwirken* wählen, werden also keine der Einstellungsebenen oder Ebenen-Mischmodi in der Ebenengruppe auf Ebenen außerhalb der Ebenengruppe angewendet.

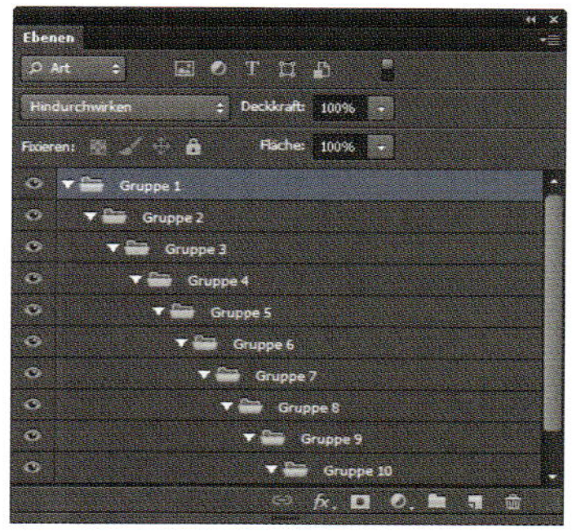

Abbildung 10.32
Bis zu zehn Untergruppen können Sie ineinander verschachteln.

Den Überblick über die Ebenen wahren
Gerade bei der Arbeit mit vielen Ebenen kann man schon einmal den Überblick verlieren. Damit Ihnen dies nicht passiert, hier einige Tipps:

- Statt des Standardnamens sollten Sie jeder Ebene einen aussagekräftigen Namen geben.
- Untereinanderliegende Ebenen können Sie mit gedrückter ⇧-Taste auswählen und dann mit *Ebene → Ebene verbinden* zusammenfassen. Die verbundenen Ebenen lassen sich nun gemeinsam verschieben und transformieren. Im *Ebenen*-Bedienfeld erkennen Sie die Verbindung am Kettensymbol nach dem Ebenennamen.
- Noch mehr Ordnung schaffen Sie durch die nebenstehend erläuterten Ebenengruppen. Einer der Vorteile ist, dass sich der Inhalt der Gruppe mit einem Klick auf das Dreiecksymbol vor dem Gruppennamen wegklappen lässt. Ihr Ebenen-Bedienfeld sieht dann gleich viel übersichtlicher aus!

10.5 Ebenen reduzieren

Um den Speicherbedarf eines mit Ebenen versehenen Bilds zu reduzieren, bietet Ihnen Photoshop verschiedene Möglichkeiten zur Reduktion der Ebenen, sobald Sie Ihre Bearbeitung abgeschlossen haben.

Sie können

- eine Ebene mit der darunterliegenden Ebene auf eine Ebene reduzieren (sie zu einer Ebene zusammenfassen),
- zwei oder mehr markierte Ebenen auf eine Ebene reduzieren,
- alle sichtbaren Ebenen auf eine Ebene reduzieren. Hierbei werden alle eingeblendeten Ebenen (mit angezeigtem Augensymbol) zu einer einzigen Ebene zusammengefasst. Ausgeblendete Ebenen werden nicht berücksichtigt,

- alle Ebenen auf die Hintergrundebene reduzieren. Auf diese Weise werden alle Ebenen im *Ebenen*-Bedienfeld auf der Hintergrundebene zusammengeführt.

Um die hier genannten Möglichkeiten an einer Ebene anzuwenden, markieren Sie diese zuerst im *Ebenen*-Bedienfeld. Anschließend wählen Sie die einzelnen Befehle entweder aus dem Menü *Ebene* oder aus dem Menü des *Ebenen*-Bedienfelds.

10.6 Allgemeine Fülloptionen festlegen

Die Dialogbox *Ebenenstil* bietet sehr umfassende Einstellmöglichkeiten. Um die Dialogbox *Ebenenstil* zu öffnen, markieren Sie die Ebene (es darf sich dabei nicht um eine Hintergrundebene handeln), klicken Sie im *Ebenen*-Bedienfeld auf die Schaltfläche *Ebenenstil hinzufügen* und wählen Sie aus dem nun geöffneten Menü den Eintrag *Fülloptionen*. Bei Pixelebenen können Sie auch auf die Miniatur im *Ebenen*-Bedienfeld doppelklicken, um die Dialogbox zu öffnen.

Im Dialogbereich *Allgemeiner Mischmodus* öffnen Sie das Popup-Menü *Füllmethode*. Auch hier können Sie, wie im *Ebenen*-Bedienfeld, den Mischmodus auswählen. Darunter legen Sie die Deckkraft der Ebene und ihrer Füllung fest. Bedienen Sie sich dazu entweder des Reglers oder des zugehörigen Textfelds. Neben diesen Optionen, die Sie bereits aus dem *Ebenen*-Bedienfeld kennen, bestimmen Sie in der Gruppe *Erweiterter Mischmodus*, auf welchen Farbkanal Sie die gewählte Füllmethode anwenden möchten. Sie beziehen die Farbkanäle also gezielt in den Mischmodus ein oder klammern sie aus.

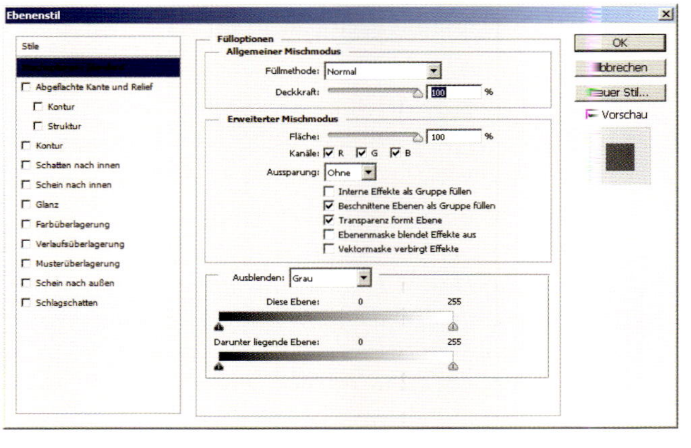

Abbildung 10.33
Die Dialogbox *Ebenenstil*

10.7 Die Ebenenangleichung definieren

Im unteren Bereich der Dialogbox *Ebenenstil* legen Sie fest, welche Helligkeitswerte Ebenen im fertigen Bild angezeigt werden. Zu diesem Zweck wählen Sie einen Farbbereich aus. Diese Einstellmöglichkeiten eignen sich beispielsweise, wenn Sie dunkle Pixel aus der aktiven Ebene ausblenden oder helle Pixel aus den darunterliegenden Ebenen durchscheinen lassen möchten.

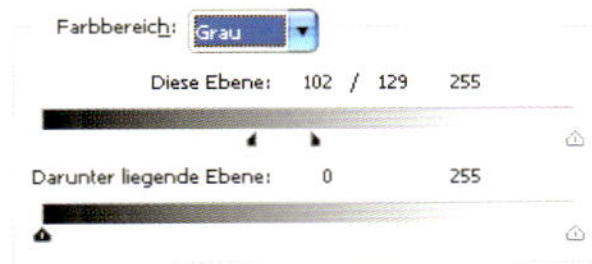

Abbildung 10.34
Die Weltkugel wurde auf das Bild mit dem Globus kopiert. In der Dialogbox *Ebenenstil* wurde der Regler *Diese Ebene* nach rechts gezogen, um dunkle Bereiche auszublenden. Dadurch scheint an diesen Stellen die untere Ebene durch. Mit gedrückter `Alt`-Taste wurde der Regler geteilt. Damit werden die Übergänge weicher.

Zudem haben Sie die Möglichkeit, einen Bereich von teilweise angeglichenen Pixeln zu definieren, um einen fließenden Übergang zwischen angeglichenen und nicht angeglichenen Bereichen zu erzeugen. So lassen sich Ebeneninhalte optisch miteinander verschmelzen.

1. Öffnen Sie das Popup-Menü *Farbbereich* und wählen Sie die gewünschte Option. Wählen Sie die Option *Grau*, um den Angleichungsbereich für alle Pixel, also alle Farbkanäle, auszuwählen. Mehr über Farbkanäle erfahren Sie in Kapitel 13.
2. Wählen Sie einen der Farbkanäle Rot, Grün oder Blau (falls es sich um ein RGB-Bild handelt), um die Angleichung nur für diesen Farbkanal festzulegen.
3. Ziehen Sie jetzt die Regler *Diese Ebene* und *Darunter liegende Ebene*. Damit bestimmen Sie den Helligkeitsbereich für die angeglichenen Pixel der aktuellen und der darunterliegenden Ebene. Die Skalen reichen jeweils von 0 (= Schwarz) bis 255 (= Weiß). Mit dem schwarzen, linken Regler bestimmen Sie jeweils den unteren Wert,

Abbildung 10.35
Die fertige Montage

mit dem weißen, rechten Regler den oberen Wert. Sie legen damit fest, welche Pixel aus der aktuellen Ebene und welche aus der darunterliegenden Ebene sichtbar sein sollen.

4. Möchten Sie einen weichen Übergang zwischen den beiden Ebenen erzielen, indem Sie einen Bereich von nur teilweise angeglichenen Pixeln bestimmen, halten Sie die `Alt`-Taste gedrückt. Nun verschieben Sie die beiden Reglerhälften unabhängig voneinander. Die Pixel zwischen den Markierungshälften werden dann nur zum Teil berücksichtigt. Oberhalb des Reglers sehen Sie Tonwertangaben für ausgeblendete und halb ausgeblendete Helligkeitswerte.

Die beiden Regler *Diese Ebene* und *Darunter liegende Ebene* sind auch eine gute Möglichkeit, um beispielsweise Farbkorrekturen (siehe Kapitel 15) auf bestimmte Farbbereiche zu beschränken.

Diese Möglichkeiten funktionieren nicht bei Hintergrundebenen, fixierten Ebenen und Ebenengruppen (wohl aber bei den darin enthaltenen Ebenen).

10.8 Ebeneneffekte anwenden

Ebenen und Ebenengruppen lassen sich mit verschiedenen Effekten versehen, z.B. Schatten oder Lichteinfall. Auch dazu verwenden Sie die Dialogbox *Ebenenstil*. Gegebenenfalls wenden Sie auch mehrere Effekte auf eine Ebene an. Die Gesamtheit aller Ebeneneffekte, die Sie auf eine bestimmte Ebene angewandt haben, nennt man den Ebenenstil.

Im linken Bereich der Dialogbox *Ebenenstil* stehen Ihnen verschiedene Ebeneneffekte zur Verfügung. Diese sind in der Reihenfolge ihrer Anwendung sortiert, das heißt, dass an unterster Stelle der Schlagschatten aufgelistet ist, weil er bei Zuweisung mehrerer Ebeneneffekte unter allen anderen Effekten angezeigt wird. Der Effekt *Abgeflachte Kante und Relief*, mit dem Sie einer Ebene ein dreidimensionales Aussehen zuweisen können, wird hingegen ganz zuoberst zugewiesen.

Aktivieren Sie einen Ebeneneffekt, indem Sie seine Beschriftung (nicht nur einfach das Kontrollkästchen!) anklicken. In der rechten Hälfte der Dialogbox werden daraufhin die Optionen für den gewählten Effekt angezeigt. Kontrollieren Sie die Auswirkungen Ihrer Änderungen jeweils im Dokumentfenster (das Kontrollkästchen *Vorschau* muss dazu in der Dialogbox *Ebenenstil* aktiviert sein).

Bei Bedarf aktivieren Sie mit demselben Verfahren noch weitere Ebeneneffekte und richten sie ein, bevor Sie die Dialogbox mit *OK* schließen.

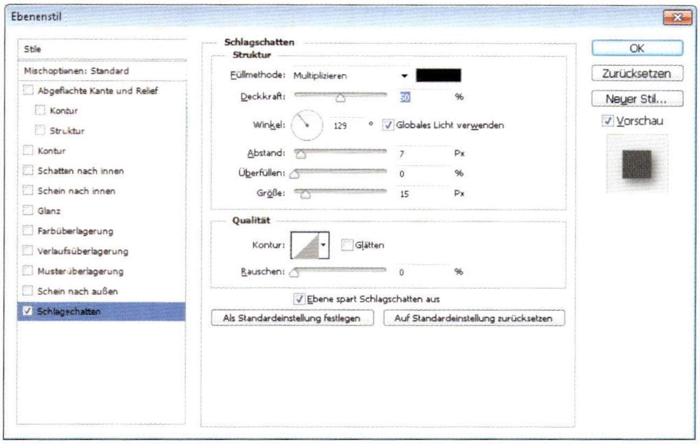

Abbildung 10.36
Ein leichter Schlagschatten verleiht flach dreidimensinal dargestellten Motiven die nötige Plastizität.

Ebeneneffekte auf Gruppen anwenden

Wenn Sie eine Gruppe mit einem Ebeneneffekt versehen, wird dieser der Gruppe im Ganzen zugewiesen. Gleichzeitig können Sie den in der Gruppe enthaltenen Ebenen noch eigene Ebeneneffekte zuweisen, wie die Abbildung verdeutlicht.

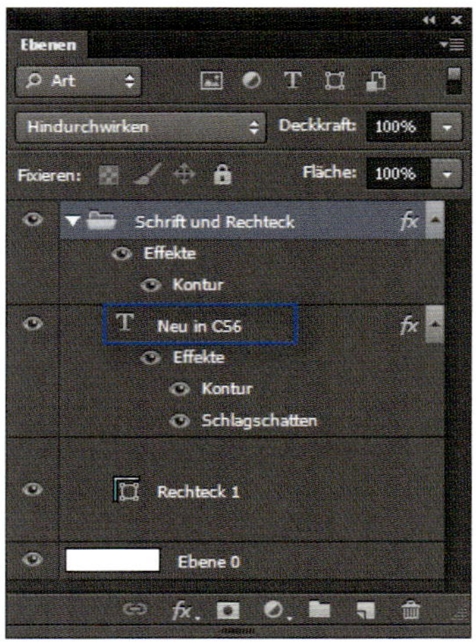

Abbildung 10.37
Das Ebenen-Bedienfeld zeigt: Der Schriftzug »Neu in CS6« (eine Textebene, die Sie in Kapitel 12 kennenlernen werden) besitzt eine eigene grüne *Kontur* und einen *Schlagschatten*. Die Gruppe, in der sich sowohl Schriftzug als auch Rechteck befinden, hat ebenfalls eine (gelbe) *Kontur* erhalten. Diese umgibt beide in der Gruppe zusammengefassten Elemente.

Ebeneneffekte vorübergehend ausblenden

Um die auf die Bildebenen angewandten Effekte vorübergehend auszublenden, klicken Sie im *Ebenen*-Bedienfeld auf die Augensymbole vor den einzelnen Effekten oder auf das Augensymbol vor dem Gesamtstil. Nun betrachten Sie Ihre Ebenen wieder im Urzustand. Ihrer Arbeit passiert dabei nichts, nur die Ansicht wird geändert.

Öffnen Sie das Menü *Ebene* → *Ebenenstil* erneut: Sie sehen, dass der Befehl sich in *Alle Effekte einblenden* gewandelt hat, über den Sie die Stile wieder anzeigen können.

Himmel austauschen

Dieses Beispiel nutzt die Ebenenangleichung für eine ganz pragmatische Aufgabe: Sie möchten einen einförmig blauen durch einen interessanten Wolkenhimmel ersetzen.

Abbildung 10.38
Ausgangsbild

Angleichung1.jpg
von Kristine Kamm

Abbildung 10.39
Das Ausgangsbild soll den Himmel dieses Bilds erhalten.

Angleichung2.jpg
von Christoph Kommer

Einschränkung
Die gezeigte Technik funktioniert nur dann, wenn es zwischen den Pixeln der oberen und der unteren Ebene einen klaren Helligkeits- oder Farbunterschied gibt.

1. Öffnen Sie das Bild, dessen Himmel Sie ersetzen möchten. Öffnen Sie außerdem ein Bild mit einem geeigneten Himmel.
2. Aktivieren Sie das Bild mit dem blassen Himmel und drücken Sie die Tastenkombination Strg/⌘ + A, um alle Bildpixel auszuwählen.
3. Kopieren Sie es mit Strg/⌘ + C in die Zwischenablage und aktivieren Sie das Bild mit dem attraktiveren Himmel. Fügen Sie den Inhalt der Zwischenablage mit Strg/⌘ + V als neue Ebene ein.
4. Ziehen Sie eine Rechteckauswahl um den Wasserbereich der oberen Ebene auf und kopieren Sie die Auswahl mit Strg/⌘ + J in eine neue Ebene.

Weil der blasse, oben liegende Himmel heller ist als der untere, können Sie die untere und die mittlere Ebene nun wie folgt auf der Basis ihrer Helligkeitswerte überblenden, wodurch der interessantere Himmel sichtbar wird:

5. Doppelklicken Sie im *Ebenen*-Bedienfeld auf das Symbol der mittleren Ebene.
6. Ziehen Sie den oberen weißen Regler nach links, bis der ausdrucksvollere Himmel den blassen ersetzt. Alle Pixel auf der oberen Ebene, die einen höheren Helligkeitswert haben als der über dem Regler angezeigte Wert, werden somit ausgeblendet.
7. Die Überblendung ist aber noch zu hart. Für eine weiche Überblendung halten Sie nun die `Alt`-Taste gedrückt und verschieben die rechte Hälfte des weißen Reglers in die gewünschte Richtung. Je weiter die beiden Reglerhälften auseinanderstehen, desto weicher wird die Überblendung. Bestätigen Sie mit *OK*.

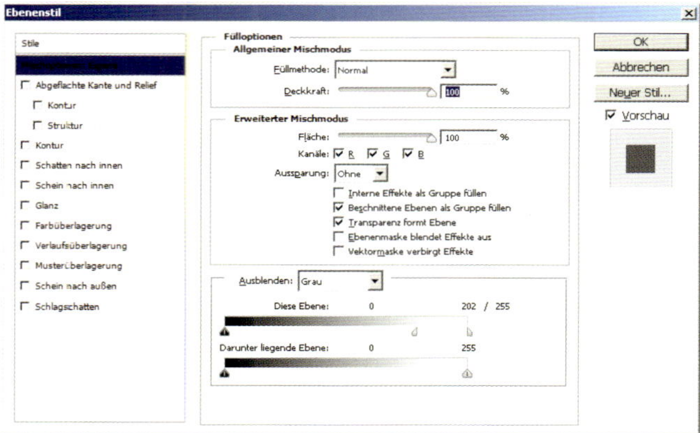

Abbildung 10.40
Erzeugen Sie über die Ebenenangleichung eine weiche Überblendung.

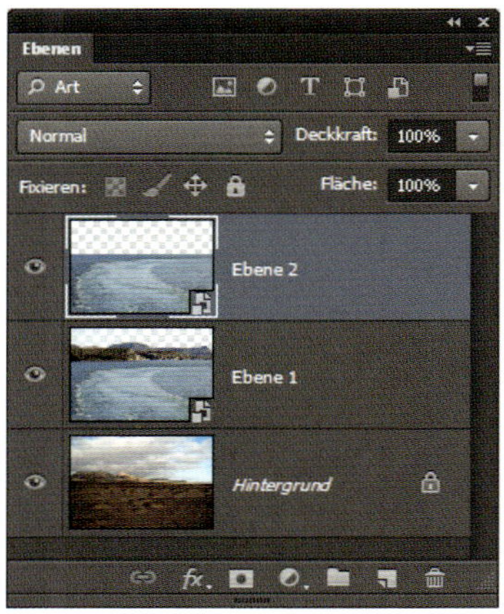

Abbildung 10.41
Die fertige Bearbeitung

Abbildung 10.42
Vordefinierte Ebeneneffektkombinationen finden Sie unter anderem im *Stile*-Bedienfeld.

Einen vordefinierten Ebenenstil zuweisen

Alternativ arbeiten Sie mit den vordefinierten Ebenenstilen. Dazu klicken Sie links oben in der Dialogbox *Ebenenstil* auf den Eintrag *Stile*. Oder Sie wählen *Fenster* → *Stile*, um das zugehörige Bedienfeld zu öffnen. Wählen Sie den gewünschten Stil, um ihn der aktiven Ebene zuzuweisen.

Ebenenstile sind mit dem Ebeneninhalt verbunden. Wenn Sie den Inhalt auf der Ebene verschieben oder bearbeiten, wird der auf die Ebene angewendete Ebenenstil entsprechend geändert.

Abbildung 10.43
Mit Ebeneneffekten können Sie Ihrem Bild schnell den beliebten Sepia-Effekt zuweisen (rechts) oder Sie lassen es regnen (rechts unten). Beide Effekte finden Sie in der Kategorie *Bildeffekte*, die Sie über das Bedienfeldmenü des *Stile*-Bedienfelds erreichen In der großen Auswahl der Ebeneneffekte finden Sie bestimmt auch das Richtige für Ihren Zweck. So können Sie viele Aufgaben erledigen, die ohne Ebeneneffekte mehr oder weniger aufwändige Arbeitsschritte erfordern würden.

Bild: Kristine Kamm

Betrachten Sie im *Ebenen*-Bedienfeld die Effektliste unterhalb der Beschriftung *Stile*. Es sind nun mehrere davon mit Häkchen in den zugehörigen Kontrollkästchen versehen worden. Das bedeutet, dass der von Ihnen ausgewählte Stil aus den angekreuzten Effekten besteht. Um die Effektparameter nach Ihren Vorstellungen abzuändern, klicken Sie einen davon an. Nun werden im Hauptbereich der Dialogbox die Parameter für diesen Effekt angezeigt. Ändern Sie diese nach Ihren Wünschen ab.

Fügen Sie gegebenenfalls weitere Ebeneneffekte hinzu, indem Sie in der *Ebenenstil*-Dialogbox die jeweiligen Kontrollkästchen aktivieren, oder entfernen Sie Effekte, indem Sie die Kontrollkästchen deaktivieren.

Betrachten Sie das Bedienfeld *Ebenen*. Wie Sie sehen, wird rechts neben dem Ebenennamen ein abwärts deutender Pfeil angezeigt. Unter der Ebene sehen Sie eine Liste mit allen Ebeneneffekten, die der Ebene zugewiesen wurden. Mit einem Klick auf den Pfeil blenden Sie die Anzeige der Ebeneneffekte ein und wieder aus.

Weitere Stile hinzuladen

Gegebenenfalls laden Sie über das Bedienfeldmenü rechts oben neben den vordefinierten Stilen weitere Stilbibliotheken hinzu. Nachdem Sie die gewünschte Stilbibliothek im Bedienfeldmenü ausgewählt haben, entscheiden Sie in einer kleinen Dialogbox, ob Sie die aktuell angezeigte Stilbibliothek durch die gewählte ersetzen oder diese an die vorhandenen Stile anhängen, die Stilliste also verlängern möchten.

Eigene Ebenenstile erstellen

Sie können auch eigene Ebenenstile erzeugen. Dazu wenden Sie einen oder mehrere Ebeneneffekte auf eine Ebene an und speichern diese dann als Stil. Wählen Sie hier in der Dialogbox *Ebenenstil* die gewünschten Ebeneneffekte aus. Stellen Sie eventuell die benötigten Optionen für die einzelnen Effekte ein. Klicken Sie auf die Schaltfläche *Neuer Stil*, um die gleichnamige Dialogbox anzuzeigen. Geben Sie Ihrem neuen Stil hier einen Namen und klicken Sie auf *OK*.

Ebenenstile als Standardeinstellung speichern

Sie können einen Ebenenstil aber auch als Standardeinstellung speichern. Dazu klicken Sie im Dialogfeld *Ebenenstil* auf die Schaltfläche *Als Standardeinstellung festlegen*.

Weisen Sie diesen Ebenenstil mehreren Ebenen im Dokument zu. Wenn Sie den Stil einer Ebene nun ändern, wird er in den anderen Ebenen ebenfalls entsprechend geändert.

Ebenenstile zwischen Ebenen kopieren

So übertragen Sie die Effektsammlungen, die Sie einer bestimmten Ebene zugewiesen haben, schnell auf eine andere Ebene im Bild: Markieren Sie im *Ebenen*-Bedienfeld die Ebene, der Sie die Effekte zugewiesen haben. Wählen Sie in der Menüleiste den Befehl *Ebene → Ebenenstil → Ebenenstil kopieren*. Der Befehl ist auch im Kontextmenü des Effekts im *Ebenen*-Bedienfeld verfügbar.

Markieren Sie die Ebene, die Sie mit den kopierten Effekten versehen wollen, und wählen Sie *Ebene → Ebenenstil → Ebenenstil einfügen*. Auch hier können Sie als Abkürzung das Kontextmenü verwenden.

Alternativ arbeiten Sie mit der Drag & Drop-Technik: Klicken Sie einen einzelnen Ebeneneffekt im *Ebenen*-Bedienfeld an und ziehen Sie ihn mit gedrückter Maustaste auf eine andere Ebene. Bei diesem Verfahren wird der Effekt nicht kopiert, sondern verschoben. Zum Kopieren halten Sie zusätzlich die Alt-Taste gedrückt.

Um den gesamten Ebeneneffekt auf die andere Ebene zu übertragen, ziehen Sie die Beschriftung *Effekte* über der Auflistung der einzelnen Effekte. Oder Sie ziehen den/die Ebeneneffekt(e) direkt in das Dokumentfenster auf die gewünschte Ebene.

Falls die Zielebene (d.h. die Ebene, die den kopierten Ebenenstil erhält) bereits mit Effekten ausgestattet ist, werden diese durch den eingefügten Ebenenstil ersetzt.

Abbildung 10.44
Erzeugen Sie eine leicht gedrehte Rechteckauswahl.

Hahn.jpg

Bildelemente effektvoll hervorheben

Mit dem folgenden einfachen Trick richten Sie die Aufmerksamkeit des Betrachters auf das zentrale Bildelement und heben es überraschend hervor.

1. Öffnen Sie das Bild.
2. Ziehen Sie ein Auswahlrechteck über dem zentralen Bildelement auf.
3. Wählen Sie *Auswahl* → *Auswahl transformieren* und drehen Sie den Auswahlbereich an einem Eckanfasser. Bestätigen Sie mit der [↵]-Taste.
4. Kopieren Sie die Auswahl mit [Strg]/[⌘]+[J] in eine neue Ebene.
5. Doppelklicken Sie im *Ebenen*-Bedienfeld auf das Symbol der neuen Ebene.
6. Im Dialogfeld *Ebenenstil* klicken Sie auf *Schlagschatten* und nehmen im rechten Bereich die gewünschten Einstellungen vor.
7. Klicken Sie jetzt links auf die Kategorie *Kontur* und wählen Sie eine relativ breite Kontur in Weiß mit der Position *Innen*. Schließen Sie das Dialogfeld mit einem Klick auf *OK*.

Abbildung 10.45
Versehen Sie den Bildausschnitt mit einem Schlagschatten und einer weißen Kontur.

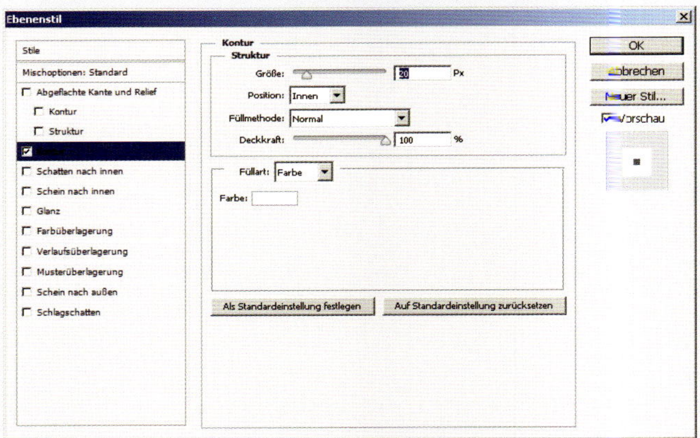

Abbildung 10.46
Verringern Sie die Sättigung des Hintergrunds und erhöhen Sie seine Helligkeit.

8. Aktivieren Sie im *Ebenen*-Bedienfeld die Hintergrundebene und wählen Sie *Filter* → *Weichzeichnungsfilter* → *Gaußscher Weichzeichner* mit einem relativ geringen Radius. Klicken Sie auf OK.
9. Klicken Sie im Korrekturen-Bedienfeld auf *Farbton/Sättigung*. Ziehen Sie den *Farbton*-Regler im *Eigenschaften*-Bedienfeld nach links, um die Sättigung des Hintergrunds zu verringern. Den *Helligkeit*-Regler ziehen Sie nach rechts.

Abbildung 10.47
Fertiger Effekt und Ebenenstruktur

Ebenenstile von einer Ebene entfernen

Möchten Sie einen oder mehrere Effekte von einer Ebene entfernen, markieren Sie die betreffende Ebene. Klicken Sie auf den Ebeneneffekt, den Sie entfernen möchten, und ziehen Sie ihn auf das Papierkorbsymbol 🗑 unten im *Ebenen*-Bedienfeld. Um den gesamten Ebeneneffekt zu entfernen, ziehen Sie die Beschriftung *Effekte* auf das Papierkorbsymbol 🗑.

Abbildung 10.48
Der Stift soll einen perspektivischen Schlagschatten erhalten.

Ebenenstile in Ebenen umwandeln

Sobald Sie zufrieden mit einem Ebenenstil und sicher sind, dass Sie daran nichts mehr ändern möchten, können Sie ihn in eine Ebene umwandeln. Dies hat den Vorteil, dass Sie beispielsweise Filter, Malwerkzeuge und andere Ebenenmodi darauf anwenden oder sie transformieren können.

Öffnen Sie auf dem Ebenenstilsymbol im *Ebenen*-Bedienfeld das Kontextmenü und wählen Sie *Ebene(n) erstellen*. Der längere Weg führt über den Menübefehl *Ebene* → *Ebenenstil* → *Ebenen erstellen*.

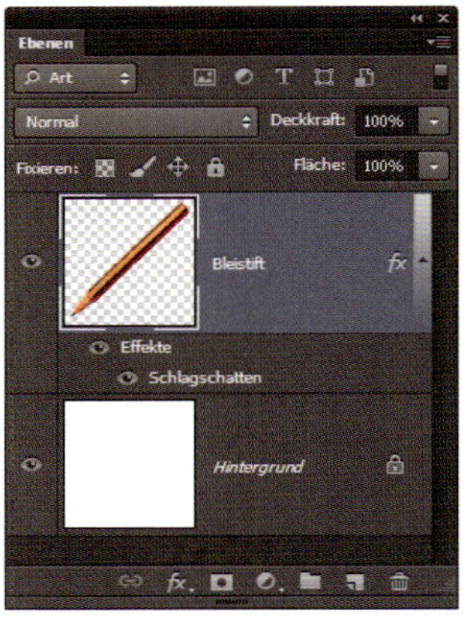

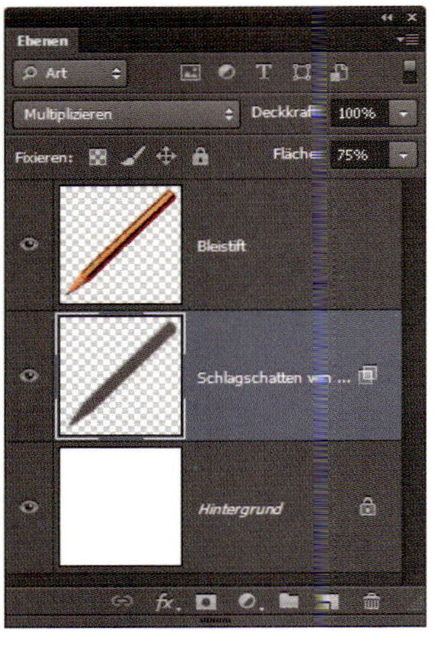

Abbildung 10.49
Falls der Stift auf der Hintergrundebene liegt, konvertieren Sie diese mit einem Doppelklick im Bedienfeld in eine normale Ebene. Links: Wählen Sie den Hintergrund aus und löschen Sie den Auswahlinhalt. Weisen Sie der Ebene einen *Schlagschatten*-Ebenenstil zu. Rechts: Wählen Sie *Ebene* → *Ebenenstil* → *Ebene erstellen*.

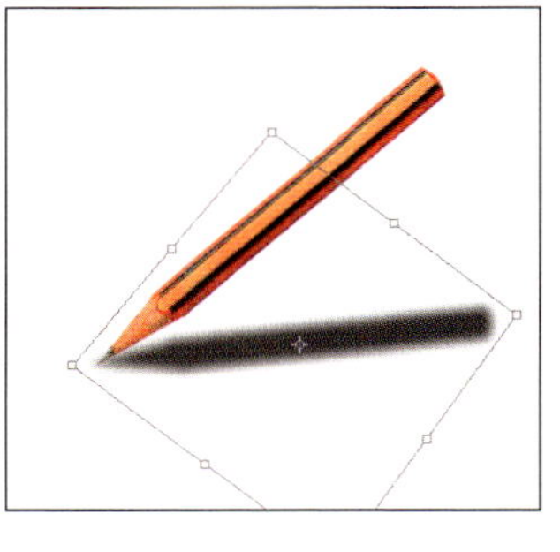

Abbildung 10.50
Links: Markieren Sie die aus dem Effekt erzeugte Ebene und wählen Sie *Bearbeiten* → *Frei transformieren*. Drehen Sie den Schatten und verzerren Sie ihn perspektivisch. Rechts: Reduzieren Sie die Deckkraft der Schattenebene gegebenenfalls, um den Schatten aufzuhellen.

10.9 Mit Ebenenmasken arbeiten

Das wichtigste Utensil beim Erzeugen von Montagen sind Ebenenmasken. Hiermit lassen sich Bildteile spielend leicht aus- und einblenden – auch mit weichen Übergängen.

Eine Ebenenmaske wirkt wie eine Schablone, mit der Sie Teile einer Ebene ausblenden. Der Vorteil dieser Vorgehensweise ist, dass die Ebenenpixel durch die Bearbeitung der Ebenenmaske nicht verändert werden.

Alphakanal
Wenn Sie mit dem *Kanäle*-Bedienfeld umgehen können, werden Sie feststellen, dass die Ebenenmaske auch an letzter Stelle des *Kanäle*-Bedienfelds angezeigt wird. Mehr über die Arbeit mit Kanälen erfahren Sie in Kapitel 13.

Abbildung 10.51
Original

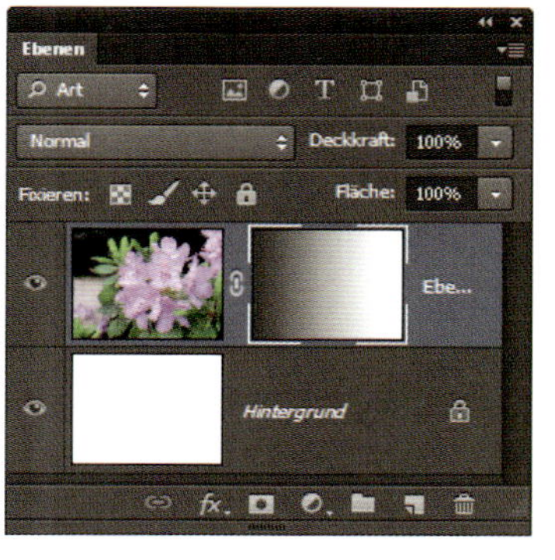

Abbildung 10.52
Das Bild hat eine Ebenenmaske mit einem Verlauf von Weiß nach Schwarz erhalten. Weiß lässt die aktuelle Ebene vollständig sichtbar, Schwarz blendet sie aus und lässt die darunterliegende Ebene durchscheinen. Die verschiedenen Graustufen ergeben unterschiedliche Transparenzgrade.

Sie können also frei experimentieren, ohne befürchten zu müssen, dass Sie den Inhalt der Ebene zerstören könnten. Die Ebenenmaske wird als Graustufenbild angelegt.

Bis auf die Hintergrundebene lässt sich jede Ebene mit einer Ebenenmaske versehen. Diese kann mit dem Bild gespeichert werden.

Sobald Sie mit dem Ergebnis Ihrer Arbeiten an der Ebene zufrieden sind, können Sie die Ebenenmaske permanent machen. Falls Sie doch lieber zur Urversion zurückkehren möchten, entfernen Sie die Maske einfach.

Weisen Sie einer Ebene eine Maske hinzu, wird sie direkt neben dem Eintrag im *Ebenen*-Bedienfeld als Miniatur in Graustufen dargestellt.

Nachdem der Ebene eine Maske zugewiesen wurde, verändern Sie in der Ebenenmaske gegebenenfalls die Sichtbarkeit der Ebene. Dazu eignet sich beispielsweise das Verlaufswerkzeug gut, da Sie so eine schöne Verlaufstransparenz des Ebeneninhalts erstellen können. Der Bildbereich auf der Ebene scheint dadurch stufenlos in den Bildbereich der darunterliegenden Ebene(n) überzugehen.

In der Miniatur der Ebenenmaske stellen schwarze Flächen die transparenten Ebenenbereiche dar, weiße Flächen die sichtbaren Bereiche der Ebene. Graue Töne bedeuten eine Halbtransparenz. Je heller das Grau ist, desto höher ist auch die Transparenz.

Eine Ebene mit einer Maske versehen

Markieren Sie die gewünschte Ebene im *Ebenen*-Bedienfeld. Falls es sich um die Hintergrundebene handelt, führen Sie mit gedrückter Alt-Taste einen Doppelklick auf ihr Ebenensymbol aus, um sie in eine normale Ebene zu konvertieren.

Gegebenenfalls legen Sie in der Ebene einen Auswahlbereich fest, damit die Maske nur für einen bestimmten Bereich wirksam wird.

Klicken Sie dann im *Ebenen*-Bedienfeld auf die Schaltfläche *Ebenenmaske hinzufügen*.

Neben dem Ebenennamen wird die Miniatur für die Maske eingerichtet. Sie wird weiß dargestellt, da Sie sie noch nicht bearbeitet haben. Die weiße Farbe bedeutet, wie Sie oben erfahren haben, dass die gesamte Ebene sichtbar ist, also noch keine Transparenz und somit eine Deckkraft von 100 % hat.

Eine weitere Alternative zum Erzeugen einer Ebenenmaske ist der Befehl *Ebenenmaske* im Menü *Ebene*. Hier öffnen Sie ein Untermenü, aus dem Sie verschiedene Maskierungsarten wählen.

- Wählen Sie *Alle einblenden*, ist die Ebene zunächst komplett sichtbar, sie hat also eine Deckkraft von 100 %.

Abbildung 10.53
Wenn Sie eine Auswahl erzeugen, bevor Sie die Ebenenmaske erstellen ...

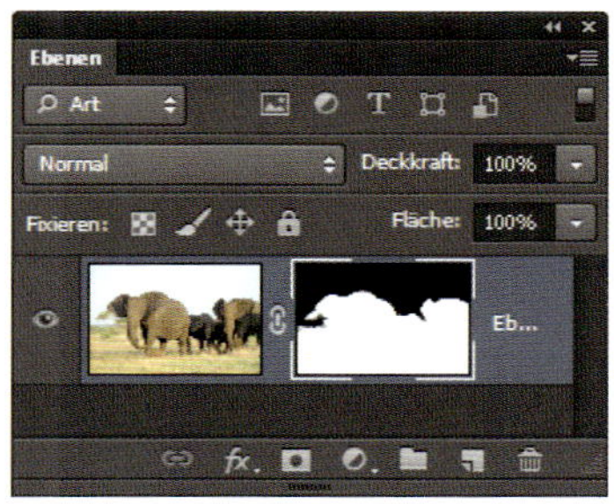

Abbildung 10.54
... werden alle nicht ausgewählten Bereiche in der Ebenenmaske schwarz gefüllt und damit unsichtbar.

Bild: Philipp Engelmann

- Wählen Sie *Alle ausblenden*, wird der Bildbereich auf der Ebene völlig transparent, also unsichtbar. Die Miniatur der Ebenenmaske erscheint schwarz.
- Wählen Sie *Von Transparenz*, wird die Ebenenmaske aus den Transparenzen in der Ebene erzeugt. Die transparenten Pixel selbst werden weiß.

Die beiden anderen Befehle erscheinen nur dann eingeblendet, wenn Sie in der Ebene einen Auswahlbereich für die Maske festgelegt haben.

- Wählen Sie den Befehl *Auswahl einblenden*, wird die Maske außerhalb der ausgewählten Fläche angelegt. Das bedeutet, dass der ausgewählte Bereich sichtbar bleibt, alle nicht ausgewählten Bereiche werden unsichtbar.

- Mit dem Befehl *Auswahl ausblenden* verhält es sich genau umgekehrt: Nur der festgelegte Auswahlbereich ist maskiert. Mit anderen Worten: Der Auswahlbereich erscheint unsichtbar, der nicht ausgewählte Bereich sichtbar.

Die Maske bearbeiten

Anschließend können Sie die Maske bearbeiten.

Um die Maske auszuwählen, klicken Sie im *Ebenen*-Bedienfeld auf ihre Miniatur. Wählen Sie nun z.B. im *Werkzeuge*-Bedienfeld das *Verlaufswerkzeug* aus, um Übergänge zwischen den einzelnen Ebenen zu erzeugen.

Oder Sie malen mit verschiedenen Graustufen in der Ebenenmaske.

Für Ebenenbereiche, die sichtbar bleiben sollen, benutzen Sie eine weiße Malfarbe, für Ebenenbereiche, die ausgeblendet werden sollen, eine schwarze Malfarbe. Verwenden Sie verschiedene Graustufen für verschiedene Transparenzstufen.

Das *Eigenschaften*-Bedienfeld bietet Ihnen einige halbautomatische Funktionen zum Bearbeiten Ihrer Ebenenmaske.

- Sie können die Ebenenmaske über die Schaltfläche *Umkehren* invertieren.
- Die Schaltfläche *Maskenkante* bringt Sie in eine Dialogbox, deren Funktionen mit denen zum Optimieren von Auswahlbereichen (siehe auch Kapitel 7) identisch sind. Sie verbessern hier die Übergänge in Ihrer Ebenenmaske.
- Oder klicken Sie auf die Schaltfläche *Farbbereich*. Hier können Sie den Maskeninhalt auf dieselbe Weise wie eine Auswahl mit der Dialogbox *Auswahl* → *Farbbereich* erstellen (siehe gleichfalls Kapitel 7).

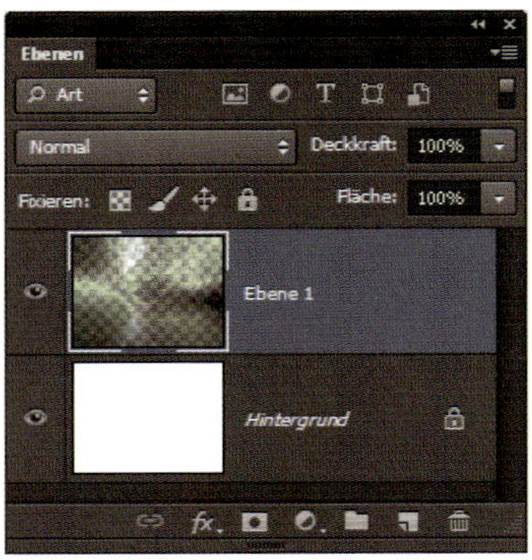

Abbildung 10.55
Die Ebenenmaske (oben) wurde auf die Ebene angewandt (unten).

Die Maske auf die Ebene anwenden

Wenn Sie Ihre Arbeit in einer Ebenenmaske beendet haben und mit dem Ergebnis zufrieden sind, weisen Sie sie der Ebene zu. Dabei wird die Ebenenmaske von der Ebene entfernt und mit der Ebene verrechnet. Die durch die Ebenenmaske ausgeblendeten Pixel werden bei diesem Vorgang endgültig gelöscht.

Markieren Sie im *Ebenen*-Bedienfeld die Ebene mit der Maske. Wählen Sie im Menü *Ebene* oder aus dem Kontextmenü *Ebenenmaske* → *Löschen*. Anschließend wird die Ebenenmaske von der Ebene entfernt und mit der Ebene verrechnet.

Wasserspiegelung

Im folgenden Foto soll das Wasser, im Bild rechts unten zu sehen, mehr Raum einnehmen: Es soll bereits an der oberen Mauer beginnen.

Abbildung 10.56

Schwaebisch-Hall.jpg

Als Erstes geben Sie unten etwa einen Zentimeter hinzu, damit mehr Platz für die Wasserfläche ist.

1. Wählen Sie *Bild* → *Arbeitsfläche*.
2. Aktivieren Sie das Kontrollkästchen *Relativ* und klicken Sie im Schaubild auf das obere mittlere Quadrat.
3. Als Höhe geben. Sie ca. *1,25 cm* ein.

Abbildung 10.57
Erweitern Sie das Bild nach unten hin, damit mehr Platz für die Wasserfläche entsteht.

4. Doppelklicken Sie im *Ebenen*-Bedienfeld auf die Hintergrundebene und dann gleich auf *OK*, um sie in eine normale Ebene umzuwandeln.
5. Öffnen Sie ein Bild mit einer geeigneten Wasserfläche und kopieren Sie diese in Ihr Foto.

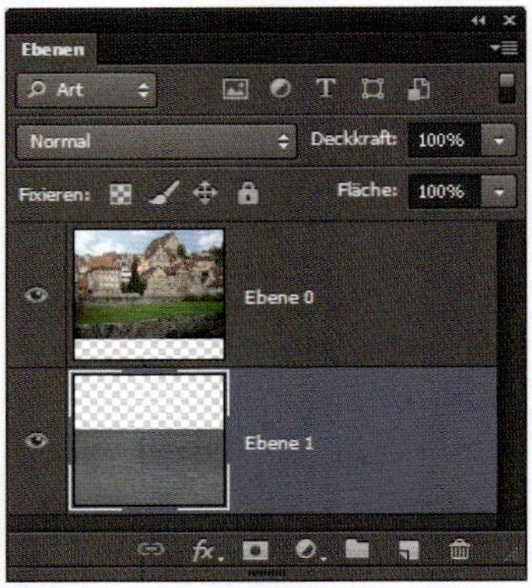

Abbildung 10.58
Kopieren Sie eine Wasserfläche in Ihr Bild und ziehen Sie sie an die unterste Stelle der Ebenen-Stapelordnung.

Wasser.jpg

6. Ziehen Sie die dadurch entstandene Ebene an die unterste Stelle der Ebenen-Stapelordnung.
7. Aktivieren Sie wieder die obere Ebene und fügen Sie ihr eine Ebenenmaske hinzu.
8. Decken Sie bei aktivierter Ebenenmaske alle Bereiche, in denen die Wasserfläche sichtbar sein soll, schwarz ab, indem Sie sie beispielsweise auswählen und schwarz füllen.

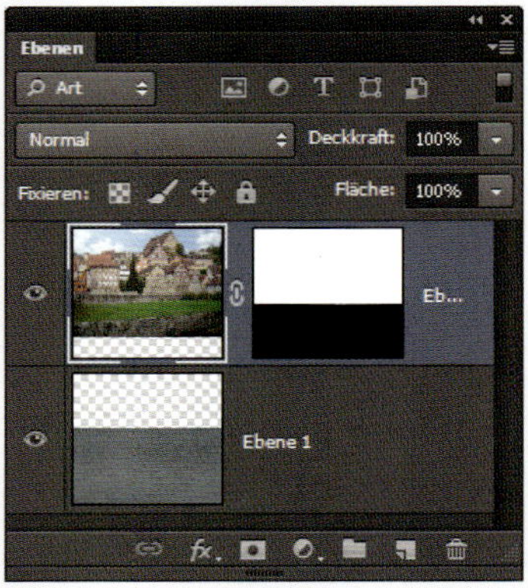

Abbildung 10.59
Decken Sie alle Bereiche, in denen die untere Ebene sichtbar sein soll, in der Ebenenmaske mit schwarzer Farbe ab.

9. Lassen Sie die Ebenenmaske aktiviert und drücken Sie Strg/⌘ + J, um ein Duplikat der Ebene mitsamt ihrer Ebenenmaske zu erzeugen.
10. Da Sie in dieser neuen Ebene die Spiegelung der Häuser im Wasser erzeugen möchten, müssen Sie die Farben der Ebenenmaske invertieren. Dazu vergewissern Sie sich, dass diese im *Ebenen*-Bedienfeld aktiviert ist, und drücken Sie die Tastenkombination Strg/⌘ + I.
11. Klicken Sie auf das Kettensymbol zwischen der oberen Ebene und ihrer Ebenenmaske, um die Verbindung zwischen beiden aufzuheben und um die Ebene unabhängig von der Maske bewegen zu können.
12. Aktivieren Sie nun statt der Ebenenmaske die obere Bildebene und wählen Sie *Bearbeiten → Transformieren → Vertikal spiegeln*.
13. Aktivieren Sie das *Verschieben*-Werkzeug und drücken Sie so oft ↓, bis sich eine korrekte Spiegelung ergibt.

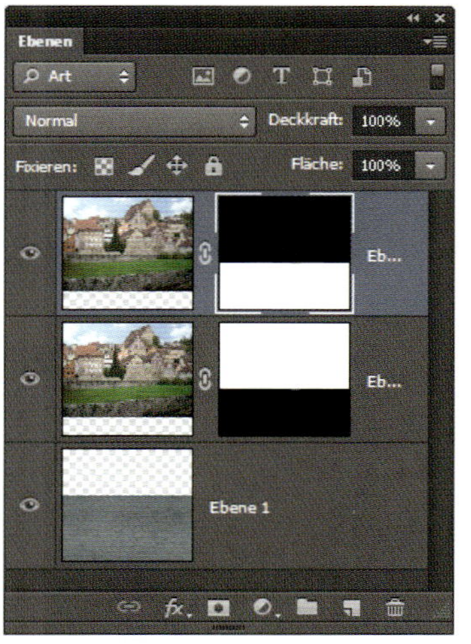

Abbildung 10.60
Invertieren Sie das Ebenenmaskenduplikat.

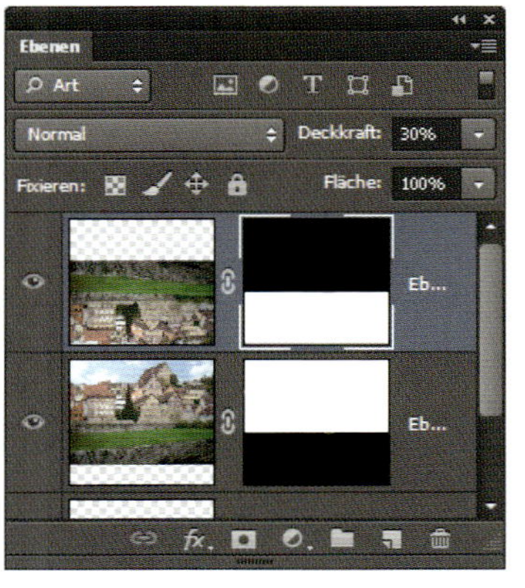

Abbildung 10.61
Richten Sie das Duplikat so aus, dass sich der Eindruck einer Spiegelung ergibt.

14. Verringern Sie die Deckkraft der oberen Ebene, so dass die unterste Ebene mit der Wasserfläche hindurchscheint. Je trüber das Wasser wirken soll, desto stärker verringern Sie die Deckkraft.
15. Damit die Spiegelung nach unten hin immer schwächer wird, aktivieren Sie nun die Ebenenmaske der obersten Ebene und klicken im *Werkzeuge*-Bedienfeld auf das *Verlaufswerkzeug*. In der Optionenleiste aktivieren Sie den *Modus Differenz*, damit Sie den neuen Verlauf dem vorhandenen Inhalt der Ebenenmaske hinzufügen können, statt diesen zu ersetzen.

16. Wählen Sie einen Verlauf von Schwarz nach Weiß.
17. Setzen Sie die Maus bei weiterhin aktivierter Ebenenmaske im Bild an der Schnittstelle zwischen Original und Spiegelung an und ziehen Sie mit gedrückter ⇧-Taste senkrecht nach unten.

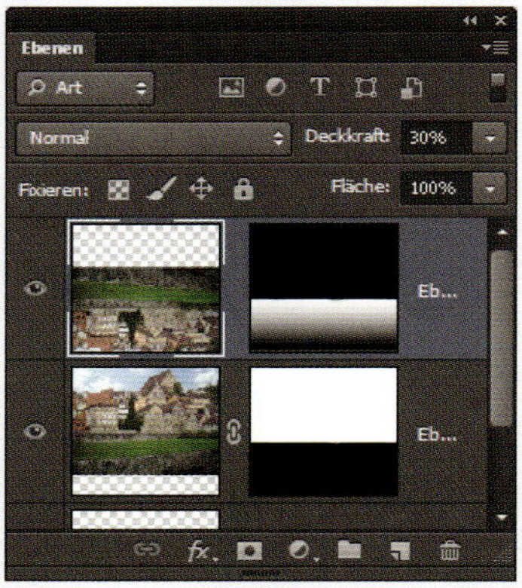

Abbildung 10.62
Erzeugen Sie in der Ebenenmaske einen Verlauf, der die Spiegelung nach unten hin ausblendet.

18. Aktivieren Sie wieder die oberste Bildebene (statt ihrer Ebenenmaske) und wählen Sie *Filter* → *Verzerrungsfilter* → *Kräuseln*, um die Verzerrung der Spiegelung durch das bewegte Wasser nachzuempfinden.

Abbildung 10.63
Die fertige Bearbeitung

Die Ebenenmaske separat anzeigen

Photoshop ermöglicht es Ihnen, ausschließlich die Ebenenmaske darzustellen. Dabei können Sie Ihre Arbeit in der Maske manchmal besser begutachten.

Halten Sie die [Alt]-Taste gedrückt und klicken Sie im *Ebenen*-Bedienfeld auf die Miniatur der Ebenenmaske. Die Ebenenmaske wird im Bildfenster dargestellt, alles andere wird ausgeblendet. Ein erneuter Klick mit gedrückter [Alt]-Taste auf die Ebenenmaskenminiatur blendet die anderen Ebenen wieder ein.

Die Ebenenmaske deaktivieren

Gegebenenfalls schalten Sie die Wirkung der Ebenenmaske ein und aus. Dadurch ziehen Sie einen Vergleich zwischen dem Maskeneffekt und der Originalebene. Halten Sie die [⇧]-Taste gedrückt und klicken im *Ebenen*-Bedienfeld auf die Miniatur der Ebenenmaske. Klicken Sie erneut bei gedrückter [⇧]-Taste, wird die Ebenenmaske wieder aktiviert.

Die Befehle zum Ein- und Ausblenden der Ebenenmaske stehen Ihnen auch im Kontextmenü der Maskenminiatur im *Ebenen*-Bedienfeld zur Verfügung. Dazu klicken Sie bei gedrückter [Ctrl]-Taste (Mac) bzw. mit der rechten Maustaste (Windows) auf die Miniatur der Maske im *Ebenen*-Bedienfeld.

Abbildung 10.64
Das Kontextmenü über der Miniatur der Maske im *Ebenen*-Bedienfeld

Die Ebenenmaske löschen

Eine andere Möglichkeit ist das Löschen der Ebenenmaske.

1. Klicken Sie im *Ebenen*-Bedienfeld auf die Miniatur der Ebenenmaske und ziehen Sie sie mit gedrückter Maustaste auf die Schaltfläche *Ebene löschen* 🗑.
2. Alternativ markieren Sie zuerst die Miniatur der Ebenenmaske und klicken anschließend auf die Schaltfläche *Ebene löschen* 🗑.
3. In der folgenden Abfrage entscheiden Sie, ob die Maske auf die Ebene angewandt oder gelöscht werden soll.
4. Klicken Sie auf die Schaltfläche *Anwenden*, um die Maske auf die Ebene anzuwenden. Klicken Sie auf die Schaltfläche *Löschen*, wird die Maske entfernt.

Weitere Möglichkeiten zum Löschen bieten sich an, bei denen Sie aber keine Sicherheitsabfrage erhalten, sondern die Maske ohne Nachfrage sofort gelöscht wird.

Markieren Sie im *Ebenen*-Bedienfeld die Ebene mit der Maske. Wählen Sie *Ebene* → *Ebenenmaske* → *Löschen* oder rufen Sie das Kontextmenü der Maskenminiatur der Ebene auf und wählen Sie hier den Befehl *Ebenenmaske löschen*.

Softlight-Filter simulieren

Die separat angezeigte Ebenenmaske können Sie für die verschiedensten Einsatzgebiete nutzen.

So simulieren Sie beispielsweise einen Diffusions- oder Softlight-Filter, der das Motiv weichzeichnet und für einen verträumten Schleier bei gleichzeitig verringertem Kontrast sorgt:

Abbildung 10.65
Original

Softlight.jpg

1. Duplizieren Sie die Hintergrundebene mit [Strg]/[⌘]+[J] und füllen Sie die Hintergrundebene weiß.
2. Aktivieren Sie die obere Ebene und fügen Sie ihr eine Ebenenmaske hinzu.
3. Klicken Sie im *Ebenen*-Bedienfeld auf die Bildminiatur und markieren Sie mit [Strg]/[⌘]+[A] alle Pixel.
4. Drücken Sie [Strg]/[⌘]+[C], um die Pixel in die Zwischenablage zu kopieren.
5. Klicken Sie mit gedrückter [Alt]-Taste auf die Ebenenmaskenminiatur und fügen Sie den Inhalt der Zwischenablage mit [Strg]/[⌘]+[V] in die Ebenenmaske ein.
6. Wählen Sie *Bild* → *Korrekturen* → *Umkehren* bzw. drücken Sie [Strg]/[⌘]+[I].
7. Klicken Sie mit gedrückter [Alt]-Taste auf das Ebenenmaskensymbol, um wieder den Ebeneninhalt anzuzeigen, die Ebenenmaske aber aktiviert zu lassen.

8. Ziehen Sie im *Eigenschaften*-Bedienfeld den Regler *Weiche Kante* nach rechts, bis Ihnen die Weichzeichnung gefällt.

Abbildung 10.66
Simulierter Softlight-Filter mit invertierter, weichgezeichneter Bildkopie in der Ebenenmaske

9. Falls Ihnen das Bild anschließend zu hell erscheint, heben Sie die Auswahl auf und duplizieren Sie die obere Ebene samt Ebenenmaske mit [Strg]/[⌘]+[J].

Color Key

Um in Photoshop wirklich flexibel zu arbeiten, sollten Sie Bildbereiche möglichst niemals direkt bearbeiten. Versuchen Sie vielmehr, stets eine Ebenenmaske zu verwenden.
Ebenenmasken sind für alle Ebenentypen verfügbar, auch für die sogenannten Füllebenen. Dabei handelt es sich um einen Ebenentyp, der nur eine Füllung enthält. Diese kann aus einer einheitlichen Farbe, einem Verlauf oder einem Füllmuster bestehen und reicht stets bis zu den Ebenenrändern – auch wenn Sie das Bild nachträglich skalieren.

Vor dem Aufkommen des Farbfilms war es üblich, dass Schwarzweißbilder von Hand koloriert wurden. Diese Technik lässt sich gut in Photoshop simulieren und kann sowohl historische als auch moderne Schwarzweißbilder mit einem ganz besonderen Touch versehen. Den besten Effekt erzielen Sie normalerweise, wenn die Graustufen eines Bilds durch einige Farbakzente kontrastiert werden, Sie also nicht das gesamte Bild kolorieren. Diese Technik wird auch Color Key genannt.

Abbildung 10.67
ColorKey.jpg

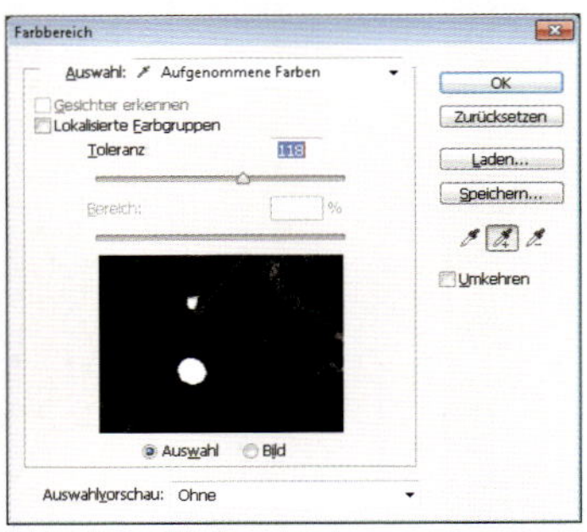

Abbildung 10.68
Nehmen Sie alle Bereiche in die Auswahl auf, die im fertigen Bild eingefärbt sein sollen.

1. Öffnen Sie das Beispielbild. Da es in Farbe vorliegt, klicken Sie im *Korrekturen*-Bedienfeld auf das Symbol *Schwarzweiß*.
2. Nachdem Sie dem Bild die Farbe entzogen haben, blenden Sie die Schwarzweiß-Einstellungsebene mit einem Klick auf ihr Augensymbol wieder aus.
3. Aktivieren Sie die Hintergrundebene und wählen Sie *Auswahl → Farbbereich*. Klicken Sie auf die Farbe, die Sie hervorheben möchten, im Beispiel das Gelb im Blütenkorb der Margerite. Ziehen Sie den *Toleranz*-Regler, bis im Vorschaubild alle Bereiche erscheinen, die Sie in Farbe zeigen möchten.
4. Arbeiten Sie ggf. mit der Plus-Pipette , um weitere Farbbereiche in die Auswahl aufzunehmen. Klicken Sie auf *OK*.

5. Aktivieren Sie im *Ebenen*-Bedienfeld die Schwarzweiß-Einstellungsebene und blenden Sie sie mit einem Klick auf das leere Kästchen neben dem Ebenensymbol wieder ein.
6. Klicken Sie am unteren Rand des *Ebenen*-Bedienfelds auf das Symbol *Neue Füll- oder Einstellungsebene erstellen*. Wählen Sie *Farbfläche*. Die Farbe Ihrer Auswahl ist schon voreingestellt. Ändern Sie diese gegebenenfalls im Dialogfeld *Grundfarbe aufnehmen* noch ab. Klicken Sie auf *OK*.

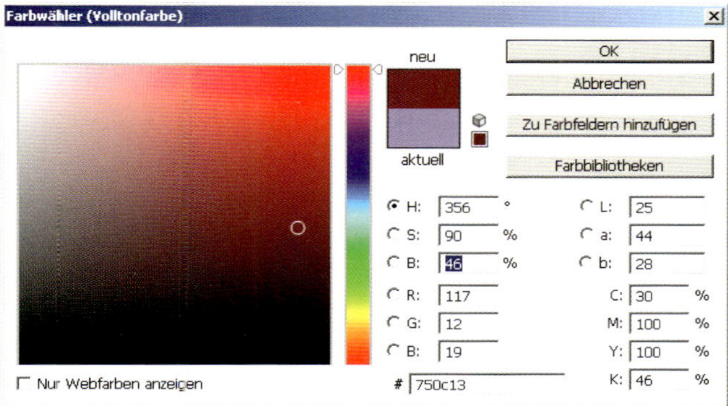

Abbildung 10.69
Die ausgewählte Farbe ist schon voreingestellt.

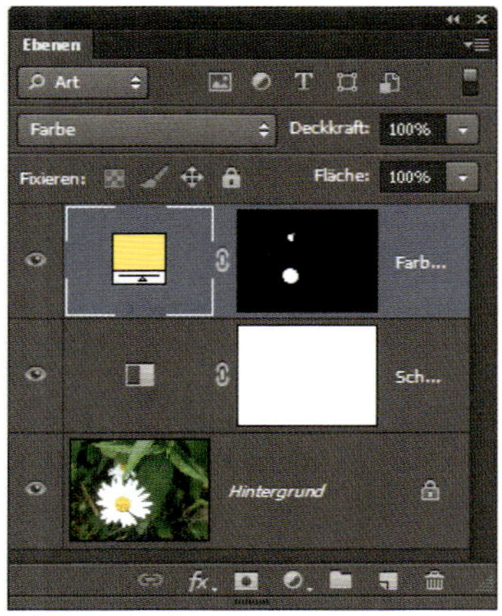

Abbildung 10.70
Der fertige Effekt und seine Ebenenstruktur

7. Wie Sie erkennen können, hat Photoshop der Volltonebene automatisch eine Ebenenmaske hinzugefügt, die in allen Bereichen außer der Auswahl die Pixel der unteren Ebene durchscheinen lässt.
8. Wählen Sie als Ebenenmischmodus *Farbe*. Reduzieren Sie die Deckkraft der Ebene eventuell ein wenig.

Abbildung 10.71
Die ausgewählte Farbe ist schon voreingestellt.

10.10 Verlustfreie Bearbeitungen mit Smart-Objekten durchführen

Jede Ebene können Sie in ein sogenanntes Smart-Objekt konvertieren. Der Vorteil eines Smart-Objekts ist unter anderem, dass Sie mehrere Kopien davon erstellen und alle Kopien in einem Zug aktualisieren können. Trotzdem können Sie jeder Kopie ihren eigenen Ebenenstil zuweisen.

Weiterhin lassen sich Smart-Objekte mit Smart-Filtern ausstatten – das sind Filter, deren Parameter Sie auch nach dem Speichern und erneuten Öffnen der Datei bearbeiten können. Mehr darüber erfahren Sie in Kapitel 14.

Ein weiterer Vorteil ist, dass Smart-Objekte ihre Originalgröße speichern, so dass Sie sie mehrfach hintereinander transformieren können, ohne dass immer ein neuer Qualitätsverlust zu befürchten wäre.

Abbildung 10.72
Die Hintergrundebene wurde in ein Smart-Objekt konvertiert.

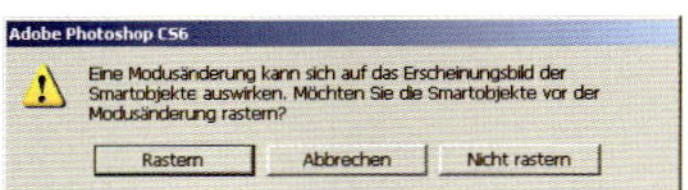

Abbildung 10.73
Bestätigen Sie dieses Fenster mit *Nicht rastern*, damit das Smart Objekt erhalten bleibt.

1. Wählen Sie die gewünschte Ebene im *Ebenen*-Bedienfeld aus.
2. Wählen Sie den Befehl *Ebene* → *Smart-Objekte* → *In Smart-Objekt konvertieren*. Derselbe Befehl ist auch im Bedienfeldmenü des Bedienfelds *Ebenen* verfügbar.
3. Die Ebene erhält neben ihrem Vorschaubild ein spezielles Symbol.

Testen Sie das Verhalten von Smart-Objekten einmal mit den folgenden Schritten:

1. Öffnen Sie ein normales Farbfoto. Wählen Sie *Ebene* → *Smart-Objekte* → *In Smart-Objekt konvertieren*.
2. Wählen Sie jetzt *Bild* → *Modus* → *Graustufen*. Photoshop fragt Sie, ob Sie die Ebene rastern möchten. Da Sie weiterhin mit einem Smart-Objekt arbeiten möchten, klicken Sie auf *Nicht rastern*. Da Photoshop seit der Version CS3 eine bessere Methode kennt, um Graustufenbilder zu erzeugen, erhalten Sie ein entsprechendes Meldungsfenster (auf diese Methode gehen wir in Kapitel 15 ein). Bestätigen Sie das Fenster mit *Löschen*, um die Graustufenkonvertierung durchzuführen.

Abbildung 10.74
Das Smart-Objekt wurde in Graustufen umgewandelt.

Pixel und Vektoren
Smart-Objekte sind ein spezieller Ebenentyp, der selbst keinen Pixelinhalt besitzt, sondern eingebettete Raster- oder Vektordaten.

Tipp
Wenn Sie mit Smart-Objekten arbeiten, sollten Sie Ihre Datei am besten im PSD-Format speichern. So stellen Sie sicher, dass das Smart-Objekt auch nach dem Schließen und erneuten Öffnen zur Verfügung steht. Vor der endgültigen Ausgabe sollten Sie jedoch *Ebene → Auf Hintergrundebene reduzieren* wählen.

3. Das Bild erscheint in Graustufen.
4. Normalerweise verwirft Photoshop bei dieser Art der Graustufenkonvertierung alle Farbinformationen. Das heißt: Sie können das Graustufenbild zwar anschließend wieder in RGB oder CMYK zurückkonvertieren; die Farben kehren jedoch nicht zurück; sie sind unwiderruflich verlorengegangen. Nicht so bei Smart-Objekten. Wählen Sie jetzt *Bild → Modus → RGB-Farbe*, um das Bild wieder in RGB umzuwandeln.
5. Beantworten Sie die Frage nach dem Rastern des Smart-Objekts mit *Nicht rastern* – und Photoshop stellt Ihr originales Farbbild wieder her.

Abbildung 10.75
Die Originalfarben des Smart-Objekts wurden wiederhergestellt.

Smart-Objekte platzieren

Wenn Sie eine Vektorgrafik, beispielsweise im PDF- oder AI-Illustrator-Format, mit *Datei* → *Platzieren* in eine AI- oder EPS-Grafik in Photoshop importieren, wird diese immer als Smart-Objekt eingebettet.

Auch wenn Sie Bildobjekte vom Desktop/Schreibtisch oder aus Adobe Bridge in Ihr Photoshop-Dokument ziehen, werden diese Objekte als Smart-Objekte platziert.

Vektor-Smart-Objekte bearbeiten

Führen Sie dann einen Doppelklick auf das Ebenensymbol aus, öffnet sich die AI- oder PDF-Datei in Illustrator. Hier können Sie sie bearbeiten und dann *Datei* → *Schließen* wählen. Das Objekt wird automatisch in Photoshop aktualisiert.

Abbildung 10.76
Eine Illustrator-Vektorgrafik wurde mit *Datei* → *Platzieren* als Smart Objekt eingefügt.

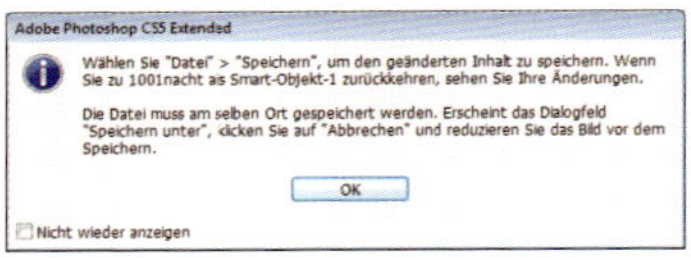

Abbildung 10.77
Mit einem Doppelklick wurde die Vektorgrafik in Illustrator geöffnet (beachten Sie das Meldungsfenster, das Sie mit *OK* bestätigen).

Abbildung 10.78
Die Illustration wurde in Illustrator geändert und mit *Datei* → *Schließen* und *Ja* in Photoshop aktualisiert.

Mehrere Ebenen mit Smart-Objekten gleichzeitig bearbeiten

Haben Sie mehrere Kopien einer Smart-Objekt-Ebene erstellt, können Sie diese in einem Zug verändern.

1. Klicken Sie als Erstes Ihre Smart-Objekt-Ebene im *Ebenen*-Bedienfeld an.
2. Öffnen Sie das Bedienfeldmenü und wählen Sie den Befehl *Ebene duplizieren* oder betätigen Sie die Tastenkombination [Strg]/[⌘] + [J].
3. Wiederholen Sie diesen Vorgang gegebenenfalls.
4. Doppelklicken Sie im *Ebenen*-Bedienfeld auf das Vorschaubild der Smart-Objekt-Ebene.
5. Das folgende Meldungsfenster schließen Sie mit der Schaltfläche *OK*.
6. Das Smart-Objekt wird in seinem eigenen Fenster geöffnet.
7. Bearbeiten Sie das Smart-Objekt nun. Sie können die meisten Photoshop-Funktionen anwenden.
8. Betätigen Sie die Tastenkombination [Strg]/[⌘] + [S], um zu speichern; dann klicken Sie auf Ihr Originalbild.
9. Alle Kopien der Smart-Objekt-Ebene haben sich entsprechend geändert.

Transformieren Sie ein Smart-Objekt hingegen oder versehen Sie es mit einem Filter, werden die Kopien nicht mit transformiert.

Ein einzelnes Duplikat ändern

Wenn Sie nur eine einzige der duplizierten Smart-Objekt-Ebenen ändern möchten, rastern Sie diese zuvor. Allerdings kann sie anschließend nicht mehr als Smart-Objekt bearbeitet werden. Wählen Sie dazu *Ebene* → *Rastern* → *Smart-Objekt*.

Ebenenstile (s. nächster Abschnitt) lassen sich für jede Smart-Objekt-Kopie einzeln zuweisen, ohne dass die anderen Kopien davon beeinflusst werden. Möchten Sie also eine Smart-Objekt-Kopie umfärben, wählen Sie den Ebenenstil *Farbüberlagerung*, beispielsweise mit dem Mischmodus *Multiplizieren*.

RAW-Dateien als Smart-Objekte öffnen

Auch für RAW-Dateien können Sie Smart-Objekte nutzen. Halten Sie dazu einfach im *Camera-Raw*-Dialog die [⇧]-Taste gedrückt und klicken Sie auf *Objekt öffnen*.

Die so in Photoshop geöffnete RAW-Datei können Sie nun jederzeit mit einem Doppelklick auf das Symbol im *Ebenen*-Bedienfeld erneut in Camera Raw öffnen.

10.11 Ebenen deckungsgleich montieren

Wenn Sie zwei sehr ähnliche Fotos aufgenommen haben und diese zu einem einzigen Bild montieren möchten, bietet Photoshop Ihnen eine sehr praktische Funktion. Wenden Sie sie beispielsweise an, wenn Sie zwei sehr ähnliche, aber nicht identische Bilder haben – etwa zwei ohne Stativ aufgenommene Fotos von der gleichen Szene, aber mit unterschiedlichen Leuten im Vordergrund oder mehrere Versionen einer Gruppenaufnahme, wobei auf jedem Bild irgendjemand die Augen geschlossen hat oder gerade nicht lächelt –, und diese zusammenmontieren möchten.

1. Öffnen Sie beide Bilder.
2. Kopieren Sie das eine als neue Ebene auf das andere Bild.
3. Markieren Sie beide Ebenen mit gedrückter [⇧]-Taste im *Ebenen*-Bedienfeld.

Abbildung 10.79
Diese beiden Bilder zeigen Ihnen die Funktion *Ebenen automatisch ausrichten*. Vom oberen Foto sollen der Mann links und die Frau übernommen werden, vom unteren Foto der Mann am Flipchart.

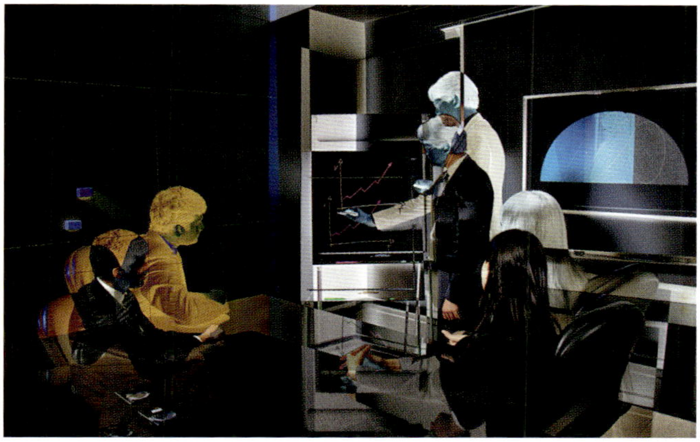

Abbildung 10.80
Die beiden Ebenen wurden übereinander kopiert. Der Modus *Differenz* zeigt die Unterschiede zwischen den beiden Ebenen.

4. Wählen Sie dann *Bearbeiten* → *Ebenen automatisch ausrichten*.
5. Für normale Fotos aktivieren Sie die Option *Auto*, damit Photoshop die Bildkanten selbstständig findet und übereinanderlegt. Klicken Sie auf *OK*.

Abbildung 10.81
Links: Die beiden Ebenen wurden markiert und dann wurde *Bearbeiten* → *Ebenen automatisch ausrichten* mit der Option *Auto* gewählt. Rechts: Photoshop hat die Ebenen ausgerichtet – immer noch im Modus *Differenz*.

Abbildung 10.82
Das Bild wurde zugeschnitten und anschließend wurden per Ebenenmaske die unerwünschten Bildteile unsichtbar gemacht.

10.12 Ebenen mit dem Formgitter-Werkzeug verformen

Das Formgitter ermöglicht Ihnen das einfache Verformen einer Ebene. Sie können ein freigestelltes Objekt damit wie eine Marionette verbiegen.

Abbildung 10.83
Das Pferd wurde in der optisch etwas ungünstigen Stützbeinphase des Galopps aufgenommen.

Abbildung 10.84
Kopieren Sie das zu verformende Objekt in eine neue Ebene.

1. Aktivieren Sie die Ebene, die Sie verformen möchten. Falls sich Ihr Objekt auf der Hintergrundebene befindet, wählen Sie es zunächst aus und kopieren Sie es dann in eine neue Ebene. Retuschieren Sie das Objekt anschließend mit einer Kombination aus inhaltsbasiertem Füllen und Retuschewerkzeugen (Kapitel 15) aus der Hintergrundebene heraus.
2. Aktivieren Sie die obere Ebene und konvertieren Sie sie am besten mit *Ebene → Smart-Objekte → In Smartobjekt konvertieren* in ein Smart-Objekt. Dann ist die folgende Bearbeitung verlustfrei, das heißt, dass Sie jederzeit wieder zur ursprünglichen Ebene zurückkehren können bzw. am Formgitter weiterarbeiten können.
3. Wählen Sie *Bearbeiten → Formgitter*.
4. Bringen Sie an allen »Gelenken« Ihres Objekts Pins an, indem Sie einfach an die entsprechende Stelle klicken.
5. Nachdem Sie mindestens zwei Pins angebracht haben, können Sie beginnen, Ihr Objekt zu verformen, indem Sie die Pins mit gedrückter Maustaste ziehen.

Abbildung 10.85
Nach der Auswahl des Befehls Formgitter sind Pferd und Jockey von einem Rasternetz überzogen.

Abbildung 10.86
Mit dem Setzen und Bewegen von Pins kann das Pferd in die Schwebephase des Galopps bewegt werden.

- Dabei können Sie auch mehrere Pins markieren und gleichzeitig transformieren, indem Sie sie mit gedrückter ⇧-Taste auswählen.
- Möchten Sie das Objekt nur vom angepinnten Punkt aus drehen, halten Sie die Alt-Taste gedrückt.

6. Über das Popup-Menü *Modus* der Optionenleiste beeinflussen Sie die Elastizität des Gitters. Die Voreinstellung *Normal* ist für die meisten Zwecke gut geeignet. Für manche Bilder, wie zum Beispiel Weitwinkelaufnahmen, ist der Modus *Verzerren* besser geeignet.
7. Manchmal stimmen beim Verbiegen die Vordergrund-/Hintergrundverhältnisse nicht mehr, das heißt, dass ein Teil vor das andere gerät. Um das aktuelle Gelenk weiter in den Vordergrund bzw. in den Hintergrund zu brin-

gen, klicken Sie auf das entsprechende *Pintiefe*-Symbol in der Optionenleiste.

8. Über das Popup-Menü *Dichte* bestimmen Sie die Genauigkeit des Gitters. Möchten Sie beispielsweise viele Pins dicht nebeneinander setzen, kann es erforderlich sein, die Dichte auf *Mehr Punkte* einzustellen, um ein engmaschigeres Gitter zu erzielen.
9. Mit der Option *Ausbreitung* erweitern bzw. verkleinern Sie den Gitterumriss.
10. Das Gitter lässt sich durch Deaktivieren des entsprechenden Kontrollkästchens auch ausblenden, was für die Feinarbeit durchaus nützlich ist.
11. Um einen Pin zu entfernen, zeigen Sie mit gedrückter Alt-Taste darauf, bis der Mauszeiger zur Schere wird. Dann klicken Sie. Möchten Sie alle Pins gleichzeitig löschen, klicken Sie auf den kreisförmigen Pfeil in der Optionenleiste.
12. Sobald Ihre Transformierung fertig ist, bestätigen Sie mit der ↵-Taste.

Pins vorübergehend ausblenden
Um die Pins vorübergehend auszublenden, halten Sie die Taste H gedrückt.

Das Formgitter nachträglich bearbeiten

Da Sie mit einem Smart-Objekt arbeiten, können Sie die Transformierung auch nachträglich noch ändern, selbst wenn Sie das Dokument geschlossen und wieder geöffnet haben:

Doppelklicken Sie im *Ebenen*-Bedienfeld unter dem Smartfilter auf *Formgitter*. Das Gitternetz wird wieder sichtbar und kann bearbeitet werden.

Um die Verbiegung komplett zu verwerfen und zum Ausgangszustand zurückzukehren, löschen Sie den Smartfilter einfach, indem Sie mit der rechten Maustaste auf Formgitter klicken und aus dem Kontextmenü die Option *Smartfilter löschen* wählen.

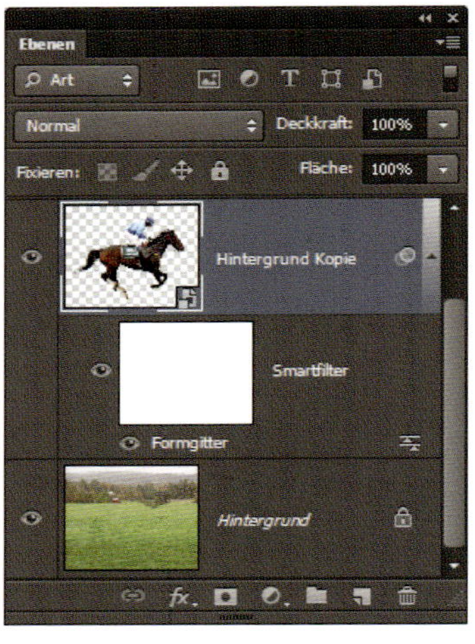

Abbildung 10.87
Da das Formgitter als Smart-Objekt angelegt wurde, können Sie es auch nachträglich bearbeiten oder auch ganz entfernen.

10.13 Mit Videoebenen arbeiten

NEU

In Photoshop CS6 können Sie bereits in der Standard-Edition (statt wie bisher nur in der Extended-Ausführung) Videos bearbeiten. Die Funktion wurde gegenüber den Vorversionen stark verbessert. Sie ist nun wie ein einfaches Videoschnittprogramm aufgebaut.

Videoclips in Photoshop öffnen

Um ein Video in Photoshop zu laden, wählen Sie wie üblich den Befehl *Datei* → *Öffnen* oder Sie ziehen das Video aus der Bridge oder Mini Bridge auf die Arbeitsfläche.

Abbildung 10.88
Je nach Größe des Videos kann der Ladevorgang eine Weile dauern.

Betrachten Sie das *Ebenen*-Bedienfeld: Photoshop hat eine Videoebene innerhalb einer Videogruppe angelegt.

Falls das Zeitleisten-Bedienfeld, zum Beispiel bei aktiviertem Arbeitsbereich *Grundelemente*, eingeklappt dargestellt wird, doppelklicken Sie auf seine Titelzeile, um es zu expandieren. Hier sehen Sie die Spur(en) Ihres Videoclips.

Am oberen Rand des Zeitleisten-Bedienfelds gibt es die üblichen Steuerelemente zum Abspielen, Pausieren, Anhalten usw.

Arbeitsbereich »Bewegung«
Photoshop CS6 bietet einen eigenen Arbeitsbereich für die Arbeit mit Videos und Animationen.

Abbildung 10.89
Der Arbeitsbereich *Bewegung* enthält alle für das Abspielen, Schneiden und Bearbeiten von Videos wichtigen Elemente.

Videoclips schneiden

Jetzt können Sie Ihren Videoclip schneiden, etwa ein Stück vom Anfang oder vom Ende entfernen. Gehen Sie beispielsweise folgendermaßen vor, um ein Stück vom Anfang wegzuschneiden:

1. Zeigen Sie in der Zeitleiste auf den Anfang des Videoclips. Der Mauszeiger wird zu einem Videoanfangssymbol mit einem nach rechts und links weisenden Doppelpfeil.

2. Ziehen Sie mit gedrückter Maustaste nach rechts bis zu der Stelle, an der das Video beginnen soll. Photoshop erleichtert Ihnen die Arbeit, indem Sie eine Vorschau mit der Stelle und den Zeitdaten sehen, an der der Mauszeiger sich gerade befindet.

Abbildung 10.90
Photoshop erleichtert Ihnen den Videoschnitt durch ein Vorschaubild der angesteuerten Stelle.

3. Geben Sie die Maustaste frei, um das Video an dieser Stelle beginnen zu lassen.

Auch aufteilen können Sie einen Videoclip:

1. Ziehen Sie den Abspielknopf an die gewünschte Stelle im Video.
2. Klicken Sie auf das Scherensymbol im oberen linken Bereich des Zeitleisten-Bedienfelds. Ein Blick in das *Ebenen*-Bedienfeld zeigt Ihnen, dass Sie nun zwei voneinander getrennte Videoclips erhalten haben, die sich aber in derselben Videogruppe befinden.

Abbildung 10.91
Mit einem Klick auf das Scherensymbol wird der Clip an der Stelle des Abspielknopfs in zwei Clips unterteilt.

Möchten Sie die Reihenfolge der beiden Clips vertauschen, das heißt, dass der zweite Clip zuerst abgespielt werden soll, ziehen Sie ihn einfach im Ebenen-Bedienfeld an die unterste Stelle: Der unterste Clip wird immer zuerst abgespielt.

Weitere Clips einfügen

Um einen weiteren Clip in die Spur – also in die aktuelle Videogruppe – einzufügen, klicken Sie auf das Filmstreifen-Symbol dieser Spur und wählen Sie *Medien hinzufügen*. Klicken Sie auf das gewünschte Video und auf *Öffnen*. Das Video wird an oberster Stelle des Ebenenstapels – am Ende der Videospur – hinzugefügt.

Einen Clip aus der Gruppe lösen
Bei Bedarf ziehen Sie einen Clip im Ebenen-Bedienfeld aus der Gruppe heraus und ordnen ihn darüber an. Er erhält damit eine eigene Videospur.

Übergänge zwischen Videos erstellen

Meist wirkt es nicht so gut, wenn zwei Videoclips abrupt mit einem harten Schnitt ineiander übergehen. Aus diesem Grund können Sie sie sanft ineinander überblenden. Ebenso können Sie den Anfang der Videospur von Weiß oder Schwarz einblenden und das Ende sanft ausblenden.

1. Achten Sie darauf, dass sich die Clips, die Sie ineinander überblenden möchten, in einer Videospur (Videogruppe) liegen.
2. Klicken Sie am oberen Rand des Zeitleisten-Bedienfelds auf das Symbol *Zum Anwenden Übergang auswählen und ziehen*.
3. Für den Übergang zwischen zwei Clips eignet sich die Option *Überblenden*. Halten Sie die Maustaste gedrückt und ziehen Sie diese Übergangsart auf die Trennstelle zwischen den beiden Clips.
4. Die Dauer des Übergangs können Sie verlängern, indem Sie in der Zeitleiste auf den zweiten Clip klicken und ihn mit gedrückter Maustaste nach links ziehen.

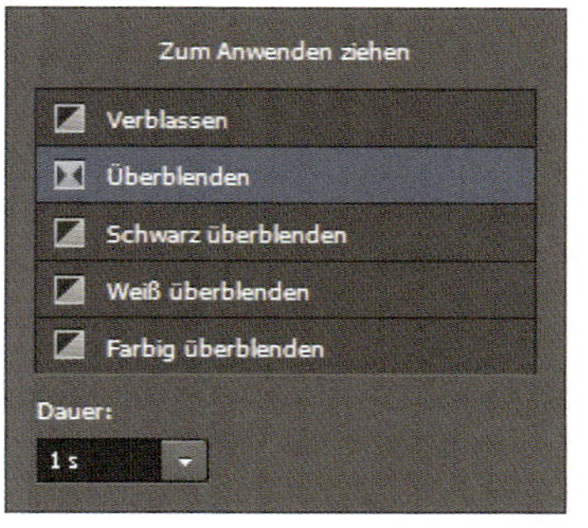

Abbildung 10.92
Photoshop bietet verschiedene effektvolle Videoüberblendungen.

Abbildung 10.93
Zwischen den beiden Clips der Videospur wurde ein Effektübergang eingefügt.

Ähnlich einfach ist es, den Anfang des Videos beispielsweise von Weiß einzublenden:

1. Klicken Sie auf das Symbol *Zum Anwenden Übergang auswählen und ziehen*.
2. Ziehen Sie den Übergang *Weiß überblenden* an den Anfang der Videospur.

3. Zoomen Sie sich über den Zoomregler am unteren Rand des Zeitleisten-Bedienfelds in die Zeitleiste ein.
4. Klicken Sie an den rechten Rand des Übergangssymbols (das hellblaue Dreieck) und ziehen Sie es nach rechts, um die Einblendung zu verlängern, bzw. nach links, um sie zu verkürzen.

Videoclips animieren

Mithilfe von sogenannten Keyframes können Sie Ihre Videos auch animieren, um spezielle Effekte hinzuzufügen.

1. Ziehen Sie das gewünschte Video im Ebenen-Bedienfeld aus der Videogruppe heraus und wählen Sie *Filter → Für Smartfilter konvertieren*. Bestätigen Sie mit einem Klick auf *OK*.
2. Klicken Sie im *Zeitleisten*-Bedienfeld auf das kleine Dreieck vor der Bezeichnung des Smart-Objekts.
3. Klicken Sie auf das Stoppuhrsymbol vor der Animationsart, die Sie ändern möchten, zum Beispiel *Deckkraft*.

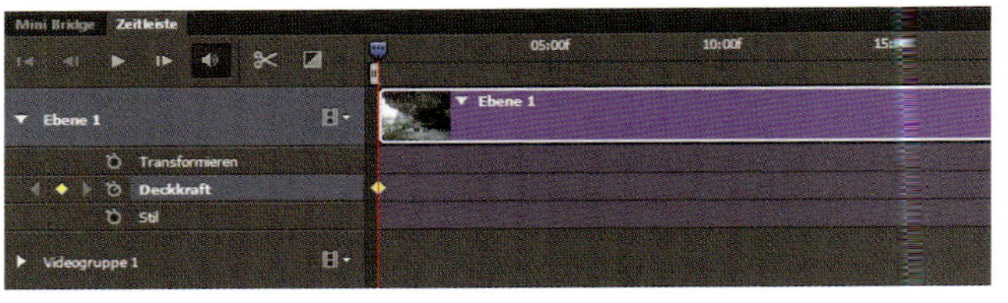

4. Bewegen Sie den Abspielknopf an die Stelle, an der die Animation beginnen soll. Im Beispiel belassen Sie ihn am Beginn des Clips.
5. Stellen Sie hier die gewünschte Eigenschaft ein. Im Beispiel setzen Sie die Deckkraft im Ebenen-Bedienfeld herunter. Drücken Sie die [Enter]-Taste.
6. Ziehen Sie den Abspielknopf an die Stelle, an der die Animation enden soll.
7. Setzen Sie die Deckkraft im Ebenen-Bedienfeld wieder herauf und bestätigen Sie mit der [Enter]-Taste. Photoshop setzt an dieser Stelle automatisch einen Keyframe, symbolisiert durch eine gelbe Raute.

Dasselbe Prinzip funktioniert auch mit Transformationen (beispielsweise Drehungen) und Ebenenstilen.

Auch mehrere vordefinierte Effekte sind vorhanden: Klicken Sie das Vorschaubild des Videoclips im Zeitleisten-Bedienfeld mit der rechten Maustaste/mit gedrückter [Ctrl]-Taste an. Aus dem folgenden Menü wählen Sie das Gewünschte aus.

Standbilder und Texte animieren
Alternativ animieren Sie Standbilder – ideal etwa für Diashows. Voraussetzung ist eine bestehende, in Photoshop geöffnete Videodatei. Ziehen Sie das gewünschte Bild beispielsweise aus der Mini Bridge auf die Arbeitsfläche der Videodatei. Es wird automatisch als Smart-Objekt platziert.

Für Videotitel und Abspänne erzeugen Sie außerhalb der Videogruppe eine neue Textebene und wenden die gezeigten Animationsoptionen darauf an.

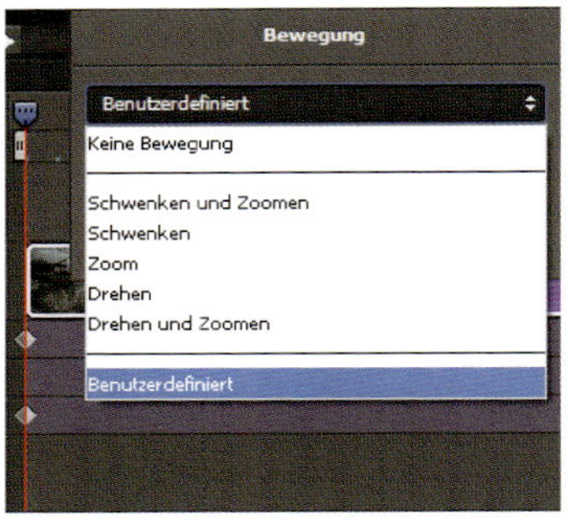

Abbildung 10.94
Animationseffekte für Videoclips

Bildbearbeitungstechniken auf Videos anwenden

Neben den videospezifischen Techniken von Photoshop CS6 können Sie auch verschiedene übliche Bildbearbeitungstechniken auf die gesamte Videogruppe oder einzelne Videoebenen anwenden.

So lässt sich eine Videoebene beispielsweise per *Filter → Für Smartfilter konvertieren* in ein Smart-Objekt umwandeln, auf das Sie nun verschiedene Filter (siehe Kapitel 14) anwenden können.

Oder Sie versehen eine Videoebene mit einer Einstellungsebene (Kapitel 15), um beispielsweise eine Gradationskurvenanpassung, eine Schwarz-Weiß-Konvertierung oder Ähnliches vorzunehmen.

Im nebenstehenden Beispiel hat die Ebenengruppe eine Ebenenmaske erhalten, auf der mit dem Pinsel-Werkzeug und schwarzer Farbe ein effektvoller Rahmen gemalt wurde. Das Video wird nun innerhalb dieses Rahmens abgespielt.

Abbildung 10.95
Die Videogruppe hat eine Ebenenmaske erhalten, in die mit dem *Pinsel*-Werkzeug ein Rahmen gemalt wurde.

Das Video ausgeben

Sobald Sie die Bearbeitung Ihres Videos abgeschlossen haben, erstellen Sie es endgültig: Sie »rendern« es.

1. Klicken Sie am unteren Rand des Zeitleisten-Bedienfelds auf das Symbol *Video rendern* .
2. Das folgende Dialogfeld bietet zahlreiche Ausgabemöglichkeiten. Besonders interessant ist, dass Sie hier zahlreiche Vorgaben, etwa für YouTube, Vimeo oder für Mobiltelefone, wählen können.
3. Sobald Sie die gewünschten Einstellungen vorgenommen haben, klicken Sie auf *Rendern*, um das Video zu erstellen.

Bild: Björn Lilie

PFADE ERSTELLEN UND BEARBEITEN

Wie Sie in Photoshop malen, zeigt Kapitel 9. In diesem Kapitel befassen wir uns mit dem Zeichnen. Hierfür verwenden Sie die Zeichenwerkzeuge aus dem Werkzeuge-Bedienfeld. Die Einsatzgebiete sind vielfältig: Sie erstellen exakte, glatte Auswahlkonturen, gestalten und bearbeiten Vektorgrafiken und erstellen Masken mit präzisen Konturen.

Abbildung 11.1
Das Werkzeuge-Bedienfeld enthält mehrere Zeichenwerkzeuge.

11.1 Was sind Vektorgrafiken und wozu werden sie verwendet?

Was ist der Unterschied zwischen den Zeichenwerkzeugen und dem Buntstift oder dem Pinsel? Bei den Objekten, die Sie mit den vier Zeichenstift-Arten erstellen, handelt es sich um Vektorobjekte, die nicht aus Pixeln, sondern aus Linien und Kurven aufgebaut sind (siehe auch Kapitel 1). Das Prinzip von vektorbasierten Zeichnungen kennen Sie vielleicht aus Anwendungen wie Adobe Illustrator.

Mit den Zeichenwerkzeugen erstellte Elemente haben mehrere Vorteile. Sie lassen sich jederzeit mit einem Klick im Ganzen auswählen und verschieben oder anderweitig ändern. Ihre Kontur, den Pfad, können Sie beliebig verformen. Außerdem weisen Sie der Vektorform gegebenenfalls Eigenschaften wie Linienstärke und -farbe sowie Füllfarbe zu.

Die Vektorelemente müssen nicht in das pixelbasierte Photoshop-Bild eingerechnet werden. Dann sehen sie auch im Ausdruck immer glatt und nicht stufig aus, da sie auflösungsunabhängig sind.

Sie haben beim Zeichnen von Umrissen verschiedene Möglichkeiten:

- Erstellen Sie eine Form auf einer neuen Ebene. Die Form wird automatisch mit der aktuellen Vordergrundfarbe gefüllt. Farbe, Verlauf oder Muster der Füllung lassen sich aber leicht ändern. Die Kontur der Form wird in einem Ebenen-Beschneidungspfad, eine sogenannte Vektormaske, gespeichert, der im *Pfade*-Bedienfeld angezeigt wird.
- Oder Sie erstellen einen neuen Arbeitspfad. Ein Arbeitspfad ist ein temporärer Pfad, der nicht Teil des Bilds ist, bis er in irgendeiner Weise angewendet wird. Der Arbeitspfad kann dann zur späteren Verwendung gespeichert werden. Ein Pfad lässt sich als Auswahl laden – eine der elegantesten Möglichkeiten, eine Auswahl zu erstellen.
- Sie können aus einer Formebene eine gerasterte Form erstellen. Die Form wird automatisch mit der aktuellen Vordergrundfarbe gefüllt. Eine gerasterte Form kann nicht mehr als Vektorobjekt bearbeitet werden.

Die Vorgehensweise ist bei allen Möglichkeiten im Wesentlichen gleich. In diesem Kapitel beschreiben wir die Techniken im Großen und Ganzen anhand der Arbeitspfade, gegen Ende des Kapitels sehen Sie dann, wie Sie Formebenen und gerasterte Formen erstellen.

11.2 Arbeitspfade erstellen

Wir beginnen mit dem Erstellen von Arbeitspfaden. Dabei handelt es sich um temporäre Pfade, die im *Pfade*-Bedienfeld angezeigt werden. Pfade werden nicht mit ausgedruckt.

Für solche Pfade gibt es viele Anwendungsgebiete: Sie können den Umriss oder die Fläche von Pfaden füllen. Die vektorbasierten Pfade benötigen weniger Speicherplatz als pixelbasierte Bilddaten. Pfade eignen sich ideal für das Speichern von Auswahlbereichen mit klaren Umrissen, in denen alle Pixel komplett und nicht nur teilweise gefüllt sind. Die zuletzt genannten Auswahlarten speichern Sie besser per *Auswahl* → *Auswahl speichern* als Alphakanal.

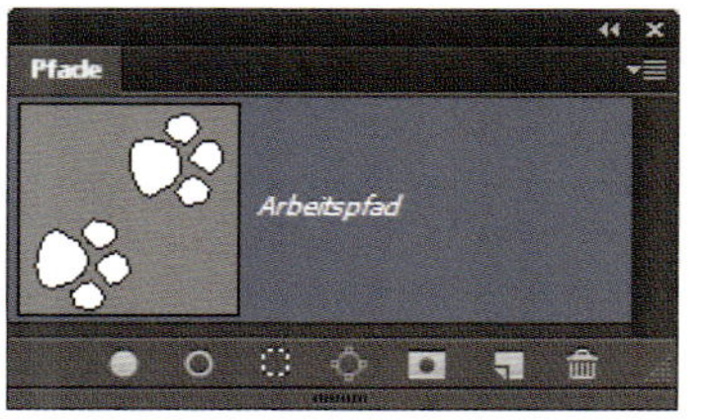

Abbildung 11.2
Im *Pfade*-Bedienfeld sehen Sie Ihre Zeichnungen.

Gerade Linienpfade mit dem Zeichenstift erstellen

Das am häufigsten verwendete Pfadwerkzeug ist der *Zeichenstift* . Mit etwas Übung erstellen Sie gerade Linien oder Kurven. Dieses Werkzeug ähnelt im Gebrauch dem *Lasso*-Werkzeug  (siehe Kapitel 7), das zum Erstellen von Auswahlbereichen mit der Maus dient. Der einfachste Pfad, den Sie mit dem Zeichenstift erstellen, ist eine gerade Linie.

Unterpfad erstellen
Wenn Sie einen Pfad abgeschlossen haben, das *Zeichenstift*-Werkzeug noch aktiviert ist und Sie auf eine freie Fläche des Bildfensters klicken, erzeugen Sie dadurch neue Ankerpunkte, die aber nicht dem vorhandenen Pfad hinzugefügt werden: Es wird ein neuer Unterpfad erstellt.

Dazu wählen Sie im *Werkzeuge*-Bedienfeld den *Zeichenstift*  mit einem Mausklick an. In der Optionenleiste des Werkzeugs vergewissern Sie sich, im Menü *Werkzeugmodus auswählen* die Option *Pfad*. Sonst würden Sie keinen Arbeitspfad, sondern eine Formebene erstellen oder Pixel auf der aktuellen Ebene füllen. Dazu kommen wir aber erst gegen Ende des Kapitels.

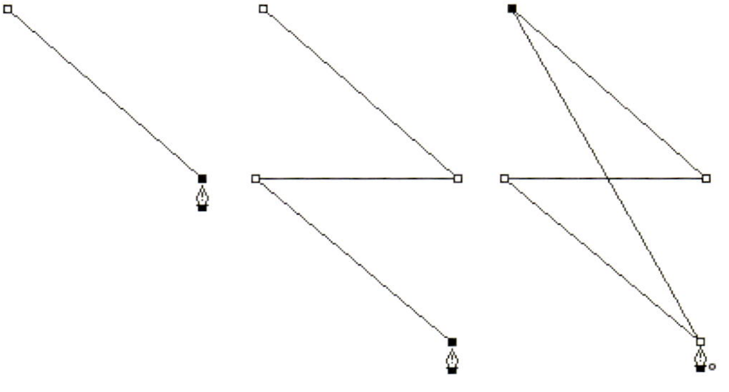

Abbildung 11.3
Links: Einen geraden Pfad aus zwei Punkten erzeugen. Mitte: Erzeugen Sie durch Mausklicks weitere gerade Pfadabschnitte. Rechts: Der Pfad wurde mit einem Klick auf den Anfangspunkt geschlossen.

Platzieren Sie den Mauszeiger an der gewünschten Position in Ihrem Bild und klicken Sie. Dadurch haben Sie den ersten sogenannten Ankerpunkt der Linie, also den Startpunkt, definiert. Dieser wird durch ein schwarzes Quadrat markiert.

Hinweis
Über die Schaltfläche bestimmen Sie vor dem Zeichnen, auf welche Weise der neue Unterpfad hinzugefügt werden soll. Der erste Befehl, *Formen kombinieren*, fügt den neuen dem bestehenden Pfad hinzu. Der nächste Befehl entfernt überlappende Bereiche aus dem bestehenden Pfad. Der Befehl *Schnittmenge von Formbereichen* beschränkt den neuen Pfad auf die Schnittmenge mit dem bestehenden Pfad. Die Befehl *Überlappende Formen ausschließen* schließt überlappende Bereiche in dem neuen und dem vorhandenen Bereich aus.

Mit der letzten Schaltfläche fassen Sie die beiden Unterpfade zu einem einzigen Gesamtpfad zusammen.

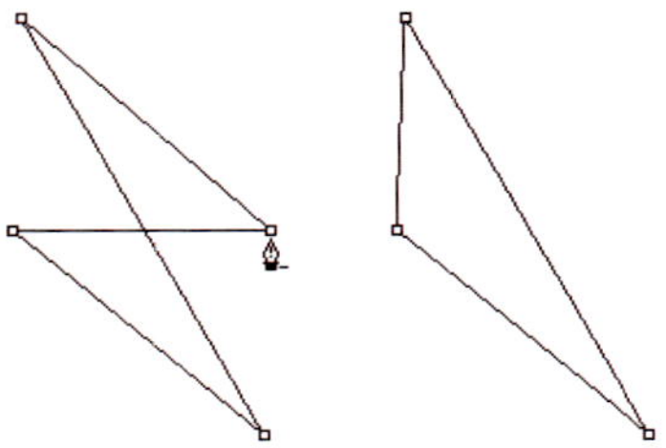

Abbildung 11.4
Einen Ankerpunkt löschen

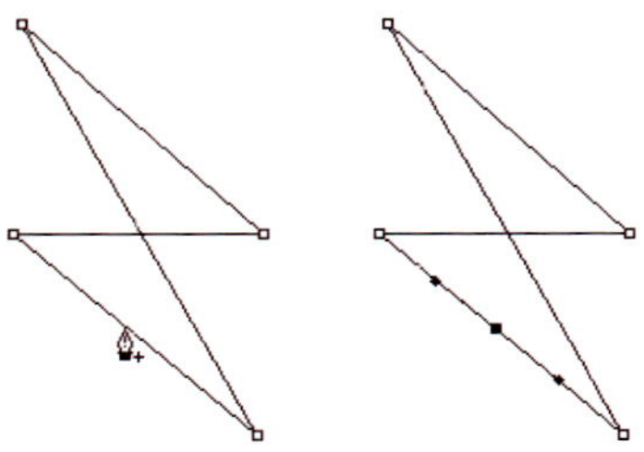

Abbildung 11.5
Einen Punkt hinzufügen

Tipp
Die Werkzeuge *Ankerpunkt hinzufügen* und *Ankerpunkt löschen* lassen sich auch direkt im *Werkzeuge*-Bedienfeld auswählen.

Bestimmen Sie die Position des zweiten Ankerpunktes der Linie, indem Sie an die gewünschte Stelle in Ihrem Bild klicken. Die beiden Ankerpunkte werden durch eine gerade Linie verbunden.

Beim zweiten Mausklick ist der erste Ankerpunkt nicht mehr schwarz gefüllt. Das bedeutet, dass er nicht mehr aktiviert ist. Fahren Sie fort, Ankerpunkte zu setzen, bis Sie mehrere gerade Linienabschnitte erzeugt haben. Der zuletzt erstellte Ankerpunkt ist immer schwarz gefüllt, alle anderen sind leer.

Wenn Sie beim Erstellen der Ankerpunkte die ⇧-Taste gedrückt halten, erhalten Sie Linien mit einer Neigung von 45°.

Den Pfad vervollständigen

Soll Ihr Pfad offen bleiben, klicken Sie erneut im *Werkzeuge*-Bedienfeld auf das Symbol *Zeichenstift*. Alternativ halten Sie die Strg/⌘-Taste gedrückt und klicken an eine beliebige Stelle außerhalb des Pfads. Um einen geschlossenen Pfad zu erhalten, zeigen Sie auf den ersten Ankerpunkt.

Dem Mauszeigersymbol wird ein kleiner Kreis hinzugefügt. Klicken Sie und der Pfad wird geschlossen. So erhalten Sie eine Fläche, die Sie zum Beispiel jederzeit mit einer Farbe füllen können (auf diese Möglichkeit gehen wir im Folgenden noch näher ein).

Punkte löschen und einfügen

Angenommen, Sie haben einen Linienpfad erstellt und möchten diesem nachträglich weitere Ankerpunkte hinzufügen oder einige Ankerpunkte löschen. Auch diese Aufgabe ist leicht zu bewältigen:

Zum Löschen eines Ankerpunkts wählen Sie den Pfad über das *Pfadauswahl*-Werkzeug aus. Aktivieren Sie erneut den *Zeichenstift* und zeigen Sie auf den Ankerpunkt, den Sie löschen möchten. Rechts unten neben dem Mauszeiger wird nun ein kleines Minuszeichen angezeigt. Dieses deutet Ihnen an, dass Sie den Ankerpunkt mit einem Mausklick löschen können.

Möchten Sie hingegen einen neuen Ankerpunkt hinzufügen, zeigen Sie auf die Stelle auf der Linie, wo dieser erscheinen soll. Neben dem Mauszeiger erscheint ein Pluszeichen. Dieses gibt an, dass Sie jetzt mit einem Klick einen Ankerpunkt hinzufügen können.

Fortlaufende Kurvenpfade zeichnen

Sie haben gesehen, wie man mit dem Zeichenstift gerade Linien zeichnet und komplexe Auswahlbereiche in Pfade umwandelt. Überdies haben Sie aber auch die Möglichkeit, mit dem Zeichenstift gekrümmte Kurven zu erstellen. Dabei ist es sinnvoll, die Option *Gummiband* in Anspruch zu nehmen, denn nur dann erhalten Sie bereits während des Zeichenvorgangs einen Eindruck vom Kurvenverlauf.

Klicken Sie auf das *Zeichenstift*-Symbol im *Werkzeuge*-Bedienfeld und anschließend auf die Schaltfläche *Optionen* in der Optionenleiste (*Zeichenstift-Optionen*). Aktivieren Sie die Option *Gummiband*. Vergewissern Sie sich wieder, dass im Menü *Werkzeugmodus auswählen* der Optionenleiste die Option *Pfad* ausgewählt ist.

Zum Zeichnen von gekrümmten Pfaden bieten sich mehrere Hilfsmittel an: Einerseits können Sie sich des *Zeichenstifts* bedienen, zum anderen aber auch des *Magnetischen Zeichenstifts* oder des *Freiform-Zeichenstifts*.

Wir beginnen mit dem bereits bekannten Zeichenstift, der überdies die größte Kontrolle über das Aussehen der Kurven ermöglicht.

1. Setzen Sie mit dem Zeichenstift den ersten Ankerpunkt in das Bildfenster, lassen Sie die Maustaste aber gedrückt. Ziehen Sie jetzt mit der Maus ein Stückchen vom Ankerpunkt weg.
2. Wie Sie sehen, entsteht während des Ziehens am Ankerpunkt eine Grifflinie. Zusätzlich ändert sich der Mauszeiger beim Ziehen von einem Fadenkreuz in einen Pfeil. Um den Winkel der Grifflinie auf 45°-Schritte einzuschränken, halten Sie die [⇧]-Taste gedrückt. Verdeutlichen Sie sich die Vorgehensweise anhand der folgenden Abbildungsreihe.
3. Lassen Sie die Maustaste los und positionieren Sie den Mauszeiger an einer anderen Stelle. Sie sehen, wie sich eine Kurve bildet. Noch ist die Form der Kurve nicht endgültig; außerdem können Sie diese auch später noch anhand der Grifflinien ändern. Wichtig ist, dass Sie jetzt die Stelle bestimmen, wo die Kurve enden soll.
4. Klicken Sie dort, wo die Kurve enden soll. Wenn Ihre Kurve nach unten gebogen ist (wie in der nebenstehenden Abbildung) ziehen Sie jetzt nach oben, um sie zu vervollständigen. Ist sie nach oben gebogen, ziehen Sie nach unten. Eine weitere Grifflinie bildet sich.
5. Sobald die Kurve die von Ihnen gewünschte Form erhalten hat, lassen Sie die Maustaste los.

Abbildung 11.6
Die Option *Gummiband* aktivieren

Abbildung 11.7
Ziehen Sie vom Ankerpunkt weg und lassen Sie die Maustaste los, …

Abbildung 11.8
… positionieren Sie den Mauszeiger an einer anderen Stelle und …

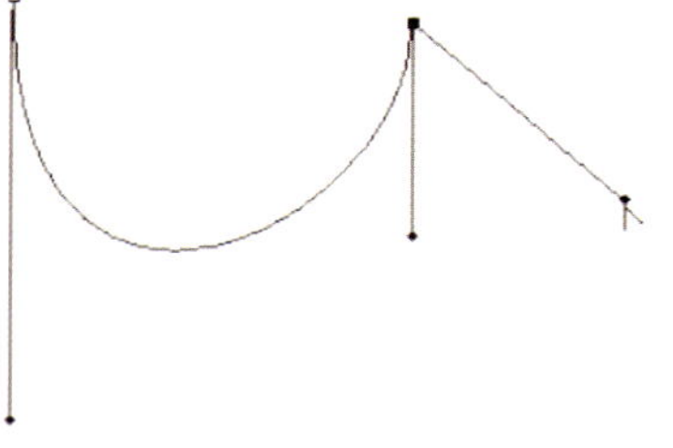

Abbildung 11.9
… klicken Sie dort, wo die Kurve enden soll, und ziehen Sie in die entgegengesetzte Richtung.

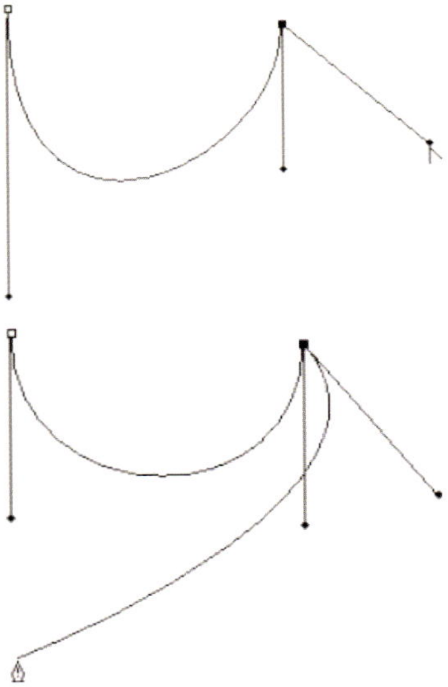

Abbildung 11.10
Oben: Drücken Sie die Alt-Taste und klicken Sie auf den letzten Ankerpunkt. Ziehen Sie mit gedrückter Maustaste, um einen Eckpunkt zu erstellen. Unten: Lassen Sie die Maustaste los und ziehen Sie die Kurve.

Wenn Sie hingegen eine S-förmige Kurve benötigen, ziehen Sie nicht in die der Kurvenkrümmung entgegengesetzte, sondern in die gleiche Richtung.

Wenn Sie jetzt die nächste Kurve so anhängen wollen, dass eine Wellenlinie entsteht, setzen Sie den Zeiger dorthin, wo diese enden soll. Klicken Sie wieder und ziehen Sie in die entgegengesetzte Richtung.

Nicht fortlaufende Kurven erstellen

Für eine fortlaufende Kurve statt einer Wellenlinie gehen Sie folgendermaßen vor:

1. Zeigen Sie mit der Maus auf den letzten Ankerpunkt und drücken Sie die Alt-Taste. Ziehen Sie mit gedrückter Maustaste, um einen Eckpunkt zu erstellen.
2. Vergewissern Sie sich, dass Sie die Option *Gummiband* über das Zahnradsymbol der Optionenleiste ausgewählt haben.
3. Lassen Sie die Maustaste los und ziehen Sie die Kurve.

Für diese ersten Übungen sind die genaue Position und die Krümmung der Kurve noch nicht wichtig; diese Merkmale können Sie später noch ändern.

Wenn Sie alle für den Pfad erforderlichen Kurven gezeichnet haben, schließen Sie ihn so ab, wie weiter vorne gezeigt: Wollen Sie einen geschlossenen Pfad zeichnen, klicken Sie auf den Startpunkt. Doppelklicken Sie, um den Pfad mit einem magnetischen Segment zu schließen. Halten Sie die Alt-Taste gedrückt, um den Pfad mit einem geraden Segment zu schließen.

Abbildung 11.11
Kurvenform bei hoher und bei niedriger Kurvenanpassung

Pfade mit dem Freiform-Zeichenstift erstellen

Bevor wir zeigen, wie Sie die erstellten Kurven verändern und formen, erläutern wir zwei weitere Hilfsmittel zum Zeichnen von Kurven, die bei der praktischen Arbeit wichtig werden: den Freiform- und den magnetischen Zeichenstift.

Der *Freiform-Zeichenstift* funktioniert von der Handhabung her ähnlich wie der Buntstift (siehe Kapitel 9). Dabei werden keine einzelnen Punkte gesetzt, sondern Sie erstellen zuerst einmal bei gedrückter Maustaste im Bildfenster Ihre Zeichnung. Wenn Sie die Maustaste wieder freigeben, setzt Photoshop automatisch die Ankerpunkte an den geeigneten Stellen ein.

1. Wählen Sie den Freiform-Zeichenstift aus dem *Werkzeuge*-Bedienfeld oder der Optionenleiste des Zeichenstifts. Vergewissern Sie sich, dass im Menü *Werkzeugmodus auswählen* der Optionenleiste die Option *Pfad* ausgewählt ist.
2. Außerdem bestimmen Sie in der Optionenleiste über die Schaltfläche im Feld *Kurvenanpassung*, wie schnell der gezeichnete Pfad auf Maus- oder Stiftbewegungen reagieren soll. Je niedriger der Wert ist, desto mehr Ankerpunkte wird der Pfad haben, desto komplexer wird er also sein. Geben Sie einen Wert zwischen 0,5 und 10 ein.
3. Zeichnen Sie jetzt mit gedrückter Maustaste Ihre Form in das Bildfenster. Sobald Sie die Maustaste loslassen, entsteht ein Arbeitspfad mit mehr oder weniger Knoten, je nach Einstellung der Kurvenanpassung.
4. Sie setzen den Freiformpfad fort, indem Sie mit der Maus auf einen Endpunkt zeigen und erneut mit gedrückter Maustaste ziehen.
5. Verbinden Sie den Start- mit dem Endpunkt, wird der Pfad geschlossen.

Pfade kopieren

Haben Sie sich schon einmal darüber geärgert, dass ein Pfad nicht mitkopiert wird, wenn Sie eine Ebene von einer Datei in eine andere ziehen?

Aktivieren Sie den Pfad mit einem Klick auf seine Miniatur im *Pfade*-Bedienfeld.

Im *Ebenen*-Bedienfeld aktivieren Sie die gewünschte Ebene mit einem Klick auf ihre Miniatur. (Falls es sich um die Hintergrundebene handelt, konvertieren Sie diese zuerst in eine normale Ebene, indem Sie einen Doppelklick darauf ausführen und auf *OK* klicken.)

Wählen Sie *Ebene* → *Vektormaske* → *Aktueller Pfad*.

Nun können Sie die Ebene samt Vektormaske mit gedrückter Maustaste an eine andere Stelle im *Ebenen*-Bedienfeld oder in ein anderes Dokument ziehen.

Pfade mit dem magnetischen Zeichenstift erstellen

Von der Arbeitstechnik her ist das Werkzeug *Magnetischer Zeichenstift* mit dem Werkzeug *Magnetisches Lasso* vergleichbar, das Sie in Kapitel 7 kennengelernt haben.

Verwenden Sie den magnetischen Zeichenstift immer, wenn Sie komplexe Pfade aufgrund von klaren Kontrastunterschieden erstellen wollen. Vor der Verwendung des magnetischen Zeichenstifts nehmen Sie am besten die benötigten Werkzeugeinstellungen vor, um die Präzision des Werkzeugs einzustellen. Auch ein Bildmotiv sollte vorhanden sein, sonst funktioniert das Werkzeug nicht richtig.

1. Wählen Sie das Werkzeug *Freiform-Zeichenstift* . Vergewissern Sie sich, dass im Menü *Werkzeugmodus auswählen* der Optionenleiste die Option *Pfad* ausgewählt ist.
2. Aktivieren Sie – ebenfalls in der Optionenleiste – das Kontrollkästchen *Magn.*
3. Genauere Einstellungen nehmen Sie vor, indem Sie auf die Schaltfläche in der Optionenleiste klicken und hier das Kontrollkästchen *Magn.* aktivieren.

Abbildung 11.12
Der magnetische Zeichenstift ist aktiviert.

Abbildung 11.13
Der magnetische Zeichenstift eignet sich – analog zum magnetischen Lasso – für klare Kontrastkanten.

- Geben Sie in das Feld *Kurvenanpassung* einen Wert zwischen 0,5 und 10 ein. So legen Sie fest, wie der Pfad auf die Mausbewegung reagiert. Je höher der Wert ist, desto einfacher wird der Pfad (desto weniger Ankerpunkte enthält er).
- Geben Sie außerdem eine *Breite* zwischen 1 und 256 Pixel an. Damit definieren Sie, wie breit der Bereich sein soll, innerhalb dessen der magnetische Zeichenstift die Kontur ermittelt.
- Mit der Einstellung im Feld *Kontrast* bestimmen Sie, wie genau die Kanten des Bereichs erkannt werden. Geben Sie einen hohen Prozentwert an, ermittelt der magnetische Zeichenstift nur kontrastreiche Kanten; bei einem niedrigeren Wert werden auch kontrastarme Kanten gefunden.
- Legen Sie im Feld *Frequenz* fest, wie oft Ankerpunkte eingefügt werden sollen.

4. Zeichnen Sie nun den Pfad. Dazu legen Sie per Mausklick zunächst den Startpunkt fest.
5. Danach führen Sie die Maus an der Kontur des gewünschten Bereichs entlang. Der Pfadverlauf wird automatisch ermittelt und an den notwendigen Stellen werden Ankerpunkte eingefügt. Die Grundlage dafür ist der Kontrast der Bildbereiche. Zum Abschließen des Pfads haben Sie drei Möglichkeiten:
   - Drücken Sie die [↵]-Taste.
   - Wollen Sie einen geschlossenen Pfad zeichnen, klicken Sie auf den Startpunkt.
   - Doppelklicken Sie, um den Pfad mit einem magnetischen Segment zu schließen. Halten Sie die [Alt]-Taste gedrückt, um den Pfad mit einem geraden Segment zu schließen.

11.3 Pfade bearbeiten

Zur komfortablen Verwaltung der von Ihnen erstellten Pfade dient das *Pfade*-Bedienfeld. Dieses enthält die Namen aller von Ihnen erstellten Pfade sowie eine Miniaturansicht des jeweiligen Inhalts. Öffnen Sie das Bedienfeld mit dem

Befehl *Fenster* → *Pfade*. Im *Pfade*-Bedienfeld wird der von Ihnen soeben erstellte Pfad angezeigt. Er trägt den Namen *Arbeitspfad*. Dieser Name signalisiert Ihnen, dass es sich nur um einen temporären Pfad handelt, der noch gespeichert werden muss, damit er erhalten bleibt, wenn Sie einen neuen Pfad zeichnen. Denn dieser würde sonst den vorhandenen Arbeitspfad ersetzen.

Den Arbeitspfad speichern und benennen

1. Klicken Sie den Eintrag *Arbeitspfad* im *Pfade*-Bedienfeld an. Der Mauszeiger wird zu einer Hand.
2. Ziehen Sie den Eintrag mit gedrückter Maustaste auf das Symbol *Neuen Pfad erstellen* am unteren Rand des Bedienfelds. Ihr Pfad wird nun als *Pfad 1* gespeichert.
3. Wenn Sie Ihren Pfad aussagekräftig benennen möchten, doppelklicken Sie auf den Namen und überschreiben Sie ihn. Bestätigen Sie mit der [↵]-Taste.

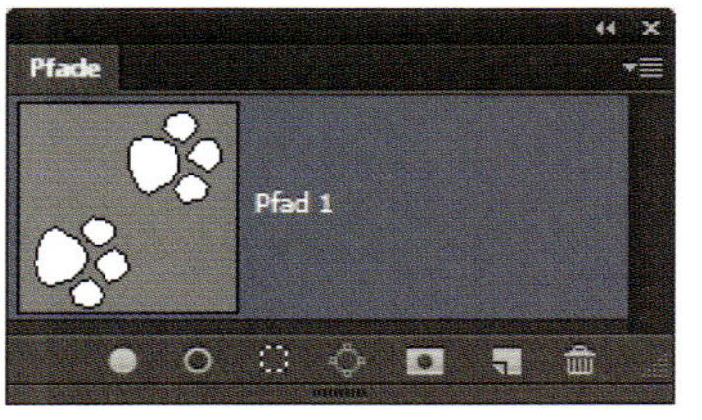

Abbildung 11.14
Der Arbeitspfad wurde als *Pfad 1* gespeichert.

Den aktiven Pfad festlegen

Nicht nur zum Speichern und Benennen von Pfaden dient das *Pfade*-Bedienfeld. Vielmehr stellt es ein umfassendes Hilfsmittel zur Verwaltung von Pfaden dar. Besonders wenn Sie mit mehreren Pfaden in einem Bild arbeiten, wird es schnell zum unverzichtbaren Werkzeug.

Wir zeigen Ihnen nachfolgend einige grundlegende Arbeitstechniken mit diesem Bedienfeld, die Sie immer wieder brauchen werden.

- Haben Sie mehrere Pfade erstellt, wählen Sie diese mithilfe des *Pfade*-Bedienfelds sehr komfortabel aus. Klicken Sie einen Pfad einfach an, um diesen zu aktivieren. Dann wird im Bildfenster auch nur dieser Pfad angezeigt.
- Um die Anzeige des Pfads wieder aufzuheben, klicken Sie in einen leeren Bereich des Bedienfelds.

Speicherformate
Damit Ihnen der Pfad auch beim nächsten Öffnen des Bilds wieder zur Verfügung steht, sollten Sie Ihr Bild in einem der folgenden Formate speichern: PSD, PSB, JPEG, DCS, EPS, PDF oder TIFF.

Die Pfadreihenfolge ändern

Auch die Anzeigereihenfolge der Pfade im Bedienfeld ändern Sie gegebenenfalls, um Ihre Arbeit besser zu organisieren.

Dazu wählen Sie den entsprechenden Pfad zunächst im *Pfade*-Bedienfeld aus. Ziehen Sie ihn dann nach oben oder unten. Eine durchgehende Linie erscheint an der Stelle, wo der Pfad eingefügt wird, wenn Sie die Maustaste loslassen.

Einen Pfad als Auswahl laden

Am unteren Rand des *Pfade*-Bedienfelds finden Sie das Symbol *Pfad als Auswahl laden* . Mithilfe dieses Symbols wandeln Sie jeden Pfad in einen Auswahlbereich um.

Beim Umwandeln in Auswahlbereiche schließt Photoshop offene Pfade automatisch. Beachten Sie, dass dabei eventuell eine ungewollte Form entstehen kann. Wenn Sie einen Pfad erstellt haben, der sich mit einem Auswahlbereich überschneidet, fügen Sie den Pfad in die aktuelle Auswahl ein, entfernen ihn aus dieser oder kombinieren ihn damit. Wie es geht, erfahren Sie weiter hinten in diesem Kapitel.

Sie haben damit ein Hilfsmittel, um die Form von Auswahlbereichen exakt festzulegen und nachträglich zu ändern. Allerdings werden dabei die aktuellen Einstellungen der Dialogbox *Auswahl erstellen* (siehe Kapitel 7) verwendet.

Wenn Sie also Wert darauf legen, bei der Umwandlung des Pfads in eine Auswahl Ihre eigenen Einstellungen zu verwenden, sollten Sie folgenden Weg wählen (falls Sie den vorhandenen Pfad mit einer Auswahl kombinieren möchten, müssen Sie zuerst mit einem Auswahlwerkzeug eine Auswahl erstellen):

1. Nachdem Sie den Pfad, den Sie in eine Auswahl umwandeln bzw. einer vorhandenen Auswahl hinzufügen möchten, ausgewählt haben, halten Sie die Alt-Taste gedrückt und klicken auf das Symbol *Pfad als Auswahl laden* . Alternativ öffnen Sie das Bedienfeldmenü . Wählen Sie den Befehl *Auswahl erstellen*.
2. Die Dialogbox *Auswahl erstellen* wird angezeigt. In der Optionsgruppe *Rendern* definieren Sie über das Feld *Radius* die Breite der weichen Kante innerhalb und außerhalb der Auswahlbegrenzung in Pixel.
3. Aktivieren Sie das Kontrollkästchen *Glätten*, damit Sie einen geglätteten Übergang zwischen den Pixeln der Auswahl und deren Umgebung erhalten, da die Auswahlkanten-Pixel nur teilweise gefüllt werden. Stellen Sie die weiche Kante in diesem Fall auf 0 Pixel.

In der Optionsgruppe *Vorgang* haben Sie vier Möglichkeiten:

- Über das Optionsfeld *Neue Auswahl* wandeln Sie nur den durch den Pfad definierten Bereich in eine Auswahl um.
- Mit dem Optionsfeld *Der Auswahl hinzufügen* fügen Sie den durch den Pfad definierten Bereich in die Originalauswahl ein.

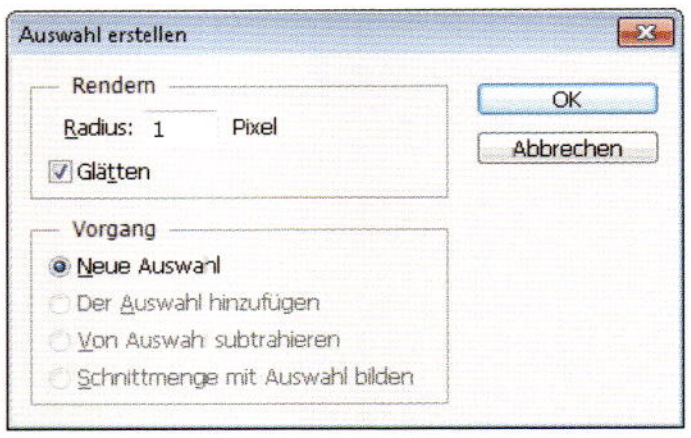

Abbildung 11.15
Aus jedem Pfad lässt sich schnell eine Auswahl erzeugen.

Miniaturen vergrößern, verkleinern oder ausschalten
Möchten Sie mehr Pfade anzeigen und die Darstellungsgeschwindigkeit erhöhen, verkleinern Sie die Miniatur-Vorschaubilder oder blenden Sie sie ganz aus.

Öffnen Sie das Bedienfeldmenü . Wählen Sie den Befehl *Bedienfeldoptionen*. Jetzt bestimmen Sie die Vorschaugröße oder schalten Sie die Miniatur ganz aus, indem Sie das Optionsfeld *Ohne* anklicken.

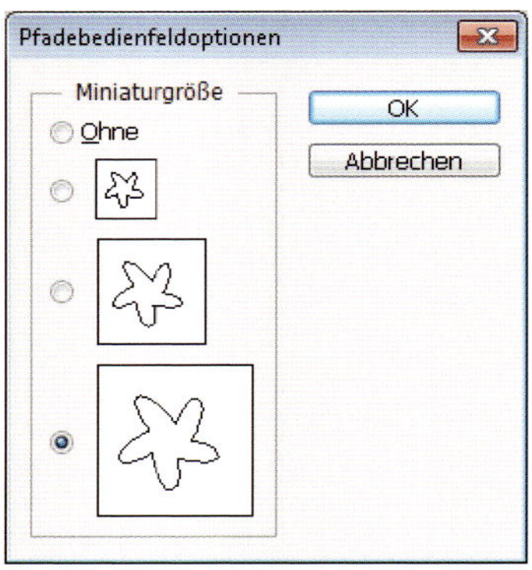

Abbildung 11.16
Die Miniaturen lassen sich in verschiedenen Größen darstellen.

- Klicken Sie das Optionsfeld *Von Auswahl subtrahieren* an, um den durch den Pfad definierten Bereich aus der Originalauswahl zu entfernen.
- Im Optionsfeld *Schnittmenge mit Auswahl bilden* können Sie den gemeinsamen Bereich von Pfad und Originalauswahl auswählen. Diese Option ist natürlich nur dann sinnvoll, wenn sich Pfad und Auswahl überlappen, da sonst nichts ausgewählt wird.

Arbeitspfad aus Auswahl erstellen

Auch die umgekehrte Verfahrensweise ist möglich. Mit einem Klick auf das Symbol *Arbeitspfad aus Auswahl erstellen* erstellen Sie aus einer Auswahl einen Arbeitspfad, der in etwa die Form des aktuellen Auswahlbereichs hat.

Das Ergebnis ist allerdings häufig unbefriedigend, so dass Sie es in den meisten Fällen noch manuell nachbearbeiten müssen: Es zeichnet die Formen des Motivs nicht ausreichend genau nach bzw. besitzt zu viele Ankerpunkte. Hierzu eignet sich das *Direktauswahl*-Werkzeug, das wir weiter hinten besprechen. Den so bearbeiteten Pfad speichern Sie für die spätere Verwendung oder wandeln Sie ihn wieder in eine Auswahl um.

Um eigene Einstellungen vorzunehmen, bietet sich die Dialogbox *Arbeitspfad erstellen* an. Sie rufen diese auf, indem Sie die Alt-Taste gedrückt halten, während Sie auf das Symbol *Arbeitspfad aus Auswahl erstellen* klicken.

Die Dialogbox erscheint und Sie geben die Umwandlungstoleranz im Bereich von 0,5 bis 10 Pixel ein. Diese Toleranz definiert, wie sehr der Arbeitspfad der Auswahlkontur gleicht. Je höher Sie den Toleranzwert einstellen, desto geringer ist die Anzahl an Ankerpunkten, die für das Zeichnen des Pfads verwendet werden, und desto glatter (aber auch ungenauer) wird der Pfad sein.

Klicken Sie auf *OK*. Die Auswahl wird in einen Pfad umgewandelt. Im *Pfade*-Bedienfeld sehen Sie den neuen Pfad am Ende der Pfadauflistung.

Abbildung 11.17
Die Genauigkeit stellen Sie über die zugehörige Dialogbox ein.
Oben: *Toleranz* 2,0 Pixel;
Unten: *Toleranz* 0,5 Pixel.

Einen Pfad löschen

Wenn Sie einen Pfad nicht mehr benötigen und ihn löschen möchten, wählen Sie ihn mit einem Mausklick im *Pfade*-Bedienfeld an und ziehen Sie ihn auf das Papierkorbsymbol am unteren Rand des Bedienfelds. Der Pfad wird endgültig entfernt. Vor dem Löschen erfolgt keine Sicherheitsabfrage.

Alternativ klicken Sie bei ausgewähltem Pfad auf das Papierkorb-Symbol und bestätigen dann mit *Ja*. Oder Sie wählen aus dem Bedienfeldmenü den Befehl *Pfad löschen*.

Neue Pfade und Unterpfade über das Bedienfeld erstellen

Bisher haben Sie Pfade direkt im Bildfenster erzeugt. Genauso legen Sie einen neuen Pfad aber auch über das *Pfade*-Bedienfeld an, indem Sie die Schaltfläche *Neuen Pfad erstellen* anklicken.

Wenn Sie den neuen Pfad gleich beim Erstellen mit dem gewünschten Namen und den gewünschten Eigenschaften ausstatten möchten, gehen Sie folgendermaßen vor: Vergewissern Sie sich, dass Sie keinen Arbeitspfad ausgewählt haben. Öffnen Sie dann das Bedienfeldmenü des *Pfade*-Bedienfelds. Wählen Sie den Befehl *Neuer Pfad*. In der jetzt angezeigten gleichnamigen Dialogbox vergeben Sie einen passenden Namen und klicken auf *OK*.

Pfade duplizieren

Zum Duplizieren eines Pfads müssen Sie diesen nur im *Pfade*-Bedienfeld anklicken und dann mit gedrückter Maustaste auf das Symbol *Neuen Pfad erstellen* ziehen.

Der Pfad erhält automatisch den Namen des Ursprungspfads mit dem Zusatz *Kopie* zugewiesen. Falls Sie gleich beim Erstellen einen sinnvolleren Pfadnamen zuweisen wollen, öffnen Sie das Bedienfeldmenü und wählen Sie den Befehl *Pfad duplizieren*.

Die Fläche des Pfads füllen

Offene Pfade füllen
Beim Füllen eines offenen Pfads wird dieser nicht geschlossen.

Am schnellsten füllen Sie die Fläche Ihres markierten Pfads mit der Vordergrundfarbe, indem Sie unten im *Pfade*-Bedienfeld auf die Schaltfläche *Pfad mit Vordergrundfarbe füllen* klicken. Für genauere Einstellungen verwenden Sie die Dialogbox *Pfadfläche füllen*.

1. Markieren Sie den gewünschten Pfad, öffnen Sie das Bedienfeldmenü und wählen Sie den Befehl *Pfadfläche füllen*.
2. Alternativ halten Sie die [Alt]-Taste gedrückt, während Sie das Symbol *Pfad mit Vordergrundfarbe füllen* anklicken. Die Dialogbox *Pfad füllen* wird angezeigt.

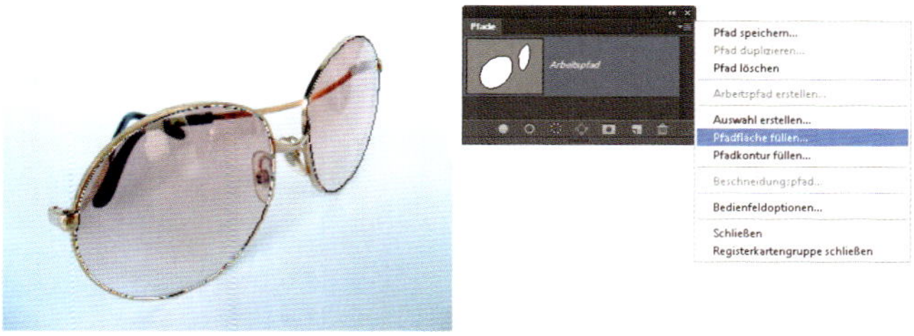

Abbildung 11.18
Nachdem Sie einen Pfad erstellt haben, ...

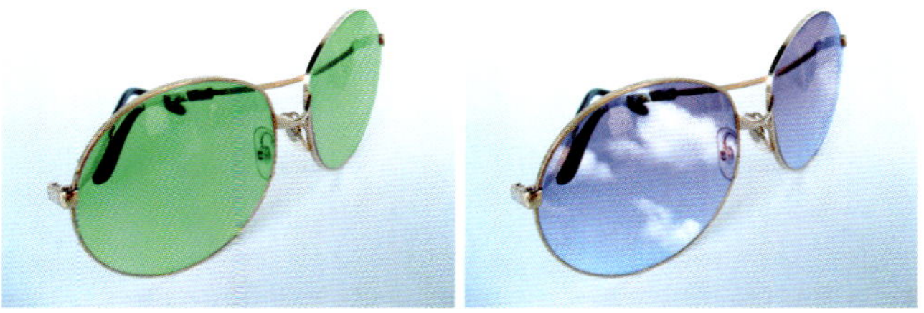

Abbildung 11.19
... füllen Sie dessen Fläche nach Belieben mit einer Farbe oder einem Muster. Dabei können Sie alle Füllmethoden verwenden.

3. Öffnen Sie das Popup-Menü *Verwenden* und wählen Sie das Gewünschte aus. Legen Sie auch die Deckkraft, den Modus und eventuell eine weiche Kante (über das Feld *Radius*) fest. Außerdem erzielen Sie durch das Kontrollkästchen *Glätten* gegebenenfalls einen weichen Übergang zwischen den Auswahlpixeln und den daran angrenzenden Hintergrundpixeln.
4. Falls Sie in einer Ebene arbeiten und nur Bereiche füllen möchten, die schon Pixel enthalten und nicht transparent sind, aktivieren Sie das Kontrollkästchen *Transparente Bereiche schützen*.
5. Klicken Sie auf *OK*, um den Pfadinhalt mit den gewählten Optionen zu füllen.

Unterpfade füllen

Weiter vorne in diesem Kapitel wurde erwähnt, dass Pfade auch aus mehreren Unterpfaden bestehen können. Sie können jedem Unterpfad eine andere Füllung zuweisen.

Markieren Sie einen der Unterpfade mit dem *Pfadauswahl-Werkzeug* ▶. Wählen Sie aus dem Bedienfeldmenü ☰ den Befehl *Unterpfadfläche füllen*. Nehmen Sie die gewünschten Einstellungen vor und klicken Sie auf *OK*.

Mehrere Unterpfade auswählen
Mit gedrückter ⇧ -Taste wählen Sie mehrere Unterpfade aus.

Formebenen
Weiter hinten lernen Sie mit den Formebenen eine flexiblere Möglichkeit kennen, Pfadinhalt und -umriss zu füllen.

Die Pfadkontur füllen

Beim Füllen der Pfadkontur wird der Pfad mit einem Malwerkzeugstrich – in der Grundeinstellung einem Buntstiftstrich mit den aktuell eingestellten Maleinstellungen und der aktuellen Werkzeugspitze – gefüllt. Die Pfadkontur ist keine Vektorgrafik, sondern übermalt die betroffenen Pixel.

Abbildung 11.20
So erzielen Sie interessante Texteffekte. Für diese Beispiele wurde zuerst eine breite Pfadkontur in einer dunklen Farbe und dann eine schmalere Pfadkontur in Weiß zugewiesen.

Ziehen Sie den Pfad im *Pfade*-Bedienfeld auf die Schaltfläche *Pfadkontur mit Pinsel füllen*. Genaue Einstellungen nehmen Sie auch hier wieder über das Bedienfeldmenü vor:

1. Wählen Sie zunächst im *Werkzeuge*-Bedienfeld das Malwerkzeug, das Sie für die Pfadkontur verwenden möchten.
2. Legen Sie die gewünschten Werkzeugoptionen und die Werkzeugspitze für dieses Werkzeug fest.
3. Wählen Sie dann den gewünschten Pfad oder Unterpfad mit dem *Pfadauswahl*-Werkzeug aus.
4. Wählen Sie aus dem Bedienfeldmenü des *Pfade*-Bedienfelds den Befehl *Pfadkontur füllen* bzw. *Unterpfadkontur füllen*. Alternativ klicken Sie die Schaltfläche *Pfadkontur füllen* mit gedrückter `Alt`-Taste an. Die Dialogbox *Pfadkontur füllen* wird angezeigt.
5. Wählen Sie das Werkzeug, für das Sie vorhin die Werkzeugoptionen festgelegt haben, und klicken Sie auf *OK*. Die Pfadkontur wird erzeugt.

Gegebenenfalls führen Sie diese Arbeitsschritte auch mehrmals durch, indem Sie jedes Mal eine andere Werkzeugspitze und Vordergrundfarbe wählen. Die Konturen werden dann übereinandergelegt.

Nachdem die Pfadkontur erzeugt wurde, löschen Sie den Pfad gegebenenfalls, indem Sie ihn im *Pfade*-Bedienfeld markiert lassen und dann auf das Papierkorbsymbol klicken oder ihn mit gedrückter Maustaste auf dieses Symbol ziehen.

Den Pfad markieren und verschieben

Die Form Ihres Pfads lässt sich nachträglich ändern, indem Sie die einzelnen Segmente und die Ankerpunkte dazwischen bewegen. Dabei werden immer beide Segmente, die durch den Punkt verbunden sind, verformt – also sowohl das Segment vor als auch das nach dem Punkt.

Zum Bearbeiten der Ankerpunkte stellt Photoshop Ihnen zwei Werkzeuge zur Verfügung:

- Mit dem *Pfadauswahl*-Werkzeug wählen Sie den kompletten Pfad oder die komplette Pfadkomponente aus.
- Mit dem *Direktauswahl*-Werkzeug in derselben Gruppe wählen Sie beliebige einzelne Punkte oder Zonen aus.

Möchten Sie einen Zeichenpfad nachträglich bearbeiten, benötigen Sie seine Ankerpunkte. Diese müssen zuerst markiert werden, bevor Sie mit ihnen arbeiten können. Dazu verwenden Sie das *Direktauswahl*-Werkzeug.

Gelegentlich kommt es vor, dass ein Ankerpunkt an einer nicht gewünschten Stelle erzeugt wird. Sie annullieren diesen, indem Sie die Entf-Taste drücken. Mit einem Mausklick fügen Sie einen manuellen Ankerpunkt ein. Außerdem können Sie vorübergehend die magnetischen Eigenschaften des Werkzeugs abschalten, indem Sie die Alt-Taste gedrückt halten. Sobald Sie die Taste loslassen, wird das Werkzeug wieder magnetisch.

Um dieses Werkzeug zu aktivieren, klicken Sie entweder die entsprechende Schaltfläche im *Werkzeuge*-Bedienfeld an oder halten Sie – bei markiertem Zeichenstift – die Strg/⌘-Taste gedrückt, um das *Direktauswahl-Werkzeug* vorübergehend zu aktivieren. Klicken Sie dann mit dem *Direktauswahl*-Werkzeug auf den gewünschten Ankerpunkt, um ihn zu markieren.

Alternativ wählen Sie mehrere Ankerpunkte aus, indem Sie die ⇧-Taste gedrückt halten und die gewünschten Ankerpunkte nacheinander anklicken. Oder Sie ziehen – ebenfalls mit dem *Direktauswahl*-Werkzeug – einen Rahmen um die Ankerpunkte, die in der Auswahl enthalten sein sollen.

Die so markierten Ankerpunkte verschieben Sie nun beispielsweise, indem Sie sie anklicken und an eine andere Stelle ziehen oder transformieren. Die mit dem Ankerpunkt verbundenen Segmente ändern entsprechend ihre Form.

Um markierte Ankerpunkte in 1-Pixel-Schritten zu verschieben, bedienen Sie sich der Pfeiltasten. Halten Sie die ⇧-Taste gedrückt, während Sie die Pfeiltasten betätigen. Dann werden die Ankerpunkte in 10-Pixel-Schritten verschoben.

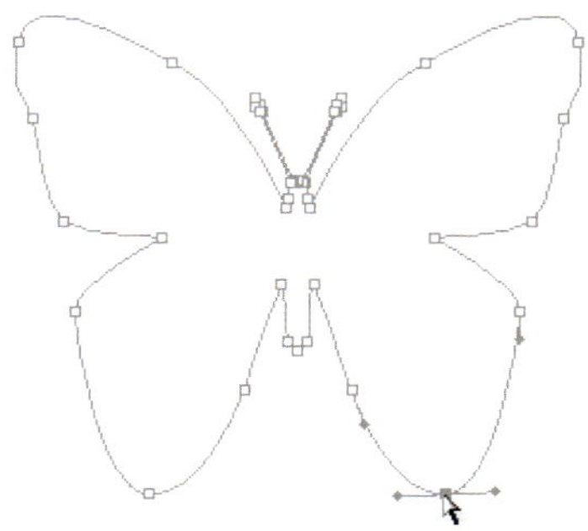

Abbildung 11.21
Einen Punkt markieren Sie mit dem *Direktauswahl*-Werkzeug.

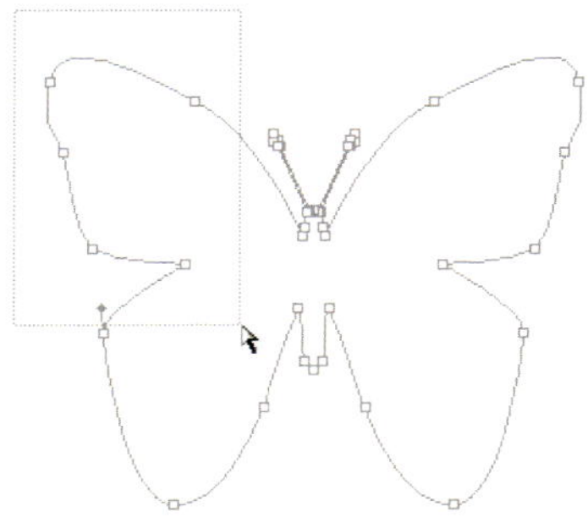

Abbildung 11.22
Mit einem Auswahlrechteck wählen Sie mehrere Punkte aus.

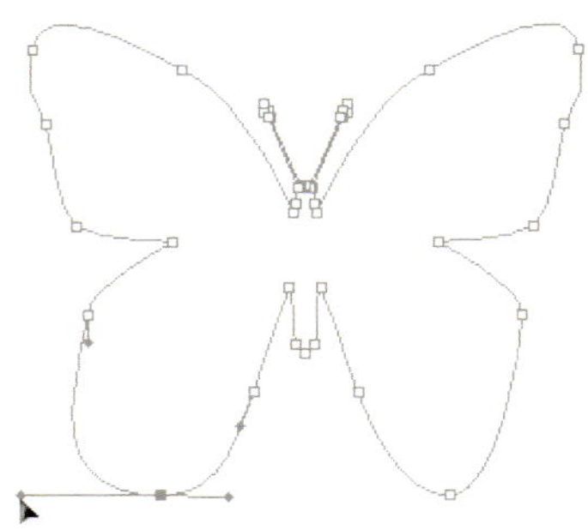

Abbildung 11.23
Wenn Sie einen Griffpunkt ziehen, ändert sich die Form der angrenzenden Segmente.

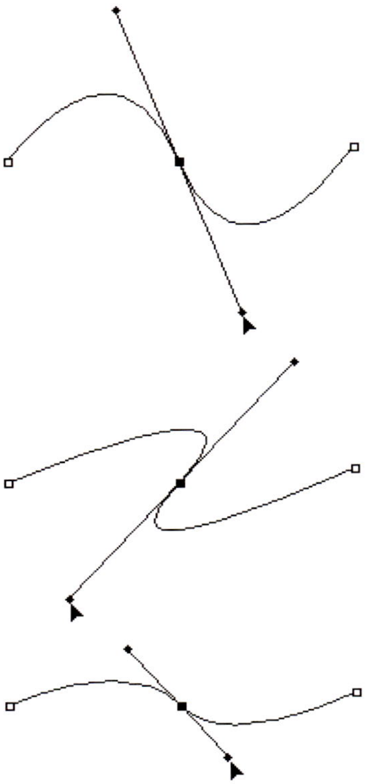

Abbildung 11.24
Länge und Winkel der Grifflinie bestimmen das Aussehen der zugehörigen Segmente.

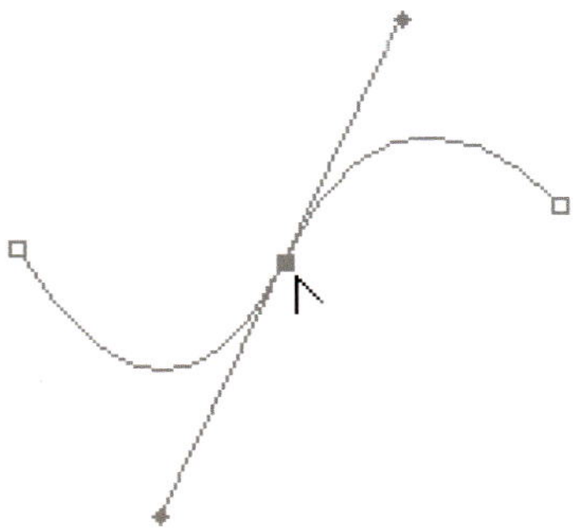

Abbildung 11.25
Klicken Sie mit dem Werkzeug *Punkt umwandeln* auf einen Kurvenpunkt, ...

Abbildung 11.26
... um ihn in einen Eckpunkt umzuwandeln.

Die Pfadform ändern

Haben Sie einen einzelnen Ankerpunkt mit dem Werkzeug *Direktauswahl* markiert, stellen Sie fest, dass er mit einer oder zwei Grifflinien versehen ist. Anhand dieser Grifflinien verändern Sie die Form der angrenzenden Segmente, indem Sie den Griffpunkt am Ende der Linie anklicken und ihn ziehen. Es gibt verschiedene Arten von Ankerpunkten:

- Eckpunkte ergeben sich beim Erstellen von geraden Linien. Sie stellen eine Art Gelenk zwischen zwei geraden Liniensegmenten dar.
- Kurvenpunkte entstehen beim Erstellen von gebogenen, weichen Übergängen zwischen zwei nebeneinanderliegenden Kurven. Einen markierten Kurvenpunkt erkennen Sie auch daran, dass er von vornherein über zwei Grifflinien verfügt. Mit diesen Ziehpunkten verändern Sie die Krümmung der Kurve, indem Sie sie mit gedrückter Maustaste in die gewünschte Richtung ziehen. Beachten Sie, dass bei Kurvenpunkten beide Ziehpunkte für die Krümmung wichtig sind und diese beeinflussen. Je weiter die Griffpunkte gezogen werden, desto stärker fällt die Krümmung aus. Sobald Sie die Maustaste freigeben, wird die Änderung ausgeführt.

Je weiter Sie eine Grifflinie herausziehen, desto stärker wird die angrenzende Kurve gekrümmt, denn der Abstand der Griffpunkte zum Ankerpunkt bestimmt die Krümmung der Kurve. Der Winkel der Ziehpunkte zum Kurvenpunkt bestimmt die Neigung der Kurve.

Ziehen Sie so lange an den Griffpunkten, bis die Kurve Ihren Vorstellungen entspricht.

Linien in Kurven umwandeln und umgekehrt

Falls Sie irrtümlich ein gerades statt eines gekrümmten Segments gezeichnet haben, gehen Sie folgendermaßen vor:

1. Wählen Sie das Werkzeug *Punkt umwandeln* in der Gruppe des *Zeichenstift*-Werkzeugs und klicken Sie auf den Eckpunkt, der in einen Kurvenpunkt umgewandelt werden soll.
2. Halten Sie die linke Maustaste gedrückt und ziehen Sie. Am Punkt bilden sich Grifflinien.
3. Ziehen Sie die Grifflinien in die gewünschte Richtung, um die neu erstellten Kurvensegmente zu formen.

Auch der umgekehrte Fall ist möglich: Sie wandeln einen Kurvenpunkt in einen Eckpunkt um und gestalten die angrenzenden Segmente dadurch in gerade Linien um. Klicken Sie dazu den Kurvenpunkt einfach mit dem Werkzeug *Punkt umwandeln* an.

11.4 Pfade aus Grundformen erzeugen

Bisher haben Sie frei geformte Pfade erstellt und bearbeitet. Gegebenenfalls erstellen Sie aber auch Pfade mit vordefinierten Formen, zum Beispiel Rechtecke, abgerundete Rechtecke, Ellipsen, Vielecke und komplexere Formen. Dazu stehen Ihnen im *Werkzeuge*-Bedienfeld mehrere Werkzeuge zur Verfügung, mit denen Sie solche Formen schnell und sicher erstellen.

Die Arbeitsweise gleicht der beim Erstellen von Auswahlrechtecken und -ellipsen:

1. Wählen Sie das gewünschte Werkzeug aus. Vergewissern Sie sich, dass im Menü *Werkzeugmodus auswählen* der Optionenleiste die Option *Pfad* ausgewählt ist.
2. Bewegen Sie den Mauszeiger in das Bild, verändert sich dieser in ein Fadenkreuz. Klicken Sie und ziehen Sie den Pfad mit gedrückter Maustaste in der gewünschten Größe auf.

Abbildung 11.27
Mit den Form-Werkzeugen erstellen Sie vordefinierte Pfadformen.

Quadrate und Kreise
Halten Sie beim Ziehen zusätzlich die [⇧]-Taste gedrückt, um Quadrate und Kreise zu zeichnen. Halten Sie beim Ziehen zusätzlich die [Alt]-Taste gedrückt, kann die Form aus der Mitte heraus gezeichnet werden. Beide Tastenhilfen können Sie auch kombinieren.

Vor dem Zeichnen: Optionen festlegen

Klicken Sie in der Optionenleiste auf die Schaltfläche, um die *Optionen* für das gewählte Werkzeug zu öffnen.

- Wählen Sie das Optionsfeld *Ohne Einschränkungen*, können Sie das Werkzeug frei bedienen.
- Zeichnen Sie mit aktivierter Option *Quadrat*, ergeben sich mit dem Rechteckwerkzeug nur Quadrate. Die gleiche Funktion erhalten Sie durch das Zeichnen bei gedrückter [⇧]-Taste. Haben Sie das *Ellipsen*-Werkzeug gewählt, heißt diese Option *Kreis (für Durchmesser oder Radius)*, beim *Eigene-Form*-Werkzeug *Festgelegte Proportionen*. Für die anderen Werkzeuge ist die Option nicht verfügbar.
- Mithilfe der Option *Feste Größe* (verfügbar bei Rechteck, abgerundetem Rechteck, Ellipse und Eigene-Form-Werkzeug) blenden Sie die zugehörigen Eingabefelder *B*

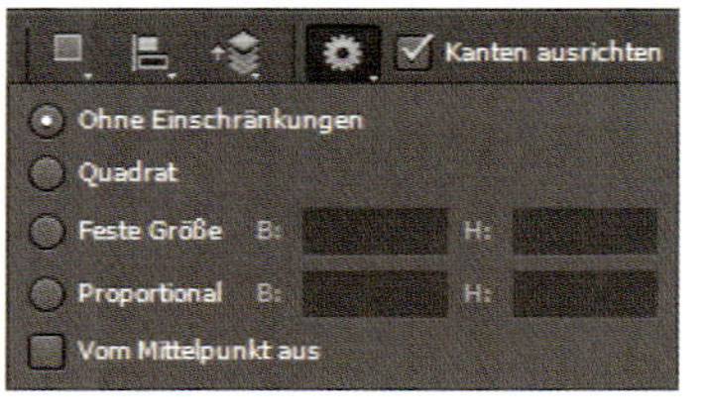

Abbildung 11.28
Die Optionen für das *Rechteck-Werkzeug*

und *H* ein. Bestimmen Sie die Größe des geplanten Pfads im Voraus, indem Sie in die Eingabefelder die Breite und Höhe des Rechtecks eingeben (standardgemäß in Pixel). Anschließend genügt ein Klick in das Bild und der Pfad ist erstellt. Das Klicken und Ziehen ersparen Sie sich dadurch.

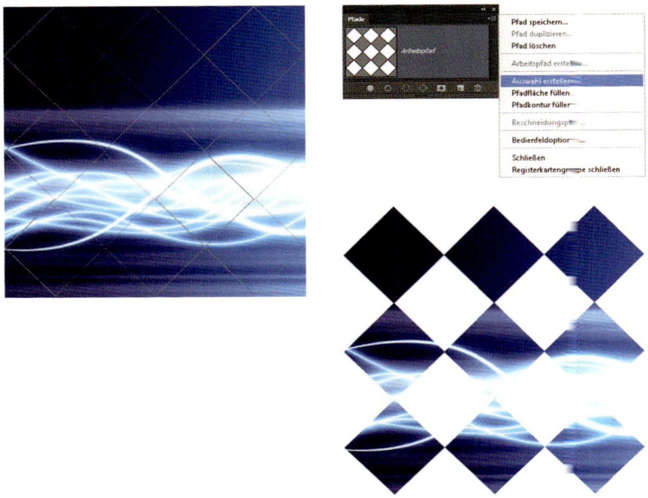

Abbildung 11.29
Nachdem Sie einen Pfad mit einer vorgefertigten Grundform im Bild erzeugt haben (links), können Sie diesen über das Bedienfeldmenü des *Pfade*-Bedienfelds als Auswahl laden (rechts oben). Hier erfolgte eine Umkehr der Auswahl (*Auswahl → Auswahl umkehren*) und mit der [Entf]-Taste wurde die Hintergrundfarbe Weiß zugewiesen (rechts unten).

- Aktivieren Sie die Option *Proportional*, werden auch hier die zugehörigen Eingabefelder aktiviert. Über diese legen Sie fest, welches Verhältnis die Seiten des Pfads haben sollen (verfügbar für Rechteck, abgerundetes Rechteck und Ellipse). Geben Sie beispielsweise in das Feld *B 3* ein und in das Feld *H 2*, erhält die Form das Seitenverhältnis 3:2, gleichgültig, wie groß Sie sie ziehen.
- Bei aktivem Kontrollkästchen *Vom Mittelpunkt aus* zeichnen Sie den Pfad stets aus der Mitte heraus. Diese Funktion ist identisch mit dem Zeichnen bei gedrückter [Alt]-Taste. Die Funktion ist für das Rechteck, das abgerundete Rechteck, die Ellipse und das *Eigene-Form*-Werkzeug verfügbar.

Besonderheiten bei abgerundeten Rechtecken

Für Pfade in abgerundeter Rechteckform legen Sie im Feld *Radius* der Werkzeugoptionen fest, wie stark die Eckenrundung sein soll.

Das *Abgerundetes-Rechteck*-Werkzeug eignet sich auch sehr gut, um rechteckige Auswahlbereiche mit abgerundeten Ecken zu erzeugen:

1. Aktivieren Sie das *Abgerundetes-Rechteck*-Werkzeug.
2. In der Optionenleiste aktivieren Sie das Symbol *Pfade*.
3. In das Feld *Radius* geben Sie den gewünschten Grad der Eckenrundung ein.
4. Ziehen Sie mit gedrückter Maustaste ein Rechteck über dem gewünschten Auswahlbereich auf
5. Klicken Sie am unteren Rand des *Pfade*-Bedienfelds auf das Symbol »Pfad als Auswahl laden«.

Abbildung 11.30
Je höher der Eckradius, desto stärker werden die Ecken gerundet.

Besonderheiten bei Polygonen und Sternen

Mit dem *Polygon-Werkzeug* erzeugen Sie nicht nur Polygone mit verschiedener Eckenanzahl, sondern auch Sterne.

Wählen Sie im *Werkzeuge*-Bedienfeld das *Polygon*-Werkzeug aus. In den Werkzeugoptionen geben Sie im Feld *Seiten* die gewünschte Seitenzahl des Polygons an. Klicken Sie auch hier auf die Schaltfläche , um die Optionen zu öffnen.

- Geben Sie in das Feld *Radius* einen Wert ein, ändern Sie den Abstand zwischen dem Mittelpunkt und den äußeren Punkten des Polygons.
- Aktivieren Sie das Kontrollkästchen *Ecken abrunden*, werden die Spitzen des Polygons abgerundet.
- Aktivieren Sie die Option *Seiten einziehen um*, wenn Sie einen sternförmigen Pfad statt eines polygonförmigen Pfads erzeugen möchten. Geben Sie in das zugehörige Eingabefeld einen Prozentsatz ein, der den Radius der Zacken festlegt. Wählen Sie beispielsweise als Radius 50, nehmen die Zacken die Hälfte des Stern-Gesamtradius ein. Je höher der Wert ist, desto spitzwinkliger wird der Stern.

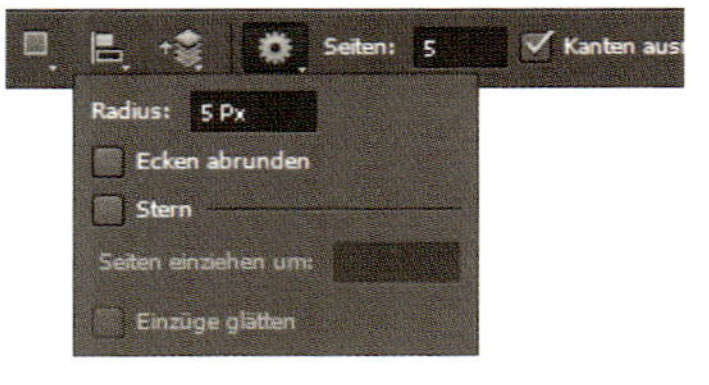

Abbildung 11.31
Die Optionen des Polygon-Werkzeugs

- Zusätzlich aktivieren Sie in der Funktion *Seiten einziehen um* gegebenenfalls das Kontrollkästchen *Einzüge glätten*. Auf diese Weise glätten Sie die Konturen zur Objektmitte hin, um Unebenheiten auszugleichen

Abbildung 11.32
Oben links: Abgerundete Polygonecken. Oben rechts sowie unten links und rechts: *Seiten einziehen um:* 25 %, 50 % und 80 %

Vektorformen-Palette durch eigene Kreationen ergänzen

Wie Sie gesehen haben, bietet Photoshop Vektorformen in Hülle und Fülle. Besonders spannend ist jedoch die Möglichkeit, eigene Vektorformen für grafische Effekte in Ihren Photoshop-Bildern zu erzeugen, zu speichern und zu nutzen. Als Grundlage kann ein Foto mit einem deutlich akzentuierten Motiv dienen. Dies ist wichtig, weil Vektorformen stets nur aus zwei Farben bestehen (bzw. aus Farbe und Nicht-Farbe). Sie müssen Ihr Motiv deshalb zunächst in eine Schwarzweißgrafik umwandeln.

Hohe Pixelanzahl
Das Bild sollte eine hohe Pixelanzahl aufweisen, zum Beispiel 3.000 mal 1.800 Pixel. Nur dann erzielen Sie eine Vektorgrafik mit schönen glatten Kurven.

Abbildung 11.33
Wählen Sie das gewünschte Objekt sorgfältig aus.

Karmann.jpg von Christoph Kommer

Es gibt mehrere Möglichkeiten, eine geeignete Schwarzweißgrafik zu erzeugen. Mit der folgenden kommen Sie schnell zu einem guten Ergebnis:

1. Wählen Sie das Motiv mit einem geeigneten Auswahlwerkzeug aus, etwa mit dem *magnetischen Lasso* oder dem *Schnellauswahlwerkzeug*.
2. Kopieren Sie die Auswahl mit Strg/⌘ + J in eine neue Ebene. Füllen Sie die Hintergrundebene weiß.
3. Aktivieren Sie die obere Ebene und klicken Sie im *Korrekturen*-Bedienfeld auf das Symbol *Schwarzweiß*.
4. Klicken Sie im *Korrekturen*-Bedienfeld auf das Symbol *Helligkeit/Kontrast*. Aktivieren Sie das Kontrollkästchen *Früheren Wert verwenden*. Ziehen Sie den *Kontrast*-Regler auf *+100*. Verringern Sie die *Helligkeit*, bis Sie die gewünschten Kontraste erzielt haben. Für glatte Kanten verringern Sie nun den *Kontrast*-Wert auf *+90* bis *+99*.
5. Um die Form nun eventuell noch weiter zu vereinfachen, aktivieren Sie wieder die *Ebene 1* und setzen Sie die Vordergrundfarbe auf Schwarz und die Hintergrundfarbe auf Weiß (Taste D).
6. Aktivieren Sie das *Pinsel*-Werkzeug und übermalen Sie unerwünschte Details.

Abbildung 11.34
Reduzieren Sie die Helligkeit und heben Sie den Kontrast an, bis Sie eine Schwarzweißgrafik erhalten.

Abbildung 11.35
Vereinfachen Sie die Form so weit wie möglich.

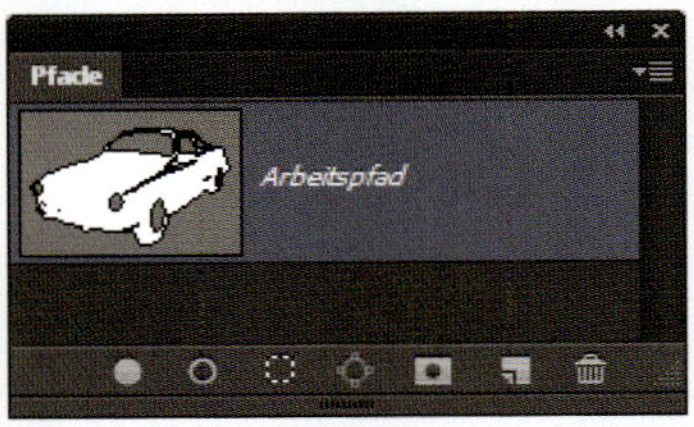

Abbildung 11.36
Aus der Auswahl wurde ein Arbeitspfad erstellt.

7. Wählen Sie über den Zauberstab oder über *Auswahl* → *Farbbereich* alle schwarzen Bildpixel aus.
8. Aus dem Bedienfeldmenü des *Pfade*-Bedienfelds wählen Sie *Arbeitspfad erstellen*. Stellen Sie eine Toleranz von *1,5* ein und bestätigen Sie mit *OK*.
9. Aus diesem Pfad erzeugen Sie nun die Vektorform: Wählen Sie *Bearbeiten* → *Eigene Form festlegen*. Geben Sie einen passenden Namen ein und klicken Sie auf *OK*. Ihre Form ist nun über das *Eigene-Form*-Werkzeug verfügbar.

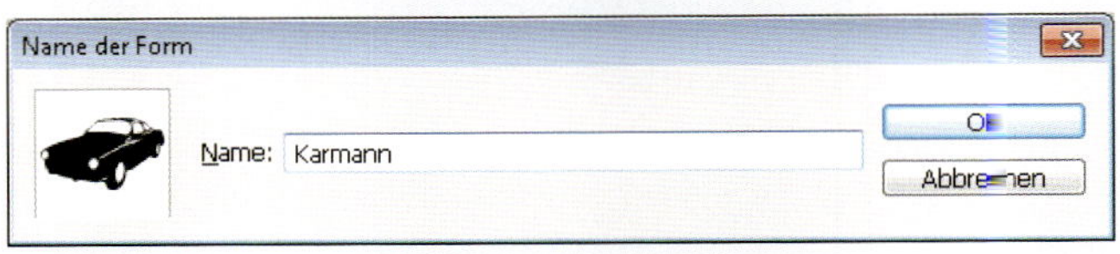

Abbildung 11.37
Speichern Sie die Auswahl als Form.

Abbildung 11.38
Diese ist nun über das Popup-Menü *Form* verfügbar.

Um die Form dauerhaft zu speichern, so dass sie auch nach dem Schließen und erneuten Öffnen von Photoshop verfügbar ist, wählen Sie *Bearbeiten* → *Vorgaben-Manager*. Aus dem Pop-up-Menü *Vorgabe* wählen Sie *Eigene Formen* und klicken auf Ihre neue Form. Bestätigen Sie mit *Speichern* und vergeben Sie einen passenden Namen. Über die Schaltfläche *Fertig* schließen Sie den Vorgang ab.

Besonderheiten des Linienzeichners

Mit dem *Linienzeichner* zeichnen Sie Pfade in gerader oder gekrümmter Linienform und verschiedenen Linienstärken sowie mit Pfeilspitzen. Dabei kann die Linie sowohl am Anfangs- als auch am Endpunkt mit einem Pfeil ausgestattet sein. Wählen Sie im *Werkzeuge*-Bedienfeld den *Linienzeichner* aus. Nehmen Sie gegebenenfalls in den Werkzeugoptionen die gewünschten Einstellungen vor.

Abbildung 11.39
Die *Optionen* des *Linienzeichners*

- Klicken Sie auf die Schaltfläche , um die Geometrieoptionen einzublenden.
- Legen Sie über die oberen Kontrollkästchen fest, ob Sie an beiden Linienenden einen Pfeil ansetzen möchten oder nur an einer Seite. Um die Form der Pfeile einzustellen, geben Sie in den Eingabefeldern *Breite* und *Länge* einen Prozentwert an. Verwenden Sie Werte zwischen 10 % und 1000 %.

Klicken Sie in das Feld *Rundung* und geben Sie den gewünschten Rundungsgrad ein. Je höher der Radius ist, desto stärker werden die Ecken abgerundet – bis hin zur Ellipse.

Über die Option *Rundung* stellen Sie die Krümmung der Pfeilform ein (vgl. Abbildung 10.34). Der Wert kann zwischen –50 % und 50 % liegen. Bestimmen Sie, ob die Pfeilseite am *Anfang* oder am *Ende* der Linie liegen soll.

Bewegen Sie den Mauszeiger in das Dokument, verändert sich der Mauszeiger in ein Fadenkreuz mit einem kleinen Pluszeichen auf der Seite.

Klicken Sie, um den Anfangspunkt der Linie festzulegen. Halten Sie die Maustaste gedrückt und ziehen Sie in die gewünschte Richtung. Geben Sie zuletzt die Maustaste wieder frei, um den Endpunkt abzulegen.

Abbildung 11.40
Links: Dieser Pfeil enthält keine Rundung.
Mitte: Rundung 50 %.
Rechts: Rundung –50 %.

Gerade Linien zeichnen
Wenn Sie die Linie mit gedrückter ⇧-Taste ziehen, zeichnen Sie gerade Linien bzw. bewegen Sie die Linie in 45°-Schritten.

Besonderheiten des Eigene-Form-Werkzeugs

Das *Eigene-Form*-Werkzeug stellt Ihnen zum Zeichnen von Formen einige vordefinierte Formen zur Verfügung.

Das Zeichnen funktioniert genauso wie mit allen anderen Form-Werkzeugen und die Optionen sind ebenfalls ähnlich.

Die Auswahlliste der Formen befindet sich im Popup-Menü *Form* in den Werkzeugoptionen dieses Werkzeugs.

1. Wählen Sie im *Werkzeuge*-Bedienfeld das *Eigene-Form*-Werkzeug. Öffnen Sie in der Optionenleiste das Bedienfeld *Form*. Um die Auswahlliste zu erweitern, wählen Sie aus dem Popup-Menü die gewünschte Formenbibliothek.

Abbildung 11.41
Die Auswahlliste wird eingeblendet; bisher stehen einige wenige Formen zur Auswahl.

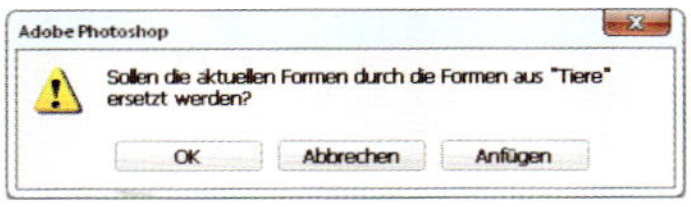

Abbildung 11.42
Fügen Sie die neu hinzugeladenen zu den vorhandenen Formen hinzu oder ersetzen Sie die aktuelle Auswahl.

2. In der folgenden Abfrage klicken Sie auf die Schaltfläche *Anfügen*, um der Liste weitere Formenbibliotheken hinzuzufügen. Klicken Sie auf die Schaltfläche *OK*, wenn Sie die Liste ersetzen möchten. Die Auswahlliste wird nun um die neuen Formen erweitert bzw. ersetzt. Um wieder die Standardbesetzung einzustellen, wählen Sie aus dem Popup-Menü den Befehl *Formen zurücksetzen*.

11.5 Mit Formebenen arbeiten

Bisher haben Sie die Zeichen- und Formwerkzeuge benutzt, um Pfade zu erstellen. Sie können mit den Zeichen- und Formwerkzeugen auch Formebenen erzeugen. Der Vorteil von Formebenen ist, dass die Objekte – wie vorher nur in Grafikprogrammen – über Ankerpunkte und Bézierkurven jederzeit weiter editierbar sind. Ein weiterer Pluspunkt ist ihre Auflösungsunabhängigkeit, das heißt, dass sie ohne Qualitätsverluste größer skaliert werden können. Aber auch für Aufgaben, bei denen überwiegend mit geometrischen Formen gearbeitet werden muss, bieten die Formebenen eine komfortable Alternative zu den Pixelebenen.

NEU

Eine Formebene erstellen

Seit der Version CS6 werden die gezeichnete Form und ihre Farbe nicht mehr wie bisher durch eine Vektormaske und eine Füllebene definiert, sondern es gibt einen ganz neuen Formebenentyp, den Sie am entsprechenden Symbol der Ebenenminiatur im *Ebenen*-Bedienfeld erkennen.

1. Zum Erstellen einer Formebene aktivieren Sie eines der beschriebenen Zeichenwerkzeuge, wie etwa *Rechteck* oder *Eigene Form*.
2. Wählen Sie aus dem Popup-Menü *Werkzeugmodus auswählen* in der Optionenleiste den Punkt *Form*.
3. Legen Sie – ebenfalls in der Optionenleiste – eine Farbe für die Füll*fläche* und eine für die *Kontur* der Form fest. Für beides ist auch Verlaufs- oder Musterfüllung anwählbar. Daneben bestimmen Sie die Stärke und die Art der Kontur. Über die Felder *B* und *H* bestimmen Sie gegebenenfalls feste Abmessungen, so dass Sie die Form anschließend nur noch ins Bild klicken müssen. Alle diese Optionen lassen sich allerdings auch nachträglich noch ändern.

Pixelgenaues Arbeiten
Wenn Sie Formelemente für Web und Screen erzeugen, ist eine pixelgenaue Arbeit wichtig, damit das Screen-Design knackig scharfe Kanten erhält. Wählen Sie deshalb *Photoshop/Bearbeiten > Voreinstellungen > Allgemein* und prüfen Sie, ob das Kontrollkästchen *Vektorwerkzeuge und Transformationen an Pixelraster ausrichten* aktiviert ist. Dann arbeitet Photoshop grundsätzlich mit ganzen Pixeln.

Abbildung 11.43
Die Optionenleiste des *Rechteck*-Werkzeugs im Modus *Form*

4. Erstellen Sie jetzt die gewünschte Form. Betrachten Sie das *Ebenen*-Bedienfeld. Wie Sie sehen, ist hier eine neue Formebene erstellt worden.
5. In der Grundeinstellung erzeugt Photoshop eine neue Formebene, wenn Sie nun erneut ins Bild klicken und ziehen. Klicken Sie hingegen in der Optionenleiste auf das Symbol *Pfadvorgänge* und wählen Sie eine der Optionen *Formen kombinieren, Vordere Form subtrahieren, Schnittmenge von Formbereichen* oder *Überlappende Formen ausschließen*, arbeitet Photoshop gemäß dem Gewählten auf der aktuellen Ebene weiter.

Nach dem Erstellen der Formebene können Sie noch Eigenschaften wie die Füllung oder Kontur der Form über die Optionenleiste ändern – Voraussetzung ist, dass Sie im *Werkzeuge*-Bedienfeld eines der Formwerkzeuge und im *Ebenen*-Bedienfeld die gewünschte Formebene aktiviert haben. Auch Ebeneneffekte lassen sich auf die Formebene anwenden (über Ebeneneffekte informieren Sie sich in Kapitel 10). Selbstverständlich können Sie gegebenenfalls auch die Vektorkurven bearbeiten, die die Kontur der Form bilden, wie Sie es weiter vorne in diesem Kapitel gesehen haben.

Weiche Kanten für Formebenen

In den meisten Programmen haben Vektorelemente stets scharfe Kanten. In Photoshop können Sie Formebenen auch mit weichen Kanten versehen.

Abbildung 11.44
Das Foto wurde mit einer als Schnittmaske verwendeten Vektorform versehen.

Bild: Christoph Kommer

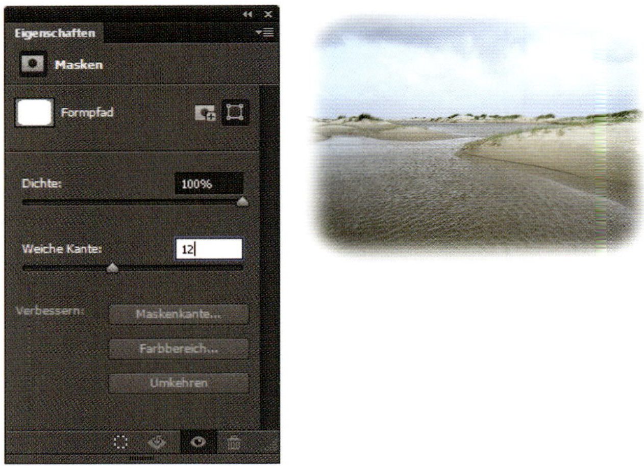

Abbildung 11.45
Vektormasken können auch weiche Kanten haben.

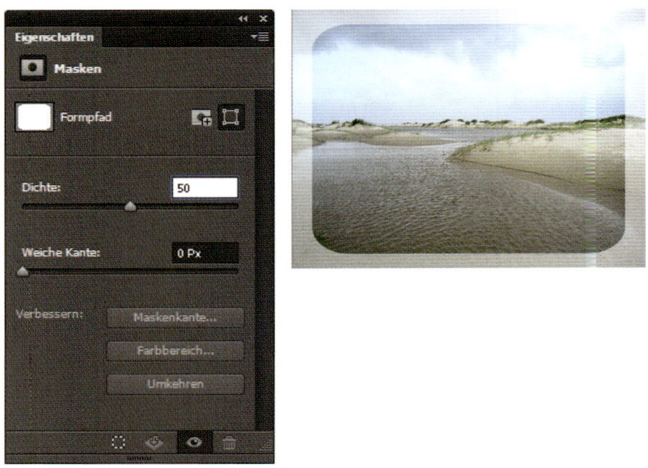

Abbildung 11.46
Die Dichte der Maske wurde reduziert, so dass das Foto auch außerhalb der Maske durchscheint.

Aktivieren Sie dazu die Formebene und zeigen Sie das *Eigenschaften*-Bedienfeld an. Ziehen Sie den Regler *Weiche Kante* im nach rechts. Auch die *Stärke* der Maske können Sie über das Bedienfeld reduzieren: Je niedriger der Wert, desto schwächer wird die Maske, so dass die Farbe sich auch halbtransparent in die übrigen Bildbereiche erstreckt.

11.6 Gerasterte Formen zeichnen

Die dritte eingangs besprochene Möglichkeit zum Erstellen von Zeichnungen sind gerasterte Formen. Dabei handelt es sich nicht um Vektorobjekte, sondern um eingefärbte Pixel auf einer normalen Ebene. Im Grunde genommen gleicht dieses Verfahren dem Erstellen von Auswahlbereichen, die mit der Vordergrundfarbe gefüllt werden – mit dem Unterschied, dass alle Formen einschließlich der *Eigenen Formen* zur Verfügung stehen.

1. Falls Sie sich noch in einer Formebene oder einer Textebene befinden, wählen Sie eine »normale« pixelbasierte Ebene aus oder erzeugen Sie eine neue leere Ebene.
2. Wählen Sie die gewünschte Vordergrundfarbe.
3. Wählen Sie das passende Werkzeug. Sie haben die Wahl zwischen dem Rechteck-, dem abgerundeten Rechteck- oder dem Ellipsenwerkzeug, dem Linienzeichner oder dem Polygon- bzw. Eigene-Form-Werkzeug.
4. In der Optionenleiste klicken Sie im Menü *Werkzeugmodus auswählen* auf die Option *Pixel*. Wählen Sie den gewünschten Modus und die Deckkraft sowie – falls gewünscht – das Kontrollkästchen *Glätten*, um die Form mit Anti-Aliasing zu versehen. Ziehen Sie die Form in Ihrem Bild auf.

Bild: Björn Lilie

TEXT

Anders als in manchen anderen Bildbearbeitungsprogrammen, in denen Schriftzeichen immer aus Pixeln bestehen, kann Text in Photoshop rein vektorbasiert angelegt werden. Auf diese Weise bleibt Ihr Text jederzeit bearbeitbar und vor allem erscheint er in jeder Größe und Auflösung und auch nach Bearbeitungen unverändert glatt und gestochen scharf.

Abbildung 12.1
Text kann in Photoshop horizontal oder vertikal ausgerichtet sein.

Zum Einfügen von Texten in Ihr Bild stellt Photoshop Ihnen im *Werkzeuge*-Bedienfeld die Textwerkzeuge zur Verfügung. Photoshop kennt horizontalen und vertikalen Text und unterscheidet zudem zwischen Punkttext und Absatztext. Punkttext verwenden Sie für kurze, einzeilige Texte, zum Beispiel einzelne Wörter für Überschriften oder Webseiten-Buttons. Absatztext ist das Richtige, wenn Sie längere Texte mit automatischem Zeilenumbruch eingeben wollen.

12.1 Punkttext eingeben

Bei Punkttext geben Sie keine Zeilenlänge vor; diese passt sich beim Erstellen dem Textumfang an. Der Text wird nicht automatisch umbrochen, das heißt, dass die Zeile fortgeführt wird, bis Sie mit der Tastenkombination ⇧ + ↵ einen Zeilenumbruch bzw. mit der ↵-Taste einen Absatz herbeiführen.

1. Klicken Sie das Werkzeug *Horizontaler Text* im *Werkzeuge*-Bedienfeld an. Der Mauszeiger wird zum Textcursor. Der untere Querbalken dieses Cursors markiert die Grundlinie des geplanten Texts.
2. Klicken Sie dort, wo Sie mit der Texteingabe beginnen möchten. Tippen Sie den gewünschten Text direkt ein.
3. Bestätigen Sie die Textebene, indem Sie in der Optionenleiste auf die Schaltfläche *Aktuelle Bearbeitungen bestätigen* klicken, die ↵-Taste auf dem Zehnerblock oder die Tastenkombination Strg/⌘ + ↵ drücken.

Nach dem Bestätigen der Bearbeitungen wird der Text in der aktuellen Vordergrundfarbe erstellt und auf einer eigenen, automatisch erstellten Ebene platziert.

Bisher müssen Sie sich noch nicht allzu viele Gedanken über Farbe, Schriftgrad und die genaue Platzierung des Textes machen. Denn alle diese Parameter lassen sich nachträglich noch ändern. Die Tatsache, dass Text stets auf einer eigenen Ebene platziert wird, hat den Vorteil, dass Sie ihn ohne Probleme bearbeiten, zum Beispiel verschieben können, ohne dass die Pixel im Hintergrund dadurch gelöscht werden. Für jedes neue Textobjekt wird eine eigene Ebene erstellt. Gegebenenfalls fassen Sie diese Ebenen zu einer einzigen Ebene zusammen (siehe Kapitel 10). Sie werden dann allerdings zu Pixelebenen.

Anders sieht es von vornherein bei Bildern mit indizierten Farben aus. Hier wird der Text als Auswahl eingefügt und nach dem Aufheben der Auswahl fest in das Bild integriert.

Er steht also nicht mehr in Form von Vektoren zur Verfügung. Wandeln Sie ein indiziertes Bild deshalb vor der Texteingabe am besten zuerst in Echtfarben um (*Bild* → *Modus* → *RGB-Farbe*).

Abbildung 12.2
Jeder eingegebene Text wird auf einer neuen Ebene platziert.

Vertikalen Punkttext eingeben

- Aktivieren Sie das *Textwerkzeug* . Klicken Sie in Ihrem Dokument an die Stelle, an der Sie mit der Texteingabe beginnen möchten, und dann in der Optionenleiste des Textwerkzeugs auf die Schaltfläche *Textausrichtung ändern* . Die Ausrichtung ändert sich von horizontal in vertikal.
- Alternativ wählen Sie im *Werkzeuge*-Bedienfeld aus der Gruppe des Textwerkzeugs das Werkzeug *Vertikaler Text* . Klicken Sie danach an die Stelle, wo die Texteingabe beginnen soll, und geben Sie den gewünschten Text ein.

12.2 Absatztext eingeben

Im Unterschied zum Punkttext geben Sie für den Absatztext gegebenenfalls eine feste Spaltenbreite an. Ist diese erreicht, bricht der Text automatisch in die nächste Zeile um.

Entscheiden Sie sich, ob der Text horizontal oder vertikal laufen soll, und wählen Sie dann im *Werkzeuge*-Bedienfeld das entsprechende Textwerkzeug.

1. Klicken Sie dort in das Dokumentfenster, wo eine der Ecken des geplanten Begrenzungsrahmens für den Text liegen soll. Ziehen Sie mit gedrückter Maustaste diagonal in eine beliebige Richtung, um den Rahmen aufzuziehen.
2. Geben Sie nun den Text ein. Am Ende einer Zeile bricht der Text automatisch um. Sie müssen also nur dann die [↵]-Taste drücken, wenn Sie ausdrücklich einen neuen Absatz beginnen möchten. Geben Sie mehr Text ein, als in den Begrenzungsrahmen passt, erhält dieser an seiner rechten unteren Kante ein sogenanntes Überlauf-Symbol ⊞.
3. Bestätigen Sie Ihre Eingabe mit einem Klick auf die Schaltfläche *Aktuelle Bearbeitungen bestätigen* ✓ in der Optionenleiste, mit der [↵]-Taste auf dem Zehnerblock oder mit der Tastenkombination [Strg]/[⌘] + [↵].
4. Eine neue Ebene mit dem eingegebenen Text wird erstellt.

Genaue Abmessungen
Wünschen Sie genaue Abmessungen für den Begrenzungsrahmen, halten Sie nach der Auswahl des Textwerkzeugs die [Alt]-Taste gedrückt und klicken Sie in das Dokumentfenster oder ziehen Sie mit gedrückter Maustaste. Nun öffnet sich die Dialogbox *Größe des Absatztextes*, in die Sie die gewünschten Abmessungen eingeben.

Platzhaltertext einfügen
Wenn der endgültige Text noch nicht feststeht, müssen Sie sich nichts ausdenken oder aus dem Internet kopieren. Wählen Sie nach dem Aufziehen des Textrahmens einfach aus dem Menü *Schrift* den Befehl *Platzhaltertext einfügen*. Photoshop füllt den Rahmen mit der Photoshop-Version des bekannten pseudolateinischen »Lorem-ipsum«-Blindtexts.

Textebene bestätigen
Sie müssen die Bearbeitung der Textebene stets bestätigen, um mit anderen Aktionen fortzufahren. Dies gilt nicht nur für die Texterstellung, sondern auch für die spätere Bearbeitung. Während der Bearbeitung sehen Sie in der Optionenleiste die Schaltflächen ⦸ und ✓; nach der Bestätigung verschwinden diese.

Die Größe des Begrenzungsrahmens von Absatztext nachträglich ändern

Manchmal stellt man nachträglich fest, dass der Begrenzungsrahmen von Absatztext größer oder kleiner sein sollte. Gegebenenfalls ändern Sie diese Abmessungen, auch nach Abschluss der Texteingabe. Der Textfluss wird dann an die geänderte Rahmengröße angepasst.

1. Wählen Sie das gewünschte Textwerkzeug und klicken Sie im *Ebenen*-Bedienfeld (F7) auf die entsprechende Textebene.
2. Wählen Sie den Befehl *Bearbeiten* → *Frei transformieren*. Der Begrenzungsrahmen des Textes wird angezeigt.

Dieser Begrenzungsrahmen verfügt über acht Griffe. Platzieren Sie den Mauszeiger auf einem dieser acht Griffe, so dass der Zeiger zu einem Doppelpfeil wird. Ziehen Sie in eine beliebige Richtung, um den Rahmen zu skalieren. Sollen die Proportionen des Rahmens erhalten bleiben, halten Sie die ⇧-Taste gedrückt, während Sie an einem der Eckgriffe ziehen.

Text transformieren

Zudem lässt sich der Begrenzungsrahmen und damit der darin enthaltene Text auch noch transformieren, also drehen, neigen und verzerren.

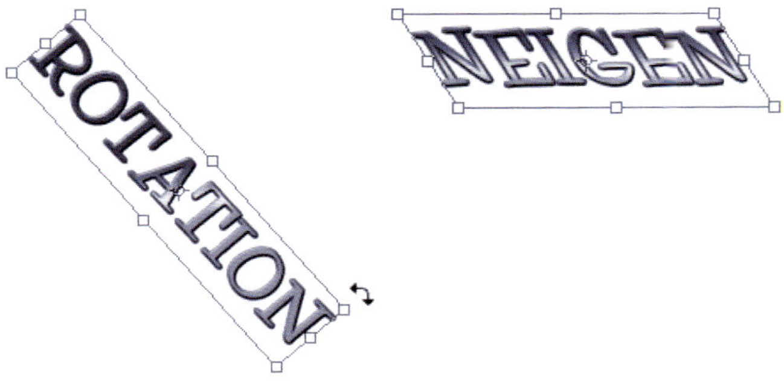

Abbildung 12.3
Oben: Positionieren Sie den Mauszeiger so, dass er zu einem gebogenen Doppelpfeil wird. Mitte: Ziehen Sie in die gewünschte Richtung, um den Rahmen samt enthaltenem Text zu drehen. Rechts: Text neigen

Abbildung 12.4
Horizontal gespiegelte Textebene und vertikal gespiegelter Text

1. Zeigen Sie auf die oben beschriebene Weise den Begrenzungsrahmen an. Um den Begrenzungsrahmen zu drehen, zeigen Sie außerhalb des Rahmens, bis der Begrenzungsrahmen zu einem gebogenen Doppelpfeil wird.
2. Ziehen Sie in eine beliebige Richtung. Der Rahmen und der darin enthaltene Text werden in diese Richtung gedreht. Bestätigen Sie die Änderung der Textebene mit einem Klick auf die Schaltfläche ✓ in der Optionenleiste bzw. durch Betätigen der [↵]-Taste auf dem Zehnerblock bzw. der Tastenkombination [Strg]/[⌘] + [↵].
3. Möchten Sie die Drehung in 15°-Schritten ausführen, halten Sie beim Ziehen die [⇧]-Taste gedrückt.

Der Rahmen wird stets um seinen Mittelpunkt gedreht. Dieser ist in der Grundeinstellung horizontal und vertikal im Begrenzungsrahmen zentriert. Er wird durch ein kleines Fadenkreuz-Symbol ⌖ gekennzeichnet.

Soll die Drehung nicht um die Mitte des Rahmens erfolgen, verschieben Sie seinen Mittelpunkt. Halten Sie dazu die [Strg]/[⌘]-Taste gedrückt und gleichzeitig die Maustaste auf dem Mittelpunkt-Symbol ⌖ gedrückt. Ziehen Sie es bei weiterhin gedrückter Maustaste an eine andere Stelle (diese kann sich ruhig auch außerhalb des Textbegrenzungsrahmens befinden).

Zum Neigen von Textrahmen benötigen Sie dabei einen der acht Griffe des Begrenzungsrahmens.

Zeigen Sie mit der Maus auf einen der seitlichen Griffe und halten Sie die [Strg]/[⌘]-Taste gedrückt. Der Mauszeiger sieht aus wie eine Pfeilspitze. Ziehen Sie in die gewünschte Richtung.

Über den Befehl *Bearbeiten* → *Transformieren* finden Sie noch weitere Transformationsmöglichkeiten, die Sie auf Ihren Text anwenden können.

Auf diese Weise lassen sich Texte beispielsweise auch horizontal und vertikal spiegeln.

Punkttext in Absatztext umwandeln und umgekehrt

Punkttext kann nachträglich in Absatztext konvertiert werden und umgekehrt. Beim Konvertieren von Absatztext in Punkttext sollten Sie berücksichtigen, dass nur die im Begrenzungsrahmen sichtbaren Zeichen konvertiert werden.

1. Zeigen Sie das Bedienfeld *Ebenen* an und wählen Sie die gewünschte Textebene aus.
2. Wählen Sie *Schrift* → *In Punkttext konvertieren* bzw. *Schrift* → *In Absatztext konvertieren*.

12.3 Text formatieren

Selbstverständlich lassen sich die Zeichen Ihres Textes nachträglich noch ändern und formatieren. Sie können etwa einzelnen Buchstaben, Wörtern oder ganzen Absätzen bestimmte Textformatierungen zuweisen, nachdem Sie die gewünschte Textpassage markiert haben.

Anschließend verwenden Sie das Menü *Schrift* bzw. die Bedienfelder *Absatz, Absatzformate, Zeichen* und *Zeichenformate* zur Formatierung Ihres Textes.

Zeichen formatieren

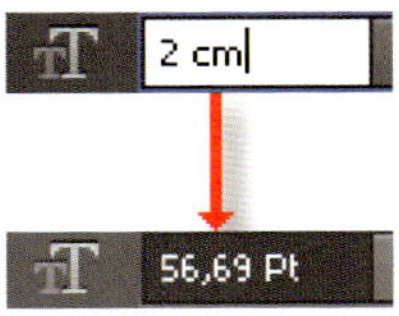

Abbildung 12.5
Als Maßeinheit für die Schriftgröße können Sie unter anderem Zentimeter angeben – Photoshop rechnet sie in die Standardmaßeinheit um.

1. Wählen Sie im *Ebenen*-Bedienfeld (F7) die gewünschte Textebene aus und klicken Sie in den Text, so dass die Einfügemarke erscheint und blinkt.
2. Markieren Sie die gewünschte Textpassage.
3. Um die Schriftart des markierten Texts zu ändern, öffnen Sie in der Optionenleiste das Popup-Menü *Schriftfamilie einstellen*. Zu jeder Schriftart sehen Sie ein Schriftmuster, das Ihnen die Auswahl erleichtern soll.
4. Öffnen Sie das Popup-Menü rechts daneben und wählen Sie den gewünschten Schriftschnitt.
5. Sie haben je nach Schriftart beispielsweise folgende Auswahlmöglichkeiten: *Regular* (= normal), *Bold Italic* (= fett und kursiv), *Bold* (= fett), *Italic* (= kursiv).
6. Öffnen Sie das Popup-Menü zum Einstellen der Schriftgröße. Wählen Sie den Schriftgrad in Punkt oder geben Sie ihn direkt in das Textfeld ein. Gegebenenfalls verwenden Sie hier auch eine andere Maßeinheit und geben sie direkt hinter dem Wert ein: Zentimeter (cm), Zoll (in), Pixel (px), Pica (pc). Photoshop wandelt die Eingabe beim Bestätigen der ↵-Taste in die Standardmaßeinheit um.

Beachten Sie, dass ein PostScript-Punkt in einem 72-ppi-Bild 1/72 Zoll entspricht. Traditionelle Punkte sind etwas kleiner als PostScript-Punkte. Wechseln Sie gegebenenfalls zwischen der PostScript-Definition und der traditionellen Definition der Punktgröße.

Die Schriftgröße ändern

Im Abschnitt *Maßeinheiten & Lineale* der Dialogbox *Voreinstellungen* (*Voreinstellungen → Maßeinheiten & Lineale*) ändern Sie die Standardmaßeinheit für Text. Wählen Sie dazu unter *Punkt-/Pica-Größe* die gewünschte Option (siehe Abbildung auf der folgenden Seite).

Schriften skalieren
Falls es Ihnen zu mühsam ist, die Schrift durch Ändern der Schriftgröße passgenau in Ihr Bild einzufügen, verwenden Sie stattdessen einfach die Transformieren-Werkzeuge. Drücken Sie dazu die ↵-Taste auf der Zehnertastatur, um den Textmodus zu verlassen, und wählen Sie dann *Bearbeiten → Frei Transformieren*. Mit gedrückter ⇧-Taste wahren Sie die Proportionen.

Nachdem Sie den Text mit dem Textwerkzeug markiert haben, klicken Sie in der Optionenleiste in das Feld *Schriftgrad einstellen*. Mit der [↑]- und der [↓]-Taste ändern Sie die Schriftgröße in Einerschritten. Halten Sie zusätzlich die [⇧]-Taste gedrückt, wenn Sie die Pfeiltasten betätigen, ändern Sie die Schriftgröße in Zehnerschritten.

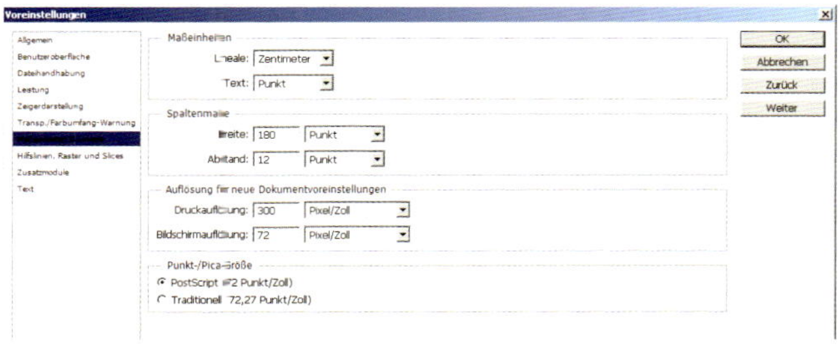

Abbildung 12.6
In den Voreinstellungen wählen Sie zwischen PostScript-Punkt und traditionellem Punkt.

Falls Sie keine OpenGL-fähige Grafikkarte haben, sollten Sie das Erscheinungsbild des Textes am besten immer in 100% Vergrößerung betrachten. Alle anderen Zoomstufen verfälschen die Optik des Textes.

Faux-Schriftschnitte einsetzen

Über die Optionenleiste können Sie nur diejenigen Schriftschnitte für eine bestimmte Schriftart auswählen, die in dieser tatsächlich enthalten sind.

Verfügt eine Schriftart nicht über den gewünschten Schnitt, zum Beispiel Kursiv (*Italic*), simulieren Sie diesen gegebenenfalls, indem Sie einen sogenannten Faux-Schnitt verwenden.

Allerdings wirken diese Faux-Schnitte nicht so schön wie echte Kursiv-Schnitte, denn Letztere weichen meist vom Normal-Schnitt ab; bei klassischen Schriftarten basieren sie auf der Handschrift.

Der Faux-Kursiv-Schnitt hingegen stellt einfach alle Buchstaben gleichmäßig schräg. In einem solchen Fall ist es daher meist besser, entweder auf den Kursiv-Schnitt zu verzichten oder eine andere Schriftart auszuwählen.

1. Markieren Sie den gewünschten Schriftschnitt und zeigen Sie das *Zeichen*-Bedienfeld an.
2. Öffnen Sie das Bedienfeldmenü und wählen Sie den Eintrag *Faux Fett* bzw. *Faux Kursiv*.

Alternativ stehen diese Befehle am unteren Rand des *Zeichen*-Bedienfelds als Schaltflächen T (*Faux Fett*) bzw. *T* (*Faux kursiv*) zur Verfügung.

Abbildung 12.7
Normal-Schnitt der Garamond

Abbildung 12.8
Echter Kursiv-Schnitt der Garamond

Abbildung 12.9
Faux-Kursivschnitt der Garamond. Optisch lässt sich der Faux-Kursiv-Schnitt nicht mit dem echten Kursiv-Schnitt vergleichen.

Abbildung 12.10
Text ohne Glättung

Abbildung 12.11
Text mit abgerundeter Glättung

Kleine Schriftgrade
In kleinen Schriftgraden sollten Sie aus Gründen der besseren Lesbarkeit auf eine Glättung verzichten.

Text glätten

Sie können Ihren Text mit Antialiasing versehen, also verschieden stark glätten. Dadurch wird ein mehr oder minder starker Übergang zwischen den Kanten des Texts und dem Hintergrund erzeugt.

1. Markieren Sie den Text, dessen Glättung Sie ändern möchten. Alternativ wählen Sie im *Ebenen*-Bedienfeld (F7) die entsprechende Textebene aus.
2. Wählen Sie aus dem Popup-Menü *Glättungsmethode einstellen* in der Optionenleiste den gewünschten Eintrag: *Ohne*, um die Glättung abzuschalten; mit *Scharf* wirkt der Text schärfer; *Schärfer* steigert den Effekt noch; mit *Stark* wirkt der Text schwerer; durch *Abrunden* wirkt der Text weicher.

Dieselben Befehle sind auch im Menü *Schrift* verfügbar.

Ein Nachteil der Glättung ist, dass die Farbanzahl erhöht wird, die für die Darstellung des Texts benötigt wird. Dies kann bei Bildern für Online-Medien, zum Beispiel das Internet, ein Nachteil sein, weil die Dateigröße dadurch ansteigt. Zudem kann der Text bei der für Online-Medien notwendigen geringen Bildauflösung auf recht unschöne Weise geglättet werden. Verbessern Sie die Darstellung zumindest ein wenig, indem Sie das Bedienfeld *Zeichen* öffnen und im Bedienfeldmenü den Befehl *Gebrochene Breiten* deaktivieren.

Die Textfarbe wählen

Zunächst erhält der Text stets die Vordergrundfarbe. Wollen Sie eine andere Textfarbe verwenden, markieren Sie den Text, klicken Sie in der Optionenleiste auf das Farbfeld *Textfarbe einstellen* und wählen Sie aus dem nun angezeigten *Farbwähler* die gewünschte Farbe. Eine besonders schnelle Möglichkeit, die Textfarbe des markierten Textes zu ändern: Stellen Sie die Vordergrundfarbe ein und betätigen Sie die Tastenkombination Alt + Entf.

Standard-Zeilenabstand
In der Grundeinstellung wird als Zeilenabstand 120 % der eingestellten Schriftgröße verwendet. Um diesen Standard zu ändern, zeigen Sie das *Absatz*-Bedienfeld an und wählen aus dem Bedienfeldmenü den Befehl *Abstände*. In das Feld *Autom. Zeilenabstand* geben Sie den gewünschten Wert ein.

Den Zeilenabstand festlegen

Der Zeilenabstand, also der freie Platz zwischen Textzeilen, wird ebenfalls über das *Zeichen*-Bedienfeld festgelegt. Markieren Sie den Text, dessen Zeilenabstand Sie ändern möchten. Öffnen Sie im Bedienfeld *Zeichen* das Popup-Menü *Zeilenabstand einstellen* und wählen Sie den gewünschten Wert aus. Alternativ geben Sie den Zeilenabstand direkt in das Textfeld ein.

Das Kerning regulieren

Besonders in großen Schriftgraden entstehen zwischen bestimmten Buchstabenpaaren, zum Beispiel AV und TO, durch die spezielle Form dieser Buchstaben Schriftlücken, die recht unschön wirken.

Dieser Fehler kann schon bei der Texteingabe oder auch nachträglich behoben werden, da professionelle Schriftarten mit einer sogenannten Kerning-Tabelle ausgestattet sind. Diese legt die Abstände zwischen einzelnen Buchstabenpaaren fest.

1. Öffnen Sie im *Zeichen*-Bedienfeld das Popup-Menü *Abstand zwischen zwei Zeichen einstellen*.
2. Wählen Sie den Eintrag *Metrisch*, um das automatische Kerning, also den automatischen Ausgleich der Buchstabenabstände, einzuschalten. Geben Sie den gewünschten Text ein.

Wenn Sie das automatische Kerning noch nachträglich auf einen Text anwenden möchten, markieren Sie diesen und wählen Sie die Option *Metrisch*.

Billigschriften verfügen oftmals nicht über eine Kerning-Tabelle. Möchten Sie solche Schriftarten trotz ihrer vielen Nachteile einsetzen, sind Sie auf die manuelle Einstellung des Kernings angewiesen. Auch bei Schriften mit Kerning-Tabellen sind diese manchmal nur für bestimmte Schriftgrößen optimiert, weshalb Sie besonders in Überschriften das Kerning überprüfen sollten.

1. Klicken Sie mit dem Textwerkzeug zwischen die beiden Buchstaben, deren Kerning Sie einstellen möchten.
2. Öffnen Sie das Popup-Menü *Abstand zwischen zwei Zeichen einstellen* und wählen Sie einen Wert aus. Alternativ geben Sie einen Wert direkt in das Textfeld ein.

Negative Werte verringern den Abstand zwischen dem Buchstabenpaar, positive Werte erhöhen ihn. Die Einheit für das Kerning (und die nachfolgend besprochene Laufweite) ist ein Tausendstelgeviert. Ein Geviert entspricht der Breite des Buchstabens m in der gewählten Schriftgröße.

Die Laufweite einstellen

Während beim Kerning die Abstände zwischen zwei Buchstaben individuell eingestellt werden, ändern sich durch das Ändern der Laufweite die Abstände aller markierten Buchstaben.

Markieren Sie den gewünschten Text. Im Bedienfeld *Zeichen* öffnen Sie das Popup-Menü *Laufweite für ausgewählte Zeichen einstellen* und wählen Sie den gewünschten Wert aus. Alternativ geben Sie den gewünschten Wert gleich in das Textfeld ein.

Abbildung 12.12
Beachten Sie die Abstände zwischen dem Anfangs- und dem darauf folgenden Buchstaben.

Abbildung 12.13
Die Abstände wurden ausgeglichen.

Abbildung 12.14
Geänderte horizontale und vertikale Skalierung

Abbildung 12.15
Durch die Grundlinienverschiebung stellen Sie Text hoch oder tief.

Horizontale und vertikale Skalierung ändern

Mit der horizontalen und vertikalen Skalierung dehnen und stauchen Sie den markierten Text.

Klicken Sie dazu im Bedienfeld *Zeichen* in das Textfeld *Vertikal skalieren* bzw. *Horizontal skalieren* .

Grundlinienverschiebung einstellen

In chemischen oder mathematischen Formeln und für viele andere Einsatzgebiete muss Text hoch- oder tiefgestellt werden. Dies erzielen Sie durch eine Grundlinienverschiebung. Dadurch wird der Abstand zwischen dem Text und der Textgrundlinie festgelegt.

Markieren Sie die Zeichen, die Sie hoch- oder tiefstellen möchten. Im *Zeichen*-Bedienfeld geben Sie in das Feld *Grundlinienversatz einstellen* den gewünschten Wert ein. Ein positiver Wert sorgt dafür, dass der Text hochgestellt wird, ein negativer bewirkt die Tiefstellung.

Wenn Sie Text etwa für Formeln hoch- oder tiefstellen möchten, ist es meist praktischer, wenn Sie über das Bedienfeldmenü des *Zeichen*-Bedienfelds gehen und hier den Befehl *Hochgestellt* oder *Tiefgestellt* wählen. Dann werden die ausgewählten Buchstaben gleich verkleinert.

Die Schaltflächen des Zeichen-Bedienfelds nutzen
Im unteren Teil des Bedienfelds *Zeichen* finden Sie verschiedene weitere Schaltflächen, mit denen Sie schnell Formatierungen wie z.B. fett, kursiv, hochgestellt, tiefgestellt zuweisen.

Alternativ stehen Ihnen diese Funktionen auch unten im *Zeichen*-Bedienfeld in Form von Schaltflächen zur Verfügung: Klicken Sie auf *Hochgestellt* oder *Tiefgestellt* .

Großschreibung bzw. Kapitälchen verwenden

Wenn Sie Versaltext eingeben möchten, müssen Sie sich nicht mit gedrückter ⇧-Taste abmühen. Vielmehr wählen Sie unten im *Zeichen*-Bedienfeld die Schaltfläche *Großbuchstaben* oder aus dem Bedienfeldmenü den gleichnamigen Befehl. Sie können diesen auch nachträglich auf markierte Zeichen anwenden. Möchten Sie Text in Kapitälchen formatieren, wählen Sie aus dem Bedienfeldmenü den Befehl *Kapitälchen*.

Opentype-Features nutzen

Viele OpenType-Schriften enthalten deutlich mehr Zeichen, als Sie auf Anhieb über eine Computertastatur eingeben können. Sie können unter anderem mit Ligaturen, Schwungbuchstaben, Mediävalziffern und Ornamenten ausgestattet sein. Sie können in entsprechend ausgestatteten OpenType-Schriften die Glyphen durch andere Glyphen eines bestimmten Zeichens ersetzen – zum Beispiel die Zeichenfolge »fl« durch eine »fl«-Ligatur. Das funktioniert allerdings nur, wenn das Anwendungsprogramm, zum Beispiel Photoshop, diese Ersetzung ermöglicht. In Anwendungen ohne ein solches Interface können Sie nur auf einen eingeschränkten Glyphensatz zugreifen, der dem von gewöhnlichen Type1-Schriften entspricht (256 Glyphen).

Wichtig in diesem Zusammenhang ist die Unterscheidung zwischen Zeichen und Glyphen. Glyphen sind die verschiedenen Formen, die ein Zeichen (das beispielsweise für einen Buchstaben steht) annehmen kann. Die nebenstehende etwa zeigt drei verschiedene Glyphen für den Buchstaben »m« der OpenType-Schrift *Warnock Pro:* links das Standard-«m«, in der Mitte Schwungschrift und rechts Kapitälchen. Außerdem ist es möglich, dass mehrere Zeichen zu einer Glyphe zusammengefasst werden (bei Ligaturen).

Photoshop bietet Ihnen spezielle Funktionen für die Verwendung dieser OpenType-Besonderheiten. Sie finden die entsprechenden Schaltflächen am unteren Rand des *Zeichen*-Bedienfelds. Nachdem Sie die gewünschte Textpassage markiert und Ihrem Text die gewünschte OpenType-Schrift zugewiesen haben, weisen Sie die erweiterten Features zu, indem Sie die entsprechende Schaltfläche am unteren Rand des *Zeichen*-Bedienfelds anklicken.

Allerdings weist nicht jede OpenType-Schrift alle Features auf. Die Schaltflächen nicht unterstützter Funktionen werden ausgegraut dargestellt.

Abbildung 12.16
OpenType-Schriften stellen viele Zeichen in mehreren Varianten zur Verfügung.

Abbildung 12.17
Die Glyphe der Ligatur „ffj" (rechts) besteht aus drei Zeichen.

Symbol	OpenType-Feature	Erläuterung
fi	Standardligaturen	Die Zusammenziehungen von Buchstaben wie fi und ff sind standardmäßig eingeschaltet.
	Kontextbedingte Varianten	Je nach Buchstabenzusammenstellung werden automatisch entsprechende Buchstabenvarianten ausgewählt. Gerade bei Schreibschriften ergibt sich so ein natürliches Erscheinungsbild
st	Bedingte Ligaturen	Manche Schriften beinhalten neben den Standardligaturen noch zusätzliche Ligaturen, die Sie bei Bedarf aktivieren, etwa Zusammenziehungen der Buchstabenpaare st, ct, sp. Diese eignen sich vor allem für ornamental ausgestaltete Texte.
A	Schwungschrift	Einige OpenType-Schriften enthalten zudem Schwungschrift-Buchstaben. Dies können etwa alternative Großbuchstaben bzw. Buchstaben für Wortenden mit verlängertem Endstrich sein.
aa	Formvarianten	Alternativglyphen für bestimmte Buchstaben
T	Titelschriftvarianten	Einige Schriften enthalten für Versal-Überschriften spezielle Großbuchstabenvarianten. Schalten Sie bei größeren Versal-Überschriften diese Option ein, so erhalten Sie ein optimales Erscheinungsbild.
1st	Ordinalzeichen	Ordinalzahlen wie das englische 1st und 2nd werden nach der Aktivierung dieser Funktion automatisch mit hochgestellten Zeichen formatiert. Neben den Ersetzungen für »st«, »nd« und »th« in englischen Nummernangaben können Sie beispielsweise auch »No« eingeben und erhalten dann die richtige Schreibweise für die Abkürzung von »Numero«.
½	Brüche	Normal eingegebene werden in echte Brüche umgewandelt. Diese Option eignet sich allerdings in den meisten OpenType-Schriften nur für einstellige Brüche wie ½ oder ¼.

Abbildung 12.18
Links: Im oberen Text sind kontextbedingte Varianten und Schwungschrift ein-, im unteren ausgeschaltet. Rechts sehen Sie die Zeichenfolge »ffi« mit (schwarz) und ohne Ligaturen (Umriss).

Alle Absätze schnell auswählen
Um alle Absätze auf einmal auszuwählen, wählen Sie die Textebene im *Ebenen*-Bedienfeld.

Absätze über das Absatz-Bedienfeld formatieren

Unter einem »Absatz« versteht man einen Textbereich, der mit dem Betätigen der [↵]-Taste abgeschlossen wird. Bei Punkttext wird jede Zeile als eigener Absatz gewertet. Formatieren Sie den Absatz über das *Absatz*-Bedienfeld, das sich in derselben Gruppe befindet wie das *Zeichen*-Bedienfeld. Alle Angaben, die Sie in diesem Bedienfeld machen, gelten stets für den gesamten Absatz, in dem die Einfügemarke steht.

Die Textausrichtung für horizontalen Text einstellen

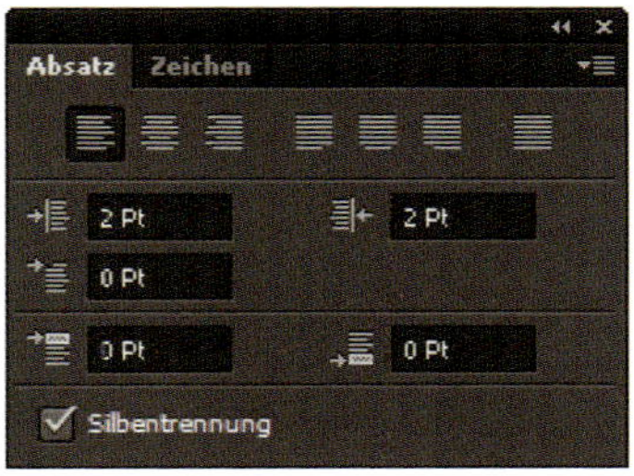

Abbildung 12.19
Die Absatzeigenschaften festlegen

Horizontal angeordneten Text ordnen Sie linksbündig, zentriert oder rechtsbündig an.

Über die Schaltflächen *Text links ausrichten*, *Text zentrieren* und *Text rechts ausrichten* in der Optionenleiste oder des Bedienfelds *Absatz* legen Sie die gewünschte Ausrichtung fest. Das *Absatz*-Bedienfeld bietet Ihnen zusätzlich noch verschiedene Blocksatzarten. Für Punkttext sind diese Möglichkeiten deaktiviert.

Folgende Blocksatzoptionen sind für waagerechten Text verfügbar:

- *Blocksatz, letzte linksbündig*. Alle Zeilen bis auf die letzte werden im Blocksatz ausgerichtet. Die letzte Zeile ist linksbündig.
- *Blocksatz, letzte zentriert*. Alle Zeilen bis auf die letzte werden im Blocksatz ausgerichtet. Die letzte Zeile ist zentriert.

- *Blocksatz, letzte rechtsbündig.* Alle Zeilen bis auf die letzte werden im Blocksatz ausgerichtet. Die letzte Zeile ist rechtsbündig.
- *Text im Blocksatz ausrichten.* Der Blocksatz wird für alle Zeilen, einschließlich der letzten, erzwungen.

Die Textausrichtung für vertikalen Text einstellen

Auch für vertikalen Text gibt es verschiedene Ausrichtungsoptionen.

Haben Sie vertikalen Text markiert, ändert sich das Aussehen des *Absatz*-Bedienfelds. Wählen Sie zwischen den folgenden Ausrichtungen:

- *Text oben ausrichten.* Der Text wird oben ausgerichtet – das Äquivalent zur linksbündigen Ausrichtung.
- *Text zentrieren.* Der Text wird zentriert ausgerichtet.
- *Text unten ausrichten.* Der Text wird unten ausgerichtet – das Äquivalent zum rechtsbündig ausgerichteten waagerechten Text.
- *Blocksatz, letzte oben.* Alle Zeilen werden im Blocksatz ausgerichtet, bis auf die letzte. Diese wird oben ausgerichtet.
- *Blocksatz, letzte zentriert.* Alle Zeilen werden im Blocksatz ausgerichtet, bis auf die letzte. Diese wird zentriert ausgerichtet.
- *Blocksatz, letzte unten.* Alle Zeilen werden im Blocksatz ausgerichtet, bis auf die letzte. Diese wird unten ausgerichtet.
- *Text im Blocksatz ausrichten.* Alle Zeilen werden im Blocksatz ausgerichtet, einschließlich der letzten. Häufig führt diese Option zu unschönen Ergebnissen wie zu weit oder zu eng gesetztem Text.

Absatzabstände und Einzüge festlegen

Verschiedene Einzüge und Absatzabstände sind für den ausgewählten Absatz ebenfalls im Bedienfeld *Absatz* verfügbar.

Geben Sie im *Absatz*-Bedienfeld einen Wert für die gewünschte Einzugsart ein.

- Mit dem Feld *Einzug am linken Rand* erstellen Sie einen Einzug ausgehend von der linken Kante bzw. der oberen Textkante (bei vertikalem Text).
- Mit dem Feld *Einzug am rechten Rand* erstellen Sie einen Einzug ausgehend von der rechten Textkante bzw. der unteren Kante (bei vertikalem Text).
- Mit dem Feld *Einzug erste Zeile* wird nur die erste Zeile um den von Ihnen angegebenen Wert eingerückt.

Der Weg, der von diesem Halbkreis weiter in den Garten führt, ist gesäumt von Chinesischen Rosen, weißen und rosafarbenen, hier und da von einem Persisch-Gelb. Ich wünschte mir, ich hätte Teerosen dort gepflanzt und mir schwant Schlimmes bei der Wirkung des Persisch-Gelbs zwischen den chinesischen Rosen, denn letztere sind solche Winzlinge und das Persisch-Gelb sieht so aus, als wolle es zu mächtigen Büschen werden.

Abbildung 12.20
Blocksatz, letzte linksbündig

Der Weg, der von diesem Halbkreis weiter in den Garten führt, ist gesäumt von Chinesischen Rosen, weißen und rosafarbenen, hier und da von einem Persisch-Gelb. Ich wünschte mir, ich hätte Teerosen dort gepflanzt und mir schwant Schlimmes bei der Wirkung des Persisch-Gelbs zwischen den chinesischen Rosen, denn letztere sind solche Winzlinge und das Persisch-Gelb sieht so aus, als wolle es zu mächtigen Büschen werden.

Abbildung 12.21
Blocksatz, letzte zentriert

Der Weg, der von diesem Halbkreis weiter in den Garten führt, ist gesäumt von Chinesischen Rosen, weißen und rosafarbenen, hier und da von einem Persisch-Gelb. Ich wünschte mir, ich hätte Teerosen dort gepflanzt und mir schwant Schlimmes bei der Wirkung des Persisch-Gelbs zwischen den chinesischen Rosen, denn letztere sind solche Winzlinge und das Persisch-Gelb sieht so aus, als wolle es zu mächtigen Büschen werden.

Abbildung 12.22
Blocksatz, letzte rechtsbündig

Der Weg, der von diesem Halbkreis weiter in den Garten führt, ist gesäumt von Chinesischen Rosen, weißen und rosafarbenen, hier und da von einem Persisch-Gelb. Ich wünschte mir, ich hätte Teerosen dort gepflanzt und mir schwant Schlimmes bei der Wirkung des Persisch-Gelbs zwischen den chinesischen Rosen, denn letztere sind solche Winzlinge und das Persisch-Gelb sieht so aus, als wolle es zu mächtigen Büschen werden.

Abbildung 12.23
Text im Blocksatz ausrichten

Hängende Interpunktion festlegen

Unter »hängender Interpunktion« versteht man die Möglichkeit, Satzzeichen außerhalb der Ränder des Textblocks zu setzen. Dies gilt für Punkte, Kommas, einfache und doppelte Anführungszeichen, Apostrophe, Trennstriche, Geviert- und Halbgeviertstriche, Doppelpunkte und Semikola außerhalb der Ränder. Diese Möglichkeit gibt es nur für Absatztext.

Wählen Sie aus dem Bedienfeldmenü des *Absatz*-Bedienfelds den Befehl *Hängende Interpunktion Roman*.

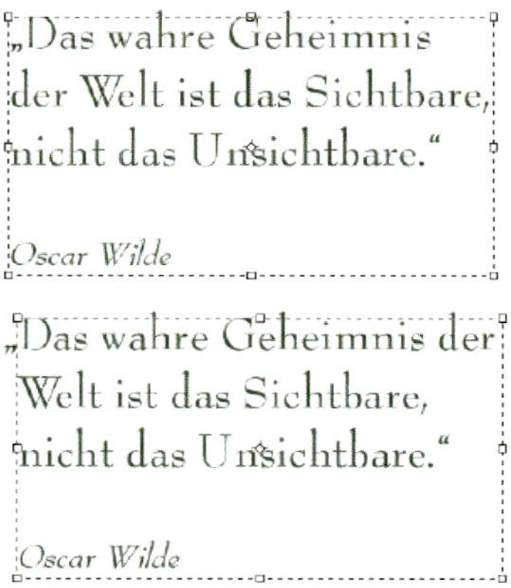

Abbildung 12.24
Oben: ohne hängende Interpunktion, unten: mit hängender Interpunktion

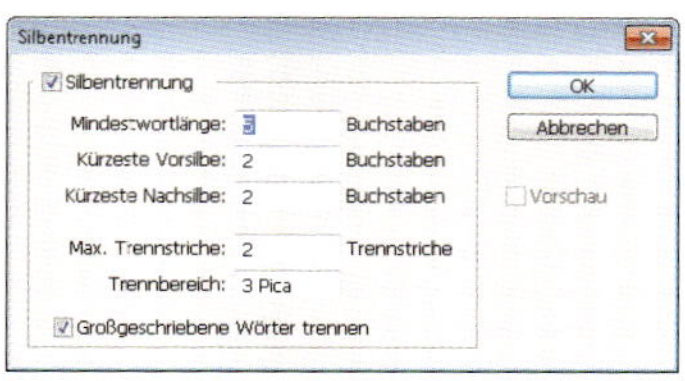

Abbildung 12.25
Die Silbentrennung definieren

Alternativ erstellen Sie einen hängenden Einzug, indem Sie einen negativen Wert eingeben.

- Den Absatzabstand bestimmen Sie im *Absatz*-Bedienfeld über die Felder *Abstand vor Absatz einfügen* und *Abstand nach Absatz einfügen*.

Die Silbentrennung einstellen

Aktivieren Sie gegebenenfalls für Ihren Absatztext die automatische Silbentrennung. Dazu stehen Ihnen verschiedene Optionen zur Verfügung. Zum Aktivieren der automatischen Silbentrennung achten Sie darauf, dass im *Absatz*-Bedienfeld das Kontrollkästchen *Silbentrennung* aktiviert ist. Um die Optionen für die automatische Silbentrennung einzustellen, öffnen Sie das Bedienfeldmenü des *Absatz*-Bedienfelds und wählen Sie den Befehl *Silbentrennung*. Die folgenden Einstellungen stehen Ihnen zur Verfügung:

- Im Feld *Mindestwortlänge* legen Sie die minimale Zeichenanzahl für getrennte Wörter fest.
- In den Feldern *Kürzeste Vorsilbe* und *Kürzest Nachsilbe* geben Sie die minimale Zeichenanzahl am Anfang oder Ende eines Wortes an, die getrennt werden dürfen.
- Im Feld *Max. Trennstriche* geben Sie an, wie viele Trennstriche in aufeinanderfolgenden Zeilen vorkommen dürfen. Geben Sie hier 0 ein, dürfen unbegrenzt viele Trennstriche aufeinanderfolgen.
- Im Feld *Trennbereich* geben Sie den Abstand vom Ende einer Zeile an, bei dem ein Wort in Text ohne Blocksatz umbrochen werden darf.
- Wenn Wörter nicht in Großbuchstaben getrennt werden sollen, deaktivieren Sie das Kontrollkästchen *Großgeschriebene Wörter trennen*.

Bestätigen Sie zuletzt mit *OK*.

Bestimmte Wörter zusammenhalten

Bestimmte Wörter, zum Beispiel Personennamen, sollen nicht getrennt werden.

- Wählen Sie ein solches Wort aus und öffnen Sie das Bedienfeldmenü des *Zeichen*-Bedienfelds. Wählen Sie den Befehl *Kein Umbruch*.

12.4 Texte konsistent formatieren

Bei Dokumenten mit viel Text oder wenn der Text in mehreren Dokumenten konsistent formatiert werden soll, lohnt sich die Arbeit mit Absatz- und Zeichenformaten.

Sie sparen damit eine Menge Zeit, auch dann, wenn sich einzelne Formatierungsvorgaben für Ihr Dokument nachträglich noch ändern sollten.

Ein Format ist ein Satz von Formatierungsanweisungen, der unter einem eindeutigen Namen gespeichert ist und unter diesem jederzeit abgerufen werden kann. Alle Texte, denen Sie dasselbe Zeichen- oder Absatzformat zuweisen, werden exakt identisch formatiert. Wenn Sie an einem Format eine Änderung vornehmen, wird gleichzeitig das Aussehen aller Texte, die damit formatiert sind, neu definiert.

- *Absatzformate* werden stets dem gesamten Absatz, in dem die Einfügemarke steht, zugewiesen.
- *Zeichenformate* werden der ausgewählten Textpassage zugewiesen. Mit einem Zeichenformat lassen sich bestimmte Wörter oder auch einzelne Buchstaben in einem Absatz mit einer eigenen Schriftformatierung gestalten, auch wenn dem Absatz selbst ein Absatzformat zugewiesen wurde.

Vorwiegend für Absatztext geeignet
Formate eignen sich vorwiegend für die Formatierung von Absatztext. Bei Punkttexten wird ein Absatzformat nur den markierten Zeichen zugewiesen, Zeichenformate funktionieren überhaupt nicht.

Absatzformate erzeugen

Sie können Absatzformate von Grund auf neu erstellen. Praktischer ist es jedoch meist, sich zunächst ein Textmuster anzufertigen und dieses dann in ein Absatzformat zu konvertieren:

1. Formatieren Sie sich einen Musterabsatz.
2. Klicken Sie mit dem Textwerkzeug hinein und klicken Sie anschließend am unteren Rand des Absatzformate-Bedienfelds auf das Symbol *Neues Absatzformat erstellen*.
3. Das neue Format erhält automatisch die Bezeichnung Absatzformat 1, wenn Sie zuvor noch keine Absatzformate erstellt haben.
4. Doppelklicken Sie auf das neue Format, um das Dialogfeld *Absatzformatoptionen* zu öffnen.
5. Geben Sie in das Feld *Formatname* einen passenden Namen ein.
6. Überprüfen Sie im Hauptbereich der Dialogbox die Formatierungsmerkmale des neuen Formats.

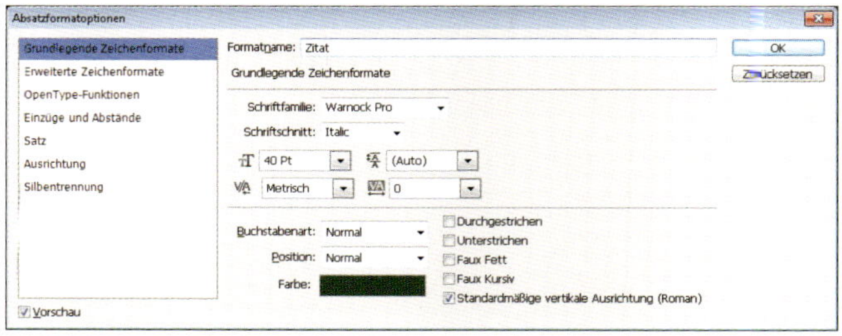

Abbildung 12.26
Im Dialogfeld *Absatzformatoptionen* bestimmen Sie die Merkmale Ihres neuen Absatzformats.

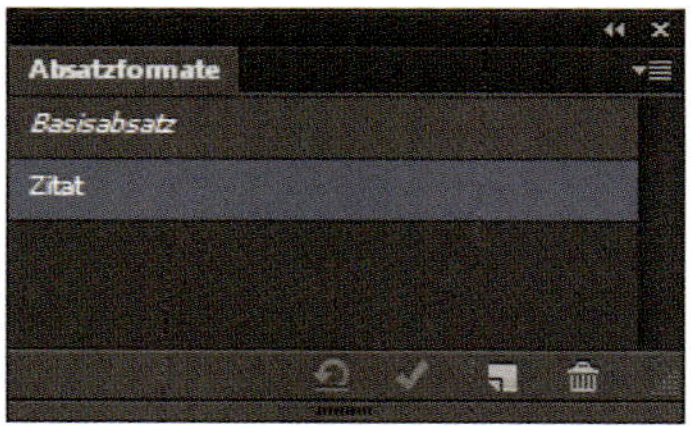

Abbildung 12.27
Das neue Format erscheint mit seinem korrekten Namen im Bedienfeld *Absatzformate*. Es kann nun jedem markierten Absatz mit einem Klick zugewiesen werden.

7. Falls Sie nicht zufrieden sind, können Sie die Formatierung jetzt noch ändern, indem Sie im linken Bereich der Dialogbox die gewünschte Kategorie wählen. Sie haben hier sämtliche Möglichkeiten zur Absatz- und Zeichenformatierung, die Photoshop Ihnen bietet.
8. Sobald alles stimmt, bestätigen Sie das Dialogfeld mit *OK*.

Nun müssen Sie nur noch in die entsprechenden Absätze hineinklicken oder sie markieren und ihnen das neue Format mit einem Klick auf seinen Namen im Bedienfeld *Absatzformate* zuweisen. Wenn Sie nach dem letzten mit dem Absatzformat formatierten Absatz die ↵-Taste drücken und weitere Texte eingeben, sind diese automatisch mit dem Absatzformat ausgestattet.

Ein Absatzformat von Grund auf neu erstellen

Nicht immer möchten Sie zuerst einen Absatz gestalten und auf dessen Grundlage das Format definieren. In diesem Fall ist es eventuell einfacher, die Formate von Grund auf neu anhand der enthaltenen Vorgaben zu definieren.

1 Sorgen Sie dafür, dass in Ihrem Dokument nichts ausgewählt ist.
2. Klicken Sie im Bedienfeld *Absatzformate* auf das Symbol *Neues Format erstellen* und öffnen Sie die Optionen mit einem Doppelklick auf den Namen des neuen Formats.
3. Im Dialogfeld *Absatzformatoptionen* geben Sie dem neuen Format einen Namen und nehmen Sie die entsprechenden Einstellungen vor. Bestätigen Sie mit *OK*, um das Format zu definieren.

Zeichenformate erstellen

Ein Zeichenformat kann alle möglichen Formatierungsmerkmale enthalten. Es wirkt sich also auf Merkmale wie Schriftart und -größe, Schriftschnitt oder -farbe aus. Damit lassen sich Zeichen in einem Absatz mit einer eigenen

Schriftart gestalten, auch wenn dem Absatz selbst ein Absatzformat zugewiesen wurde. Eventuell bereits zugewiesene Absatzformate bleiben davon unberührt.

1 Formatieren Sie Ihren Text entsprechend und markieren Sie die Textpassage, die als Grundlage für das neue Zeichenformat dienen soll.

2. Wählen Sie *Schrift* → *Zeichenformate*.

3. Im Bedienfeld *Zeichenformate* klicken Sie auf *Neues Format erstellen*. Photoshop zeigt das neue Format unter dem Namen *Zeichenformat 1* im Bedienfeld.

4. Doppelklicken Sie auf das Format, um das Dialogfeld *Zeichenformatoptionen* zu öffnen.

Überprüfen Sie – wie bei den Absatzformaten beschrieben – die Formatierungsmerkmale und ändern Sie sie gegebenenfalls. Bestätigen Sie mit *OK*.

Die Abbildungen rechts zeigen Ihnen, dass Sie einem Zeichenformat nicht unbedingt eine eigene Schriftart zuweisen müssen. Wenn das Zeichenformat mit keiner eigenen Schriftart versehen ist, bleibt die Schriftart des mit dem Zeichenformat formatierten Texts unverändert.

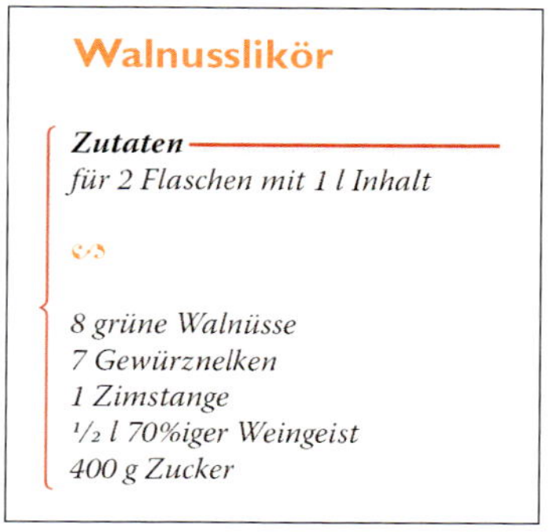

Abbildung 12.28
Die gesamte Zutatenliste – einschließlich des Worts »Zutaten« – ist mit dem Absatzformat *Zutaten* formatiert. Das Zeichenformat hat keine eigene Schriftart erhalten, sondern lediglich den Schnitt *Bold*.

Abbildung 12.29
Nachdem die Schriftfarbe des Absatzformats geändert wurde, wird auch die des Worts »Zutaten« angepasst.

Abweichungen löschen

Ein Konflikt kann auftreten, wenn Sie einen bereits formatierten Text mit einem Format versehen möchten. Dann erzielen Sie durch das Zuweisen des Formats eventuell nicht das gewünschte Aussehen. In einem solchen Fall sehen Sie vor dem Namen des Formats im Bedienfeld ein Pluszeichen. Dasselbe passiert übrigens auch, wenn Sie die Gestaltung eines mit einem Format versehenen Textes nachträglich manuell verändern.

Um eine einwandfreie Zuweisung der Formatvorlage und die gleichzeitige Löschung sämtlicher vorheriger Formatierungen zu erzielen, klicken Sie am unteren Bedienfeldrand auf das Symbol *Überschreibung löschen*.

Formate zwischen Dokumenten austauschen

Formate erscheinen nur in den Formatbedienfeldern des Dokuments, in dem Sie sie erstellt haben. Fertige Formate, die Sie noch in weiteren Dokumenten benötigen, können Sie jedoch sehr schnell in jedes beliebige Dokument übertragen.

1 Öffnen Sie das Dokument, in das Sie die Stile eines bestehenden Dokuments importieren möchten.

2. Öffnen Sie das *Absatzformate-* bzw. *Zeichenformate-*Bedienfeldmenü und wählen Sie *Absatzformate laden* bzw. *Zeichenformate laden.*
3. Wählen Sie das Dokument aus, das die gewünschten Formate enthält. Klicken Sie auf *Laden.*
4. Die Formate erscheinen im Bedienfeld Ihres aktuellen Dokuments und sind damit einsatzbereit.

Fast genauso häufig kommt folgender Fall vor. Sie haben beispielsweise eine Serie von Bildern angefertigt, die alle mit denselben Formaten gestaltet sind. Als Grundtext haben Sie *Times* verwendet. Nun möchten Sie aber für alle Dokumente *Minion Pro* statt *Times* verwenden. Auch hier lässt sich die Formatersetzung sinnvoll verwenden:

1 Öffnen Sie eines der Dokumente.
2. Doppelklicken Sie im entsprechenden Formatbedienfeld auf das Format, das Sie ändern möchten.
3. Wählen Sie die neuen Formatierungseinstellungen aus und bestätigen Sie mit *OK*. Speichern Sie das Dokument.
4. Öffnen Sie eines der anderen Dokumente und wählen Sie aus dem Bedienfeldmenü des entsprechenden Formatbedienfelds den Befehl *Absatzformate laden* bzw. *Zeichenformate laden.*
5. Im folgenden Dialogfeld klicken Sie auf *Ersetzen.*

12.5 Effektvolle Textgestaltung

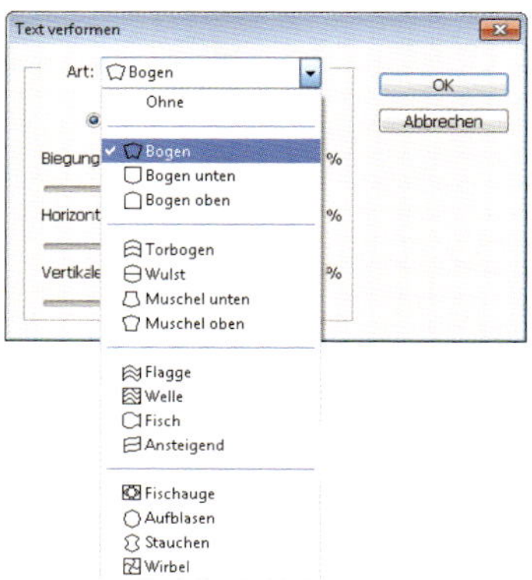

Abbildung 12.30
Text verformen

Textebenen verformen

In der Optionenleiste bietet sich Ihnen die Möglichkeit, Texte zu verzerren. Sie haben hier die Wahl zwischen einer Vielzahl von Formen, zum Beispiel Wellen und Bögen. Schriften mit einer *Faux-Fett-*Formatierung oder Schriften ohne Konturdaten (z.B. Bitmap-Schriften) lassen sich nicht verformen.

1. Markieren Sie die gewünschte Textebene. Wählen Sie im *Werkzeuge-*Bedienfeld das Textwerkzeug und klicken Sie in der Optionenleiste auf die Schaltfläche *Verformten Text erstellen*. Alternativ wählen Sie *Schrift → Text verformen.*
2. In der folgenden Dialogbox wählen Sie aus dem Popup-Menü *Art* einen Verformungsstil. Klicken Sie eines der

Optionsfelder *Horizontal* und *Vertikal* an, um die Ausrichtung des Verformungseffekts festzulegen. Bei einigen Verformungsstilen sind diese Optionen nicht anwählbar.

Abbildung 12.31
Drei Textebenen, in verschiedene Formen gekrümmt. Der ausgewählte Verformungsstil ist ein Attribut der Textebene. Das bedeutet, dass die Verformung für alle Texte auf der Ebene gilt. Einzelne Zeichen auf einer Ebene lassen sich also nicht ändern. Ändern Sie den Verformungsstil, ändert sich die Form der Verformung für die gesamte Ebene.

3. Betätigen Sie die Regler *Biegung*, *Horizontale Verzerrung* und *Vertikale Verzerrung*.
    - Die Biegung bestimmt dabei, wie stark die Ebene gekrümmt werden soll.
    - Mit *Horizontale Verzerrung* und *Vertikale Verzerrung* gestalten Sie die Krümmung überdies perspektivisch.
4. Bestätigen Sie schließlich mit *OK*, um die Krümmung anzuwenden.

Ebenenstile auf Text anwenden

Photoshop-Texte können Sie mit allen in der Dialogbox *Ebenenstil* verfügbaren Effekten ausstatten. Außerdem hält das Programm zwei Ebenenstil-Bibliotheken speziell für Texte bereit. Die Ebenenstile gelten – genauso wie die Verformung – stets für die gesamte Textebene.

Das Stile-Bedienfeld
Noch schneller arbeiten Sie mit dem Bedienfeld *Stile* (*Fenster* → *Stile*), weil Sie dieses bei der Arbeit geöffnet lassen können.

Abbildung 12.32
Bestimmt ist für jeden Anlass der richtige Texteffekt dabei.

1. Um Ihren Text mit einem Ebenenstil zu versehen, klicken Sie im *Ebenen*-Bedienfeld (F7) auf das fx-Symbol und wählen einen Eintrag.
2. Klicken Sie nun ganz links oben in der Dialogbox *Ebenenstil* auf die Beschriftung *Stile*. Im Hauptbereich der Dialogbox wird die *Stile*-Palette angezeigt.
3. Klicken Sie in dieser Palette auf das Zahnradsymbol und wählen Sie die Bibliothek *Texteffekte* oder *Texteffekte 2* (natürlich könnten Sie auch eine andere Bibliothek wählen, aber die Texteffekte gelingen eben mit Texten besonders gut).
4. Wählen Sie den gewünschten Effekt aus. Bei aktiviertem Kontrollkästchen *Vorschau* sehen Sie die Auswirkungen gleich im Dokumentfenster.
5. Sobald Sie den gewünschten Effekt gefunden haben, verlassen Sie die Dialogbox mit *OK*.

Abbildung 12.33
Klicken Sie mit einem Textwerkzeug auf den Pfad, um die Einfügemarke an dessen Anfang zu stellen. Der Text, den Sie nun erstellen, wird direkt auf dem Pfad ausgerichtet.

Abbildung 12.34
Voll bearbeitbare Mehrfachtextkonturen erzeugen Sie über Ebenenstile.

Auf diese Weise versehen Sie Ihre Texte schnell und einfach mit einer besonderen Gestaltung. Vergleichen Sie zu diesem Thema auch das Kapitel 10.

Text am Pfad ausrichten

Durch das Ausrichten von Text auf einem zuvor gezeichneten Pfad erzielen Sie in Photoshop ohne viel Aufwand interessante Texteffekte.

1. Erstellen Sie zunächst den Pfad, an dem Sie den Text ausrichten möchten.
2. Wählen Sie das *Horizontale Textwerkzeug* T oder das *Vertikale Textwerkzeug* IT.
3. Zeigen Sie auf den Pfad. Am Cursor erscheint eine gewellte Linie.
4. Klicken Sie. Die Einfügemarke wird am Anfang des Pfads angezeigt.
5. Beginnen Sie mit der Texteingabe. Der eingegebene Text verläuft unmittelbar auf dem Pfad.
6. Formatieren Sie dann den Text nach Ihren Wünschen.

Doppelte oder dreifache Textkonturen gestalten

Doppelte oder gar dreifache Konturen für Texte lassen sich unter anderem mit Ebenenstilen gestalten. Ihr Text bleibt dabei von Anfang bis Ende bearbeitbar. Sie können seine Formatierung und seinen Wortlaut auch nachträglich noch ändern.

1. Bei aktivierter Textebene wählen Sie *Ebene* → *Ebenenstil* → *Kontur*. Legen Sie die gewünschte Konturbreite und -farbe für die innere Kontur fest (im abgebildeten Beispiel Weiß).
2. Lassen Sie die Dialogbox geöffnet und aktivieren Sie den Ebenenstil *Schein nach außen*.
3. Wählen Sie die gewünschte Konturfarbe und setzen Sie *Deckkraft* und *Überfüllen* auf jeweils *100%*.
4. Ziehen Sie den Regler *Größe*, bis die zweite Kontur die gewünschte Breite hat.
5. Sogar eine dritte Kontur können Sie hinzufügen: Klicken Sie in derselben Dialogbox auf den Ebenenstil *Schlagschatten*. Wählen Sie die gewünschte Konturfarbe und setzen Sie *Deckkraft* und *Überfüllen* auf jeweils *100%*, den *Abstand* auf *0*. Ziehen Sie den Regler *Größe*, bis die Kontur die gewünschte Breite hat.
6. Bestätigen Sie zuletzt Ihre Einstellungen mit *OK*.

Text auf dem Pfad verschieben

Falls Sie den Text nachträglich auf anderen Abschnitten des Pfads ausrichten möchten, wählen Sie das Werkzeug *Direktauswahl* aus und zeigen Sie damit auf den Text. Der Cursor wird um einen Pfeil ergänzt.

- Solange der Pfeil nach rechts weist, verschieben Sie mit gedrückter Maustaste den Anfangspunkt des Textes.
- Weist der Pfeil nach links, verschieben Sie mit gedrückter Maustaste den Endpunkt des Textes.

Text in eine Form setzen

Auch innerhalb einer Form auf einer Vektorebene oder innerhalb eines geschlossenen Pfads lässt sich Text platzieren.

1. Erstellen Sie die gewünschte Form bzw. den gewünschten Pfad.
2. Klicken Sie mit einem Textwerkzeug hinein.
3. Geben Sie den Text ein und formatieren Sie ihn.

Haben Sie den Text schon in einem Textprogramm vorbereitet, wählen Sie ihn dort aus und kopieren Sie ihn mit [Strg]/[⌘] + [C]. In Photoshop klicken Sie mit dem entsprechenden Textwerkzeug auf den vorbereiteten Pfad und fügen den Text mit der Tastenkombination [Strg]/[⌘] + [V] ein.

Selbstverständlich können Sie die Pfadform wie üblich nachträglich bearbeiten. Der Text läuft mit.

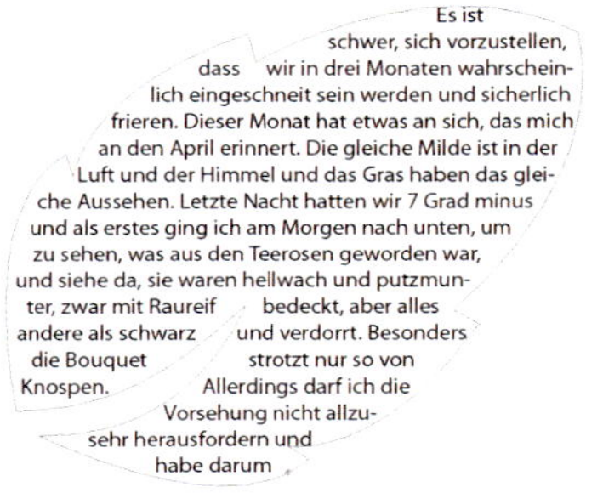

Abbildung 12.35
Text lässt sich auch in Vektorformen oder Pfade eingeben.

Texte mit Pinselstrichen nachziehen

Auch auf Ihre Texte können Sie Pinselstricheffekte anwenden und sie so mit einem nicht alltäglichen Touch versehen.

1. Wählen Sie das horizontale Textwerkzeug und geben Sie Ihren Text ein. Klicken Sie im *Ebenen*-Bedienfeld mit gedrückter [Strg]/[⌘]-Taste auf das Symbol der Textebene. Damit erzeugen Sie eine Auswahl aus der Kontur des Textes. Blenden Sie die Textebene dann mit einem Klick auf ihr Augensymbol aus.
2. Zeigen Sie das *Pfade*-Bedienfeld an und klicken Sie auf das Symbol *Arbeitspfad aus Auswahl erstellen*.
3. Stellen Sie die gewünschte Vordergrundfarbe für den Texteffekt ein. Aktivieren Sie das *Pinsel*-Werkzeug. Wählen Sie eine effektvolle Werkzeugspitze.
4. Erzeugen Sie eine neue Ebene. Öffnen Sie das Bedienfeldmenü des *Pfade*-Bedienfelds und wählen Sie *Pfadkontur mit Pinsel füllen*. Wählen Sie *Pinsel* und klicken Sie auf *OK*.

Besonders interessante Ergebnisse erhalten Sie, wenn Sie diesen Vorgang mehrmals mit unterschiedlichen Werkzeugspitzen und Vordergrundfarben durchführen.

Legen Sie dabei für jeden Durchgang eine eigene Ebene an, dann können Sie anschließend auch noch mit Mischmodi und Deckkraftreduktionen experimentieren bzw. einzelne Ebenen bei Nichtgefallen ausblenden.

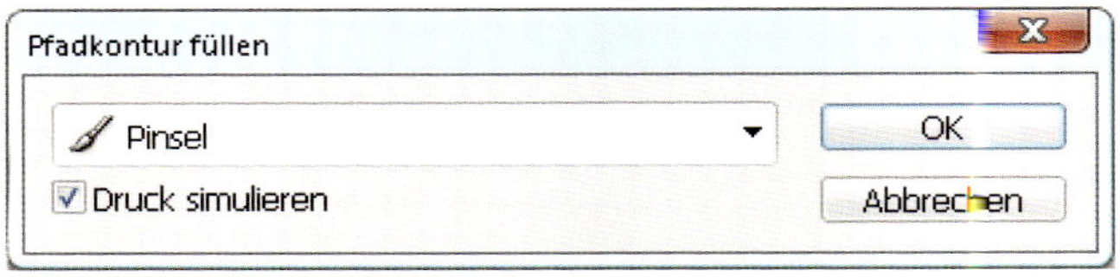

Abbildung 12.36
Füllen Sie die Pfadkontur mit dem eingestellten Pinsel.

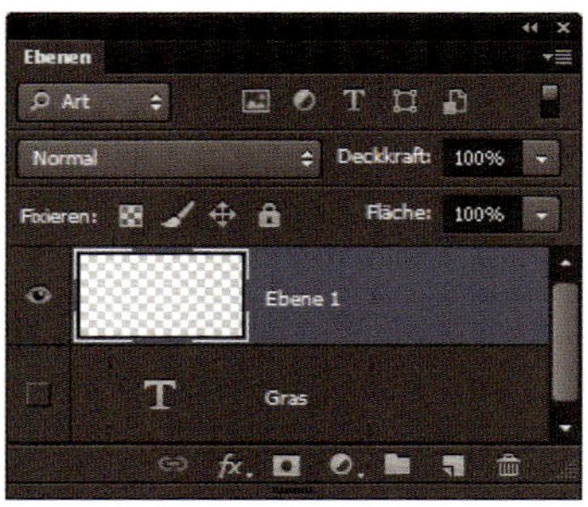

Abbildung 12.37
Erzeugen Sie aus dem Text eine Auswahl. Nachdem Sie eine neue Ebene erzeugt haben, blenden Sie die Textebene aus.

Texte mit Pinselfüllungen und -konturen versehen

Interessante Effekte erzielen Sie, wenn Sie Ihre Texte mit zwei verschiedenen Pinseltechniken kombinieren:

1. Geben Sie Ihren Text ein. Im *Ebenen*-Bedienfeld (`F7`) klicken Sie dann mit gedrückter `Strg`/`⌘`-Taste auf das Symbol der Textebene. Mit dieser Tastenkombination laden Sie den Ebeneninhalt als Auswahl.
2. Erzeugen Sie mit einem Klick auf das Symbol *Neue Ebene erstellen* im *Ebenen*-Bedienfeld eine neue Ebene.
3. Blenden Sie die Textebene mit einem Klick auf ihr Augensymbol aus.
4. Aktivieren Sie im *Werkzeuge*-Bedienfeld das *Pinsel*-Werkzeug. Wählen Sie eine geeignete, effektvolle Pinselspitze (im Beispiel *Dünengras*) mit der gewünschten Stärke.
5. Wählen Sie die gewünschte Vordergrundfarbe und übermalen Sie die Auswahl.
6. Im *Pfade*-Bedienfeld klicken Sie auf das Symbol *Arbeitspfad aus Auswahl erstellen*.
7. Öffnen Sie dann das Bedienfeldmenü des *Pfade*-Bedienfelds und wählen Sie den Befehl *Pfadkontur füllen*. Achten Sie darauf, dass hier *Pinsel* ausgewählt ist, und klicken Sie auf *OK*. Wiederholen Sie diesen Schritt gegebenenfalls noch einmal.

Einen Schriftzug mit Verläufen, Füllmustern und Bildern füllen

Wie Sie gesehen haben, hat Text in Photoshop immer eine einheitliche Farbe. Es ist nicht möglich, Musterfüllungen oder Verläufe als Füllung zu verwenden.

Trotzdem ist es kein Problem, einen Text mit einem Muster oder einem Verlauf darzustellen:

1. Geben Sie den Text ein. Schließen Sie die Textbearbeitung mit der [↵]-Taste auf dem Zehnerblock ab.
2. Wählen Sie *Ebene* → *Ebenenstil* → *Verlaufsüberlagerung* bzw. *Musterüberlagerung*.
3. Wählen Sie den gewünschten Verlauf bzw. das gewünschte Muster aus.

Abbildung 12.38
Öffnen Sie das Bild, mit dem Sie den Text füllen möchten. Doppelklicken Sie mit gedrückter [Alt]-Taste auf die Hintergrundebene, um sie in eine normale Ebene zu konvertieren. Geben Sie Ihren Text ein. Ziehen Sie die Bildebene im Ebenen-Bedienfeld über die Textebene. Wählen Sie *Ebene* → *Schnittmaske erstellen*.

Eine weitere, flexible Möglichkeit, einen Text mit einem Bild zu füllen, zeigen die Abbildungen.

Wie Sie erkennen können, lässt sich die Textebene auch mit Ebeneneffekten versehen. Und selbstverständlich können Sie den Wortlaut des Textes nachträglich noch ändern. Außerdem lassen sich Text und Bild unabhängig voneinander bewegen:

1. Wählen Sie im *Werkzeuge*-Bedienfeld das *Verschieben*-Werkzeug und deaktivieren Sie das Kontrollkästchen *Automatisch auswählen*.
2. Klicken Sie jetzt auf die Miniatur der jeweiligen Ebene und ziehen Sie den Ebeneninhalt im Bild umher.

Abbildung 12.39
Obwohl der Text mit dem Bild gefüllt ist, bleibt er bearbeitbar.

Bild: Björn Lilie

KANÄLE

Jedes Photoshop-Dokument enthält von vornherein Kanäle, in denen die Farbinformationen gespeichert sind. Der Farbmodus des Bilds bestimmt die Anzahl der Kanäle.

13.1 Was sind Kanäle?

Ein CMYK-Bild (Cyan/Magenta/Gelb/Schwarz) enthält beispielsweise vier Kanäle: einen Cyan-, einen Magenta-, einen Gelb- und einen Schwarzkanal.

Ein RGB-Bild (Rot/Grün/Blau) verfügt hingegen nur über drei Kanäle: einen Rot-, einen Grün- und einen Blaukanal.

Daraus resultiert, dass ein CMYK-Bild mehr Speicherplatz benötigt als ein RGB-Bild: Immerhin hat es einen Kanal mehr. Hinzuzufügen ist, dass jede Ebene eines Bilds einen eigenen Farbkanalsatz besitzt.

Abbildung 13.1
Oben links und rechts und unten links: Die Farbinformationen eines Bilds (hier eines RGB-Bilds) werden in einzelnen Farbkanälen gespeichert. Unten rechts: Alle Kanäle zusammen ergeben den Gesamtkanal.

Indizierte Bilder
Für Bilder im indizierten Farbformat sind keine Kanäle verfügbar. Möchten Sie die Kanäle eines solchen Bilds anzeigen und bearbeiten, müssen Sie es vorher mit *Bild → Modus* in ein RGB- oder CMYK-Bild umwandeln.

Nun könnten Sie dem Bild noch weitere Kanäle, zum Beispiel sogenannte Alphakanäle, hinzufügen. Mit dieser Art von Kanälen speichern Sie eine Auswahl in Ihrem Bild als Graustufenbild, um eine Maske zu erstellen. Jeder neue Kanal erhöht den Speicherbedarf des Bilds.

Darüber hinaus erstellen Sie gegebenenfalls Volltonfarbkanäle. Zusätzliche Volltonfarbkanäle verwenden Sie, wenn bei der Reproduktion Ihres Bilds zusätzliche Druckplatten mit Volltonfarben verwendet werden sollen.

Sie können Ihr Bild mit bis zu 56 Kanälen ausstatten.

Das Kanäle-Bedienfeld

Die einzelnen Kanäle Ihres Bilds werden im Bedienfeld *Kanäle* in Graustufen dargestellt.

Mithilfe des *Kanäle*-Bedienfelds bearbeiten Sie jeden einzelnen Kanal in Ihrem Bild gesondert und erstellen auch eigene Kanäle, die sogenannten Alphakanäle.

- In der Grundeinstellung ist stets der Gesamtkanal aktiviert, so dass Sie das Gesamtbild mit allen Kanälen im Dokumentfenster ansehen können.
- Möchten Sie einen einzelnen Farbkanal betrachten, klicken Sie ihn im *Kanäle*-Bedienfeld an.
- Je nachdem, welchen Kanal Sie angeklickt haben, ändert sich die Darstellung des Bilds im Dokumentfenster. In der Abbildung 12.3 beispielsweise werden nur noch die Cyan-Komponenten des Bilds dargestellt

Farbige Kanaldarstellung
Falls Sie die Kanäle farbig anzeigen wollen, wählen Sie *Bearbeiten* → *Voreinstellungen* → *Benutzeroberfläche* und aktivieren das Kontrollkästchen *Farbauszüge in Farbe anzeigen*.

Alle Änderungen, die Sie nun an dem Bild vornehmen, wirken sich nur auf den ausgewählten Kanal aus.

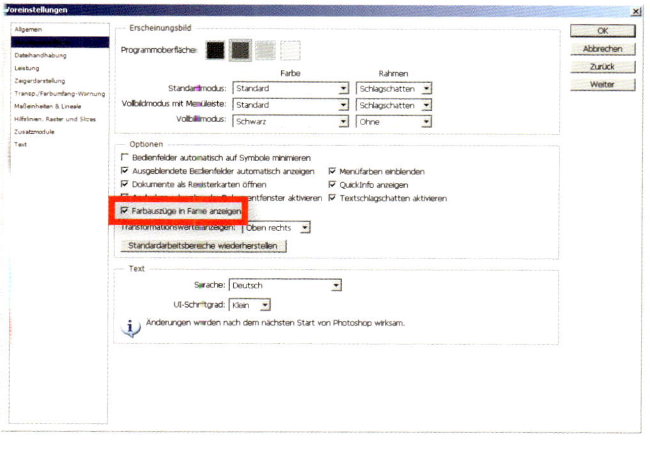

Abbildung 13.2
Gegebenenfalls zeigen Sie die Kanäle in Farbe an.

- Eine schwarze Füllfarbe bedeutet dabei im CMYK-Modus volle Deckkraft der angezeigten Kanalfarbe.
- Weiß bedeutet, dass die Farbe völlig entfernt wird.

- Graustufen bedeuten unterschiedliche Deckkraftstufen. Ein Beispiel: Füllen Sie im abgebildeten Bild den Magentakanal komplett weiß, dann kommt diese Farbe nicht mehr im Bild vor.

Im RGB-Modus verhält es sich gerade umgekehrt: Füllen Sie hier einen Kanal weiß, erhält diese Farbe vollständige Deckkraft, füllen Sie ihn schwarz, wird diese Farbe aus dem Bild entfernt.

Möchten Sie wieder das Bild mit allen Farbkomponenten sehen, markieren Sie erneut den Gesamtkanal in der ersten Zeile des *Kanäle*-Bedienfelds. Im Bedarfsfall zeigen Sie mehrere Kanäle gleichzeitig an, um sie zu bearbeiten. Dazu markieren Sie die gewünschten Kanäle im *Kanäle*-Bedienfeld mit gedrückter ⇧-Taste.

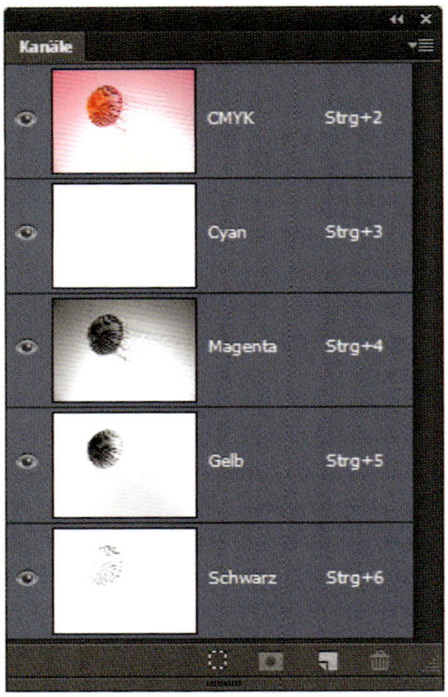

Abbildung 13.3
Die Farbe Magenta wurde bei diesem CMYK-Bild (rechts oben) vollständig aus dem Bild entfernt, indem der Kanal weiß gefüllt wurde (rechts unten).

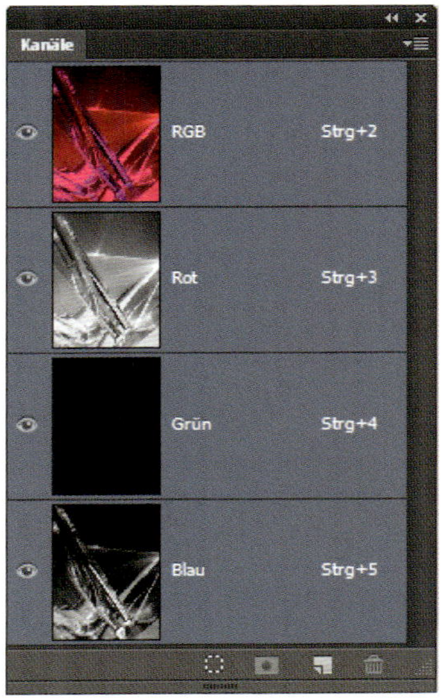

Abbildung 13.4
Im RGB-Modus verhält es sich gerade umgekehrt: Um eine Farbe aus dem Bild zu entfernen, füllen Sie den jeweiligen Kanal schwarz.

13.2 Kanäle erstellen

Oben wurde bereits erwähnt, dass Sie außer den sowieso vorhandenen Farbkanälen noch zusätzliche Alphakanäle in Ihrem Bild erzeugen und speichern können. Mit Alphakanälen erstellen Sie beispielsweise Masken aus Auswahlbereichen. Diese sind eine hervorragende Alternative oder Ergänzung zum herkömmlichen Auswahlbereich: So können Sie beispielsweise eine Auswahl in einen Alphakanal konvertieren, diesen mit den Malwerkzeugen korrigieren und erweitern und wieder in eine Auswahl umwandeln. Außerdem stellen Sie mithilfe von Alphakanälen sogenannte Kanalberechnungen an. Sie können damit die Pixelwerte verschiedener Kanäle einander überlagern lassen und kombinieren, um so ein neues Bild zu erzeugen.

In Photoshop gibt es verschiedene Maskentypen:

- Temporäre Masken (d.h. Masken, die nicht gespeichert werden können) erstellen Sie im Maskierungsmodus. Dabei werden nicht ausgewählte Bildteile mit einer Rotfolie abgedeckt. So erkennen Sie, ob Ihre Auswahl »passt«.
- Alphakanäle werden eingesetzt, um als Masken verwendete Auswahlbereiche zu speichern.
- Die bereits erläuterten Ebenenmasken verwenden Sie, wenn Sie Masken für einzelne Ebenen erstellen wollen.

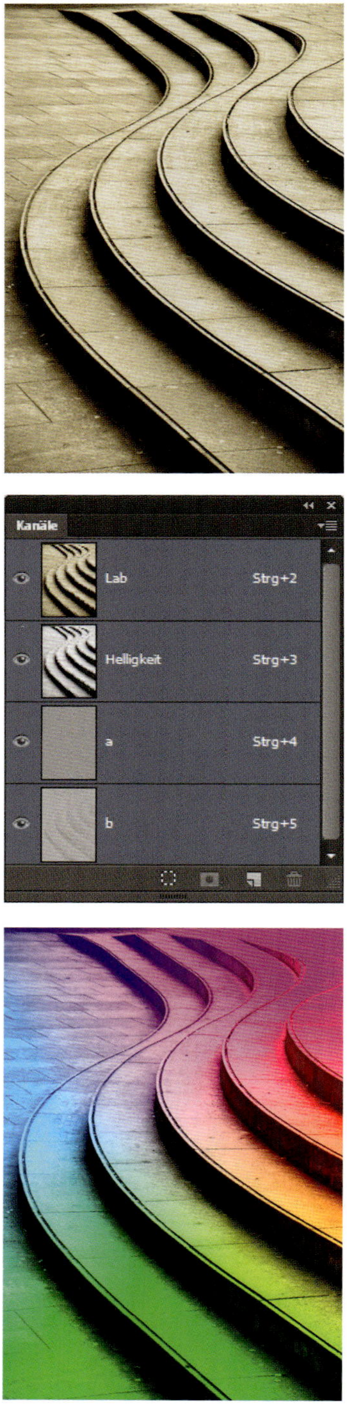

Abbildung 13.5
Lab-Bilder verfügen über einen Helligkeits-, einen a- und einen b-Kanal.

Multicolor

Lab ist für viele Photoshop-User eine der großen Unbekannten. Das ist schade, denn gerade der Lab-Modus eignet sich bestens für Farbkorrekturen und -effekte.

Wechseln Sie zunächst mit *Bild* → *Modus* → *Lab-Farbe* in den Lab-Modus.

Wenn Sie nun das *Kanäle*-Bedienfeld öffnen, stellen Sie fest, dass das Bild nach dieser Konvertierung über einen L-, einen a- und einen b-Kanal verfügt.

Der L-Kanal (im *Kanäle*-Bedienfeld *Helligkeit* genannt) enthält die gesamten Kontrastinformationen des Bilds. Er sieht aus wie eine Schwarzweißversion des Bilds. Die beiden anderen Kanäle enthalten nur Farben. Der a-Kanal enthält die Grün- und Magentatöne, der b-Kanal die Blau- und Gelbtöne. Farblosigkeit wird im a- und b-Kanal durch 50-%iges Grau dargestellt.

Je mehr sich der jeweilige Kanal einem Weiß annähert, desto mehr Magenta bzw. Gelb enthält das Bild. Je mehr sich der jeweilige Kanal einem Schwarz annähert, desto mehr Grün bzw. Blau ist vorhanden.

50 % Grau, also Farblosigkeit, hat im a- und im b-Kanal den Wert 0. Objekte, die heller sind als 50 % Grau, also in Richtung Magenta bzw. Gelb (warme Farben) tendieren, haben positive Werte von +1 bis +127. Objekte, die dunkler sind als 50 % Grau und demnach in Richtung Grün bzw. Blau (kalte Farben) tendieren, haben negative Werte von -1 bis -127.

Da der L-Kanal reine Helligkeitsinformationen enthält, der a- und der b-Kanal nur Farbinformationen, können Sie nach dem Wechsel in den Lab-Modus auf die beiden Farbkanäle alle Arten von Filtern anwenden, ohne die Detailzeichnung des Bilds zu verlieren.

Probieren Sie einmal verschiedene Verläufe im a- und im b-Kanal. Für den abgebildeten Effekt wurde in beiden Kanälen jeweils ein linearer Verlauf von Schwarz nach Weiß in verschiedenen Richtungen aufgezogen.

Temporäre Masken erstellen

Temporäre Masken erstellen Sie im Maskierungsmodus per Taste [Q]. In Kapitel 7 sind wir schon einmal darauf eingegangen. Diese Art von Maske geht beim Schließen der Bilddatei verloren und kann nicht gespeichert werden.

Im Maskierungsmodus wird der nicht ausgewählte Bereich halbtransparent rot dargestellt (bei der manuellen Fotoretusche verwendet man tatsächlich eine rote Folie). Sämtliche Bildbearbeitungen, wie Malwerkzeuge oder Filter, werden ausschließlich auf den temporären Maskenkanal angewandt.

Nachdem Sie in den Maskierungsmodus umgeschaltet und im Bild eine Auswahl erstellt haben, wird im *Kanäle*-Bedienfeld ein vorübergehender Maskenkanal angezeigt. Er verschwindet, sobald Sie den Maskierungsmodus wieder verlassen.

Eine Besonderheit des Maskierungsmodus ist, dass Sie ausgewählte Bereiche nun mit den Malwerkzeugen wie z.B. dem Pinsel erweitern können.

- Wählen Sie mit einem der Auswahlwerkzeuge den gewünschten Bildbereich aus. Klicken Sie dann im *Werkzeuge*-Bedienfeld auf die Schaltfläche *Im Maskierungsmodus bearbeiten* [icon] oder drücken Sie die Taste [Q].
- Im *Kanäle*-Bedienfeld wird ganz unten ein neuer Kanal mit dem Namen *Maskierungsmodus* angezeigt.
- Außerdem erscheinen alle nicht ausgewählten Bereiche des Bilds im Dokumentfenster mit einer roten Folie überdeckt. Der ausgewählte Bereich sieht weiterhin normal aus.

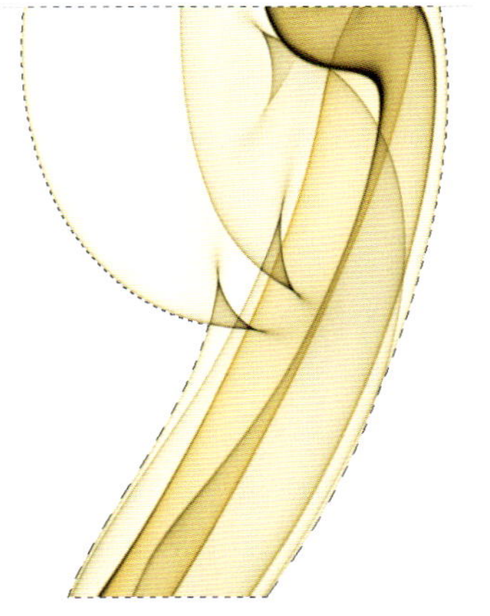

Abbildung 13.6
Das Motiv wurde mit dem Zauberstab-Werkzeug ausgewählt.

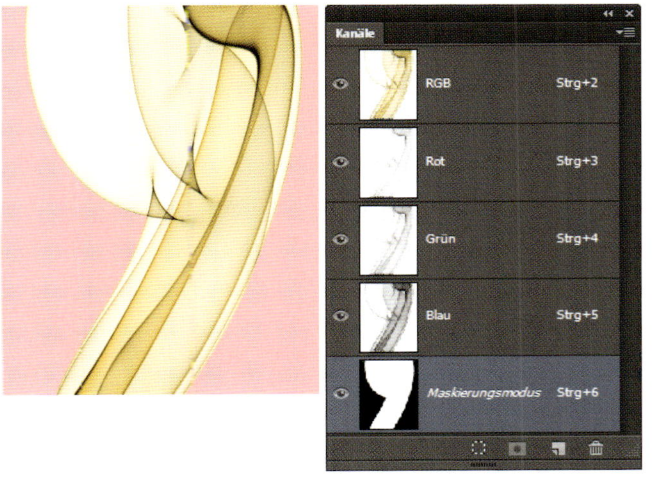

Abbildung 13.7
Umschalten in den Maskierungsmodus (die nicht ausgewählten Teile werden im Bild mit einer Rotfolie überzogen dargestellt, im *Kanäle*-Bedienfeld schwarz)

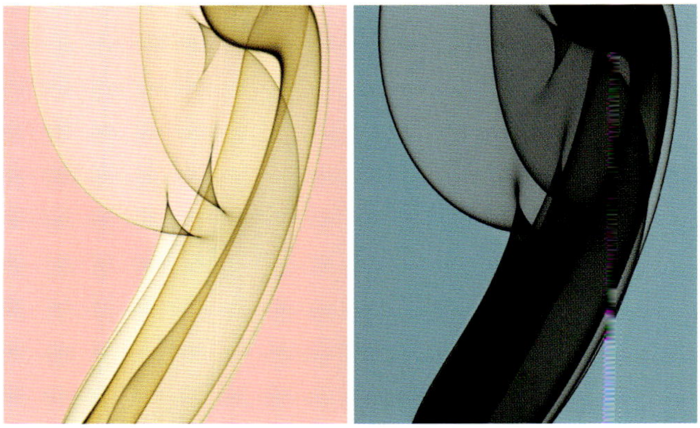

Abbildung 13.8
Links: Die Maske kann nun mit dem *Pinsel*-Werkzeug verbessert oder erweitert werden. In diesem Fall wurden die verschiedenen Bereiche mit unterschiedlichen Grautönen übermalt, um verschiedene Transparenzgrade zu erzielen. Konvertieren Sie die Maske wieder in eine normale Auswahl, werden die halbtransparenten Bereiche zu teilweise ausgewählten Pixeln. Wird die Auswahl nun beispielsweise mit [Strg]/[⌘] + [J] in eine neue Ebene kopiert und gefüllt, bleiben unterschiedliche Transparenzstufen erhalten. Sie erkennen dies, wenn Sie die untere Ebene ebenfalls füllen (rechts).

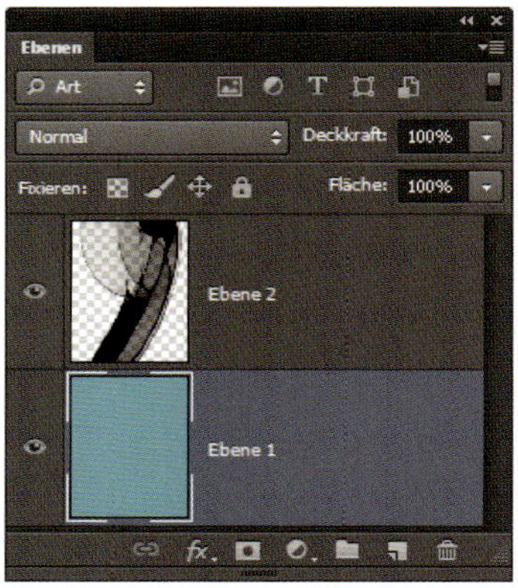

- Werfen Sie noch einmal einen Blick auf das *Werkzeuge*-Bedienfeld. Wie Sie sehen, ist die Vordergrundfarbe nun Schwarz, die Hintergrundfarbe Weiß. Solange Sie sich im Maskierungsmodus befinden, können Sie verschiedene Grautöne für Vorder- und Hintergrundfarbe einstellen, aber keine anderen Farben.
- Falls nötig, vergrößern Sie den nicht maskierten Bereich, indem Sie mit einem Malwerkzeug mit Weiß malen. Malen Sie hingegen mit Schwarz, verkleinert sich der Auswahlbereich. Genau wie bei den Ebenenmasken erstellen Sie durch die Farbe Grau halbtransparente Bereiche.
- Möchten Sie den Maskierungsmodus wieder verlassen, halten Sie im *Werkzeuge*-Bedienfeld die Maustaste auf der Schaltfläche *Bildmodus ändern* gedrückt und wählen Sie *Standardmodus* oder Sie drücken erneut die Taste [Q].

Maskenoptionen festlegen

In den Maskenoptionen bestimmen Sie, in welcher Farbe und mit welcher Transparenz maskierte Bereiche gezeigt werden sollen, indem Sie auf das Symbol *Im Maskierungsmodus bearbeiten* doppelklicken. Alternativ führen Sie einen Doppelklick auf den temporären Alphakanal im Bedienfeld *Kanäle* aus. Die Dialogbox *Masken-Optionen* wird angezeigt.

- Hier legen Sie fest, welche Bereiche Sie mit der Rotfolie überdecken wollen: die maskierten oder die ausgewählten Bereiche. In der Grundeinstellung ist der maskierte Bereich farbig abgedeckt.
- Außerdem verwenden Sie gegebenenfalls eine andere Farbe als Rot zum Maskieren der Bereiche. Das ist besonders dann sinnvoll, wenn Ihr Bild selbst viel Rot enthält.

- Klicken Sie einfach auf das Farbfeld in der linken unteren Ecke der Dialogbox und wählen Sie die gewünschte Farbe aus. Im Eingabefeld rechts daneben legen Sie die Deckkraft der Folie fest. Diese beträgt in der Grundeinstellung 50 %.

Ob die maskierten oder die ausgewählten Bereiche farbig hervorgehoben werden, können Sie auch ohne diese Dialogbox festlegen, indem Sie mit gedrückter Alt-Taste auf die Schaltfläche *Im Maskierungsmodus bearbeiten* klicken.

Abbildung 13.9
In der Dialogbox *Masken-Optionen* ändern Sie unter anderem die Maskenfarbe. Oberes Bild: Option *Maskierte Bereiche* aktiviert; unteres Bild: Option *Ausgewählte Bereiche* aktiviert (die Zitronenscheibe ist ausgewählt)

Auswahl als eigenen Kanal speichern

Falls Sie Ihre Auswahl über die aktuelle Arbeitssitzung hinaus aufbewahren wollen, können Sie sie in einem Kanal speichern.

1. Befinden Sie sich noch im Maskierungsmodus, halten Sie die Maustaste auf der Schaltfläche *Bildmodus ändern* gedrückt und wählen Sie *Standardmodus*.
2. Klicken Sie im Bedienfeld *Kanäle* auf die Schaltfläche *Auswahl als Kanal speichern*, erstellt Photoshop einen neuen Alphakanal mit der Maske.
3. Oder Sie wählen *Auswahl* → *Auswahl speichern*. Dann wird die Dialogbox *Auswahl speichern* angezeigt. Diese bietet Ihnen neben der Gelegenheit, den Kanal gleich zu benennen, auch noch die Möglichkeit, den Kanal in einem anderen momentan geöffneten Bild zu speichern. Allerdings muss dieses dieselben Abmessungen haben. Oder Sie speichern den Kanal in einem ganz neuen Dokument.

Öffnen Sie das Popup-Menü *Dokument* und wählen Sie die Datei, in der Sie die Auswahl speichern wollen. Dann wählen Sie im Menü *Kanal*, in welchem Kanal Sie die Auswahl speichern wollen. In der Grundeinstellung wird sie in einem neuen Kanal gespeichert. Hier können Sie aber auch einen beliebigen anderen von Ihnen erstellten Kanal oder auch eine Ebenenmaske verwenden. Haben Sie sich dazu entschlossen, die Auswahl nicht in einem neuen, sondern in einem vorhandenen Kanal des Zielbilds zu speichern, bestimmen Sie im unteren Bereich der Dialogbox, wie die Auswahl in den Kanal eingefügt werden soll.

- Mit *Neuer Kanal* ersetzen Sie die aktuelle Auswahl im
- Kanal.
- Mit *Dem Kanal hinzufügen* fügen Sie die aktuelle Auswahl dem Inhalt im Kanal hinzu.
- Mit *Von Kanal subtrahieren* wird die Auswahl aus dem Kanal entfernt.

Kanäle nachträglich ändern
Möchten Sie nachträglich etwas an dem Kanal ändern oder seine Darstellung beeinflussen, führen Sie im Bedienfeld *Kanäle* einen Doppelklick auf den entsprechenden Kanal aus. Die Dialogbox *Kanaloptionen*, die der Dialogbox *Maskenoptionen* gleicht, wird angezeigt und Sie nehmen nun die gewünschten Einstellungen vor.

Bilder mit Kanälen speichern

Damit die Farbkanalinformationen erhalten bleiben, können Sie Ihr Bild in jedem Dateiformat speichern, das den Farbmodus unterstützt. Damit Alphakanalinformationen erhalten bleiben, sollten Sie Ihr Bild am besten in einem der folgenden Dateiformate speichern:

- Adobe Photoshop (PSD)
- Adobe Acrobat (PDF)
- TIFF

Volltonfarbkanäle können Sie außerdem im EPS-Format DCS 2.0 speichern.

Das JPEG-Format kann keine zusätzlichen Kanäle speichern.

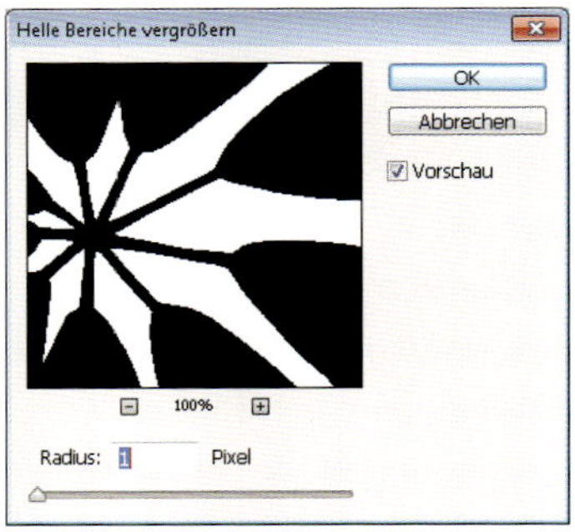

Abbildung 13.10
Der Befehl *Helle Bereiche vergrößern* ist eine praktische Möglichkeit zum Verändern der Auswahl.

- ▶ Mit *Kanalschnittmenge bilden* werden nur die Bereiche der neuen Auswahl beibehalten, die sich mit dem Kanalinhalt überschneiden. Bestätigen Sie mit *OK*.

Einen Kanal laden

Möchten Sie einen gespeicherten Kanal laden, wählen Sie *Auswahl* → *Auswahl laden*. Die Möglichkeiten in der Dialogbox gleichen denen des Fensters *Auswahl speichern*.

- ▶ Die von Ihnen erzeugten Alphakanäle werden im *Kanäle*-Bedienfeld stets in Graustufen dargestellt. In der Grundeinstellung stellen die weißen Teile des Kanals die ausgewählten Bereiche dar, die schwarzen Teile die nicht ausgewählten.
- ▶ Falls Sie neben dem Alphakanal auch den Rest des Bilds sehen wollen, klicken Sie im Bedienfeld *Kanäle* auf das Augensymbol des Gesamtkanals. Dann zeigt sich der Alphakanal wie im Maskierungsmodus als rötliche Folie.
- ▶ Im Alphakanal können Sie nun mit Malwerkzeugen wie dem Pinsel die Auswahl vergrößern bzw. verkleinern. Dazu klicken Sie den Alphakanal an und wählen dann das entsprechende Malwerkzeug aus. Wenn Sie die Farbe Weiß als Malfarbe wählen, wird der Auswahlbereich vergrößert, wenn Sie Schwarz wählen, wieder verkleinert. Möchten Sie eine Halbtransparenz erzielen, wählen Sie verschiedene Graustufen.

Oder Sie vergrößern bzw. verkleinern den Auswahlbereich nach genauen Pixelmaßen. Dazu gehen Sie wie folgt vor.

1. Wählen Sie im Bedienfeld *Kanäle* den Alphakanal aus.
2. Wählen Sie *Filter* → *Sonstige Filter*.
3. Wählen Sie *Helle Bereiche vergrößern* bzw. *Dunkle Bereiche vergrößern*. Mit dem ersten Befehl erweitern Sie die Auswahl, mit dem zweiten verkleinern Sie sie. Die Dialogbox *Helle Bereiche vergrößern* bzw. *Dunkle Bereiche vergrößern* wird angezeigt.
4. Vergewissern Sie sich, dass das Kontrollkästchen *Vorschau* aktiviert ist, damit Sie die Auswirkungen Ihrer Einstellungen direkt im Bild ansehen können. Klicken Sie auf Plus bzw. das Minus, um die Anzeige im Vorschaufeld darüber zu vergrößern bzw. zu verkleinern. Um den Bildausschnitt im Vorschaufeld zu verschieben, ziehen Sie ihn mit gedrückter Maustaste.
5. Geben Sie in das Feld *Radius* einen Wert ein oder stellen Sie ihn per Schieberegler ein. Je höher der Wert, desto stärker wird der Bereich vergrößert/verkleinert. Bestätigen Sie mit der Schaltfläche *OK*.

Abbildung 13.11
Für einen trendigen Halbtonrastereffekt wählen Sie Ihr Objekt zunächst aus und setzen es mit Strg/⌘+J in eine neue Ebene. Füllen Sie die Hintergrundebene dann weiß. Klicken Sie mit gedrückter Strg/⌘-Taste auf die Ebenenminiatur der oberen Ebene, um den Ebeneninhalt auszuwählen.

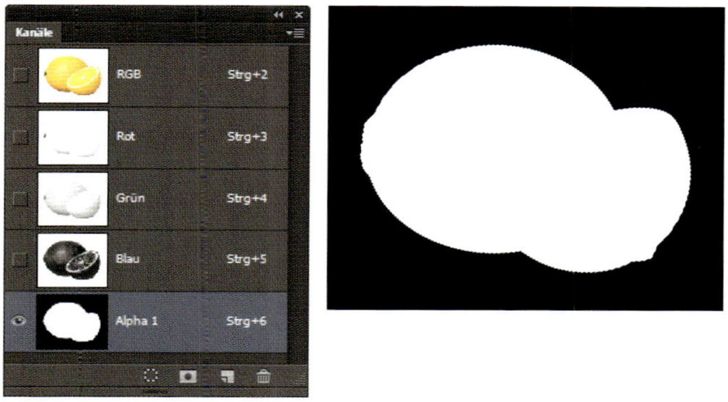

Abbildung 13.12
Klicken Sie im *Kanäle*-Bedienfeld auf das Symbol *Neuen Kanal erstellen*. Füllen Sie die Auswahl im Kanal weiß.

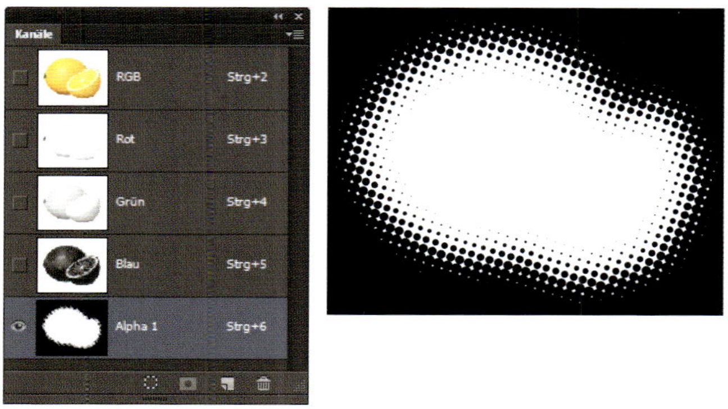

Abbildung 13.13
Heben Sie die Auswahl mit Strg/⌘+D auf. Wählen Sie *Filter* → *Weichzeichnungsfilter* → *Gaußscher Weichzeichner* mit einem hohen *Radius* und dann *Filter* → *Vergröberungsfilter* → *Farbraster*. Stellen Sie den gewünschten Wert ein (dieser bezieht sich auf die Pixelgröße der größten Punkte).

Abbildung 13.14
Klicken Sie mit gedrückter Strg/⌘-Taste auf die Kanalminiatur, um den Kanal wieder als Auswahl zu laden. Aktivieren Sie im *Ebenen*-Bedienfeld (F7) die Hintergrundebene, erstellen Sie eine neue Ebene und füllen Sie die Auswahl mit der gewünschten Farbe.

Abbildung 13.15
Auch mit Text wirken derartige Effekte gut. Hier wurde ein Text eingegeben, weiß formatiert und mit einem Klick bei gedrückter [Strg]/[⌘]-Taste auf die Textebenenminiatur als Auswahl geladen. Die Auswahl wurde mit *Auswahl → Auswahl verändern → Erweitern* um 4 Pixel erweitert und als Kanal gespeichert. Nach dem Aufheben der Auswahl wurde auf den Alphakanal der Kunstfilter *Grobes Pastell* angewandt. Der Kanal wurde als Auswahl geladen und die Hintergrundebene wurde aktiviert. Die Auswahl wurde mit einer Farbe gefüllt und die Textebene mit dem Mischmodus *Ineinanderkopieren* versehen.

13.3 Alphakanäle einsetzen

Der Alphakanal hat gegenüber der normalen Auswahl den Vorteil, dass Sie ihn mit dem Bild speichern können, um ihn jederzeit wieder zu verwenden. So erstellen Sie im Bedarfsfall auch mehrere Alphakanäle in Ihrem Bild, um Vergleiche zu ziehen. Um den Alphakanal einzusetzen, laden Sie ihn als Auswahl. Ist der Alphakanal mit unterschiedlichen Graustufen, z.B. Verläufen, versehen, wirken sich nun alle Bearbeitungen nur teilweise aus – sie werden halbtransparent.

Um einen Alphakanal als Auswahl zu laden, klicken Sie seine Miniatur im Bedienfeld *Kanäle* mit gedrückter [Strg]/[⌘]-Taste an oder klicken Sie bei ausgewähltem Alphakanal auf die Schaltfläche *Kanal als Auswahl laden*.

Kanäle duplizieren

Kanäle können dupliziert werden, wenn Sie sie beispielsweise in einem anderen Bild verwenden oder mit Varianten experimentieren möchten. Zum Duplizieren eines Kanals stehen Ihnen verschiedene Möglichkeiten offen:

- Ziehen Sie den Kanal, den Sie duplizieren möchten, unten im *Kanäle*-Bedienfeld auf *Neuen Kanal erstellen*.
- Soll das Duplikat in eine andere geöffnete Datei eingefügt werden, ziehen Sie den Kanal aus dem *Kanäle*-Bedienfeld in das Dokumentfenster der betreffenden Datei.
- Oder Sie wählen den gewünschten Kanal im *Kanäle*-Bedienfeld aus und wählen aus dem Bedienfeldmenü den Befehl *Kanal duplizieren*. In der angezeigten Dialogbox geben Sie einen Namen für den neuen Kanal ein und wählen aus dem Popup-Menü *Dokument*, in welcher geöffneten Datei der Kanal eingefügt werden soll. Falls Sie eine neue Datei erstellen möchten, in die der Kanal eingefügt werden soll, wählen Sie aus dem Popup-Menü den Eintrag *Neu* und geben Sie im jetzt aktiven Eingabefeld *Name* einen Namen für die neue

Datei ein. Falls Sie den Kanal invertieren möchten, klicken Sie das Kontrollkästchen *Umkehren* an. Bestätigen Sie abschließend mit *OK*.

Kanäle teilen und einzeln speichern

Gegebenenfalls speichern Sie die Kanäle Ihres Bilds als einzelne Dateien. Vorher müssen Sie das Bild jedoch auf die Hintergrundebene reduzieren. Außerdem empfiehlt es sich, Änderungen im Originalbild vorher zu speichern.

Öffnen Sie zunächst das Bedienfeldmenü des *Kanäle*-Bedienfelds. Wählen Sie den Befehl *Kanäle teilen*. Für jeden Farbkanal wird ein eigenes Graustufendokument erstellt, das Sie nun separat speichern.

Geteilte Kanäle wieder zusammenfügen

Solange Sie mindestens zwei der Kanalbilder geöffnet haben, fügen Sie sie gegebenenfalls wieder zum ursprünglichen Bild zusammen. Auch voneinander unabhängige Graustufenbilder lassen sich so zusammenfügen. Voraussetzung ist nur, dass Sie mindestens zwei Bilder geöffnet haben und diese alle dieselben Pixelabmessungen haben.

1. Markieren Sie eines der Bilder und wählen Sie aus dem Bedienfeldmenü des *Kanäle*-Bedienfelds den Befehl *Kanäle zusammenfügen*.
2. Je nachdem, wie viele Graustufenbilder mit gleichen Abmessungen Sie geöffnet haben, wählen Sie unterschiedliche Farbmodi für das zusammenzufügende Bild. Haben Sie, wie im Beispiel, drei Bilder geöffnet, wählen Sie zwischen RGB, Lab und Mehrkanal. CMYK ist nur dann möglich, wenn Sie vier Graustufenbilder geöffnet haben.
3. Geben Sie bei Mehrkanalbildern im Feld *Kanäle* an, wie viele Kanäle das Bild haben soll. Bestätigen Sie mit *OK*.
4. In der nächsten Dialogbox bestimmen Sie, welches der geöffneten Graustufenbilder zu welchem Kanal werden soll.
5. Möchten Sie doch einen anderen Farbmodus wählen, klicken Sie auf die Schaltfläche *Modus*, ansonsten auf *OK*. Falls Sie ein Mehrkanalbild erzeugen möchten, klicken Sie auf die Schaltfläche *Weiter*, um den nächsten Kanal hinzuzufügen.

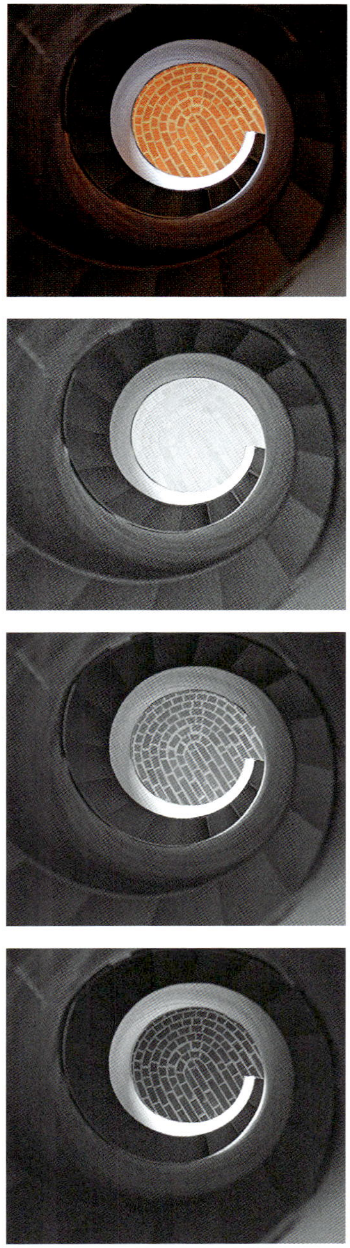

Abbildung 13.16
Über das Bedienfeldmenü können Sie aus jedem Kanal ein separates Graustufenbild erstellen.

Bild: Kristine Kamm

Zum Schluss werden die angegebenen Kanäle zu einem neuen Bild zusammengefügt. Die Originalbilder werden geschlossen, so dass nur noch das neue Bild auf dem Monitor zu sehen ist.

Testen Sie auch die anderen Modi. Starke Kontraste erreichen Sie beispielsweise mit dem Modus *Hart mischen*.

13.4 Kanalmixer, Kanalberechnungen und Bildberechnungen

Den Kanalmixer anwenden

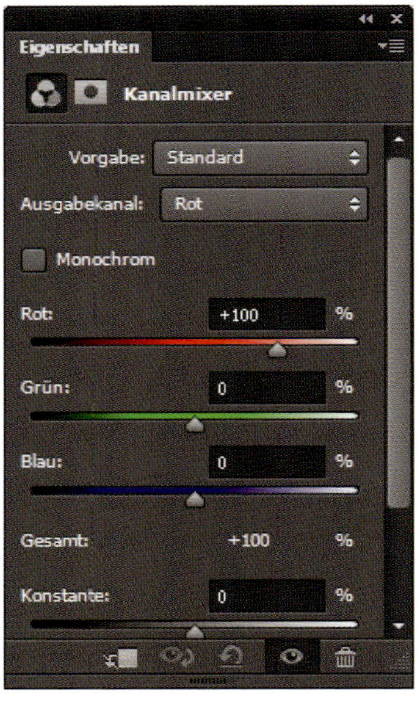

Abbildung 13.17
Der Kanalmixer ist auch als Einstellungsebene über die entsprechende Schaltfläche im *Korrekturen*-Bedienfeld anwendbar. Auf diese Weise können Sie ihn zerstörungsfrei anwenden.

Mit dem Befehl *Bild* → *Korrekturen* → *Kanalmixer*, den Sie auch über die entsprechende Schaltfläche im *Korrekturen*-Bedienfeld erreichen, mischen Sie die Anteile der einzelnen Kanäle am Bild neu.

- Wählen Sie im Popup-Menü *Ausgabekanal* zunächst den Kanal, den Sie ändern möchten, zum Beispiel den Rotkanal. Wenn Sie anschließend den Wert des Rotreglers erhöhen, wird der Rotkanal heller. Verringern Sie den Wert, wird er dunkler. Erhöhen Sie die Werte des Grün- oder des Blaukanals, wird der Anteil dieses Kanals am ausgewählten Kanal stärker.
- Erhöhen Sie den Wert Konstante, desto mehr Weiß wird dem Kanal hinzugefügt. Bei negativen Werten wird dem Kanal hingegen Schwarz hinzugefügt.
- Wenn Sie das Kontrollkästchen *Monochrom* aktivieren, rechnet Photoshop die Informationen in Graustufen um.

Im Popup-Menü *Vorgabe* finden Sie verschiedene Voreinstellungen für Graustufen und getonte Graustufen.

Kanalberechnungen anstellen

Leichter verständlich ist der Befehl *Bild* → *Kanalberechnungen*. In dieser Dialogbox verrechnen Sie zwei Einzelkanäle zweier Bilder oder eines Bilds miteinander. Das Ergebnis ist ein neuer Kanal, eine neue Datei oder ein Auswahlbereich.

Flexible Graustufentonung

Photoshop bietet viele Wege zum effektvoll getonten Graustufenbild. Ein besonders flexibler führt über den Kanalmixer. Mit der nachfolgend gezeigten Technik können Sie die Stärke der einzelnen Farbkanäle fein abstimmen.

Abbildung 13.18
Original

Rosen.jpg

1. Klicken Sie im Korrekturen-Bedienfeld auf das Symbol *Kanalmixer*.
2. Aktivieren Sie im *Eigenschaften*-Bedienfeld das Kontrollkästchen *Monochrom*, um das Bild in Graustufen darzustellen.
3. Deaktivieren Sie das Kontrollkästchen *Monochrom* wieder. Jetzt stehen Ihnen erneut alle drei Farbkanäle zur Verfügung.
4. Aktivieren Sie im Popup-Menü *Ausgabekanal* den Rotkanal. Verschieben Sie die Regler für diesen Kanal nach Ihren Wünschen. Wählen Sie den nächsten Kanal aus dem Popup-Menü *Ausgabekanal*. Passen Sie auch die Regler für diesen Kanal nach Ihren Vorstellungen an.
5. Wiederholen Sie den Vorgang mit dem dritten Kanal.

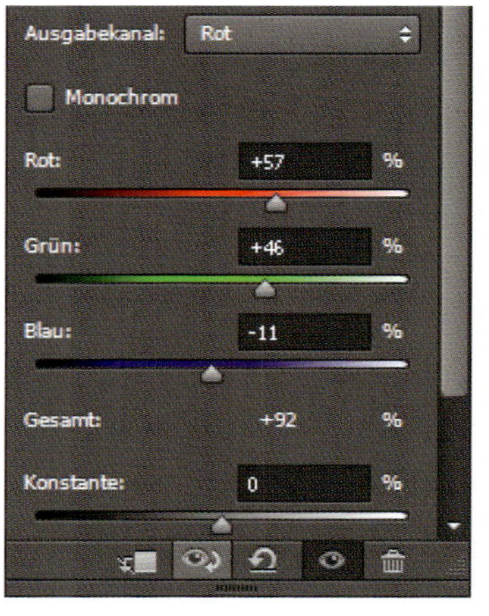

Abbildung 13.19
Über den Kanalmixer sind flexible Graustufentonungen möglich.

Maximale Farben

Der folgende Trick stammt vom amerikanischen Photoshop-Guru Dan Margulis. Die Technik ist sehr leicht anzuwenden, bringt vor allem bei Naturfotos spektakuläre Ergebnisse ohne Verlust von Detailzeichnung und sie funktioniert bei absolut jedem zu flau geratenen Bild. Bei manchem Foto werden Sie überrascht sein, wie viel Farbe in Wirklichkeit in ihm steckt.

1. Wählen Sie *Bild* → *Modus* → *Lab-Farbe*.

Abbildung 13.20
Konvertieren Sie das Original in Lab.

Transalp.jpg
von Christoph Kommer

2. Wählen Sie *Bild* → *Bildberechnungen*. Wählen Sie entweder den Gesamt-, den a- oder den b-Kanal. Mit dem a-Kanal lassen sich die Grün- und Rottöne aufpeppen: eine geeignete Wahl für Landschaftsaufnahmen. Mit dem b-Kanal arbeiten Sie die Blau- und Gelbtöne heraus. Bei beiden Optionen bleibt die Detailzeichnung Ihres Bilds unverändert. Mit dem Gesamtkanal maximieren Sie alle Bildfarben. Als Mischmodus wählen Sie *Ineinanderkopieren* oder – für weiche Übergänge – *Weiches Licht*; über die *Deckkraft* regulieren Sie die Stärke des Effekts.

Abbildung 13.21
Nach der Anwendung der Bildberechnungen (b-Kanal mit 30% Deckkraft). Denken Sie daran, das Bild für die Ausgabe wieder in RGB bzw. CMYK zu konvertieren.

13.5 Mit Volltonfarbkanälen arbeiten

Mit Volltonfarben können Sie spezielle, definierte Farbtöne oder auch Lacke zusätzlich zu den üblichen Ebenen drucken. Sie müssen in Ihrem Bild nicht ausschließlich Volltonfarben verwenden, sondern können sie auch zusätzlich zu den Prozess-CMYK-Farben einsetzen.

Gewisse Töne, zum Beispiel metallische oder Neonfarben, lassen sich mit der Vierton-Euroskala nicht darstellen. Hier finden Volltonfarben ihr Einsatzgebiet.

In Photoshop stehen verschiedene Farbtafeln bereit, in denen Sie Volltonfarben verschiedener Typen auswählen. Sollte Photoshop ein bestimmtes Volltonfarbensystem nicht bereithalten, legen Sie die Volltonfarben in einem anderen System an. Die Farben können später beim Druck ausgetauscht werden – z.B. ein bestimmtes Grün durch ein bestimmtes Gelb. Die Druckerei muss nur wissen, welche Volltonfarbe Sie verwenden möchten.

Sonderfarben und Lacke einsetzen

Die Arbeit mit Volltonfarben ist in Photoshop nicht besonders komfortabel gelöst. Anders als beispielsweise in InDesign oder Illustrator genügt es in Photoshop nicht, die Volltonfarbe einfach zu definieren und zuzuweisen. Sie benötigen vielmehr einen oder mehrere Volltonfarbkanäle.

1. Im Bedienfeldmenü des *Kanäle*-Bedienfelds wählen Sie *Neuer Volltonfarbkanal*. Geben Sie einen Namen und eine Markierungsfarbe ein und klicken Sie auf *OK*. Der neue Kanal ist noch vollständig leer. Alles, was Sie nun in diesen markierten Kanal einfügen, erscheint nur im Volltonauszug und auf keiner Ebene. Sie können hier nur Pixelinformationen einfügen. Wenn Sie beispielsweise Text eingeben, wird dieser nicht als Vektorschrift angelegt, sondern als Pixelschrift.
2. Sie arbeiten in Ihrem Volltonkanal im Großen und Ganzen wie in einem Alphakanal: Mit Schwarz erzeugen Sie eine hundertprozentige Deckkraft der Volltonfarbe, mit Grau eine geringere. Weiße Bereiche erhalten keine Druckfarbe. In diesem Fall gilt die Deckkraft nicht für die Vorschau, sondern bestimmt tatsächlich die Dichte der Druckfarbe.

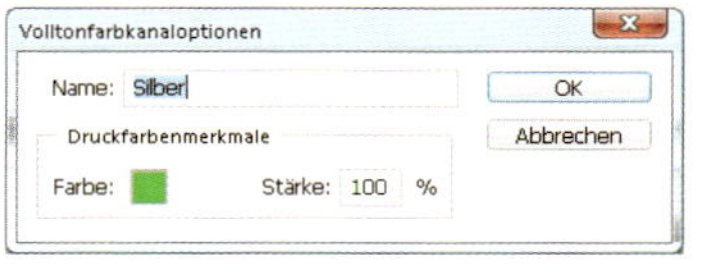

Abbildung 13.22
Volltonfarbkanal anlegen

Alphakanäle in Volltonfarbkanäle konvertieren
Falls Sie bereits einen Alphakanal erstellt haben und diesen in einen Volltonfarbkanal umwandeln möchten, doppelklicken Sie im *Kanäle*-Bedienfeld auf den Alphakanal.

Geben Sie dem Kanal den zutreffenden Farbnamen. Wählen Sie das Optionsfeld *Volltonfarbe* und nehmen Sie die Vorschaueinstellungen vor. Bestätigen Sie mit *OK*. Alle Bereiche mit Grau- oder Schwarzwerten werden in die Volltonfarbe umgewandelt.

Alle Informationen im Volltonkanal erscheinen im Dokumentfenster in der beim Anlegen des Kanals festgelegten Markierungsfarbe. Auf den Druck hat diese Farbe keine Auswirkungen. Da Volltonfarben vorgemischte Druckfarben sind, müssen sie nicht in Photoshop eingestellt werden, sondern die Druckplatte, die durch den Volltonkanal erzeugt wird, wird einfach mit der vorgefertigten Druckfarbe eingefärbt.

Graustufenbilder mit Volltonfarbe erzeugen

Es ist recht unpraktisch, dass die Volltonfarben nicht im Ebenen-Bedienfeld angezeigt werden. Wenn Sie ein Graustufenbild mit einer oder auch mehreren Sonderfarben versehen möchten, können Sie deshalb folgendermaßen vorgehen:

1. Erzeugen Sie eine neue CMYK-Datei mit weißem Hintergrund. Öffnen Sie Ihr Graustufenbild. Wählen Sie ggf- *Ebene → Auf eine Ebene reduziert kopieren.*
2. Drücken Sie die Tastenkombination [Strg]/[⌘] + [A], um alle Bildpixel auszuwählen. Kopieren Sie diese mit [Strg]/[⌘] + [C] in die Zwischenablage. Aktivieren Sie die leere CMYK-Datei und aktivieren Sie in der Kanäle-Palette den Schwarzkanal. Fügen Sie den Inhalt der Zwischenablage mit [Strg]/[⌘] + [V] ein.
3. Aktivieren Sie einen der Farbkanäle und fügen Sie hier die Elemente ein, die in der Sonderfarbe gedruckt werden sollen. Liefern Sie die Datei ohne vorherige Farbkonvertierungen an die Druckerei und teilen Sie dieser mit, in welcher Sonderfarbe der verwendete Farbkanal gedruckt werden soll.

Mehrkanal
Soll Ihre Datei ausschließlich aus Sonderfarben bestehen, konvertieren Sie sie gleich nach dem Anlegen über *Bild → Modus → Mehrkanal* in den Mehrkanal-Modus. Ein Vorteil ist hierbei, dass die Pixelinformationen auch im Ebenen-Bedienfeld angezeigt werden.

Das Bild im Satzprogramm weiterverwenden
Damit Sie das Bild mit dem Volltonfarbkanal in InDesign oder einem anderen Programm platzieren können, speichern Sie es im Format EPS-DCS 2.0 (Desktop Color Separation).

Überfüllung notwendig?
Erfragen Sie bei Ihrer Druckerei, ob die geplante Sonderfarbe deckend oder lasierend ist. Ist sie lasierend, sollten Sie das nebenstehend geschilderte Verfahren auf jeden Fall anwenden. Bei einer vollständig deckenden Sonderfarbe ist es hingegen nicht notwendig.

Abbildung 13.23
Sie arbeiten im Volltonkanal wie in einem Alphakanal: Mit Schwarz erzeugen Sie eine volle Deckkraft der Volltonfarbe, mit Grau eine geringere. Weiße Bereiche erhalten keine Druckfarbe.

Abbildung 13.24
Alle Informationen im Volltonkanal erscheinen beim Aktivieren des Gesamtkanals im Dokumentfenster in der beim Anlegen des Kanals festgelegten Markierungsfarbe, hier in Rot. Auf den Druck hat diese Farbe keine Auswirkungen.

Abbildung 13.25
Erst im Druck zeigt sich die vorgesehen silberne Volltonfarbe des Rasters.

Lasierende Sonderfarben

Nicht alle Sonderfarben sind vollständig deckend. Manche sind lasierend, das heißt, dass darunterliegende Druckfarben durchscheinen. Dies müssen Sie unbedingt beachten, wenn Sie in Photoshop mit Volltonfarbkanälen arbeiten. Zwar können Sie beim Erzeugen eines Volltonfarbkanals in der Dialogbox *Neuer Volltonfarbkanal* eine *Stärke* bzw. Solidität festlegen, doch diese bezieht sich lediglich auf die Bildschirmdarstellung.

Damit der Hintergrund bei einer nicht vollständig deckenden Sonderfarbe nicht durchscheint, müssen Sie ihn aussparen. Photoshop bietet Ihnen keinen entsprechenden Automatismus. Sie müssen vielmehr manuell eingreifen.

Siebdruck
Falls Ihr Photoshop-Dokument im Siebdruck wiedergegeben werden soll, benötigen Sie wahrscheinlich eine stärkere Überfüllung als die im Text genannten zwei Pixel. Der Grund: Im Siebdruck ist keine so genaue Ausrichtung wie beim Offsetdruck möglich. Auch zu diesem Thema ist Ihre Siebdruckerei der richtige Ansprechpartner.

Unterfüllung festlegen

Ist die Sonderfarbe dunkler als der Hintergrund, unterfüllen Sie, indem Sie den Hintergrund etwas in die Sonderfarbe hineinragen lassen. Ohne Unterfüllung käme es im Druck schnell zu Passerproblemen.

1. Im *Kanäle*-Bedienfeld klicken Sie mit gedrückter [Strg]/[⌘]-Taste auf den Volltonfarbkanal, um seinen Inhalt als Auswahl zu laden. Wählen Sie *Auswahl* → *Auswahl verändern* → *Verkleinern*. Für ein Bild, das mit 300 ppi im Offsetdruck wiedergegeben werden soll, wählen Sie etwa einen Wert von 2 Pixel.

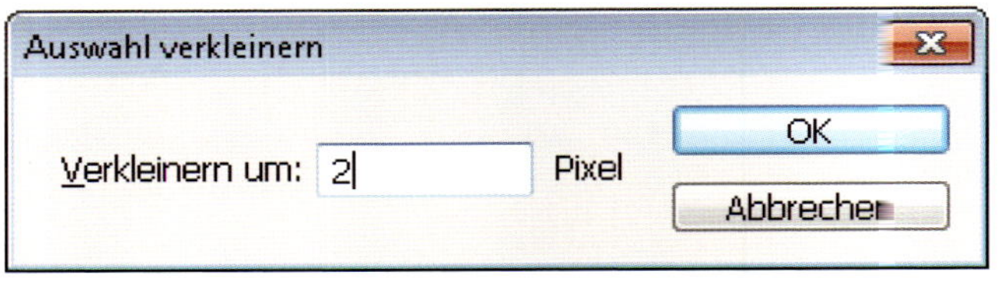

Abbildung 13.26
Als Unterfüllungswert für den Offsetdruck eignen sich beispielsweise 2 Pixel.

2. Klicken Sie danach im *Ebenen*-Bedienfeld auf den Gesamtkanal und drücken Sie die [Entf]-Taste, um die Auswahl aus den übrigen Kanälen zu löschen.

Überfüllung festlegen

Ist die Sonderfarbe heller als der Hintergrund, ist eine Überfüllung notwendig.

1. Im *Kanäle*-Bedienfeld klicken Sie mit gedrückter [Strg]/[⌘]-Taste auf den Volltonfarbkanal, um seinen Inhalt als Auswahl zu laden. Aktivieren Sie den Gesamtkanal. Drücken Sie die [Entf]-Taste, um die Auswahl aus den CMYK-Kanälen zu löschen.
2. Wählen Sie dann *Auswahl* → *Auswahl verändern* → *Erweitern*. Auch hier wählen Sie für den Offsetdruck 2 Pixel und klicken auf *OK*. Klicken Sie nun auf den Volltonkanal und füllen Sie die Auswahl schwarz.

Bild: Björn Lilie

FILTER

Die in diesem Kapitel beschriebenen Funktionen dienen einerseits dazu, Ihre Bilder künstlerisch zu verfremden, oder sie sind reine »Spielerei« – hier gibt es natürlich überhaupt keine Regeln, allein Ihr Geschmack zählt. Andererseits dienen Filter teilweise auch der Bildverbesserung – und sei es nur, um missglückte Bilder zu retten. Mit etwas Fingerspitzengefühl verwandeln Sie solche Bilder dann doch noch in interessante Kreationen.

Abbildung 14.1
Ganz oben: Original.
Mitte und unten: Hier wurde nur auf den Grün- bzw. Rotkanal des Bilds ein Filter angewandt, der Rest blieb unverändert.

14.1 Einem Bild oder Bildbereich einen Filter zuweisen

Wenden Sie einen Filter an, indem Sie das Menü *Filter* öffnen und den gewünschten Befehl aus den Untermenüs wählen. In den meisten Fällen – nämlich immer, wenn auf den Filterbefehl drei Punkte folgen – wird eine Dialogbox oder die Filtergalerie mit weiteren Einstellmöglichkeiten angeboten. Wählen Sie die gewünschten Optionen und klicken Sie auf *OK*, um den Filter zuzuweisen.

Möchten Sie die Dialogbox des zuletzt verwendeten Befehls anzeigen, drücken Sie Strg/⌘ + Alt + F.

Soll der Filter nur auf einen bestimmten Bildbereich angewandt werden, erstellen Sie zunächst eine Auswahl. Häufig erzielen Sie so interessantere Ergebnisse, als wenn Sie den Filter auf das gesamte Bild anwenden. Die Alternative ist ein Smart Objekt mit einer entsprechenden Filtermaske.

Nachdem Sie einmal einen Filter angewandt haben, wird er an erster Stelle im Menü *Filter* angezeigt. So kann er schnell und rationell mehrmals verwendet werden. Der Befehl wird dann mit den bereits gewählten Einstellungen angewandt.

Beachten Sie bei Bildern mit Ebenen, dass der Filter lediglich auf die aktive Ebene angewandt wird (sofern sie sichtbar ist). Auf verschiedene Ebenen innerhalb eines Bilds lassen sich unterschiedliche Filter anwenden, was interessante Effekte ergibt, besonders wenn Sie dazu noch mit den Ebenenfülloptionen arbeiten (siehe Kapitel 10). Dasselbe gilt übrigens für Kanäle. Soll ein Filter nur auf einen bestimmten Kanal angewandt werden, wählen Sie diesen im *Kanäle*-Bedienfeld (siehe Kapitel 13).

Beachten Sie, dass Filter nicht auf Bilder im *Bitmap*- oder *Indizierte Farbe*-Modus angewandt werden können. Dabei erfordern manche Filter sogar ein RGB- oder Lab-Bild.

14.2 Filter auf Ebenenmasken anwenden

Weisen Sie einen Filter einer Ebenenmaske zu (indem Sie vor dem Anwenden des Filters im *Ebenen*-Bedienfeld (F7) auf das Symbol der Ebenenmaske klicken), erhalten Sie oft ein ganz anderes – und manchmal interessanteres – Ergebnis, als wenn Sie diesen Filter auf die Ebene selbst anwenden:

1. Falls sich Ihr Bild auf der Hintergrundebene befindet, doppelklicken Sie auf ihr Ebenensymbol und bestätigen gleich darauf mit *OK*. Damit konvertieren Sie die Hintergrund- in eine normale Ebene.
2. Erzeugen Sie eine neue Ebene, füllen Sie sie weiß und ziehen Sie sie unter die vormalige Hintergrundebene.
3. Aktivieren Sie die obere Ebene und wählen Sie mit [Strg]/[⌘] + [A] alle Pixel aus. Kopieren Sie sie mit [Strg]/[⌘] + [C] in die Zwischenablage.
4. Klicken Sie am unteren Rand des Ebenen-Bedienfelds auf das Symbol *Ebenenmaske hinzufügen*.
5. Stellen Sie den Inhalt der Ebenenmaske dar, indem Sie ihr Symbol mit gedrückter [Alt]-Taste anklicken. Mit [Strg]/[⌘] + [V] fügen Sie den Inhalt der Zwischenablage in die Ebenenmaske ein.
6. Invertieren Sie die Ebenenmaske mit [Strg]/[⌘] + [I].
7. Klicken Sie mit gedrückter [Alt]-Taste auf das Ebenenmaskensymbol, um die Ebene wieder anzuzeigen, die Ebenenmaske aber aktiv zu lassen.
8. Weisen Sie jetzt einen oder mehrere Mal- oder Zeichenfilter zu.

Abbildung 14.2
Links wurde der Zeichenfilter auf die Ebene, rechts auf die Ebenenmaske angewandt.

14.3 Filter installieren

Für Photoshop sind Tausende von kompatiblen Plug-ins erhältlich. Sie können damit zusätzliche Filtereffekte nutzen oder bestimmte Aufgaben erfüllen, die mit Photoshop allein nicht möglich sind. Über das Internet erhalten Sie eine Fülle von kostenlosen und kostenpflichtigen Plug-ins.

Zusätzlichen Plug-in-Ordner definieren
Sie können aber auch einen zusätzlichen Plug-in-Ordner festlegen. Wählen Sie dazu *Photoshop/ Bearbeiten → Voreinstellungen → Zusatzmodule*. Aktivieren Sie das Kontrollkästchen *Zusätzlicher Zusatzmodule-Ordner*. Wählen Sie den gewünschten Ordner. Photoshop muss anschließend neu gestartet werden. Diese Vorgehensweise bietet sich besonders dann an, wenn Sie bestimmte Filter nicht nur für Photoshop, sondern auch für andere auf Ihrem Computer installierten Bildbearbeitungsprogramme nutzen möchten.

Kostenpflichtige Plug-ins sind normalerweise mit Installationsroutinen ausgestattet.

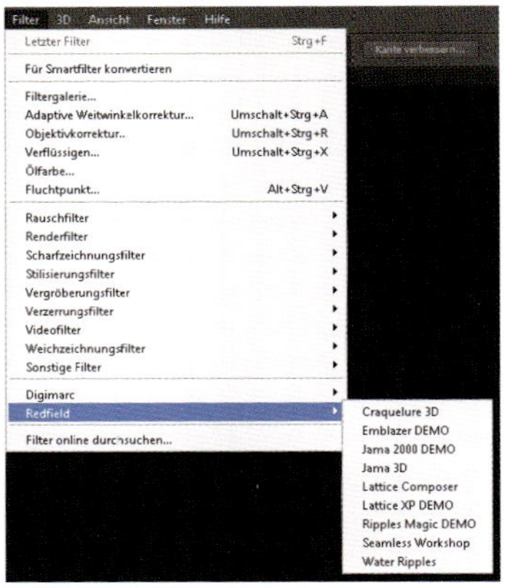

Abbildung 14.3
Durch die Installation der Redfield-Plug-in-Sammlung ist im Menü *Filter* ein neuer Menüpunkt entstanden.

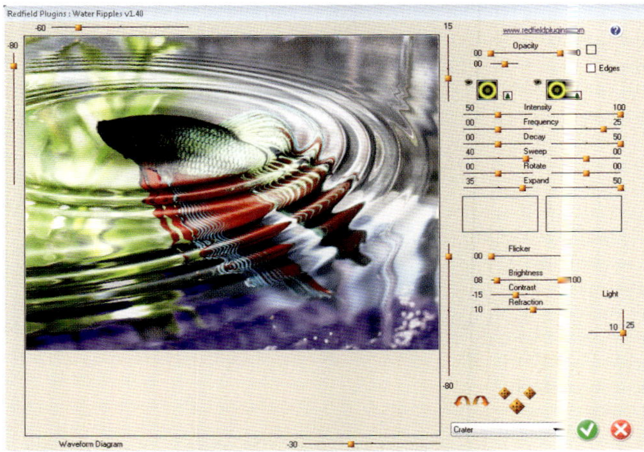

Gratis-Plug-ins mit der Dateiendung *8bf* müssen Sie meist von Hand installieren:

1. Nach dem Download des Plug-ins kopieren Sie es in den vordefinierten Plug-ins-Ordner. Dieser befindet sich im Photoshop-Programmordner, z.B.: *C:\Programme\Adobe\Adobe Photoshop CS6\Plug-ins*. Je nachdem, um welche Art Plug-in es sich handelt, kopieren Sie es in den entsprechenden Unterordner: Filter mit der Dateiendung »8BF« in den »Filters«-Ordner, Import-/Exportmodule in den Ordner »Import-Export« usw.
2. Nachdem Sie das Plug-in installiert haben, schließen Sie Photoshop und starten das Programm dann erneut.
3. Photoshop enthält nun – je nach Plug-in – neue Menübefehle oder Bedienfelder, mit denen Sie die Plug-in-Funktionalität nutzen können.

Mit *Filter* → *Filter online durchsuchen* gelangen Sie übrigens auf die Adobe-Website, wo Sie kostenpflichtige und kostenlose Plug-ins zum Download finden.

Filter vorübergehend deaktivieren
Die Arbeitsgeschwindigkeit von Photoshop lässt sich durch die vorübergehende Deaktivierung von nicht benötigten Filtern erhöhen.

Im Photoshop-Programmordner finden Sie den Unterordner *Plug-ins*. Setzen Sie vor den Namen der nicht benötigten Filter ein Tilde-Zeichen (~-Zeichen). Schließen Sie Photoshop und starten Sie das Programm neu. Der Filter ist aus dem entsprechenden Menü verschwunden.

Um den Filter wieder zu aktivieren, entfernen Sie die Tilde vor dem Dateinamen, schließen Photoshop und starten das Programm erneut.

14.4 Die Filtergalerie verwenden

Viele Photoshop-Filter sind in der Dialogbox des Menübefehls *Filter* → *Filtergalerie* zusammengefasst. Die Filter lassen sich hier auch kombinieren (vgl. nächster Abschnitt »Effektebenen einsetzen«).

Die *Filtergalerie*-Dialogbox ist in drei Bereiche unterteilt, deren mittleren – die Miniaturen für verschiedene Filter – Sie mit einem Klick auf den Doppelpfeil ⌃ neben der *OK*-Schaltfläche auch ausblenden können.

- Der linke Bereich zeigt eine Vorschau des Bilds mit dem momentan ausgewählten Filtereffekt. An ihrer rechten unteren Ecke ziehen Sie die Dialogbox gegebenenfalls kleiner oder größer. Über die beiden Schaltflächen - + am linken unteren Rand der Vorschau zoomen Sie innerhalb des Vorschaubereichs. Rechts daneben finden Sie die Möglichkeit, einen fest eingestellten Zoomfaktor zu wählen.

Abbildung 14.4
Die Filtergalerie ist ein sinnvolles Feature zur Auswahl, Anpassung und Kombination von Filtern.

- In der Mitte der *Filtergalerie*-Dialogbox wählen Sie den gewünschten Filter aus. Auf die verschiedenen Filtergruppen gehen wir im Verlauf dieses Kapitels noch ein. Über die Pfeile vor den Filtergruppennamen klappen Sie die Kategorien auf und wieder zu. Um einen Filter auf das Vorschaubild anzuwenden, klicken Sie diesen einfach an.

Im rechten Bereich der Dialogbox finden Sie für jeden Filter verschiedene Parameter, über die Sie die Wirkung jedes Filters variieren können. Das Vorschaubild ändert sich dann entsprechend.

Effektebenen einsetzen

Viele Filter wirken etwas vorhersehbar oder – gerade die »künstlerischen« Filter – ein wenig unecht. Sie verbessern das Ergebnis häufig, indem Sie zwei (oder auch mehr) verschiedene Filter nacheinander anwenden oder als Smart-Filter kombinieren. Dazu sind die Effektebenen der Dialogbox *Filtergalerie* ideal geeignet.

- Sobald Sie einen Filter aktiviert haben, wird er als Effektebene in der rechten unteren Ecke der Dialogbox angezeigt.

Tastenkombinationen in Filterdialogboxen
In vielen Filterdialogboxen und der Filtergalerie funktionieren die üblichen Photoshop-Tastenkombinationen für Zoomen, Schwenken, Rücknahme usw.

Befehl	Tasten
Letzte Änderung rückgängig	Strg/⌘ + Z
Mehrere Schritte rückgängig	Strg/⌘ + Alt + Z
Bildausschnitt verschieben	H oder Leer
Vergrößerungslupe dauerhaft	Z
Vergrößerungslupe vorübergehend	Strg/⌘
Verkleinerungslupe vorübergehend	Alt
Gesamtbild	Strg/⌘ + 0
Zoom 100%	Strg/⌘ + Alt + 0

- Nachdem Sie die Parameter für diesen Filter eingestellt haben, legen Sie gegebenenfalls einen weiteren Filter an, indem Sie auf das Symbol *Neue Effektebene* klicken.
- Lassen Sie die neue Effektebene markiert und weisen Sie ihr ebenfalls einen Filter zu. Auf diese Weise können Sie in der Filtergalerie so viele Filter, wie Sie möchten, übereinanderschichten.
- Gegebenenfalls ändern Sie die Reihenfolge der Effektebenen, indem Sie sie in der Liste einfach an eine neue Stelle ziehen. Der Eindruck des Vorschaubilds ändert sich entsprechend. Mit diesem Hilfsmittel lassen sich an einer Bilddatei mehrere Filter auf einmal anwenden und deren Wirkung begutachten.
- Möchten Sie eine Effektebene nachträglich ändern, aktivieren Sie diese einfach und bearbeiten Sie die Parameter im rechten Bereich der Dialogbox.
- Mit einem Klick auf das Augensymbol blenden Sie einzelne Effektebenen vorübergehend aus, mit einem Klick auf das Papierkorb-Symbol löschen Sie sie.
- Über die Schaltfläche *OK* weisen Sie sämtliche definierten Filter schließlich Ihrem Bild zu.

14.5 Smart-Filter

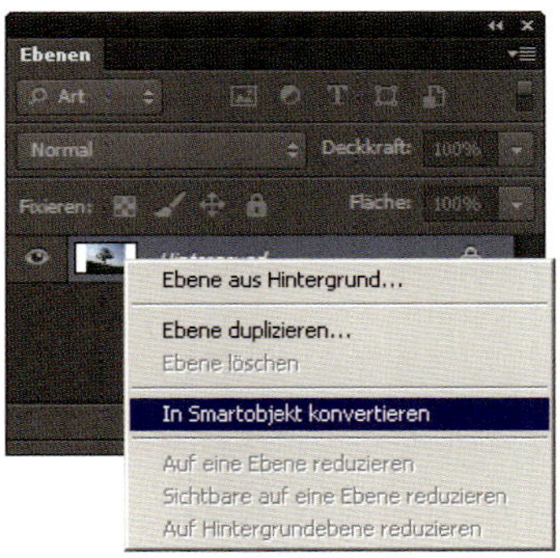

Abbildung 14.5
Über das Kontextmenü konvertieren Sie eine beliebige Ebene in ein Smart Objekt.

Tiefen/Lichter und Variationen
Außer den verschiedenen Filtern können Sie auch die Befehle *Tiefen/Lichter* und *Variationen* aus dem Menü *Korrekturen* (siehe folgendes Kapitel) auf einer Smart-Ebene verwenden.

Das Kapitel 11 informierte Sie bereits über Smart Objekte. Die meisten Filter können Sie auch auf Smart Objekte (zum Beispiel aus Illustrator importierte Vektorgrafiken) anwenden. Der große Vorteil dieser Vorgehensweise ist, dass Sie einen Filter auch nach dem Zuweisen und sogar nach dem Schließen und erneuten Öffnen der Datei noch verändern können. Mit normalen Ebenen ist dies nicht möglich – ein einmal zugewiesener Filter verändert die Bildpixel endgültig.

1. Bevor Sie mit Smart-Filtern arbeiten, erzeugen Sie gegebenenfalls ein Duplikat der Ebene mit dem Bild, auf das Sie die Filter anwenden möchten. Besonders schnell geht dies mit der Tastenkombination Strg/⌘ + J. Dann sind Sie besonders flexibel: Sie können die Deckkraft der Ebene später reduzieren und somit den Filter abschwächen.
2. Konvertieren Sie diese Ebene nun in ein Smart Objekt, indem Sie auf der Ebenenbeschriftung das Kontextmenü öffnen und *In Smart Objekt konvertieren* wählen.
3. Ein kleines Symbol zeigt Ihnen, dass die Ebene in ein Smart Objekt konvertiert wurde.
4. Wenden Sie nun den gewünschten Filter an.

Bis hierhin unterscheidet sich die Arbeit mit Smart-Filtern nicht von der normalen Arbeit mit Filtern. Die Smart-Filter spielen ihre Stärke aber voll aus, wenn Sie später feststellen, dass Ihnen der/die zugewiesene(n) Filter noch nicht gefallen:

Doppelklicken Sie einfach auf den Namen des Smart-Filters, den Sie bearbeiten möchten. Die Filterdialogbox mit den von Ihnen verwendeten Einstellungen wird geöffnet und Sie können diese erneut anpassen und zuweisen.

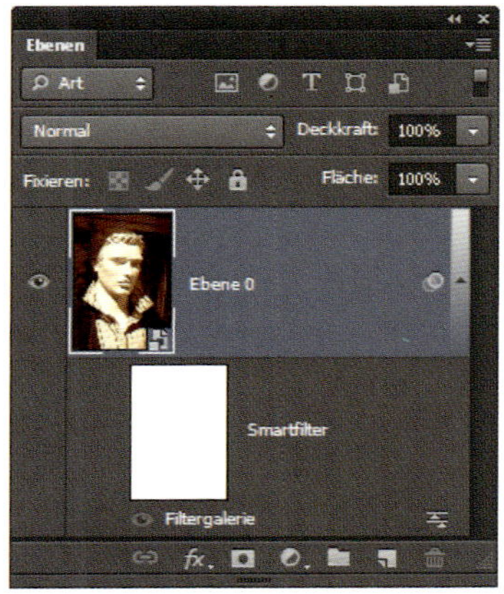

Abbildung 14.6
Doppelklicken Sie einfach auf den Namen des Smart-Filters, den Sie bearbeiten möchten (hier zum Beispiel *Filtergalerie*). Die Filterdialogbox mit den von Ihnen verwendeten Einstellungen wird geöffnet und Sie können diese erneut anpassen und zuweisen.

Filtermasken für Smart-Filter verwenden

Sobald Sie einen Smart-Filter angewandt haben, sehen Sie unter dem Smart Objekt eine leere Filtermaske, das heißt, dass momentan noch das gesamte Bild von dem Filtereffekt betroffen ist. Arbeiten Sie mit dieser Filtermaske wie mit den in Kapitel 11 erklärten Ebenenmasken.

So können Sie beispielsweise mit einem Schwarzweißverlauf einen Übergang zwischen dem Filter und dem ursprünglichen Bild schaffen. Oder Sie füllen die Maske mit einem Grau, um die Wirkung des Filters abzuschwächen und das Original darunter hervorscheinen zu lassen (siehe Abbildungen auf der nächsten Seite).

Beachten Sie, dass die Maske stets auf alle dem Smart Objekt zugewiesenen Filter angewandt wird.

Mit einem Doppelklick auf das Fülloptionen-Symbol im *Ebenen*-Bedienfeld neben der Filterbezeichnung öffnen Sie die Dialogbox *Fülloptionen*. Wenn Sie hier die Deckkraft reduzieren, schwächen Sie die Wirkung des Filters graduell ab. Außerdem können Sie im Feld *Modus* einen Mischmodus zuweisen.

Smart-Filter-Reihenfolge ändern
Wenn Sie mehrere Smart-Filter zugewiesen haben, können Sie deren Reihenfolge ändern, indem Sie ihre Symbole im Ebenenbedienfeld an eine neue Stelle ziehen.

Abbildung 14.7
Links: das Original.
Rechts: Das Bild wurde mit dem Zeichenfilter *Stempel* verfremdet.

Abbildung 14.8
Links: Bestimmte Bereiche der Smart-Objekt-Maske wurden mit grauer Farbe übermalt, um das Originalbild teilweise freizulegen und damit einen Kolorierungseffekt zu erzielen.

NEU

14.6 Den Ölfarbenfilter einsetzen

Direkt im Menü *Filter* ist in der Version CS6 der Ölfarbenfilter hinzugekommen. Er verspricht, Ihr Bild in ein naturgetreues Ölgemälde zu verwandeln. Experimentieren Sie mit den verschiedenen Parametern, um individuelle Ergebnisse zu erzielen.

Im Gegensatz zu anderen künstlerischen Filtern in Photoshop folgen die Strukturen, die Sie mit dem Ölfarbenfilter erzeugen, den tatsächlichen Bildkonturen.

- Je weiter Sie den Regler *Stilisierung* nach rechts ziehen, desto stärker entfernt sich das Ergebnis vom Original, desto deutlicher wirkt der Gemäldeeffekt.

Abbildung 14.9
Der Ölfarbenfilter, den Sie eventuell schon vom Plug-in »Pixel Bender« her kennen, verwandelt Ihr Foto in ein Gemälde.

Oben: *Original von Kristine Kamm,*
unten: Filterdialogbox

- Je weiter Sie den Regler *Reinheit* nach rechts ziehen, desto mehr Farbdetails verschwinden. Bei weit nach links gezogenem Regler erinnert das Bild eher an das Originalfoto.
- Ziehen Sie den Regler *Skalieren* nach rechts, um die über das Bild gelegte Struktur zu vergrößern.
- Je weiter Sie den Regler *Borstendetails* nach links ziehen, desto pastoser wirkt der Farbauftrag.
- Mit der Beleuchtung beeinflussen Sie das »dreidimensionale« Erscheinungsbild der Struktur. Wenn Sie den Regler *Glanzstärke* ganz nach links ziehen, ist überhaupt keine Struktur mehr zu sehen.

14.7 Kunstfilter einsetzen

Die Filter aus dem Menü *Kunstfilter* in der Filtergalerie sollen Ihre Bilder im Handumdrehen in ein Aquarell, eine Buntstiftzeichnung, oder ein Ölgemälde verwandeln. Sie wenden also mit dieser Filtergruppe die verschiedensten

Abbildung 14.10
❶ Original, ❷ *Buntstiftschraffur*, ❸ *Farbpapier-Collage*, ❹ *Spritzer*, ❺ *Verwackelte Striche*

Maltechniken auf Ihre Arbeiten an. Außerdem steht beispielsweise der Filter *Kunststofffolie* zur Verfügung, der Ihr Bild aussehen lässt, als sei das Motiv in einer Plastikfolie mit glänzender Oberfläche vakuumverpackt. Mit dem Filter *Tontrennung & Kantenbetonung* reduzieren Sie die Farbanzahl in Ihrem Bild nach Ihren Wünschen. Darüber hinaus werden die Bildkanten ermittelt und mit schwarzen Linien nachgezogen. Einheitliche größere Bildbereiche werden einfach schattiert, gleichzeitig werden feine dunkle Details im Bild verteilt.

Darüber hinaus gibt es einige Kunstfilter, z.B. *Malgrund*, die einen strukturierten Hintergrund verwenden. Mit solchen Filtern erwecken Sie den Eindruck, als sei das Bild z.B. auf einer Leinwand gemalt. Aus einer Liste wählen Sie verschiedene Arten von Strukturen und Sie können auch welche hinzuladen.

Malfilter

Auch die Malfilter in der Filtergalerie, zum Beispiel *Gekreuzte Malstriche* oder *Kreuzschraffur*, verleihen Ihrem Bild ein »handgemachtes« Aussehen, zum Beispiel *Spritzer* für die Simulation einer Spritzpistole oder auch *Sumi-e* für die Simulation einer japanischen Pinselzeichnung.

Bessere Maleffekte erzielen

Kunst- und Malfilter versprechen, ein Foto in ein Aquarell, ein Ölgemälde oder ein Pastellbild zu verwandeln. In der Realität erhalten Sie in den meisten Fällen ein eher unbefriedigendes, weil unrealistisches Ergebnis, wenn Sie diese Filter ohne Vorbereitung und Nacharbeiten auf ein Foto anwenden. So produziert der Aquarellfilter beispielsweise sehr dunkle Bilder, während bei der klassischen Aquarelltechnik eigentlich überhaupt kein Schwarz ins Bild gebracht wird.

Mit der kreativen Kombination mehrerer Filter erzielen Sie ein viel besseres Ergebnis als bloß durch Anwenden eines einzigen Filters, wie das folgende Beispiel und die zugehörigen Abbildungen auf der nächsten Seite zeigen.

1. Nachdem Sie ein geeignetes, kontrast- und tonreiches Foto ausgewählt und es – falls erforderlich – zur Bearbeitung in den RGB-Modus konvertiert haben, drücken Sie dreimal die Tastenkombination Strg/⌘+J, um drei Duplikate der Hintergrundebene zu erzeugen.
2. Klicken Sie im Ebenen-Bedienfeld auf die Augensymbole der oberen beiden Ebenen, um sie unsichtbar zu machen.
3. Aktivieren Sie die *Ebene 1*.

4. Wählen Sie *Filter* → *Für Smartfilter konvertieren* und klicken Sie auf *OK*.
5. Wählen Sie *Filter* → *Filtergalerie*. Wählen Sie den Kunstfilter *Farbpapier-Collage* mit den folgenden Einstellungen: *Anzahl Stufen: 4*, *Abstraktionsgrad: 4*, *Umsetzungsgenauigkeit: 2*. Klicken Sie auf *OK*.

Abbildung 14.11
Original

Abbildung 14.12
Eher unbefriedigend: der *Aquarellfilter* von Adobe Photoshop

Abbildung 14.13
Mit einer Kombination von Filtern und Mischmodi erzielen Sie ein besseres Ergebnis.

6. Ändern Sie den Mischmodus der Ebene in *Luminanz*.
7. Machen Sie die Ebene *Ebene 1 Kopie* wieder sichtbar und aktivieren Sie sie. Konvertieren Sie auch diese Ebene in ein Smart-Objekt und öffnen Sie erneut die Filtergalerie. Wählen Sie den Kunstfilter *Grobe Malerei* mit den folgenden Einstellungen: *Pinselgröße: 10, Pinseldetails: 10, Struktur: 3*.
8. Ändern Sie den Mischmodus der Ebene in *Negativ multiplizieren*.
9. Blenden Sie die oberste Ebene ein, aktivieren Sie sie und konvertieren Sie sie in ein Smart-Objekt. Wählen Sie *Filter → Rauschfilter → Helligkeit interpolieren* mit einem Radius von ca. *12*.
10. Ändern Sie den Mischmodus der Ebene in *Weiches Licht*.

14.8 Verzerrungsfilter einsetzen

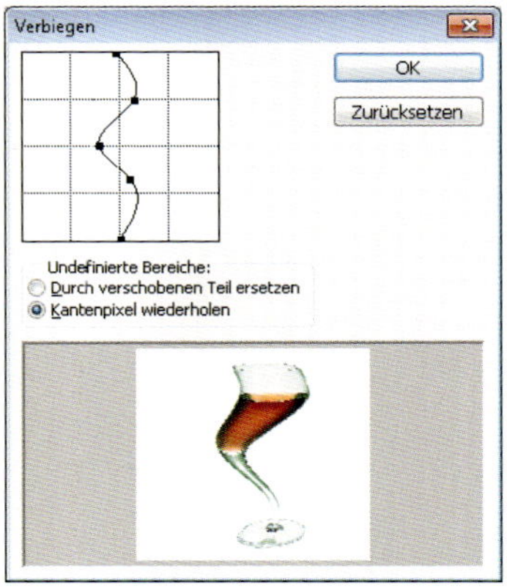

Abbildung 14.14
Beim Filter *Verbiegen* ziehen Sie eine Kurve, um die Stärke der Verzerrung zu bestimmen.

Mit den Verzerrungsfiltern, die Sie teils direkt im *Filter*-Menü, teils auch in der Filtergalerie finden, versehen Sie Ihre Bilder mit dreidimensionalen und anderen geometrischen Verzerrungseffekten, zum Beispiel:

- Mit dem Filter *Weiches Licht* lassen Sie Ihr Bild so wirken, als würde es durch einen weichen Lichtfilter betrachtet.
- Durch den Filter *Versetzen* versetzen Sie Bildbereiche mit den Helligkeitswerten eines zweiten Bilds. Im Anschluss finden Sie ein Beispiel für den Einsatz dieses Filters.
- Der Filter *Glas* erweckt den Eindruck, als würde man Ihr Bild durch eine bestimmte (auswählbare) Glasstruktur betrachten.
- Der Filter *Polarkoordinaten* erzeugt die im 18. Jahrhundert beliebte Anamorphose. Sie erstellen damit ein Bild, das normal aussieht, wenn es durch einen Spiegelzylinder betrachtet wird, bei normaler Betrachtung erscheint es hingegen verzerrt. Der Filter eignet sich aber auch für allerlei Spezialeffekte oder zur Erzeugung von geometrischen Formen.
- Mit dem Verzerrungsfilter *Wölben* projizieren Sie Ihr Bild bzw. eine Auswahl auf eine Kugel bzw. einen Zylinder. 100% ergibt dabei eine exakte Kugel bzw. einen exakten Zylinder, während negative Werte zu einer Eintiefung führen.

Abbildung 14.15
Links: Ausgangsbild.
Mitte: Polarkoordinaten *Rechteckig > Polar*.
Rechts: *Polar > Rechteckig*

Abbildung 14.16
Links: Ausgangsbild.
Mitte: *Rechteckig > Polar*.
Rechts: *Polar > Rechteckig*

Planetoiden erzeugen

Ein beliebtes Anwendungsgebiet des Filters *Polarkoordinaten* sind Miniplaneten, die Sie mit wenigen Arbeitsschritten erzeugt haben:

Abbildung 14.17
Am besten funktioniert ein 360°-Panorama.

- Suchen Sie sich ein Bild, das mindestens doppelt so breit wie hoch ist, am besten noch breiter. Außerdem sollten der untere und der obere Bildteil möglichst wenig Details enthalten und die linke und die rechte Bildkante sollten möglichst deckungsgleich sein. Perfekt wäre ein 360-Grad-Panorama.
- Wählen Sie *Bild* → *Bildgröße* und deaktivieren Sie das Kontrollkästchen *Proportionen beibehalten*. Geben Sie für *Breite* und *Höhe* identische Abmessungen ein und bestätigen Sie mit *OK*.
- Wählen Sie *Bild* → *Bilddrehung* → *180 Grad*.
- Wählen Sie *Filter* → *Verzerrungsfilter* → *Polarkoordinaten* und aktivieren Sie das Optionsfeld *Rechteckig -> Polar*.
- Zum Schluss retuschieren Sie eventuelle Nahtstellen mit dem Kopierstempel-Werkzeug (siehe Kapitel 15).

Abbildung 14.18
Der Effekt ist mit wenigen Menübefehlen fertiggestellt.

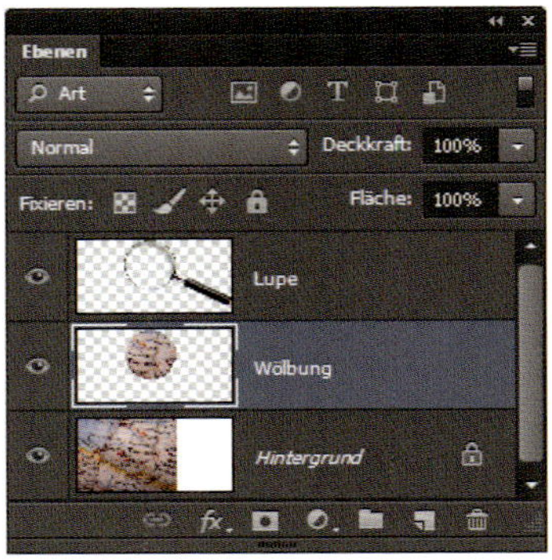

Abbildung 14.19
Der Bildbereich unter der halbtransparenten Lupe wurde ausgewählt und in eine neue Ebene kopiert. Mit einem [Strg]/[⌘]-Klick auf das Ebenensymbol wurde die runde Kontur der Ebene ausgewählt.

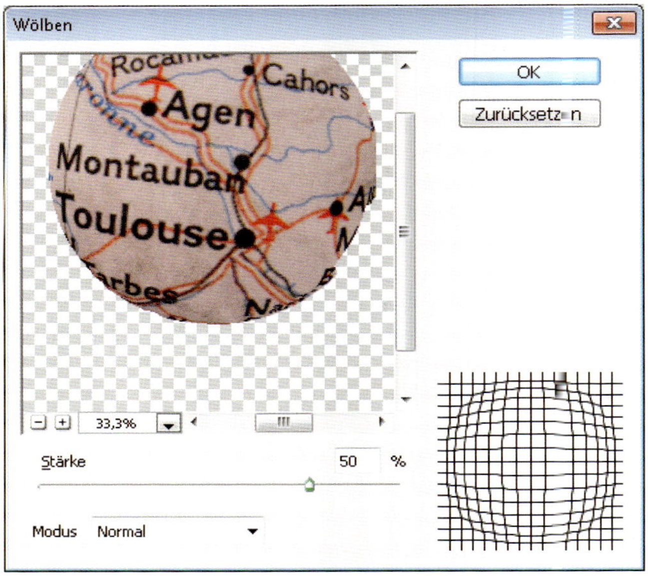

Abbildung 14.20
Der ausgewählte Bereich erhielt eine Wölbung.

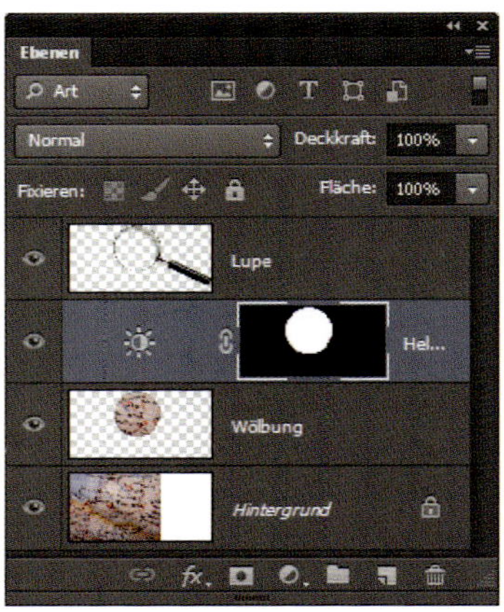

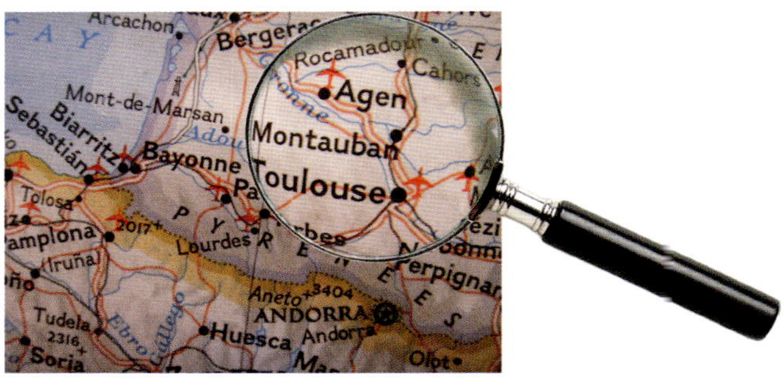

Abbildung 14.21
Zum Schluss wurde die Ebene per *Helligkeit/Kontrast*-Einstellungsebene aufgehellt.

Ein Bild auf einen Untergrund projizieren

Der Verzerrungsfilter *Versetzen* verschiebt die Pixel der oberen Ebene so, dass sie scheinbar den Kurven oder der Textur der darunterliegenden Ebene folgt. So können Sie beliebige Elemente wie Texte, Vektorformen oder anderes perfekt jedem Hintergrund anpassen. Im Beispiel projizieren wir ein Bild auf eine textile Struktur mit ausgeprägtem Faltenwurf.

1. Öffnen Sie die Textilstruktur und das gewünschte Bild.
2. Konvertieren Sie die Textilstruktur mit *Bild* → *Korrekturen* → *Schwarzweiß* in ein Graustufenbild.

Weitere Einsatzgebiete
Es liegt auf der Hand, dass dieser Filter sich nicht nur für die im Beispiel gezeigte Aufgabe eignet, sondern auch für die Darstellung von Schattenwürfen, Tattoos oder Graffiti an einer rauen Wand.

Abbildung 14.22
Original

Textil.jpg

Abbildung 14.23
Dieses Bild soll auf das Textilfoto projiziert werden.

Muster.jpg von Kristine Kamm

3. Ordnen Sie beide Dokumente nebeneinander an.
4. Aktivieren Sie das Dokument mit dem Bild, drücken Sie die Tastenkombination Strg/⌘ + A und ziehen Sie die Auswahl mit dem Verschieben-Werkzeug auf die Textilstruktur.
5. Skalieren Sie die obere Ebene etwas kleiner.

Abbildung 14.24
Legen Sie das Motiv auf den Hintergrund.

6. Blenden Sie die obere Ebene mit einem Klick auf ihr Augensymbol aus und aktivieren Sie die Hintergrundebene.
7. Wählen Sie *Bild* → *Duplizieren*. Aktivieren Sie das Kontrollkästchen *Nur zusammengefügte Ebenen duplizieren* und klicken Sie auf *OK*.
8. Wählen Sie *Filter* → *Weichzeichnungsfilter* → *Gaußscher Weichzeichner* und erhöhen Sie den Radius so weit, dass die Textilstruktur im neuen Bild deutlich weichgezeichnet wirkt.

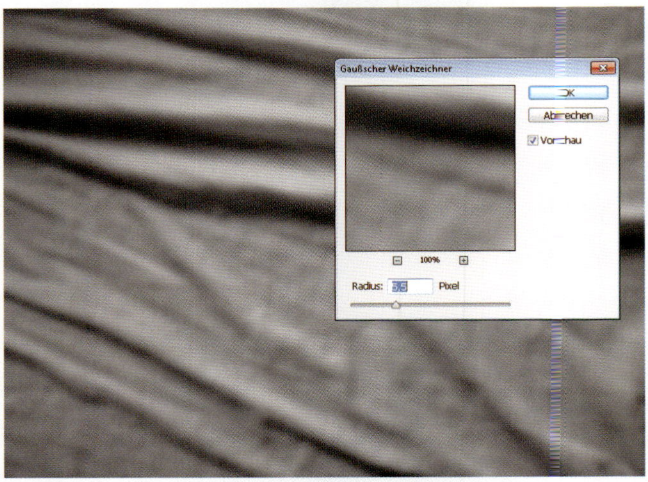

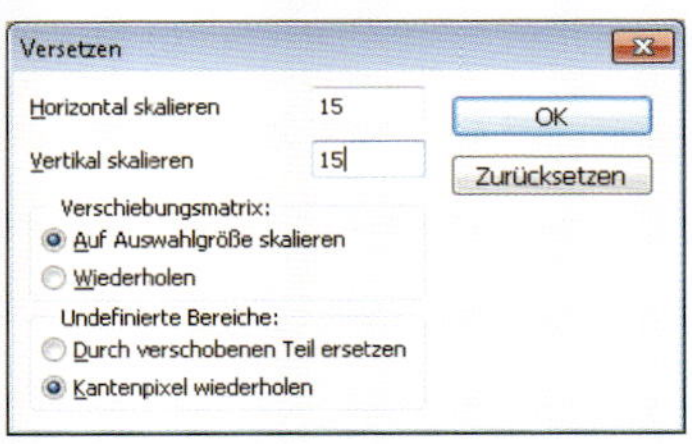

Abbildung 14.25
Stellen Sie die horizontale und vertikale Skalierung ein.

9. Speichern Sie dieses Bild als Verschiebungsmatrix im PSD-Dateiformat und schließen Sie es.
10. Aktivieren Sie die Originaldatei. Wenden Sie auf die weiterhin aktivierte Hintergrundebene den Befehl *Filter* → *Verzerrungsfilter* → *Versetzen* an.

11. Im folgenden Dialogfeld setzen Sie die horizontale und die vertikale Skalierung umso höher, je ausgeprägter der Faltenwurf und je mehr Pixel Ihr Bild enthält. Für das Beispiel wählen Sie für beide Werte *15*. Klicken Sie auf *OK*.
12. Im folgenden Dialogfeld wählen Sie die vorhin gespeicherte Verschiebungsmatrix aus und klicken auf *Öffnen*.
13. Blenden Sie die obere Ebene wieder ein und aktivieren Sie sie.
14. Wählen Sie den Mischmodus *Ineinanderkopieren*.
15. Wenden Sie auch auf diese Ebene den *Versetzen*-Filter mit denselben Einstellungen an (am schnellsten geht dies mit der Tastenkombination Strg/⌘ + F.

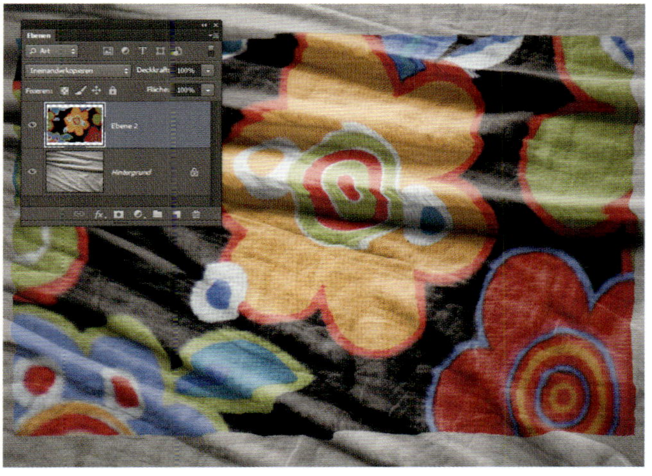

Abbildung 14.26
Die Verschiebungsmatrix wurde auf beide Ebenen angewandt.

16. Klicken Sie mit gedrückter Strg/⌘-Taste auf die obere Ebene, um den Ebeneninhalt auszuwählen.
17. Doppelklicken Sie mit gedrückter Alt-Taste auf die Hintergrundebene und klicken Sie auf das Symbol *Ebenenmaske hinzufügen*.

Abbildung 14.27
Das fertige Beispiel

Abbildung 14.28
Original, *Farbraster, Kristallisieren, Punktieren*

14.9 Rauschfilter einsetzen

Mit dieser Filtergruppe, die Sie unter *Filter → Rauschfilter* finden, fügen Sie Störungen (per Zufall verteilte Pixel) zu Ihren Bildern hinzu oder Sie entfernen Störungen aus einem Bild, beispielsweise Staub und Kratzer. Im nächsten Kapitel sehen Sie einige sinnvolle Einsatzgebiete für die Rauschfilter.

14.10 Vergröberungsfilter einsetzen

Mit den Vergröberungsfiltern, die Sie direkt im *Filter*-Menü finden, weisen Sie Ihrem Bild bzw. Ihrer Auswahl verschiedene vergröbernde Effekte zu. Bei diesen Filtern werden Pixel mit ähnlichen Farbwerten zu (Raster-)Zellen zusammengefasst, beispielsweise:

- Mit dem Filter *Farbraster* simulieren Sie ein grobes Raster, wie es z.B. beim nahen Herantreten an Großplakate sichtbar wird, für jeden einzelnen Kanal.
- Mit dem Filter *Kristallisieren* werden jeweils mehrere Pixel zu polygonförmigen Farbflächen zusammengefasst.
- Beim Filter *Mosaikeffekt* fasst Photoshop die Pixel hingegen zu quadratischen Flächen zusammen. Das Ergebnis sieht aus, als hätte man eine niedrig aufgelöste Bilddatei vergrößert.

Auf das ganze Bild angewandt wirken die Vergröberungseffekte häufig etwas fad. Eine relativ unaufwändige Methode, die meist interessante Ergebnisse bringt: Rastern Sie einfach nur einen der Farbkanäle des Bilds auf:

1. Zeigen Sie das Bedienfeld *Kanäle* an und wählen Sie in dieser den Kanal, den Sie mit dem Effekt versehen möchten.
2. Wählen Sie in der Filtergalerie den gewünschten Vergröberungsfilter – zum Beispiel *Farbraster*. Experimentieren Sie mit einem relativ hohen Radius in diesem Farbkanal, denn der Gesamteindruck des Bilds bleibt durch die übrigen Kanäle erhalten.

Sehr reizvoll wirken die Vergröberungsfilter auch, wenn Sie sie auf eine Ebenenmaske anwenden:

1. Doppelklicken Sie auf die Hintergrundebene und klicken Sie auf *OK*, um sie in eine normale Ebene umzuwandeln.
2. Ziehen Sie im Bild mit dem Lasso eine Auswahl mit breiter weicher Kante auf.

3. Klicken Sie am unteren Rand des Ebenen-Bedienfelds auf das Symbol *Neue Ebenenmaske erstellen*.
4. Aktivieren Sie die Ebenenmaske und wählen Sie in der Filtergalerie den Filter *Farbraster*.

Abbildung 14.29
Der Vergröberungsfilter *Farbraster* wirkt besonders gut, wenn er nicht auf das gesamte Bild angewandt wird.

Probieren Sie dasselbe auch mit den Vergröberungsfiltern *Kristallisieren* und *Mosaikeffekt*.

14.11 Renderfilter einsetzen

Mit diesen Filtern, die Sie direkt im *Filter*-Menü finden, bringen Sie Lichtreflexionen auf Ihre Bilder, erstellen eine große Anzahl von Beleuchtungs- und Struktureffekten sowie Wolken- und andere Muster.

Der Filter *Wolken* beispielsweise ist immer dann geeignet, wenn Sie unregelmäßige, diffuse Strukturen ins Bild bringen möchten.

Abbildung 14.30
So erzeugen Sie einen Wolkenhimmel: Setzen Sie die Hintergrundfarbe auf ein Himmelblau, die Vordergrundfarbe auf Weiß. Wählen Sie *Filter* → *Renderfilter* → *Wolken*. Drücken Sie [Strg]/[⌘] + [A] und wählen Sie *Bearbeiten* → *Transformieren* → *Perspektivisch*. Ziehen Sie einen der oberen Anfasser waagerecht nach außen. Bestätigen Sie mit [↵].

Blendenflecke ins Bild rechnen

- Mit dem Renderfilter *Blendenflecke* peppen Sie zu »glatt« und künstlich wirkende Bilder schnell auf. Der Filter simuliert die Gegenlichtreflexe, die entstehen, wenn Sie direkt ins Licht fotografieren. In der Dialogbox dieses Filters passen Sie die Blendenflecke auf vielfältige Weise an. Leider ist der Filter etwas unflexibel, weil Sie die Position des Blendenflecks nachträglich nicht mehr ändern können. Aus diesem Grund verwenden Sie die Funktion als Smart-Filter oder Sie wenden den Blendenfleck auf einer neuen, neutralgrau gefüllten Ebene mit dem Modus *Hartes Licht* an. So zaubern Sie mit diesem Filter beispielsweise eine Sonnenscheibe ins Bild:

1. Erzeugen Sie eine neue, leere Ebene mit dem Modus *Hartes Licht*.
2. Wählen Sie *Bearbeiten* → *Fläche füllen* → *50 % Grau*.
3. Wählen Sie *Filter* → *Renderfilter* → *Blendenflecke* mit der Option *105 mm* und einer Helligkeit von 120 %.

4. Ziehen Sie den Effekt im Vorschaubild der Dialogbox an die Stelle, an der er im Bild erscheinen soll.
5. Öffnen Sie die Dialogbox erneut und wählen Sie jetzt die Option *50-300 mm Zoom* mit einer *Helligkeit* von 150 %.
6. Nun aktivieren Sie das *Pinsel*-Werkzeug und versehen es dann mit einer runden Spitze, einer Kantenschärfe von 95 % und einem Hauptdurchmesser, der der gewünschten Sonnengröße entspricht.
7. In den Optionen des *Pinsel*-Werkzeugs wählen Sie eine *Deckkraft* von 50 %.
8. Setzen Sie die Vordergrundfarbe auf Weiß.
9. Klicken Sie einmal oder mehrmals exakt in das Zentrum des Blendenflecks.

Abbildung 14.31
Original

Abbildung 14.32
Fügen Sie zwei unterschiedliche Blendenflecke hinzu. Klicken Sie die Sonne dann mit dem *Pinsel*-Werkzeug in das Zentrum des Blendenflecks.

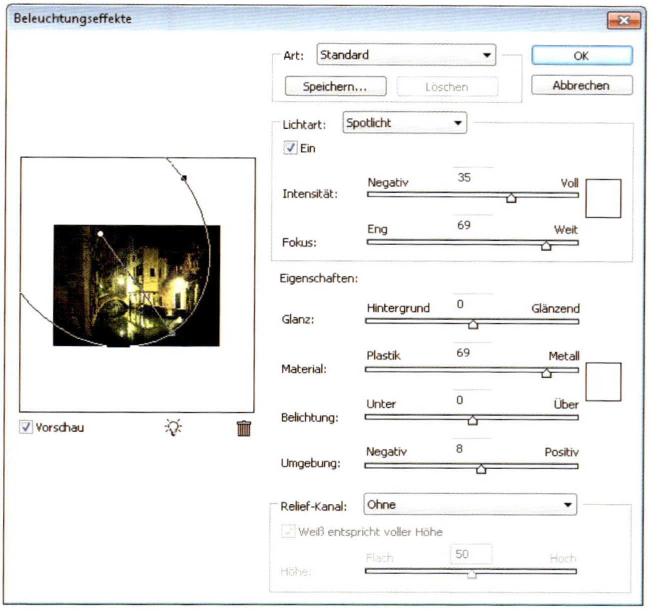

Abbildung 14.33
Stimmungsvolle Beleuchtungseffekte erzielen Sie mit dem entsprechenden Filter.

Bei Innen-, aber auch Außenaufnahmen wirken die *Beleuchtungseffekte* unter Umständen besonders interessant. Der Filter kann dramatische Änderungen schaffen – Ihr Bild in warmes, geheimnisvolles oder unheilverkündendes Licht tauchen, unerwünschte Bildteile ausblenden, für eine spannende Atmosphäre sorgen und vieles mehr.

Prinzipiell bestehen die Beleuchtungseffekte aus einer oder mehreren Lichtquellen und dem Umgebungslicht. Diese Parameter und den Standort der Lichtquelle stellen Sie in der Dialogbox des Filters frei ein oder wählen Sie aus dem Listenfeld einen der vordefinierten Stile.

Mit dem Renderfilter *Fasern* versehen Sie Ihre Bilder mit einer Struktur, die an Woll- oder sonstige Fasern erinnert.

Abbildung 14.34
Original, *Extrudieren, Kacheleffekt, Konturen finden*

14.12 Stilisierungsfilter einsetzen

Die Stilisierungsfilter, die Sie teils direkt im *Filter*-Menü, teils auch in der Filtergalerie finden, versehen Ihre Bilder mit verschiedenen grafischen Effekten, zum Beispiel:

- Der Filter *Extrudieren* projiziert Ihr Bild auf ein Feld dreidimensionaler Elemente.
- Beim *Kacheleffekt* wird Ihr Bild in einzelne, unregelmäßig versetzte Elemente zerlegt.
- *Relief* lässt Ihr Bild geprägt oder hervorgehoben erscheinen.
- Der *Windeffekt* verschiebt Pixel horizontal nach links oder nach rechts.

14.13 Strukturierungsfilter einsetzen

Mit Strukturierungsfiltern in der Filtergalerie erhalten Ihre Bilder Tiefe bzw. ein organisches Aussehen. Sie versehen sie beispielsweise mit Rissen oder einer Körnung oder zerlegen sie in kleine Kacheln.

14.14 Weichzeichnungs- und Scharfzeichnungsfilter einsetzen

Mit diesen Filtern direkt im *Filter*-Menü schärfen Sie verschwommene, unscharfe Bilder oder Bildbereiche, indem Sie den Kontrast benachbarter Pixel erhöhen. Mehr über diese Filter erfahren Sie im nächsten Kapitel.

Abbildung 14.35
So erzeugen Sie ein Puzzle:

Original von Philipp Engelmann

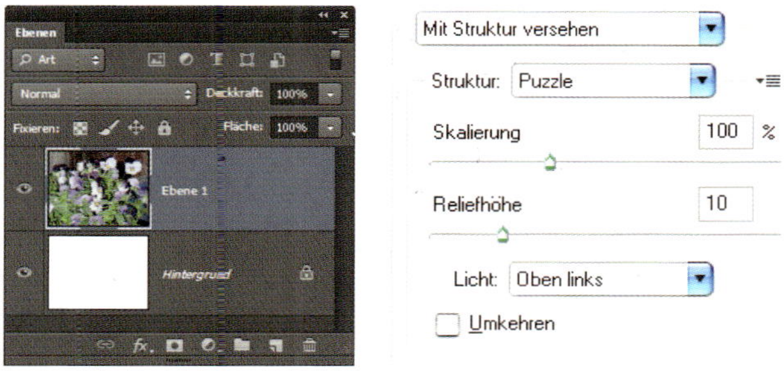

Abbildung 14.36
Links: Duplizieren Sie die Hintergrundebene mit dem Bild. Füllen Sie die Hintergrundebene weiß. Rechts: Markieren Sie die obere Ebene und wählen Sie *Filter* → *Filtergalerie* → *Strukturierungsfilter* → *Mit Struktur versehen*. Klicken Sie auf die Schaltfläche ▾≡ neben dem Popup-Menü *Struktur* und wählen Sie *Struktur laden*. Laden Sie eine Puzzlestruktur im PSD-Format (über eine Internetsuche werden Sie bestimmt fündig).

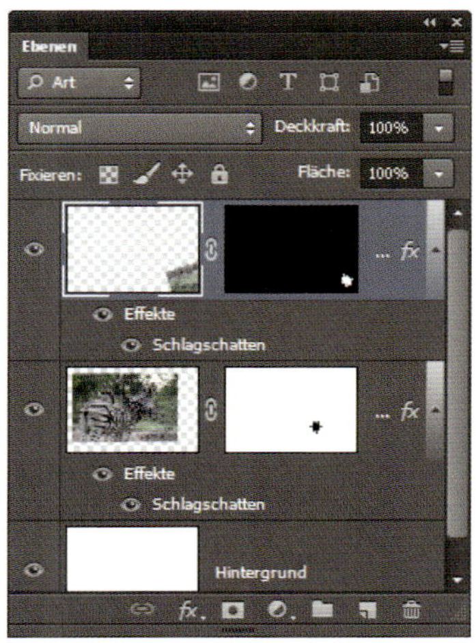

Abbildung 14.37
Passen Sie die Parameter nach Wunsch an und klicken Sie auf OK. Vergrößern Sie gegebenenfalls die Arbeitsfläche, wählen Sie ein Puzzleteilchen aus, ziehen Sie es aus dem Bild und drehen Sie es.

14.15 Zeichenfilter einsetzen

Auch die Zeichenfilter in der Filtergalerie eignen sich, wenn Sie Ihren Bildern ein »handgemachtes«, in diesem Fall gezeichnetes Aussehen verleihen möchten.

Verwenden Sie dafür beispielsweise die Zeichenfilter *Kreide & Kohle*, *Conté-Stifte*, *Strichumsetzung*, *Kohleumsetzung* oder *Fotokopie*, der Ihre Bilder aussehen lässt wie eine schlechte Fotokopie.

Außerdem können Sie Ihre Bilder mit Strukturen versehen, beispielsweise für 3D-Effekte (Filter *Prägepapier*).

Für viele Zeichenfilter wird die aktuell eingestellte Vorder- und Hintergrundfarbe verwendet.

Abbildung 14.38
Links: Original, rechts: *Stempel*, unten links: *Kohleumsetzung*, unten rechts: *Feuchtes Papier*.

14.16 Sonstige Filter verwenden

Mit den Filtern im Menü *Filter* → *Sonstige Filter* erzeugen Sie eigene Filter, setzen Filter zum Verändern von Masken ein, verschieben eine Auswahl im Bild und nehmen schnelle Farbkorrekturen vor.

- In der Dialogbox *Eigener Filter* legen Sie die sogenannte Faltung für jedes Pixel fest. Darunter versteht man die Anpassung der Helligkeitswerte des Pixels mit einer vordefinierten mathematischen Operation, wobei jedes Pixel einen Wert auf der Grundlage der umgebenden Pixel erhält. Der eigene Filter kann dann gespeichert und auf Bilder angewandt werden.
- Der *Hochpass*-Filter sorgt dafür, dass Details von Kanten im angegebenen Radius mit deutlichen Farbübergängen bestehen bleiben. Der Rest des Bilds verschwindet. Den Hochpassfilter können Sie beispielsweise für das Herausarbeiten von Details verwenden.
- Die Filter *Dunkle Bereiche vergrößern* und *Helle Bereiche vergrößern* verwenden Sie wie in Kapitel 12 beschrieben, um weiße oder schwarze Bereiche in Alphakanälen und Ebenenmasken gleichmäßig zu verändern.

15

Bild: Björn Lilie

BILDER RETUSCHIEREN UND OPTIMIEREN

Bevor Ihre Bilder gedruckt oder im Internet veröffentlicht werden, müssen sie für eine optimale Wiedergabequalität meist noch bearbeitet werden. Photoshop bietet Ihnen leistungsfähige Werkzeuge, um zum Beispiel Tonwerte zu korrigieren und die Farbbalance zu optimieren, sowie ausgefeilte Retuschewerkzeuge.

15.1 Bildnachbearbeitung Schritt für Schritt

Beim Optimieren gescannter oder auf andere Weise digitalisierter Bilder ist es eine Hilfe, eine bestimmte Reihenfolge einzuhalten. Dann erzielen Sie als Einsteiger erfahrungsgemäß die besten Ergebnisse und Sie arbeiten recht zeitsparend.

- Stellen Sie das Bild mit dem *Freistellungswerkzeug* frei. Dabei können Sie es gleich drehen und geraderichten.
- Entfernen Sie gegebenenfalls Bildrauschen und retuschieren Sie Verunreinigungen des Objektivs, Falten, Kratzer usw.
- Korrigieren Sie gegebenenfalls die Tonwerte, entweder über die *Tonwertkorrektur* oder über die *Gradationskurve*.
- Anschließend sind eventuelle Farbstiche an der Reihe. Um diese zu entfernen oder hinzuzufügen, verwenden Sie die *Gradationskurve, die Farbbalance* oder die *Selektive Farbkorrektur*.
- Nach dieser allgemeinen Farbkorrektur ändern Sie gegebenenfalls gezielt die Farbe einzelner Bildbereiche.
- Falls Sie das Bild in CMYK benötigen, ist nun der richtige Zeitpunkt gekommen, es in diesen Modus umzurechnen.
- Zum Schluss schärfen Sie Ihr Bild.

15.2 Bildretusche

Bevor Sie die Farben und die Schärfe Ihres Bilds optimieren, entfernen Sie eventuelle Problemzonen wie Staub, Kratzer, störende Elemente und Bildrauschen. Wenn Sie diese Arbeit als Erstes durchführen, erzielen Sie ein glaubwürdigeres Ergebnis.

Rauschen reduzieren

Die Phänomene des Bild- oder Farbrauschens entstehen beispielsweise bei hoher ISO-Empfindlichkeit des verwendeten Films bzw. der Digitalkamera. Bis zu einem bestimmten Grad lässt sich dieses Problem ganz gut in Photoshop korrigieren – allerdings müssen Sie mit einem gewissen Weichzeichnungseffekt rechnen.

Ein Mittel gegen Bildrauschen ist der Befehl *Filter → Rauschfilter → Rauschen reduzieren.*

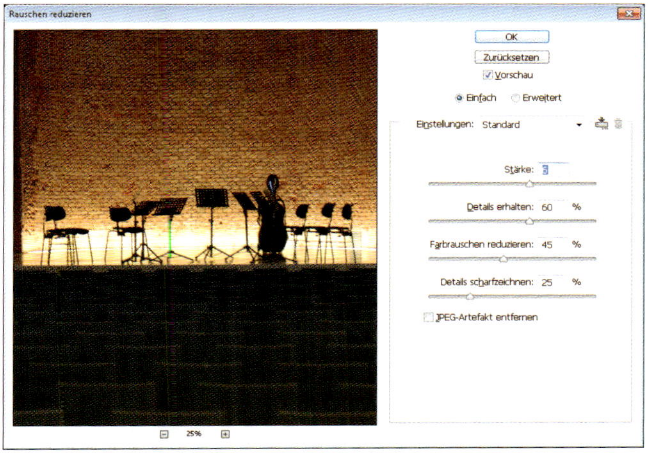

Abbildung 15.1
Die Dialogbox des Filters *Rauschen reduzieren*

Bild: Kristine Kamm

Die Dialogbox enthält Regler für die Stärke des Effekts, den Erhalt der Detailzeichnung, die Reduktion der Störungen und die Schärfung der Details. Über das Kontrollkästchen unten rechts reduzieren Sie die Artefakte, die bei zu starker JPG-Kompression auftreten.

Aktivieren Sie im Modus *Erweitert* das Kontrollkästchen *Pro Kanal*, können Sie das Korn sogar in den einzelnen Kanälen entfernen – diese Möglichkeit ist wichtig, weil sich das Rauschen häufig im Blaukanal stärker zeigt als in den anderen Kanälen.

Gegebenenfalls speichern Sie Ihre Einstellungen über das Diskettensymbol im rechten oberen Bereich als Voreinstellung, die Sie später über das Popup-Menü *Einstellung* wieder abrufen können.

Haben Sie mit dem Filter *Rauschen reduzieren* keinen Erfolg, können Sie die folgenden Maßnahmen ausprobieren.

- Verwenden Sie den Filter *Rauschen entfernen*, um das Bild/die Auswahl weichzuzeichnen – aber ohne die Konturen. Gegebenenfalls können Sie den Befehl auch mehrmals hintereinander anwenden.
- Die starken Helligkeitsunterschiede der einzelnen Pixel in verrauschten Bildern mildern Sie mit dem Filter *Helligkeit interpolieren.*
- Eine weitere Möglichkeit sind die Weichzeichnungsfilter *Matter machen* und *Selektiver Weichzeichner.*
- Bei lokalen Problemen verwenden Sie das *Weichzeichner*-Werkzeug (mehr darüber weiter hinten).

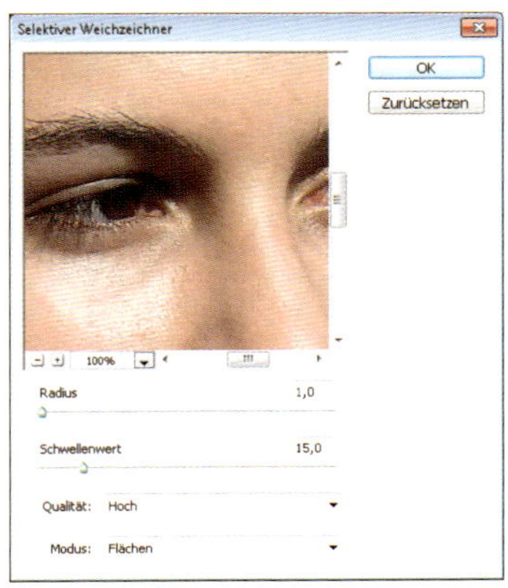

Abbildung 15.2
Die Dialogbox des Filters *Selektiver Weichzeichner.*

Abbildung 15.3
Störende Gegenstände aus einem Bild entfernen – eine Aufgabe für den Kopierstempel.

Bild: Kristine Kamm

Mit dem Kopierstempel retuschieren

Das *Kopierstempel*-Werkzeug dient in erster Linie zum Retuschieren von Bildern. Sie kopieren mit diesem Werkzeug unversehrte Bildbereiche über den beschädigten Bereich. So lassen sich Knicke, Staub und Fusseln oder auch unerwünschte Gegenstände oder Personen aus Ihrem Bild entfernen.

Der Kopierstempel eignet sich vor allem für Retuschen an Kontrastkanten und in Bereichen mit starken Farbunterschieden. Hier sind die im Anschluss vorgestellten Werkzeuge *Reparatur-Pinsel, Ausbessern-Werkzeug* und *Bereichsreparatur-Pinsel* manchmal weniger geeignet.

1. Aktivieren Sie im *Werkzeuge*-Bedienfeld das *Kopierstempel*-Werkzeug. Stellen Sie über die Optionenleiste die gewünschten Optionen ein.
2. Drücken Sie die Alt-Taste und klicken Sie mit dem Fadenkreuz-Mauszeiger auf einen unversehrten Bereich, um diesen zu kopieren.
3. Geben Sie die Alt-Taste frei. Anschließend klicken Sie im Bild auf die Stelle, die Sie retuschieren möchten.
4. Neben der Werkzeugspitze an der vorher angeklickten Stelle erscheint ein Kreuz, das den Kopierursprung zeigt.
5. Ziehen Sie mit gedrückter Maustaste ein Stückchen weiter. Das Fadenkreuz wandert mit und kopiert die Bildstellen, über die es sich bewegt. Gleichzeitig werden diese Stellen den Bereichen, über die Sie mit der Maus fahren, zugewiesen.

In der Grundeinstellung ist in der Optionenleiste des Kopierstempel-Werkzeugs das Kontrollkästchen *Ausgerichtet aufnehmen* aktiviert. Das bedeutet, dass der Kopierstempelursprung auch nach dem Loslassen der Maustaste und erneutem Klicken mitwandert. Diese Option eignet sich, wenn Sie beispielsweise ein komplettes Bild an eine andere Stelle kopieren möchten.

Deaktivieren Sie das Kontrollkästchen, wird der Aufnahmebereich jedes Mal wieder vom Kopierursprung aus aufgetragen, wenn Sie das Werkzeug absetzen und dann wieder klicken.

Ebenso wichtig ist die Möglichkeit, in der Optionenleiste festzulegen, aus welchen Ebenen Sie Pixel aufnehmen möchten. Im Popup-Menü am rechten Rand der Optionenleiste wählen Sie zwischen *Aktuelle Ebene*, *Alle Ebenen* sowie *Aktuelle und darunter liegende Ebene*.

Abbildung 15.4
Nachdem Sie eine entsprechende Werkzeugspitze gewählt und den Kopierstempelursprung festgelegt haben, ziehen Sie mit gedrückter Maustaste über den Bildbereich, in den der vom Kopierstempel kopierte Bereich eingefügt werden soll. Das kann auch – wie hier – ein neues Dokument sein. Das Fadenkreuz wandert mit und kopiert immer neue Bereiche, die gleichzeitig an der Stelle eingefügt werden, die Sie mit gedrückter Maustaste überfahren.

Bild: Kristine Kamm

Die zuletzt genannte Option ist besonders interessant, weil Sie damit zerstörungsfreie Retuschen durchführen können: Legen Sie einfach eine neue, leere Ebene über die Ebene, die Sie retuschieren möchten, und wählen Sie *Aktuelle und darunter*. Sind Sie mit Ihren Retuschen nachträglich nicht zufrieden, können Sie die obere Ebene mit `Strg`/`⌘` + `A` und `Entf` wieder leeren und von vorne beginnen bzw. nur Teile der Retusche mit dem Radiergummi löschen.

Mehrere Aufnahmequellen verwenden

Der Kopierstempel beschränkt Sie keineswegs auf einen einzigen Quellbereich. Die Kopierquellen können sogar aus unterschiedlichen Bildern stammen. Wenn Sie für schwierigere Retuschearbeiten mehrere Quellbereiche festlegen und nach Bedarf einsetzen möchten, gehen Sie folgendermaßen vor:

- Wählen Sie *Fenster* → *Kopierquelle*.
- Im oberen Bereich dieses Bedienfelds sehen Sie fünf Stempelsymbole. Mit jedem dieser Symbole können Sie eine Kopierquelle festlegen: Klicken Sie zuerst auf eines der Symbole und dann mit gedrückter `Alt`-Taste in ein geöffnetes Bild, um eine neue Kopierquelle festzulegen.
- Aktivieren Sie dazu noch das Kontrollkästchen *Überlagerung anzeigen*, sehen Sie eine Überlagerung des Bereichs, den Sie gerade klonen. So haben Sie mehr Kontrolle über Ihre Arbeit. Über das Feld *Deckkraft* regulieren Sie die Darstellung dieser Überlagerung.
- Über die Felder *B* und *H* und das darunterliegende Feld *Kopierquelle drehen* lässt sich die Kopierquelle sogar prozentual verkleinern oder vergrößern sowie drehen, so dass Sie beispielsweise eine verkleinerte oder vergrößerte Version des Originals zum Klonen verwenden können.

Abbildung 15.5
Bei Bedarf zeigen Sie eine Überlagerung des Quellbereichs im Bild an. Im Bedienfeld *Kopierquelle* können Sie auch mehrere Kopierquellen definieren.

Abbildung 15.6
Legen Sie fest, in welchen Ebenen Sie retuschieren möchten.

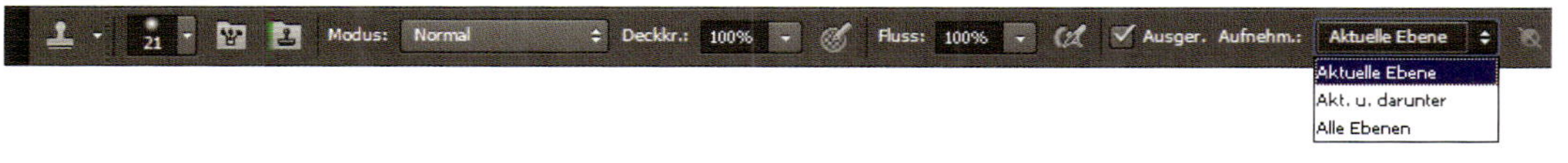

Stempelretusche an schwierigen Kanten

Bei der Verwendung des Stempel-Werkzeugs zur Retusche von Bildbereichen kommt es recht häufig vor, dass Sie versehentlich in unerwünschte Bereiche hineinstempeln.

Im abgebildeten Beispiel soll der ziemlich ausgewaschene Himmel im oberen Bild eine attraktivere Farbe und eine Wolkenstruktur erhalten, die wir aus dem unteren Bild entnehmen.

Abbildung 15.7
Original

Muehle.jpg

Abbildung 15.8
Original

LaGraciosa.jpg
von Christoph Kommer

Weil der neue Himmel dunkler ist als der Himmel, in den er retuschiert werden soll, aber heller als der Wald darunter, können Sie hier sehr gut im Modus *Abdunkeln* des Kopierstempels arbeiten: In diesem Modus funktioniert der Kopierstempel nur dann, wenn die aufgenommene Stelle dunkler ist als der übermalte Bereich. Sie können also gefahrlos den ausgewaschenen Himmelsbereich übermalen, ohne befürchten zu müssen, dass Sie auch etwas von den Gebäuden und der Vegetation übermalen.

1. Ordnen Sie beide Bilder nebeneinander an und aktivieren Sie das Bild mit dem ausgewaschenen Himmel.
2. Aktivieren Sie das *Kopierstempel*- Werkzeug. In der Optionenleiste wählen Sie aus dem Popup-Menü *Modus* die Option *Abdunkeln*. Reduzieren Sie die Deckkraft auf ca. 60%.

Abbildung 15.9
Als *Modus* wählen Sie *Abdunkeln*.

3. Aktivieren Sie das Quellbild und halten Sie die Alt-Taste gedrückt. Klicken Sie in die linke obere Bildecke.
4. Aktivieren Sie das Zielbild mit dem ausgewaschenen Himmel und beginnen Sie, in der linken oberen Bildecke zu malen.
5. Malen Sie weiter, ohne abzusetzen, bis Sie den Himmel fertig retuschiert haben.

Abbildung 15.10
Die fertige Bearbeitung

Ebenso nützlich kann der Modus *Aufhellen* sein. Dann malt der Kopierstempel nur dann, wenn die aufgenommene Stelle heller ist als der übermalte Bereich.

Bildretusche mit Reparatur-Pinsel und Ausbessern-Werkzeug

Wenn Sie mit dem *Kopierstempel* nicht vorsichtig umgehen, erscheinen schnell Farbsäume im Bild, wodurch Ihre Retuschearbeiten unglaubwürdig und offensichtlich erscheinen. Bei den Werkzeugen *Reparatur-Pinsel* und *Ausbessern-Werkzeug* ist diese Gefahr wesentlich geringer. Beide Werkzeuge befinden sich in derselben Gruppe des *Werkzeuge*-Bedienfelds.

Nicht destruktive Retuschen
Auch der *Reparatur-Pinsel* bietet die beim Kopierstempel erläuterte Möglichkeit, auf der aktuellen und der darunterliegenden Ebene zu retuschieren und auf diese Weise nicht destruktive Retuschen durchzuführen (siehe Seite 414). Die Möglichkeit, mehrere Kopierquellen festzulegen, ist in diesem Werkzeug ebenfalls gegeben.

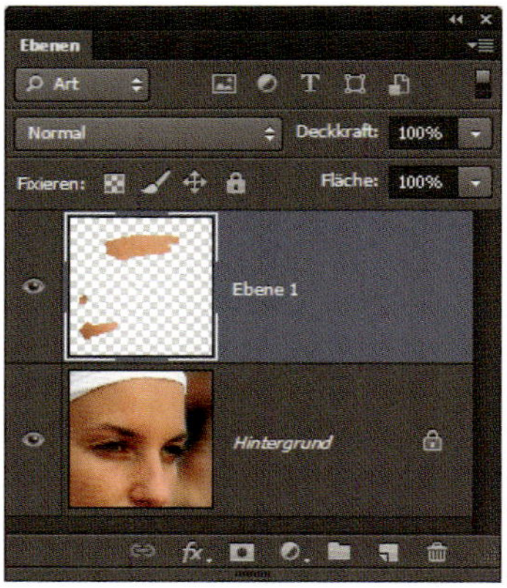

Abbildung 15.11
Auch mit dem *Reparatur-Pinsel* sind nicht destruktive Retuschen möglich: Sie retuschieren auf der oberen, leeren Ebene – und wenn Ihre Retuschen Ihnen nicht gefallen, löschen Sie sie einfach wieder. Wenn sie Ihnen zu stark erscheinen, reduzieren Sie die Deckkraft der oberen Ebene.

Das Reparatur-Pinsel-Werkzeug

Grundsätzlich funktioniert der *Reparatur-Pinsel* wie der *Stempel*. Das Besondere ist jedoch, dass Farbe, Struktur, Beleuchtung und Schattierung der aufgenommenen Pixel an die Quellpixel angepasst werden. So müssen Sie – anders als beim Kopierstempel – nicht befürchten, Farbsäume ins Bild zu bringen.

Allerdings liefern beide Werkzeuge nur in Bereichen ohne allzu starke Farbunterschiede und Kontrastkanten das gewünschte Ergebnis. Typische Einsatzgebiete sind beispielsweise Hautretuschen.

1. Klicken Sie mit gedrückter Alt-Taste auf eine unversehrte Stelle im Bild.
2. Geben Sie die Alt-Taste frei.
3. Fahren Sie mit gedrückter Maustaste über den Bereich, den Sie korrigieren möchten.
4. Während dieses Vorgangs sind deutliche Farbunterschiede zu erkennen. Sobald Photoshop seine Berechnungen abgeschlossen hat, sieht die übermalte Stelle jedoch völlig natürlich aus (vorausgesetzt, dass an dieser Stelle keine kontrastreichen Bildkanten waren).

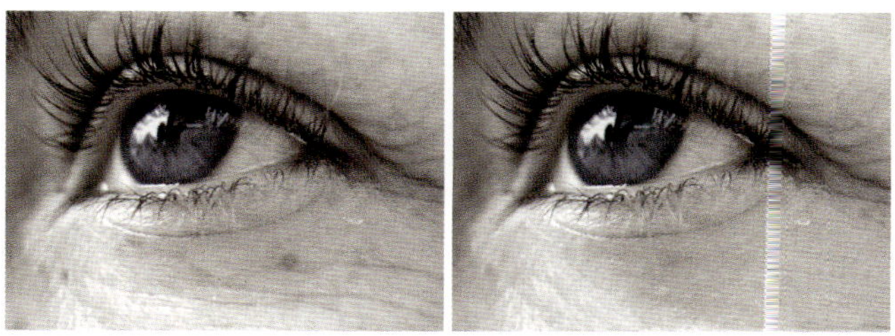

Abbildung 15.12
Die Spuren des Alters (links) lassen sich hervorragend mit dem *Reparatur-Pinsel*-Werkzeug abmildern (rechts) (ganz entfernen sollten Sie sie gerade bei Porträts von älteren Personen nicht; das würde künstlich wirken).

Bildteile mit dem Reparatur-Pinsel austauschen

Aber nicht nur kleine Unregelmäßigkeiten können Sie mit dem Reparatur-Pinsel-Werkzeug ausbessern. Dieses Werkzeug eignet sich auch, wenn Sie Bildteile zwischen zwei

Dokumenten austauschen möchten. Das Besondere ist, dass sich dann die Bereiche aus dem Quellbild perfekt der Textur des Zielbilds anpassen. Beide Bilder müssen in demselben Farbmodus vorliegen.

Abbildung 15.13
Links und Mitte: *Zwei Feuerwerk-Aufnahmen von Björn Lilie.*
Rechts: Mit dem Reparatur-Pinsel-Werkzeug ist es kein Problem, Bildteile zwischen den Fotos auszutauschen, weil sich die kopierten Bereiche automatisch an das Zielbild anpassen.

Das Ausbessern-Werkzeug

Auch das *Ausbessern*-Werkzeug übernimmt Farbe, Struktur, Beleuchtung und Schattierung von der unversehrten Stelle. Allerdings funktioniert dieses Werkzeug etwas anders:

- Nachdem Sie das Werkzeug aktiviert haben, wählen Sie den zu reparierenden Bereich aus – als ob Sie mit dem Lasso arbeiten. Vergewissern Sie sich, dass in der Optionenleiste das Optionsfeld *Quelle* aktiviert ist. Mit gedrückter [⇧]-Taste erweitern Sie die Auswahl jeweils, mit gedrückter [Alt]-Taste verkleinern Sie sie. Halten Sie die Tastenkombination [Alt] und [⇧] gedrückt, erstellen Sie einen Bereich, der mit der vorigen Auswahl überlappt.
- Alternativ wählen Sie den Bereich mit den unversehrten Pixeln, also den Bereich, mit dem Sie die beschädigte Stelle ausbessern möchten. Aktivieren Sie in diesem Fall in der Optionenleiste das Optionsfeld *Ziel*.
- Nun führen Sie die eigentliche Retusche durch: Klicken Sie auf den ausgewählten Bereich und ziehen Sie auf den unversehrten Bildteil, wenn Sie zuvor den beschädigten Bildteil ausgewählt haben. Sobald Sie die Maustaste loslassen, wird der markierte Bildteil mit dem unversehrten repariert. Umgekehrt verfahren Sie, wenn Sie zuvor den unbeschädigten Bildteil markiert haben.

NEU

Seit Photoshop CS6 ist die Funktion *Inhaltsbasiert* nun auch für das *Ausbessern*-Werkzeug verfügbar. Sie kennen diesen Mechanismus bereits vom Befehl *Bearbeiten → Fläche füllen*. Der Vorteil ist, dass Sie anders als bei bei dieser Funktion bestimmen können, aus welchem Bereich die Füllung generiert wird.

Außerdem können Sie im Modus *Inhaltsbasiert* die Retusche auf einer neuen, leeren Ebene durchführen, so dass Ihre Originalpixel von der Bearbeitung unberührt bleiben.

Mit der nachfolgend gezeigten Technik können Sie in vielen Fällen schnell und unkompliziert störende Elemente aus Ihrem Bild entfernen:

1. Klicken Sie am unteren Rand des Ebenen-Bedienfelds auf das Symbol *Neue Ebene erstellen*.
2. Aktivieren Sie das *Ausbessern*-Werkzeug.
3. Wählen Sie aus dem Menü *Ausbessern* in der Optionenleiste des Werkzeugs die Option *Inhaltsbasiert*.
4. Vergewissern Sie sich, dass das Kontrollkästchen *Alle Ebenen aufnehmen aktiviert* ist.
5. Erzeugen Sie eine großzügige Auswahl um den Bereich, den Sie entfernen möchten.
6. Ziehen Sie mit gedrückter Maustaste auf den Bereich, mit dem Sie die ausgewählte Stelle überdecken möchten.
7. Geben Sie die Maustaste nun frei.

Beachten Sie das Popup-Menü *Anpassung*: Hier wählen Sie zwischen fünf Optionen von *Sehr streng* bis *Sehr ungenau*. Wichtig ist, dass Sie diese Anpassung auch nachträglich noch ändern können. Sind Sie also mit dem Ergebnis der Ausbesserung noch nicht ganz zufrieden, versuchen Sie, die *Anpassung* zu ändern.

Abbildung 15.14
Das Pferd soll aus der Alpenlandschaft gelöscht werden – mit dem inhaltsbasierten Ausbessern eine relativ leichte Übung.

Bild: Christoph Kommer

Bildretusche

Abbildung 15.15
Nachdem Sie eine lose Auswahl um das Objekt gezogen haben, ziehen Sie sie auf den Bildbereich, den Sie in die Auswahl hineinrechnen möchten.

Abbildung 15.16
Sobald Sie die Maustaste loslassen, füllt Photoshop den Bereich.

Abbildung 15.17
Anschließend retuschieren Sie mit dem *Ausbessern*-Werkzeug weiter, um auffällige Wiederholungen zu vermeiden.

Subtile Tonung mit dem Ausbessern-Werkzeug

Mit der folgenden Technik versehen Sie Farbbilder mit einer feinen, natürlich wirkenden Tonung mit einem Hauch der Originalfarbe. Um alle hochkontrastigen Kanten entsteht außerdem ein subtiles Leuchten.

1. Öffnen Sie Ihr RGB-Bild und wählen Sie *Bearbeiten > Muster festlegen*. Vergeben Sie einen passenden Namen und klicken Sie auf *OK*.

Abbildung 15.18
Original

Engel.jpg von Kristine Kamm

2. Klicken Sie am unteren Rand des *Ebenen*-Bedienfelds auf das Symbol *Neue Ebene erstellen*.
3. Wählen Sie *Bearbeiten > Fläche füllen*. Aus dem Popup-Menü *Verwenden* wählen Sie *Farbe*. Wählen Sie die gewünschte Tonungsfarbe aus. Klicken Sie auf *OK*, um die neue Ebene einfarbig zu füllen.
4. Aktivieren Sie das *Ausbessern*-Werkzeug. Markieren Sie mit [Strg]/[⌘] + [A] das gesamte Bild.
5. Wählen Sie aus dem Popup-Menü *Ausbessern* die Option *Normal*.
6. Öffnen Sie das Popup-Menü rechts neben der Schaltfläche *Muster verwenden* und wählen Sie das soeben definierte Muster aus. Klicken Sie auf die Schaltfläche *Muster verwenden*. Photoshop rechnet eine Weile. Danach ist der Effekt fertig.

Bereichsreparaturen durchführen

Ein sehr leicht anwendbares Retuschewerkzeug ist das *Bereichsreparatur-Pinsel*-Werkzeug, das Sie im selben Popup-Menü finden wie die übrigen Retuschewerkzeuge. Das Werkzeug eignet sich bestens, um kleine Hautunreinheiten, Leberflecken und Ähnliches aus Porträtaufnahmen zu entfernen.

Das *Bereichsreparatur*-Werkzeug unterscheidet sich insofern von den übrigen Retuschewerkzeugen, als Sie keinen Quellbereich/keine Auswahl definieren müssen, bevor Sie es anwenden können. Vielmehr klicken Sie einfach auf die Problemstelle und Photoshop gleicht sie der Umgebung bezüglich Farbe und Struktur an. Voraussetzung ist auch hier, dass sich in der näheren Umgebung keine Kontrastkanten befinden.

Auch beim *Bereichsreparatur-Pinsel* haben Sie die Möglichkeit der inhaltsbasierten Füllung: Photoshop verwendet zur Retusche die Umgebung des fehlerhaften Bereichs. Diese Einstellung ist standardmäßig in der Optionenleiste des Werkzeugs aktiviert.

1. Wählen Sie in der Optionenleiste des Werkzeugs eine geeignete Werkzeuggröße. Diese sollte etwas größer sein als der Bereich, den Sie korrigieren möchten.
2. Aktivieren Sie *Alle Ebenen aufnehmen*, damit das Werkzeug über alle Ebenen hinweg Pixel aufnimmt – und nicht nur in der momentan ausgewählten Ebene.
3. Klicken Sie nun auf die Stelle, die Sie retuschieren möchten, oder ziehen Sie mit gedrückter Maustaste darüber.

Falls Sie mit *Normal* kein befriedigendes Ergebnis erzielen, experimentieren Sie in der Optionenleiste mit den anderen angebotenen Mischmodi.

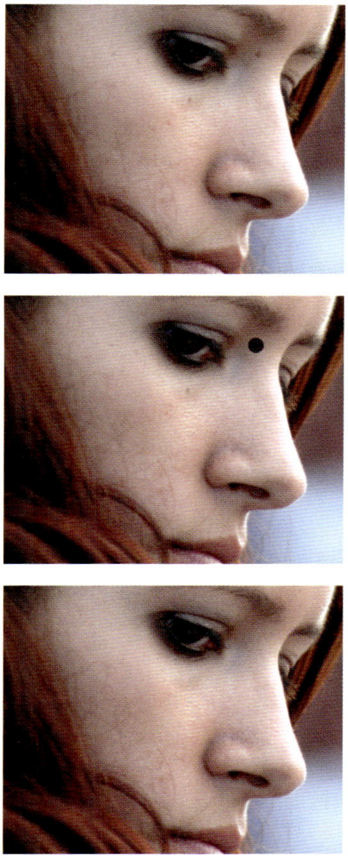

Abbildung 15.19
Kleine Hautunreinheiten und Ähnliches – wie diesen Leberfleck in Augennähe – entfernt das *Bereichsreparatur-Pinsel*-Werkzeug durch einfaches Klicken oder Übermalen wie durch Zauberhand.

Objekte inhaltsbasiert verschieben

Neu in Photoshop CS6 ist das *Inhaltsbasiert-verschieben*-Werkzeug, das Sie bei den bisher besprochenen Werkzeugen wie *Bereichsreparatur*- und *Reparatur*-Pinsel finden.

Das Werkzeug bietet in der Optionenleiste zwei *Modi*:

- Im Modus *Verschieben* markieren Sie ein Objekt und ziehen es einfach an eine andere Stelle.
- Im Modus *Erweitern* können Sie markierte Objekte vergrößern, verkleinern oder auch duplizieren.

Abbildung 15.20
Der rechte Jungbulle soll etwas nach links verschoben werden und wurde deshalb mit dem *Inhaltsbasiert-verschieben*-Werkzeug ausgewählt …

Bild: Christoph Kommer

Abbildung 15.21
… und nach links gezogen.

Abbildung 15.22
Nach dem Loslassen der Maustaste

Bild: Christoph Kommer

So bedienen Sie das *Inhaltsbasiert-verschieben*-Werkzeug im Modus *Verschieben*:

1. Erzeugen Sie eine neue Ebene. Vergewissern Sie sich, dass im Menü *Modus* der Optionenleiste die Option

Verschieben ausgewählt und das Kontrollkästchen *Alle Ebenen aufnehmen* aktiviert ist.

2. Ziehen Sie eine grobe Auswahl um das Objekt, das Sie verschieben möchten.
3. Ziehen Sie es mit gedrückter Maustaste an die gewünschte Bildstelle.
4. Geben Sie die Maustaste frei.

Auch hier können Sie – solange die Auswahl noch besteht – die *Anpassung* von *Sehr ungenau* bis *Sehr streng* einstellen.

Den Modus *Erweitern* nutzen Sie folgendermaßen:

1. Erzeugen Sie gegebenenfalls eine neue Ebene, um zerstörungsfrei zu arbeiten.
2. Wählen Sie in der Optionenleiste des *Inhaltsbasiert-verschieben*-Werkzeugs den *Modus Erweitern* aus.
3. Wählen Sie den Bereich aus, den Sie vergrößern oder verkleinern möchten.
4. Ziehen Sie mit gedrückter Maustaste in die gewünschte Richtung und geben Sie die Maustaste schließlich frei.

Abbildung 15.23
Hohe Gebäude lassen sich mit dem *Inhaltsbasiert-verschieben*-Werkzeug im Modus *Erweitern* mühelos noch etwas aufstocken. Auch hier wird zuerst eine lose Auswahl erzeugt ...

Abbildung 15.24
... und senkrecht nach oben gezogen.

Abbildung 15.25
Nach dem Freigeben der Maustaste

Korrekturen mit dem Farbe-ersetzen-Werkzeug ausführen

Das Werkzeug *Farbe ersetzen* aus dem Popup Menü des Pinsel-/Buntstiftwerkzeugs verwenden Sie, um Farbtöne in Ihrem Bild dynamisch durch eine frei gewählte Farbe zu ersetzen, ohne dass dadurch Zeichnung verloren geht.

Es eignet sich beispielsweise für die Retusche von überblitzten Tieraugen, die meist grün oder weiß herauskommen und deshalb mit dem nachfolgend erläuterten *Rote-Augen-*Werkzeug nicht korrigiert werden können. Das Werkzeug übermalt nur Bereiche in demselben Farbton mit der Vordergrundfarbe, so dass keine Gefahr besteht, dass Sie über das Auge hinausmalen.

In der Optionenleiste dieses Werkzeugs stellen Sie die *Toleranz* dieses Farbtons ein – je größer die Toleranz, desto mehr Farbtöne können übermalt werden. Stellen Sie die Toleranz auf 0, so müssen Bildpartien genau die Farbe des zuerst angeklickten Pixels haben, damit sie ebenfalls mit der Vordergrundfarbe übermalt werden.

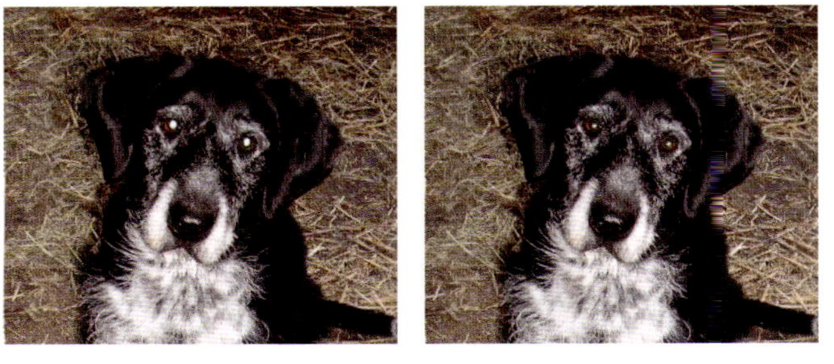

Abbildung 15.26
Links: Mit dem Blitz aufgenommene Menschen- und Tierporträts zeigen häufig den »Rote-Augen-Effekt« (bei Tieraugen eher weiß oder grün). Rechts: Mit dem Werkzeug *Farbe ersetzen* lassen sich solche Fehler mühelos wegretuschieren.

Das Rote-Augen-Werkzeug einsetzen

Noch leichter fällt die Retusche von roten Augen mit dem *Rote-Augen*-Werkzeug. Sie funktioniert allerdings nur bei roten Menschenaugen, nicht bei weißen oder grünen Tieraugen. Sie finden es in demselben Popup-Menü der Werkzeugleiste wie die übrigen Retuschewerkzeuge.

1. Nachdem Sie das Werkzeug angeklickt haben, wählen Sie in den Werkzeugoptionen die gewünschte Pupillengröße von 1–100 % aus.
2. Wählen Sie ebenfalls, wie dunkel die Pupille werden soll.
3. Ziehen Sie ein Rechteck um die rote Pupille auf – fertig! Den Rest erledigt Photoshop selbsttätig.

Bildretusche mit dem Wischfinger-Werkzeug

Die meisten Bildbearbeiter verwenden die oben genannten Werkzeuge zur manuellen Bildretusche. In manchen Fällen, besonders für eher diffuse Bildbereiche, leistet aber das *Wischfinger*-Werkzeug ebenfalls gute Dienste.

Mit dem Wischfinger werden keine kompletten Bildteile kopiert und eingefügt, sondern die Farbwerte umliegender Pixel verwendet.

1. Wählen Sie im *Werkzeuge*-Bedienfeld das *Wischfinger*-Werkzeug aus (Sie finden es in derselben Gruppe wie Weichzeichner und Scharfzeichner).
2. Klicken Sie nahe neben den Knick, Kratzer oder Staubpartikel, den Sie entfernen möchten. Ziehen Sie mit gedrückter Maustaste über die fehlerhafte Stelle.
3. Gelegentlich werden bei dieser Vorgehensweise umliegende Bildbereiche verschmiert. Sie minimieren diesen Fehler, indem Sie in der Optionenleiste einen der Modi *Abdunkeln* oder *Aufhellen* auswählen. *Abdunkeln* eignet sich für helle Bildfehler auf dunklem Grund, *Aufhellen* für dunkle Fehler auf hellen Bereichen.

Bildteile verflüssigen

Der Filter *Verflüssigen* (Tastenkombination [⇧] + [Strg]/[⌘] + [X]) wirkt wie eine Mischung aus Verzerrungsfilter und Malwerkzeug. Er ist direkt im Menü *Filter* anwählbar. Mit diesem Filter klicken Sie beliebige Bildteile an und ziehen sie umher, als wären sie aus Gummi – oder eben flüssig. So können Sie unter anderem Karikaturen aus Porträtaufnahmen machen und vieles mehr; auch krasse Mimi-

Nur die aktuelle Ebene wird bearbeitet

Grundsätzlich bearbeiten Sie nach dem Öffnen der Filterdialogbox nur die Pixel der aktuellen Ebene, nicht die des gesamten, in Ebenen aufgebauten Bilds.

känderungen gelingen im Handumdrehen. Oder Sie gehen Problemzonen in Porträtaufnahmen an – korrigieren etwa Doppelkinne oder Himmelfahrtsnasen.

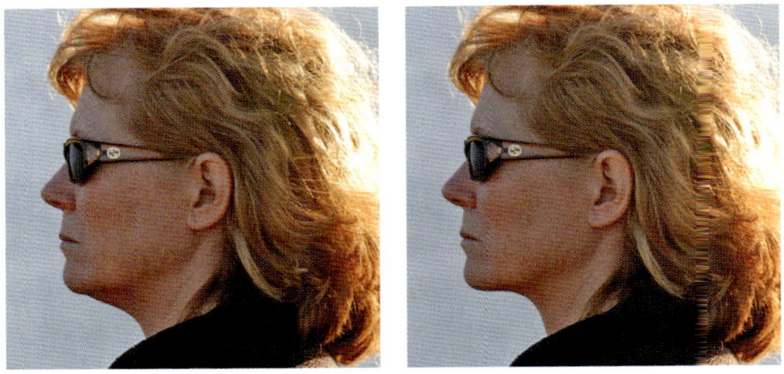

Abbildung 15.27
Verwenden Sie den Filter *Verflüssigen* unter anderem, um Problemzonen in Porträtaufnahmen zu korrigieren oder abzumildern.

Dazu steht Ihnen im linken Bereich der Dialogbox *Verflüssigen* eine eigene Werkzeugpalette zur Verfügung, mit der Sie Bildpunkte unter dem Mauszeiger wölben, zusammenziehen, verdrehen oder reflektieren können. Um hier Zugriff auf alle verfügbaren Werkzeuge zu erhalten, aktivieren Sie im rechten Bereich des Dialogfelds das Kontrollkästchen *Erweiterter Modus*.

Abbildung 15.28
Links: Ausgangsbild; Mitte: Auswirkung des *Strudel*-Werkzeugs, rechts: *Zusammenziehen*-Werkzeug

Abbildung 15.29
Links: *Aufblasen*-Werkzeug, Mitte: *Nach-links-schieben*-Werkzeug

Ein Zoom-Werkzeug gibt Ihnen dabei Gelegenheit, sich einzelne Bildpartien näher anzusehen. Per Strg/⌘ + Z machen Sie hier Arbeitsschritte rückgängig, wie Sie es aus dem Programmfenster gewohnt sind.

Im rechten Bereich des Dialogfelds finden Sie Einstellungsmöglichkeiten für den Pinsel.

- Gerade für den Einstieg kann das aktivierte Kontrollkästchen Gitter *einblenden aktivieren* praktisch sein, weil Sie dann die Wirkung der einzelnen Einstellmöglichkeiten besser verstehen und dosieren können.

- Mit der *Pinselgeschwindigkeit* regeln Sie die Trägheit des Effekts.

Gesichtskonturen mit dem Verflüssigen-Filter retuschieren

Bevor Sie mit der Gesichtsretusche beginnen, erzeugen Sie am besten ein Ebenenduplikat. Dann können Sie nach dem Zuweisen des Verflüssigen-Filters schnell den Vorher-Nachher-Effekt betrachten.

1. Achten Sie darauf, dass das Ebenenduplikat aktiviert ist, bevor Sie den Befehl *Filter* → *Verflüssigen* öffnen.
2. Maskieren Sie nun alle Bereiche, die auf keinen Fall mit verflüssigt werden sollen, zum Beispiel die Haare. Dazu aktivieren Sie in der Werkzeugleiste links das *Fixierungsmaske*-Werkzeug. Wählen Sie im rechten Bereich eine geeignete *Pinselgröße* und ggf. weitere Pinseleigenschaften und übermalen Sie die Bereiche, die Sie schützen möchten.
3. Es sind meist nicht nur die Falten, sondern in erster Linie die nachlassende Festigkeit der Gesichtskonturen, die ein Gesicht älter wirken lassen. Mit dem *Verflüssigen*-Filter lässt sich die Kinnpartie schnell straffen: Aktivieren Sie das *Mitziehen*-Werkzeug und schieben Sie die Kinn- und Wangenkontur mit sehr kleinen Bewegungen nach innen, bis sich eine straffe Kontur ergibt. Achten Sie dabei darauf, dass Sie wirklich nur kleine Bewegungen ausführen.

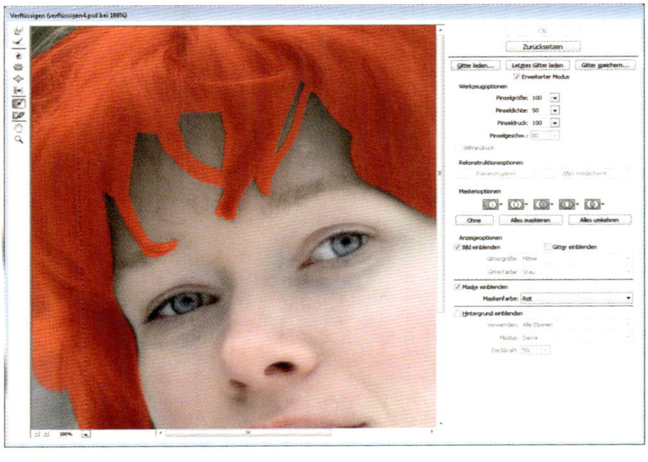

Abbildung 15.30
Die Haare wurden durch eine Maske vor der Bearbeitung geschützt.

Abbildung 15.31
Es ist nicht schwierig, Gesichtszüge in Photoshop deutlich zu verändern. Wichtig ist nur, dass Sie stets mit kleinen Mausbewegungen arbeiten, es sei denn, Sie streben einen Karikatureffekt an (oben: Original, unten: die fertige Bearbeitung)

4. Sollen die Lippen voller wirken, verwenden Sie ebenfalls das *Mitziehen*-Werkzeug. Mit diesem schieben Sie die Lippenkontur mit kleinen Bewegungen etwas nach außen. Auch hier wirkt eine Übertreibung schnell äußerst unrealistisch.
5. Um Auge und Augenbraue zu formen, wählen Sie für das *Mitziehen*-Werkzeug eine Werkzeugspitze die etwa halb so breit ist wie das Auge. Setzen Sie in der Mitte der Augenbraue an und wölben Sie sie mit sehr kleinen

Bewegungen etwas nach oben. Auch die Lider selbst lassen sich mit dieser Technik bearbeiten, um das Auge zu öffnen und einen müden Blick zu retuschieren.

Denken Sie bei diesen Arbeiten immer daran: Weniger ist mehr; die Retusche muss am Ende natürlich aussehen. Sie werden eventuell überrascht sein, mit welch geringen Mausbewegungen Sie bereits sehr deutliche Mimikänderungen hervorrufen können.

Eine Objektivkorrektur durchführen

Mit der Objektivkorrektur-Funktion (*Filter → Objektivkorrektur* korrigieren Sie eine ganze Reihe von üblichen Aufnahmeproblemen, zum Beispiel kissen- oder tonnenförmige Verzerrungen, Vignettierungen oder chromatische Aberrationen.

Bevor Sie den Filter starten, sollten Sie Ihr Bild mit *Filter → Für Smartfilter konvertieren* in ein Smart-Objekt umwandeln, damit die folgende Bearbeitung zerstörungsfrei ist.

Flexibles Arbeiten mit Smart-Filtern
Auch die Objektivkorrektur ist als Smart-Filter (siehe Kapitel 14) verfügbar. Dies ermöglicht eine besonders flexible Arbeit.

Abbildung 15.32
Schematische Darstellungen von Aufnahmefehlern: kissenförmige Verzerrung (links), tonnenförmige Verzerrung (rechts)

Bild: Kristine Kamm

Abbildung 15.33
Vom Objektiv stammende Vignettierung (dunkle Bildecken)

Bild: Christoph Kommer

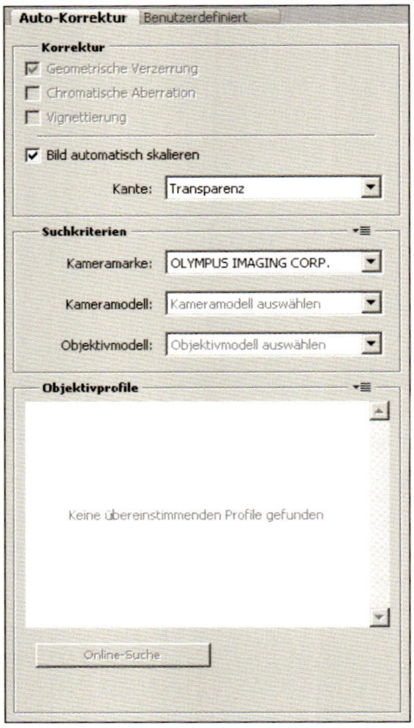

Abbildung 15.34
Automatische Objektivkorrektur

- Ein typisches Beispiel ist die stürzende Perspektive, die beim Fotografieren eines hohen Gebäudes entsteht.
- Bei tonnen- bzw. kissenförmigen Verzerrungen sind die Bildränder nach außen bzw. nach innen gebogen. Bei der Vignettierung sind die Bildecken dunkler als die Bildmitte.
- Die chromatische Aberration äußert sich durch Farbsäume an den Objektkanten.

Die Dialogbox *Objektivkorrektur* bietet im Register *Auto-Korrektur* eine automatische Objektivkorrektur, die standardmäßig aktiviert ist. Diese basiert auf Profilen, die die charakteristischen Fehler bestimmter Kamera-Objektiv-Kombination enthalten.

Im rechten oberen Bereich bestimmen Sie über die drei Kontrollkästchen, welche Korrekturen Sie durchführen möchten.

In der linken unteren Ecke liest Photoshop aus den EXIF-Daten Ihr Kameramodell und Objektiv aus.

Falls Photoshop im rechten Bereich nicht automatisch ein Profil für Ihre Kamera-Objektiv-Kombination anzeigt, helfen Ihnen diese Daten, die richtige Kombination herauszusuchen. Ist diese nicht vorhanden, ist auch keine automatische Objektivkorrektur möglich.

Wenn Ihre Kamera-Objektiv-Kombination nicht gefunden wird, können Sie versuchen, anhand der drei Popup-Menüs unter Suchkriterien Ihre Kombination zusammenzustellen.

Ist diese Kombination nicht vorhanden, können Sie auf die Schaltfläche *Online-Suche* klicken. Nun wird der Adobe-Server nach weiteren Profilen durchsucht. Adobe will die Liste der Profile ständig aktualisieren. Auch Anwender, die über den kostenlosen Lens Profile Creator ihr eigenes Profil erstellt haben, können ihr Profil auf den Adobe-Server laden.

1. Falls die Autokorrektur nicht den gewünschten Erfolg gebracht hat oder Sie kein passendes Profil finden konnten, wechseln Sie ins Register *Benutzerdefiniert*.
2. Mit einem Klick auf *Raster einblenden* am unteren Rand der Dialogbox legen Sie ein Gitternetz über das Bild, sodass Sie beim Durchführen der Korrekturen horizontale und vertikale Bezugspunkte haben. Neben dem Kontrollkästchen können Sie die Feinheit des Gitternetzes variieren.

Lens Profile Creater nutzen

Laden Sie sich *Lens Profile Creator* von *http://labs.adobe.com/downloads/lensprofile_creator.html* herunter.

Mit dem Programm wird eine Checkerboard-Vorlage mitgeliefert, die Sie aus unterschiedlichen Positionen mit nicht abfallender Beleuchtung und mit dem entsprechenden Objektiv fotografieren. Nachdem Sie diese Aufnahmen im DNG-Format gespeichert haben, laden Sie sie in *Lens Profile Creator*, um das Profil zu erstellen.

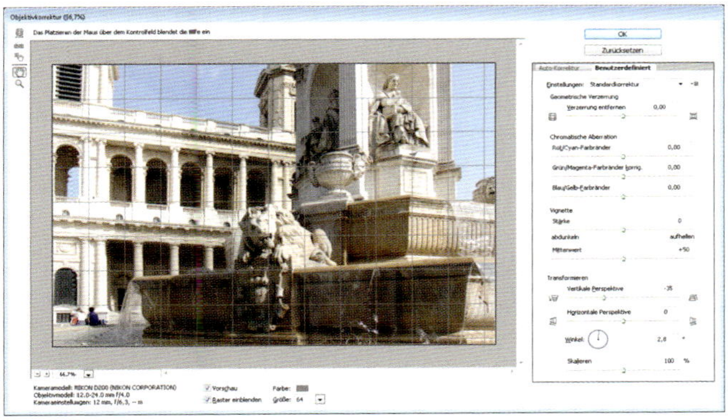

Abbildung 15.35
Mit der Objektivkorrektur können Sie beispielsweise stürzende Linien-korrigieren.

Bild: Kristine Kamm

Beurteilen Sie nun das aufnahmetechnische Problem Ihres Bilds und nehmen Sie dementsprechend in der entsprechenden Reglergruppe Ihre Einstellungen vor. Die Auswirkungen zeigen sich Ihnen sofort im Vorschaubild.

Die Werkzeuge der Objektivkorrektur verwenden

Abbildung 15.36
Die Werkzeuge in der Dialogbox *Objektivkorrektur*

Außer den Reglern im rechten Bereich verfügt die Dialogbox *Objektivkorrektur* im linken oberen Bereich über eine Werkzeugleiste, mit der Sie die Korrekturen durch Klicken und Ziehen direkt am Vorschaubild vornehmen:

- Verwenden Sie das Werkzeug *Verzerrung entfernen*, um kissen- oder tonnenförmige Verzerrungen auszugleichen: Wählen Sie zuerst aus dem Popup-Menü *Kante* im oberen rechten Bereich der Dialogbox, wie Photoshop entstehende Bereiche ohne Bildpixel behandeln soll – diese Bereiche können transparent bleiben bzw. mit der Hintergrundfarbe oder mit einer Wiederholung der Kantenpixel gefüllt werden. Wenn Sie dann mit dem Werkzeug nach innen ziehen, korrigieren Sie eine tonnenförmige Verzerrung, wenn Sie nach außen ziehen, korrigieren Sie eine kissenförmige Verzerrung.

- Verwenden Sie das Werkzeug *Gerade ausrichten*, um das Bild gerade zu richten: Ziehen Sie mit gedrückter Maustaste entlang einer Linie, die Sie gerade richten möchten – beispielsweise entlang der Horizontlinie.

Die übrigen drei Werkzeuge der Werkzeugleiste dienen zum Verschieben des Rasters, zum Verschieben des Bildausschnitts und zum Zoomen des Bilds.

NEU

Eine Weitwinkelkorrektur durchführen

Neu in Photoshop CS6 ist die *Adaptive Weitwinkelkorrektur*, die Sie ebenfalls direkt unter dem *Filter*-Menü finden. Sie können damit sehr effektiv stürzende oder gebogene Linien, zum Beispiel in mit Weitwinkel- oder Fisheye-Objektiven aufgenommenen Bildern begradigen.

Auch die Weitwinkelkorrektur weisen Sie am besten als Smart-Filter zu.

Abbildung 15.37
Foto von Björn Lilie

1. Nachdem Sie Ihr Bild in ein Smart-Objekt umgewandelt haben, wählen Sie *Filter Adaptive Weitwinkelkorrektur*. Photoshop versucht anhand der Exif-Daten des Bilds – der verwendeten Kamera und des verwendeten Objektivs – eine automatische Korrektur, die nur in den wenigsten Fällen zufriedenstellend sein wird.

2. Suchen Sie nun eine Linie im Bild, die eigentlich gerade sein sollte. Klicken Sie an den Anfangs- und dann an den Endpunkt dieser Linie oder ziehen Sie die Linie mit gedrückter Maustaste auf. Photoshop errechnet anhand der Exif-Daten die Korrektur und stellt die Linie gerade dar.

Abbildung 15.38
Mit dem neuen Filter *Adaptive Weitwinkelkorrektur* können Sie stürzende oder gebogene Linien geraderichten.

3. Fahren Sie mit dieser Technik fort, die Linien Ihres Bilds zu begradigen.
4. Soll eine Linie nicht nur gerade, sondern auch exakt senkrecht oder waagerecht sein, halten Sie beim Erstellen der Linie die [⇧]-Taste gedrückt.
5. Auch nachträglich können Sie eine bereits begradigte Linie noch senkrecht oder waagerecht ausrichten: Dazu markieren Sie sie, klicken mit der rechten Maustaste/ mit gedrückter Ctrl-Taste und wählen *Horizontal* bzw. *Vertikal* aus dem Kontextmenü.
6. Sobald Sie eine Linie markieren, erhält diese einen Kreis mit zwei runden Anfassern. Ziehen Sie diese Anfasser mit gedrückter Maustaste, um die Linie zu drehen.
7. Während der Arbeit können Sie immer wieder einmal das Kontrollkästchen *Constraints anzeigen* deaktivieren. Dann blendet Photoshop die Linien aus, sodass Sie Ihr Bild besser beurteilen können.
8. Sobald Sie fertig sind, ziehen Sie den Regler Skalierung nach rechts, bis die durch die Verzerrung entstandenen leeren Bildbereiche nicht mehr zu sehen sind.

Korrekturen rückgängig machen
Um in der Filter-Dialogbox eine Korrektur rückgängig zu machen, drücken Sie die Tastenkombination [Strg]/[⌘] + [Z]. Um mehrere Korrekturen nacheinander zu widerrufen, drücken Sie [Alt] + [Strg]/[⌘] + [Z]. Zum Wiederherstellen einer soeben widerrufenen Linie drücken Sie [⇧] + [Strg]/[⌘] + [Z].

15.3 Farbe, Kontrast und Bildschärfe optimieren

Wenn sie direkt aus der Kamera oder vom Scanner kommen, benötigen die meisten Digitalbilder noch bestimmte Anpassungen bezüglich ihrer Farben, Kontraste und der Bildschärfe. Auf den folgenden Seiten erfahren Sie, wie Sie dabei am besten vorgehen.

Mit Einstellungsebenen arbeiten

Die Bildoptimierung erfordert viel Fingerspitzengefühl, Erfahrung und auch Ausprobieren. Dem ungehinderten Experimentieren steht oft die Befürchtung im Weg, dass man etwas am Bild zerstören könnte. Daher gibt es die Einstellungsebene, in der Sie Kontrast- und Farbtoneinstellungen ausprobieren können, ohne dass Ihr Bild selbst dadurch verändert würde. Alle über Einstellungsebenen verfügbaren Korrekturbefehle finden Sie auch im Menü *Bild → Korrekturen*. Weil Sie aber nur wenig flexibel sind, wenn Sie die Korrekturbefehle auf diesem direkten Weg zuweisen, sollten Sie sich von Vornherein angewöhnen, lieber gleich mit Einstellungsebenen zu arbeiten.

Photoshop bietet zur bequemen Erzeugung und Bearbeitung von Einstellungsebenen das *Korrekturen-* und das *Eigenschaften*-Bedienfeld:

1. Zeigen Sie das *Korrekturen*-Bedienfeld an und klicken Sie auf das Symbol mit der gewünschten Korrekturfunktion. Alternativ klicken Sie auf das Symbol *Neue Füll- oder Einstellungsebene erstellen* am unteren Rand des Ebenen-Bedienfelds (F7) und dann auf den gewünschten Befehl.
2. Im automatisch geöffneten *Eigenschaften*-Bedienfeld erscheinen nun die Regler und Felder für die gewählte Funktion. Nehmen Sie hier die gewünschten Einstellungen vor (Einzelheiten dazu erfahren Sie auf den nächsten Seiten). Die Änderungen werden dem Bild direkt zugewiesen. Das *Eigenschaften*-Bedienfeld ist anhand des Anfassers in der rechten unteren Ecke stufenlos skalierbar.
3. Außerdem ist im *Ebenen*-Bedienfeld eine Einstellungsebene mit einem zur jeweiligen Korrektur passenden Symbol sowie einer Ebenenmaske erschienen. Falls Sie also der Einstellungsebene einen neuen Namen geben, erkennen Sie anhand der Symbole trotzdem, um welche Optimierungsfunktion es sich handelt. Die nebenstehende Tabelle zeigt Ihnen eine Übersicht.

Symbol	Funktion
	Helligkeit/Kontrast
	Tonwertkorrektur
	Gradationskurven
	Belichtung
	Dynamik
	Farbton/Sättigung
	Farbbalance
	Schwarzweiß
	Fotofilter
	Kanalmixer
	Color-Lookup
	Umkehren
	Tontrennung
	Schwellenwert
	Selektive Farbkorrektur
	Verlaufsumsetzung

Hinweis
Im Modus *Indizierte Farben* können Sie keine Einstellungsebenen verwenden.

Die Wirkung von Einstellungsebenen einschränken

Jede Einstellungsebene besitzt standardmäßig eine Ebenenmaske (siehe auch Kapitel 10). Das heißt, dass Sie die Korrekturen auf bestimmte Bildbereiche beschränken können: Übermalen Sie bei aktiviertem Ebenenmaskensymbol und ausgewähltem *Pinsel*-Werkzeug alle Bildbereiche mit Schwarz, auf die die Korrektur nicht wirken soll. Alle Bildbereiche, auf die die Korrektur wirken soll, lassen Sie weiß. Bildbereiche, auf die die Korrektur nur in abgeschwächter Form wirken soll, übermalen Sie grau.

Sie können es sich auch leichter machen: Wählen Sie vor dem Erzeugen der Einstellungsebene den Bildbereich aus, den Sie korrigieren möchten. Wenn Sie dann die Einstellungsebene hinzufügen, erzeugt Photoshop automatisch die entsprechenden schwarzen und weißen Bereiche in der Einstellungsebene.

Ebenenmaske im Eigenschaften-Bedienfeld bearbeiten

Die Maske der Einstellungsebene lässt sich auch im *Eigenschaften*-Bedienfeld bearbeiten: Klicken Sie hier auf das Symbol *Masken*, können Sie die *Weiche Kante* und die *Dichte* der Ebenenmaske verändern. Die Schaltfläche *Maskenkante* führt zur Dialogbox *Maske verbessern*, deren Möglichkeiten der Funktion *Kante verbessern* (Seite 171) entsprechen.

Abbildung 15.39
Das Bild zeigt einen diagonalen Übergang von Farbe zu Schwarzweiß – verantwortlich dafür ist der Verlauf in der Ebenenmaske der Schwarzweiß-Einstellungsebene.

Genauso wichtig ist die Tatsache, dass Sie die Wirkung einer Korrektur abschwächen können: Setzen Sie dazu einfach die Deckkraft der Einstellungsebene herab.

Und wenn Sie mit einer Korrektur nicht zufrieden sind, können Sie sie jederzeit ändern: Klicken Sie auf die entsprechende Einstellungsebene und betätigen Sie die Regler im Bedienfeld *Eigenschaften*.

Bei allen diesen Aktionen wird Ihr eigentliches Bild nicht verändert und auch nach dem Schließen und erneuten Öffnen von Photoshop können Sie jederzeit weiterkorrigieren oder durch Deaktivieren bzw. Löschen der Einstellungsebene zum Originalbild zurückkehren – man nennt dies eine »nicht destruktive« oder zerstörungsfreie Bildbearbeitung.

Abbildung 15.40
Flaues Originalbild

Abbildung 15.41
Es macht nichts, wenn Ihre Korrekturen – hier eine Gradationskurven-Einstellungsebene – zunächst zu stark ausfallen.

Abbildung 15.42
Sie lassen sich nachträglich durch Verringern der Deckkraft der Einstellungsebene abschwächen, und zwar stufenlos und jederzeit (auch nach dem Schließen und erneuten Öffnen des Dokuments).

Die Wirkung von Einstellungsebenen auf die darunterliegende Ebene beschränken

Normalerweise wirken sich Änderungen in der Einstellungsebene auf alle darunterliegenden Ebenen aus.

Manchmal ist das gerade nicht erwünscht; die Einstellungsebene soll sich nur auf die unmittelbar darunterliegende Ebene auswirken. In diesem Fall fassen Sie Einstellungs- und darunterliegende Ebene zu einer Maskierungsgruppe zusammen. Dazu klicken Sie am unteren Rand des *Eigenschaften*-Bedienfelds auf das Symbol .

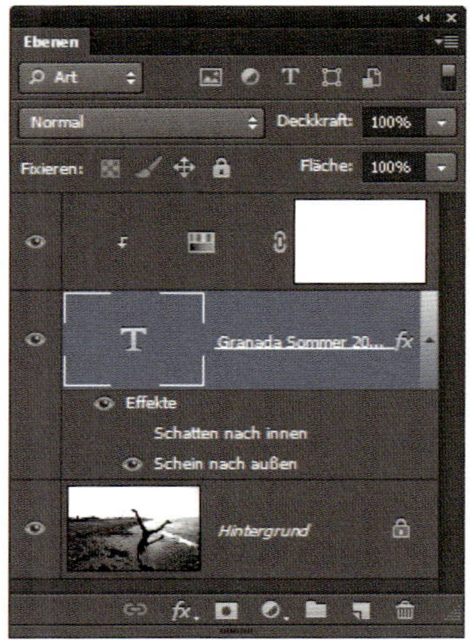

Abbildung 15.43
Die Einstellungsebene färbt nur die Textebene, weil sie eine Schnittmaske erhalten hat.

Das Ganze funktioniert auch mit mehreren Einstellungsebenen, die sich dann auf die erste nicht eingerückte Ebene auswirken.

Tonwerte des Bilds korrigieren

In einem digitalen Bild hat jedes Pixel eine eigene Helligkeitsinformation. Diese nennt man auch Tonwert. In einem Graustufenbild kann jedes Pixel einen von 256 Grautönen annehmen. Das Graustufenbild kann 256 unterschiedliche Tonwerte aufweisen. Der Tonwert drückt die Intensität einer Farbe aus und wird in Prozent gemessen – 0 % entspricht Schwarz und 100 % entspricht Weiß.

Viele Fotos aus dem semiprofessionellen Bereich wirken nach dem Scannen zu dunkel oder flau (d.h., die Unterschiede zwischen dunklen, mittleren und hellen Bereichen sind schwach; das Weiß der Vorlage kommt als helles Grau heraus und das Schwarz als dunkles Grau). Solche ungenügenden Lichtverhältnisse im Bild lassen sich beheben: einerseits durch eine einfache Korrektur der Bildhelligkeit und des Kontrasts, zum anderen durch die anspruchsvollere, aber bessere Korrektur der Tiefen, Lichter und Mitteltöne des Bilds – mit einer Tonwertkorrektur oder der Gradationskurve.

Bildanalyse mit dem Histogramm

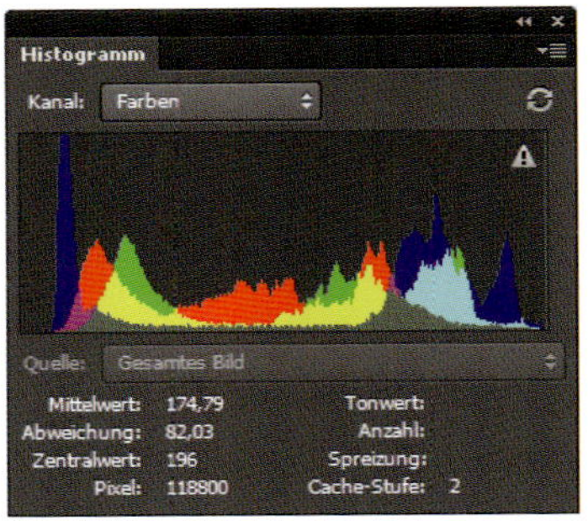

Abbildung 15.44
Das Histogramm in der erweiterten Ansicht

Bevor Sie sich an die Korrektur Ihres Bilds machen, können Sie seine Qualität und mögliche Probleme mit dem Histogramm überprüfen. Wählen Sie dazu *Fenster → Histogramm*.

Wählen Sie aus dem Bedienfeldmenü den Befehl *Erweiterte Ansicht*, um die zugehörigen Informationen einzublenden.

Den Hauptbereich des Bedienfelds stellt das Histogramm dar, das Ihnen die Tonwerte in Ihrem Bild zeigt: Sie sehen, wie viele Bildpunkte von jeder der 256 Helligkeitsstufen vorhanden sind – die Tiefenbereiche des Bilds werden nach links hin anhand ihrer Häufigkeit dargestellt und können den Wert 0 erreichen. Die Helligkeitsbereiche zeigen sich im Histogramm nach rechts hin: Helle Bereiche können einen Wert von 255 erreichen.

Ist das Balkendiagramm an einer bestimmten Stelle der Skala besonders hoch, bedeutet das, dass Ihre Datei besonders viele Bildpunkte dieses Tonwerts enthält. Im nebenstehenden Bild sind die Lichter und Tiefen beispielsweise sehr viel stärker vertreten als die Mitteltöne.

Abbildung 15.45
Mitteltöne, Lichter und Tiefen

Mitteltöne

Lichter

Tiefen

Überprüfen Sie entweder das Gesamtbild mit allen seinen Kanälen – dies ist die Grundeinstellung. Alternativ wählen Sie aus dem Bedienfeldmenü die Darstellung der Einzelkanäle.

Außerdem können Sie über das Bedienfeldmenü aus der Kompaktansicht in eine erweiterte Ansicht umschalten. Dann werden im unteren Bereich des *Info*-Bedienfelds (F8) Informationen über den Tonwert unter dem Mauszeiger dargestellt. Oder Sie ziehen mit gedrückter Maustaste über einen Diagrammbereich, um Informationen über den ausgewählten Bereich zu erhalten. Die Informationen unter dem Histogramm sagen Folgendes aus:

- *Mittelwert*: der durchschnittliche Helligkeitswert
- *Abweichung*: die Variation der Werte insgesamt
- *Zentralwert*: der Mittelwert der Farbwerte
- *Pixel*: die Gesamtanzahl der Pixel in der Datei bzw. dem ausgewählten Bereich
- *Tonwert*: zeigt an, welcher Tonwertbereich ausgewählt ist bzw. auf welchen Tonwert Sie gerade zeigen
- *Anzahl*: zeigt an, wie oft der ausgewählte Tonwert vorkommt
- *Spreizung*: der prozentuale Anteil von Pixeln, die dunkler sind als der gewählte Wert/Bereich
- *Cache-Stufe*: zeigt an, ob die Informationen aus den Originalpixeln oder aus einer verkleinerten Bildschirmdarstellung errechnet werden. Wird 1 angezeigt, verwendet Photoshop alle Pixel des Bilds (die Zoomstufe beträgt 100 %). Wird 2 angezeigt (in der Zoomstufe 50 %), wird das Histogramm zwar schneller errechnet, es ist aber nicht so genau.

Bilder mit dem Histogramm analysieren

Analysieren Sie nun einige Ihrer Bilder.

- Wirkt das Histogramm »faserig«, sehen Sie also eine Menge Tonwertlöcher im Diagramm, dürfte es sich entweder um einen schlechten Scan bzw. ein aggressiv bearbeitetes Bild handeln oder das Bild lag ursprünglich im Modus *Indizierte Farbe* vor. Sind diese Tonwertabrisse extrem, zeigen die Bilder im Druck unschöne Stufeneffekte.
- Zeigt sich ganz links und ganz rechts jeweils eine Spitze und in der Mitte verläuft das Diagramm flach, enthält das Bild viele Tiefen- und Lichterbereiche, während die Mitteltöne schwach vertreten sind.
- Sehen Sie hingegen rechts oder links (in den Tiefen und Lichtern) kaum Tonwerte, sondern nur in der Mitte, liegt Ihnen ein flaues Bild vor. Als Faustregel für den Druck gilt: Der Tonwertumfang sollte mindestens 10 ... 240 betragen.
- Haben Sie im Histogramm solche Tonwertprobleme festgestellt, korrigieren Sie diese mit den Funktionen *Tonwertkorrektur* und *Gradationskurven*.

Auswahlbereiche und Ebenen
Enthält Ihr Bild eine Auswahl, gilt das Histogramm nur für diese. Zudem können Sie wählen, dass das Histogramm nur für eine bestimmte Ebene Ihres Bilds gelten soll. Wählen Sie die gewünschte Ebene in der erweiterten Ansicht aus dem Popup-Menü *Quelle*.

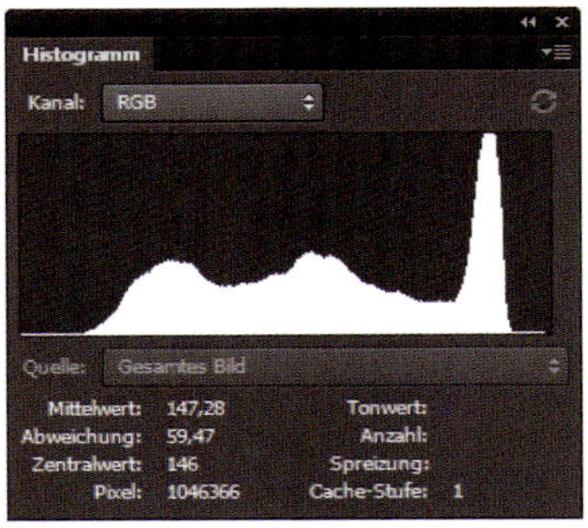

Abbildung 15.46
Die Tonwerte befinden sich fast ausnahmslos im mittleren Bereich – das Bild wirkt flau und benötigt eine Kontrastverstärkung.

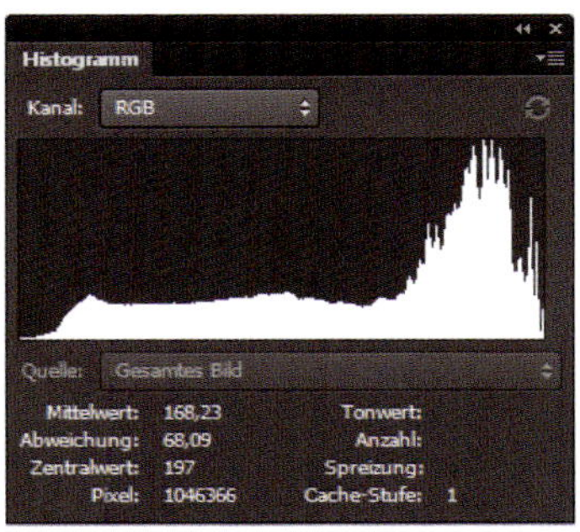

Abbildung 15.47
Dieses Bild wurde zu aggressiv mit den Auto-Korrekturfunktionen von Photoshop bearbeitet (mehr darüber weiter hinten) – Tonwertlücken machen sich bemerkbar.

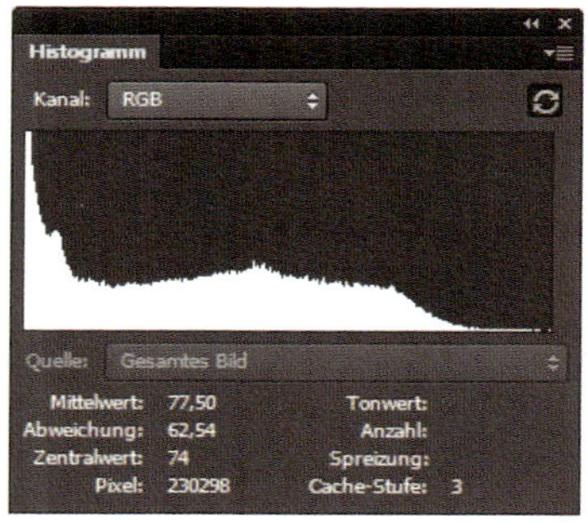

Abbildung 15.48
In diesem Low-Key-Bild sind die Tiefenbereiche am markantesten – in diesem Bild ist das kein Problem, sondern ein gewollter Effekt.

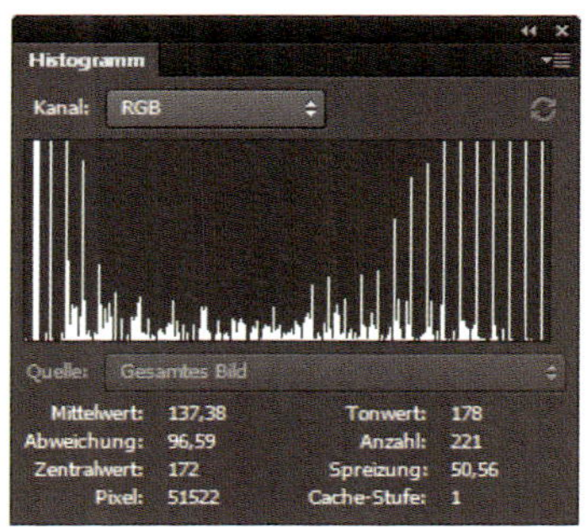

Abbildung 15.49
Das lückenhafte Histogramm eines für das Internet vorbereiteten GIF-Bilds – einer der Gründe, warum tonreiche Fotos eher im JPEG- als im GIF-Format gespeichert werden sollten.

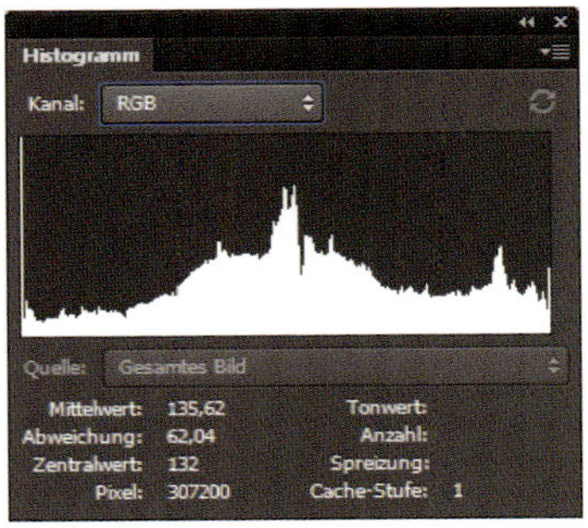

Abbildung 15.50
Dieses Bild nutzt den gesamten Tonwertbereich. Tonwertabrisse in diesem Umfang sollten im Druck noch kein Problem darstellen.

Tiefen und Lichter korrigieren

Gerade Digitalbilder haben häufig einen zu großen Dynamik-umfang. Sie enthalten sowohl über- als auch unterbelichtete Bereiche. Die Tiefen erscheinen zugelaufen; sie weisen keine Detailzeichnung auf, während die Lichter ausgefressen erscheinen – ebenfalls ohne Detailzeichnung.

Der Befehl *Bild* → *Korrekturen* → *Tiefen/Lichter* ist eine hervorragende Möglichkeit, um Digitalbilder ohne Verluste in der Detailzeichnung zu korrigieren und zugelaufene Tiefen zu öffnen.

Verwenden Sie diesen Befehl, um die Detailzeichnung in unterbelichteten Bildern herauszuarbeiten, oder für die Korrektur von leicht überbelichteten oder überblitzten Bildern. Er ist auch nützlich, wenn Sie in einem ansonsten korrekt belichteten Bild die Tiefen aufhellen oder die Lichter abschwächen möchten.

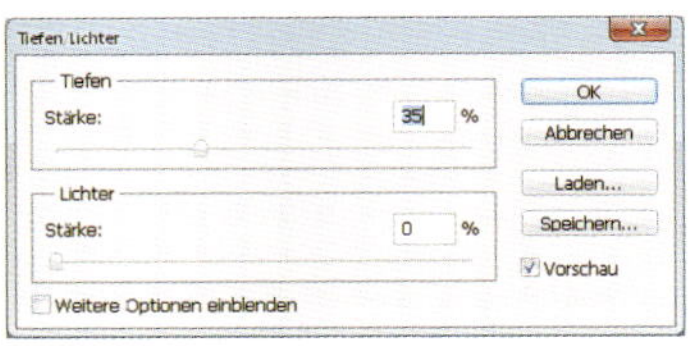

Abbildung 15.51
So präsentiert sich die Dialogbox *Tiefen/Lichter* beim ersten Öffnen.

Die *Tiefen/Lichter*-Funktion ist im Grunde genommen ein Filter. Deshalb gibt es dafür auch keine Einstellungsebene. Um trotzdem eine nicht destruktive Bildbearbeitung zu ermöglichen, sollten Sie den Befehl *Tiefen/Lichter* als Smart-Filter zuweisen.

Abbildung 15.52
Der Befehl *Tiefen/Lichter* kann auf unkomplizierte Weise deutliche Veränderungen in die Tiefen und Lichter Ihres Bilds bringen – bei unveränderten Mitteltönen.

Bild: Kristine Kamm

Tiefen/Lichter korrigiert die Gesamtbelichtung des Bilds nicht wirklich; vielmehr hellt der Befehl die Pixel auf der Grundlage des Helligkeitswerts benachbarter Pixel auf bzw. dunkelt sie ab. Wenn Sie den Befehl zum ersten Mal öffnen, erhalten Sie die Standardeinstellungen, die vor allem bei Gegenlichtaufnahmen recht gut funktionieren. Doch wie bei allen Photoshop-Befehlen eignen sich die Standardeinstellungen nicht für alle Bilder.

Der Befehl enthält separate Regler für die Tiefen und Lichter des Bilds. Je höher Sie den *Stärke*-Wert des Tiefenreglers einstellen, desto mehr werden die dunklen Bereiche des Bilds aufgehellt. Je höher Sie den *Stärke*-Wert der Lichter einstellen, desto stärker werden die hellen Bereiche des Bilds abgedunkelt. Damit Sie sinnvoll mit dem Befehl arbeiten können, sollten Sie auf jeden Fall das Kontrollkästchen *Weitere Optionen einblenden* aktivieren. Nur mit den dann eingeblendeten Optionen erhalten Sie die volle Kontrolle über Ihre Bilder.

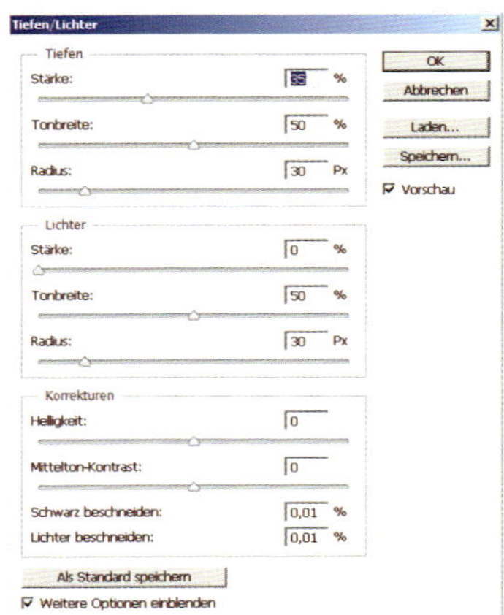

Abbildung 15.53
Viel mehr Optionen bietet die erweiterte Dialogbox *Tiefen/Lichter*.

Ziehen Sie den *Tonbreite*-Regler, um den Tonwertbereich, der in den Tiefen bzw. Lichtern in die Anpassung einbezogen wird, zu erhöhen oder zu verringern. Je niedriger der Prozentwert, desto kleiner der betroffene Tonwertbereich. Bei einem sehr niedrigen Tonwertbereich werden beispielsweise nur die dunkelsten Bereiche der Tiefen oder die hellsten Bereiche der Lichter korrigiert. Bei einem hohen

Wert beziehen Sie hingegen einen großen Tonwertbereich in die Korrektur ein; gegebenenfalls sind sogar Mitteltöne betroffen.

Beginnen Sie am besten mit der Standardeinstellung *35%* und bewegen Sie den Regler in kleinen Schritten. Für die meisten Bilder genügen etwa *20* bis *25%*.

Vergewissern Sie sich, dass das Kontrollkästchen *Vorschau* aktiviert ist, und überprüfen Sie die Auswirkungen an Ihrem Original hinter der Dialogbox.

Stellen Sie beim Aufhellen der Tiefen fest, dass die Mitteltöne und vielleicht sogar die Lichter ebenfalls zu hell werden, reduzieren Sie den *Tonbreite*-Wert für die Tiefen. Sehen Sie hingegen Artefakte, etwa Halos um Bildkonturen, liegt der Wert zu hoch.

Ziehen Sie den *Radius*-Regler, um die Anzahl der in der Umgebung verwendeten Pixel zu erhöhen oder zu verringern. Der Befehl *Tiefen/Lichter* verwendet zur Anpassung der Tiefen und Lichter die Helligkeit der umliegenden Pixel. Der geeignete Radius unterscheidet sich von Bild zu Bild. Ist der Radius zu klein, erhält das Motiv zu wenig Kontrast, ist er hingegen zu groß, wird der Hintergrund zu hell oder zu dunkel.

- Im unteren Bereich der Dialogbox finden Sie den Regler *Farbkorrektur*. Mit diesem korrigieren Sie die Farben nur in den Bereichen Ihres Bilds, die durch die Anpassung betroffen wurden.
- Ziehen Sie den Regler *Mittelton-Kontrast* nach links oder nach rechts, um den Kontrast in den Mitteltonbereichen anzupassen, ohne die Tiefen und Lichter zu beeinflussen. Ziehen Sie den Regler nach links, um den Kontrast zu verringern, und nach rechts, um ihn zu erhöhen.
- Die Werte in den Feldern *Schwarz beschneiden* und *Lichter beschneiden* bestimmen, wie viel von den Tiefen und Lichtern auf den neuen Tiefen- (0) und Lichterwert (255) beschnitten wird. Durch die Beschneidung werden die verbleibenden Stufen zwischen den Helligkeitswerten von 0 bis 255 verteilt. Höhere Prozentwerte erhöhen den Tonwertbereich und die Kontraste. Ist der Wert hingegen zu hoch, geht Detailzeichnung in den Tiefen und Lichtern verloren.

Tiefen/Lichter-Funktion ohne Farbverschiebung

Der Befehl *Tiefen/Lichter* öffnet nicht nur die Tiefen und passt die Lichter an, sondern ändert auch die Farbigkeit des Bilds – was in den meisten Fällen nicht erwünscht ist. Zwar enthält die Funktion den Regler *Farbkorrektur*, der eben dies vermeiden soll; doch ist diese Methode naturgemäß nicht so genau, als wenn Sie die Farbverschiebung von vornherein vermeiden.

- Erzeugen Sie mit der Tastenkombination [Strg]/[⌘] + [J] ein Ebenenduplikat. Versehen Sie es mit dem Mischmodus *Luminanz*.
- Jetzt wählen Sie den Befehl *Tiefen/Lichter*. Nehmen Sie die gewünschten Einstellungen vor und klicken Sie auf *OK*.

Achtung

Wenn Sie den Mitteltonkontrast erhöhen, dunkeln Sie eventuell auch ungewollt die Tiefen ab und hellen die Lichter auf.

Tiefen/Lichter auf bestimmte Bildteile anwenden

Manche Bilder vertragen keine komplette Kontrast- oder Farbverstärkung, weil die Farben und Kontraste im Bild nicht gleichmäßig sind. Ein Beispiel wäre, dass das Hauptmotiv von hinten beleuchtet ist, so dass es zu dunkel ist, der Hauptteil des Bilds aber in Ordnung ist.

Abbildung 15.54
Original

Maienfels2.jpg

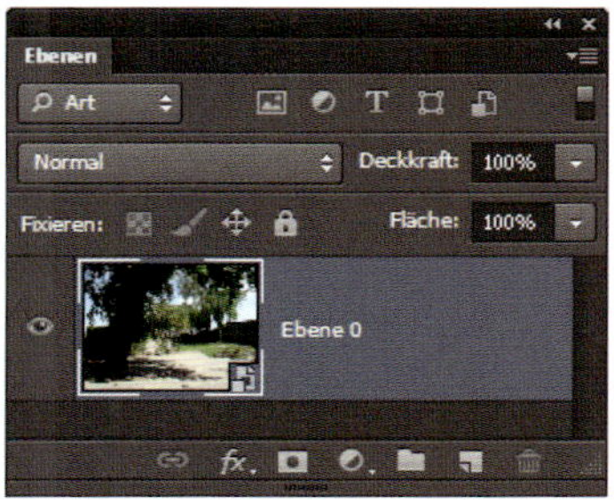

Abbildung 15.55
Konvertieren Sie die Bildebene in ein Smart-Objekt.

Auf diesem Foto sollen der Baum im Vordergrund, die Schatten auf dem Boden und die Mauer im Hintergrund aufgehellt werden. Der Gesamteindruck des restlichen Bilds soll sich nicht verändern.

1. Konvertieren Sie die Bildebene mit *Filter → Für Smartfilter konvertieren* in ein Smart-Objekt.
2. Wählen Sie *Bild → Korrekturen → Tiefen/Lichter*.
3. Passen Sie die Tiefen so an, dass die momentan zu dunklen Bildbereiche gut dargestellt werden. Um den Rest kümmern Sie sich momentan noch nicht.
4. Bestätigen Sie mit *OK*.

Abbildung 15.56
Hellen Sie den Baum im linken Bereich auf, ohne sich um den Rest des Bilds zu kümmern.

5. Aktivieren Sie mit einem Klick die Smartfilter-Maske.
6. Drücken Sie nacheinander die Tasten [D] und [X], um die Vordergrundfarbe auf Schwarz zu setzen.
7. Wählen Sie das Pinsel-Werkzeug (Taste [B]) mit einem weichen Pinsel.
8. Aktivieren Sie die Smartfilter-Maske und malen Sie über alle Bildbereiche, die nun zu hell erscheinen. Mit Grau schaffen Sie weiche Übergangszonen.

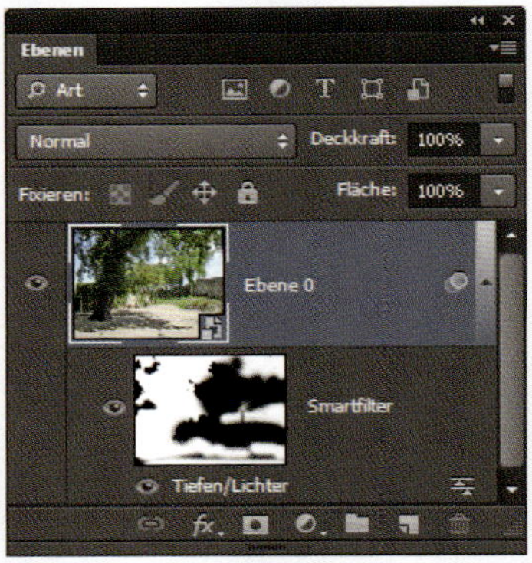

Abbildung 15.57
Mit dem Pinsel holen Sie in der Smart-Filter-Maske die Bildbereiche zurück, die vom Befehl *Tiefen/Lichter* nicht betroffen sein sollen.

Alternativ wählen Sie die zu hellen Bildbereiche aus und füllen Sie sie schwarz.

Automatische Korrekturen

Farbton, Kontrast und Farbe Ihres Bilds kann Photoshop auch automatisch korrigieren, auch wenn diese Korrekturen nicht so fein abgestuft werden können wie die ab der nächsten Seite beschriebenen Möglichkeiten mit Tonwertkorrektur und Gradationskurven – wenn Sie auf die Schnelle einen ganzen Stapel Bilder korrigieren müssen, können Sie es jedoch einmal mit den Autokorrekturen probieren.

Öffnen Sie das Menü *Bild* und wählen Sie *Auto-Farbe, Auto-Kontrast* oder *Auto-Farbton*.

- Auto-Kontrast sucht die hellsten und dunkelsten Tonwerte und setzt sie auf reines Weiß und Schwarz. Die dazwischenliegenden Tonwerte werden gleichmäßig verteilt.
- Möchten Sie in Ihrem Bild die Kontraste verstärken und gleichzeitig einen Farbstich entfernen, verwenden Sie *Bild → Auto-Farbe*.
- Wenn Sie hingegen eine Farbänderung auf jeden Fall vermeiden möchten, ist der Befehl *Bild → Auto-Kontrast* besser geeignet. Dieser verstärkt nur die Kontraste, ohne jedoch die Farbstimmung des Bilds zu verändern.
- Für den Fall, dass Sie sowohl die Helligkeit als auch die Farben verbessern möchten, dabei aber nur weniger starke Farbänderungen wünschen, wählen Sie *Bild → Auto-Farbton*. In manchen Fällen ist das Ergebnis dieser Autokorrektur farblich unbefriedigend.

Auto-Korrektur zerstörungsfrei anwenden

Falls Sie zwar eine Autokorrektur auf Ihr Bild anwenden möchten, diese aber in abgeschwächter Form wünschen, gehen Sie folgendermaßen vor: Duplizieren Sie die Hintergrundebene mit der Tastenkombination Strg/⌘+J. Wenden Sie dann die Autokorrektur auf die obere Ebene an und verringern Sie deren Deckkraft entsprechend.

Alternativ erstellen Sie eine *Tonwertkorrektur-* oder *Gradationskurven*-Einstellungsebene und klicken im *Eigenschaften*-Bedienfeld auf die Schaltfläche *Auto*, nachdem Sie die Optionen für die Autorkorrektur so eingerichtet haben wie auf Seite 448 beschrieben.

Abbildung 15.58
Links: Original,
rechts: *Auto-Farbton*

Abbildung 15.59
Links: *Auto-Kontrast,*
rechts: *Auto-Farbe*

Tipp
Falls Sie nur bestimmte Bildteile korrigieren möchten, legen Sie eine Auswahl fest, bevor Sie die Tonwertkorrektur anwenden. Sie wird dann nur auf den ausgewählten Bereich angewandt.

Eine Tonwertkorrektur durchführen

Die Tonwertkorrektur lässt zwar nicht so feine Abstimmungen zu wie die im Anschluss besprochene Gradationskurve, ist aber dennoch ein gutes Werkzeug, wenn der Tonwertumfang Ihres Bilds sich als zu gering herausstellt. Sie verleihen Ihren Bildern mit einer Tonwertkorrektur mehr Brillanz und Tiefe.

1. Erzeugen Sie, wie weiter vorne beschrieben, eine *Tonwertkorrektur*-Einstellungsebene: Klicken Sie im *Korrekturen*-Bedienfeld auf das Symbol *Tonwertkorrektur* . Im *Eigenschaften*-Bedienfeld erscheinen die Regler und Eingabefelder zur Einstellung der Tonwertverteilung.
2. Den Hauptbereich des Bedienfelds stellt das bereits bekannte Histogramm dar, das Ihnen die Tonwerte in Ihrem Bild zeigt. Öffnen Sie das Popup-Menü *Kanal*, um einen Farbkanal auszuwählen, den Sie bearbeiten möchten. Möchten Sie – wie in den meisten Fällen – den Gesamtkanal bearbeiten, lassen Sie das Popup-Menü unverändert.
3. Direkt unter dem Histogramm sehen Sie drei Regler in Form von kleinen Dreiecken. Mit diesen verändern Sie die Tiefen, Lichter und Mitteltöne Ihres Bilds bzw. der Auswahl. Alternativ tragen Sie in die Eingabefelder unter den Reglern Werte ein, um genauere Angaben zu machen.
4. Der linke schwarze Regler ist für die Tiefen zuständig, der rechte für die Lichter und der mittlere, der Gammaregler, für die Mitteltöne.
   - Alle Werte links vom schwarzen Regler für die Tiefen werden auf Schwarz abgesenkt. Verschieben Sie den schwarzen Regler also nach rechts, wird das Bild dunkler und kontrastreicher eingestellt. Beispiel: Verschieben Sie den Schwarzregler auf 20, werden alle Tonwerte von 0 bis 20 auf reines Schwarz gesetzt. Die übrigen Tonwerte des Bilds werden neu verteilt und nach unten gespreizt.
   - Umgekehrt stellen Sie die Lichter des Bilds mit dem weißen Regler rechts unter dem Histogramm ein. Alle Werte rechts vom weißen Regler sind weiß.

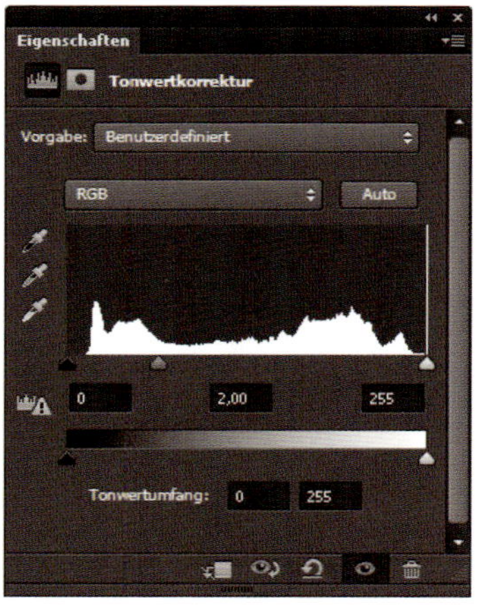

Abbildung 15.60
Im *Eigenschaften*-Bedienfeld finden Sie verschiedene Vorgaben für die Tonwertkorrektur, wenn Sie Ihr Bild beispielsweise heller oder kontrastreicher wünschen.

- Zwischen diesen beiden Reglern liegt der Gammaregler für die Mitteltöne. Mit ihm regeln Sie die Helligkeit der Mitteltöne. Verschieben Sie den Regler nach rechts, wird das Bild dunkler. Mit einem Wert über 1,00 heben Sie die Mitteltöne in Ihrem Bild an, ohne die Tiefen zu ändern.

5. Im unteren Bereich des Bedienfelds steht Ihnen der *Tonwertumfang*-Verlaufsbalken zur Verfügung. Mit diesem verringern Sie den Tonwertumfang des Bilds, das Bild wird also flauer:
   - Ziehen Sie den rechten weißen Regler nach links auf den Wert 200, werden sämtliche hellen Tonwerte von 200 bis 256 auf den Wert 200 gestellt.
   - Verschieben Sie den schwarzen Regler nach rechts, werden die dunklen Bereiche auf die Reglerposition eingestellt.

Durch die Reduzierung des Tonwertumfangs können Sie Bilder für Hintergründe aufhellen. Und noch einen weiteren praktischen Nutzen bietet dieser Regler: In Webgrafiken machen sich die extremen Tonwerte 255 und 0 nicht besonders gut. Bilder, die volles Schwarz oder Weiß erreichen, erzeugen am Monitor zu starke Kontraste. Deshalb können Sie mit dem unteren Balken den Tonwertumfang um ein paar Prozent verringern.

Auch viele Druckmaschinen kommen mit diesen extremen Tonwerten nicht besonders gut klar – diese Tonwerte neigen dazu, im Druck auszureißen bzw. zuzulaufen. Weil Druckergebnisse durch die Beschaffenheit der Druckfarbe und des Papiers immer etwas unvorhersehbar sind, ist es auch hier sicherer, ein paar Zähler über bzw. unter den absoluten Tiefen bzw. Lichtern zu bleiben.

Bei der Arbeit mit der Tonwertkorrektur schießt man schnell über das Ziel hinaus, so dass wichtige, helle Bilddetails zu reinem Weiß werden (»Ausfressen«). Gegenmittel: Halten Sie beim Bewegen des oberen Schwarz- bzw. Weiß-Reglers die [Alt]-Taste gedrückt. Photoshop zeigt Ihnen nun, welche Tonwertbereiche in den einzelnen Kanälen bzw. im Gesamtkanal an die Grenze zur reinen Farbe bzw. zu reinem Weiß oder Schwarz stoßen. Ziehen Sie den jeweiligen Regler zurück, bis das Bild wieder ganz weiß bzw. ganz schwarz erscheint, um die Beschneidung zu vermeiden.

Parameter automatisch auswählen

Im *Eigenschaften*-Bedienfeld müssen Sie normalerweise in die einzelnen Eingabefelder klicken, um etwas eingeben zu können. Aktivieren Sie jedoch im Bedienfeldmenü die Option *Parameter automatisch auswählen,* werden die Felder ausgewählt: Beim Öffnen des Bedienfelds ist das erste Eingabefeld bereit für die Eingabe. Der Wert ist markiert und kann gleich überschrieben werden.

Mit der [Tab]-Taste können Sie zwischen den Eingabefeldern wechseln. Am Ende drücken Sie [Shift]+[Enter]. Dadurch gelangen Sie wieder in das erste Eingabefeld.

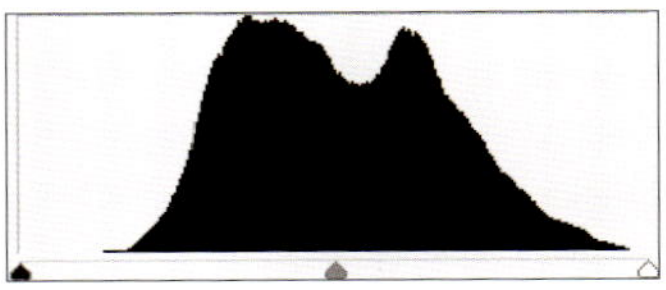

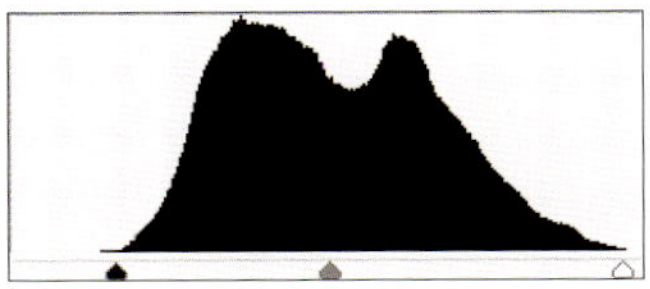

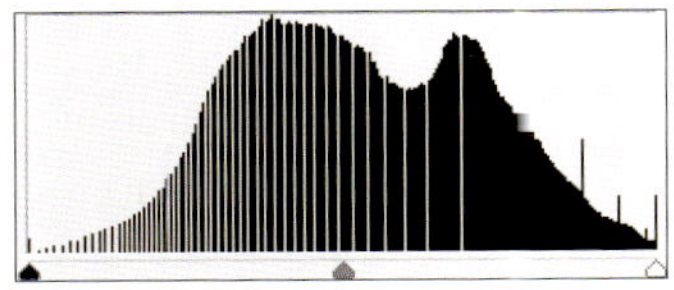

Abbildung 15.61
Links: Die flauen Farben dieses Fotos profitieren von einer Tonwertkorrektur. Mitte: Ziehen Sie den schwarzen und den weißen Regler nach innen, um die komplette Tonwertskala abzudecken. Falls das Bild nun zu dunkel ist, bewegen Sie den mittleren Regler in Richtung Tiefen (nach links), um die Mitteltöne aufzuhellen.

Abbildung 15.62
Die gesamte Tonwertskala ist nun gefüllt. Durch die Tonwertkorrektur kommt es stets zu Tonwertabrissen, die in gravierenden Fällen im Druck negativ auffallen können (die hier gezeigten Tonwertabrisse würden jedoch kaum Probleme bereiten). Durch die vorherige Konvertierung des Bilds in 16 Bit/Kanal *(Bild → Modus → 16 Bit/Kanal)* minimieren Sie die Tonwertabrisse. Anschließend konvertieren Sie das Bild zurück in 8 Bit/Kanal.

Auch für Gradationskurven
Auch beim Bearbeiten der im folgenden Abschnitt erläuterten Gradationskurven, beim Ändern des Kontrasts und beim Anpassen der Farbbalance kann es ohne die geschilderten Vorkehrungen zu Tonwertabrissen kommen.

Histogrammlücken vermeiden

Wenn Sie bei einem Foto mit nicht optimaler Ausgangsqualität eine Tonwertkorrektur vornehmen, entstehen häufig Lücken im Histogramm – sogenannte Tonwertabrisse. Diese lassen sich folgendermaßen vermeiden:

1. Wählen Sie *Bild → Modus → 16 Bit/Kanal*. Sie konvertieren Ihr Bild damit in ein 16-Bit-Bild.
2. Um es in eine echte 16-Bit-Datei zu verwandeln, berechnen Sie das Bild nun neu. Dazu wählen Sie *Bild → Bildgröße*. Vergewissern Sie sich, dass das Kontrollkästchen *Proportionen beibehalten* aktiviert ist.
3. Ändern Sie die *Pixelmaße* um ein paar wenige Pixel.
4. Achten Sie darauf, dass im unteren Dialogfeldbereich *Bikubisch automatisch* ausgewählt ist.

5. Schließen Sie das Dialogfeld mit einem Klick auf *OK*.
6. Wählen Sie *Fenster* → *Histogramm*. Betrachten Sie das Histogramm des Bilds. Es weist keine Tonwertabrisse mehr auf. Nehmen Sie jetzt die gewünschte Tonwertkorrektur vor. Das Histogramm bleibt rissfrei.
7. Zum Schluss konvertieren Sie Ihr Bild wieder mit Bild → *Modus* → *8-Bit/Kanal* in ein 8-Bit-Bild.

Eine halbautomatische Tonwertkorrektur durchführen

Gerade wenn Sie noch nicht viel Erfahrung mit der Tonwertkorrektur haben, helfen Ihnen die drei Pipetten-Schaltflächen im Bedienfeld *Eigenschaften*.

- Wählen Sie die Pipette mit der schwarzen Füllung, um die dunklen Bildbereiche zu korrigieren.

- Wählen Sie die Pipette mit der grauen Füllung, um die Mitteltöne des Bilds zu korrigieren.

- Wählen Sie die Pipette mit der weißen Füllung, um die hellen Bereiche des Bilds zu korrigieren.

Klicken Sie mit der zutreffenden Pipette in den gewünschten Bildbereich. Der Tonwert wird automatisch korrigiert. Die schwarze Pipette  korrigiert den Bildpunkt nach Schwarz und senkt auch die übrigen Tonwerte ab. Mit der weißen Pipette  wird der angeklickte helle Bildpunkt nach Weiß korrigiert und mit der grauen Pipette  nach einem neutralen Grau.

Die Gefahr dabei: Klicken Sie mit der Weiß-Pipette ein Pixel an, das nicht so hell ist wie die hellsten Bildpunkte, sondern etwas dunkler, kommt es zur sogenannten Beschneidung. Da alle Pixel, die heller sind als das angeklickte, auf Weiß gesetzt werden, verliert das Bild Helligkeitsinformationen, die Lichter fressen aus. Genauso verhält es sich mit der Schwarz-Pipette: Ist der angeklickte Schwarzpunkt heller als der dunkelste vorhandene Punkt, laufen die Tiefen zu; sie zeigen keine Detailzeichnung mehr.

Eine automatische Tonwertkorrektur durchführen

Noch komfortabler ist die automatische Tonwertkorrektur. Allerdings ist damit keine so differenzierte Einstellung möglich wie über die manuelle Korrektur. Sie können in gewissem Rahmen festlegen, welches Ergebnis Sie mit der Auto-Tonwertkorrektur erzielen.

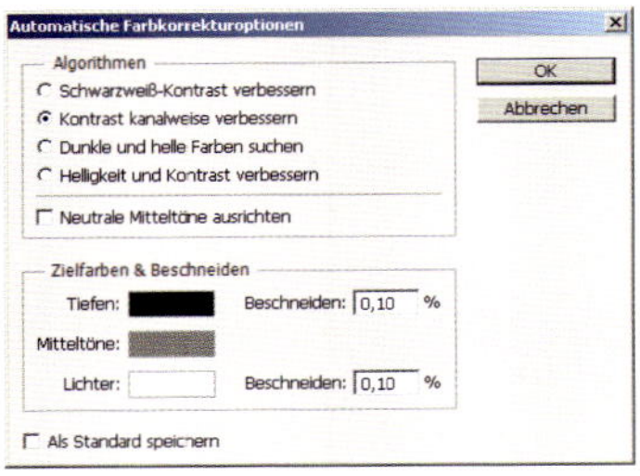

Abbildung 15.63
Die Dialogbox *Auto-Farbkorrekturoptionen* zum Voreinstellen der automatischen Tonwertkorrektur

Abbildung 15.64
Oben: Original, unten von links nach rechts: *Schwarzweiß-Kontrast verbessern, Kontrast kanalweise verbessern, Dunkle und helle Farben suchen*

Die Optionen der automatischen Tonwertkorrektur festlegen

Dazu wählen Sie aus dem Bedienfeldmenü des *Eigenschaften*-Bedienfelds den Befehl *Auto-Optionen*. In der Dialogbox *Auto-Farbkorrekturoptionen* wählen Sie den Algorithmus, den Photoshop verwenden soll, wenn es den Tonwertbereich des Bilds anpasst.

- Wählen Sie das Optionsfeld *Schwarzweiß-Kontrast verbessern*, wenn alle Kanäle auf dieselbe Weise behandelt werden sollen. Mit dieser Option werden die Lichter heller und die Tiefen dunkler – eine einfache Kontrasteinstellung. Die Auto-Tonwertkorrektur entspricht damit dem Befehl *Bild → Auto-Kontrast*, ist aber im Gegensatz zu diesem zerstörungsfrei, weil sie auf einer Einstellungsebene angewandt wird.
- Wählen Sie hingegen das Optionsfeld *Kontrast kanalweise verbessern*, wenn der Tonwert in jedem Kanal maximiert werden soll. Das Ergebnis ist eine starke Korrektur. Beachten Sie, dass dadurch eventuell auch zusätzliche Probleme entstehen können, zum Beispiel Farbstiche. Die Korrektur entspricht dem Befehl *Bild → Auto-Farbe*.
- Mit dem Optionsfeld *Dunkle und helle Farben suchen* werden die Lichter jedes Kanals als Weiß definiert, die Tiefen als Schwarz (jeweils wie im unteren Teil des Dialogfelds angegeben) und die mittleren Töne werden proportional verteilt. Die Korrektur entspricht dem Befehl *Bild → Auto-Farbton*.

NEU

- Neu in Photoshop-CS6 ist die meist empfehlenswerte Option *Helligkeit und Kontrast verbessern*, die für die Tonwert-Autokorrektur in der Grundeinstellung aktiviert ist. Verwenden Sie diese Einstellung vor allem für Bilder, bei denen Sie mit den Tiefen und Lichtern zufrieden sind, aber die Mitteltöne verbessern möchten. Die Grenzwerte für Schwarz und Weiß bleiben dabei unverändert.

Soll Photoshop bei den ersten drei genannten Optionen im Bild nach einer relativ neutralen Farbe suchen und die Gammawerte so ausrichten, dass diese Farbe neutral bleibt, aktivieren Sie das Kontrollkästchen *Neutrale Mitteltöne ausrichten*. Geben Sie in die Eingabefelder die gewünschten Prozentwerte ein. Die Werte dürfen sich zwischen 0,00 und 9,99 bewegen.

Die voreingestellten 0,50 % bedeuten, dass die dunkelsten Pixel bis 0,5 Prozent Helligkeit bei der Suche nach dem dunkelsten vorhandenen Pixel nicht berücksichtigt werden, damit nicht einzelne Ausreißer die Korrektur allzu schwach ausfallen lassen.

Verlassen Sie die Dialogbox mit der Schaltfläche *OK*, um zum Bedienfeld *Tonwertkorrektur* zurückzukehren. Klicken Sie jetzt auf *Auto*, um die automatische Tonwertkorrektur durchzuführen.

Als Standard speichern
Möchten Sie Ihre Einstellungen auch für spätere Korrekturen beibehalten, aktivieren Sie das Kontrollkästchen *Als Standard speichern*.

Den Kontrast mit der Gradationskurve regeln

Das wichtigste Werkzeug zur Tonwert- und Farbkorrektur ist die Gradationskurve, auch Schwärzungskurve genannt. Hiermit bestimmen Sie für jeden einzelnen Tonwert von 0 bis 255 einen neuen Wert. Dabei können Sie bis zu 15 Tonwertpositionen fixieren. Holen Sie die Gradationskurve mit einem Klick auf das Symbol im *Korrekturen*-Bedienfeld auf den Bildschirm.

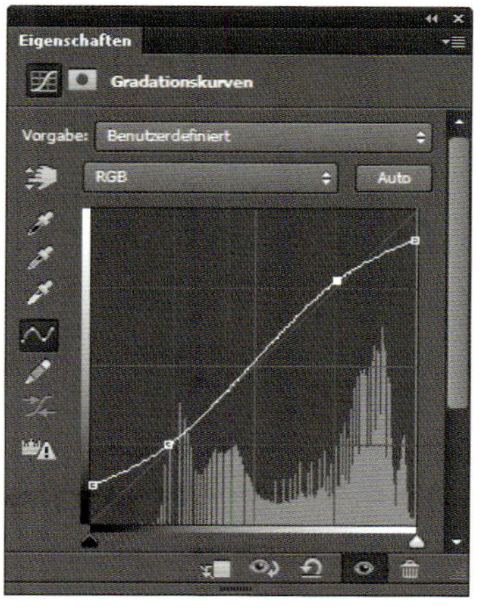

Abbildung 15.65
Hier wurde bei ¼ und ¾ der Gradationskurve je ein Punkt gesetzt, um die Lichter abzudunkeln und die Tiefen aufzuhellen (Sie erhalten ein sehr flaues Ergebnis).

Oben im *Eigenschaften*-Bedienfeld befindet sich ein Popup-Menü für die einzelnen Kanäle; darunter sehen Sie ein Schaubild mit der aktuellen Gradationskurve und einem integrierten Histogramm sowie den bereits bei der Tonwertkorrektur erläuterten Reglern zur Erweiterung des Tonwertumfangs.

Auf der X-Achse des Diagramms finden sich die Eingabewerte (das sind die ursprünglichen Helligkeitswerte). Beachten Sie, dass bei RGB-Bildern Werte von 0 bis 255 verwendet werden. Die Tiefen (0 = Schwarz) stehen links, die Lichter (255 = Weiß) rechts. CMYK-Bilder verhalten sich in der Grundeinstellung anders herum, da sie durch eine subtraktive Farbmischung gebildet werden (vgl. auch Kapitel 1): Die Lichter (0 = Weiß) stehen links, die Tiefen (100 = Schwarz) sind rechts angesiedelt. In der Mitte befinden sich in beiden Farbmodi die Mitteltöne.

Auf der Y-Achse werden die Ausgabewerte des Bilds angezeigt. Unmittelbar nach dem Aktivieren der Funktion ist die Kurve in dem Diagramm noch gerade; das bedeutet, dass alle Pixel identische Ein- und Ausgabewerte haben. Um die

Mitteltöne in RGB-Bildern anzuheben, biegen Sie die Kurve nach oben (Sie werden gleich sehen, wie das geht), um sie abzudunkeln, nach unten. In CMYK-Bildern verfahren Sie anders herum.

Über das *Kanal*-Popup-Menü bearbeiten Sie gegebenenfalls die einzelnen Kanäle separat. Ansonsten wählen Sie den aktuellen Farbmodus, um das gesamte Bild einzustellen. Ist die Schaltfläche mit der Kurve aktiviert, bearbeiten Sie die bestehende Gradationskurve durch Anklicken und Ziehen.

Abbildung 15.66
Kontrast erhöhen: Dreivierteltöne anheben, Vierteltöne senken

Abbildung 15.67
Bild flauer machen: Dreivierteltöne senken, Vierteltöne anheben

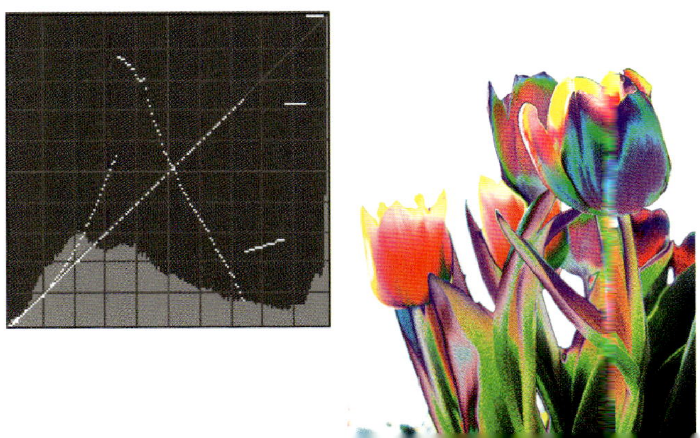

Abbildung 15.68
Krasse solarisationsartige Farbveränderungen erreichen Sie, indem Sie im Bleistiftmodus in der Matrix der Gradationskurve »herumkritzeln« und danach zur Glättung der Kurve auf die Schaltfläche zur Punktbearbeitung klicken.

In der Grundeinstellung sind zwei Punkte gesetzt, einer bei 0 und einer bei 255 bzw. 100. Ziehen Sie diese Punkte senkrecht nach oben bzw. nach unten, bleibt die Gradationskurve gerade, die Lichter bzw. Schatten werden angehoben bzw. verringert, wobei alle anderen Werte gleichmäßig angepasst werden.

Bei Bedarf setzen Sie neue Kurvenpunkte ein und verändern dadurch die Form der Gradationskurve. Setzen Sie an jeder Stelle der Kurve, die unverändert bleiben soll, einen Punkt. So beeinflussen Sie beispielsweise die Lichter und Tiefen, behalten die Mitteltöne aber bei (oder umgekehrt).

Auf diese Weise fixieren Sie bis zu 16 Punkte der Gradationskurve und nehmen so sehr sensible Einstellungen vor.

Um einen Punkt wieder aus der Gradationskurve zu löschen, klicken Sie ihn mit gedrückter [Strg]/[⌘]-Taste an. Alternativ klicken und ziehen Sie den Punkt mit gedrückter Maustaste aus dem Diagramm heraus.

Aktivieren Sie statt der Schaltfläche mit der Kurve die Schaltfläche mit dem Stift, verändern Sie die bestehende Gradationskurve durch Zeichnen mit gedrückter Maustaste. Mit gedrückter [⇧]-Taste zeichnen Sie eine gerade Linie. Über die Schaltfläche *Kurvenwerte glätten* glätten Sie die so erzeugte Kurve zum Schluss. Auf diese Weise vermeiden Sie harte Tonsprünge. Wechseln Sie gegebenenfalls wieder zur Kurvenansicht, indem Sie auf die Kurvenschaltfläche klicken.

Um einen Tonwert als Punkt in die Gradationskurve einzutragen, klicken Sie mit gedrückter [Strg]/[⌘]-Taste auf den gewünschten Bereich im Bild. Der Punkt kann anschließend auf der Gradationskurve bearbeitet werden.

Die Gradationskurve anhand der Bildfarben intuitiv bearbeiten

Links oben im Bedienfeld sehen Sie ein handförmiges Symbol. Aktivieren Sie dieses mit einem Klick, um Ihre Anpassungen direkt im Bild durchzuführen:

Sobald Sie nun auf das Bild zeigen, wird Ihr Mauszeiger zu einer Pipette.

- Möchten Sie die Lichter abdunkeln, klicken Sie in einen Lichterbereich in Ihrem Bild und ziehen Sie dann nach unten. Die Kurve ändert sich entsprechend.
- Möchten Sie die Schatten aufhellen, klicken Sie in einen Tiefenbereich und ziehen Sie nach oben.

Mit dieser äußerst empfehlenswerten Technik können Sie jeden Punkt auf der Kurve intuitiv anpassen.

Nächsten/vorigen Punkt aktivieren
Halten Sie im Bedienfeld *Gradationskurven* die [+]-Taste gedrückt, um den jeweils nächsten Punkt auf der Kurve zu aktivieren. Mit der [-]-Taste aktivieren Sie den jeweils vorigen Punkt.

Feineres Raster anzeigen
Zeigen Sie im Diagramm ein feineres Raster an, um den Verlauf der Gradationskurve genauer einzustellen. Dazu klicken Sie bei gedrückter [Alt]-Taste in das Diagramm. Klicken Sie erneut, erscheint wieder das gröbere Raster.

Tipp
Möchten Sie zwischendrin prüfen, wie Ihr Bild vorher, also ohne Tonwertkorrektur, aussah, klicken Sie am unteren Rand des Bedienfelds *Korrekturen* auf das Symbol *Ebenensichtbarkeit ein/aus*.

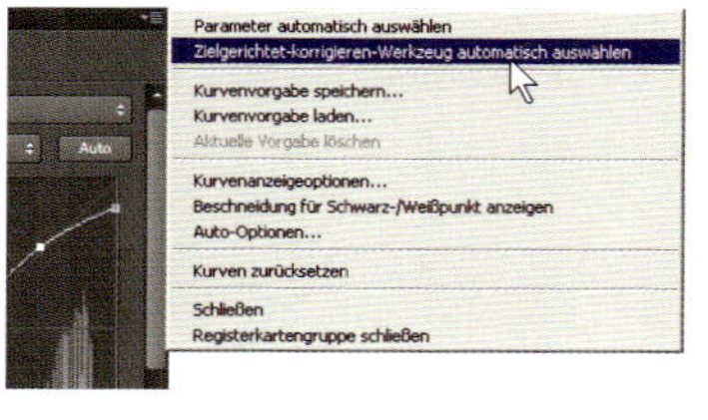

Abbildung 15.69
Das Werkzeug *Zielgerichtet-korrigieren* automatisch aktivieren

Standardmäßig ist dieses Werkzeug nicht ausgewählt. Sie können die Gradationskurven aber so einstellen, dass es automatisch aktiviert wird, sobald Sie eine *Gradationskurven*-Einstellungsebene hinzufügen. Öffnen Sie dazu das Bedienfeldmenü und aktivieren Sie den Befehl *Zielgerichtet-korrigieren-Werkzeug automatisch auswählen.*

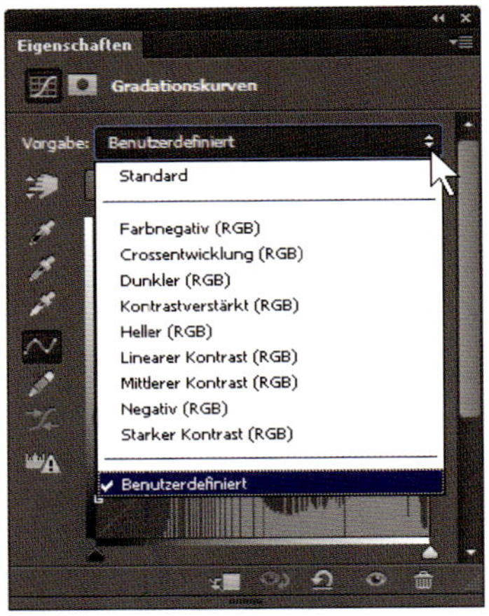

Abbildung 15.70
Die vordefinierten Gradationskurven im *Eigenschaften*-Bedienfeld

Vorgefertigte Kurven und die Auto-Gradationskurve verwenden

Das *Eigenschaften*-Bedienfeld enthält einige interessante vordefinierte Gradationskurven. Gerade für Einsteiger empfiehlt es sich, diese einmal auszuprobieren. Es sind beispielsweise Kurven für eine mittlere oder starke Anhebung des Kontrasts und für eine Bildaufhellung vorhanden

Die Analyse der zu diesen Voreinstellungen gehörenden Kurven ist ein guter Weg, die Funktionsweise der Gradationskurven zu erlernen. Dem folgenden Bild wurde die Voreinstellung *Cross-Entwicklung* zugewiesen. Als Cross-Entwicklung bezeichnet man die Positiv-Entwicklung eines Farbnegativfilms oder umgekehrt die Negativ-Entwicklung eines Farbpositivfilms. Charakteristisch sind knallige Farben, hoher Kontrast und meist grobes Korn. Die Cross-Entwicklung wurde besonders in den 1980er und 1990er Jahren als Stilmittel eingesetzt.

Abbildung 15.71
Links: *Original von Christoph Kommer,*
rechts: Cross-Entwicklung

Alternativ klicken Sie im *Eigenschaften*-Bedienfeld auf die Schaltfläche *Auto*. Dann versucht Photoshop, die besten Einstellungen anhand der Tonwertverteilung des jeweiligen Bilds selbst zu finden. Auch hier können Sie – analog zur Auto-Tonwertkorrektur (siehe Seite 448) – das verwendete Verfahren selbst festlegen. Voreingestellt ist bei den Auto-Gradationskurven *Helligkeit und Kontrast verbessern.* Damit erzielen Sie in vielen Fällen sehr gute, individuell auf das jeweilige Bild zugeschnittene Ergebnisse.

Die Gradationskurve speichern

Gegebenenfalls speichern Sie Ihre erstellten Gradationskurven in einer Zuordnungsdatei mit der Dateiendung .ACV, um sie später wieder zu laden. Dazu öffnen Sie das Bedienfeldmenü und wählen *Kurvenvorgabe speichern*.

Gradationskurve nur auf helle/dunkle Bildbereiche anwenden

Die einfachste Möglichkeit, nur die dunklen (oder die hellen) Bereiche eines Bilds zu ändern, ist eine Teilauswahl, die sogenannte Luminanzmaske: Je heller die Bildbereiche, desto stärker sind sie in der Auswahl vertreten. Die absoluten Lichter werden komplett ausgewählt, die absoluten Tiefen überhaupt nicht. Damit können Sie beispielsweise beim Aufhellen des Bilds die Lichter vor dem Ausfressen bewahren.

1. Zeigen Sie das *Kanäle*-Bedienfeld an.
2. Klicken Sie das Symbol des Gesamtkanals mit gedrückter Strg/⌘-Taste an.
3. Wenden Sie nun eine Gradationskurve (oder auch eine andere Korrekturfunktion) auf das Bild an, wirkt sich diese auf die hellen Bildbereiche viel stärker aus als auf die dunklen.

Farbänderungen vermeiden
Normalerweise ändern sich nicht nur die Bildkontraste, sondern auch die Farben, wenn Sie die Gradationskurven ändern. Sie können dies jedoch vermeiden, wenn Sie die Gradationskurven-Einstellungsebene am Schluss in den Modus *Luminanz* setzen.

Umgekehrte Luminanzmaske
Sollen die dunklen Bildbereiche von der Korrektur stärker betroffen sein als die hellen, kehren Sie die Auswahl um.

Abbildung 15.72
Links: Per Strg/⌘ + Klick auf die Miniatur des Gesamtkanals im *Kanäle*-Bedienfeld wählen Sie nur die hellen Bildteile aus. Anschließend kehren Sie die Auswahl mit Strg/⌘ + I um, um nur die dunklen Bildteile auszuwählen. Rechts: Per Gradationskurve hellen Sie die dunklen Bildbereiche auf; die ohnehin schon beinahe ausgefressenen Lichter bleiben unberührt.

Abbildung 15.73
Das obere Bild soll dieselbe Tonung erhalten wie das linke.

Lofoten.jpg, NewYork.jpg, beide von Kristine Kamm

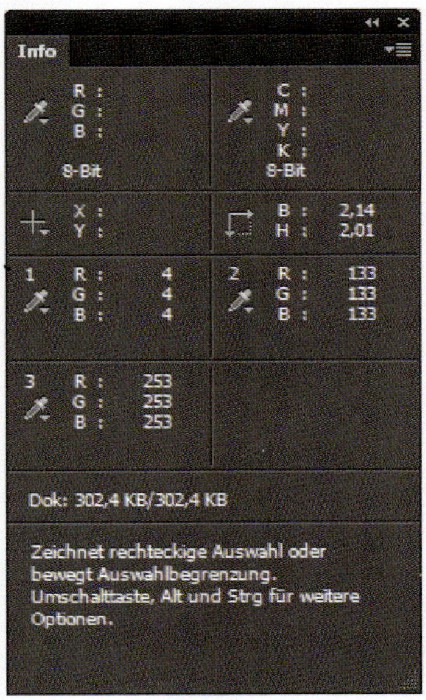

Abbildung 15.74
Im unteren Bereich des Info-Bedienfelds lesen Sie die Werte der drei Messpunkte ab.

Farben von getonten Bildern übertragen

Mit den folgenden Schritten versehen Sie ein Graustufenbild mit exakt der Tonung eines bereits getonten Graustufenbilds.

1. Öffnen Sie beide Bilder.
2. Aktivieren Sie das bereits getonte Bild und duplizieren Sie die Hintergrundebene mit [Strg]/[⌘] + [J].
3. Wählen Sie *Bild* → *Korrekturen* → *Sättigung verringern*.
4. Zeigen Sie das *Info*-Bedienfeld an und aktivieren Sie das *Farbaufnahme*-Werkzeug in der Werkzeugleiste. In der Optionenleiste stellen Sie den Aufnahmebereich auf *3 x 3 Pixel Durchschnitt* ein.
5. Klicken Sie zunächst eine dunkle Bildstelle an, dann einen Mittelton und zum Schluss klicken Sie in einen Lichterbereich.

6. Im unteren Teil des *Info*-Bedienfelds sehen Sie die Werte der drei aufgenommenen Farben. Notieren Sie sich den Wert für jede der Farben.
7. Klicken Sie im *Ebenen*-Bedienfeld auf das Augensymbol der oberen Ebene, um das Originalbild anzuzeigen. Die Werte im *Info*-Bedienfeld ändern sich entsprechend.
8. Notieren Sie sich unter den Grauwerten auch die RGB-Werte der Messpunkte.
9. Aktivieren Sie das Bild, das Sie tonen möchten. Falls es im Graustufenmodus vorliegt, konvertieren Sie es mit *Bild → Modus → RGB-Farbe* in RGB.
10. Fügen Sie dem Bild eine *Gradationskurven*-Einstellungsebene hinzu.
11. Wählen Sie den Rotkanal.
12. Markieren Sie den linken unteren Punkt und geben Sie in das *Eingabe*-Feld den ersten Grauwert ein. In das *Ausgabe*-Feld geben Sie den zugehörigen *R*-Wert aus Ihrer Tabelle ein.
13. Klicken Sie einen Punkt auf die Kurve und geben Sie den zweiten Grauwert und den zugehörigen *R*-Wert ein.
14. Markieren Sie den rechten oberen Punkt auf der Kurve und geben Sie den dritten Grauwert und den zugehörigen *R*-Wert ein.
15. Wiederholen Sie dies sinngemäß mit dem Grün- und dem Blau-Kanal und den entsprechenden G- und B-Werten.

Tiefen	Mitteltöne	Lichter
Grau 4	Grau 133	Grau 252
R 7	R 156	R 255
G 5	G 142	G 254
B 1	B 110	B 252

Abbildung 15.75
Fertigen Sie sich eine Tabelle mit den Grau- und RGB-Werten der Messpunkte an.

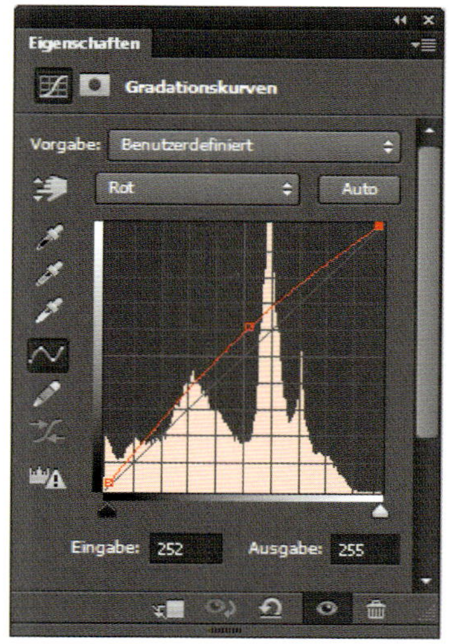

Abbildung 15.76
Als Eingabe-Werte für jeden Kanal verwenden Sie die Grauwerte, als Ausgabe-Werte die jeweiligen R-, G- oder B-Werte.

15.4 Farbstiche entfernen

Ein falsch eingestellter Weißabgleich, bestimmte Kunstlichtarten, ein ungünstiger Aufnahmezeitpunkt, helle Störquellen wie etwa Schnee – all dies kann dazu führen, dass Ihr Digitalfoto einen störenden Farbstich aufweist. Dieser kann im gesamten Wertbereich vorhanden sein oder sich auf Tiefen, Lichter oder Mitteltöne des Fotos beschränken. Egal, welche Ursache der Farbstich hat – auf jeden Fall hat die Kamera nicht dieselbe Szene wie Ihr Auge wahrgenommen und aufgezeichnet.

Gute Lichtverhältnisse für Digitalfotos
Die besten Lichtverhältnisse zur Vermeidung von Farbstichen bei der Digitalfotografie finden Sie an sonnigen Tagen um die Mittagszeit.

Selbst preisgünstigere Digitalkameras bieten heutzutage oft die Möglichkeit, einen manuellen Weißabgleich vorzunehmen. Auf diese Weise mindern Sie Farbstiche beispielsweise bei Kunstlicht (verhindern lassen sie sich aber meist nicht ganz). Aber auch nachträglich können Sie Farbstiche relativ leicht entfernen. Eine Möglichkeit sind die erläuterten Gradationskurven. Häufig genügt aber auch schon der Befehl *Bild → Korrekturen → Auto-Farbton*, um den Farbstich aus dem Bild zu entfernen.

Abbildung 15.77
Der Farbstich des Originalbilds (links) ließ sich mit einer automatischen Korrektur entfernen (rechts).

Oder Sie wählen eine manuelle Vorgehensweise: Weist Ihr Bild beispielsweise einen Rotstich auf, wählen Sie im RGB-Modus im Bedienfeld *Gradationskurven* den Rotkanal aus und ziehen Sie die Kurve nach unten, bis der Farbstich verschwunden ist.

Abbildung 15.78
Denken Sie daran, dass ein geringer Farbstich nicht unbedingt ein Nachteil sein muss, sondern im Gegenteil manchmal erwünscht ist. Innenaufnahmen von Wohnräumen beispielsweise wirken durch einen leichten Orangestich besonders anheimelnd. Winterlandschaften kommen durch einen leichten Blaustich besonders prächtig heraus.

Farbstiche lassen sich auch durch die Anpassung der Farbbalance entfernen (oder hinzufügen).

1. Klicken Sie im *Korrekturen*-Bedienfeld auf das Symbol *Farbbalance* , um eine entsprechende Einstellungsebene zu erzeugen.
2. Legen Sie nun im *Eigenschaften*-Bedienfeld fest, für welchen Helligkeitsbereich Sie die Farbbalance einstellen möchten: für die Lichter, die Mitteltöne oder die Tiefen. Wählen Sie das entsprechende Optionsfeld im oberen Bereich des Bedienfelds aus.
3. Möchten Sie die Helligkeit des Bilds schützen, aktivieren Sie das Kontrollkästchen *Luminanz erhalten*.
4. Nehmen Sie jetzt die gewünschten Farbtoneinstellungen vor und klicken Sie auf *OK*.

Farben, die im Farbkreis gegenüberliegen, stehen sich auch im Bedienfeld gegenüber.

- Zwischen zwei gegenüberliegenden Farben befindet sich jeweils ein Schieberegler.
- Rechts von den Schiebereglern steht Ihnen alternativ jeweils ein Eingabefeld zur Verfügung. Sie bewegen also entweder die Schieberegler oder geben Werte in die Eingabefelder ein.
- Positive Werte bewegen den Schieberegler nach rechts, negative Werte bewegen ihn nach links. Dementsprechend wird die Farbmenge des zugehörigen Kanals im Bild verändert, indem der Anteil der im Farbkreis gegenüberliegende Farbe erhöht oder verringert wird.

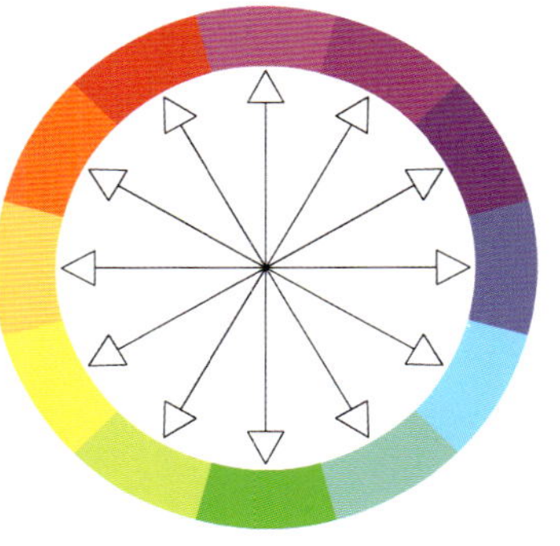

Abbildung 15.79
Farbkreis

Abbildung 15.80
Original

Eisbaer.jpg von Kristine Kamm

Farbkorrektur nach Zahlen

Bei manchen Bildern ist die Farbkorrektur alles andere als einfach. Probieren Sie in diesen Fällen einmal die folgende Technik, besonders wenn Sie einen ganzen Stapel Bilder korrigieren müssen. Wenn Sie mehr Zeit haben, kann die Technik als guter Ausgangspunkt für weitere farbliche Anpassungen dienen.

Um einen Farbstich zu beseitigen, gibt es prinzipiell zwei Ansätze: Sie können entweder Ihren visuellen Eindrücken folgen oder aber die »inneren Werte« des Bilds, seine Tonwertverteilung, prüfen und ändern.

Es kann recht schwierig sein, die Korrektheit der Farben einzig durch die Betrachtung eines Bildes festzustellen. Zum einen ist Farbe ein Wahrnehmungsphänomen, das stark von den umgebenden Lichtbedingungen beeinflusst wird. Hinzu kommt, dass ein und dasselbe Digitalfoto auf verschiedenen Computerbildschirmen ganz unterschiedlich dargestellt werden kann, je nachdem, wie die Monitore hinsichtlich Helligkeit, Kontrast, Gamma und Farbtemperatur eingestellt sind. Auch die Alterung des Bildschirms spielt hier eine Rolle – mit der Zeit verändert sich die Farbdarstellung. Alle diese Variablen machen es unter Umständen schwierig, einen Farbstich mit dem »unbewaffneten« Auge zu erkennen und zu korrigieren.

Hier zeigen wir Ihnen deshalb einen vorwiegend technischen, zahlenbasierten Weg, für den Sie im Grunde genommen überhaupt keine Erfahrung auf dem Gebiet der Farbkorrektur benötigen (notfalls ließe er sich selbst auf einem Schwarzweiß-Monitor erfolgreich durchführen).

Als Erstes legen Sie die Zielfarben für Tiefen und Lichter fest. Dadurch teilen Sie Photoshop mit, welche Tonwerte die dunkelsten und die hellsten Stellen im Bild erhalten sollen.

1. Bevor Sie mit einer der vielen Pipettensymbole in den Photoshop-Bedienfeldern und –Dialogen arbeiten, sollten Sie sicherstellen, dass der Aufnahmebereich der Pipette angemessen eingestellt ist. Aktivieren Sie dazu in der Werkzeugleiste das *Pipette*-Werkzeug und wählen Sie in der Optionenleiste den *Aufnahmebereich 3 x 3 Pixel Durchschnitt*. Bei Bildern mit großer Pixelanzahl oder bei Bildern mit deutlichem Farbrauschen können Sie sogar einen noch größeren Aufnahmebereich wählen. Sie vermeiden damit, dass Sie später beim Anklicken einer Farbe versehentlich ein Rauschpixel, ein Staubkorn auf der Linse oder einen ähnlich irrelevanten Punkt anklicken. Stattdessen nehmen Sie die Durchschnittsfarbe des gewählten Aufnahmebereichs auf.

Abbildung 15.81
Wählen Sie als *Aufnahmebereich* für die *Pipette 3 x 3 Pixel Durchschnitt*.

2. Für die folgenden Schritte benötigen Sie eine *Gradationskurven*-Einstellungsebene. Klicken Sie deshalb im *Korrekturen*-Bedienfeld auf das Symbol *Neue Kurven-Einstellungsebene erstellen*.

3. Doppelklicken Sie auf das schwarze Pipettensymbol im *Eigenschaften*-Bedienfeld. Damit öffnen Sie das Dialogfeld *Zieltiefenfarbe auswählen*. Überschreiben Sie den standardmäßigen Wert *0* in den Feldern *R*, *G* und *B* jeweils mit *10*. Damit erhalten Sie dunkle Tiefen, stellen jedoch sicher, dass die Tiefendetails im Druck erhalten bleiben. Ein reines Schwarz (R=0/G=0/B=0) wäre im Druck nicht reproduzierbar; die Details würden zulaufen.
4. Bestätigen Sie mit einem Klick auf *OK*. Photoshop fragt Sie, ob Sie diese Werte als neue Standard-Zieltiefenfarbe speichern möchten. Klicken Sie auf *Ja*, damit Sie diese Arbeit künftig nicht mehr neu erledigen müssen, bevor Sie ein weiteres Bild korrigieren.

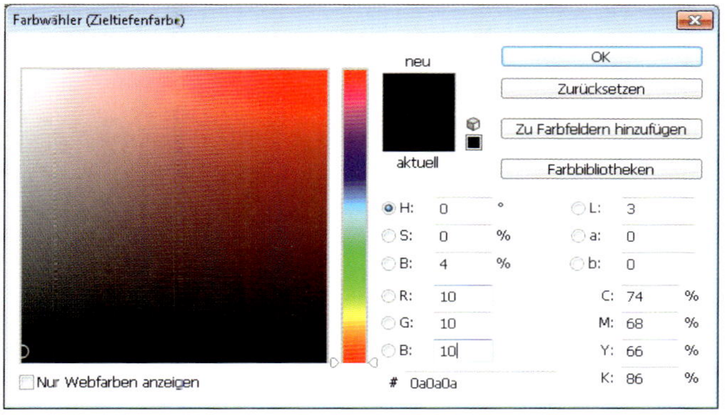

Abbildung 15.82
Die Zieltiefenfarbe definieren

5. Doppelklicken Sie auf die weiße Pipette und verringern Sie den Wert für die *Ziellichterfarbe* für *R*, *G* und *B* von *255* auf jeweils *245*. Damit setzen Sie die Lichter auf ein helles, vierprozentiges Grau, So verhindern Sie, dass die hellsten Stellen im Druck ausfressen.

Nachdem Sie die Zielfarben festgelegt haben, passen Sie die Farben in Ihrem Bild an. Dabei stimmen Sie den dunkelsten Bereich in Ihrem Bild mit der Zieltiefenfarbe ab, den hellsten Bereich mit der Ziellichterfarbe. Anschließend suchen Sie in Ihrem Foto einen neutralgrauen Bereich und stimmen diesen mit der Zielmitteltonfarbe ab.

Abbildung 15.83
Die schwarzen Stellen im linken oberen Bereich sind die absoluten Bildtiefen.

1. Beginnen Sie mit den Tiefen: Klicken Sie auf die schwarze Pipette. Halten Sie die [Alt]-Taste gedrückt und klicken Sie auf den schwarzen Regler unter dem Gradationskurven-Schaubild. Sehen Sie nun im Bild einen oder mehrere schwarze Bereiche? Dies sind die Tiefen in Ihrem Bild. Klicken Sie in einen dieser Bereiche – beachten Sie, dass dabei die Spitze der Pipette maßgeblich ist. Wichtig ist auch, dass Sie deutlich einzoomen, bevor Sie klicken. So stellen Sie sicher, dass Sie wirklich eine schwarze Stelle anklicken.
2. Sollte sich zunächst kein schwarzer Bereich auf der Arbeitsfläche zeigen, ziehen Sie den schwarzen Regler mit gedrückter [Alt]-Taste langsam nach rechts. Sobald ein schwarzer Bereich erscheint, klicken Sie diesen an.

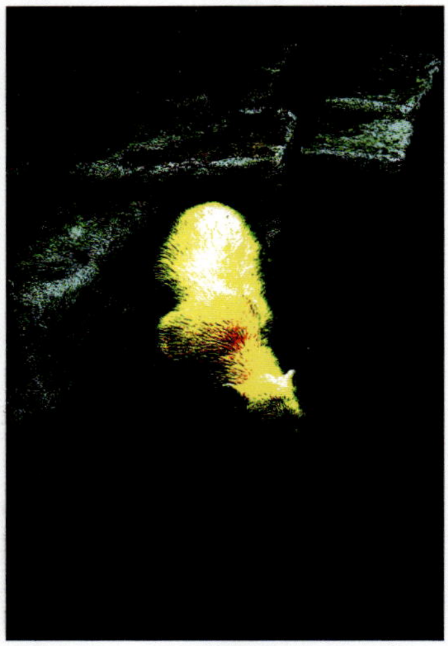

Abbildung 15.84
Die weißen Stellen im Fell des Eisbären sind die Lichter.

Abbildung 15.85
Versehen Sie die oberste Ebene mit dem Mischmodus *Differenz*.

3. Geben Sie die Maustaste frei und kontrollieren Sie die angeklickte Stelle. Haben Sie das Gefühl, dass es keine plausible, für die Bildtiefen repräsentative Zone ist, fahren Sie mit der beschriebenen Technik fort, nach einem Schwarzpunkt zu suchen. Sobald Sie fertig sind, haben Sie die Bildtiefen in ein Schwarz (bzw. sehr dunkles Grau) ohne Farbstich verwandelt.
4. Jetzt sind die Lichter dran: Klicken Sie auf die weiße Pipette und dann mit gedrückter `Alt`-Taste auf den weißen Regler. Wenn sich gleich ein weißer Bereich zeigt, klicken Sie diesen an. Anderenfalls ziehen Sie den Regler langsam nach links und klicken die erste weiße Fläche an. Prüfen Sie wieder, ob Sie eine geeignete Bildstelle gefunden haben. Handelt es sich beispielsweise lediglich um ein total ausgerissenes Spitzlicht, dann sollten Sie weitersuchen.

Damit kommen wir zum schwierigsten Teil: Sie müssen einen neutralen Mittelton in Ihrem Bild finden. Das *Eigenschaften*-Bedienfeld bietet Ihnen keinen grauen Regler, mit dem Sie die Mitteltöne so unkompliziert ausfindig machen könnten wie die Tiefen und Lichter. Es gibt aber einen guten Workaround, den Sie nun anwenden werden:

1. Klicken Sie am unteren Rand des *Ebenen*-Bedienfelds mit gedrückter `Alt`-Taste auf das Symbol *Neue Ebene erstellen*. Im folgenden Dialogfeld wählen Sie den Modus *Ineinanderkopieren* und aktivieren Sie das Kontrollkästchen *Mit neutraler Farbe für den Modus ‚Ineinanderkopieren' füllen (50% Grau)*. Bestätigen Sie mit einem Klick auf *OK*.
2. Versehen Sie die Ebene mit dem Mischmodus *Differenz*. Ihr Bild sieht nun recht merkwürdig aus. Der Mischmodus *Differenz* kann Ihnen aber beim Suchen eines neutralen Tons unschätzbare Dienste leisten, wie Sie gleich sehen werden.
3. Klicken Sie am unteren Rand des *Ebenen*-Bedienfelds auf das Symbol *Neue Füll- oder Einstellungsebene erstellen* und wählen Sie *Schwellenwert*. Im *Eigenschaften*-Bedienfeld ziehen Sie den *Schwellenwert*-Regler ganz nach links, sodass das Bild vollständig weiß wird. Langsam ziehen Sie den Regler jetzt nach rechts, bis sich erste schwarze Zonen zeigen. Dies sind die neutralen Bildbereiche.

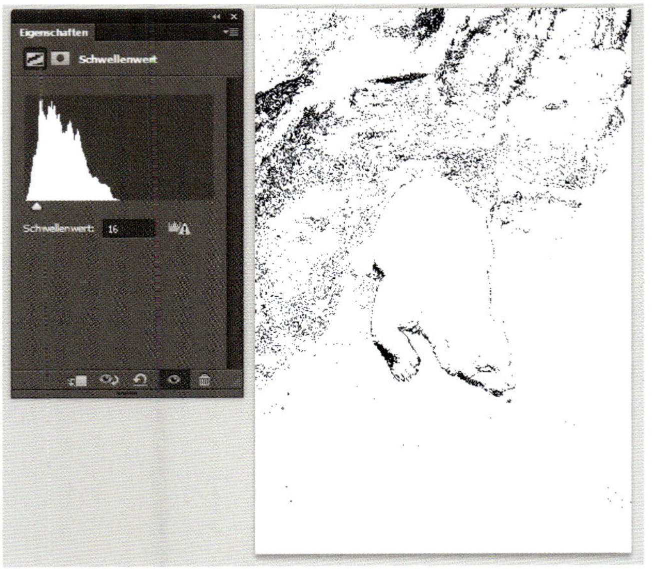

Abbildung 15.86
Die schwarzen Zonen sind die neutralen Bereiche in Ihrem Bild.

4. Aktivieren Sie das *Farbaufnahme*-Werkzeug im Werkzeuge-Bedienfeld und klicken Sie damit auf eine schwarze Stelle im Bild. Dann blenden Sie Differenz- und Einstellungsebene vorübergehend mit Klicks auf ihre Augensymbole aus. Prüfen Sie die angeklickte Stelle: Liegt die Farbaufnahmemarke auf einem gut beleuchteten Bereich, der dennoch eine deutliche Detailzeichnung aufweist? Wenn nicht, fahren Sie fort: Blenden Sie beide Ebenen wieder ein und ziehen Sie die Farbaufnahmemarke an eine andere schwarze Stelle. Kontrollieren Sie die Stelle wieder mit ausgeblendeter Differenz- und Einstellungsebene.
5. Damit haben die beiden Ebenen ihre Aufgabe erfüllt. Blenden Sie sie aus und aktivieren Sie wieder die *Kurven*-Einstellungsebene. Aktivieren Sie die mittlere, graue Pipette und klicken Sie mit der Pipettenspitze genau auf die Farbaufnahmemarke.

Jetzt haben Sie ein vollständig farbstichfreies Bild (sollte Ihnen dieses Ergebnis zu »perfekt« oder steril wirken, können sie die Deckkraft der Einstellungsebene etwas reduzieren, um einen Hauch der Originalbildfarben zurückzuholen).

Abbildung 15.87
Das Ergebnis: Ein farbstichfreies Bild

15.5 Einzelne Farbtöne gezielt anpassen

Mit der selektiven Farbkorrektur verändern Sie gezielt die einzelnen Farbtöne im Bild. Jeder Farbton wird dabei mit seinen Cyan-, Magenta-, Gelb- und Schwarzanteilen aufgelistet – das gilt auch für RGB-Bilder.

1. Stellen Sie sicher, dass in Ihrem Bild der Gesamtkanal aktiviert ist, und klicken Sie im *Korrekturen*-Bedienfeld auf das Symbol *Selektive Farbkorrektur*.
2. Über das Popup-Menü *Farben* im *Eigenschaften*-Bedienfeld wählen Sie den Farbton zur Bearbeitung aus. Die Auswahl besteht aus den Druckfarben CMY, aus den Lichtfarben RGB und den Neutraltönen Schwarz, Weiß und Grau.
3. Wählen Sie dann im unteren Bereich des Bedienfelds die gewünschte Korrekturmethode. Entscheiden Sie sich zwischen *Relativ* und *Absolut*. Mit *Relativ* bestimmen Sie, dass bereits vorhandene Anteile an Cyan, Magenta, Gelb oder Schwarz anhand ihres Anteils am Gesamtwert geändert werden. Wenn ein Pixel beispielsweise bisher 50 % Cyan enthält und Sie 10 % hinzufügen, wird der Cyan-Anteil um 5 % – das sind 10 % von 50 % – erhöht, so dass sich 55 % ergibt. Auf diese Weise kann kein reines Weiß eingestellt werden. Wählen Sie *Absolut*, definieren Sie die Farben in absoluten Werten. Beginnen Sie mit 50 % Cyan, das Sie um 10 % erhöhen, ergibt sich bei dieser Methode 60 % Cyan.
4. Darüber sehen Sie die Druckfarben zum Einstellen des Farbtons. Durch Verschieben der Schieberegler ändern Sie die Intensität der einzelnen Farbanteile des Farbtons. Bestätigen Sie schließlich mit *OK*.

Farb- und Kontrastkorrektur mit dem Befehl Auto-Farbe
Sind Sie in Eile und müssen Sie schnell eine große Menge von Bildern optimieren, sind Ihnen die bisher vorgestellten Farbkorrekturmöglichkeiten vielleicht zu umständlich. In diesem Fall bietet Photoshop Ihnen die Option *Auto-Farbe*, die Sie über das Menü *Bild (*Tastenkombination [⇧] + [Strg]/[⌘] + [B]) erreichen. Oft erzielen Sie mit diesem Befehl ganz gute Ergebnisse, wobei er eine richtige Tonwertkorrektur nicht ersetzen kann. Er stellt aber häufig eine gute Ausgangsbasis für weitere Korrekturen dar.

Abbildung 15.88
Die selektive Farbkorrektur

Farbton, Sättigung und Helligkeit einstellen

Viele Digitalfotos sind so stark gesättigt, dass die Farben bonbonartig und unnatürlich wirken. Das gegenteilige Problem weisen alte, verblasste Papierfotos auf. In beiden Fällen hilft ein Herabsetzen bzw. Erhöhen der Sättigung.

1. Klicken Sie zunächst im *Korrekturen*-Bedienfeld auf das Symbol *Farbton/Sättigung*.
2. Über das Popup-Menü ganz oben im *Eigenschaften*-Bedienfeld wählen Sie die verschiedenen Farbtöne des Bilds zur Bearbeitung aus. Mit *Standard* bearbeiten Sie das Gesamtbild.

3. Darunter verändern Sie nun die einzelnen Eigenschaften des Bilds: *Farbton*, *Sättigung* und *Helligkeit*. Dazu betätigen Sie entweder den Schieberegler auf der Skala oder Sie geben in die Eingabefelder einen Wert ein.

Die Veränderung der Farben erkennen Sie auch über die beiden unteren Farbskalen. Die obere Farbskala bleibt immer unverändert, an der unteren sehen Sie die Veränderung.

- Über den obersten Regler in diesem Bedienfeld legen Sie den Farbton fest. Jeder Farbton belegt in einem Farbkreis, der das gesamte Farbspektrum wiedergibt, einen bestimmten Platz. Das Farbspektrum verläuft auf einer Skala von –180 bis +180 Grad. Die Position des Farbtons im Farbspektrum wird in einer Gradzahl angegeben. Daher können Sie im Bedienfeld über den Regler *Farbton* bzw. das zugehörige Eingabefeld auch Werte zwischen –180 und +180 angeben.
- Die *Sättigung* wiederum bestimmt die Leuchtkraft der Farbe. Erhöhen Sie die Sättigung, verringern Sie den Grauanteil der Farbe und machen sie leuchtender; verringern Sie die Sättigung, wird in den Farbton mehr Grau gemischt und er wirkt stumpfer.
- Über den untersten Regler bestimmen Sie die Lab-Helligkeit der Farbe.

Abbildung 15.89
Wie immer gilt: Wenn Sie zuerst eine Auswahl vornehmen und danach die Einstellungsebene erzeugen, gelten die Anpassungen nur für den zuvor ausgewählten Bereich. Über *Farbton/Sättigung* lassen sich auf diese Weise Objekte schnell umfärben.

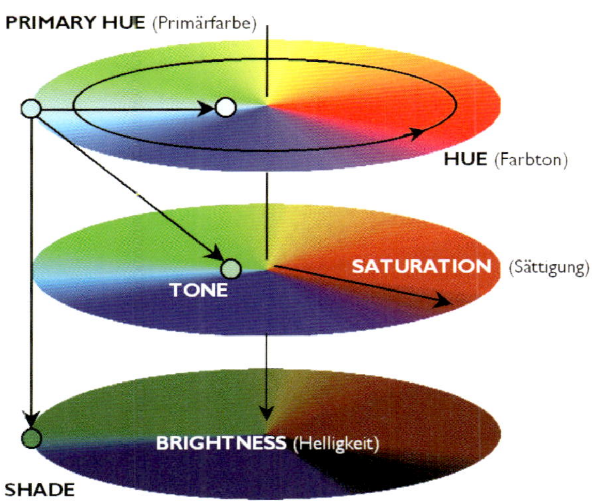

Abbildung 15.90
Hue: Festlegen des Farbtons; Saturation: Festlegen der Sättigung, Brightness: Festlegen der Helligkeit.

Farbstimmung schnell ändern
Wenn Sie die Farbstimmung eines Bilds oder Bildteils schnell ändern möchten, probieren Sie es doch einmal mit einer *Fotofilter*- oder einer *Color-Lookup*-Einstellungsebene. Die zuerst genannte simuliert klassische Fotofilter, die zweite bietet die verschiedensten Effekte, wie sie etwa aus der Filmindustrie bekannt sind, zum Beispiel Kerzenlicht, Nebel, Bleach Bypass, Mondlicht und vieles mehr.

Abbildung 15.91
Verschiedene *Color-Lookup*-Einstellungen: *Foggy/Night, LateSunset, BleachBypass*

Bilder einfärben

Auch getonte Schwarzweißbilder können Sie über das Bedienfeld *Farbton/Sättigung* erzeugen. Falls Ihr Bild noch in Graustufen vorliegt, wandeln Sie es in RGB-Farben um. Aktivieren Sie jetzt im Bedienfeld *Farbton/Sättigung* das Kontrollkästchen *Färben*.

Das gesamte Bild erhält zunächst den Farbton der aktuell eingestellten Vordergrundfarbe (es sei denn, die Vordergrundfarbe ist auf Schwarz oder Weiß eingestellt), wobei die Helligkeitswerte nicht geändert werden, die Sättigung dagegen schon. Betätigen Sie den Regler *Farbton*, um die gewünschte Farbe einzustellen. Betätigen Sie die anderen beiden Regler, um gegebenenfalls Sättigung und Helligkeit einzustellen. Bestätigen Sie schließlich mit *OK*.

Eine weitere Methode zum Einfärben von Schwarzweißbildern lernen Sie im Anschluss kennen.

Sättigung mit Dynamik regulieren

Die *Dynamik*-Einstellungsebene erreichen Sie ebenfalls über das *Korrekturen*-Bedienfeld. Sie erhöhen damit die Intensität der Farben, ohne dass es dabei – wie es beim Erhöhen der Sättigung passieren kann – zu Farbrauschen und sonstigen Störungen kommt. Die Sättigung in zu schwach gesättigten Bildteilen wird verstärkt, ohne bereits ausreichend gesättigte Bereiche zu übersättigen. Ihre Bilder erhalten damit ein brillantes Aussehen.

1. Klicken Sie im *Korrekturen*-Bedienfeld auf das Symbol *Dynamik*.
2. Ziehen Sie den *Dynamik*-Regler im *Eigenschaften*-Bedienfeld ganz nach rechts auf *+100*, um die Sättigung auf das Maximum zu erhöhen.
3. Zeigen Sie mit *Ansicht* → *Farbumfang-Warnung* die Beschneidung an. Alle übersättigten Bereiche werden als graue Flächen dargestellt.
4. Reduzieren Sie die Deckkraft der *Dynamik*-Einstellungsebene.
5. Sobald die grauen Flächen verschwunden sind, belassen Sie die Deckkraftreduktion bei diesem Wert.
6. Deaktivieren Sie den Befehl *Ansicht* → *Farbumfang-Warnung* wieder.

Ein weiterer Vorteil der *Dynamik*-Funktion ist, dass im Gegensatz zu anderen Methoden Farbrauschen und sonstige Störungen minimiert werden.

Helligkeit und Sättigung eines Bilds manuell bearbeiten

Zum Bearbeiten von Helligkeit und Sättigung eines Bilds gibt es in *Werkzeuge*-Bedienfeld drei Werkzeuge:

- Mit dem *Abwedler*-Werkzeug machen Sie Bildbereiche heller.
- Mit dem *Nachbelichter*-Werkzeug dunkeln Sie Bildbereiche ab.
- Mit dem *Schwamm*-Werkzeug lässt sich die Sättigung von Bildbereichen sowohl leicht erhöhen als auch leicht reduzieren. Im Graustufenmodus wird der Abstand der Graustufen zum Mittelwert erhöht oder verringert, also der Kontrast erhöht oder verringert.

Nachdem Sie das gewünschte Werkzeug ausgewählt haben, stellen Sie in der Optionenleiste die gewünschte Werkzeugspitze ein.

Für den *Abwedler* und den *Nachbelichter* legen Sie im Popup-Menü *Bereich* fest, welche Helligkeitsbereiche Sie ändern möchten: *Mitteltöne*, *Tiefen* oder *Lichter*. Im Feld *Belichtung* stellen Sie die gewünschte Belichtung zwischen 1 und 100 % ein. Je höher der Wert ist, desto stärker wird der Effekt.

Aktivieren Sie gegebenenfalls das Kontrollkästchen *Tonwerte schützen*. Damit vermeiden Sie auch bei mehrmaligem Übermalen derselben Stelle Bildrauschen und Halobildung (beim *Abwedler*-Werkzeug in den Bildtiefen) und Grauschleier (beim *Nachbelichter*-Werkzeug in den Lichtern).

Für den Schwamm wählen Sie im Popup-Menü *Modus* zwischen *Sättigung erhöhen* und *Sättigung verringern*.

Abbildung 15.92
Originalbild ...

Abbildung 15.93
... bearbeitet mit *Nachbelichter* und *Abwedler*

Ein Bild in Schwarzweiß konvertieren

Wenn Sie einem Foto einfach über *Bild* → *Modus* → *Graustufen* die Farbe entziehen, erhalten Sie häufig keine optimalen Ergebnisse. Photoshop bietet aber noch eine weitere Möglichkeit, mit der Sie maßgeschneidert Graustufen erzielen. Dabei kann das Programm Ihnen sogar die beste Konvertierung für das individuelle Bild vorschlagen.

Abbildung 15.94
Angepasste Graustufenkonvertierungen erzielen Sie mit der Funktion *Schwarzweiß Korrekturen*-Bedienfeld. Links: Original; rechts: Schwarzweiß-Einstellungsebene *Standard*; links unten: *Maximales Schwarz*; rechts unten: *Maximales Weiß*

Auf Grundlage dieser Einstellungen nehmen Sie anschließend eine Feinabstimmung vor.

1. Konvertieren Sie ein CMYK- oder Lab-Bild in RGB.
2. Klicken Sie dann im *Korrekturen*-Bedienfeld auf das Symbol *Schwarzweiß*.
3. Wählen Sie im *Eigenschaften*-Bedienfeld entweder eine der Voreinstellungen aus dem Popup-Menü *Vorgabe* oder klicken Sie auf die Schaltfläche *Auto*. Wahrscheinlich erzielen Sie mit diesen Maßnahmen noch kein perfektes Ergebnis, aber Sie erhalten einen guten Ausgangspunkt für weitere Optimierungen.
4. Ziehen Sie nun die Regler für die einzelnen Farbkomponenten: Ziehen Sie nach rechts, um den Wert der entsprechenden Farbe zu erhöhen und ihn damit aufzuhellen, nach links, um ihn abzudunkeln. Alternativ bearbeiten Sie die Regler direkt im Bild: Klicken Sie auf

eine Stelle im Bild und ziehen Sie – der entsprechende Farbregler wird angepasst. Ist eine Farbe im ursprünglichen Farbbild nur in geringen Anteilen vorhanden, hat der zugehörige Regler kaum Auswirkungen.

Außerdem können Sie das Bedienfeld auch verwenden, um getonte Schwarzweißbilder zu erzeugen, beispielsweise mit dem beliebten Sepiaton. Aktivieren Sie dazu das Kontrollkästchen *Farbtonung* im oberen Bereich des Bedienfelds. Passen Sie hier Farbton und Sättigung der Tönung an.

Eigene Schwarzweißeinstellungen speichern

Gefällt Ihnen das Ergebnis und möchten Sie diese Einstellungen auch auf weitere Bilder anwenden, öffnen Sie das Bedienfeldmenü neben dem Popup-Menü *Vorgabe* und wählen Sie *Vorgabe speichern*. Die neue Vorgabe lässt sich ab sofort über das Popup-Menü *Vorgabe* selektieren.

Abbildung 15.95
Auch teilentsättigte Bilder lassen sich mit einer *Schwarzweiß*-Einstellungsebene schnell gestalten.

Abbildung 15.96
Links: Senken Sie die Ebenendeckkraft der Einstellungsebene nach Wunsch. Rechts: Setzen Sie die Vordergrundfarbe auf Schwarz und wählen Sie das *Pinsel*-Werkzeug. Aktivieren Sie die Ebenenmaske der Einstellungsebene und malen Sie im Bild alle Bereiche frei, die ihre volle Farbe zurückerhalten sollen.

Farben im Bild gezielt ändern oder ersetzen

Photoshop bietet Ihnen die Möglichkeit, Farben im Bild gezielt zu bearbeiten. Dabei arbeiten Sie mit einer Pipette, um bestimmte Farben im Bild herauszupicken und ihren Farbton, ihre Sättigung und Lab-Helligkeit zu verändern.

Abbildung 15.97
Die Dialogbox der Funktion *Farbe ersetzen*

1. Wählen Sie *Bild* → *Korrekturen* → *Farbe ersetzen.*
2. Aktivieren Sie gegebenenfalls das Kontrollkästchen *Lokalisierte Farbgruppen*, um unansehnliche Übergänge und Artefakte an den Kanten zu vermeiden.
3. Im oberen Bereich stellen Sie die Toleranz der Pipette ein. Dazu betätigen Sie entweder den Schieberegler oder geben einen Wert in das Eingabefeld ein.
4. Darunter steht Ihnen eine Miniatur des Bilds zur Verfügung, in die Sie zur Auswahl einer Farbe hineinklicken. Alternativ klicken Sie mit der Pipette in das Originalbild.
5. Aktivieren Sie das Optionsfeld *Bild* unter der Miniatur, werden die Bearbeitungen auf das ganze Bild angewandt.
6. Mit dem Optionsfeld *Auswahl* begrenzen Sie die Bearbeitungen auf die Auswahl mit der Pipette. Dann wird im Vorschaubereich eine Maske angezeigt – die maskierten Bereiche sind schwarz, teilweise maskierte Bereiche haben unterschiedliche Graustufen.
7. Jetzt aktivieren Sie die linke Pipette und klicken entweder in der Miniatur oder im Bild selbst auf die Farbe, die Sie bearbeiten möchten.
8. Mit den beiden anderen Pipetten *Hinzufügen* und *Entfernen* vergrößern bzw. verkleinern Sie die Auswahl.
9. Nachdem Sie eine Auswahl angelegt haben, stellen Sie im unteren Bereich der Dialogbox die Eigenschaften für *Farbton*, *Helligkeit* und *Sättigung* ein, indem Sie entweder die Schieberegler verwenden oder Werte in die Eingabefelder eingeben.
10. Bestätigen Sie am Schluss mit der Schaltfläche *OK*.

15.6 Die Bildschärfe optimieren

Ebenso wichtig wie die bisher besprochene Farbkorrektur ist die Optimierung der Bildschärfe. Praktisch alle Bilder, die Sie eingescannt oder mit der Digitalkamera aufgenommen haben, vertragen eine Schärfung (falls dies Kamera bzw. Scanner noch nicht erledigt haben) – besonders, wenn Sie sie in Photoshop verkleinert haben. Bei diesem Vorgang verliert jedes Bild an Schärfe.

Ebenen
Beachten Sie, dass die Weich- und Scharfzeichnungsfilter wie alle Filter nur auf die aktuelle Ebene wirken. Bei den Weichzeichnungs- und Scharfzeichnungswerkzeugen haben Sie die Möglichkeit, diese auf alle Ebenen wirken zu lassen, wie Sie weiter hinten sehen werden.

Bei Bildmontagen oder nach der Freistellung ergibt sich hingegen manchmal das Problem von Bildbereichen mit harten Konturen. Solche Bildbereiche sehen nicht besonders wirklichkeitsgetreu aus, da die Elemente wie »aufgeklebt« wirken; sie verschmelzen nicht mit dem Hintergrund. Dieses Problem vermindern Sie, indem Sie einen Weichzeichnungsfilter auf den Bildbereich anwenden. Dadurch werden die Kanten geglättet und um einige Details reduziert. Ebenfalls weichzeichnen sollten Sie körnige Bildbereiche, grobporige Hautzonen, Falten usw.

Photoshop bietet Ihnen im Menü *Filter* mehrere Befehle für das Scharf- und Weichzeichnen Ihrer Bilder oder auch von markierten Bildbereichen. Alternativ bearbeiten Sie Bildstellen manuell. Hierzu stehen Ihnen im *Werkzeuge*-Bedienfeld die Werkzeuge *Weichzeichner* und *Scharfzeichner* zur Auswahl.

Bildmodi
Die Funktionen zum Weich- und Scharfzeichnen sind im indizierten und im Bitmap-Farbmodus nicht anwendbar.

Bilder weichzeichnen

Um zu scharfe Übergänge abzumildern, steht Ihnen im Menü *Filter* die Unterkategorie *Weichzeichnungsfilter* zur Verfügung. Hier wählen Sie verschiedene Weichzeichnungsarten, die Sie für spätere Optimierungen auch als Smart-Filter anwenden können.

Am ungenauesten arbeiten die Befehle *Weichzeichnen* oder *Stärker weichzeichnen*, weil die gewählte Funktion ohne Einstellmöglichkeiten unmittelbar am Bild oder am ausgewählten Bildbereich ausgeführt wird. Besser geeignet sind deshalb die Filter *Gaußscher Weichzeichner* und *Matter machen*, da Sie mit diesen Funktionen den Grad der Weichzeichnung festlegen können.

Beim Gaußschen Weichzeichner geben Sie einen Pixelradius zwischen 0,1 und 250 ein. Die Maßeinheit beträgt 1/10 Pixel. Je niedriger Sie den Wert wählen, desto schwächer ist der Effekt.

Abbildung 15.98
Original

Skulptur.jpg
von Christoph Kommer

Vordergrundobjekte hervorheben

Um im nebenstehenden Bild die Skulptur stärker hervorzuheben, zeichnen Sie den Hintergrund weich.

1. Wählen Sie die Skulptur im Vordergrund mit dem *Schnellauswahl*- und dem *Magnetischen Lasso*-Werkzeug aus.
2. Perfektionieren Sie die Auswahl mit der Funktion *Kante verbessern*.
3. Im unteren Bereich des Dialogfelds Kante verbessern wählen Sie aus dem Popup-Menü *Ausgabe an* die Option *Neue Ebene mit Ebenenmaske*.

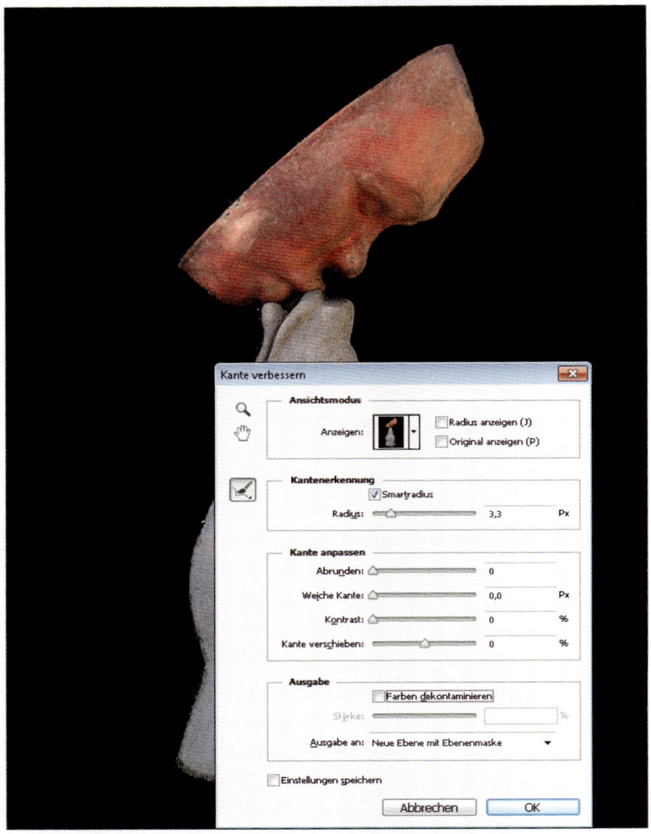

Abbildung 15.99
Die Skulptur könnte deutlicher hervortreten. Ein gutes MIttel ist das Weichzeichnen des Hintergrunds.

4. Klicken Sie auf *OK*.
5. Blenden Sie die Hintergrundebene mit einem Klick auf ihr Augensymbol im *Ebenen*-Bedienfeld ein.
6. Aktivieren Sie die Hintergrundebene und wählen Sie *Filter > Für Smartfilter konvertieren*. Bestätigen Sie mit *OK*.
7. Wählen Sie *Filter > Weichzeichnungsfilter > Gaußscher Weichzeichner.*

8. Ziehen Sie den *Radius*-Regler nach rechts, bis Sie den gewünschten Weichzeichnungsgrad erzielt haben. Klicken Sie auf *OK*.
9. Arbeiten Sie die Kanten der Ebenenmaske gegebenenfalls nach, indem Sie sie aktivieren und mit Schwarz bzw. Weiß darauf malen.
10. Um das Bild realistischer zu gestalten, sollte der vordere Bereich des Sands, auf dem die Skulptur steht, nicht weichgezeichnet sein. Lassen Sie die Ebenenmaske aktiviert
11. Klicken Sie mit gedrückter [Strg]-Taste auf die Ebenenmaske, um eine Auswahl in der Form des weißen Bereichs zu erstellen.
12. Invertieren Sie die Auswahl mit *Auswahl > Auswahl umkehren*.
13. Wählen Sie das *Verlauf*-Werkzeug mit einem Verlauf von Schwarz nach Weiß.
14. In der Optionenleiste des *Verlauf*-Werkzeugs aktivieren Sie dem *Modus Differenz*.
15. Klicken Sie in das untere Bildviertel und ziehen Sie den Verlauf mit gedrückter [⇧]-Taste senkrecht zum unteren Bildrand.
16. Geben Sie die Maustaste frei. Der vordere Teil des Sands ist nun wieder scharfgezeichnet und verläuft nach oben (hinten) weich aus.

Abbildung 15.100
Alles außer der Skulptur ist weichgezeichnet.

Abbildung 15.101
Die fertige Bearbeitung und ihre Ebenenstruktur

Bewegungsunschärfe und radialer Weichzeichner

Für spezielle Einsatzgebiete und Effekte eignen sich die Filter *Bewegungsunschärfe* und *Radialer Weichzeichner*, die Sie beide im *Weichzeichnungsfilter*-Menü finden. Damit überarbeiten Sie ein Bild so, dass es den Eindruck von Bewegung vermittelt. Wenn Sie das Foto eines fahrenden Autos oder dergleichen mit einem leichten Mitzieheffekt versehen, richten Sie die Aufmerksamkeit außerdem stärker auf das Objekt im Vordergrund.

Bewegungsunschärfe

Wählen Sie *Filter* → *Weichzeichnungsfilter* → *Bewegungsunschärfe* und legen Sie *Winkel* und *Abstand* (Geschwindigkeit) fest.

Um nur den Hintergrund mit Bewegungsunschärfe zu versehen, das Motiv selbst aber nicht, konvertieren Sie Ihre Ebene zunächst mit *Filter* → *Für Smartfilter konvertieren* in ein Smart Objekt. Wählen Sie das Objekt nun aus und invertieren Sie die Auswahl mit ⇧ + Strg/⌘ + I. Jetzt wählen Sie *Filter* → *Weichzeichnungsfilter* → *Bewegungsunschärfe*. Wählen Sie die Bewegungsrichtung und die Stärke des Effekts. Die Bearbeitung ist zerstörungsfrei, das heißt, dass Sie den Filter jederzeit ändern oder löschen bzw. die Filtermaske verändern können.

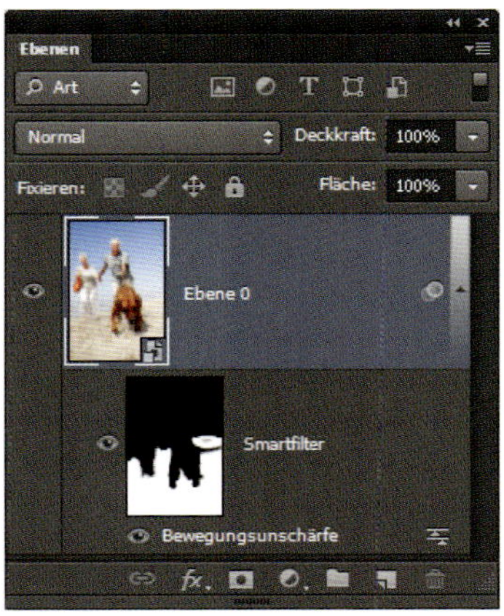

Abbildung 15.102
Am flexibelsten sind Sie, wenn Sie die Bewegungsunschärfe über einen Smartfilter zuweisen.

Radialer Weichzeichner

Mit der radialen Unschärfe verhält es sich ähnlich wie mit der Bewegungsunschärfe: Auch diese wirkt – ohne weitere Vorbereitungen und Nachbearbeitungen auf ein Bild angewandt – zwar sehr dynamisch, aber sämtliche Bilddetails gehen verloren. In Fällen, in denen dies nicht erwünscht ist, gehen Sie etwa vor wie in den nebenstehenden Abbildungen.

In der Dialogbox des Filters stellen Sie die gewünschte Stärke ein und wählen zwischen *Kreisförmig* und *Strahlenförmig*. Im Schaubild rechts unten in der Dialogbox wählen Sie per Mausklick den Ursprung des Effekts.

Wenn Sie die Option *Sehr gut* für die Filterqualität wählen, müssen Sie bei Bildern oder Auswahlbereichen mit vielen Pixeln längere Rechenzeiten einplanen.

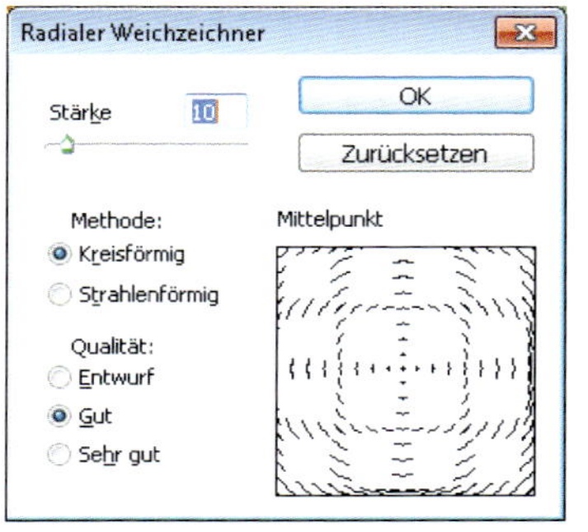

Abbildung 15.103
Die Dialogbox des *radialen Weichzeichners*

Weitere effektvolle Weichzeichner nutzen

Neu in Photoshop CS6 sind die Weichzeichnungsfilter *Feld-Weichzeichnung*, *Iris-Weichzeichnung* und *Tilt-Shift* hinzugekommen. Diese Filter finden Sie im oberen Bereich des Menüs *Filter* → *Weichzeichnungsfilter*. Sie lassen sich gut miteinander kombinieren, weil sich keine separaten Dialogfelder öffnen, sondern eine Weichzeichnergalerie mit allen drei Gestaltungsmöglichkeiten:

- Die *Feld-Weichzeichnung* erzeugt gleichmäßige Weichzeichnungseffekte. Sie können verschiedenen Bildstellen mithilfe von Pins unterschiedliche Weichzeichnungswerte zuweisen.
- Mit der *Iris-Weichzeichnung* erhalten Sie einen oder mehrere runde (oder abgerundet rechteckige) scharfgezeichnete Bereiche, die in eine Weichzeichnung übergehen.
- Mit der *Tilt-Shift*-Weichzeichnung erstellen Sie eine Schärfeebene mit einem frei regelbaren Übergang in den unscharfen Bereich. Diese Weichzeichnung ahmt ein Tilt-Shift-Objektiv nach. Besonders beliebt ist die Simulation von Spielzeuglandschaften (dies funktioniert am besten mit Fotos, die von einem erhöhten Standpunkt aus aufgenommen wurden).

Mit Klicks auf die Kontrollkästchen schalten Sie die einzelnen Filterwerkzeuge ein oder aus.

Mit Klicks auf die Dreiecke vor den Filterwerkzeugen zeigen Sie die Einstellmöglichkeiten an.

Keine Smart-Objekte
Leider können Sie die Filter der Weichzeichnergalerie nicht als Smart-Objekte einsetzen.

Weichzeichnergalerie ein- und ausblenden
Mit der [Tab]-Taste blenden Sie die Weichzeichnergalerie vorübergehend aus und auch wieder ein.

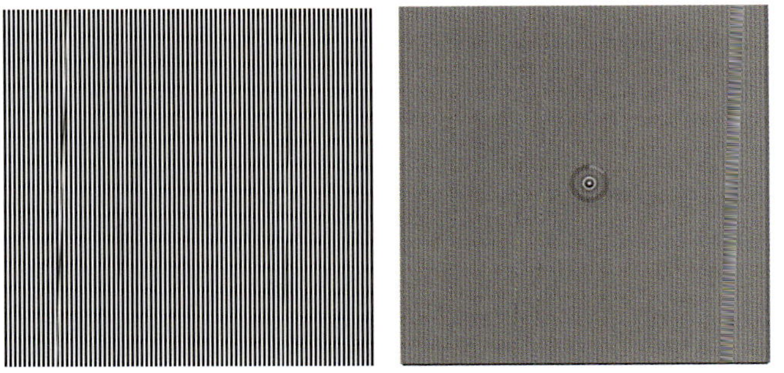

Abbildung 15.104
Links: Original,
rechts: Feld-Weichzeichnung

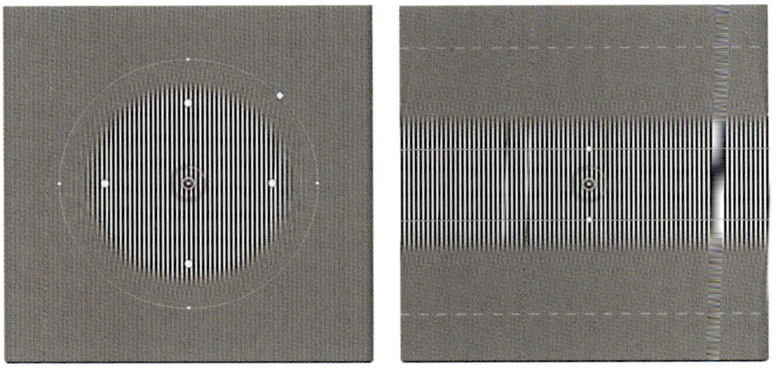

Abbildung 15.105
Links: Iris-Weichzeichnung,
rechts: Tilt-Shift

Außerdem können Sie die Filterwirkung nicht nur über die Regler in der Weichzeichnergalerie, sondern auch direkt im Bild steuern, indem Sie den Pin – den Filtermittelpunkt – verschieben bzw. die Stärke der Weichzeichnung durch Ziehen am äußeren Ring regulieren. Die in der Grundeinstellung kreisrunde Iris-Weichzeichnung können Sie außerdem durch Ziehen des äußeren Rings verformen.

Beim Tilt-Shift-Effekt können Sie die Schärfeebene durch Ziehen der beiden weißen Punkte an den durchgezogenen Linien drehen. Mit den durchgezogenen Linien selbst grenzen Sie den scharfgezeichneten Bereich ein, mit den gestrichelten Linien regulieren Sie den Übergang zwischen scharf- und weichgezeichnetem Bereich.

Bei Bedarf klicken Sie weitere Pins in das Bild und regeln für jeden davon die Weichzeichnung gesondert. So bestimmen Sie, wo Sie eine stärkere und wo Sie eine schwächere Weichzeichnung wünschen.

Verzerrung
Besonders realistische Miniatursimulationen erzielen Sie beim Tilt-Shift-Effekt in vielen Fällen durch einen negativen oder positiven Wert für den Regler *Verzerrung*.

Pins löschen
Um einen Pin zu löschen, klicken Sie diesen an und drücken die `Entf`-Taste.

Bokeh anwenden

Im unteren Teil der Weichzeichnergalerie können Sie das Bokeh einstellen.

- Ziehen Sie den Regler *Bokeh-Lichter*, um aus den hellsten Lichtern Bokeh-Effekte zu erzeugen. Die Größe der Zerstreuungskreise hängt von der Stärke der Weichzeichnung ab – je stärker die Weichzeichnung, desto größer werden die Kreise.

Abbildung 15.106
Die Weichzeichnergalerie mit aktiviertem Tilt-Shift-Filter

- Ziehen Sie den Regler *Bokeh-Farbe* ganz nach links, ist das Bokeh immer weiß. Je weiter Sie nach rechts ziehen, desto farbiger kann das Bokeh sein.
- Mit dem unteren Regler bestimmen Sie, bis zu welchem *Helligkeitsbereich* die Bokeh-Lichter entstehen dürfen. Ziehen Sie den schwarzen Regler nach links, um auch in dunkleren Bereichen Bokeh-Kreise zu erhalten.

Bilder scharfzeichnen

Um zu weiche Bilder zu korrigieren, bieten sich die Befehle im Menü *Filter* → *Scharfzeichnungsfilter* an. Hier gilt dasselbe wie für die Weichzeichnungsfilter: Die Menüpunkte *Scharfzeichnen* und *Stärker scharfzeichnen* sind eher nachrangig, weil sie keine Einstellmöglichkeiten haben. Dasselbe gilt für den Befehl *Konturen scharfzeichnen*. Dieser arbeitet zwar etwas differenzierter, weil er nur die Bildkanten schärft und schwach konturierte Bereiche unberücksichtigt lässt – trotzdem haben Sie keine Kontrollmöglichkeiten über die Stärke des Filters.

Vorsicht beim Schärfen
Gehen Sie mit allen Scharfzeichnungswerkzeugen vorsichtig um, denn Bilder werden sehr schnell überschärft (sie werden körnig und wirken unnatürlich). Wenn Sie nicht mit OpenGL arbeiten können, sollten Sie das Bild zur Beurteilung der Scharfzeichnung bei 100 % oder – falls es im Offsetdruck reproduziert werden soll – bei 50 % Zoomstufe betrachten. Sobald sich an den Bildkonturen Halos bilden, ist die Schärfung zu stark. Arbeiten Sie mit einem Smartfilter, können Sie die Schärfung über die Maske der Filterebene abschwächen.

Tiefenschärfe optimieren

In diesem Foto sollen die Sumpfdotterblumen scharf bleiben, während der Hintergrund eine Weichzeichnung erhält.

Abbildung 15.107
Original

Sumpfdotterblume.jpg

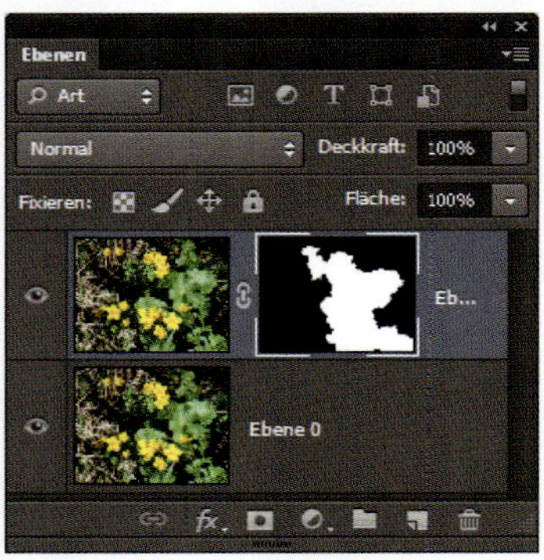

Abbildung 15.108
Erzeugen Sie aus der Auswahl eine Ebenenmaske.

1. Duplizieren Sie die Hintergrundebene mit [Strg]/[⌘] + [J].
2. Wählen Sie die Blumen und die zugehörigen Blätter mit dem *Schnellauswahl*-Werkzeug aus. Optimieren Sie die Auswahl mit der Funktion *Kante verbessern.*
3. Klicken Sie am unteren Rand des Ebenen-Bedienfelds auf das Symbol *Ebenenmaske erstellen*.
4. Invertieren Sie die Ebenenmaske mit [Strg]/[⌘] + [I].
5. Aktivieren Sie die obere Ebene (statt ihrer Ebenenmaske).
6. Wählen Sie *Filter* → *Weichzeichnungsfilter* → *Objektivunschärfe.*
7. Als *Quelle* für die *Tiefen-Map* wählen Sie die *Ebenenmaske*.
8. Achten Sie darauf, dass das Kontrollkästchen *Umkehren* aktiviert ist.
9. Mit dem *Radius* regeln Sie, wie unscharf der Hintergrund sein soll.
10. Ziehen Sie den Wert für die *Wölbung der Irisblende* nach rechts, um geradere Blendenecken und damit eine deutlichere Weichzeichnung zu erzielen.
11. Für einen Bokeh-Effekt stellen Sie über das Popup-Menü *Form* die Lamellenanzahl der Blende ein. Ihre Einstellung wird nur dann offensichtlich, wenn Sie einen hohen *Helligkeit*-Wert für *Spiegelartige Lichter* wählen.

Abbildung 15.109
Über das Dialogfeld *Tiefenschärfe verringern* können Sie unter anderem Makroaufnahmen verbessern.

12. Schließen Sie das Dialogfeld mit einem Klick auf OK.

Statt mit einer schwarzweißen Ebenenmaske können Sie auch mit einem Verlauf arbeiten, dann verringert sich die Tiefenschärfe zum Beispiel bei Landschaftsaufnahmen langsam.

Abbildung 15.110
Die Dialogbox des Filters *Unscharf maskieren* bietet Ihnen drei Einstellungsmöglichkeiten.

Unscharf maskieren und selektiv scharfzeichnen

Gut geeignet für Scharfzeichnungen aller Art ist hingegen der Filter *Unscharf maskieren*, den Sie ebenfalls auf das gesamte oder nur einen Teil des Bilds anwenden können.

1. Wählen Sie *Filter* → *Scharfzeichnungsfilter* → *Unscharf maskieren*. Vergewissern Sie sich, dass das Kontrollkästchen *Vorschau* aktiviert ist, damit Sie die Änderungen gleich am Bild verfolgen können.
2. Über die Option *Stärke* legen Sie fest, wie stark der Filter angewandt werden soll. Bewegen Sie hierzu entweder den Schieberegler oder geben Sie in das Eingabefeld einen Wert zwischen 1 und 500 ein.
3. Die Option *Radius* ist dafür zuständig, wie umfangreich der Bereich sein soll, innerhalb dessen die Scharfzeichnung erfolgt. Der Wert kann von 0,1 bis 250,0 Pixel reichen. Bilder mit hoher Auflösung benötigen einen höheren Radius als Bilder mit niedriger Auflösung.
4. Der *Schwellenwert* bestimmt, wie hoch die Toleranz ist, innerhalb derer nicht scharf gezeichnet werden soll (also wie ähnlich sich Pixel sein dürfen, die nicht scharf gezeichnet werden sollen).

Smartfilter
Auch hier arbeiten Sie besonders flexibel, wenn Sie die Funktion als Smartfilter auf Ihr Bild anwenden.

Benötigen Sie mehr Kontrolle über die Scharfzeichnung von Details, Tiefen und Lichtern, ziehen Sie den Filter *Selektiver Scharfzeichner* eventuell dem Filter *Unscharf maskieren* vor. In der Dialogbox dieses Filters legen Sie zusätzlich fest, welche Art von Unschärfe Sie abmildern möchten.

Sobald Sie die richtigen Einstellungen gefunden haben, können Sie diese über das Diskettensymbol neben dem Pop-up-Menü *Einstellungen* zur späteren Verwendung speichern.

Abbildung 15.111
Die Dialogbox des selektiven Scharfzeichners

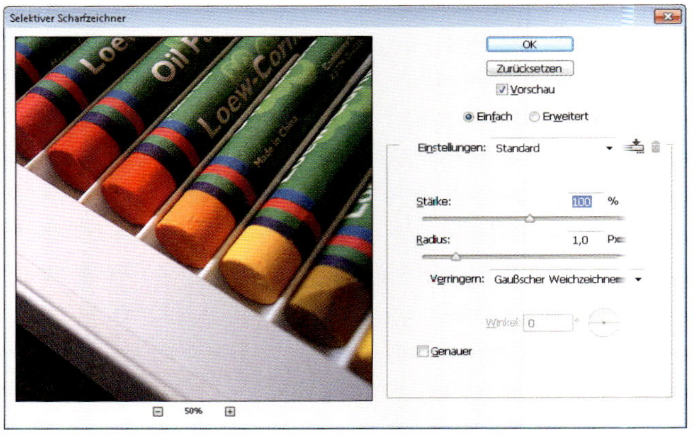

Strategien für die Arbeit mit dem Filter »Unscharf maskieren«

Für optimale Ergebnisse beim Scharfzeichnen gibt es verschiedene Strategien und jeder Bildbearbeiter hat hier sein eigenes Rezept. Am wichtigsten ist es, dass Sie nicht über das Ziel hinausschießen und Farbsäume an den Kontrastkanten Ihres Bilds erzeugen.

Eine mögliche Technik sieht folgendermaßen aus:

1. Stellen Sie zunächst einen hohen *Stärke*-Wert ein.
2. Anschließend regulieren Sie den Radius. Sie können diesen nach der folgenden Formel berechnen:

$$\frac{\text{Ausgabeauflösung}}{200}$$

3. Stellen Sie dann einen Schwellenwert von 4 Stufen ein.
4. Nun regeln Sie die Werte für *Stärke* und *Schwellenwert* herunter, bis Sie das gewünschte Ergebnis erzielt haben.

Architekturaufnahmen und Porträts schärfen
Nicht jedes Motiv benötigt den gleichen Grad an Scharfzeichnung. Architekturaufnahmen beispielsweise können deutlich schärfer sein als Porträts.

Alternative zur Unscharfmaske

Neben dem »normalen« Scharfzeichnen mit der Unscharfmaske verwenden Profis eine Reihe von weiteren Techniken, die allesamt die Bildung von Farbsäumen auch bei stärkeren Scharfzeichnungen verhindern sollen:

- Erste Möglichkeit: Schärfen Sie im Lab-Modus den Helligkeitskanal.
- Zweite Möglichkeit: Duplizieren Sie die Hintergrundebene (Tastenkombination [Strg]/[⌘] + [J]) mit dem Mischmodus *Hartes Licht*. Wählen Sie *Filter* → *Stilisierungsfilter* → *Relief*. Verringern Sie gegebenenfalls die *Stärke* der daraus resultierenden Schärfung über die Ebenendeckkraft.
- Dritte Möglichkeit: Duplizieren Sie die Hintergrundebene. Versehen Sie das Duplikat mit dem Mischmodus *Luminanz*. Versehen Sie dann die Ebene mit dem Filter *Unscharf maskieren*. Duplizieren Sie auch diese Ebene. Wählen Sie *Filter* → *Weichzeichnungsfilter* → *Gaußscher Weichzeichner* mit einem *Radius* von ca. 3 an, um Farbsäume zu entfernen. Ändern Sie den Mischmodus der obersten Ebene in *Farbe*.
- Eine weitere Möglichkeit, die Schärfe Ihres Bilds zu verstärken, ohne dass es zu Farbsäumen kommt: Duplizieren Sie die Ebene mit dem Bild und wenden Sie den *Hochpass*-Filter auf die obere Ebene an. Verwenden Sie

je nach Bild einen Radius zwischen 5 und 50: Je feinere Details Ihr Bild enthält, desto geringer sollte der Radius sein. Enthält Ihr Bild größere Objekte, ist ein höherer Radius ab etwa 30 Pixel passend. Klicken Sie auf *OK*. Ändern Sie den Modus der oberen Ebene in *Überlagern*. Reduzieren Sie abschließend die Deckkraft der Hochpassebene so weit, bis das Bild natürlich aussieht.

Abbildung 15.112
Links: Original; rechts: Der Hochpass-Filter wurde auf ein Ebenenduplikat angewandt.

Abbildung 15.113
Die fertige Bearbeitung mit ihrer Ebenenstruktur

Bildkonturen schärfen

Zwar bietet Photoshop Ihnen zum Schärfen von Bildkonturen im Menü einen extra Befehl im Menü *Filter – Scharfzeichnungsfilter*, doch dieser ist in seiner Wirkung ungenau und nicht sehr überzeugend. Zu besseren Ergebnissen gelangen Sie mit der folgenden Methode:

1. Aktivieren Sie im *Kanäle*-Bedienfeld den Rotkanal.

2. Klicken Sie am unteren Bedienfeldrand auf das Symbol *Kanal als Auswahl laden* und dann auf *Auswahl als Kanal speichern* .
3. Heben Sie die Auswahl auf (Strg/⌘ + D.
4. Aktivieren Sie den neuen Alphakanal und wählen Sie *Filter* → *Filtergalerie*. Wählen Sie den Stilisierungsfilter *Leuchtende Konturen*.
5. Wählen Sie dann *Filter* → *Weichzeichnungsfilter* → *Gaußscher Weichzeichner* mit einem *Radius* von ca. *2–4* (je nach Bildgröße. Bestätigen Sie mit *OK*.
6. Klicken Sie im *Kanäle*-Bedienfeld auf das Symbol *Kanal als Auswahl laden* .
7. Wählen Sie den Gesamtkanal aus. Nun sind nur die Konturen des Bilds ausgewählt. Wenden Sie den gewünschten Scharfzeichnungsfilter an.

Bilder mit Weichzeichner und Scharfzeichner bearbeiten

Als Alternative zu den Dialogboxen stehen Ihnen zum Ändern von Helligkeit und Sättigung eines Bildbereichs im *Werkzeuge*-Bedienfeld einige Funktionen zur Verfügung. Mit diesen erledigen Sie manche der bisher erläuterten Bearbeitungen auch manuell. Vorteilhaft ist dabei, dass Sie sich gezielt bestimmten Bildbereichen widmen können.

Wie eingangs schon kurz erwähnt, gibt es zum Weich- und Scharfzeichnen zwei Werkzeuge: den *Weichzeichner* und den *Scharfzeichner* .

1. Aktivieren Sie im *Werkzeuge*-Bedienfeld das gewünschte Werkzeug. In der Optionenleiste wählen Sie Werkzeugspitze und Modus.
2. Anschließend legen Sie die Druckstärke des Werkzeugs fest, die zwischen 1 % und 100 % betragen darf. Je höher der Wert, desto stärker wird die Funktion am Bild angewendet.
3. Soll die Weich- bzw. Scharfzeichnung auf alle Ebenen Ihres Bilds wirken, aktivieren Sie das Kontrollkästchen *Alle Ebenen aufnehmen*. Anschließend wenden Sie die Weich- oder Scharfzeichnungsfunktion durch Klicken oder Klicken und Ziehen an bestimmten Bildteilen an.

Wie die Malwerkzeuge lassen sich auch diese Werkzeuge mit unterschiedlichen Werkzeugspitzen ausstatten, so dass Sie gegebenenfalls eine größere oder kleinere Werkzeugspitze wählen können, um individuelle Bereiche gezielt zu bearbeiten.

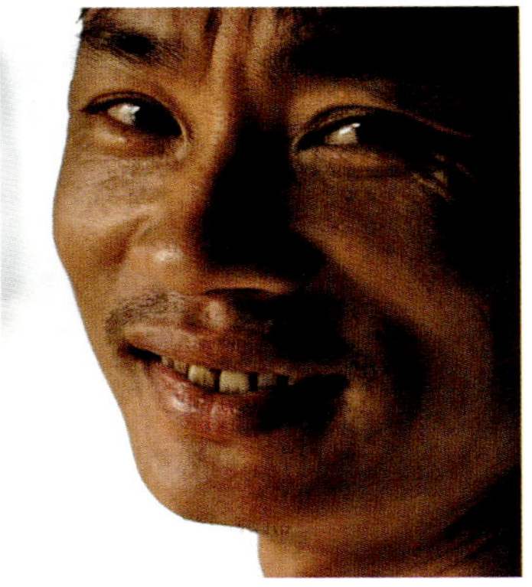

Abbildung 15.114
Original

Abbildung 15.115
Im Rotkanal weist die Haut am wenigsten Detailzeichnung auf.

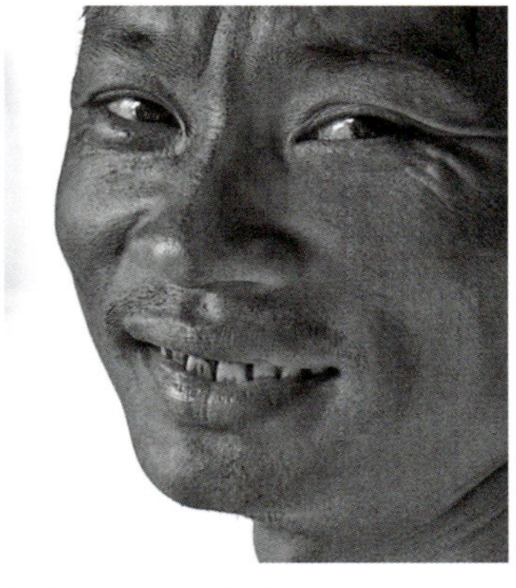

Abbildung 15.116
Im Blaukanal ist die Detailzeichnung am stärksten.

Porträts weich- bzw. scharfzeichnen

Bei Porträts möchten Sie zwar Details wie Haar, Lippen, Augen und Wimpern scharfzeichnen, Hautbereiche hingegen sollten eher eine leichte Weichzeichnung erhalten. Die Hautstruktur würde sonst vergröbert; Falten, Poren und Hautunreinheiten würden hervortreten. Es gibt mehrere mögliche Techniken, dieses Problem anzugehen.

Rotkanal schärfen

Bei der einfachsten Methode schärfen Sie lediglich den Rotkanal. In diesem weisen die Hautpartien am wenigsten Detailzeichnung auf.

1. Zeigen Sie das *Kanäle*-Bedienfeld an.
2. Klicken Sie auf die Miniatur des Rotkanals. Klicken Sie aber dabei auf das Kästchen vor dem Gesamtkanal, damit trotzdem das Gesamtbild angezeigt wird.
3. Wenden Sie nun den Filter *Unscharf maskieren* oder den *Selektiven Scharfzeichner* an.

Ebenenmaske nutzen

Für ein exakteres Ergebnis benötigen Sie eine Ebenenmaske und Sie arbeiten im Lab-Modus.

1. Öffnen Sie Ihr Bild und wählen Sie *Bild → Modus → Lab-Farbe*.
2. Wählen Sie *Filter → Für Smartfilter konvertieren*, um die Bildebene in ein Smart Objekt zu konvertieren. Bestätigen Sie das Meldungsfenster mit einem Klick auf *OK*.
3. Zeigen Sie das *Kanäle*-Bedienfeld an. Wählen Sie den Helligkeitskanal mit einem Klick aus. Den Gesamtkanal zeigen Sie zusätzlich an, indem Sie auf das zugehörige Augensymbol klicken.
4. Wählen Sie *Filter → Scharfzeichnungsfilter → Unscharf maskieren*. Zeichnen Sie das Bild in der gewünschten Stärke scharf. Konzentrieren Sie sich dabei auf Details wie Haare, Augen usw. Wie die Haut nach der Scharfzeichnung aussieht, ist momentan gleichgültig.
5. Aktivieren Sie im *Ebenen*-Bedienfeld die Filtermaske der Smart-Objekt-Ebene.
6. Drücken Sie die Taste [D], um die Vordergrundfarbe auf Schwarz zu setzen.
7. Aktivieren Sie das Pinsel-Werkzeug (Taste [B]) mit einer weichen Pinselspitze. Übermalen Sie alle Bereiche, die nicht scharfgezeichnet werden sollen (also alle Hautpartien). Alternativ wählen Sie die Hautbereiche mit

einem Auswahl-Werkzeug aus und füllen die Auswahl schwarz. Augen, Augenlider, Lippen, Haare, Schmuck und Kleidung lassen Sie hingegen unverändert.

Abbildung 15.117
Übermalen Sie in der Filtermaske alle Bereiche, die nicht geschärft werden sollen, schwarz.

Vergessen Sie nicht, Ihr Bild für die endgültige Ausgabe wieder nach RGB bzw. CMYK zu konvertieren.

Bild: Björn Lilie

DRUCKAUSGABE UND FOTOABZÜGE

Gleichgültig, ob Sie Ihre Bilder auf Ihrem Tintenstrahl- oder Laserdrucker ausdrucken oder Abzüge entwickeln bzw. sie von einer Offsetdruckerei reproduzieren lassen möchten: Auf jeden Fall sollten Sie vor der Ausgabe einige wichtige Einstellungen vornehmen.

16.1 Selbst drucken oder externer Fotoauftrag?

Die einfachste Möglichkeit, Digitalfotos auf Papier auszugeben, ist der eigene Tintenstrahl- oder Fotodrucker. Durch die schnelle Entwicklung der Druckverfahren am Rechner und Spezial-Fotopapier lassen sich heute beim Fotodruck sehr gute Ergebnisse erzielen. Allerdings hat diese Vorgehensweise neben verschiedenen Vorteilen auch Nachteile. Aus diesem Grund lohnt es sich, darüber nachzudenken, ob Sie Ihre Bilder besser entwickeln lassen sollten. Bei der Online-Entwicklung schicken Sie Ihre Bilder über den Browser bzw. eine spezielle Software an den Entwicklungsdienstleister. Ein paar Tage später haben Sie die fertigen Fotos im Briefkasten. Auch die meisten Fotohändler nehmen Ihre CD oder Speicherkarte entgegen und entwickeln Ihre Bilder.

Die folgende Tabelle stellt die Vor- und Nachteile beider Möglichkeiten gegenüber:

Selbst drucken	Entwickeln lassen
Das für gute Ergebnisse erforderliche Spezial-Fotopapier ist recht teuer, dasselbe gilt für die Tinte. Der Ausdruck in bester Qualität kann mehrere Minuten dauern.	Die Online-Entwicklung ist sehr viel günstiger als der Selbstdruck.
Die Qualität reicht häufig nicht an die eines vom Service auf Fotopapier belichteten Bilds heran.	Online entwickelte Digitalfotos bieten die übliche Fotoqualität mit brillanten Farben.
Die Farbe leidet nach einiger Zeit durch Lichteinfluss.	Entwickelte Digitalfotos sind langfristig lichtbeständig.
Der Ausdruck ist sofort verfügbar.	Die entwickelten Bilder erhalten Sie erst nach einigen Tagen.
Selbst gedruckte Fotos müssen manuell beschnitten werden.	Entwickelte Fotos erhalten Sie fertig beschnitten.

Übertragungszeiten einrechnen
Wenn Sie viele Bilder entwickeln müssen, können die Übertragungszeiten sehr lang sein. Steht Ihnen nur eine langsame Online-Verbindung zur Verfügung, sollten Sie sich eher bei einem Fotolabor in Ihrer Nähe erkundigen, ob Sie Ihre Digitalbilder auch hier entwickeln lassen können. Bei vielen Anbietern können Sie Ihre Fotos auch auf CD einschicken; allerdings müssen Sie dann häufig zum Erzeugen der CD die Software des jeweiligen Anbieters verwenden.

Die Entwicklung

Bei der Auswahl eines Online-Fotolabors sollten Sie unter anderem darauf achten, dass er

- Ihnen mit einer speziellen Software die Möglichkeit bietet, alle Bilder auf einmal zu übertragen,
- für die Entwicklung gutes Markenpapier verwendet,
- Ihnen die Auswahl zwischen weißen oder abgeschnittenen Rändern lässt, da Bilder aus einer Kompaktkamera nicht auf das analoge 3:2-Papierformat passen. Ein Angebot des 3:4-Papierformats ist besonders vorteilhaft, da dann das Abschneiden der Ränder nicht erforderlich

ist (siehe auch nächster Abschnitt). Allerdings passen diese Fotos nicht in die üblichen Flip-Alben.

- wahlweise auf eine Bildoptimierung verzichtet. Wenn Sie selbst Nachbearbeitungen an den Bildern vorgenommen haben und die Bilder erneut optimiert werden, kann dies zu unschönen Ergebnissen führen.

Bevor Sie Ihre Bilder hochladen, sollten Sie für das bestmögliche Ergebnis die Anforderungen für die verschiedenen Fotoformate beachten:

Format	Pixelzahl (mindestens)
9 x 13	1.076 x 1.526
10 x 15	1.230 x 1.820
13 x 18	1.525 x 2.272
20 x 30	2.424 x 3.627

Der Tintenstrahldruck

Benötigen Sie Ihre Bilder schnell oder möchten Sie nur das eine oder andere Foto zu Papier bringen, können Sie auch Ihren Tintenstrahldrucker für die Ausgabe verwenden. Je nach Drucker und Papier erhalten Sie ein befriedigendes bis gutes Ergebnis bei akzeptabler Haltbarkeit. Die Farbbrillanz reicht nicht an die eines vom Dienstleister auf Fotopapier belichteten Abzugs heran.

Für das bestmögliche Ergebnis verwenden Sie ein spezielles Fotopapier, das im Computer- und Fotofachhandel erhältlich ist. Dieses gewährleistet, dass die vom Drucker auf das Papier gebrachten Farbtröpfchen weniger verlaufen. Durch eine gut beschichtete und besonders dicke Papieroberfläche hält sich der Ausdruck auch länger.

Für anspruchsvolle Aufgaben können Sie sich einen speziellen Fotodrucker anschaffen. Dieser arbeitet für gewöhnlich – anders als ein normaler Tintenstrahldrucker – mit dem Thermosublimationsverfahren und erzielt dadurch eine sehr hohe Qualität und hervorragende Farbwiedergabe. Im Vergleich zu einem gewöhnlichen Tintenstrahldrucker ist auch die Haltbarkeit des gedruckten Bilds länger – Letzteres besonders dann, wenn Sie noch ein Papier mit einem speziellen UV-Schutz verwenden.

Allerdings sind sowohl die Fotodrucker selbst als auch das benötigte Material teurer als normale Tintenstrahldrucker und ihr Zubehör. Zudem können günstige Geräte meist nur kleine Fotoformate ausgeben.

16.2 Bilder drucken

Position und Größe des Bilds einrichten

Vor dem eigentlichen Ausdruck richten Sie die Seite so ein, dass Sie das gewünschte Ergebnis bekommen.

Einstellungen speichern
Statt Ihr Bild gleich zu drucken, können Sie auch auf die Schaltfläche *Fertig* klicken. Dann speichert Photoshop die gewählten Druckeinstellungen mit dem Bild und Sie oder Ihre Teamkollegen können es später mit diesen Einstellungen ausgeben.

1. Wählen Sie *Datei* → *Drucken* (Strg/⌘ + P). Mit einem Klick auf *Druckeinstellungen* nehmen Sie eventuell die gewünschten Einstellungen für den im Popup-Menü *Drucker* ausgewählten Druckertreiber vor. Wählen Sie hier die richtige Papiersorte für Ihr Foto aus, zum Beispiel Glossy-, Hochglanz- oder Glanz-/Fotopapier. Die genaue Bezeichnung variiert bei den Herstellern von Druckern und Papier. Stellen Sie die höchstmögliche Auflösung ein. Bei manchen Druckern sind weitere Optionen vorgesehen, wie z.B. *Natürliche Farben*, was für eine bestmögliche Farbwiedergabe von Fotos sorgt.
2. Legen Sie anschließend im Bereich *Position und Größe* der Dialogbox *Photoshop-Druckeinstellungen* fest, wie groß Ihr Bild und an welcher Stelle auf dem Blatt es gedruckt werden soll.

Abbildung 16.1
Der Druckdialog von Adobe Photoshop

Foto von Björn Lilie

3. Aktivieren Sie das Kontrollkästchen *Mitte*, wenn das Bild in der Mitte des Papiers zentriert werden soll. Deaktivieren Sie dieses Kontrollkästchen, können Sie selbst festlegen, welchen Abstand es vom oberen und linken Rand haben soll. Geben Sie diese Angaben in die Felder *Oben* und *Links* ein.

4. Soll das Bild größer oder kleiner gedruckt werden, klicken Sie das Kontrollkästchen *Auf Mediengröße skalieren* an. Oder Sie geben in die Felder *Höhe* und *Breite* neue Werte ein. Sie können auch die Eckpunkte des Bilds direkt in der Vorschau ziehen, um das Bild größer oder kleiner zu skalieren. Der gestrichelte Rahmen zeigt Ihnen dabei den nicht druckbaren Bereich.
5. Klicken Sie im bereich *Funktionen* auf die Schaltfläche *Hintergrund*, um den Farbwähler zu öffnen. Legen Sie hier gegebenenfalls eine Hintergrundfarbe fest, die außerhalb des Bildbereichs gedruckt wird. Im Vorschaufeld der Dialogbox verfolgen Sie die Auswirkungen Ihrer Auswahl mit. Die Hintergrundfarbe gilt nur für den Ausdruck; das Bild selbst wird dadurch nicht verändert.
6. Klicken Sie auf die Schaltfläche *Rand* und geben Sie die gewünschte Randbreite an. Das Bild wird mit einer schwarzen Kontur in der gewählten Breite versehen.
7. Starten Sie den Druck über die Schaltfläche *Drucken*.

Abbildung 16.2
Über die Schaltfläche *Ramd* versehen Sie Ihr Bild mit einer schwarzen Kontur in der gewählten Stärke. Der gestrichelte Rahmen stellt den nicht druckbaren Bereich des Druckers dar.

Bild: Kristine Kamm

Den Drucker richtig einstellen

- Legen Sie das Fotopapier mit der richtigen Seite in den Drucker ein. Die bedruckbare Seite ist die helle, glänzende Seite des Papiers. Einige Fotopapiere können beidseitig bedruckt werden: Eine Seite ist hochglänzend, die andere seidenmatt.
- Die Temperatur des Papiers wirkt sich auf die Trocknung der Tinte und somit auch auf die Bildqualität aus. Wenn das Papier zu warm ist, trocknet die Tinte zu schnell, was die Bildqualität vermindert. Ist das Papier zu kalt, trocknet die Tinte zu langsam, so dass das Druckergebnis unter Umständen ausfranst.
- Möchten Sie mehrere Ausdrucke hintereinander starten, sollten Sie die bedruckten Bögen stets entnehmen und einzeln zum Trocknen auslegen. Falls es Ihr Drucker ermöglicht, können Sie im Druckertreiber auch eine Pause zwischen jedem Druck festlegen.
- Installieren Sie, wenn möglich, ein Farbprofil für Ihren Drucker, die verwendeten Druckfarben und das Papier. Achten Sie darauf, dass sich Ihr Bild im RGB-Modus befindet. CMYK-Bilder sollten Sie zunächst in RGB konvertieren. Falls Sie ein Farbprofil installiert haben, wählen Sie im Popup-Menü *Farbhandhabung* des Dialogboxbereichs *Farbmanagement* die Option *Farbverwaltung durch Photoshop*. Darunter bestimmen Sie das Farbprofil. Allerdings müssen Sie nun auch das Farbmanagement in Ihrem Druckertreiber ausschalten.

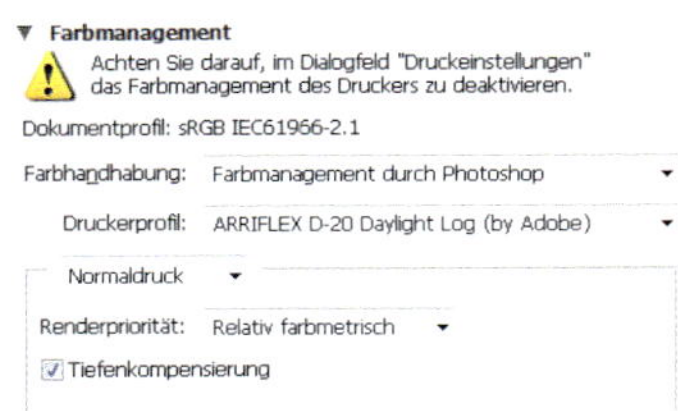

Abbildung 16.3
Der Bereich *Farbmanagement* in der Dialogbox *Photoshop-Druckeinstellungen*

16.3 Dateien für den Offsetdruck vorbereiten

Ungenauer Softproof
Beachten Sie, dass der Softproof nicht so genau ist wie ein Andruck, da hier mehrere Kriterien eine Rolle spielen, z.B. Kalibrierung und Qualität des Monitors und natürlich auch die Lichtverhältnisse an Ihrem Arbeitsplatz.

Bevor Sie Ihre Bilddaten Ihrem Produktionspartner liefern, können Sie einen sogenannten Proof erstellen. Traditionell wird vor dem endgültigen Druck ein Andruck gefertigt, mit dem geprüft werden kann, ob die Farben auch richtig herauskommen. Heute übernimmt meist ein Digitalproof diesen Dienst. Er dient als Korrekturunterlage. Als Photoshop-Anwender können Sie einen sogenannten Softproof erstellen, bei dem die Beurteilung, wie das Bild auf einem bestimmten Ausgabegerät aussieht, über den Monitor erfolgen kann.

Voraussetzung ist wieder, dass Ihr Monitor entsprechend kalibriert ist.

Öffnen Sie das gewünschte Bild und wählen Sie *Ansicht* → *Proof einrichten*.

Aus dem nun eingeblendeten Untermenü wählen Sie den gewünschten Profilfarbraum.

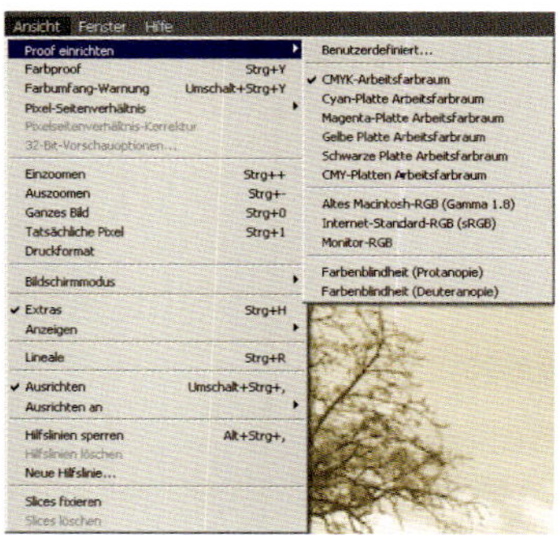

Abbildung 16.4
Das Menü *Ansicht* bietet Ihnen verschiedene Simulationsmöglichkeiten für Ihren Softproof.

- Mit dem Eintrag *Benutzerdefiniert* erstellen Sie einen Softproof der Farben mithilfe des Farbprofils eines bestimmten Ausgabegeräts.
- Mit dem Eintrag *CMYK-Arbeitsfarbraum* erstellen Sie einen Softproof der Farben mithilfe des aktuellen CMYK-Arbeitsfarbraums, den Sie wie oben beschrieben eingerichtet haben.
- Mit den folgenden Einträgen *Cyan-Platte Arbeitsfarbraum*, *Magenta-Platte Arbeitsfarbraum*, *Gelbe Platte Arbeitsfarbraum*, *Schwarze Platte Arbeitsfarbraum* und *CMY-Platten Arbeitsfarbraum* erstellen Sie Softproofs von einzelnen Farbauszügen mithilfe des aktuellen CMYK-Arbeitsfarbraums.
- Mit dem Eintrag *Altes Macintosh RGB (Gamma 1.8)* oder *Internet-Standard-RGB (sRGB)* erstellen Sie einen Softproof der Farben, wobei ein Mac OS- oder Windows-Standardmonitor als zu simulierender Proof-Profilfarbraum dient. Diese Optionen sind nicht für CMYK-Dokumente verfügbar.
- Mit dem Eintrag *Monitor-RGB* erstellen Sie einen Softproof der Farben in einem RGB-Dokument mithilfe des aktuellen Monitorfarbraums als Proof-Profilfarbraum. Diese Option ist für CMYK-Dokumente nicht verfügbar.

Den Farbproof aktivieren Sie jederzeit über *Ansicht → Farbproof* (Strg/⌘ + Y). Mit demselben Befehl deaktivieren Sie ihn auch wieder.

Farbschwächen am Monitor simulieren

Wussten Sie, dass ungefähr jeder zehnte Mensch auf der Welt unter einer Farbschwäche leidet, also »farbenblind« ist? Am häufigsten kommt dabei die Rot-Farbschwäche (Protanopie) und die Grün-Farbschwäche (Deuteranopie) vor. Menschen mit diesem Defizit haben Schwierigkeiten, rote, grüne und braune Farbtöne und alles, was dazwischenliegt, zu identifizieren. Photoshop bietet Ihnen im Menü *Ansicht → Proof einrichten* die Möglichkeit, auch als normalsichtiger Anwender Ihre Bilder so zu betrachten, wie sie ein Mensch mit den genannten Farbsehschwächen sieht.

Abbildung 16.5
Oben: Original; unten: Simulation der Rot-Farbschwäche (Protanopie)

Bild: Björn Lilie

Farbmanagement

Gerade bei der professionellen Reproduktion bereiten Farben häufig Probleme, da Auftraggeber mitunter schon kleinste Farbabweichungen reklamieren. Das Thema Farbmanagement ist deshalb im Produktionsprozess extrem wichtig. Gleichzeitig ist es jedoch so komplex, dass nicht wenige Kreative und Produktioner sich gerne davor drücken.

Einer der häufigsten Gründe für Farbabweichungen im elektronischen Publizieren sind unterschiedliche Farbräume – zum Beispiel der geräteabhängige RGB-Farbraum von Monitoren und Scannern oder der CMYK-Farbraum für den Druck. In Kapitel 1 erhielten Sie bereits eine Einführung in dieses Thema.

Dort wurde erläutert, dass der CMYK-Farbraum kleiner ist als der RGB-Farbraum. Trotzdem enthält der CMYK-Farbraum Farben, die im RGB-Farbraum nicht darstellbar sind, denn die Farbräume liegen nicht deckungsgleich. Farben, die außerhalb des Bereichs eines Geräts liegen, kann dieses nicht darstellen. Sogar im gleichen Modus – zum Beispiel RGB – kann der Farbumfang zweier Geräte, zum Beispiel einer Digitalkamera und eines Monitors, etwas unterschiedlich sein. Das Ergebnis ist, dass Farben sich unter Umständen optisch verändern, wenn Sie sie auf ein anderes Gerät übertragen.

Dadurch kann es passieren, dass ein von Ihnen gescanntes oder digital fotografiertes Bild auf dem langen Weg über Bildbearbeitungsprogramm, Layoutprogramm und die PostScript-Ausgabe bis hin zur Druckmaschine Ihres Produktionspartners ganz andere Farben zeigt als ursprünglich am Monitor.

Vierfarbige Drucksachen werden im CMYK-Farbraum ausgegeben. Für die Anzeige desselben Layouts am Monitor sowie die Erfassung der enthaltenen Abbildungen per Scanner oder Digitalkamera verwenden Sie hingegen den RGB-Farbraum. Daher kann es in verschiedenen Anwendungsprogrammen zu einem bekannten Phänomen kommen: Sie erstellen am Bildschirm eine Grafik in leuchtenden Farben. Danach lassen Sie im Offsetdruck reproduzieren – und der Druck entspricht überhaupt nicht Ihren Vorstellungen.

Besonders Blau- und Grüntöne wirken am Bildschirm häufig viel lebhafter und leichter als im Ausdruck. Somit ist es sehr schwer vorherzusagen, welche Farben Sie im Druck tatsächlich erhalten. Die Farben am Bildschirm haben in vielen Programmen nicht viel mit den Farben im Druck zu tun.

Hier kommt das Farbmanagement ins Spiel. Dieses soll dafür sorgen, dass sich alle beteiligten Geräte auf dieselben Farbdefinitionen »einigen« – die Abweichungen sollen minimiert werden. Ein Farbmanagementsystem – auch CMS genannt – vergleicht den Farbraum, in dem eine Farbe erzeugt wurde, mit dem Farbraum, in dem die Farbe ausgegeben werden soll, und passt sie gegebenenfalls entsprechend an.

Das Ziel der Farbverwaltung ist es, die Parameter für die Ein- und Ausgabegeräte so einzustellen, dass eine enge Übereinstimmung zwischen den Farben auf dem Bildschirm und den gedruckten Farben erzielt wird.

Dabei werden Farbmanagementsysteme (CMS) verwendet. Diese interpretieren und übertragen Farben auf verschiedenen Geräten korrekt. Der Farbraum, in dem eine Farbe erzeugt wurde (zum Beispiel eines Scanners), wird mit dem Farbraum des Ausgabegeräts (zum Beispiel eines Druckers) verglichen und eventuell angepasst, so dass die Farben auf den beteiligten Geräten so identisch wie möglich aussehen. Zu diesem Zweck werden sogenannte Profile verwendet.

Wie die Abbildung unten zeigt, wandelt der Treiber des Scanners das eingelesene Bild in Standard-RGB um. Seine Farben werden für den verwendeten Monitor korrigiert und für das jeweilige Ausgabegerät vierfarbsepariert bzw. in den RGB-Ausgabefarbraum konvertiert.

Die Abbildung zeigt auch, dass Lab (vgl. auch Kapitel 1) im Farbmanagement als Referenzfarbraum verwendet wird. Die Umrechnung von RGB in CMYK erfolgt beispielsweise über die Zwischenstation Lab-Farbraum. Der Anwender bemerkt von dieser Zwischenstation nichts.

Die Ein- und Ausgabegeräte kalibrieren

Naturgemäß ist Ihr Bildschirm der Ausgangspunkt für die Sicherung korrekter Farben. Deshalb sollte Ihr Monitor kalibriert sein, denn hier spielt nicht nur das Alter des Bildschirms eine Rolle, sondern auch die Umgebungslichtverhältnisse. Ob Sie sich die notwendigen Kenntnisse aneignen, um dieses Profil selbst zu erstellen, oder ob Sie einen Consultant damit beauftragen, ist unter anderem eine Frage des Geldbeutels.

Zur Monitorkalibrierung in Eigenregie verwenden Sie eine Software wie Adobe Gamma – für viele Zwecke ist eine solche Kalibrierung völlig ausreichend. Benötigen Sie eine hohe Farbtreue, können Sie ein Kalibriergerät für Ihren Monitor und die passende Software erwerben. Diese Systeme – mittlerweile nicht nur für Röhrenmonitore, sondern auch für TFT-Displays erhältlich – messen mit einem Spektralfotometer oder einem Colorimeter ein Geräteprofil ein und stellen es dem Betriebssystem zur Verfügung. Wenn Sie mit einem Macintosh arbeiten, wird das Geräteprofil an ColorSync übergeben, das die Bildschirmeinstellung dann dementsprechend vornimmt.

Bei teureren Bildschirmen gehört häufig ein entsprechendes Kalibrierungsgerät zum Lieferumfang.

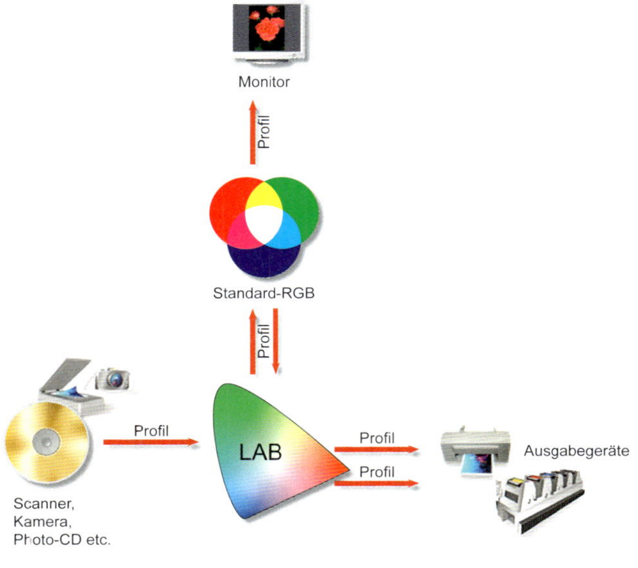

Abbildung 16.6
Diese Abbildung vermittelt einen groben Überblick über die Abläufe beim Farbmanagement.

Abbildung 16.7
Die Scannerkalibrierung ist mithilfe solcher Referenzbilder eine leichte Aufgabe.

Bei den verschiedenen Druckern sind die Hersteller-Standardprofile qualitativ sehr unterschiedlich. Die Profilierung üblicher Flachbettscanner lässt sich sehr einfach selbst bewerkstelligen und lohnt sich daher auf jeden Fall.

Vordefinierte Farbmanagement-Einstellungen verwenden

Photoshop stellt Ihnen Möglichkeiten zum Farbmanagement zur Verfügung. Diese sollten Sie immer dann wahrnehmen, wenn Sie vorhaben, Ihre Bilder professionell reproduzieren zu lassen.

Nicht notwendig ist ein Farbmanagement, wenn Sie Ihre Bilder im Internet veröffentlichen möchten, da Sie hier keinen Einfluss auf die Farbeinstellungen der Monitore Ihrer Besucher haben. Auch wenn Sie sie auf Ihrem Heimdrucker ausgeben möchten, können Sie im Allgemeinen darauf verzichten. Allerdings sollten Ihre Geräte dann aufeinander abgestimmt (kalibriert) sein.

In Photoshop erreichen Sie die meisten Farbmanagementfunktionen über die Dialogbox *Bearbeiten → Farbeinstellungen*. Sie können hier vordefinierte Einstellungen auswählen. Diese genügen meist, um konsistente Farben zu erzeugen. Jedoch ist auch ein weitergehendes Farbmanagement möglich. Öffnen Sie das Popup-Menü *Einstellungen* und wählen Sie den zutreffenden Eintrag. Sinnvoll sind z.B.:

- *Europa, universelle Anwendungen 2.* Wenn Sie für unterschiedliche Ausgabezwecke arbeiten möchten ist diese Einstellung am besten geeignet. Für CMYK-Konvertierungen bzw. für neu angelegte CMYK-Dateien wird dann der aktuelle Druckvorstufenstandard *Coated Fogra27* verwendet, für RGB-Bilder das monitortaugliche sRGB. Ein Unterschied gegenüber den nachfolgend genannten Einstellungen ist, dass Sie beim Öffnen von Bildern mit anderen Profilen keine standardmäßige Warnmeldung erhalten – die Bilder werden in dem ihnen zugewiesenen Profil geöffnet. Das bedeutet allerdings, dass Sie sie gegebenenfalls per *Bearbeiten → In Profil umwandeln* selbst in das gewünschte Profil konvertieren müssen.
- *Farbmanagement aus.* Sie können diese Einstellung verwenden, wenn Sie vor allem Webseiten, Bildschirmpräsentationen, Videos und Ähnliches gestalten.

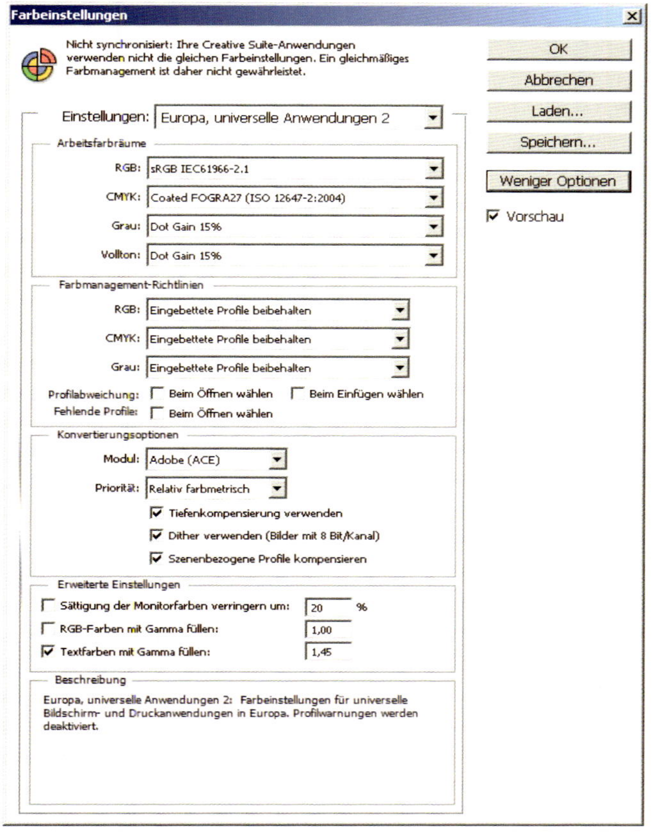

Abbildung 16.8
In der Dialogbox *Farbeinstellungen* nehmen Sie die Einstellungen für das Farbmanagement vor.

- *Europa – Druckvorstufe 2*. Diese Einstellung wählen Sie, wenn Sie Ihre Dateien beispielsweise in InDesign für den Offsetdruck weiterverarbeiten möchten.
- *Monitorfarben*. Dieser Eintrag eignet sich für die Erstellung von Internetgrafiken.

Nun richtet das Programm einen für alle Dokumente gültigen Workflow für das Farbmanagement ein. Dieser ist sowohl für neue als auch für vorhandene Dokumente gültig.

Ein Profil in ein Photoshop-Bild einbetten

Soll das Bild in einem Farbmanagement-Workflow weiterverwendet werden, können Sie beim Speichern das definierte Farbprofil in Ihr Bild einbetten, indem Sie *Datei* → *Speichern unter* wählen und in der Dialogbox das Kontrollkästchen *ICC-Profil* aktivieren.

Den Farbauftrag reduzieren

Möchten Sie Ihr Bild im Offsetdruck reproduzieren, sollte der Farbauftrag nicht höher liegen als 330%. Oft macht man sich erst Gedanken darüber, wenn von der Druckerei die Rückmeldung kommt: »Die Deckung Ihrer Bilder ist zum Teil viel zu hoch. Bitte den Farbauftrag auf 330% verringern.«

Was ist in diesem Fall zu tun?

Farbprofile installieren
Unter Windows installieren Sie ein Profil, indem Sie es mit der rechten Maustaste anklicken und *Profil installieren* wählen. Am Mac kopieren Sie das Profil in den Ordner *Library\Application Support\Adobe\Color\Profiles\Recommended*.

Falls Ihre Druckerei Ihnen ein geeignetes Farbprofil zur Verfügung stellen kann, installieren Sie dieses zuerst. Dann öffnen Sie das Bild in Photoshop und wählen *Bearbeiten → In Profil umwandeln*. Als *Zielfarbraum* wählen Sie das soeben installierte Profil. Achten Sie darauf, dass als *Modul Adobe (ACE)* ausgewählt ist.

Als »Priorität« stellen Sie *Relativ farbmetrisch* ein. Das Kontrollkästchen *Tiefenkompensierung verwenden* sollte aktiviert sein. Bestätigen Sie Ihre Einstellungen mit *OK*.

Haben Sie kein Profil von Ihrer Druckerei, wählen Sie ebenfalls *Bearbeiten → In Profil umwandeln*. Wählen Sie als *Zielfarbraum* beispielsweise *Coated FOGRA27*, wenn das Bild im Bogenoffsetdruckverfahren ausgegeben werden soll. Achten Sie wieder darauf, dass im Pop-up-Menü »Priorität« der Eintrag *Relativ farbmetrisch* ausgewählt ist, und bestätigen Sie Ihre Angaben mit *OK*.

Speichern Sie Ihr Bild.

Das geeignete Dateiformat wählen

Am häufigsten werden zum Speichern von Pixelbildern in der Druckvorstufe die Dateiformate TIFF und EPS verwendet.

Mittlerweile ist es nicht mehr unbedingt notwendig, Bilder im TIFF- oder EPS-Format zum Platzieren im Layoutprogramm zu speichern. Der moderne Weg ist die Verwendung des Photoshop-eigenen PSD-Formats. Die beiden wichtigsten Satzprogramme, Adobe InDesign und QuarkXPress, unterstützen das PSD-Format.

TIFF-, EPS- und PSD-Format sind bestens geeignet, wenn Sie Bilder abspeichern möchten, die in InDesign-, Illustrator- oder QuarkXPress-Dokumente eingefügt werden sollen.

EPS-Variante DCS 2.0-Format

DCS (Desktop Color Separation) ist eine Variante des EPS-Formats für Bilder im Graustufen- oder CMYK-Modus (mit und ohne Volltonfarbkanälen). Wählen Sie das DCS 2.0-Format immer dann, wenn die Separationen und Volltonfarben in einer Datei gespeichert werden sollen. Die DCS-Option *Mehrfachdatei mit Farbcomposite Bild – 72 Pixel/Inch* erzeugt vorseparierte Dateien: bei einem CMYK-Bild eine Masterdatei sowie vier weitere Dateien, die die entsprechenden Farbauszüge enthalten. Zur Belichtung müssen sich alle fünf Dateien in einem Ordner befinden und die Namen dürfen nicht verändert worden sein. Wenn Sie ganz sicher gehen möchten, verwenden Sie diese Option nicht, sondern speichern Sie die Datei als Einzeldatei mit Farbcomposite-Bild. Bilder mit Volltonfarbkanälen speichern Sie ebenfalls im DCS 2.0-Format.

Die folgende Tabelle bietet Ihnen einen Überblick über die einzelnen Dateiformate und ihre Einsatzgebiete:

Speichern in Photoshop	TIFF	EPS	DCS 2.0
Speichern von Vektordaten	ja	ja	ja
Speichern von Beschneidungspfaden	ja	ja	ja
Speichern von Rasterweiten	nein	ja	ja
Speichern von Druckkennlinien	nein	ja	ja
Speichern von Duplex	nein	ja	nein
Komprimierung	LZW	JPEG	nein
Speichern von Alphamasken	ja	nein	nein
Anhängen von ICC-Profilen	ja	ja	ja

Ausgabeoptionen für den Offsetdruck festlegen

Nicht alle Optionen aktivierbar
Falls einige Optionen nicht aktivierbar sind, liegt das daran, dass sie vom gewählten Drucker nicht unterstützt werden.

Im unteren Bereich der Dialogbox *Photoshop-Druckeinstellungen* den Eintrag *Ausgabe* erhalten Sie die Gelegenheit, differenzierte Optionen für den Offsetdruck einzustellen, zum Beispiel Schnittmarken oder Auszugsbeschriftungen mitdrucken zu lassen.

- Klicken Sie im Bereich *Funktionen* auf die Schaltfläche *Anschnitt* und geben Sie einen Wert in Millimeter an. Dieser bestimmt, wie weit die Schnittmarken in das Bild hineinragen. Geben Sie hier nichts an, werden die Schnittmarken außerhalb des Bilds gedruckt. Jede Druckerei hat hier andere Vorgaben; bringen Sie deshalb bei Ihrem Produktionspartner in Erfahrung, wie Sie die Schnittmarken anlegen sollen.

Passermarken und Schnittmarken
Passermarken werden zum Ausrichten der Farbseparationen bei Mehrfarbdrucken verwendet, Schnittmarken erleichtern die Weiterverarbeitung Ihres Druckerzeugnisses.

- Die folgenden Kontrollkästchen aktivieren Sie eventuell, wenn Sie Ihre Datei im Offsetdruck reproduzieren möchten. Fragen Sie bei Ihrer Druckerei nach, welche der Kontrollkästchen *Passermarken, Schnittmarken, Falzmarken, Objektbeschreibungen, Auszugsbeschriftungen, Schichtseite unten (seitenrichtig)* und *Negativ* aktiviert werden sollen.

Abbildung 16.9
In der Version CS6 bietet Photoshop Ihnen eine direkte Vorschau der Druckmarken.

Bild: Kristine Kamm

Überfüllungen definieren

Falls Sie in Ihrem Bild Schmuckfarben verwenden, kann es unter Umständen erwünscht sein, dass Sie mit Überfüllungen arbeiten. Erkundigen Sie sich in Ihrer Druckerei, ob Sie Überfüllungen verwenden sollen oder nicht.

Gehen Sie von zwei einander überlappenden Objekten aus. Bei deaktivierter Überfüllung wird die Farbe derjenigen Teile des unten liegenden Objekts nicht gedruckt, die vom oben liegenden verdeckt wird. Dadurch kann es – besonders wenn Objekte mit klar abgegrenzten Konturen und starken Farbunterschieden einander überlappen – zu kleinen, aber dennoch wahrnehmbaren Lücken im Ausdruck kommen.

Bei reinen Halbtonbildern ist dieses Problem nicht relevant, bei Bildern mit Volltonfarbkanälen können sich hingegen solche Probleme ergeben.

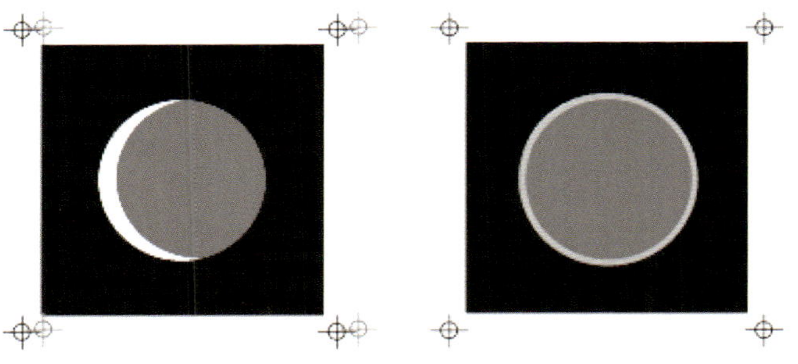

Abbildung 16.10
Links: Druck ohne Überfüllung – schnell kommt es bei Passerungenauigkeiten zu hässlichen Lücken, den sogenannten »Blitzern«. Rechts: Druck mit Überfüllung – es können keine Blitzer entstehen.

Über Überfüllungen konnten Sie sich bereits in Kapitel 13 informieren.

Bild: Björn Lilie

BILDER FÜR DAS WEB

Beim Drucken soll das Bild möglichst gut wiedergegeben werden. Hier zählt vor allem die Qualität des Bilds. Bei Bildern, die im Web veröffentlicht werden sollen, ist die kurze Ladezeit und damit die geringe Dateigröße des Bilds das Wichtigste.

17.1 Bilder zur Optimierung für das Web vorbereiten

Sie sollten Ihr Bild erst dann in einem webtauglichen Format abspeichern, wenn Sie mit der Bearbeitung fertig sind. Bei GIF-Dateien erfolgt eine Farbreduktion auf höchstens 256 Farben (8 Bit, Modus *Indizierte Farbe*), so dass subtile Farbunterscheidungen entfernt werden. Bei JPEG-Dateien fallen Bilddetails unter den Tisch. Beides macht eine nachträgliche Bearbeitung nicht gerade leichter. Auf jeden Fall sollten Sie aus diesen Gründen eine Kopie Ihres Originalbilds speichern.

Leider können Sie nicht sagen, ob und wie die Monitore der Betrachter Ihrer Webbilder kalibriert sind und damit, wie die Farben Ihrer Bilder aussehen werden. Die Antwort der Branche auf dieses Problem lautet sRGB. sRGB ist quasi der kleinste gemeinsame Nenner, den alle Geräte darstellen können. Es eignet sich damit besonders für Bilder, die am Bildschirm dargestellt werden sollen. Auch ein unkalibriertes Gerät kann normalerweise den sRGB-Farbraum mehr oder weniger exakt wiedergeben – sRGB ist damit ein rundum solider Farbraum, der Ihre Bilder auch auf fremden, unkalibrierten Monitoren ordentlich darstellen sollte.

Einen Nachteil hat sRGB allerdings: Der Farbraum ist so klein, dass er noch nicht einmal sämtliche in CMYK verfügbaren Farben darstellen kann. Bei Bildern aus einer Consumer-Digitalkamera dürfte es jedoch kaum Probleme geben, zumal diese Fotos meist schon in sRGB vorliegen.

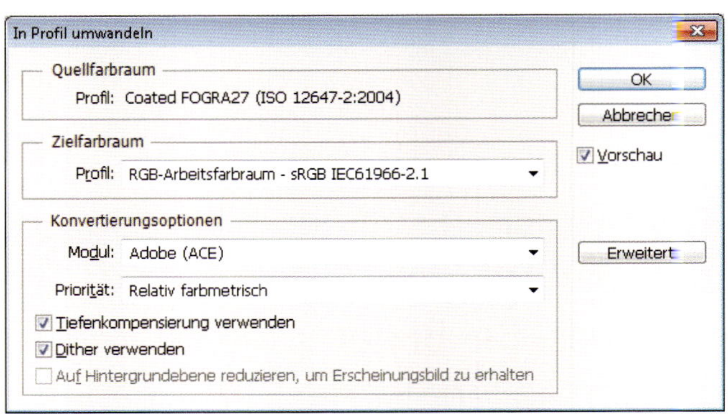

Abbildung 17.1
Verwenden Sie für Ihre Webbilder das Profil *sRGB*.

In Profil umwandeln contra Profil zuweisen
Verwechseln Sie den Befehl *In Profil konvertieren* nicht mit dem im selben Menü angeordneten Befehl *Profil zuweisen*. Bei der Profilkonvertierung bleibt die Farbdarstellung unverändert (während sich die Farbwerte ändern). Bei der Zuweisung eines Profils hingegen kann sich die Farbdarstellung ändern (wobei die Farbwerte unverändert bleiben).

Falls Sie in Photoshop beispielsweise mit der Farbeinstellung *Europa, Universelle Anwendungen 2* arbeiten, ist sRGB bereits voreingestellt. Wenn Sie Ihr CMYK-Bild in diesem

Fall per *Bild → Modus → RGB-Farbe* in RGB konvertieren, wird das Bild automatisch in sRGB konvertiert.

1. Arbeiten Sie hingegen mit einer Farbeinstellung wie *Europa Druckvorstufe 2*, wandeln Sie Ihr Bild mit dem Befehl *Bearbeiten → In Profil umwandeln* um.
2. Aus dem Popup-Menü *Profil* wählen Sie *sRGB*.

Als *Priorität* empfiehlt sich in den meisten Fällen *Relativ farbmetrisch*. Besonders wenn Sie aus einem größeren RGB nach sRGB konvertieren, können Sie es aber auch einmal mit *Perzeptiv* versuchen und sehen, ob Sie damit ein besseres Ergebnis erzielen. Sobald Sie Ihr Bild auf diese Weise aufbereitet haben, speichern Sie es in einem webtauglichen Format wie JPEG.

17.2 Bildbearbeitung für das Internet

Beim Erstellen von Bildern für Webseiten müssen sich Ladezeit und Qualität die Waage halten. Bilder und Animationen für das WWW müssen auf eine möglichst geringe Datenmenge reduziert werden. Anders als bei Druckmedien erhöht im Netz die Datenmenge die Wartezeit des Betrachters. Untersuchungen haben gezeigt, dass die Ladezeit maximal 3 bis 5 Sekunden betragen darf.

Welche Dateiformate eignen sich für das Web?

- Bilder im GIF-Format beinhalten bis zu 256 Farben. Eine nützliche Eigenschaft von GIF-Bildern ist, dass Sie eine Farbe als transparent definieren können. Besonders geeignet ist das GIF-Format für Vorlagen, die auf Vektoren basieren bzw. über große gleichfarbige Farbflächen verfügen (Illustrationen, Vektorformen, Text).
- Das JPEG-Format eignet sich für fotorealistische Bilder mit bis zu 16,7 Millionen Farben. Bei JPEG-Bildern steuern Sie die Dateikomprimierung, indem Sie die Bildqualität ändern. Je niedriger Sie die Qualität ansetzen, desto stärker kann die Datei komprimiert werden und desto kleiner wird die daraus resultierende Datei.
- Das PNG-Format ist eine Alternative zu diesen Formaten und unterstützt ebenfalls transparente Farben (Alphakanäle) für Bilder mit bis zu 16.778 Millionen Farben. Die Browser der neuesten Generation unterstützen das

Abbildung 17.2
Auf Vektoren basierende Grafiken mit scharfen Konturen und wenigen Farben sollten Sie stets als GIF-Dateien exportieren.

Abbildung 17.3
Auch Text sollte besser im GIF-Format exportiert werden.

PNG-Format uneingeschränkt, in älteren Browsern kann es zu Problemen kommen.

Im Web werden die Formate GIF und JPEG am häufigsten verwendet. Das Format PNG konnte sich nicht durchsetzen, obwohl es eine verlustfreie Kompression und weiche Transparenzen mit Alphakanälen ermöglicht.

17.3 Die Optimierung von Bildern

Das GIF-Format verwenden

GIF-Dateien können Sie nur aus Bitmap-, indizierten oder Graustufenbildern, also aus Bildern mit einer Farbtiefe bis zu 8 Bit, erzeugen.

Wie groß Ihre GIF-Datei wird, hängt stark von der verwendeten Farbanzahl ab. Ebenso wichtig ist aber auch, ob Sie die Datei mit Dithering versehen und wie gut sich die Bildinformationen komprimieren lassen.

Abbildung 17.4
Farbverlauf mit (links) und ohne Dithering (rechts)

Dithering

Beim Konvertieren der GIF-Datei kann Photoshop alle Zwischentöne, die durch Verläufe und Glättung (Antialiasing) entstehen und nicht in der Farbpalette enthalten sind, durch das Rastern vorhandener Farben simulieren. Dabei werden die Hauptfarben gestreut (gedithert). Das Dithering vergrößert die Datei. Außerdem entstehen unter Umständen scheckige Flächen bei Farbübergängen.

Komprimierbarkeit

Die Komprimierbarkeit eines Bilds hängt – grob gesagt – von seinem Detailreichtum ab. Große einfarbige Farbflächen lassen sich im GIF-Format besser komprimieren als unregelmäßig gemusterte, wie zum Beispiel fotorealistische Bilder.

So erzielen Sie möglichst kleine GIF-Dateien:

- Reduzieren Sie die Farben so weit wie möglich.
- Verwenden Sie möglichst keine Farbverläufe. Wenn Sie aber doch nicht darauf verzichten möchten, entscheiden Sie sich möglichst für horizontale Verlaufsarten.
- Versuchen Sie, möglichst große und einfarbige Flächen darzustellen.
- Größere Fotos speichern Sie besser im JPEG-Format.

Eine GIF-Datei erzeugen

Um ein GIF-Bild für das Internet zu speichern, wählen Sie *Datei → Für Web speichern* (Alt + ⇧ + Strg/⌘ + S).

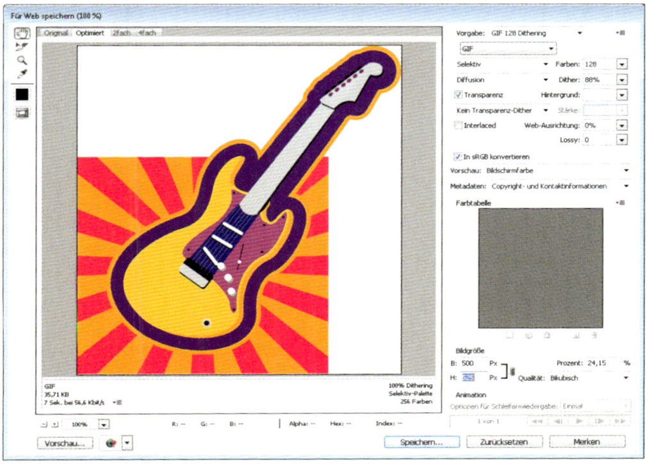

Abbildung 17.5
Die Dialogbox *Für Web speichern*

Originalbild wird nicht verändert
Durch die Einstellungen in der Dialogbox *Für Web speichern* wird das Originalbild nicht verändert, Sie speichern vielmehr eine Bildkopie in einem webtauglichen Dateiformat.

Im zentralen Bereich der Dialogbox sehen Sie ein Vorschaubild Ihrer Datei, am oberen Rand des Vorschaufensters vier Register für die Vorschau von verschiedenen Ansichten: *Original*, *Optimiert*, *2fach* und *4fach*.

- Die Registerkarte *Original* zeigt das Originaldokument an.
- Auf der Registerkarte *Optimiert*, die beim Öffnen der Dialogbox standardgemäß angezeigt wird, sehen Sie, mit welchen Verlusten Ihr Bild gespeichert wird.
- Klicken Sie auf *2fach*, erhalten Sie links eine Ansicht des Originalbilds, rechts eine mit den aktuell gewählten Einstellungen. Über die Registerkarte *4fach* vergleichen Sie gleich mehrere Exporteinstellungen miteinander. Im linken oberen Teilfenster wird das Originaldokument angezeigt.

Zeigen Sie nun die Registerkarte *Optimiert* oder eine der Registerkarten *Zweifach* oder *Vierfach* an und klicken Sie auf eines der Vorschaubilder.

Öffnen Sie das Popup-Menü *Optimierungsformat* im rechten oberen Bereich der Dialogbox und wählen Sie hier das Dateiformat *GIF* aus.

Modem auswählen
Gegebenenfalls geben Sie eine andere Übertragungsgeschwindigkeit vor, um zu prüfen, wie das Bild bei einer schnelleren oder langsameren Internetverbindung lädt. Öffnen Sie dazu links unterhalb des Vorschaubilds neben der eingeblendeten Bildgröße und Ladezeit das Bedienfeldmenü und wählen Sie den gewünschten Wert.

Für jedes Format, also auch für GIF, stehen Ihnen einige vordefinierte Optimierungsoptionen zur Verfügung. Öffnen Sie das Popup-Menü *Vorgabe* und wählen Sie die gewünschte Option. Probieren Sie einige der Einstellungen aus. Die Auswirkungen zeigen sich sofort im angeklickten Vorschaubild.

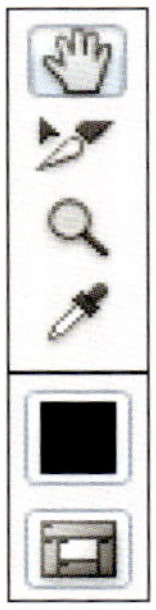

Abbildung 17.6
Die Werkzeugpalette der Dialogbox *Für Web speichern*

Rechts unterhalb des Vorschaubilds der optimierten Version zeigt Photoshop außerdem die Eigenschaften der gewählten Einstellung. Links unterhalb des Vorschaubilds sehen Sie, wie groß die Datei wäre, wenn Sie sie mit den gewählten Einstellungen als GIF-Datei speichern würden, und wie schnell sie über ein 28,8 Kbit/s-Modem laden würde. So sollte es Ihnen nicht allzu schwer fallen, die Dateigröße und die Bildqualität miteinander auszubalancieren.

Auf der linken Seite sehen Sie eine kleine Werkzeugpalette:

- Das Werkzeug *Hand* ermöglicht es Ihnen, auch in der Dialogbox in den Vorschaubildern die Ansicht des Bilds zu bewegen. Mit der Lupe zoomen Sie sich wie üblich in das Bild ein und aus.
- Mit dem *Slice-Auswahl*-Werkzeug wählen Sie einzelne Slices in Ihrem Bild. Wie Sie Slices erstellen, erfahren Sie weiter hinten in diesem Kapitel.
- Mit dem Werkzeug *Pipette* entnehmen Sie gezielt Farben aus dem Bild, die Sie dann im darunterliegenden Farbfeld sehen.
- Das Farbfeld darunter zeigt die aktuelle Pipettenfarbe und als Letztes können Sie die Darstellung von *Slices einblenden/ausblenden*.

3. Möchten Sie Ihre Einstellungen gleich in Ihrem bevorzugten Browser betrachten, klicken Sie rechts unterhalb des Vorschaufensters auf die Schaltfläche *Vorschau*. Weitere installierte Browser wählen Sie über das Popup-Menü der Browser-Schaltfläche aus. Eine temporäre Version des Bilds mit den von Ihnen gewählten Einstellungen wird im Browser-Fenster angezeigt. Darunter erhalten Sie einen Bericht über die Einstellungen.
4. Sobald Sie mit Qualität, Dateigröße und Ladegeschwindigkeit der GIF-Datei zufrieden sind, bestätigen Sie die Dialogbox mit *Speichern*.
5. Wählen Sie den gewünschten Speicherort und geben Sie dem Bild einen Dateinamen. Klicken Sie abschließend auf *Speichern*. Photoshop speichert das Bild mit den gewählten Einstellungen als GIF-Datei.

Browser hinzufügen
Wenn noch kein Browser definiert ist, erscheint im Feld für die Internetbrowser ein Symbol mit einem Fragezeichen und im Popup-Menü findet sich ein einziger Eintrag namens *Andere*. Wählen Sie den Eintrag *Andere*, um über die Dialogbox *Vorschau in anderem Browser* einen Browser für Photoshop zu definieren. Wählen Sie gegebenenfalls nacheinander mehrere Browser aus – sie erscheinen anschließend alle im Popup-Menü und können für die Vorschau verwendet werden.

Mehrere Optimierungsversionen vergleichen

So vergleichen Sie direkt am Bild mehrere Einstellungen miteinander:

1. Wählen Sie das Register *4fach* und klicken Sie eines der Vorschaubilder an (nicht das Bild in der linken oberen Ecke, dies stellt das Original dar).

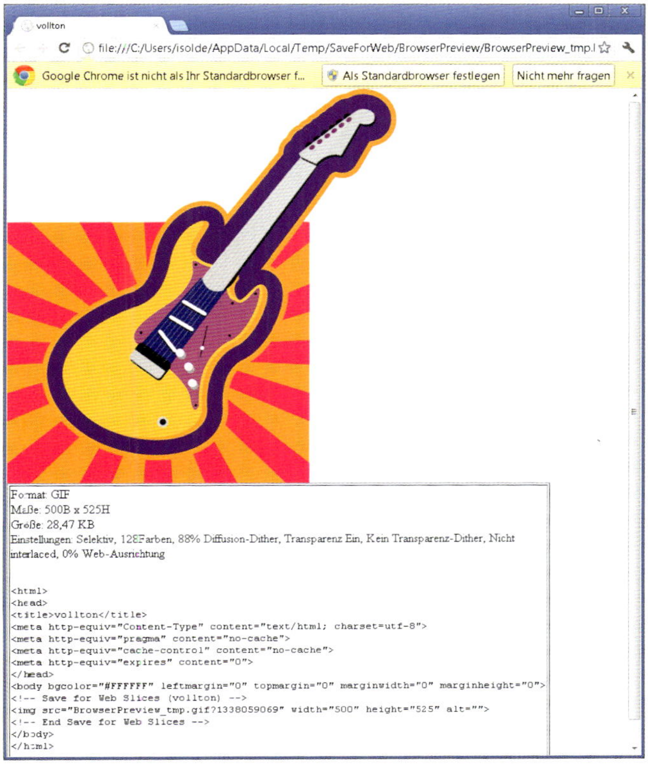

Abbildung 17.7
Unter der temporären Bildversion erscheint im Browser-Fenster ein Bericht.

2. Nehmen Sie die gewünschten Einstellungen vor. Klicken Sie in das nächste Vorschaubild und nehmen Sie andere Einstellungen vor. Verfahren Sie analog mit dem dritten Vorschaubild.
3. Haben Sie Ihre Wahl getroffen, markieren Sie das entsprechende Bild mit einem Klick und bestätigen mit *OK*. Klicken Sie auf *Speichern*.

Eigene Einstellungen für Web und Geräte vornehmen

Gelingt es Ihnen nicht, Ihr Bild unter Zuhilfenahme der Voreinstellungen in der Dialogbox *Für Web speichern* zufriedenstellend zu optimieren, stellen Sie jeden einzelnen Parameter selbst ein. Beginnen Sie wieder mit dem Popup-Menü *Optimierungsformat*. Wählen Sie Ihr gewünschtes Dateiformat für das Bild, in unserem Beispiel *GIF*.

- Das Popup-Menü *Farbreduktionsalgorithmus* enthält die Farbpaletten. Nachdem Sie die gewünschte Palette gewählt haben, werfen Sie einen Blick ins Feld *Farbtabelle* im Bereich unter den Einstellungsmöglichkeiten. Hier sehen Sie die Farben der gewählten Palette. Die Palette ist weitestmöglich reduziert, das heißt, sie enthält

Farbpaletten

Wenn Sie probehalber ein Echtfarbenbild zunächst als 16-Farben-GIF und dann als 256-Farben-GIF speichern, stellen Sie fest, dass das 256-Farben-Bild deutlich mehr Speicherplatz benötigt. Daher müssen Sie die Zahl der Farben so weit reduzieren, dass kein zu auffälliger Qualitätsverlust auftritt. Manchmal sind auch nur 64 oder 32 oder sogar 16 Farben ausreichend, um ein akzeptables Bild zu erzielen.

Die beste Browser-Kompatibilität erreichen Sie, wenn Sie die *websichere Palette* verwenden. Diese Palette reserviert die 216 auf Windows- und Mac-Plattformen gleich darstellbaren Farben (oder weniger) für das eigentliche Bild. Photoshop nennt diese Palette *restriktiv*. Wenn Sie Ihr Bild mit der restriktiven Palette abspeichern, entstehen manchmal Farbabweichungen.

Die genaueste Farbwiedergabe des Originals erzielen Sie mit der *adaptiven Palette*. Dabei analysiert Photoshop das Bild und erzeugt eine Palette, die eine höchstmögliche Ähnlichkeit zum Original garantiert.

keine Farben, die in Ihrem Bild nicht notwendig sind. Möchten Sie beispielsweise ein Foto von einer Zitrone auf weißem Grund optimieren, enthält die Palette sicherlich keine Blautöne. Dadurch bleibt die Farbanzahl und damit auch die Dateigröße gering. Die Farbanzahl sehen Sie ganz unten in der Farbpalette als Zahl.

- Öffnen Sie das Popup-Menü *Dither-Algorithmus festlegen* und bestimmen Sie, wie die im Bedienfeld nicht enthaltenen Farben simuliert werden sollen. Das Dithering Ihres Bilds kann hier ein- und ausgeschaltet werden.
- Enthält Ihr Bild Transparenzen, aktivieren Sie das Kontrollkästchen *Transparenz*, um die transparenten Bereiche zu erhalten. Lassen Sie das Kontrollkästchen deaktiviert, erscheinen die Bereiche gefüllt.
- Aktivieren Sie das Kontrollkästchen *Interlaced*, um das sogenannte Interlacing einzuschalten. Dabei stellt der Browser das Bild zunächst in einer groben Auflösung dar und zeigt es dann während des Ladevorgangs in immer feinerer Auflösung.
- Über die Eingabe eines Prozentwerts in das Feld *Lossy* reduzieren Sie die Dateigröße weiter, indem Sie die Bildqualität verringern. Je höher der eingegebene Wert, desto stärker ist auch der Qualitätsverlust.
- Über das Popup-Menü *Farben* verringern Sie die Farbanzahl des GIF-Bilds weiter, um die Datei noch kleiner zu machen. Allerdings ermittelt Photoshop schon von sich aus die beste Farbanzahl und reduziert die Palette entsprechend. Reduzieren Sie die Farbanzahl noch weiter, wird das Ergebnis häufig unschön, besonders wenn kein Dithering eingeschaltet ist.

Transparenzen in GIFs
So verführerisch die Möglichkeit ist, Transparenzen in GIF-Bildern darzustellen: Beim Festlegen einer Transparenz sollten Sie das Aussehen des Hintergrunds, vor dem das Bild eingefügt wird, berücksichtigen. Es kann sonst zu unschönen Blitzern (andersfarbigen Stellen zwischen den Bildkonturen und dem Hintergrund) kommen. Gegebenenfalls müssen Sie die entsprechende Vorarbeit in Photoshop leisten.

Abbildung 17.8
Ein typisches Problem bei GIFs mit transparenten Hintergründen: Zwischen den Objektkanten und dem Hintergrund zeigen sich Blitzer.

Eine Farbreduzierung führt nicht unbedingt zu einer deutlichen Verkleinerung der Dateigröße; auch das Dithering spielt eine Rolle:

- Über das Feld *Dither* stellen Sie ein, wie viele Farben durch Dithering simuliert werden sollen. Je höher der eingegebene Prozentsatz, desto mehr Farben werden gedithert. Allerdings steigt dann auch der Speicherbedarf.

Wenn Sie das Kontrollkästchen *Transparenz* nicht aktivieren, erhalten im Photoshop-Bild vorhandene Transparenzen die Hintergrundfarbe. Über die Funktion *Hintergrund* stellen Sie die Farbe ein, die zum Füllen der vormals transparenten Bereiche verwendet wird. Dabei können Sie nicht nur die Einträge des Menüs nutzen, sondern auch aus dem Bild eine Farbe entnehmen und festlegen. Verwenden Sie hierzu die Pipette aus der kleinen Werkzeugpalette und füllen Sie sie mit einer Farbe aus dem Bild. Anschließend wählen Sie aus dem Popup-Menü *Hintergrund* den Eintrag *Pipettenfarbe* aus. Falls Sie eine andere als die websichere Palette gewählt haben, tragen Sie in das Feld *Web-Ausrichtung* einen Wert ein, der bestimmt, inwieweit die Bildfarben der websicheren Palette angeglichen werden, um ein zu starkes Dithering zu vermeiden und damit die Dateigröße zu verringern.

Die Farbpalette direkt bearbeiten

Unterhalb der Optimierungseinstellungen bearbeiten Sie die festgelegten Palettenfarben manuell, um eine weitere Feinabstimmung vorzunehmen.

Mehrere Farbfelder auswählen
Wenn Sie mehrere Farbfelder auswählen möchten, klicken Sie ein Farbfeld als Startpunkt an, halten dann die ⇧-Taste gedrückt und klicken auf das letzte Farbfeld Ihrer Wahl. Die dazwischenliegenden Farbfelder werden mit markiert. Alternativ markieren Sie nicht aufeinanderfolgende Farbfelder, indem Sie sie mit gedrückter Strg/⌘-Taste anklicken.

Doppelklicken Sie auf das Farbfeld, das Sie bearbeiten möchten. Photoshop öffnet den *Farbwähler*. Hier ändern Sie die angeklickte Farbe.

Möchten Sie sicherstellen, dass Sie im Farbwähler nur websichere Farben auswählen können, klicken Sie das Kontrollkästchen *Nur Webfarben anzeigen* an. Die Anzeige ändert sich entsprechend. Suchen Sie die gewünschte Farbe heraus und bestätigen Sie mit *OK*. Photoshop ersetzt die angeklickte Farbe durch die neue Farbe und das Bild im Vorschaufenster ändert sich entsprechend.

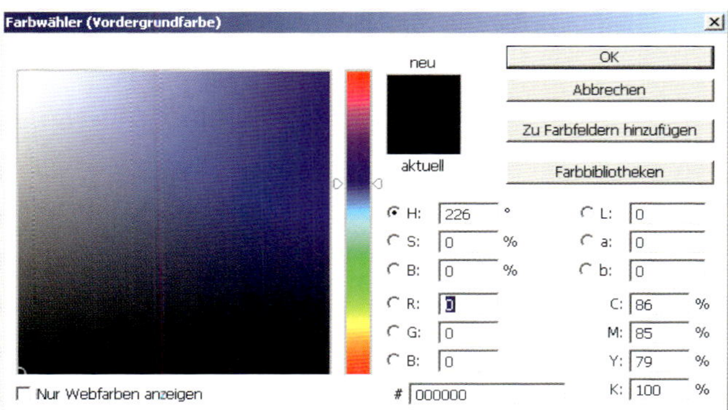

Abbildung 17.9
Der Farbwähler zeigt nur noch websichere Farben.

Hexadezimalfarben
Falls Sie mit den Hexadezimalfarben vertraut sind, geben Sie deren Werte im unteren Bereich des Bedienfelds in das Feld mit dem #-Zeichen ein.

Im unteren Bereich der Farbpalette stehen Ihnen einige Schaltflächen zum Bearbeiten der Farben zur Verfügung. Mit Ausnahme der Schaltfläche werden diese erst eingeblendet, wenn Sie ein Farbfeld in der Farbpalette anklicken.

- Klicken Sie auf die Schaltfläche , wird die Farbe zur ähnlichstmöglichen Farbe in der Webpalette verschoben. Die Farbe erhält in der Farbpalette ein Raute-Symbol.
- Klicken Sie auf die Schaltfläche mit dem Verkettungssymbol , fixiert Photoshop die ausgewählte Farbe. Sie lässt sich dann nicht mehr verändern. Die fixierte Farbe erhält in der Farbtabelle ein kleines Symbol an der unteren Ecke. Klicken Sie die Schaltfläche erneut an, heben Sie die Fixierung auf.

- Klicken Sie auf die Schaltfläche mit dem Dokumentsymbol, nehmen Sie die mit der Pipette aufgenommene Farbe in die Farbpalette auf.
- Klicken Sie auf die Schaltfläche mit dem Papierkorbsymbol, entfernen Sie die markierte Farbe aus der Farbpalette.

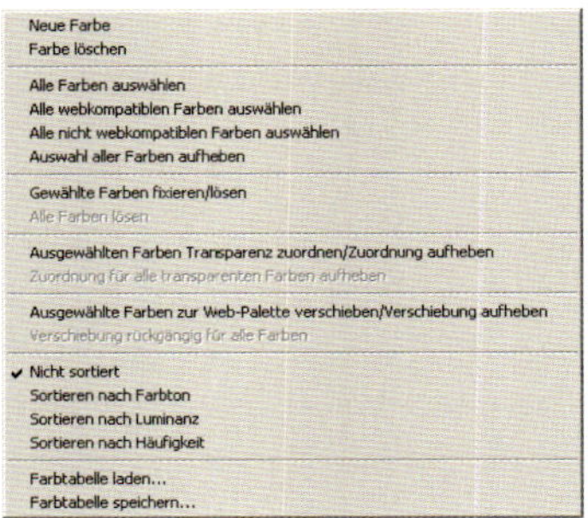

Abbildung 17.10
Das Bedienfeldmenü der Farbtabelle

Beachten Sie auch das Bedienfeldmenü der *Farbtabelle*, denn hier stehen Ihnen einige weitere Funktionen für die Arbeit in der Farbpalette zur Verfügung. Unter anderem können Sie hier eine Palette speichern und später wieder laden. So stellen Sie unter anderem sicher, dass Sie für alle Bilder auf Ihrer Webseite dieselbe Farbpalette verwenden – unter Umständen ein Geschwindigkeitsvorteil.

Die Bildgröße einstellen

Unter der Farbtabelle können Sie die Bildgröße neu einstellen. Geben Sie hier entweder genaue Pixelwerte an oder skalieren Sie das Bild in Prozent des Originalbilds. In der Vorschau betrachten Sie die Auswirkungen der Skalierung.

Überschreiben Sie in den Feldern *Breite* und *Höhe* die aktuelle Bildabmessung mit den neuen Abmessungen. Solange das Verkettungssymbol aktiviert ist, berechnet Photoshop beim Angeben eines Werts den zweiten Wert automatisch. Deaktivieren Sie die Funktion mit einem Klick, verschwindet das Verkettungssymbol und Sie können beide Seiten des Bilds neu definieren – es wird verzerrt.

Solange das Verkettungssymbol aktiviert ist, können Sie die Bildgröße auch über die Angabe eines Skalierungsfaktors neu einstellen. Geben Sie hierzu einen Prozentwert in das Eingabefeld *Prozent* ein. Legen Sie über das Popup-Menü *Qualität* fest, wie Photoshop die Farben neu berechnen soll.

- Wählen Sie aus dem Menü den Eintrag *Pixelwiederholung*, läuft der Skalierungsvorgang zwar schnell ab, das Ergebnis hat aber vielleicht keine besonders gute Qualität, weil die Pixel nicht neu berechnet, sondern einfach dupliziert werden.
- Eine mittlere Qualität ergibt der Eintrag *Bilinear*.
- Für eine gute Qualität wählen Sie lieber *Bikubisch*. Dadurch erhalten Sie weiche Übergänge im Bild.
- Beim Verkleinern eines Bilds können Sie es auch mit der Methode *Bikubisch schärfer* versuchen, um die Details zu erhalten. Sollte das Bild dadurch jedoch überscharf wirken, verwenden Sie lieber *Bikubisch*.
- Beim Vergrößern von Bildern ist *Bikubisch glatter* häufig die beste Interpolationsmethode.

17.4 Das JPEG-Format

Für größere Fotos eignet sich das JPEG-Format. Die Kompression geht mit Qualitätsverlusten einher: Beim Komprimieren werden die Helligkeitsinformationen von den Farbtönen getrennt und diese wie eine Schwarzweißversion des Bilds abgespeichert. Subtile Farbunterschiede, die das menschliche Auge meist ohnehin nicht wahrnehmen kann, werden eliminiert. Je nach eingestellter Qualität variiert die Toleranz für »ähnliche« Pixel. Je höher die Qualität eingestellt ist, desto weniger stark ist die Komprimierung und desto größer ist die Enddatei.

In guten Qualitätsstufen (weniger komprimiert) nimmt das Auge den Informationsverlust wenig bis gar nicht wahr. In niedrigeren Qualitätsstufen (stärker komprimiert) kann es zu groben Unschärfen und Fehlfarben kommen. Ein entscheidender Vorteil von JPEG ist die Möglichkeit, auch RGB-Bilder zu komprimieren, während GIF-Bilder immer eine indizierte Palette haben. Außerdem ist eine weitaus höhere Kompressionsrate möglich (allerdings bei ziemlich schlechter Qualität): Die Kompres-sionsrate von JPEG liegt für Fotos bei ca. 10:1 bis 20:1, die von GIF bei ca. 3:1.

Abbildung 17.11
Bei der in maximaler Qualität exportierten JPEG-Datei sind keine Qualitätseinbußen festzustellen. Die Dateigröße beträgt 109 Kbyte (oben). Bei der in schwacher Qualität komprimierten JPEG-Datei zeigen sich besonders in der Vergrößerung die typischen Artefakte. Die Dateigröße beträgt dafür nur noch 11,9 Kbyte (unten).

Vorbereitung auf die JPEG-Kompression

Bei JPEG-Bildern sind andere Kriterien wichtig als bei GIF-Bildern: die Bildschärfe. Bilder mit scharf abgegrenzten Flächen komprimieren Sie meist besser im GIF-Format. Je weicher hingegen die Kanten sind, desto besser ist die Kompression, sprich, desto kleiner wird das resultierende JPEG-Bild.

Den Filter *Unscharf maskieren* sollten Sie daher bei Bildern, die Sie zur JPEG-Kompression vorbereiten, vorsichtig einsetzen. Der Speicherbedarf wird vergrößert.

Abbildung 17.12
Dieses Bild lässt sich wegen seiner Unschärfe gut komprimieren.

Mit einer *Gaußschen Unschärfe* hingegen verkleinern Sie die geplante JPEG-Datei erheblich. Wenden Sie diesen Filter eventuell nur auf den zuvor ausgewählten Bildhintergrund an, während Sie die Vordergrundobjekte scharf lassen.

Die nachträgliche Bearbeitung von JPEG-Dateien vermeiden

Verwenden Sie JPEG nur als Exportformat. Jede erneute Speicherung bedeutet auch einen erneuten Bildverlust. Immer wenn Sie eine JPEG-Datei öffnen, bearbeiten und erneut speichern, nimmt die Bildqualität ab – selbst bei niedrigster Kompressionsstufe (bester Qualität). Deshalb sollten Sie stets eine Originaldatei im Photoshop- oder TIFF-Format bereithalten und diese bearbeiten.

Viele Digitalkameras speichern die Bilder im JPEG-Format. Um das Problem zu reduzieren, speichern Sie das Bild erst in einem verlustfreien Format, zum Beispiel PSD, und bearbeiten es dann für das Web. Erst zum Schluss komprimieren Sie es in eine JPEG-Datei. Diese Komprimierung führt dennoch zu einem erneuten Qualitätsverlust. Um diesen möglichst gering zu halten, stellen Sie die Kompression möglichst niedrig ein.

Ein Bild im JPEG-Format speichern

- Nachdem Sie das Bild entsprechend vorbereitet haben, wählen Sie *Datei* → *Für Web speichern*.
- Wählen Sie aus dem Popup-Menü *Optimierungsformat* den Eintrag *JPEG*. Die Einstellungen für das JPEG-Format erscheinen. Alternativ wählen Sie ein vordefiniertes JPEG-Set aus dem Popup-Menü *Vorgabe*.
- Wählen Sie aus dem Popup-Menü *Komprimierungsqualität* eine Qualität, mit der Sie das Bild für das Web komprimieren möchten. Je besser Sie die Qualität einstellen, desto mehr Speicher benötigt das Bild.

Alternativ zur Komprimierungsqualität geben Sie einen Pro-zentwert in das Feld *Qualität* ein. Je höher der Prozentwert, desto besser ist die Qualität und desto größer wird die Datei.

Aktivieren Sie das Kontrollkästchen *Progressiv*, um eine JPEG-Datei zu erstellen, die vom Browser in mehreren Durchgängen geladen wird. Das Bild erscheint zuerst in einer niedrigen Auflösung, bis es komplett geladen und in der richtigen Auflösung angezeigt werden kann.

Abbildung 17.13
Optimierung als JPEG-Datei

Bild: Philipp Engelmann

- Für eine maximale Datenkompression des Bilds aktivieren Sie das Kontrollkästchen *Optimiert*. Leider unterstützen manche älteren Browser diese Funktion nicht.
- Über die Funktion *Weichzeichnen* zeichnen Sie das Bild gegebenenfalls noch weich, falls Sie das nicht vorher erledigt haben. Auf diese Weise lässt sich das JPEG-Bild stärker komprimieren – zu Lasten der Bildqualität.
- Da das JPEG-Format keine Transparenzen unterstützt, müssen Sie festlegen, in welcher Farbe bisher transparente Bildbereiche gefüllt werden sollen. Verwenden Sie hierzu das Popup-Menü *Hintergrund*. Hier wählen Sie ebenso eine Farbe mit der Pipette und anschließend aus dem Popup-Menü den Eintrag *Pipettenfarbe*. Oder Sie klicken auf das Farbfeld und wählen die gewünschte Farbe aus dem Farbwähler.

17.5 Ein Bild für die gewünschte Dateigröße optimieren

Über das Bedienfeldmenü neben dem Popup-Menü *Vorgabe* können Sie ein Bild auf eine von Ihnen angegebene Dateigröße bringen. Diese Option ist ideal geeignet, wenn Sie genau wissen, dass Ihre Webseite beispielsweise nur noch 10 Kbyte Bildmaterial »verträgt«.

- Öffnen Sie das Menü und wählen Sie den Befehl *Auf Dateigröße optimieren*.
- In der Dialogbox *Auf Dateigröße optimieren* belassen Sie die Option *Beginnen mit aktuellen Einstellungen* aktiviert, wenn Sie die Einstellungen des Bilds beibehalten

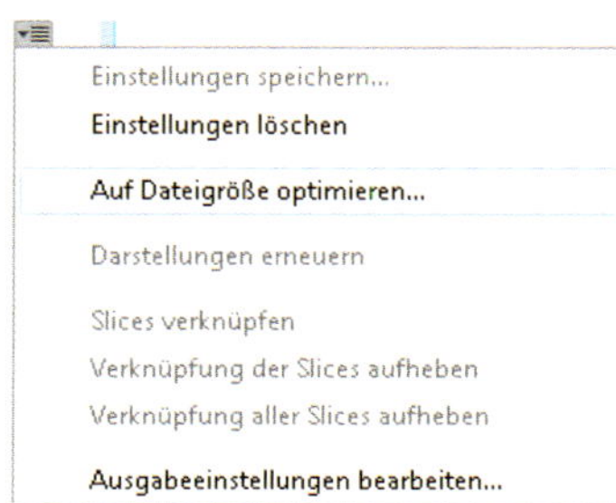

Abbildung 17.14
Das Bild auf eine selbst definierte Dateigröße optimieren

Hinweis
Haben Sie einen Wert angegeben, der für die Optimierung zu klein ist, stellt Photoshop automatisch die kleinste mögliche Einheit ein.

möchten. Alternativ überlassen Sie Photoshop die Entscheidung, ob eine GIF- oder eine JPEG-Optimierung sinnvoller ist. In diesem Fall klicken Sie das Optionsfeld *GIF/JPEG automatisch wählen* an. Ganz oben im Feld *Gewünschte Dateigröße* geben Sie die Datenmenge in Kilobyte an, die Sie erhalten möchten.

- Bestätigen Sie zuletzt mit *OK*.

Photoshop führt die Optimierung durch und zeigt das Bild in der gewählten Vorschau.

17.6 Einstellungen als Set speichern

Nachdem Sie Ihre Einstellungen für die Bildoptimierung festgelegt haben, speichern Sie Ihre eigenen Einstellungen bei Bedarf als Set. Anschließend stehen sie genau wie die vordefinierten Einstellungen im Popup-Menü *Vorgaben* zur Auswahl.

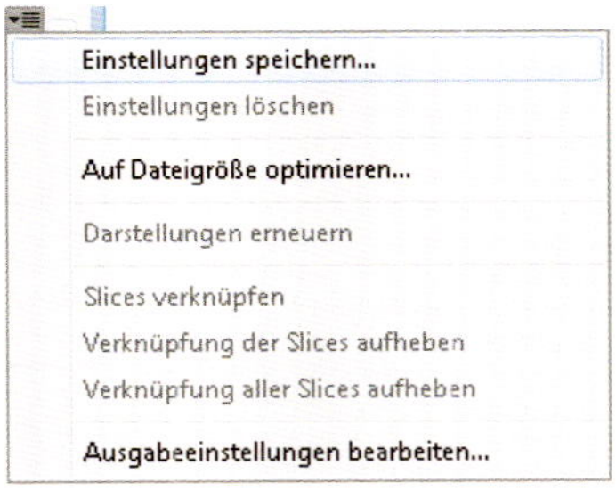

Abbildung 17.15
Ihre Einstellungen lassen sich zum schnellen Abruf speichern.

Das neue Set speichert Photoshop im Ordner *Adobe Photoshop CS6* im Unterordner *Presets* → *Optimized Settings* im Format IRS.

1. Nehmen Sie die gewünschten Einstellungen vor. Klicken Sie dazu auf das Bedienfeldmenüsymbol neben dem Popup-Menü *Vorgaben* und wählen Sie *Einstellungen speichern*.
2. In der geöffneten Dialogbox *Optimierungseinstellungen speichern* ist der Speicherort schon festgelegt. Geben Sie nur noch dem Set einen Namen und klicken Sie auf die Schaltfläche *Sichern* (Mac) bzw. *Speichern* (Windows).
3. Sehen Sie im Popup-Menü *Optimierungseinstellungen* nach: Ihr gespeichertes Set steht zur Auswahl.

Um ein Set wieder aus dem Menü zu löschen, wählen Sie aus dem Menü *Optimiert* den Befehl *Einstellungen löschen*. Dadurch setzt Photoshop das Menü auf die Standardeinstellungen zurück.

17.7 Ein Bild mithilfe von Slices unterteilen

Quadratische Slices
Wie üblich, erzeugen Sie mit gedrückter [⇧]-Taste Quadrate.

Viele Webnutzer empfinden die Ladezeit großer Bilder als zu lang, so dass sie bereits die *Zurück*-Schaltfläche betätigen, bevor das Bild erschienen ist. Wenn Sie große Bilder darstellen möchten, können Sie deshalb sogenannte Tabellenbilder verwenden: Das gesamte Bild wird in mehrere kleine Einzelteile zerlegt und auf der Webseite in einer unsichtbaren Tabelle wieder zusammengesetzt – wie ein Puzzle. Durch das Laden der einzelnen Bildteile verringert sich die Ladezeit. Außerdem können sie in jedem Bildelement unterschiedliche Paletten verwenden, das heißt, dass insgesamt mehr als 256 Farben möglich sind. Das ist mehr, als ein einzelnes GIF-Bild erlaubt.

1. Öffnen Sie Ihr Bild und wählen Sie im *Werkzeuge*-Bedienfeld das *Slice*-Werkzeug. Sie finden es in derselben Gruppe wie das *Freistellungswerkzeug*.
2. Ziehen Sie rechteckige Rahmen auf dem Bild auf. Den Inhalt jedes Rahmens speichern Sie später als eigene Datei.
3. Sobald Sie die Maustaste loslassen, wird das erste Slice erstellt. Es erhält in seiner linken oberen Ecke eine Nummer.
4. An den Griffen verändern Sie das Slice nun noch, indem Sie das *Slice-Auswahl*-Werkzeug aus dem *Werkzeuge*-Bedienfeld wählen.
5. Fahren Sie mit dem Erstellen von Slices fort, bis Sie das Bild auf die gewünschte Weise unterteilt haben. Bereiche, die Sie nicht mit dem *Slice*-Werkzeug unterteilt haben, werden automatisch zu Slices, damit das Gesamtbild später auf der Webseite erhalten bleibt. Solche Slices werden Auto-Slices genannt. Sie unterscheiden sich durch eine gepunktete Linie von selbst erstellten Benutzer-Slices.

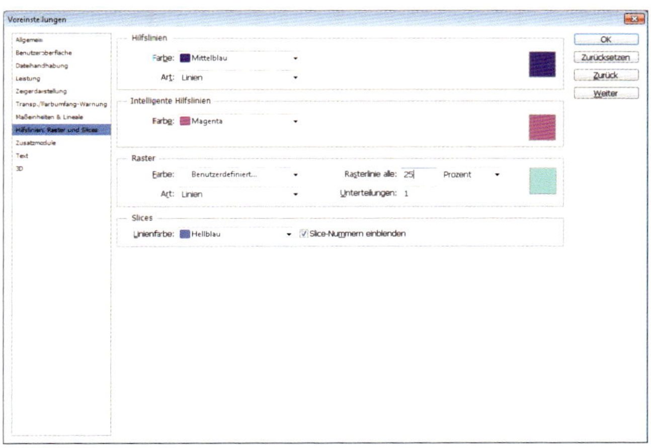

Abbildung 17.16
Um ein Bild in regelmäßige Slices zu unterteilen, richten Sie zuerst in den Voreinstellungen das Raster entsprechend ein, hier zum Beispiel auf 25%. Zeigen Sie das Raster dann mit *Ansicht* > *Anzeigen* > *Raster* an.

Abbildung 17.17
Jetzt können Sie Ihr Bild bequem in gleichgroße Slices unterteilen.

Bild: Philipp Engelmann

Slices lassen sich auch automatisch aus Ebenen erstellen. Dann werden alle Pixelbereiche der Ebene zu einem Slice zusammengefasst. Bearbeiten Sie die Ebene, fügen Sie ihr also Pixel hinzu, passt Photoshop den Slice-Bereich automatisch an, so dass er auch die neuen Pixel beinhaltet.

1. Wählen Sie die gewünschte Ebene im *Ebenen*-Bedienfeld (F7) aus.
2. Wählen Sie *Ebene* → *Neues ebenenbasiertes Slice*.

Slices optimieren

1. Um Ihr zerlegtes Bild zu optimieren und zu speichern, wählen Sie *Datei* → *Für Web speichern*.
2. Klicken Sie links oben in der Werkzeugleiste der Dialogbox *Für Web speichern* das *Slice-Auswahl-Werkzeug* an. Sie können mehrere Slices mit gedrückter ⇧-Taste auswählen.
3. Markieren Sie das gewünschte Slice und stellen Sie – wie erläutert – die Ausgabeoptionen dafür ein.
4. Wenn Sie Ihre Datei nun speichern, wird neben den Einzelbildern, die Sie durch die Slices markiert haben auch eine HTML-Datei erzeugt, die bereits Verknüpfungen mit den Bildern enthält, um ihre korrekte Anzeige zu gewährleisten. In der Dialogbox *Optimierte Version speichern unter* stellen Sie ein, was genau exportiert werden soll. Öffnen Sie das Popup-Menü *Format*. Hier bestimmen Sie, dass Sie sowohl eine HTML-Datei als auch die zerlegten Bilder erstellen, dass Sie nur das HTML-Dokument oder nur die Bilder erstellen möchten.
5. Im untersten Popup-Menü legen Sie entweder fest, dass Sie alle Slices exportieren möchten oder dass nur das/die markierte(n) Slice(s) exportiert werden soll(en).

INDEX

G

N

O

P

W

Z